厚生経済学の基礎

一橋大学経済研究叢書 別冊

厚生経済学の基礎
―― 合理的選択と社会的評価 ――

鈴村興太郎 著

岩波書店

経済研究叢書発刊に際して

　経済学の対象は私たちの棲んでいる社会である．それは，自然科学の対象である自然界とはちがって，たえず変化する．同じ現象が何回となく繰返されるのではなくて，過去のうえに現在が成立ち，現在のうえに将来が生みだされるという形で，社会の組立てやそれを支配する法則も，時代とともに変ってゆくのが普通である．したがって私たちの学問も時代とともに新しくなってゆかねばならぬ．先人の業績を土台として一つの建造物をつくりあげたと思った瞬間には，私たちは新しい現実のチャレンジを受け，時には全く新しい問題の解決をせまられるのである．

　いいかえれば経済学者は，いつも模索し，試作し，作り直すという仕事を，性こりもなく続けなければならない．経済研究所の存在意義も，この点にこそあると思われる．私たちの研究所も，一つの実験の場である．あるいは，所詮完全なものとはなりえない統計を，すこしでも完全なものに近づけることに努力したり，あるいは，その統計を利用して現実の経済の動きの中に発展の法則を発見しようとしたり，あるいは，分析の道具そのものをみがくことに専念したり，あるいは，外国の経済の研究をとおして日本経済分析のための手がかりとしたり，あるいは，先人のきわめようとした原理を追求することによって今日の分析のための参考としたり，私たちの仕事はきわめて多岐にわたる．こうした仕事の成果を，その都度一書にまとめて刊行しようというのが本叢書の趣旨にほかならない．ときには試論の域を出でないものがあるとしても，それは学問の性質上，同学の方々の鞭撻と批判を受けることの重要さを思い，あえて刊行を躊躇しないことにした．ねがわくば，読者はこの点を諒承していただきたい．

　本叢書は，一橋大学経済研究所の関係者の筆になるものをもって構成する．必らずしも定期の刊行は予定していないが，一年間に少なくとも三冊は上梓のはこびとなろう．こうした専門の学術書は，元来その公刊が容易でないのだが，私たちの身勝手な注文を心よくききいれて出版の仕事を受諾された岩波書

店と，研究調査の過程で財政的な援助を与えられた東京商科大学財団とには，研究所一同を代表して，この機会に深く謝意を表したい．

1953年8月

一橋大学経済研究所所長
都 留 重 人

経済研究叢書別冊の刊行について

経済研究所関係者のいろいろの分野における研究成果のうち，経済研究叢書として発表されたものは，その発刊以来既に32冊を数えている．これらの既刊の叢書は，200-250ページのサイズで公表されるのを通例としていた．しかしながら，われわれの研究過程において，時に大部の研究成果を世に問う必要も生ずる．そのため，これまでにも，一橋大学経済研究所編『解説日本経済統計——特に戦後の分析のために——』，1961年，および篠原三代平編『地域経済構造の計量分析』，1965年が，経済研究叢書別冊として出版された．

今回，改めて研究所内にこの種の大部の研究成果を出版することについての要望が高まり，岩波書店と協議の上，数年に一点程度は，大部の研究成果をこの叢書の別冊として上梓することとした．近年，研究専門書の出版が，極めてきびしい事情にあるにもかかわらず，われわれ研究所の希望を聞き入れられ，経済研究叢書にこの別冊を継続的に設けられることを快諾された岩波書店に心からお礼申し上げる次第である．

1982年9月

一橋大学経済研究所所長
藤 野 正 三 郎

はじめに

1. 標準的な理解方法によれば，ジェレミー・ベンサムの功利主義に基づいてアーサー・ピグーが主著『厚生経済学』(Pigou, 1920)によって創始した厚生経済学は，ライオネル・ロビンズの功利主義批判(Robbins, 1932/1935)を浴びてその基礎を突き崩されて，建設の槌音も消えない1930年代に，早くも瓦解を余儀なくされた．その直後から，挫折した【旧】厚生経済学に替わり，1930年代の経済学を席巻した序数的で個人間では比較可能性を持たない効用概念に足場を据えて，経済政策の新たな理論的基礎を提供する【新】厚生経済学を建設する作業が，2つの方向で試みられることになった．

第1の方向は，ある政策によって優遇された人々と不遇な立場に追いやられた人々との間で《仮説的な補償》(hypothetical compensation)の支払いを認め，もともと人々の間で判断の齟齬がない場合にのみ適用可能な《パレート原理》(Pareto principle)の射程を，利害対立が存在する状況にまで延長する試みだった．この《補償原理》(compensation principles)学派の【新】厚生経済学の開拓者はニコラス・カルドア(Kaldor, 1939)とジョン・リチャード・ヒックス(Hicks, 1940)の2人だが，その後この原理の論理的欠陥を指摘して補整する作業に貢献したのは，ティボール・スキトフスキー(Scitovsky, 1941)，ポール・サミュエルソン(Samuelson, 1950a)，ウィリアム・ゴーマン(Gorman, 1955)などの人々だった．

第2の方向は，経済政策の帰結の是非を評価する作業は，科学的な経済学の外部に位置する《価値判断》(value judgements)の問題であって，経済学者が取り組むべき固有の課題は，外部から与えられた帰結の評価方法に基づいて，最善な経済政策を設計する作業に限られるべきだという考え方に立っていた．この立場を象徴する表現こそ，アブラム・バーグソン(Bergson, 1938)が創始してポール・サミュエルソン(Samuelson, 1947/1983, 1981)がその精緻化と普及に多大な貢献をした《社会厚生関数》(social welfare function)だったのである．

2. 2つの【新】厚生経済学に対しては，挫折した【旧】厚生経済学の積極面を継承しつつ，経済政策の基礎理論の再構築を試みた意欲的な研究として，肯定的に評価する人々が数多くいたことは当然である．だが，非常に冷淡でシニカルな反応を示した研究者が少なからずいたことも，紛れもない事実である．その理由はおよそ以下のようなものである．

【新】厚生経済学の《補償原理》学派についていえば，カルドア，ヒックスが提唱した補償原理の論理的な欠陥をスキトフスキーが指摘して，その欠陥を補整する新たな補償原理を提唱したが，スキトフスキーの《二重基準》(double criterion)と称されるこの著名な補償原理に対しても，後にゴーマンがその論理的な欠陥を指摘する不幸な経験が重なったのである．これに対して，他の補償原理の理論的な欠陥とは無縁に，論理的には完璧な補償原理を提唱したサミュエルソンの業績は，補償原理学派の【新】厚生経済学を完成したという積極的な評価を広く確立したように思われる．だが，サミュエルソンの補償原理は効用可能性フロンティアの一様な上方シフトという稀有な状況に適用対象を限定していること，また鈴村興太郎(Suzumura, 1980b, 1999d)が後に指摘したように，サミュエルソンの補償原理とパレート原理を結合して使用すれば，最善の経済政策の選択に失敗する可能性があることなど，厚生経済学が背負ってきた難問を一挙に解決する魔法の鍵としてサミュエルソンの補償原理が機能する可能性は，控えめにいっても非常に低いといわざるを得ない．

これに対して，バーグソン＝サミュエルソンの《社会厚生関数》学派の【新】厚生経済学は，論理的な整合性に関する限りでは非の打ちどころはない．問題はむしろ，経済政策の帰結の是非の判断は経済学の外部に位置する価値判断の問題であって，それが誰の価値判断であるかとか，その価値判断が形成されるプロセスないしルールはなにかを問うことなどは，厚生経済学者の課題ではないと大胆に割り切るこの学派の考え方が，社会認識の方法として的確であるかどうかという点にある．

この考え方の積極面をまず指摘すれば，統一的な展望を欠いた伝統的な厚生経済学に秩序ある構造を賦与するとともに，厚生経済学の研究対象のうちで価値判断に属する部分と客観的な経済分析に属する部分を峻別して厚生経済学の科学的地位を確立したことは，このシナリオの評価すべき側面である．社会厚

生関数とは，客観的な経済分析から切り離された外生的な価値判断に対して，バーグソン=サミュエルソンが準備した受け皿に他ならないのである．このアプローチは確かにエレガントであり，論理的な整合性に欠ける点はないことも，正当に承認されるべきメリットである．

とはいえ，社会厚生関数が表現する「倫理的な信念は，慈悲深い専制君主，完全なエゴイスト，善意に満ちたすべての人々，人間嫌い，国家，民族，群集心理，神など，誰のものであっても差し支えないし，このような信念の起源は，我々が問うところではない．私自身の信念も含め，ありとあり得るいかなる倫理的な信念も容認される」(Samuelson, 1947/1983, p. 221)とまでいわれると，社会科学的な関心を大胆に切り捨て，最善な経済政策のテクノクラティックな設計に専念して確保された論理的な整合性の意義に対して，いささか索漠とした思いを禁じ得ないのではあるまいか．少なくとも《血の通った厚生経済学》(welfare economics with red corpuscles[1])の研究者であれば，経済社会を構成する人々の福祉や幸福とは無縁な次元で，誰のものともわからない価値判断に照らして最善な経済政策の設計に没頭できようとは考えにくい．

このように，【旧】厚生経済学が残した空白を埋めようとした【新】厚生経済学が辿った足跡を追ってみると，ピグーの主著の刊行後40年の時点で厚生経済学の歴史と現状を展望したエドワード・ミッシャン(Mishan, 1960)が論文の冒頭に記した皮肉に満ちた評価にも，いささかの根拠があることを認めざるを得ないように思われる．

> 厚生経済学にその生涯を通して献身した経済学者は，いまだかつて存在しない．この学問は，経済学者が道楽半分に手を出してそれから捨ててしまい，やがて良心の痛みを感じて立ち戻っていく研究分野なのである．

3. 時間軸を遡ることになるが，厚生経済学の可能性に対するシニシズムを醸成するうえで大きな役割を果たしたかに思われる重要な成果を，ケネス・

---

[1] この表現は，ジェームズ・ミードの生誕80年を祝賀する論文(Solow, 1987)で，ロバート・ソローが用いたものである．

アロー（Arrow, 1950, 1951/1963）が 1950 年代の冒頭に挙げている．アローは，バーグソンとサミュエルソンが厚生経済学の領域から意識的に追放した問題——社会を構成する人々の個人的な選好評価を集計して，社会的な評価を形成するプロセスないしルールの問題——を正面攻撃して，個々には非常に説得的な少数の公理を要請する限り，適格性を備えたプロセスないしルールは論理的に存在不可能であるという《一般不可能性定理》(general impossibility theorem) を論証したのである．バーグソンとサミュエルソンが不問に付した社会的価値評価の形成プロセスの問題を敢えて提起してみると，もっともらしい要請を満足するという意味で適格なプロセスは一般に存在しないということになれば，彼らが開拓したかに思われた【新】厚生経済学の可能性に対して，ミッシャンのシニシズムどころではない暗雲が立ちこめることは間違いない．それだけに，アローが課した少数の要請の意味を理解することが，大きな重要性を帯びてくる．

　アローの一般不可能性定理を支える公理としては，社会的選択の《合理性》(rationality) の要請，社会的選択手続きの《民主性》(democratic nature) の要請，社会的な評価を形成するための素材として，個人的な選好評価に関する情報を収集・集計する手続きの《効率性》(informational efficiency) の要請が挙げられる．もう一歩踏み込んでいえば，社会的選択手続きの民主性の公理とは，社会を構成する人々には，論理的に整合的である限り，社会状態に関するどのような選好評価も自由に表明することが許されるという《広範性》(unrestricted domain) の要請，すべての個人が一致して表明する選好評価はそのまま社会的な評価に反映されるという《パレート原理》の要請，ある特定の個人——《独裁者》(dictator) と呼ばれるに相応しい個人——の選好評価がそのまま社会的な評価になることを拒絶する《非独裁性》の要請から構成される複合的な公理である．

　アローの一般不可能性定理は，しばしば《民主主義のパラドックス》とも称されている．ところで，科学の歴史のなかでは，パラドックスと呼ばれる命題が積極的な役割を果たすことが時折あることが指摘されている．その古典的な一例は《ピタゴラスのパラドックス》である．神が作った自然数の美しい体系に対する信仰と，直角三角形に関するピタゴラスの定理との間の《矛盾》

は[2]，ピタゴラス学派の人々にとって口外を禁じられる秘密とされたと伝えられている．だがこのパラドックスは，数の体系を自然数の範囲に恣意的に限定したから生じた擬似パラドックスであるに過ぎず，数の体系を実数の範囲に拡張しさえすれば，いかなる矛盾も発生しないことは当然である．民主主義のパラドックスの場合にも事情は基本的に同様であって，アローが採用した分析の枠組みを一般不可能性定理に結晶化された否定的な帰結に照らして再検討して，個人的な選好評価を集計して社会的な評価を形成する論理的な可能性を開拓するために，我々の認識の概念的枠組みの拡張を図るという研究プログラムが，自然に示唆されることになる．

　この研究プログラムを具体化して，アローの一般不可能性定理を脱却して社会的選択の理論的可能性を開拓するうえで，またアローが提起した問題を越えて社会的選択の多くの問題を新たに分析の射程内に収めるうえで，最大の貢献を果たした経済学者はアマルティア・セン(Sen, 1970/1979, 1973, 1982b, 1999a, 2002)だった．センが導入した数多くの新機軸のなかでも，社会的選択の《パレート効率性》と，《個人的自由の社会的尊重》の原理との間の衝突が不可避的であることを指摘した《パレート派リベラルの一般不可能性定理》(general impossibility theorem on the Paretian liberal)は，社会的選択理論の今後の進路を構想するうえで，とりわけ重要な役割を担っている．

　センをはじめとする多くの社会的選択の理論の研究者たちが，厚生経済学の新たな基礎付けに連なる建設的な研究を積み重ねる一方では，厚生経済学の現状に対する厳しい警鐘が，アンソニー・アトキンソン(Atkinson, 2001)によって激しく打ち鳴らされている．彼は，欧米の多くの大学の標準的なカリキュラムから厚生経済学の基礎に関する講義が消滅しつつある現状に注意を喚起して，経済政策の理論的基礎を固める研究の重要性を改めて強調したのである．

4. 本書は，厚生経済学と社会的選択の理論に対する私の過去 30 年間の研

---

[2] 直角を挟む 2 辺の長さがそれぞれ 1 の直角二等辺三角形の第 3 辺の長さは，ピタゴラスの定理によって $\sqrt{2}$ となるが，明らかにこれは無理数である．神が愛でる自然数 1 から出発して，ピタゴラスの名を冠する大定理によって自然数の体系を逸脱する無理数が誕生するということになれば，これをパラドックスと考える人々がいたであろうことは理解できる．

究を踏まえ，また以上で簡潔に説明したこの分野の研究の推移を明確に意識して，私なりに厚生経済学の基礎を体系的に構築することを試みた研究書である．過去に公表した研究のみならず，現在継続中の研究も踏まえて書かれた本書ではあるが，厚生経済学と社会的選択の理論の領域のうちでたまたま私が関心を持った部分であるという以上に，経済政策の基礎理論という観点から本質的に重要な問題に絞って体系的に取り上げることに留意したつもりである．この事実を客観的にも明らかにするために，本書を構成する7つの部のそれぞれについて，各部の研究内容が厚生経済学と社会的選択の理論に占める基礎的な位置を説明する《問題の設定》というイントロダクションを追加することにした．また，専門的な研究を査読制の国際誌に公表する際には，可能な限りで分析の一般性を追求するとともに，自らの分析方法で処理可能な限りで最大限の広範性を追求するのは研究者の性なのだが，本書で専門的研究の成果を活用する際には，あくまでも厚生経済学と社会的選択の理論の基礎を構築するうえで不可欠な結果に絞って活用するように，細心の配慮をしたつもりである．研究のさらに専門的な細部に関心を持たれる方々には，本書末尾に取り纏めた参照文献リストを手掛りにして，専門誌に公表された研究論文や，専門研究者を対象として書かれたモノグラフをお読みいただきたい[3]．これら2つの配慮によって，本書は厚生経済学と社会的選択の理論の基礎を理解したいとお考えの専門外の方々にも違和感なく読めて，経済学のこの分野の輪郭を理解できる書物になったと自負している．

5． 研究者としての私の幸運は，本書で述べる理論的展開のほとんどを身辺近くに感じられる環境で，研究生活を送ることができたことである．この間に研究上の交流を満喫できた人々のなかには，ケネス・アロー，アマルティア・セン，アンソニー・アトキンソン，エリック・マスキン，パーサ・ダスグプタ，プラサンタ・パタナイック，ピーター・ハモンドをはじめ，本書で触れる機会がある重要な研究の中心的な推進者が数多く含まれている．また，私が

---

[3] 私自身の研究成果のうち，厚生経済学と社会的選択の理論の基礎に深く係る論文の多くは，*Choice, Opportunities and Procedures: Selected Papers on Social Choice and Welfare* というタイトルの論文集に纏めて，近々に出版される予定になっている．

教鞭をとったり，客員フェローに招聘される機会を得たりした研究・教育機関では，ライオネル・ロビンズ，イアン・リットルをはじめとして，学説史上の重要研究者と会話する機会にも恵まれた．個別的な謝辞は本書の別の場所で述べるつもりだが，このような環境での研究生活を可能にして下さったすべての方々に対して，本書出版の機会に厚くお礼申し上げることにしたい．

記 号 一 覧

読者の参照の便宜のために，本書で使用される記号法を一括して説明しておきたい．いずれも標準的な記号法である．

$\exists x \in A : P(x)$	$P(x)$ という性質を持つ要素 $x \in A$ が存在する．
$\forall x \in A : P(x)$	集合 A に所属する任意の要素 x に対して，性質 $P(x)$ が成立する．
$\{x \in A \mid P(x)\}$	$P(x)$ という性質を持つ要素 $x \in A$ から構成される集合．
$x \notin A$	x は集合 A の要素ではない．
$A \subseteq B$	集合 A は集合 B の部分集合（B は A の上位集合）である．すなわち，集合 A の任意の要素は集合 B の要素でもある．
$A \not\subseteq B$	集合 A は集合 B の部分集合ではない．すなわち，$A \subseteq B$ は成立しない．
$A \subset B$	集合 A は集合 B の真部分集合（B は A の厳密な上位集合）である．すなわち，$A \subseteq B$ かつ $A \neq B$ である．
$A \cap B$	集合 A と集合 B の共通部分．すなわち，$x \in A$ および $x \in B$ を満足する要素 x の集合．
$A \cup B$	集合 A と集合 B の和集合．すなわち，$x \in A$ または $x \in B$ を満足する要素 x の集合．
$A \times B$	集合 A と集合 B の直積（デカルト積）．すなわち，$x \in A$ と $y \in B$ の順序対 (x,y) 全体から構成される集合．
$A \setminus B$	集合 A と集合 B の集合差．すなわち，$x \in A$ かつ $x \notin B$ を満足する要素 x 全体から構成される集合．

$\|X\|$	集合 X の要素の個数.
$P \Rightarrow Q$	P ならば Q である.
$P \Leftrightarrow Q$	P と Q は同値である.
$\neg P$	P ではない.
$P \& Q$	P かつ Q である.
$P \vee Q$	P または Q である.
$\mathbb{N}$	自然数全体の集合.
$\mathbb{R}$	実数全体の集合.
$\emptyset$	空集合.

任意の 2 つの実数値 l-次元ベクトル $\boldsymbol{a} = (a_1, a_2, \ldots, a_l)$ と $\boldsymbol{b} = (b_1, b_2, \ldots, b_l)$ に対して

$$\boldsymbol{a} \geqq \boldsymbol{b} \Leftrightarrow \forall i \in \{1, 2, \ldots, l\} : a_i \geq b_i$$
$$\boldsymbol{a} > \boldsymbol{b} \Leftrightarrow \boldsymbol{a} \geqq \boldsymbol{b} \,\&\, \boldsymbol{a} \neq \boldsymbol{b}$$
$$\boldsymbol{a} \gg \boldsymbol{b} \Leftrightarrow \forall i \in \{1, 2, \ldots, l\} : a_i > b_i$$

によって $\boldsymbol{a}$ と $\boldsymbol{b}$ の大小関係を定義する.

本書における式番号の使用法に関する慣行についても説明しておきたい. 各章において, 第 a 節で第 b 番目に登場する式に対して参照の便宜のために番号を割り振る場合には, (a.b) 式という表現を用いる. 第 α 章の第 a 節で第 b 番目に登場した (a.b) 式に他の章で触れる場合には, 「第 α 章の (a.b) 式」という表現を用いることにする.

式番号に関するこのような慣行は, 定理や補助定理に番号を付ける場合にも, 基本的に踏襲される. すなわち, 各章において, 第 c 節で第 d 番目に説明された定理——あるいは補助定理——は, 定理 c.d——あるいは補助定理 c.d——と呼ばれることになる. 第 β 章の第 c 節で第 d 番目に登場した定理 (あるいは補助定理) に他の章で触れる場合には, 「第 β 章の定理 c.d (あるいは補助定理 c.d)」という表現を用いることも同様である.

目　次

はじめに
記号一覧

第1部　合理的選択と顕示選好 …………………………… 1
問題の設定……………………………………………………… 2

第1章　選好・選択・厚生 ……………………………… 5
第1節　消費者選択の理論：選択行動のプロトタイプ・モデル ……… 5
第2節　選好関係・選択関数・経済厚生 ……………………… 6
第3節　二項関係の基礎理論 ………………………………… 9
第4節　推移的閉苞と S-整合的閉苞 ………………………… 15
第5節　二項関係の拡張定理 ………………………………… 18
第6節　合理的選択と合理性の位階 ………………………… 22

第2章　合理的選択と顕示選好 ………………………… 25
第1節　サミュエルソン゠ハウタッカーの顕示選好理論 ……… 25
第2節　選択の一般モデルと顕示選好公理 …………………… 31
第3節　合理性と完全合理性の公理的特徴付け ……………… 36
第4節　S-整合的合理性の公理的特徴付け ………………… 43

第3章　社会的規範と選択行動の合理化可能性 ………… 47
第1節　個人的選択と社会的規範 …………………………… 47
第2節　外部的規範の内部化と選択の合理性 ……………… 50
第3節　選択のメニューの認識上の価値 …………………… 55

第2部　社会的選択の合理性と情報的効率性 ………… 59
問題の設定……………………………………………………… 60

第4章　アローの一般不可能性定理 …………………… 65

第1節	社会的評価の形成プロセス：アローの公理	65
第2節	数学的帰納法によるアローの定理の証明	75
第3節	極大フィルター理論によるアローの定理の証明	80

第5章　S-整合的評価と社会的選択の可能性　87

| 第1節 | 社会的評価の非完備性とS-整合性 | 87 |
| 第2節 | S-整合的な社会的評価ルール：公理的特徴付け | 90 |

第6章　不可能性の陥穽からの脱出路　101

第1節	社会的《評価》と社会的《選択》	101
第2節	社会的合理性の仮定の緩和とアローの定理の頑健性	103
第3節	社会的選択の経路独立性	111
第4節	社会的評価の情報的基礎	118

第3部　効率と衡平のジレンマ　123

問題の設定　124

第7章　帰結道徳律と手続き的衡平性　129

第1節	帰結 versus 手続き：社会的評価の代替的な視点	129
第2節	規範的評価の情報の樹	131
第3節	選択手続きに関する評価の情報的基礎	135

第8章　無羨望衡平性とパレート効率性　143

第1節	想像上の境遇の交換と羨望のない状態としての衡平性	143
第2節	衡平性の帰結道徳律とパレート効率性	145
第3節	手続き的衡平性とパレート効率性	172
第4節	代替的な衡平性概念とレキシミン羨望ルール	179

第9章　世代間衡平性とパレート効率性　189

第1節	世代交代モデルにおける効率と衡平	189
第2節	異時点間資源配分の合理性と衡平性：2つの伝統	194
第3節	世代効用の無限流列の評価原理：効率と衡平のジレンマ	198
第4節	将来世代の可塑性と現在世代の責任	219

第4部　権利と効率のジレンマ ……………………………… 231
問題の設定 ………………………………………………………… 232

第10章　リベラル・パラドックス ………………………… 235
第1節　厚生主義に対する事例含意的批判と原理対立的批判 …… 235
第2節　パレート派自由主義者の不可能性：センの定理 ………… 241
第3節　自由主義的権利の自己矛盾：ギバードのパラドックス … 250

第11章　ゲーム形式の権利論 ……………………………… 257
第1節　リベラル・パラドックスの解消方法 …………………… 257
第2節　センの自由主義的権利論への批判と反批判 …………… 276
第3節　ゲーム形式の権利論 ……………………………………… 282

第12章　権利体系の社会的選択 …………………………… 287
第1節　権利の表現，実現および初期賦与の選択 ……………… 287
第2節　センの権利体系の内生化：権利賦与の自発的交換スキーム … 291
第3節　ゲーム形式の権利体系の社会的選択 …………………… 296

第5部　帰結主義，非帰結主義および社会的選択 …… 305
問題の設定 ………………………………………………………… 306

第13章　帰結主義 versus 非帰結主義 ……………………… 309
第1節　は じ め に ………………………………………………… 309
第2節　基本的な表記法と定義 …………………………………… 310
第3節　基本的な公理とその含意 ………………………………… 311
第4節　帰 結 主 義 ………………………………………………… 313
第5節　非帰結主義 ………………………………………………… 319
第6節　結語的覚書き ……………………………………………… 323

第14章　一般化された帰結主義と非帰結主義 …………… 329
第1節　は じ め に ………………………………………………… 329
第2節　基本的な表記法と拡張された選択肢の定義 …………… 331
第3節　普遍集合が有限集合であるケース ……………………… 332
第4節　普遍集合は無限だが，機会集合は有限であるケース … 341

第 5 節　結語的覚書 …………………………………………… 346

第 15 章　帰結主義, 非帰結主義とアローの定理 …………… 349
第 1 節　はじめに ……………………………………………… 349
第 2 節　基本的な表記法および定義 ………………………… 350
第 3 節　帰結主義者の枠組みにおけるアローの一般不可能性定理 …… 356
第 4 節　非帰結主義者の枠組みにおけるアローの一般不可能性定理 …… 364
第 5 節　議論の一般化の可能性 ……………………………… 368
第 6 節　結語的覚書 …………………………………………… 370

第 6 部　競争と経済厚生 ……………………………………… 373
問題の設定 ……………………………………………………… 374

第 16 章　参入障壁と経済厚生：過剰参入定理 ……………… 379
第 1 節　資源配分機構としての競争の機能 ………………… 379
第 2 節　対称的クールノー寡占のモデル …………………… 382
第 3 節　最善の過剰参入定理 ………………………………… 386
第 4 節　次善の過剰参入定理と限界における過剰参入定理 …… 389
第 5 節　定理の証明 …………………………………………… 391
第 6 節　競争と経済厚生：過剰参入定理のメッセージ …… 395

第 17 章　戦略的 R&D と過剰参入定理 ……………………… 399
第 1 節　戦略的コミットメントと経済厚生 ………………… 399
第 2 節　捩じれ効果と拘束効果：参入・退出がない場合 … 400
第 3 節　捩じれ効果と拘束効果：参入・退出がある場合 … 407
第 4 節　長期的クールノー＝ナッシュ均衡と過剰参入定理 …… 413
第 5 節　一般化された過剰参入定理の証明 ………………… 415
第 6 節　残された考慮事項に関する覚書 …………………… 420

第 18 章　競争の社会的機能：通念とその破壊 ……………… 425
第 1 節　競争の社会的機能に関する伝統的通念 …………… 425
第 2 節　秩序ある競争の行政的管理 versus 競争秩序の制度設計 …… 433
第 3 節　競争法と競争政策：設計と進化 …………………… 441

第 7 部　厚生経済学の過去・現在・未来 …………… 447
　問題の設定 ……………………………………………………… 448

第 19 章　厚生経済学と社会的選択の理論の水源地 ………… 451
　第 1 節　2 つの水源地：コンドルセとベンサム ………………… 451
　第 2 節　ピグーの『厚生経済学』：その光と影 ………………… 457
　第 3 節　ロビンズのピグー批判：その衝撃と余波 ……………… 462

第 20 章　アローの定理とヒックスの非厚生主義宣言 ……… 467
　第 1 節　補償原理とバーグソン゠サミュエルソンの社会厚生関数 … 467
　第 2 節　リットルの厚生基準論とアローの社会的選択の理論 …… 479
　第 3 節　ミッシャンのシニシズムとヒックスの非厚生主義宣言 … 487

第 21 章　一般不可能性定理の機能と意義 …………………… 497
　第 1 節　一般不可能性定理のシグナル機能 …………………… 497
　第 2 節　社会的選択の対象と方法 ……………………………… 500
　第 3 節　理論と実践 ……………………………………………… 504

参照文献 ……………………………………………………………… 507
索　　引 ……………………………………………………………… 533
謝　　辞 ……………………………………………………………… 549

第1部
合理的選択と顕示選好

《問題の設定》

　第1部で我々は，選択行動の《合理性》(rationality)という基本概念を，理論的な考察の焦点に据えることにしたい．この問題の設定を明確にして，第1部の考察の進路を決定するためには，あらかじめ2つの点を予備的に検討しておく必要がある．

　第1に必要な予備作業は，選択行動の合理性という表現に，正確な意味を賦与することである．我々は，ある選択行動を動機付ける明瞭な《目的》(objective)が存在して，実際に選択された行動がその目的を《最適》(optimal)に達成している場合，そしてその場合にのみ，選択行動は合理的であると考えることにする．合理的な行動という表現にひとが賦与する意味としては，その行動を動機付ける目的が存在して実際の選択行動を合理化することに留まらず，多くの追加的な要請が挙げられるに違いない．それにしても，合理的な選択行動とは，内在する目的を最適化する選択行動に他ならないという考え方は，経済学の歴史的な成熟過程に深く根差す基礎的な考え方である．それだけに，まずはこの基礎的な考え方の意味と意義に焦点を絞って理論的に考察する作業には，十分な根拠があると思われる．

　選択を根拠付ける目的の存在を指して合理的な選択と看做す考え方が経済学の歴史に深く根差していることは，厚生経済学の岐路を画したライオネル・ロビンズの『経済学の本質と意義』(Robbins, 1932/1935)の以下の一節を参照しさえすれば，十分に例証されるといってよい．

> 　合理性という概念には，人間の行動が経済的な側面を持つ以前に，少なくともなんらかの合理性が仮定されると正当に主張できる意味——すなわち，合理的という表現が《目的適合的》という表現と同値である意味——がある．我々は，合理性という表現をこの意味に用いることができる[1]．

　第2に必要な予備作業は，選択行動を動機付ける目的が存在するという意

味で合理的な選択行動は，目的それ自体の完璧な整合性を必ずしも意味しないという事実に注意を喚起すること，さらに進んで，選択行動を合理化する目的それ自体の内部的な整合性に注目して，選択行動の合理性の《位階》(degree)を設定することである．この点に関しても，ロビンズは先駆的なコメントを残している．

> もし，行動が目的を持つものと考えられなければ，経済学が研究する手段-目的の関係という考え方は，まったく意味をなさなくなる．別の表現をすれば，もし内在する目的を持つ行動がまったく存在しなければ，経済現象はまったく存在しないことになる．だが，このように主張したからといって，内在的な目的を持つ行動には完全に矛盾がないと主張しているわけでは決してない．確かに，目的を持つ行動が自覚的になればなるほど，その合理的行動は必然的にますます首尾一貫したものになるということは，主張して差し支えないだろう．とはいえ，それは合理的行動に内在する目的にはまったく矛盾がないことを[……]最初から仮定する必要があるということではないのである[2]．

この考え方を継承して，第1部では選択の合理性の問題と，選択を合理化する目的の整合性の問題を概念的に峻別して，異なる位階の合理性を公理的に特徴付ける作業に従事することにする．

　第1部を構成する3つの章は，以下のシナリオに基づいて配置されている．第1章(選好・選択・厚生)は選好と選択という基礎概念を説明して，合理的選択と合理性の位階という表現に正確な意味付けを与える作業に充てられる．また，第1部を通じて活用される分析道具に関する完結した説明を提供することも，この章に割当てられた課題である．第2章(合理的選択と顕示選好)は第

---

1) Robbins(1932/1935, p. 93). 本書では，引用文献に邦訳が既にある場合には，巻末の参照文献リストに書き添えることを原則とするが，本文中で引用する際の文章表現は，必ずしも既存の邦訳に忠実にしたがってはいない．私自身が使用する表現との整合性を図ることがその主な理由だが，優れた邦訳を提供された先学諸氏に対しては，寛容なご理解をお願いしておきたいと思う．
2) Robbins(1932/1935, p. 93; 邦訳 p. 141).

1部の中心的な章である．合理的選択の理論の卓越した基礎モデルを提供したポール・サミュエルソンの顕示選好の理論(Samuelson, 1938a, 1938b, 1947/1983, 1948, 1950b, 1953)から出発して，選択の一般モデルのコンテクストで3つの典型的な位階を持つ合理的選択の公理的な特徴付けを与えることが，この章の主な課題である．第3章(社会的規範と選択行動の合理化可能性)では，本書が注目する合理的選択の考え方に対するさまざまな批判のうちで，最も大きな影響力を振るってきたアマルティア・センの批判——Sen(1993a)——に対象を絞って，一般化された顕示選好の理論は，実際にはセンの批判によって揺らぐことはないことを示すことにしたい．センの批判の精粋は，選択行動の合理性や非合理性をその選択行動に内在する整合性だけを手掛りに判定することの的確性を問いただして，その選択行動の外部にある条件——選択を行うエージェントをとりまく外在的な社会的規範など——を明示しなければ，選択行動の合理性や非合理性を判断することはできないと主張することにあった．それだけに，標準的な合理的選択の理論は，センの批判のエッセンスを内在化してその理論的枠組みを精緻化できることを確認する作業には，基本的な意義があると思われる．

第1章　選好・選択・厚生

第1節　消費者選択の理論：選択行動のプロトタイプ・モデル

選好と選択のプロトタイプ・モデルとして，完全競争的な財市場における消費者選択の標準的な理論を考察することにしたい．l 種類の財 $(2 \leq l < +\infty)$ が取引されている完全競争的な財市場において，財 i の1単位の価格が $p_i > 0$ $(i = 1, 2, \ldots, l)$，所得が $M > 0$ で与えられる場合に，購入する財の組み合わせを的確に選択して，市場が課す制約のもとで達成可能な満足を最大化する代表的な消費者の行動を分析する．消費者行動のこの定式化は，ヒックスの古典『価値と資本』(Hicks, 1939/1946) によって確立され，現代のミクロ経済学で標準的に駆使されているモデルに他ならない点に注意したい．

まず，この消費者が価格と所得の制約のもとで購入可能な財ベクトルの選択肢は，以下に示される《予算集合》(budget set) に所属する財ベクトルに限られることは明らかである．

(1.1) $\quad B(\boldsymbol{p}, M) = \{\boldsymbol{x} = (x_1, x_2, \ldots, x_l) \in X \mid \sum_{i=1}^{l} p_i x_i \leq M\}.$

ただし，$\boldsymbol{p}$ は p_i を第 i 成分 $(i = 1, 2, \ldots, l)$ とする価格ベクトル，X は物理的に可能な財ベクトル全体の集合であり，l-次元ユークリッド空間の非負象限の非空部分集合で表現される．

消費者が最善な財ベクトルを発見する手掛りとして，伝統的な消費者選択の理論は，《効用関数》(utility function) と呼ばれる実数値関数 $u : X \to \mathbb{R}$ を用いてきた．ただしここで，$\mathbb{R}$ は実数全体の集合である．効用関数とは，$u(\boldsymbol{x}) > u(\boldsymbol{y})$ が成立するとき，そしてそのときにのみ，財ベクトル $\boldsymbol{x}$ が消費者に与える《効用》(utility) ないし《満足》(satisfaction) は，財ベクトル $\boldsymbol{y}$ が与える効用ないし満足よりも高くなるような実数値関数である．そのとき，消費者にとって最適な財ベクトルは

(1.2) $\quad u(\bm{x}^*) = \max u(\bm{x}) \qquad \text{subject to } \bm{x} \in B(\bm{p}, M)$

を満足する $\bm{x}^* \in B(\bm{p}, M)$ で与えられることになる．もし効用関数が通常仮定される《連続性》(continuity) と《強準凹性》(strict quasi-concavity) を満足するならば，(1.2) を満足する財ベクトルは与えられた価格-所得ペア $(\bm{p}, M)$ に対応して一意的に決定される．したがって，(1.2) を満足する財ベクトル $\bm{x}^*$ は，価格-所得ペア $(\bm{p}, M)$ の一価関数

(1.3) $\qquad\qquad\qquad \bm{x}^* = h(\bm{p}, M)$

として表現できることになる．この関数 $h(\bm{p}, M)$ こそ，完全競争的な財市場における消費者の《需要関数》(demand function) に他ならない．

今後の議論に備えるために，効用関数 $u(\bm{x})$ を用いて，以下のような《二項関係》(binary relation) を定義しておくことにしたい[1]．選択肢の任意のペア $\bm{x}, \bm{y} \in X$ に対して，

(1.4) $\qquad\qquad\qquad \bm{x} R \bm{y} \Leftrightarrow u(\bm{x}) \geq u(\bm{y})$

を満足する二項関係 R は，この消費者の選好関係と称されている．

第2節　選好関係・選択関数・経済厚生

第1節で考察した消費者選択のプロトタイプ・モデルを手掛りにして，本節では選好と選択の一般モデルを構築することにする．まず，議論のキャンバスとなる選択肢の普遍集合 X を導入する．前節のプロトタイプ・モデルでは，X は有限次元ユークリッド空間の非空な部分集合だったが，一般モデルの普遍集合 X に対しては，非空集合であること以外には，特別な制約は課されない．

普遍集合 X 上の二項関係 R は，X に所属する選択肢の任意のペア $\bm{x}, \bm{y} \in X$ に対して $\bm{x} R \bm{y}$ が成立するのは，選択を行うエージェントが $\bm{x}$ を $\bm{y}$ よりも

---

[1] 二項関係の概念の一般的な定義は，本章の第3節で与えられている．

選好する場合，そしてその場合のみであれば，このエージェントが持つ《選好関係》(preference relation)であるという．ここで注意を喚起したい点は，一般モデルの選好関係には，その背後に(1.4)を満足する効用関数が存在するとは限らないことである．実数には首尾一貫した大小関係が存在するので，(1.4)で定義される選好関係であれば，x が y より選好され，y が z より選好されれば，x は必然的に z より選好されることになる．第3節で正式に導入される概念を先取りしていえば，効用関数を媒介項として(1.4)によって定義される二項関係 R は，必然的に《推移性》(transitivity)を持つのである．これに対して，本節の一般モデルの枠組みのなかで導入された選好関係には，そのような必然的な制約は存在しないこと——したがって，選好関係の推移性は新たな要請となること——に注意したい．

次に我々は，《選択関数》(choice function)という基本概念を導入しなければならない．普遍集合 X の非空な部分集合の非空集合族 $\boldsymbol{K}$ の上で定義される選択関数とは，任意の《機会集合》(opportunity set) $S \in \boldsymbol{K}$ に対して，S の非空な部分集合 $C(S) \subseteq S$ を指定する関数 C のことである．集合 $C(S)$ は，機会集合 S からの《選択集合》(choice set)と呼ばれている．この抽象的な概念の具体的な一例は，消費者選択のプロトタイプ・モデルである．この事実を確認するために，(1.1)で定義される予算集合の集合族

(2.1) $$\boldsymbol{B} = \{B(\boldsymbol{p}, M) \subseteq X \mid \boldsymbol{p} \gg \boldsymbol{0}, M > 0\}^{2)}$$

を定義すれば，消費者選択のプロトタイプ・モデルは，$\boldsymbol{K} = \boldsymbol{B}$ かつ任意の $B(\boldsymbol{p}, M) \in \boldsymbol{B}$ に対して $C(B(\boldsymbol{p}, M)) = \{h(\boldsymbol{p}, M)\}$ という特殊ケースに他ならないことになる．

選択関数の概念が十分に明らかにされたこの段階で，第1部全体を通じて中心的な役割を担う選択関数の《合理性》(rationality)という基本概念を定義しなければならない．本書全体で駆使される合理性の概念は，さまざまな機会集合からの選択を一貫して動機付ける《目的》(objective)が，選択行動の背後

[2) 任意の2つの l-次元ベクトル $\boldsymbol{p} = (p_1, p_2, \ldots, p_l)$, $\boldsymbol{q} = (q_1, q_2, \ldots, q_l)$ に対して，$\boldsymbol{p} \geqq \boldsymbol{q} \Leftrightarrow p_i \geq q_i (i = 1, 2, \ldots, l); \boldsymbol{p} > \boldsymbol{q} \Leftrightarrow \boldsymbol{p} \geqq \boldsymbol{q} \text{ \& } \boldsymbol{p} \neq \boldsymbol{q}; \boldsymbol{p} \gg \boldsymbol{q} \Leftrightarrow p_i > q_i (i = 1, 2, \ldots, l)$ によって，その大小関係を定義することにする．

に存在する選択関数こそ，合理的な選択関数であるとして定義される．この直観的な定義を厳密にするためには，次のように述べさえすればよい：集合族 $\boldsymbol{K}$ 上の選択関数 C は，普遍集合 X 上の選好関係 R が存在して，任意の機会集合 $S \in \boldsymbol{K}$ に対して

$$(2.2) \qquad C(S) = \{x^* \in S \mid \forall x \in S : x^* R x\}$$

が成立するとき，《合理的な選択関数》(rational choice function)であるという．

この合理性の概念で決定的に重要な点は，選択を合理化する選好関係 R が，どの機会集合からの選択に対しても《一様》(uniform)に適用される目的として存在するという事実である．もし仮に，個々の機会集合ごとに，その機会集合からの選択に対してのみ合理化の手段として適用可能な選好関係が存在すればよいのなら，任意の選択関数は合理化可能であることになって，選択の合理性という概念にはまったくなんの識別能力もないことになってしまう．この事実に，読者は注意していただきたい．この問題を理解するためには，個々の機会集合 $S \in \boldsymbol{K}$ に対する選択集合 $C(S)$ が与えられたとき，$C(S)$ に所属する選択肢を一括して最上位に置き，$S\backslash C(S)$ に所属する選択肢を一括して最下位に置く二極分解的な選好関係を定義すれば，(1) この選好関係は機会集合ごとに明らかに異なるが，(2) それぞれの機会集合ごとに，このように定義された選好関係を最適化する選択肢を選択すれば，当初の選択集合 $C(S)$ を再現することができるという明瞭な事実に注意すればよい．

消費者選択のプロトタイプ・モデルの場合には，選択関数すなわち需要関数はそもそも効用最大化に基づいて構成されているため，(1.4)で定義される選好関係によって合理化可能な選択関数の例となっていることは明らかである．

本節を閉じる前に，もうひとつ強調しておくべき点がある．合理化可能性という基本概念は，選択行動を一貫して動機付ける選好関係の存在可能性という問題を提起して，選択と選好という本来的にはまったく異なる概念が，選択行動の《合理化可能性》(rationalizability)という概念を連結環として，緊密に結ばれる可能性を示唆している．選好と選択をこのように連結する可能性をもう一歩進めて，選択と厚生の連結可能性を追求しようとする誘惑は，それなりに強い．事実，《選択の自由》(freedom of choice)の実現可能性をもってひとの福

祉の達成度を測ろうという考え方の根底には，ひとが評価する選択肢を自ら選択する自由の保障が，ひとの福祉・厚生の達成の重要な構成要素であるという考え方が潜んでいる．この問題に関する一層の考察は本書第5部(帰結主義，非帰結主義および社会的選択)に到るまで保留せざるを得ないが，興味をもたれる読者が本書を読み進められる過程で，選択，選好，厚生という本来は異なる概念間の連結可能性という問題意識を，一貫して維持し続けられることを期待したい．

第3節 二項関係の基礎理論

本書の大部分において，二項関係の基本的な性質が重要な役割を果たしている．以下の3つの節では，二項関係の基礎理論(第3節)，推移的閉苞とS-整合的閉苞の定義と基本的性質(第4節)，二項関係の拡張定理(第5節)に関する完結した説明を与えて，後の活用の準備を体系的に整えることにする．

まず，以下の考察の舞台となる普遍集合として，非空集合 X を導入する．集合 X 上の《二項関係》(binary relation)とは，直積集合 $X \times X$ に所属する任意の順序対 $(x, y) \in X \times X$ に対して，真偽が明確に定まる命題 (R) のことである．命題 (R) を成立させる順序対 $(x, y) \in X \times X$ の集合を R と記せば，R は直積集合 $X \times X$ の部分集合となる．逆に，集合 $R \subseteq X \times X$ が与えられたとき，二項関係 (R) を

(3.1) (x, y) に対して (R) は真である $\Leftrightarrow (x, y) \in R$

によって定義することができる．したがって，二項関係とは直積集合 $X \times X$ の部分集合のことであると定義しても差し支えないことになる．以下では，二項関係に対するこの定義を採用して，議論を進めることにする．また，表記の単純化のために，$(x, y) \in R$ を xRy と略記することがある．

最初に，いくつかの基本的な定義を導入する．非空普遍集合 X 上の二項関係 R が与えられたとき，R の《非対称成分》(asymmetric component)と R の《対称成分》(symmetric component)を，それぞれ

(3.2) $\qquad P(R) = \{(x,y) \in X \times X \mid xRy \ \& \ \neg yRx\}$ [3]

(3.3) $\qquad I(R) = \{(x,y) \in X \times X \mid xRy \ \& \ yRx\}$

で定義する．R が《弱意の選好》(weak preference)関係であって，xRy が「選択肢 x は選択肢 y と比較して，少なくとも同程度に望ましい」ことを意味する場合には，$P(R)$ と $I(R)$ はそれぞれ《強意の選好》(strict preference)関係と《無差別》(indifference)関係を意味することになる．最後に，二項関係 R によってなんの関係も付けられない選択肢のペアを集めて，新しい二項関係

(3.4) $\qquad N(R) = \{(x,y) \in X \times X \mid \neg xRy \ \& \ \neg yRx\}$

を定義する．R が弱意の選好関係である場合には，$N(R)$ は選好上の比較がつかない選択肢のペアを集めた二項関係であることになる．その意味において，二項関係 $N(R)$ を R に付随する《比較不可能》(non-comparable)関係と称することにする．

　次のステップは，本書で活用される二項関係の基本的な性質を列挙して，これらの性質相互間の関係についても基本的な留意事項を挙げることである．用語法の簡素化のために，以下では二項関係 R は弱意の選好関係であるものと看做して議論を進めるが，さまざまな公理や定理の意味付けがこの特定の解釈方法に拘束されるものではないことに読者は注意していただきたい．

反射性(reflexivity)
　任意の選択肢 $x \in X$ に対して，xRx が成立する．

完備性(completeness)
　任意の選択肢 $x, y \in X$ に対して，$x \neq y$ ならば xRy あるいは yRx が成立する．

推移性(transitivity)
　任意の選択肢 $x, y, z \in X$ に対して，xRy かつ yRz であれば，xRz が成立する．

---

[3] 任意の命題 (Q) に対して，$\neg(Q)$ は命題 (Q) の否定を意味するものとする．

反射性と推移性を兼備する二項関係は《準順序》(quasi-ordering)と呼ばれ，完備性を持つ準順序は《順序》(ordering)と呼ばれる．準順序と順序は本書では頻繁に登場する重要な二項関係である．

　選好判断の首尾一貫性の要請として，推移性という要請はミクロ経済学の全領域で普遍的に活用されている基本的な条件である．しかるに，実際にはこの基本的な条件に違背する選択の事例は，多くのコンテクストで頻繁に観察されている．ダンカン・ルース(Luce, 1956)が有名な 400 杯のコーヒーの例によって巧妙に示したように，推移性の要請は，選択を行うエージェントが，選択肢のどれほど微細な差異でもそれと認識できるほど，完全無欠な識別能力を備えていることを，暗黙のうちに仮定している．本書のように，多数の個人から構成される社会の集団的な選択の合理性に関心を寄せるコンテクストでは，これほど非現実的な識別能力を前提することに対しては，大きな留保の余地がある．この事実を踏まえて，以下では推移性の条件を緩和する 3 つの公理を導入することにしたい．

　推移性の要求を緩和する第 1 の公理は，セン (Sen, 1969, 1970/1979) によって導入された要請であって，R に対する推移性の要求のうちで無差別関係の推移性の要求は捨て，強意の選好関係の推移性の要求だけを残したものである．

準推移性(quasi-transitivity)
　任意の選択肢 $x, y, z \in X$ に対して，$xP(R)y$ であり，$yP(R)z$ でもあれば，$xP(R)z$ が成立する．

　推移性の要求を緩和する第 2 の公理は，強意の選好の推移性の要求をさらに緩和して，強意の選好にサイクルが発生することを禁止する要請である．

非循環性(acyclicity)
　3 つ以上の要素から構成される X の有限部分集合 $\{x^1, x^2, \ldots, x^t\} \subseteq X$ が存在して，$x^1 P(R) x^2, x^2 P(R) x^3, \ldots, x^{t-1} P(R) x^t$ が成立する場合であれば，$\neg x^t P(R) x^1$ が成立しなければならない．

推移性の要求を緩和する別種のチャンネルとして,鈴村(Suzumura, 1976b; 1983a, Chapter 1, Appendix)は,推移性よりは弱いが非循環性よりは強い次の整合性の条件を導入した.非循環性は強意の選好関係のサイクルが発生する可能性のみを排除したのだが,鈴村が導入した整合性の条件は,選好関係のサイクルでその鎖の少なくともひとつの環が強意の選好関係であるものさえ排除する機能を要求するのである.

S-整合性(Suzumura-consistency[4])

3つ以上の項から構成される X の有限部分集合 $\{x^1, x^2, \ldots, x^t\} \subseteq X$ が存在して $x^1 R x^2, x^2 R x^3, \ldots, x^{t-1} R x^t$ を満足するならば,$\neg x^t P(R) x^1$ が成立しなければならない.

推移性,準推移性,S-整合性,非循環性という整合性条件の間の論理的な強弱関係についていえば,同じ始点と終点を持つ2つの連鎖的な含意関係が成立することが知られている.第1に,推移性は準推移性を含意して,準推移性は非循環性を含意する.第2に,推移性はS-整合性を含意して,S-整合性は非循環性を含意する.これらの含意連鎖のいずれについても,逆向きの含意関係は一般的に成立しないことが,反例の存在に基づいて確立されている.こうしてみると,準推移性とS-整合性は,いずれも推移性よりは弱く,非循環性よりは強い整合性の公理だが,準推移性とS-整合性の間には,一方の成立が他方の成立を意味するという含意関係は成立しないことが知られている.以上の性質に対する証明に関心を持たれる読者には,Suzumura(1983a, Chapter 1, Appendix)の参照を求めたい.

最後に,S-整合性,反射性,完備性を満足する二項関係は,順序である他はないことも知られている.後の参照の便宜を図るため,この簡単な性質を定理の位置に押し上げて,証明も与えておくことにしたい.

---

[4] 鈴村(Suzumura, 1976b)が最初に導入したこの公理を Suzumura-consistency axiom と命名したのは,ウォルター・ボッサール(Bossert, 2008)だった.

定理 3.1 (Suzumura, 1983a, Chapter 1, Appendix)

二項関係 R が S-整合性，反射性および完備性を満足するならば，R は順序でなければならない．

証明：R は S-整合性，反射性および完備性を満足する二項関係であるものとして，$x, y \in X$ は xRy, yRz を満足する選択肢のペアとする．$x = z$ であれば xRz は R の反射性からしたがうので，$x \neq z$ であるものと仮定する．そのとき $xN(R)z$ であれば R の完備性と矛盾するため，$\neg xN(R)z$ でなければならない．S-整合性によって $\neg zP(R)x$ であることに留意すれば，この場合には xRz の成立を承認する他はない．R の推移性がこれで確認されたことになる．R は仮定によって反射性と完備性を満足しているため，これで R は順序でなければならないことが判明したことになる．∥

整合性に関するこれらの代替的な公理のうち，S-整合性は本書で特に重要な機能を果たすことになる．その理由は本章の第 5 節で導入される二項関係の拡張定理によって明らかにされる筈である．

本節の考察のこの段階で，普遍集合 X の任意の非空部分集合 $S \subseteq X$ と X 上の任意の二項関係 R から誘導される，2 つの重要な概念を導入する必要がある．S の《R-最大点集合》$G(S, R)$ と，S の《R-極大点集合》$M(S, R)$ がそれである．これらの概念の形式的な定義は以下の通りである．

(3.5) $\qquad G(S, R) = \{x^* \in S \mid \forall x \in S : x^* R x\}$

(3.6) $\qquad M(S, R) = \{x^* \in S \mid \forall x \in S : \neg x P(R) x^*\}.$

経済学のさまざまなコンテクストで，R-最大点集合と R-極大点集合は大きな役割を果たしている．前者の一例は，完全競争的な財市場における消費者の需要関数である．この事実を確認するためには，本章第 1 節の消費者選択のプロトタイプ・モデルを振り返ってみさえすればよい．後者の一例は，資源配分の理論におけるパレート効率的配分の集合である．この事実は，(3.6)に登場する二項関係 R を，任意の 2 つの配分 x, y に対して

(3.7)　　$xRy \Leftrightarrow$ 社会を構成する全個人は一致して x は y と少なくとも同程度に好ましい資源配分であると判断している

によって定義すれば，容易に理解できる筈である．

　R-最大点集合と R-極大点集合の相互関係に関しては，それぞれの定義を比較・対照しさえすれば，2つの簡単な命題の成立を確認することができる．ここでも参照の便宜を図ってこれらの簡単な命題を形式的に述べ，証明も与えておくことにしたい．

定理 3.2 (Sen, 1970/1979, Chapter 1*)
(a) 任意の二項関係 R と，任意に与えられた機会集合 $S \subseteq X$ に対して，$G(S,R) \subseteq M(S,R)$ が成立する．
(b) 二項関係 R が反射性と完備性を持つ場合には，任意の機会集合 $S \subseteq X$ に対して，$G(S,R) = M(S,R)$ が成立する．

証明：(a) 任意の二項関係 R と任意の選択肢 $x,y \in X$ に対して，xRy であれば $yP(R)x$ という可能性は排除されるため，$M(S,R)$ は $G(S,R)$ を包含することは明らかである．

(b) この事実を確認するためには，R が反射性と完備性を満足する場合には，$\neg yP(R)x$ は xRy を意味せざるを得ないことに注意しさえすればよい．∥

　本節の最後に，R-極大点集合の非空性を保証する簡単な十分条件を述べておくことにしたい．

定理 3.3 (Sen, 1970/1979, Chapter 1*)
　二項関係 R が普遍集合上で非循環性を持ち，機会集合 $S \subseteq X$ が非空有限集合であれば，R-極大点集合 $M(S,R)$ は非空となる．

　証明：機会集合 $S \subseteq X$ に含まれる要素の数 $|S|$ に関する数学的帰納法を用いて証明する．まず $|S| = 1$ の場合には，定理の命題が成立することは明らかである．次に，$k = |S| \geq 1$ の場合に命題が成立することを仮定して，$|S| = k+1$ の場合を考える．そこで，任意の選択肢 $x^0 \in S$ を取り出して，

$S^0 = S \setminus \{x^0\}$ と定義すれば，帰納法の仮説から $x^* \in M(S^0, R)$ が存在する．仮に $\neg x^0 P(R) x^*$ であれば，$x^* \in M(S, R)$ となって，証明は完了する．これに対して，$x^0 P(R) x^*$ であれば，R の非循環性によって $x^0 \neq x^*$ がしたがうことになる．ここで，もし仮に $x^0 \in M(S, R)$ であれば，証明はここで完了する．これに対して，$x^0 \notin M(S, R)$ であれば，$x^1 P(R) x^0$ を満足する $x^1 \in S$ が存在する．R は非循環的なので，この x^1 に対しては $x^1 \notin \{x^0, x^*\}$ が成立する．もし $x^1 \in M(S, R)$ であれば証明はここで完了するが，さもなくばある $x^2 \in S$ に対して $x^2 P(R) x^1$ が成立しなければならない．R は非循環的なので，$x^2 \notin \{x^0, x^1, x^*\}$ が成立する．仮定によって S は有限集合なので，このアルゴリズムはやがては $M(S, R)$ の要素に到着して，そこで終了せざるを得ないのである．∥

第4節　推移的閉苞と S-整合的閉苞

選択の合理性の分析で重要な機能を担う概念のひとつは，二項関係の《推移的閉苞》(transitive closure) である．本節はこの古典的な概念と，最近の研究 (Bossert, Sprumont and Suzumura, 2005a) でウォルター・ボッサール，イブ・スプルモンおよび鈴村興太郎が新たに導入した《S-整合的閉苞》の概念を定義して，これらの概念の基本的な性質とその機能を解説することに充てられる．

普遍集合 X 上で定義される 2 つの二項関係 R^1, R^2 の《合成》(composition) とは

(4.1) $\quad R^1 \circ R^2 = \{(x, y) \in X \times X \mid \exists z \in X : (x, z) \in R^1 \ \& \ (z, y) \in R^2\}$

によって定義される新たな二項関係である．この概念を用いて，X 上の任意の二項関係 R に対して二項関係の無限列 $\{R^{(\tau)}\}_{\tau=1}^{\infty}$ を，$R^{(1)} = R$, $R^{(\tau)} = R \circ R^{(\tau-1)}$ ($\tau = 2, 3, \ldots, +\infty$) として定義する．そのとき，$R$ の《推移的閉苞》(transitive closure) $tc(R)$ は

(4.2) $$tc(R) = \bigcup_{\tau=1}^{\infty} R^{(\tau)}$$

によって定義される．すなわち，$x, y \in X$ に対して $(x, y) \in tc(R)$ が成立する
のは，ある有限集合 $\{x^0, x^1, \ldots, x^K\} \subseteq X$ が存在して $x = x^0$, $(x^{k-1}, x^k) \in R$
$(k = 1, 2, \ldots, K)$, $x^K = y$ が成立するとき，そしてそのときのみである．

推移的閉包オペレーション tc は，《閉包オペレーション》(closure operation)
の公理と呼ばれる以下の性質 (Berge, 1963, p. 12) を備えていることを，容易に
確認することができる．

(T_1) $\qquad\qquad tc(R) \supseteq R;$
(T_2) $\qquad\qquad R^1 \supseteq R^2 \Rightarrow tc(R^1) \supseteq tc(R^2);$
(T_3) $\qquad\qquad tc[tc(R)] = tc(R);$
(T_4) $\qquad\qquad tc(\emptyset) = \emptyset.$

これらの性質から，R が推移性を持つのは $R = tc(R)$ が成立するとき，そ
してそのときのみであること，また任意の二項関係 R に対して $tc(R)$ は R の
推移的な《上位集合》(superset) であることが直ちにしたがう．だが，推移的閉
包の概念が持つ決定的な重要性は，以下の定理が示す性質に起因している．

定理 4.1

普遍集合 X 上の任意の二項関係 R に対して，$tc(R)$ は R を内包する最小の
推移的な二項関係である．

証明：容易に確認されるように，R が推移性を持つのは $R \circ R \subseteq R$ が成
立するとき，そしてそのときのみである．また，R, R_* および R', R'_* が $R \subseteq R_*$ および $R' \subseteq R'_*$ を満足する二項関係であれば，$R \circ R' \subseteq R_* \circ R'_*$ が成立す
ることも容易に確認できる．定理の主張を確認するために，R_* は R の任意の
推移的上位集合であるものとする．定義により，$R \subseteq R_*$ かつ $R_* \circ R_* \subseteq R_*$
が成立する．そのとき，$R^{(2)} = R \circ R \subseteq R_* \circ R_* \subseteq R_*$ であることがしたがう
が，これからさらに $R^{(3)} = R \circ R^{(2)} \subseteq R_* \circ R_* \subseteq R_*$ が得られることになる．
この手続きを継続すれば，任意の自然数 τ に対して $R^{(\tau)} \subseteq R_*$ が成立するこ
とを確認できる．そのとき，推移的閉包の定義 (4.2) を参照すれば，定理の主
張がこれからしたがうことになる．∥

推移的閉包を決定的に特徴付ける定理 4.1 を参照標準として，普遍集合 X 上の任意の二項関係 R に対して R を内包する最小の S-整合的な二項関係として，R の《S-整合的閉包》(S-consistent closure) $cc(R)$ を定義する．そのとき，S-整合的閉包の具体的な表現を与える以下の定理を確立することができる．

定理 4.2 (Bossert, Sprumont and Suzumura, 2005a)
普遍集合 X 上の任意の二項関係 R に対して，

(4.3)
$$cc(R) = \{(x,y) \in X \times X \mid (x,y) \in R \vee [(x,y) \in tc(R) \ \& \ (y,x) \in R]\}$$

が成立する．

証明：最初に，(4.3)で定義される $cc(R)$ の概念について，2つの注意を与えておくことにしたい．第1に，推移的閉包オペレーター tc が閉包オペレーションの公理 (T_1)-(T_4) を満足するのと同様に，オペレーター cc も以下の閉包オペレーションの公理 (C_1)-(C_4) を満足する．

(C_1) $\qquad\qquad cc(R) \supseteq R;$

(C_2) $\qquad\qquad R^1 \supseteq R^2 \Rightarrow cc(R^1) \supseteq cc(R^2);$

(C_3) $\qquad\qquad cc[cc(R)] = cc(R);$

(C_4) $\qquad\qquad cc(\emptyset) = \emptyset.$

第2に，$tc(R)$ と $cc(R)$ との間には，任意の二項関係 R に対して $cc(R) \subseteq tc(R)$ が成立する．しかも，この包含関係は等号で成立する場合もあれば，厳密な包含関係になる場合もある．前者の例は $X = \{x,y,z\}$ かつ $R = \{(x,x), (y,y), (z,z), (x,y), (y,z), (z,x)\}$ で与えられ，後者の例は $X = \{x,y,z\}$ かつ $R = \{(x,y), (y,z)\}$ で与えられる．

次に，(4.3)で定義される $cc(R)$ の S-整合性を証明する．自然数 K ($2 \leq K < +\infty$) と $x^0, x^1, \ldots, x^K \in X$ は，$x^{k-1} cc(R) x^k$ をすべての $k = 1, 2, \ldots, K$ に対して満足するものとする．以下では $\neg x^K P(cc(R)) x^0$ の成立を示すことにする．$cc(R) \subseteq tc(R)$ に注意すれば，このとき $x^{k-1} tc(R) x^k$ ($k = 1, 2, \ldots, K$)

がしたがうが，$tc(R)$ の推移性によって，これから $x^0 tc(R) x^K$ を得ることができる．このとき $\neg x^K cc(R) x^0$ であれば $\neg x^K P(cc(R)) x^0$ となって，証明は首尾よく終了する．そこで $x^K cc(R) x^0$ であるものとすれば，定義(4.3)によって

$$x^K R x^0 \vee [x^K tc(R) x^0 \ \& \ x^0 R x^K]$$

が成立する．まず $x^K R x^0$ である場合には，既に示した $x^0 tc(R) x^K$ と $cc(R)$ の定義から $x^0 cc(R) x^K$ がしたがうため，$\neg x^K P(cc(R)) x^0$ が得られることになる．一方，$x^K tc(R) x^0$ かつ $x^0 R x^K$ である場合には，$R \subseteq cc(R)$ に留意すれば，$x^0 cc(R) x^K$ がしたがうことになる．この場合にもまた $\neg x^K P(cc(R)) x^0$ となるため，$cc(R)$ のS-整合性の証明はこれで完成する．

$cc(R)$ が，R を含む最小のS-整合的な二項関係であることを確認するためには，Q は R を含む任意のS-整合的な二項関係であるものとして，$cc(R) \subseteq Q$ を確認すればよい．そこで $xcc(R)y$ であるとすれば，$cc(R)$ の定義(4.3)によって xRy あるいは $[xtc(R)y \ \& \ yRx]$ が成立する．xRy である場合には，$R \subseteq cc(R) \subseteq Q$ から xQy がしたがうことになる．$xtc(R)y \ \& \ yRx$ である場合には，$R \subseteq cc(R) \subseteq Q$ から $tc(R) \subseteq tc(Q)$ がしたがうことに留意すれば，$xtc(Q)y \ \& \ yQx$ が得られることになる．このとき $\neg xQy$ であれば，yQx を考慮して $yP(Q)x$ が得られることになる．これを $xtc(Q)y$ と結合すれば Q のS-整合性との矛盾がしたがうことになるため，xQy であることを承認せざるを得ないのである．これで(4.3)が定義する $cc(R)$ は，確かに R のS-整合的閉苞であることが確認できたことになる．∥

第5節　二項関係の拡張定理

最後に残された重要な準備作業は，普遍集合 X 上の任意の不完備な二項関係 R が含む情報を正確に活用しつつ，R に欠けている情報を整合的に補充して，非完備な関係 R を完備な順序関係に拡張できるために，R が満足すべき条件を検討することである．我々の問題を正確に表現すれば，R に対して

$$(5.1) \quad R \subseteq R^*, \quad P(R) \subseteq P(R^*)$$

を満足する順序関係 R^* の存在を保証するために，R が満足しなければならない条件を明らかにすることである．単に第 1 部の議論においてのみならず，本書の多くの箇所でこの《二項関係の拡張定理》(extension theorem for binary relations) が重要な機能を担うことを，我々はやがて認識することになる．

この分野における古典的な成果は，準順序の順序への拡張可能性を保証する以下の定理である．

定理 5.1 (Szpilrajn, 1930)
普遍集合 X 上の任意の準順序 R は，順序拡張 R^* を持つ．

この定理の証明には，《ツォルンの補題》(Zorn's lemma) と呼ばれる補助命題が必要となる．まずこの補題を準備することから始めたい．

ある非空集合 Ω 上で定義される二項関係 $\Re$ を考える．Ω の任意の非空部分集合 ω の《$\Re$-優越点》($\Re$-majorant) 集合と呼ばれる部分集合 $\mu(\omega, \Re)$ を，以下のようにして定義する．

$$(5.2) \quad \mu(\omega, \Re) = \{x \in \Omega \mid \forall y \in \omega : x\Re y\}.$$

さて，順序対 $(\Omega, \Re)$ は，Ω の非空部分集合 ω^* が任意の $x, y \in \omega^*$ に対して $x\Re y$ あるいは $y\Re x$ を満足する場合には，必ず Ω 内に $\Re$-優越点を持つ場合，すなわち

$$(5.3) \quad \mu(\omega^*, \Re) \neq \emptyset$$

が成立する場合には，《帰納的》(inductive) であるという．

ツォルンの補題は，集合 Ω 内に $\Re$-極大点が存在することを保証する十分条件を与える重要な命題である．

ツォルンの補題
二項関係 $\Re$ は集合 Ω 上の準順序であり，順序対 $(\Omega, \Re)$ は帰納的であるもの

とする.そのとき,$M(\Omega, \Re) \neq \emptyset$ が成立する.

必ずしも直観的に自明な命題ではないものの,ツォルンの補題は有名な《選出公理》(axiom of choice)のひとつの同値な表現方法である.興味を持たれる読者には,例えば Berge(1963) の参照を求めることにして,以下ではツォルンの補題をあたかも公理のように受け入れて,議論を先に進めることにしたい.

定理 5.1 の証明:R は X 上の準順序であり,Θ は R を拡張する準順序全体の集合族であるものとする.R は Θ の要素なので,Θ は非空である.Θ^* は Θ の部分集合族であって,任意の $R, R' \in \Theta^*$ に対して

$$(5.4) \qquad R \supseteq R' \vee R \subseteq R'$$

を満足するものとして,$R^{\Theta^*} = \bigcup_{R^* \in \Theta^*} R^*$ と定義する.(5.4)を満足する限りで任意の Θ^* に対して $R^{\Theta^*} \in \mu(\Theta^*, \supseteq)$ となることは明らかであるので,順序対 $(\Theta, \supseteq)$ は帰納的である.$\supseteq$ は Θ 上の準順序なので,われわれはツォルンの補題を適用して,Θ 内に $\supseteq$-極大点 R^{**} が存在することを結論することができる.定義によって R^{**} は準順序,すなわち反射的かつ推移的な二項関係である.以下では R^{**} は完備性を満足する順序であることを証明する.

X 内に $x^0 \neq y^0$, $\neg x^0 R^{**} y^0$, $\neg y^0 R^{**} x^0$ を満足する $x^0, y^0 \in X$ が存在するものと仮定して,新たな二項関係 R^0 を

$$(5.5) \qquad xR^0 y \Leftrightarrow [xR^{**}y \vee \{xR^{**}x^0 \ \& \ y^0 R^{**} y\}]$$

で定義すれば,明らかに $R^{**} \subseteq R^0$ である.$x^0 R^0 y^0$ かつ $\neg x^0 R^{**} y^0$ なので,実際には $R^{**} \subset R^0$ である.R^0 の推移性を示すため,$xR^0 y$ かつ $yR^0 z$ とする.仮に $xR^{**}y$ かつ $yR^{**}z$ であれば,R^{**} の推移性によって $xR^{**}z$ なので,$xR^0 z$ を得ることができる.もし仮に,$xR^{**}y \ \& \ [yR^{**}x^0 \ \& \ y^0 R^{**} z]$ であれば,$xR^{**}x^0 \ \& \ y^0 R^{**}z$ が得られるが,(5.5)を考慮すればこれから $xR^0 z$ を結論することができる.$[xR^{**}x^0 \ \& \ y^0 R^{**}y] \ \& \ yR^{**}z$ である場合も,同様にして処理することができる.最後に,$[xR^{**}x^0 \ \& \ y^0 R^{**}y] \ \& \ [yR^{**}x^0 \ \& \ y^0 R^{**}z]$ という場合は $y^0 R^{**} x^0$ を意味することになるため,実際にはこのケースは不

可能である．こうして R^0 の推移性が確認されたことになる．

最後に，R^0 が R の拡張であることを確認するため，まず $R \subseteq R^{**} \subseteq R^0$ という事実に注意する．次に $xP(R)y$，したがって $xP(R^{**})y$ とすれば，$xR^{**}y$ および $\neg yR^{**}x$ が得られることになる．$yR^{**}x^0$ & $y^0 R^{**}x$ であれば $y^0 R^{**}x^0$ となるが，これは不可能である．こうして $yR^0 x$ が得られるが，これから $xP(R^0)y$，したがって $P(R) \subseteq P(R^0)$ が確認できることになる．

これで $R^0 \in \Theta$ および $R^{**} \subset R^0$ という事実が示されたことになるが，この結果は R^{**} が Θ 内で $\supseteq$-極大であるという事実と矛盾する．∥

定理 5.1 は順序拡張の可能性に関する基本定理ではあるが，R が準順序であるという条件は順序拡張の存在のための十分条件ではあっても，必要十分条件ではない．鈴村(Suzumura, 1976b)が導入した S-整合性の条件は，まさに順序拡張の存在の必要十分条件に他ならないことが，次の定理によって確立されている．

定理 5.2 (Suzumura, 1976b)

普遍集合 X 上の準順序 R が順序拡張を持つための必要十分条件は，R が S-整合性を満足することである．

証明：R が S-整合性を持たないとすれば，ある自然数 K ($2 \leq K < +\infty$) と普遍集合 X の有限部分集合 $\{x^0, x^1, \ldots, x^K\} \subseteq X$ が存在して，$x^{k-1}Rx^k$ ($k = 1, 2, \ldots, K$) および $x^K P(R) x^0$ を満足する．R^* は R の任意の拡張であるものとすれば，定義によって $R \subseteq R^*$，$P(R) \subseteq P(R^*)$ が成立する．そのとき R^* は明らかに S-整合的ではなく，したがって推移的ではあり得ないことになる．R の順序拡張 R^* が存在するためには R は S-整合性を持つ必要があることが，これで確認されたことになる．

次に，R は S-整合的であるものとして，R の順序拡張 R^* の存在を証明する．最初に，二項関係

(5.6) $$R^0 = tc(R) \cup \Delta$$

を定義する．ただし，ここで $\Delta = \{(x,x) \mid x \in X\}$ である．まず，R^0 は X

上の準順序であることを示したい．R^0 は明らかに反射性をもっているので，推移性を示しさえすればよい．そこで，xR^0y, yR^0z を満足する $x, y, z \in X$ を選択する．(x, y) と (y, z) がいずれも $tc(R)$ に所属している場合には，$tc(R)$ の推移性によって $(x, z) \in tc(R) \subseteq R^0$ がしたがうことになる．(x, y) あるいは (y, z) が Δ に所属する場合には，Δ の定義によって $x = y$ あるいは $y = z$ となるために，$(x, z) \in R^0$ は $(y, z) \in R^0$ または $(x, y) \in R^0$ からしたがうことになる．R^0 が準順序であることがこれで確認されたので，定理5.1により R^0 の順序拡張 R^* が存在する．R^0 が R の拡張であることを示せば，証明はそれで完成する．定義(5.6)によって，$R \subseteq R^0$ の成立は明らかなので，$P(R) \subseteq P(R^0)$ の成立を示しさえすればよい．そこで，$(x, y) \in P(R)$ とすれば，$(x, y) \in R$ から $(x, y) \in R^0$ がしたがうため，我々は $(y, x) \notin R^0$ が $(x, y) \in P(R)$ からしたがうことを示しさえすれば十分である．そこで $(y, x) \in R^0$ であるものとすれば，明らかに $(y, x) \notin \Delta$ でなくてはならないので，$(y, x) \in tc(R)$ となる．これを $(x, y) \in P(R)$ と結合すれば，R の S-整合性との矛盾が生じることになるのである．∥

定理5.2 は S-整合性という要請の重要性を象徴的に示している．推移性の要請を緩和するいくつかの可能性のうちで，反射性と推移性を持つ完備な二項関係への拡張を完成させる可能性を持つ緩和方法は，定理5.2によれば S-整合性を備える二項関係への緩和に限られるのである．特に，合理的な社会的選択の理論の展開過程で重要な役割を果たしたセン(Sen, 1969)の準推移性の条件は，非完備な社会的選好関係の完備化可能性に対する十分条件でもなければ必要条件でもないことに注意すべきである．

第6節 合理的選択と合理性の位階

本章の最後に，改めて合理的選択の概念と合理性の位階の概念を正確に表現して，次章での分析に備えることにしたい．

普遍集合 X の任意の非空な部分集合族 $\boldsymbol{K}$ で定義される選択関数 C は，X 上の二項関係 R で

(6.1) $$\forall S \in \boldsymbol{K} : C(S) = G(S, R)$$

を満足するものが存在する場合には，《G-合理的》(G-rational)な選択関数であるという．そして(6.1)という性質を成立させる二項関係 R は，選択関数 C の《G-合理化》(G-rationalization)であるという．また，X 上の二項関係 R で

(6.2) $$\forall S \in \boldsymbol{K} : C(S) = M(S, R)$$

を満足するものが存在する場合には，C は《M-合理的》(M-rational)な選択関数であるという．そして(6.2)という性質を成立させる二項関係 R は，選択関数 C の《M-合理化》(M-rationalization)であるという．これら2つの合理的な選択関数の定義のうちで，本書では専ら G-合理的な選択関数の概念に関心を集中することになるため，以下では G-合理的な選択関数を単に合理的な選択関数と称することにする．また，選択関数 C の G-合理化も，単に C の合理化と称することにする．

以下の考察を G-合理的な選択関数に絞る理由は，合理的選択の理論の到達点をすべての詳細にわたって記述することの煩瑣を避けるという理由以外にも，次のような理由がある．いま，非空の集合族 $\boldsymbol{K}$ 上の選択関数 C は G-合理的であって，G-合理化 R を持つものとする．そのとき，新たな二項関係 R' を

(6.3) $$\forall x, y \in X : xR'y \Leftrightarrow \neg y P(R) x$$

によって定義すれば，C は M-合理的であって M-合理化 R' を持つことになるのである．とはいえ，M-合理的な選択関数にはそれに固有の興味があることも事実であるので，M-合理化可能性の理論に関心を持たれる読者には，Sen(1997a)，Bossert, Sprumont and Suzumura(2005b, 2006) および Bossert and Suzumura(2008b) などの参照をお勧めすることにしたい．

ここで改めて，R という合理化を持つ合理的選択関数 C を，さらに詳細に考察することにしたい．われわれがここで注意を喚起したい点は，合理化 R が満足することを要求される属性である．本節では，これまでのところ選択関数 C を合理化するという基本的な要請(6.1)以外には，合理化 R に対してな

んの要請も付加的に課してはこなかった．したがって，選択の合理性という概念には，選択を合理化する二項関係それ自体の内部的な整合性に関して，いかなる要請も必然的に課されてはいないのである．しかるに，ミクロ経済学の標準的な理論で前提されてきた合理的なエージェントは，単に選択に内在して一貫した動機付けを提供する選好関係(目的)を持つ個人であるという基本的な性質を越えて，選好関係それ自体の内在的な整合性に関しても，強い要請を課されてきたのである．この点に留意して，本書第 1 部では，選択関数の合理性に対して 3 つの基本的な位階を設定することにしたい．

　この位階の最上位には，選択を合理化する二項関係が反射性，完備性，推移性を満足する順序であるという《完全合理性》(full rationality)の概念が位置している．第 2 位の位階には，選択を合理化する二項関係が反射性と S-整合性を満足するという意味で，《S-整合的合理性》(S-consistent rationality)の概念が位置している．この位階の最下位には，選択を合理化する二項関係の存在のみを要請する《合理性》(rationality)の概念が位置している．この 3 段階の位階制は，合理性の位階構造に関する研究の到達点を大幅に単純化している．合理的選択の位階制に関する一般理論に関心を持たれる読者には，Bossert, Sprumont and Suzumura(2006)および Bossert and Suzumura(2008b)の参照を求めたい．本書でこのような単純化を行う理由は，第 2 部(社会的選択の合理性と情報的効率性)における社会的選択の分析に際して重要な役割を演じる合理性の概念は，まさにこれらの 3 つの位階のものであるという事実に根差している．

第2章　合理的選択と顕示選好

第1節　サミュエルソン＝ハウタッカーの顕示選好理論

　ミクロ経済学の発展と成熟にとって1930年代に行われた研究が持つ特異な重要性は，《序数主義革命》(ordinalist revolution)という幾分大仰な言い回しで表現するに値するように思われる．

　ヴィルフレド・パレート(Pareto, 1906)がつとに嚆矢を放った序数的な選好の理論は，ロシアの統計学者・経済学者オイゲン・スルツキー(Slutsky, 1915)が発見して，後にジョン・ヒックス＝ロイ・アレン(Hicks and Allen, 1934)が《価値理論の基本方程式》と命名した基礎的な洞察——財の価格変化が消費者の需要量に及ぼす効果を《代替効果》と《所得効果》に分解する洞察——を大きな推進力として，やがてヒックスの古典『価値と資本』(Hicks, 1939/1946)による綜合に帰結するとともに，現代ミクロ経済学の中枢的な地位を確立したのである．

　この理論で個人の選好を表現する序数的な効用関数は，従来の理論から効用の基数性を追放したのみならず，暗黙のうちに効用の個人間比較からオペレーショナルな意味を剥奪する役割をも果たしたのである．アーサー・ピグーが創始した【旧】厚生経済学を撃沈したライオネル・ロビンズの批判は，ミクロ経済学の事実解明的側面で生じた序数主義革命が，ミクロ経済学の規範的側面にスピルオーバーしたものだったと考えられる．

　本書第1章第1節で参照標準として導入した消費者選択のプロトタイプ・モデルは，パレート＝ヒックスの理論の輪郭を簡潔に捉えた定式化である．この理論で，完全競争的な財市場における消費者の選択行動を説明する基本概念こそ，選択空間上で定義される《選好順序》(preference ordering)である．この理論の開拓者たちは，選好順序に直接焦点を合わせたわけではなく，選好順序を忠実に表現する実数値効用関数を前面に押し出したことは事実だが，ことの本質が選好順序の概念のなかにあることは，紛れもない事実である．

振り返ってみれば，消費者選択の純粋理論の発展過程は《オッカムの剃刀》(Ockham's razor) のエクササイズを繰り返す過程だったといってよい．消費者選択の顕示選好理論を創始した最初の論文(Samuelson, 1938a)の冒頭で，ポール・サミュエルソンはこの経緯を以下のように表現している．

> そもそもの始めから，消費者選択の理論は不必要に制約的な条件を次々と捨て去って，一般性をさらに高める方向に着実な歩みを続けてきた．ゴッセンの時代から我々の時代に到るまで，(a) 限界効用の線形性の仮定，(b) 効用の独立性の仮定，(c) 基数的な意味での効用の可測性の仮定，(d) 選好場の積分可能性の仮定，が次々と除去される状況を，我々は目撃してきたのである．

とはいえ，サミュエルソンが消費者選択の理論のフロンティアに到着した時点では，「最も現代的な分析の大部分ですら，効用概念の残滓を依然として引き摺っていることは明らか」だった．そこでサミュエルソンが構想した研究プログラムこそ，問題を正面から攻撃して，効用概念の最後の残滓とすら無縁な《顕示選好の理論》(revealed preference theory) を展開する大胆な試みだったのである．

サミュエルソンのプログラムの要諦はごく単純である．彼は，序数的な選好順序から需要関数を導出して，選好最適化の条件を梃子として価格と所得の変化に需要関数がどのように反応するかを説明するスルツキー＝ヒックスの比較静学の理論とは，明示的に袂を分かつことを宣言する．序数的選好から需要関数を導出する間接的な接近方法に替えて，彼は需要関数から直接的に出発する方法を採用した．そして，需要関数が有限ステップの価格変化に反応する仕方に対してある直観的な公理を課して，スルツキー＝ヒックスの比較静学法則の大半を，この公理だけを梃子として導出することを目指したのである．

サミュエルソンの力技の基礎となった《顕示選好の弱公理》(weak axiom of revealed preference) を定式化するため，第1章第1節の消費者選択のプロトタイプ・モデルをさらに単純化したモデルを構成する．l 個の財 $(2 \leq l < +\infty)$ を含む完全競争的な財市場において，消費者選択の普遍集合を

(1.1)　　　$X = \{\boldsymbol{x} = (x_1, x_2, \ldots, x_l) \mid x_i \geq 0 \ (i = 1, 2, \ldots, l)\}$

と定義する．$\boldsymbol{B}$ は X の非空部分集合の非空集合族であり

(1.2)　　　$B \in \boldsymbol{B} \Leftrightarrow \exists \boldsymbol{p} = (p_1, p_2, \ldots, p_l) \gg \boldsymbol{0}, \exists M > 0 : B = B(\boldsymbol{p}, M)$

を満足するものとする[1]．C は $\boldsymbol{B}$ を定義域とする選択関数であり，任意の機会集合(予算集合) $B \in \boldsymbol{B}$ に対して，$C(B)$ は B から選択される消費ベクトルのみを要素とする一点集合である．

最初に顕示選好関係 R_h を以下の方法で定義する：

(1.3)　　　$\forall x, y \in X : x R_h y \Leftrightarrow \exists B \in \boldsymbol{B} : \{x\} = C(B) \ \& \ y \in B \backslash C(B).$

この定義が持つ意味は明らかな筈である．顕示選好関係 $x R_h y$ が成立するのは，ある機会集合(予算集合) B のもとで消費計画 x が実際に購入され，消費計画 y もまた機会集合 B のもとで購入可能ではあったが，実際には購入されなかった場合，そしてその場合のみなのである．R_h を用いて，サミュエルソンの顕示選好の弱公理は次のように定式化される．

顕示選好の弱公理(WARP)

任意の $x, y \in X$ に対して，$x R_h y$ であれば $\neg y R_h x$ が成立する[2]．

サミュエルソン(Samuelson, 1938a, 1938b, 1947/1983, 1948)は，ヒックスが序数的選好の理論に立脚して導出した需要法則の大半を，顕示選好の弱公理のみに基づいて実際に導出するという目覚ましい成果を挙げて，パレート＝スルツキー＝ヒックスの理論に代替する理論として，顕示選好の理論を確固とした足場の上に築くことに成功したのである．サミュエルソンの力技が，ヒックス

---

1) 予算集合 $B(\boldsymbol{p}, M)$ は第 1 章第 1 節のプロトタイプ・モデルの考察に際して定義した．
2) サミュエルソン自らの表現(Samuelson, 1950b)によれば，顕示選好の弱公理は平易な言葉で次のように述べることができる：「価格-所得状況 A において，別の状況 B で現実に購入された財束を購入しようとすれば購入できたにも関わらず，実際には購入しなかったとすれば，A は B よりも好ましいことが《顕示》されたものと定義する．我々の基本的な仮説は，B もまた A よりも好ましいことが顕示されることは決してない，というものである」．

の需要法則の文字通りすべてを顕示選好の弱公理の射程に収めることができていたならば,まさに《効用概念の残滓》を完璧に払拭した新機軸として,顕示選好の理論はパレート＝スルツキー＝ヒックスの理論に完全にとって替わることになっていた筈である.だが問題は,スルツキー＝ヒックスの代替項を要素とする行列が,対称性を持つ負の半定符号形式になるという性質——選好場の《積分可能性》(integrability)を保証する性質——は,顕示選好の弱公理だけでは導出できないという事実にあった.この事実が,顕示選好の弱公理はこの目標の実現のためには弱すぎる公理だということを意味するのか,それともさらに巧妙な論法を駆使しさえすれば,顕示選好の弱公理だけでサミュエルソンのプログラムを結局は完結できるのかという問題は,しばらくの間は未解決の問題として留まることになったのである.

消費者選択の理論におけるこの最大の未解決問題は,1950年代にヘンドリック・ハウタッカー(Houthakker, 1950),ヒュー・ローズ(Rose, 1958),デーヴィッド・ゲール(Gale, 1960)などの研究によって,最終的に解決されることになった.ハウタッカーは,サミュエルソンの弱公理を《顕示選好の半推移性公理》(semi-transitivity axiom of revealed preference)に強め,顕示選好関係の推移性——顕示選好の理論のなかで,選好場の積分可能性に対応する性質——を証明することに成功して,サミュエルソンのプログラムを完成させることに貢献した.これに対してサミュエルソンは,消費者選択の理論における積分可能性の問題の意味と意義を鮮やかに示した論文(Samuelson, 1950b)のなかで,ハウタッカーの貢献に対して最大限の賛辞を呈するとともに,ハウタッカーの公理を見やすい形で再構成した《顕示選好の強公理》(strong axiom of revealed preference)を提示したのである.

ローズとゲールの貢献は,顕示選好の弱公理と強公理の論理的な関係に関わっている.ローズ(Rose, 1958)は,選択関数の普遍集合を定義する財空間の次元に注目して,$l = 2$という特殊ケースでは弱公理と強公理は同値であることを証明して,$l \geq 3$という一般的なケースにこの結果が拡張可能であるかどうかという問題に,新たな関心を惹起する役割を果たした.この問題に最終的な解決をもたらしたのはゲールだった.彼の論文(Gale, 1960)は,一般的なケースでは弱公理は強公理を含意しないことを確立して,顕示選好の理論のひとつ

のエピソードに幕をおろしたのである．

　ハウタッカーが顕示選好の半推移性公理を導入するステップに先駆けて，サミュエルソン自身も「[顕示選好理論における]望ましいとか望ましくないという関係は推移性を持っていない」(Samuelson, 1947/1983, p. 151)という事実をつとに指摘して，顕示選好の弱公理を的確に強化する試みを続けていたが，このゴールに最初に辿り着いたのはハウタッカーだったのである．だが，ハウタッカーの公理を形式的に導入する前に，古典的な積分可能性の問題との関わりで，顕示選好の理論の方法論的な特徴に簡単に言及しておく必要がある．

　振り返ってみれば，古典的な消費者選択の理論における積分可能性の問題は，全微分形式の積分可能性という数学的な表現を与えられていた．別の言い方をすれば，古典的な積分可能性の問題は，無限小解析のひとつのエクササイズとして提起されていたのである．これとは対照的に，顕示選好の理論の特徴は「有限形式で表現された積分可能性条件の含意を導出すること」(Samuelson, 1947/1983, p. 107, footnote 13)にあった．ここでいう「有限形式で表現」される条件であれば，有限個の観察事実のみに基づいて原理的には棄却可能であるため，顕示選好の理論が持つこの特徴は，消費者選択の理論を経験的にオペレーショナルにするという目的と，緊密に結びついていることに注意すべきである．ハウタッカー自身も，サミュエルソンが創始した顕示選好の理論が持つ有限形式を尊重する考え方を，非常に重視していたことにも注意したい．事実彼は，「全微分形式は実際の現象に直接的には対応しないから，回避されるべきであると考えられる．この考え方から，直ちに観察可能な数量に基づいて消費者理論を構成するという志向が生み出されてくる」(Houthakker, 1950, p. 160)と述べていたのである[3]．

　ハウタッカーが導入した顕示選好の半推移性公理は，サミュエルソンの弱公理と同じく，以下の有限形式で表現されている．

---

3)　こう述べたからといって，古典的な積分可能性問題と顕示選好理論とは異なる問題を取り扱っているというわけではない．ケネス・アローが若干異なるコンテクストで述べたように，「消費者の需要理論の分野における積分可能性の問題に通暁しているひとならば，問題の本質は最終的な選択が選択経路からの独立性を持つことにあることに気付く筈である．推移性はまさにこの独立性を保証する」のである(Arrow, 1951/1963, p. 120)．

ハウタッカーの顕示選好の半推移性公理(HSTA)

ある自然数 T $(3 \leq T < +\infty)$，X 内の非空有限集合 $\{x^1, x^2, \ldots, x^T\} \subseteq X$，$\boldsymbol{B}$ 内の非空部分集合族 $\{B^1, B^2, \ldots, B^T\} \subseteq \boldsymbol{B}$ が存在して，$\{x^t\} = C(B^t)$ $(t = 1, 2, \ldots, T)$ かつ $x^{t+1} \in B^t$ $(t = 1, 2, \ldots, T-1)$ を満足するうえに，$1 \leq i < j \leq T$ を満たす i, j で $x^i \neq x^j$ となるものがあるならば，$x^1 \notin B^T$ が成立する．

サミュエルソンが定式化した顕示選好の強公理は，ハウタッカーの顕示選好の半推移性公理を若干修正した公理であって，次のように表現される．

サミュエルソンの顕示選好の強公理(SARP)

ある自然数 T $(3 \leq T < +\infty)$，X 内の非空有限集合 $\{x^1, x^2, \ldots, x^T\} \subseteq X$，$\boldsymbol{B}$ 内の非空部分集合族 $\{B^1, B^2, \ldots, B^T\} \subseteq \boldsymbol{B}$ が存在して，$\{x^t\} = C(B^t)$ $(t = 1, 2, \ldots, T)$ かつ $x^{t+1} \in B^t \setminus C(B^t)$ $(t = 1, 2, \ldots, T-1)$ を満足するならば，$x^1 \notin B^T$ が成立する．

ハウタッカーが示したように，顕示選好の半推移性公理は顕示選好関係の推移性を保証するのみならず，選択関数を合理化する順序の存在を保証するうえで決定的な役割を果たすことが知られている．また，サミュエルソンの顕示選好の強公理も同じ役割を担えることが，宇沢弘文(Uzawa, 1960)，バーント・スティガム(Stigum, 1973)たちによって論証されている．しかも，選択関数を合理化する順序は，連続性を持つ実数値効用関数によって表現可能であることも，この理論の重要な到達点の一部となっている．

このように，サミュエルソンのプログラムを肯定的に完結させる顕示選好公理がハウタッカーによって発見されたことは，消費者選択の純粋理論における輝かしい研究成果として，経済学史に特筆される価値がある．とはいえ，この成功物語の到着点の意味と意義は，慎重に評価されるべきである．効用概念の最後の残滓を排除して，伝統的な理論を完全に《代替》する理論を構築する筈だったサミュエルソンのプログラムは，皮肉にも序数的効用理論と《同値》な理論として完成されたことになるからである．

しかし，顕示選好の理論の意義をその歴史的なコンテクストに過度に囚われずに考えてみると，サミュエルソン＝ハウタッカーによって完成された理論は，合理的選択の理論の最初のモデルとして，新たな重要性を担うことを理解することができる．本章の以下の部分では，サミュエルソン＝ハウタッカーが敷設した軌道を辿りつつ，合理的選択の理論の自己完結的な展開を試みることにする．

第2節　選択の一般モデルと顕示選好公理

本節では，消費者選択のプロトタイプ・モデルを離れて，選択の一般モデルを分析の基礎的なフレームワークとして採用することにする．基礎的な概念および標準的な記法の復習のために，X は選択肢の非空普遍集合，$\boldsymbol{K}$ は X の非空部分集合の集合族，C は集合族 $\boldsymbol{K}$ に所属する任意の集合 [選択の《機会集合》(opportunity set)] $S \in \boldsymbol{K}$ に S の非空部分集合 [機会集合 S からの《選択集合》(choice set)] $C(S)$ を対応させる関数 [《選択関数》(choice function)] である．

選択肢の普遍集合 X と選択の機会集合の集合族 $\boldsymbol{K}$ のペアを《選択空間》(choice space) と呼ぶ．選択空間 $(X, \boldsymbol{K})$ 上の一般的な選択関数 C に基づいて，2つの顕示選好関係を定義する．第1の顕示選好関係 R_C は

(2.1) $\qquad \forall x, y \in X : x R_C y \Leftrightarrow \exists S \in \boldsymbol{K} : x \in C(S) \ \& \ y \in S$

によって定義され，第2の顕示選好関係 R_C^* は

(2.2) $\qquad \forall x, y \in X : x R_C^* y \Leftrightarrow \exists S \in \boldsymbol{K} : x \in C(S) \ \& \ y \in S \backslash C(S)$

によって定義される．これらの顕示選好関係に基づいて，消費者選択のプロトタイプ・モデルに基づいて定義されたサミュエルソンの顕示選好の弱公理と強公理，ハウタッカーの顕示選好の半推移性公理に対応する公理を，以下で定式化することにする．ただし，消費者選択のプロトタイプ・モデルでは任意の機会集合に対する選択集合は必ず単一の選択肢から構成される一点集合であったのに対して，選択の一般モデルにおける選択集合は複数の選択肢から構成され

る集合となることが，例外というよりは通則である．この事実を背景にして，以下で定義される3つの顕示選好公理は，消費者選択のプロトタイプ・モデルにおける公理とは表現に微妙な差異が現れることになる．とはいえ，それぞれの公理の直観的な解釈には家族的な類縁関係があることに，読者は直ちに気付かれる筈である．

顕示選好の弱公理(WARP)

$$\forall x, y \in X : xR_C^* y \Rightarrow \neg y R_C x.$$

顕示選好の強公理(SARP)

$$\forall x, y \in X : x tc(R_C^*) y \Rightarrow \neg y R_C x.$$

ハウタッカーの顕示選好公理(HARP)

$$\forall x, y \in X : x tc(R_C) y \Rightarrow \neg y R_C^* x.$$

推移的閉苞の基本的性質として $R_C^* \subseteq tc(R_C^*)$ が成立することに留意しさえすれば，顕示選好の強公理が弱公理を含意することは明らかである．また，顕示選好の強公理とハウタッカーの顕示選好公理は，いずれも2つの顕示選好関係 R_C と R_C^* が混在する選好サイクルの存在を排除する公理だが，ハウタッカーの公理が排除するサイクルの範囲は，強公理が排除するサイクルの範囲よりも広範なので，ハウタッカーの公理が強公理よりも強い整合性の要請であることは明らかである．

顕示選好関係の相互間には，以下の簡単な関係が成立する．参照の便宜のために，この簡単な関係を補助定理の位置に格上げして，その証明も与えておくことにしたい．

補助定理 2.1 (Suzumura, 1976a; 1983a, Chapter 2)

$$P(R_C) \subseteq P(R_C^*) \subseteq R_C^* \subseteq R_C.$$

証明：この命題で主張されている3つの包含関係のうちで，実際に証明が

必要とされるのは $P(R_C) \subseteq P(R_C^*)$ という包含関係のみである．他の2つの包含関係は，定義によってその正しさは明白だからである．そこである $x, y \in X$ に対して $xP(R_C)y$ が成立するものとすれば，

(2.3) $\quad\quad\quad\quad \exists S \in \boldsymbol{K} : x \in (S) \ \& \ y \in S$

(2.4) $\quad\quad\quad\quad \forall S' \in \boldsymbol{K} : y \notin C(S') \vee x \notin S'$

が成立する．ここで(2.4)を $S' = S$ に対して適用して(2.3)を考慮すれば

(2.5) $\quad\quad\quad\quad \exists S \in \boldsymbol{K} : x \in C(S) \ \& \ y \in S \backslash C(S)$

が得られ，また(2.4)からは

(2.6) $\quad\quad\quad\quad \forall S' \in \boldsymbol{K} : y \notin C(S') \vee x \notin S' \vee x \in C(S')$

が得られる．(2.5)と(2.6)から $xP(R_C^*)y$ がしたがうことになって，証明はこれで完成することになる．∥

本章のこれ以降の部分では，選択関数の合理性とその位階に対して顕示選好の公理が持つ含意を，選択の一般モデルに即して明らかにすることに専念する．顕示選好の公理と合理的選択の特徴付けの研究は，1950年代末葉のケネス・アロー(Arrow, 1959)の先駆的研究，1960-1970年代のマーセル・リクター(Richter, 1966, 1971)，ベングト・ハンソン(Hansson, 1968)，アマルティア・セン(Sen, 1971)の研究に基づいて，1970年代の後半以降，著しい充実を達成してきた．本章の考察は，この研究の過程に1970年代から参加して蓄積してきたSuzumura(1976a; 1977; 1983a, Chapter 2)などの初期の成果，並びに最近の一連の研究(Bossert, Sprumont and Suzumura, 2005a, 2005b, 2006; Bossert and Suzumura, 2007a, 2008b)の成果に基づいて，合理的選択の公理的特徴付けに関する基本的な知見を述べることに充てられている．本章次節以降の2つの節がこの記述に充てられているが，本節の最後では，この課題との関わりで選択関数の定義域に関する制約が果たしてきた役割について，いくつかの注意を述べておくことにする．

選択空間 $(X, \boldsymbol{K})$ 上の選択関数 C は，選択の普遍集合 X および選択の機会

集合の集合族 K の特定化次第で，顕示選好公理による選択の合理性の特徴付けに際して，極めて対照的な帰結を生むことが知られている．この点を例示するために，選択関数の選択空間に関する3つの重要な特定化について，簡単に触れておくことにする．

第1の特定化は，顕示選好の概念を開拓したサミュエルソンとハウタッカーによる消費者選択のプロトタイプ・モデルである．第1章第1節で確認したように，このモデルにおける選択の普遍集合は，有限次元ユークリッド空間の非負ベクトルの集合であり，機会集合の集合族は，財の価格ベクトルと消費者の所得の特定化に応じて決まる予算集合——有限次元ユークリッド空間内の凸多面体(convex polyhedron)——から構成される．サミュエルソン＝ハウタッカーの顕示選好理論を継承する直系の理論は，おしなべてこの特徴を持つ選択空間上の選択関数に関心を絞る傾向があり，各々の予算集合からの選択集合も一点集合であると仮定されることが多い．このタイプの選択関数の研究は，他ならぬハウタッカー(Houthakker, 1965)によって先鞭をつけられている．

第2の特定化はアロー(Arrow, 1959)が最初に導入した選択空間への仮説であって，許容する機会集合として，サミュエルソンとハウタッカーが許容した有限次元ユークリッド空間内の凸多面体に加えて，普遍集合の任意の有限部分集合をも許容するアプローチである．このアプローチは，その後セン(Sen, 1971)やトーマス・シュヴァルツ(Schwartz, 1976)などによって継承され，合理的選択の理論の研究に支配的な影響を及ぼして現在に到っている．このアプローチを推奨したアローとセンは，選択の合理性を支える公理としてみれば，顕示選好の公理が適用可能な機会集合を予算集合に限定する理論的な根拠はないと主張したのである．アロー自身の表現(Arrow, 1959, p. 122)によれば，「選択関数を定義可能な範囲が有限集合を含む程度にまで拡張されれば，需要関数的な観点は大幅に単純化される」のである．

もうひとつ強調に値する論点がある．この単純化による成果を確保するためには，なにもありとあらゆる有限集合を含むまで，選択関数の定義域を拡張する必要はない．セン(Sen, 1971)が的確に指摘したように，2つの選択肢を含む集合と3つの選択肢を含む集合を収容できる程度に定義域の拡張を行えば，それで十分なのである．

アロー=センのアプローチがもたらす単純化の代表的な一例は，顕示選好の強公理と弱公理の同値性である．サミュエルソン=ハウタッカーの定義域の場合には，財空間の次元が3以上である限り，強公理は弱公理よりも真に強い公理だったことを思い出せば，アロー=センのアプローチがもたらす顕示選好理論の単純化は，控えめにいってもまことに顕著である．しかも，アローとセンが要求する選択関数の定義域の拡張は「予算集合に加えて有限集合も許容する」という形式で述べられてはいるが，顕示選好公理の合理化可能性に関する彼らの定理は，おしなべて2ないし3の構成要素を含む機会集合だけを用いて確立されているのである．したがって，実際には彼らの理論は凸多面体の性質とはまったく無縁な，有限集合の世界の作物なのである．

第3の特定化は，サミュエルソン=ハウタッカー理論の定義域——有限次元ユークリッド空間内の凸多面体の集合族——を，アロー=センのアプローチのように有限集合の追加によって《拡張》するのではなく，逆に適切な《縮小》を図るアプローチである[4]．シドニー・アフリアット(Afriat, 1967)とアーウィン・ディーワート(Diewert, 1973)の貢献を水源地とするこのアプローチは，有限次元ユークリッド空間内の凸多面体の集合族に関心を寄せるという点ではサミュエルソン=ハウタッカー理論を継承しているが，あらゆる予算集合をおしなべて機会集合として許容するのではなく，固定された有限個の予算集合のみを許容しようとする点に，その固有な特徴を持つアプローチである．この定義域制約の根底には，前節で指摘した有限形式を尊重する顕示選好の理論の考え方がある．この点は重要なので，改めてサミュエルソン自身の表現を用いて，顕示選好理論の方法論的な特徴を確認しておきたい．

> 狭義の《顕示選好》理論は，観察可能な価格-数量に関する有限個の競争的な需要データに関心を絞って，個人の行動の首尾一貫性という仮説がもたらす経験的な含意を，完全に発見することを試みようと企てるの

---

[4] この定義域制約にしたがう顕示選好理論を指して，ロバート・ポラック(Pollak, 1990, p. 148)は《顕示選好理論の制約された定義域版》(restricted domain version of revealed preference theory)と命名している．

である[5]．

このアプローチは，有限個の価格-数量の観察データが選好最適化仮説と整合的であることを確認するアルゴリズムを作り上げて，意思決定者の効用関数を近似する技法の開発に関心を寄せている．

このように，選択関数の定義域に関する代替的な仮説に応じて，顕示選好の理論が多様に分岐することに留意すれば，定義域に関する仮説の選択とは独立して，顕示選好公理そのものが選択の合理性に対して持つ含意を尋ねるアプローチには格別の重要性があることが，広く承認される筈である．そこで以下の2つの節では，選択関数Cを定義する選択空間$(X, \boldsymbol{K})$に対して，(1) Xは非空の普遍集合，(2) $\boldsymbol{K}$はXの非空部分集合の非空集合族，という2つの制約以外には，なんの制約も課さないアプローチを採択することにする．このアプローチこそ，リクターとハンソンが1960年代に開始して，鈴村が単独ないし共同で体系的に展開してきた《一般的定義域》(general domain)アプローチに他ならないのである．

第3節　合理性と完全合理性の公理的特徴付け

前節までの準備を踏まえ，選択空間$(X, \boldsymbol{K})$で定義される選択関数Cの定義域$\boldsymbol{K}$に特別な条件を課さない一般的定義域アプローチに基づいて，合理的選択と顕示選好の理論を展開する作業を開始する．本書では，合理性の位階に関して《完全合理性》[反射性，完備性，推移性を満足する順序による合理化]，《S-整合的合理性》[S-整合的な二項関係による合理化]，選択を合理化する二項関係に格別の整合性条件を課さない《合理性》の3段階に絞って合理的選択の公理化に取り組むことにしているが，本節では合理性の位階の最上位にある完全合理性と最下位にある合理性の概念の公理化に関心を集中する．合理性の位階の両端を特徴付けるこれらの成果は，1960-1970年代の先駆的な研究——Richter(1966, 1971), Hansson(1968), Suzumura(1976a, 1977)——

---

[5] Samuelson(1953, p. 1).

によって確立された古典的な成果である．

合理性それ自体を特徴付ける条件は，Richter(1971)によって導入された以下の公理である．

リクターの弱公理（RWA）

(3.1)　　　　　$\forall S \in \boldsymbol{K}, \ \forall x \in S : [\forall y \in S : xR_C y \Rightarrow x \in C(S)]$．

そのとき以下の定理が成立する．

定理 3.1 (Richter, 1971, p. 33)

選択空間 $(X, \boldsymbol{K})$ 上の選択関数 C が合理性を持つための必要十分条件は，C がリクターの弱公理を満足することである．

証明：［必要性］選択関数 C は合理化 R を持つものとすれば

(3.2)　　　　　　　　$\forall S \in \boldsymbol{K} : C(S) = G(S, R)$

が成立する．いま，任意の $S \in \boldsymbol{K}$ と任意の $x \in S$ に対して

(3.3)　　　　　　　　　　$\forall y \in S : xR_C y$

が成立するものとすれば，R_C の定義によって

(3.4)　　　　　　$\exists S' \in \boldsymbol{K} : x \in C(S') \ \& \ y \in S'$

が成立する．C は合理的選択関数で合理化 R を持つので，任意の $z \in S'$ に対して xRz が成立する．$y \in S'$ に適用すれば $x \in S \ \& \ \forall y \in S : xRy$ が得られる．R が C の合理化であることに留意すれば，これから $x \in C(S)$ がしたがうことになる．リクターの弱公理の必要性がこれで証明された．

［十分性］選択関数 C はリクターの弱公理を満足するものとして，任意の機会集合 $S \in \boldsymbol{K}$ をとる．そのとき $x \in G(S, R_C)$，すなわち

(3.5)　　　　　　　$x \in S \ \& \ \forall y \in S : xR_C y$

を満足する任意の x に対して，リクターの弱公理によって $x \in C(S)$ が成立

する．これで

(3.6) $$G(S, R_C) \subseteq C(S)$$

の成立が確認された．逆に，$x \in C(S)$ であるとする．そのとき，任意の $y \in S$ に対して $x R_C y$ となるので，R_C-最大点集合の定義によって $x \in G(S, R_C)$ が得られることになる．これで

(3.7) $$G(S, R_C) \supseteq C(S)$$

の成立が確認された．(3.6)と(3.7)をあわせ考えれば，C は R_C を合理化とする合理的選択関数であることになる． ‖

完全合理性を特徴付ける条件のうちには，Richter(1966, 1971)，Hansson (1968)，Suzumura(1977)によって導入された3つの公理がある．鈴村がこの目的で定式化した条件は，前節で導入された《ハウタッカーの顕示選好公理》である．以下ではリクターとハンソンがそれぞれ定式化した条件を導入して，3つの条件の間に成立する論理的な関係を明らかにすることにしたい．

リクターの条件は，合理性を特徴付けた弱公理を強める以下の公理である．

リクターの強公理 (RSA)

(3.8) $\quad \forall x, y \in X, \forall S \in \boldsymbol{K} : [x \in S, y \in C(S) \ \& \ x tc(R_C) y] \Rightarrow x \in C(S)$.

次に，ハンソンの顕示選好公理を定式化する準備として，ひとつの補助概念を導入する．機会集合の集合族 $\boldsymbol{K}$ 内の有限集合族 $\{S_1, S_2, \ldots, S_t\}$ は，条件

(3.9) $\quad \forall \tau \in \{1, 2, \ldots, t-1\} : S_\tau \cap C(S_{\tau+1}) \neq \emptyset \ \& \ S_t \cap C(S_1) \neq \emptyset$

が成立する場合，そしてその場合にのみ，《C-連結的》(C-related)であるといわれる．

ハンソンの顕示選好公理 (HRPA)

$\boldsymbol{K}$ 内の任意の C-連結的な有限集合族 $\{S_1, S_2, \ldots, S_t\}$ に対して

(3.10) $\quad \forall \tau \in \{1, 2, \ldots, t-1\} : S_\tau \cap C(S_{\tau+1}) = C(S_\tau) \cap S_{\tau+1}$
$$\& \ S_t \cap C(S_1) = C(S_t) \cap S_1$$

が成立する.

まず,3つの公理の間の論理的な関係について,以下の性質を確認したい.

定理 3.2 (Suzumura, 1983a, Theorem 2.1 and Theorem A(1)(c))
ハウタッカーの顕示選好公理,リクターの強公理,ハンソンの顕示選好公理は相互に同値である.

証明:選択関数 C はハウタッカーの顕示選好公理を満足するものとする. $x, y \in X$ と $S \in \boldsymbol{K}$ は,リクターの強公理に反して

(3.11) $\qquad x \in S, y \in C(S), xtc(R_C)y \ \& \ x \notin C(S)$

を満足するものとすれば,$xtc(R_C)y \ \& \ yR_C^*x$ となって,ハウタッカーの公理との矛盾が生じてしまう.したがって,ハウタッカーの顕示選好公理を満足する選択関数は,リクターの強公理を満足せざるを得ないのである.

逆に,選択関数 C はハウタッカーの顕示選好公理を満足しないものとすれば,$xtc(R_C)y$ かつ yR_C^*x となる $x, y \in X$ が存在する.そのとき,顕示選好関係 R_C^* の定義によって

(3.12) $\quad \exists x, y \in X, \exists S \in \boldsymbol{K} : x \in S, y \in C(S), xtc(R_C)y \ \& \ x \notin C(S)$

となって,リクターの強公理に矛盾することになる.これでハウタッカーの顕示選好公理とリクターの強公理との同値性が確認されたことになる.

次に,ハンソンの顕示選好公理とリクターの強公理との同値性を証明することにする.まず,選択関数 C はハンソンの顕示選好公理を満足するものとして,選択肢 $x, y \in X$ は

(3.13) $\qquad \exists S \in \boldsymbol{K} : x \in S, \ y \in C(S) \ \& \ xtc(R_C)y$

を満足するものとする.そのとき,有限集合 $\{z^1, z^2, \ldots, z^t\} \subseteq X$ で

(3.14) $$x = z^1 R_C z^2, z^2 R_C z^3, \ldots, z^{t-1} R_C z^t = y$$

を満足するものが存在する．R_C の定義により，そのとき集合族 $\boldsymbol{K}$ 内の機会集合の有限族 $\{S_1, S_2, \ldots, S_{t-1}\}$ で

(3.15) $$x = z^1 \in S \cap C(S_1), z^2 \in S_1 \cap C(S_2), \ldots,$$
$$z^{t-1} \in S_{t-2} \cap C(S_{t-1}), y \in S_{t-1} \cap C(S)$$

を満足するものが存在する．そのとき，集合族 $\{S, S_1, S_2, \ldots, S_{t-1}\}$ は C-連結的となるので，ハンソンの顕示選好公理によって

(3.16) $$S \cap C(S_1) = C(S) \cap S_1$$

が成立する．(3.15)により x はこの左辺に所属するので右辺にも所属せざるを得ないため，$x \in C(S)$ という所望の結果が得られることになる．こうして C はリクターの強公理を満足することが結論されるのである．

逆に，C がリクターの強公理を満足すれば，C はハンソンの顕示選好公理を満足することを証明する．$\{S_1, S_2, \ldots, S_t\} \subseteq \boldsymbol{K}$ は C-連結的な有限集合列であるものとして，

$$z^\tau \in S_\tau \cap C(S_{\tau+1})(\tau = 1, 2, \ldots, t-1) \ \& \ z^t \in S_t \cap C(S_1)$$

を満足する $z^1, z^2, \ldots, z^t \in X$ を任意にとる．以下では $S_1 \cap C(S_2) = C(S_1) \cap S_2$ を証明する．定義により，$z^1 \in S_1, (z^1, z^t) \in tc(R_C) \ \& \ z^t \in C(S_1)$ であるので，リクターの強公理により，$z^1 \in C(S_1)$ となる．$z^1 \in C(S_2) \subseteq S_2$ なので，これで

$$S_1 \cap C(S_2) \subseteq C(S_1) \cap S_2$$

が確認された．次に，z は $C(S_1) \cap S_2$ の任意の要素とする．そのとき

$$z \in S_2, (z, z^1) \in R_C \subseteq tc(R_C) \ \& \ z^1 \in C(S_2)$$

なので，リクターの強公理によって $z \in C(S_2)$ が得られる．これより

$$S_1 \cap C(S_2) \supseteq C(S_1) \cap S_2$$

が得られて，所望の結論に到達する．同様にして，C はハンソンの顕示選好公理を満足することを確認することができる．∥

　本節の最後に，一般的定義域を持つ選択空間 $(X, \boldsymbol{K})$ 上の選択関数 C が完全合理性を持つための必要十分条件を明らかにすることにする．

定理 3.3（Suzumura, 1977; 1983a, Theorem A(3)）
　選択空間 $(X, \boldsymbol{K})$ 上の選択関数 C が完全合理性を持つための必要十分条件は，C がハウタッカーの顕示選好公理を満足することである．
　証明：［必要性］C は順序 R によって合理化される完全合理的な選択関数であるものとする．そのとき，

(3.17) $$\forall S \in \boldsymbol{K} : C(S) = G(S, R)$$

が成立する．いま，ある $x, y \in X$ に対して $xtc(R_C)y$ かつ yR_C^*x が成立したとすると，X のある有限部分集合 $\{x^1, x^2, \ldots, x^t\}$ $(2 \leq t < +\infty)$ が存在して

(3.18) $\quad x = x^1 R_C x^2, x^\tau R_C x^{\tau+1}$ $(\tau = 1, 2, \ldots, t-1), y = x^t R_C^* x^1 = x$

が成立することになる．そのとき，R_C および R_C^* の定義によって，集合族 $\boldsymbol{K}$ の有限部分族 $\{S_1, S_2, \ldots, S_t\}$ が存在して

(3.19) $\quad x = x^1 \in C(S_1), x^2 \in S_1 \cap C(S_2), \ldots, x^{t-1} \in S_{t-2} \cap C(S_{t-1}),$
$\quad\quad\quad y = x^t \in S_{t-1} \cap C(S_t), x = x^1 \in S_t \backslash C(S_t)$

が成立する．C は完全合理的で順序 R によって合理化されるので，(3.19)から

(3.20) $$x^1 R x^2, x^2 R x^3, \ldots, x^t P(R) x^1$$

が得られて，R の推移性との矛盾が生じることになる．こうして，完全合理的な選択関数はハウタッカーの顕示選好公理を満足しなければならないことが

確認された．

　[十分性]　選択関数 C はハウタッカーの顕示選好公理を満足するものとして，

(3.21) $$Q = \Delta \cup tc(R_C)$$

という二項関係を定義する．Q が反射性と推移性を満足することは容易に確認できるので，Q は X 上の準順序である．そこで第1章の定理5.1を適用すれば，Q の順序拡張 R の存在を保証することができる．R の定義によって

(3.22) $$Q \subseteq R, \quad P(Q) \subseteq P(R)$$

が成立する．以下では，この R は実際には

(3.23) $$R_C \subseteq R, \quad P(R_C) \subseteq P(R)$$

を満足することを示すことにする．(3.23)の前半部は，$R_C \subseteq tc(R_C) \subseteq Q$ であることから明らかに正しい．後半部の正しさを確認するためには，(3.22)の後半部を考慮に入れれば，$P(R_C) \subseteq P(Q)$ を証明しさえすれば十分である．そこで $xP(R_C)y$ であるとすれば，xR_Cy かつ $\neg yR_Cx$ である．この前者から xQy がしたがうので，$\neg yQx$ であることを示しさえすればよい．そこで yQx であることを仮定すれば，Q の定義と $xP(R_C)y$ という前提から，$ytc(R_C)x$ である他はない．補助定理2.1によって $P(R_C) \subseteq R_C^*$ であることに注意すれば，$ytc(R_C)x$ かつ xR_C^*y であることになって，ハウタッカーの顕示選好公理と矛盾してしまう．これで(3.23)が立証された．

　次に任意の $S \in \boldsymbol{K}$ と任意の $x \in C(S)$ をとれば，すべての $y \in S$ に対して xR_Cy が成立する．(3.23)の前半によって，そのとき $x \in G(S,R)$ が得られることになる．これで

(3.24) $$C(S) \subseteq G(S,R)$$

が論証された．逆向きの包含関係の成立を示すために，$x \in S \backslash C(S)$ として $y \in C(S)$ をとれば，yR_C^*x となる．このとき xR_Cy であったとすれば，明らかにハウタッカーの顕示選好公理に違背するので，$\neg xR_Cy$ であることにな

る．$R_C^* \subseteq R_C$ を考慮に入れれば，yR_C^*x と相まって $yP(R_C)x$ が確認できたことになる．ここで(3.23)の後半に留意すれば $yP(R)x$ が得られることになって，$x \in S \setminus G(S, R)$ を結論することができる．これで

(3.25) $$C(S) \supseteq G(S, R)$$

が得られたことになるため，(3.24)と相まって選択関数 C の完全合理性が論証できたことになる．‖

定理3.2と定理3.3を結合すれば，リクターの強公理とハンソンの顕示選好公理もそれぞれに完全合理性の必要十分条件となることは明らかである．

第4節 S-整合的合理性の公理的特徴付け

前節で公理的に特徴付けた合理性の位階の最上位(完全合理性)と最下位(合理化の整合性に関して特定の要求を課さない合理性)の中間には，選択関数を合理化する二項関係が持つ整合性の程度に応じて，非常に多彩な合理性の位階が収納されている．合理的選択の理論に関する膨大な研究の大部分は，このような中間位階の合理性の概念を，公理的に特徴付ける作業に関わっているといっても過言ではない．これらの研究の殆どすべては，選択関数の背景にある選択空間 $(X, \boldsymbol{K})$ (特に，選択の機会集合の集合族 $\boldsymbol{K}$)に対して，なんらかの仮定——例えば，アロー＝センに倣って，集合族 $\boldsymbol{K}$ には普遍集合 X に含まれる選択肢のペアおよびトリプルがすべて含まれると仮定するとか，2つの機会集合 $S_1, S_2 \in \boldsymbol{K}$ が与えられたとき，その集合和 $S_1 \cup S_2$ もまた機会集合として許容される(選択関数の定義域は集合和に関して閉じている[6])と仮定するなど——を要求するものであって，一般的定義域を持つ選択関数に関して中間位階の合理性の概念を公理的に特徴付ける研究は，ほぼ皆無に近いといって差し支えない．ナイジェル・ハワード(Howard, 1971)が別のコンテクストで指摘したよう

---

6) この仮定を設けた合理性の位階の研究に関しては，Bossert and Suzumura(2007a)を挙げておくことにしたい．

に，構造を持たない一般集合の世界では寒風が吹きすさんでいるのであって，一般的定義域を持つ選択関数に対して中間位階の合理性の概念を公理的に特徴付ける研究は，現在でも僅かな成果が得られているに過ぎない状況にある．この僅かな成果のうちで，ボッサール＝スプルモン＝鈴村(Bossert, Sprumont and Suzumura, 2005a)が挙げた S-整合的な合理化を持つ合理的選択関数の公理的な特徴付けを，本節で報告することにする．

最近ボッサール＝鈴村(Bossert and Suzumura, 2008b, 2008e)は，合理的選択関数の公理的な特徴付けへのアプローチを開発して，完全合理性と合理性に挟まれた重要な合理性概念のすべてを，一貫した方法で特徴付けることに成功した．興味を持たれる読者には，この研究も参照していただければ幸いである．

最初に記憶を蘇らせていただきたい点は，S-整合性は推移性と非循環性の中間に位置する整合性の条件だが，反射性と完備性の条件を課せば推移性と一致してしまうという事実である．S-整合的な二項関係であればこそ，完備で反射的な順序関係への拡張が可能になる——第1章の定理5.2——という意味では，この事実の根拠を直観的に理解することは容易な筈である．

S-整合性な二項関係が固有の役割を果たすのは，その二項関係による判断が非完備な場合に限られるという事実は，本書で後に社会的選択の理論を議論する論脈において——特に，第2部第5章(S-整合的評価と社会的選択の可能性)の議論において——改めて強調されることになる．

以下の議論で重要な機能を果たす簡単な命題を補助定理として導入することから，S-整合的合理性の理論の考察を開始することにしたい．

補助定理 4.1

二項関係 R が選択関数 C の S-整合的な合理化であれば，$cc(R_C) \subseteq R$ が成立する．

証明：R は C の S-整合的な合理化であるとして，$xcc(R_C)y$ と仮定する．そのとき，S-整合的閉苞の定義によって

(4.1) $\qquad xR_C y \lor [xtc(R_C)y \ \& \ yR_C x]$

が成立する．ここで $xR_C y$ が成立する場合には，ある機会集合 $S \in \boldsymbol{K}$ に対し

て $x \in C(S)$ & $y \in S$ が成立する．C は R によって合理化される合理的選択関数なので，これより xRy がしたがう．後の参照の便宜のために，この結果を次のように掲げて後の参照に備えたい．

(4.2) $\quad\quad\quad R$ が C の合理化であれば，$R_C \subseteq R$ が成立する．

これに対して，$[xtc(R_C)y$ & $yR_Cx]$ である場合には，(4.2)と推移的閉苞の性質によって $[xtc(R)y$ & $yRx]$ を得ることができる．このとき $\neg xRy$ であれば，$yP(R)x$ が得られることになる．$xtc(R)y$ とあわせ考慮すれば，これは R のS-整合性と矛盾する．したがって xRy であることを結論できるわけである．∥

以下の公理は，前節で完全合理性を特徴付ける公理のひとつとして導入したリクターの強公理と，推移的閉苞 $tc(R_C)$ の概念を，S-整合的閉苞 $cc(R_C)$ の概念で置き換えている点を除いて，完全にパラレルな表現を持っている．

ボッサール=スプルモン=鈴村の顕示選好公理(BSSA)

(4.3) $\quad\quad \forall S \in \boldsymbol{K}, \forall x \in S : [\forall y \in S : xcc(R_C)y] \Rightarrow x \in C(S)$.

定理 4.1 (Bossert, Sprumont and Suzumura, 2005a, Theorem 3)

選択空間 $(X, \boldsymbol{K})$ 上の選択関数 C が S-整合的合理性を持つための必要十分条件は，C がボッサール=スプルモン=鈴村の顕示選好公理を満足することである．

証明：[必要性] 二項関係 R は選択関数 C の S-整合的な合理化であるものとして，$S \in \boldsymbol{K}$ と $x \in S$ は任意の $y \in S$ に対して $xcc(R_C)y$ を満足するものとする．補助定理4.1により，そのとき xRy が成立する．R は C の S-整合的な合理化なので，$x \in C(S)$ が成立する．すなわち，C はボッサール=スプルモン=鈴村の顕示選好公理を満足するのである．

[十分性] 逆に C はボッサール=スプルモン=鈴村の顕示選好公理を満足する選択関数であるとする．そのとき，$cc(R_C)$ は C の S-整合的な合理化で

あることを証明する．定義によって $cc(R_C)$ は R_C を内包する最小の S-整合的な二項関係であるから，$cc(R_C)$ の S-整合性は明らかである．$cc(R_C)$ が C の合理化であることを確認するために，$S \in \boldsymbol{K}$，$x \in S$ および任意の $y \in S$ に対して $xcc(R_C)y$ であるものと仮定する．C はボッサール＝スプルモン＝鈴村の顕示選好公理を満足するので $x \in C(S)$ がしたがうため，これで

(4.4) $$G(S, cc(R_C)) \subseteq C(S)$$

が論証できたことになる．逆に $x \in C(S)$ であるとすれば，任意の $y \in S$ に対して xR_Cy が成立する．S-整合的閉苞の定義から $R_C \subseteq cc(R_C)$ が成立することを考えあわせれば，任意の $y \in S$ に対して $xcc(R_C)y$ が成立することになって

(4.5) $$G(S, cc(R_C)) \supseteq C(S)$$

が得られることになる．(4.4)および(4.5)によって，C は $cc(R_C)$ を合理化とする合理的選択関数であることが示されたわけである．∥

　本書第1部は，一般的な定義域を持つ選択関数を合理化する選好関係が存在する可能性を，完全競争的な財市場におけるパレート＝スルツキー＝ヒックス理論の代替理論を目指してサミュエルソンが創始した顕示選好の理論を一般化したアプローチに立脚して，体系的に検討することに捧げられている．選択行動に内在する目的の存在を持って選択の合理性と理解するこのアプローチは，本書第2部以降の社会的選択と個人的評価を連結する方法にも基本的に通底していることを，ここで特に指摘しておきたい．本書第2部では，社会的選択の合理的選択アプローチを創始したケネス・アローの記念碑的な業績——《一般不可能性定理》(general impossibility theorem)——に焦点を合わせて，この間の経緯を説明することにする．だがそれに先立って，第1部の最終章では合理的選択の理論に対する代表的な批判に対して，この理論の基本的なアプローチの頑健性を擁護する作業を行っておくことにしたい．

第3章　社会的規範と選択行動の合理化可能性

第1節　個人的選択と社会的規範

　合理的選択と顕示選好の理論を広範な適用可能性を意識しつつ構築するために，本書第1部は選択行動のプロトタイプ・モデルをパレート＝スルツキー＝ヒックスの消費者選択の理論に求め，この古典的なモデルのエッセンスを抽出した選択の一般モデルを構成して，理論的な展開のキャンバスとして専ら活用するという手順を採用した．選択の一般モデルの詳細な背景に踏み込み，抽象的な理論展開の進路の選択にフィードバックさせる作業は，むしろ意識的に回避したのである．こうして構築された選択の一般理論は，抽象的モデルに包摂される基本的な特徴を共有する限りにおいて，どのような選択状況に対しても一様に適用可能な普遍性を備えている．本書が採用したこの分析手順は，個々の状況に含まれる複雑性と多様性に拘束されずに多様な分析対象を通底する問題のエッセンスを純粋に捉える手段であり，社会科学であれ自然科学であれ，科学的な分析の手法として広く承認されているといってよい．

　とはいえ，一般的なモデルを構成する過程で捨象されたり，抽象されたりした選択状況の特徴のうちには，選択行動の本質の一部として一般的なモデルで中枢的な位置を確保するべきでありつつ，必ずしも適切な位置付けを得ていない特徴が含まれている可能性を，一概に否定することはできない．実のところ，前章までに展開された合理的選択のモデルとその理論的な帰結に対しては，この観点からさまざまな批判が提起されることがある．本章では，この主旨の批判の典型的で影響力の大きな一例としてアマルティア・センの議論を取り上げて，彼の批判に対して合理的選択と顕示選好の理論を擁護する可能性を検討することにしたい．

　センの批判は，エコノメトリック・ソサエティの会長講演(Sen, 1993a)において提起された．顕示選好の弱公理や強公理など，選択行動に《内在》的な一貫性の要請だけで——選択行動に《外在》的な《社会的規範》(social norm)な

どを導入することなく——選択行動の合理性や非合理性を論じることには無理があるという考え方に基づくセンの批判の精粋は，興味深い例(Sen, 1993a, p. 500)によって巧妙に述べられて，強い影響を及ぼしている．彼は「選択に伏在する目的とか，選択によって追求されたり承認されたりする価値など，選択の《外部》にある要因を導入せず，純粋に《内部》的な根拠のみに基づいて選択が合理性を持つとか持たないという判断をすることは，果たして可能だろうか」という問題を提起して，この自問に否定的に自答する根拠を挙げるために，ひとつの簡単な例を構成したのである．

センの例は，機会集合 $\{x,y\}$, $\{x,y,z\}$ に対する選択集合 $C(\{x,y\})=\{x\}$, $C(\{x,y,z\})=\{y\}$ から成っている．容易に確認できるように，これらの選択集合に基づいて顕示選好関係を定義してみると，選択集合 $C(\{x,y\})=\{x\}$ からは xR_C^*y が，選択集合 $C(\{x,y,z\})=\{y\}$ からは yR_C^*x が得られるが，$R_C^* \subseteq R_C$ に留意すれば顕示選好の弱公理がこれらの選択行動によって侵犯されることがわかる．このように，選択関数 C の整合性を否定したかに思われるセンの例だが，この選択が行われた《外部》状況を理解しさえすれば，十分に理解可能な選択行動であるのみならず，非整合性を非難される理由はない選択行動であることが明らかになる：

> あるひとが，晩餐のテーブルで果物かごに残された最後のリンゴをとる (y) か，そのリンゴを放棄して代わりになにもとらない (x) かの選択に直面するものとせよ．彼女は思いやりのある振る舞いをする決心をして，最後のリンゴをとる (y) ことを断念してなにもとらない (x) ことにする．だが，状況がこれとは異なり果物かごには2つのリンゴが入っていて，なにもとらない (x) こと，ひとつのリンゴをとる (y) こと，もうひとつのリンゴをとる (z) ことの間の選択に直面する場合には，彼女は思いやりある行動のルールになんら違背することなく，ひとつのリンゴをとる (y) ことができる．だが，この2つの選択を結合してみると，なにも格別に行動の《整合性》を欠くことがない状況であるにも関わらず，標準的な整合性の条件が侵犯されることになってしまうのである．

センの議論は，表面的には前節までに構成した顕示選好と合理的選択の理論と真っ向から対立するように思われる．この表面的な対立にも関わらず，顕示選好と合理的選択の理論を適切に拡充して《規範に条件付けられた合理的選択の理論》(norm-constrained rational choice theory)を構成すれば，センの議論は合理的選択の理論に対する破壊的な批判というよりは，合理的選択の理論の適切な拡充の必要性を指示するシグナルとして積極的に活用することができる．

我々が追求する合理的選択の理論の拡充方法のエッセンスは，選択行動を《外部》から制約する条件を，合理的選択の理論の構成方法に《内部》化する手続きである．その手掛りを求めて第 1 章第 1 節の消費者選択のプロトタイプ・モデルを見直せば，消費者の選択を《外部》から制約する条件は，完全競争的な財市場で成立する各財の価格と消費者の所得に依存して定まる予算制約に集約されている．消費者の選択行動は，この《外部》的な制約を反映する機会集合 $B \in \boldsymbol{B}$ から選択集合 $C(B) \subseteq B$ を絞り込む方法——選択関数 C——として表現されている．選択行動の《内部》的整合性は，選択関数 C を用いて定義される顕示選好関係 R_C, R_C^* に基づく顕示選好公理によって表現されている．同様に，一般的な選択空間 $(X, \boldsymbol{K})$ 上の選択関数 C に対する《外部》的な制約条件は，機会集合 $S \in \boldsymbol{K}$ を規定する方法に反映されるべきであり，選択行動の《内部》的整合性は，選択関数 C を用いて定義される顕示選好関係 R_C, R_C^* に基づく顕示選好公理によって表現されるべきである．以下で定式化される《規範に条件付けられた合理的選択の理論》は，この自然な手続きを忠実に辿って構成される理論であって，前章までに構築された合理的選択と顕示選好の理論は規範に条件付けられた合理的選択の理論の特殊ケース——《外部》的規範による規制が存在しないケース——として自然に位置付けられることになる．

このシナリオに基づいて，次節では《外部》的規範を《内部》化したモデルを構成して，顕示選好関係と顕示選好公理に関しても，《外部》的規範の《内部》化を具体的に遂行する．この手順を正確に推し進めさえすれば，前節までに確立された顕示選好と合理的選択の理論は《外部》的規範の《内部》化を梃子として修正形式で再構成されて，センの批判によって理論的基礎を突き崩されるどころか，彼の批判を契機として理論的基礎をむしろ強化された顕示選好

と合理的選択の理論を構成できることを示したい．最後に第3節では，センの批判とはニュアンスの異なる批判——選択のメニューの認識論的な価値を強調する批判——にも簡単に触れて，この批判に対するわれわれの対応方法を簡潔に説明することにしたい．

第2節　外部的規範の内部化と選択の合理性

晩餐のテーブルに最後に残ったリンゴの例(セン)を素材として，外部的な社会的規範を合理的選択の理論に内部化する方法を，具体的に考えてみることにしたい．前節と同様に，$S = \{x, y\}$ と $T = \{x, y, z\}$ は2つの機会集合であるものとする．他人に対する配慮を忘れて最後のリンゴをとる利己的行動を諫める社会的規範は，選択肢 y を機会集合 S から選択することを許容しない倫理的な制約が存在するという形式で，簡潔に表現することができる．同じ社会的規範は，選択肢 z が含まれる機会集合 T からであれば，y にせよ z にせよ，自由な選択を妨げないことに注意したい．この考え方を一般化すれば，社会的規範を次のように表現することができる．

選択空間 $(X, \boldsymbol{K})$ が与えられたものとする．そのとき，機会集合 $S \in \boldsymbol{K}$ と選択肢 $w \in S$ に対して，S から w を選択することを禁止する社会的規範が存在するとき，そしてそのときにのみ $(S, w) \in N_0$ と定義される集合 N_0 によって，ひとつの社会的規範のシステムを表現することができる．このように形式的に表現された社会的規範のシステム全体から構成される集合族を，以下では $\boldsymbol{N}$ と表記する．

定義により，ある社会的規範のシステム $N_0 \in \boldsymbol{N}$ が与えられれば，選択空間 $(X, \boldsymbol{K})$ で定義される選択関数 C に対して

(2.1) $\qquad \forall S \in \boldsymbol{K} : C(S) \subseteq S \setminus \{x \in S \mid (S, x) \in N_0\}$

という制約が課されていることになる．以下では，任意の社会的規範のシステム $N_0 \in \boldsymbol{N}$ に対して，どの機会集合 $S \in \boldsymbol{K}$ も $(S, x) \notin N_0$ を満足する $x \in S$ を少なくともひとつ含むことを，最小限の要請として仮定することにしたい．機会集合 $S \in \boldsymbol{K}$ がこの要請を満足しなければ，この社会的規範のシステム

$N_0 \in \boldsymbol{N}$ によって S 内の選択肢がすべて排除されてしまい，選択問題は完全に空虚なものになってしまうからである．

振り返ってみると，前章で展開された合理的選択と顕示選好の理論では，(i) 選択される選択肢は実行可能な選択肢であること，(ii) 実行可能な他のすべての選択肢と比較して，選択される選択肢は少なくとも同程度には望ましいことが要求されていた．これに対して，外部的な社会的規範のシステムが存在する場合には，(i*) 選択される選択肢は物理的に実行可能な選択肢であるのみならず，社会的規範によっても許容されるべきこと，(ii*) 他の実行可能で社会的規範によって許容されるすべての選択肢と比較して，選択される選択肢は少なくとも同程度には望ましいことが要求されることになる．以下では，この考え方を形式的に表現して，規範に条件付けられた合理的選択の理論を構築することにする．

まず，外部的な社会的規範のシステム $N_0 \in \boldsymbol{N}$ と，実行可能な選択肢の機会集合 $S \in \boldsymbol{K}$ が与えられたとき，(N_0, S) に対する N_0-許容集合 $A^{N_0}(S) \subseteq S$ を

$$(2.2) \qquad x \in A^{N_0}(S) \Leftrightarrow (S, x) \notin N_0$$

によって定義する．仮定によって，任意の規範 $N_0 \in \boldsymbol{N}$ と任意の機会集合 $S \in \boldsymbol{K}$ に対して，$A^{N_0}(S) \neq \emptyset$ が成立する．選択関数 C は，ある二項関係 $R^{N_0} \subseteq X \times X$ が存在して

$$(2.3)$$
$$\forall S \in \boldsymbol{K}, \forall x \in S : x \in C(S) \Leftrightarrow x \in A^{N_0}(S) \,\&\, \left[\forall y \in A^{N_0}(S) : x R^{N_0} y\right]$$

を満足するならば，《N_0-合理化可能》(N_0-rationalizable)であるという．この場合，R^{N_0} は C の《N_0-合理化》(N_0-rationalization)であるという．

N_0-合理化可能な選択関数の構造を分析する手段として，選択関数 C の顕示選好関係 $R_C \subseteq X \times X$ の定義を，以下のように一般化する：

$$(2.4) \quad \forall x, y \in X : x R_C y \Leftrightarrow \exists S \in \boldsymbol{K} : \left[x \in C(S) \,\&\, y \in A^{N_0}(S)\right].$$

C の《間接的な顕示選好関係》は，C の《直接的な顕示選好関係》R_C の推

移的閉苞 $tc(R_C)$ で与えられる.

以上で整った道具を駆使して,規範に条件付けられた3つの合理化可能性の概念を導入することにしたい.第1の概念は N_0-合理化可能性それ自体であって,N_0-合理化にはなんらの追加的な要請も課されない.第2の概念はS-整合的な選好関係による N_0-合理化可能性である.第3の概念は,順序による N_0-合理化可能性である.明らかに,これら3つの N_0-合理化可能性の概念は外部的な社会的規範の存在を前提しない合理化可能性の理論の基本概念とまったくパラレルな構造を持っている.

N_0-合理化可能性の概念は,以下の公理によって完全に特徴付けられる.

N_0 に条件付けられた直接的顕示選好との整合性

$$\forall S \in \boldsymbol{K}, \forall x \in A^{N_0}(S): \left[\forall y \in A^{N_0}(S): xR_Cy\right] \Rightarrow x \in C(S).$$

定理 2.1

$N_0 \in \boldsymbol{N}$ は外部的な社会的規範のシステムであり,C は選択空間 $(X, \boldsymbol{K})$ 上の選択関数であるとする.C が N_0-合理化可能であるための必要十分条件は,N_0 に条件付けられた直接的顕示選好との整合性が成立することである.

S-整合的な合理化による N_0-合理化可能性の必要十分条件は,以下の公理によって与えられる.

N_0 に条件付けられた S-整合的閉苞との整合性

$$\forall S \in \boldsymbol{K}, \forall x \in A^{N_0}(S): \left[\forall y \in A^{N_0}(S): xcc(R_C)y\right] \Rightarrow x \in C(S).$$

定理 2.2

$N_0 \in \boldsymbol{N}$ は外部的な社会的規範のシステムであり,C は選択空間 $(X, \boldsymbol{K})$ 上の選択関数であるとする.C が S-整合的な合理化によって N_0-合理化可能であるための必要十分条件は,N_0 に条件付けられた S-整合的閉苞との整合性

が成立することである．

本節の最後に，順序関係による N_0-合理化可能性の必要十分条件として，以下の公理を挙げておくことにする．

N_0 に条件付けられた推移的閉包との整合性

$$\forall S \in \boldsymbol{K},\ \forall x \in A^{N_0}(S) : \bigl[\forall y \in A^{N_0}(S) : xtc(R_C)y\bigr] \Rightarrow x \in C(S).$$

定理 2.3

$N_0 \in \boldsymbol{N}$ は外部的な社会的規範のシステムであり，C は選択空間 $(X, \boldsymbol{K})$ 上の選択関数であるとする．C が順序によって N_0-合理化可能であるための必要十分条件は，N_0 に条件付けられた推移的閉包との整合性が成立することである．

定理 2.1〜定理 2.3 を証明するための補助手段として，最初に 3 つの補助定理を樹立しておきたい．

補助定理 1

$N_0 \in \boldsymbol{N}$ は外部的な社会的規範のシステム，C は選択空間 $(X, \boldsymbol{K})$ 上の選択関数であり，R^{N_0} は C の N_0-合理化であるならば，$R_C \subseteq R^{N_0}$ が成立する．

証明：R^{N_0} は C の N_0-合理化であるとして，$x, y \in X$ は xR_Cy を満足するものとする．R_C の定義により，$x \in C(S)$ および $y \in A^{N_0}(S)$ を成立させる機会集合 $S \in \boldsymbol{K}$ が存在する．R^{N_0} は C の N_0-合理化であるから，$xR^{N_0}y$ が成立する．これで $R_C \subseteq R^{N_0}$ が確認されたことになる．∥

補助定理 2

$N_0 \in \boldsymbol{N}$ は外部的な社会的規範のシステム，C は選択空間 $(X, \boldsymbol{K})$ 上の選択関数であり，R^{N_0} は C の S-整合的な N_0-合理化であるならば，$cc(R_C) \subseteq$

R^{N_0} が成立する．

　証明：R^{N_0} は C の S-整合的な N_0-合理化であり，$x, y \in X$ は $xcc(R_C)y$ を満足するものとする．二項関係の S-整合的閉苞の定義によって，そのとき xR_Cy あるいは $[xtc(R_C)y \ \& \ yR_Cx]$ が成立する．xR_Cy である場合には，補助定理1によって $xR^{N_0}y$ が得られる．これに対して $[xtc(R_C)y \ \& \ yR_Cx]$ である場合には，ある自然数 K および $\{x^0, x^1, \ldots, x^K\} \subseteq X$ が存在して，$x = x^0, \forall k \in \{1, 2, \ldots, K\} : x^{k-1}R_Cx^k, x^K = y$ が成立する．補助定理1によれば，そのとき $\forall k \in \{1, 2, \ldots, K\} : x^{k-1}R^{N_0}x^k$ が成立するため，$xtc(R^{N_0})y$ がしたがうことになる．補助定理1を再び援用すれば，yR_Cx から $yR^{N_0}x$ が得られる．もし $\neg xR^{N_0}y$ であれば，$yR^{N_0}x$ と結合して $yP(R^{N_0})x$ が得られるため，$xtc(R^{N_0})y$ であることを考慮すれば R^{N_0} の S-整合性との矛盾が発生してしまうことになる．したがって $xR^{N_0}y$ であることを承認せざるを得なくなって，$cc(R_C) \subseteq R^{N_0}$ が確認されることになるのである．∥

補助定理 3

　$N_0 \in \boldsymbol{N}$ は外部的な社会的規範のシステム，C は選択空間 $(X, \boldsymbol{K})$ 上の選択関数であり，順序 R^{N_0} は C の N_0-合理化であるならば，$tc(R_C) \subseteq R^{N_0}$ が成立する．

　証明：順序 R^{N_0} は C の S-整合性を持つ N_0-合理化であり，$x, y \in X$ は $xtc(R_C)y$ を満足するものとする．二項関係 R_C の推移的閉苞の定義によって，ある自然数 K と $\{x^0, x^1, \ldots, x^K\} \subseteq X$ が存在して，$x = x^0, \forall k \in \{1, 2, \ldots, K\} : x^{k-1}R_Cx^k, x^K = y$ が満足される．補助定理1によって，そのとき $\forall k \in \{1, 2, \ldots, K\} : x^{k-1}R^{N_0}x^k$ が成立するので，R^{N_0} の推移性を繰り返して適用すれば $xR^{N_0}y$ が得られることになるため，$tc(R_C) \subseteq R^{N_0}$ を結論することができることになる．∥

定理 2.1 の証明：［必要性］　R^{N_0} は選択関数 C の N_0-合理化であるものとして，機会集合 $S \in \boldsymbol{K}$ と $x \in A^{N_0}(S)$ は $\forall y \in A^{N_0}(S) : xR_Cy$ を満足するものとする．補助定理1により，$\forall y \in A^{N_0}(S) : xR^{N_0}y$ が成立する．R^{N_0} は選択関数 C の N_0-合理化であるので，これから $x \in C(S)$ がしたがうことになる．

[十分性] C は N_0 に条件付けられた直接的顕示選好との整合性を満足するものとする．$R^{N_0} = R_C$ が C の N_0-合理化であることを示せば定理の証明は，完了する．そこで $S \in \boldsymbol{K}$ かつ $x \in A^{N_0}(S)$ とする．最初に $x \in C(S)$ である場合を考えれば，定義によって $\forall y \in A^{N_0}(S): (x,y) \in R_C = R^{N_0}$ が直ちにしたがうことになる．逆に，$\forall y \in A^{N_0}(S): (x,y) \in R_C = R^{N_0}$ であるものとすれば，N_0 に条件付けられた直接的顕示選好との整合性によって，直ちに $x \in C(S)$ がしたがうことになる．こうして，C は $R^{N_0} = R_C$ によって N_0-合理化可能であることが示されたことになる．∥

定理 2.2 の証明：定理 2.2 の証明は基本的に定理 2.1 の証明と同様であって，相違点は R_C を $cc(R_C)$ で置き換えること，補助定理 1 の替わりに補助定理 2 を援用することに過ぎない．∥

定理 2.3 の証明：定理 2.3 の証明も基本的に定理 2.1 の証明と同様であって，相違点は R_C を $tc(R_C)$ で置き換えること，補助定理 1 の替わりに補助定理 3 を援用することに過ぎない．∥

第 3 節　選択のメニューの認識上の価値

前節で展開された《規範に条件付けられた合理的選択の理論》は，センが構成した晩餐のテーブルの最後のリンゴの例から，その基本的な動機付けを得ていた．ところで，センが活用した選択関数 C は，選択の 2 つの機会集合からの選択集合が

(3.1) $\qquad C(\{x,y\}) = \{x\}, \qquad C(\{x,y,z\}) = \{y\}$

で与えられるというものだった．晩餐のテーブルの最後のリンゴの例は，この選択集合のペアに対するひとつの巧妙な解釈だった．当然のことながら，(3.1) という特徴を持つ選択関数は，この特定の解釈に拘束されているわけではない．事実，セン自身も同じ選択関数の背景となる事例として，コンテクストも含意もまったく異なる別解釈を，Sen (1993a, p. 502) において与えている．

センのストーリーはおよそ以下のようなものである．あるひとが，それほど親しくはない友人から，自宅でのアフタヌーン・ティーに招かれた．そのとき，彼には x =「友人宅に行ってティーを飲む」，y =「招待を断って帰宅する」という2つの選択肢があることになる．彼が友人の誘いを受け入れる気になりかけたとき——すなわち，$C(\{x,y\}) = \{x\}$ という選択をしようとした矢先に——，この友人が「ちょうどいま最高級のコカインもあることだから……」と言い出したとすれば，このひとが直面する機会集合には，x, y という既にあった選択肢に加えて，z =「よく知らない友人宅でコカインを吸う」という選択肢が追加されることになる．新たな選択肢 z が追加されたことによって，このひとが直面する選択状況はまったく異なるものになる．警戒すべきひとの自宅では，ティーといえども一緒にすべきではないと考えて，$C(\{x,y\}) = \{x\}$ という選択行動をしようとしたこのひとが，$\{x,y,z\}$ という機会集合からは $C(\{x,y,z\}) = \{y\}$ という選択行動をとることには，もっともな理由があるというべきだろう．この例のエッセンスは，選択のメニューには選択状況の本質を認識するための手掛りが含まれていること，この事実を理解すれば，(3.1)という選択行動にはなんら非合理性を責められるべき理由は存在しないことを教示している点にある．

選択の《メニューの認識上の価値》(epistemic value of a menu)を指摘したのはセン(Sen, 1993a)が最初であったわけではない．この論点が持つ重要性を考えれば，ダンカン・ルースとハワード・ライファの名著『ゲームと決定』(Luce and Raiffa, 1957, p. 288)が挙げた例によって，同じ論点を再度強調しておく価値がある．彼らの例はおよそ次のようなものである．

不案内な街を夕食時に散策していた A 氏が，たまたま見つけた見栄えのしないレストランに，確信を持てないままで入店する．ウエイターは A 氏に，今夜はサーモンのあぶり焼きを15ドル，ステーキを25ドルで提供できると告げる．第一級のレストランであれば A 氏はステーキを選択するところだが，見知らぬ環境と価格の差を考慮して，彼はサーモンを注文することにする．この注文を受けたウエイターは厨房から慌てて戻り，シェフがカタツムリのフライも30ドルで提供できることを言い忘れましたと，大仰な謝罪とともに A 氏に告げる．これを聞いた A 氏は，もともとカタツムリが大嫌いなのだが，「素

晴しい！ それじゃステーキにしよう」と注文を変えることにする．このような選択をするA氏は非合理的な個人だというべきだろうか．ルースとライファは必ずしもそうとは言えないと考える．カタツムリを提供できる程のレストランならば高品質のステーキを提供するに違いないと確信して，A氏は最初から選択の機会集合に含まれていたステーキに注文を切り替えたのである．選択のメニューの認識上の価値という視点に立てば，この選択にはなにも非合理性はないと考えることができる．

　センの例にせよルース＝ライファの例にせよ，選択のメニューには採用した選択肢の《利用に伴う価値》(use value)とは峻別された意味で《内在的な価値》(intrinsic value)があることを伝えている．選択を鍵概念とする分析においては，この区別の重要性を忘れることは許されないというべきである．本書では，第5部(帰結主義，非帰結主義および社会的選択)において，この区別の重要性にさらに光を当てることになる筈である．

第2部
社会的選択の合理性と情報的効率性

《問題の設定》

　本書全体を通して我々は，社会を構成する人々はすべて合理的な個人であって，複数の社会的選択肢が提供されればそれらの相対的な優越を比較でき，そのような優劣比較を連鎖してもなんら論理的な矛盾は発生しないこと——すなわち，社会的選択肢の集合で定義されるすべての個人の選好関係は，第1部で準備した意味で《順序》となること——を仮定する．このように，個人的なレベルではなんら矛盾のない選好判断を持つ人々から構成される社会において，社会全体としての公共的な選択はいかにして行われるべきか——これが第2部で我々が取り組む問題である．

　第4章(アローの一般不可能性定理)は，社会的選択のプロセスないしルールに対して，ケネス・アロー(Arrow, 1951/1963)が示した衝撃的な《一般不可能性定理》(general impossibility theorem)の意味と意義を，正確に理解することを課題としている．アローが定式化した社会的選択のシナリオは，2つの段階から構成されている．第1段階では，社会を構成する人々が持つ【善】の観念を社会的選択肢の集合上の評価順序で表現して，このような個人的評価順序のプロファイルを社会的な【善】の観念——社会的な評価順序——に集約するルールに関心を集中する．第2段階では，こうして構成された社会的な評価順序 R と，実行可能な選択肢の機会集合 S が与えられたとき，S から選択肢を選択する手続きに関心を寄せる．第1部で準備した表記法を活用して述べれば，第2段階で社会が行う選択を描写したアローのシナリオは，S から R-最適点の集合 $G(S, R) \subseteq S$ を選択する作業として形式化されることになる．

　第4章第1節(社会的評価の形成プロセス：アローの公理)では，この2段階の社会的選択のシナリオの第1段階としてアローが提起して，自ら否定的に答えた問題の構造を，詳細に検討する．この問題が難問である所以は基本的に2つある．第1に，個人的な【善】の観念が人々の間でまちまちであるように，個人的な【善】の観念を形式化した評価順序のプロファイルを社会的な【善】の観念——公共【善】の観念——に集約するルールの在り方に関しても，人々

の考え方はまちまちであることが，例外というよりはむしろ通則である．それだけに，望ましいルールの特徴付けに関する人々の同意は，決して簡単に成立するものとは思われない．第2に，個人的な評価を社会的な評価に集約するルールの選択肢は，我々の気軽な予想を裏切って，驚く程に膨大な数だけ存在する．そのため，これらのルールの適格性をチェックする作業は，ありとあらゆるルールを悉皆的に列挙して，それぞれの選択肢の適格性を各個撃破的に吟味する方法では，とても対応しきれない規模の問題となるのである．

これら2つのハードルを越えるために，アローは彼以前の厚生経済学と社会的選択の理論の研究者が手を触れたことはない公理主義的なアプローチを導入した．第4章第1節では，アローの問題を公理主義的に表現すること，彼が個人的評価の社会的評価への集計ルールに課した最小限の公理を正確に理解することに専念する．以下では，アローの問題が悉皆列挙と各個撃破では解答に迫れない程に膨大な問題であることを，最小限度のモデルを用いて簡潔に説明しておくことにする．

いま，たった2人の個人1, 2によって構成される社会を想定して，実現可能な社会状態も，x, y, z の3つで尽くされるものと仮定する．2人の個人はいずれも合理的であって，社会的選択肢の集合 $\{x, y, z\}$ で定義される評価順序を持っている．問題をさらに単純化して，2人の個人はいずれも社会的選択肢の優劣に関して明確なランク付けを行うこと——したがって，選択肢の間には無差別関係が成立することはないこと——を仮定すれば，集合 $\{x, y, z\}$ に対する個人的評価のランキングは，以下の6通りでそのすべてが尽くされることは明らかである．

$$\alpha : x \succ y \succ z \quad \beta : x \succ z \succ y \quad \gamma : y \succ x \succ z$$
$$\delta : y \succ z \succ x \quad \varepsilon : z \succ x \succ y \quad \zeta : z \succ y \succ x$$

ただし，例えば α は，集合 $\{x, y, z\}$ に所属する選択肢のなかで，x は最善であり，y は次善，z は最悪であるという評価を示している．この場合，2人の個人から構成される社会のなかで，誰がどのような個人的評価を持っているかを示すためには，個人1の評価順序——例えば ε ——と個人2の評価順序——例えば β ——の順序付けられた組 (ε, β) を指定しさえすればよいことに

なる．明らかに，このような個人的評価の在り方の可能性は，全部で36個存在する．ここまでくれば，我々が個人的評価を社会的評価に集約するルールと呼んできたものは，このような個人的評価の順序付けられた組に対して，ひとつの社会的評価を対応させる——個人的評価を社会的評価に集約する——《集計関数》(aggregator)に他ならないことは明らかである．ただしここで——アローにしたがって——公共【善】の観念を体現する社会的評価は，個人的評価とまったくパラレルに，社会状態の集合のうえで定義される評価順序で表現されるものと仮定している．我々の問題は，そのような集計関数が総計いくつ存在するかということである．36個の順序対に対応する社会的な評価順序の可能性は——個人と同じく社会も選択肢の間の無差別関係を持たないものと仮定すれば——それぞれ6個あり，順序対は総計36個あるのだから，集計関数の総数は全部で6^{36}個あることになる．容易に確認できるように，

$$6^{36} > 10^{27} > 6.022045 \times 10^{23}$$

が成立するが，この不等式の最右辺は有名なアボガドロ数に他ならない．2人の個人だけから構成され，選択肢の数も3個に限られるミニチュア・サイズの社会でさえ，先験的に可能な集計関数の総数は，アボガドロ数を超えるまでに膨大なのである．

悉皆列挙と各個撃破では到底迫り得ない規模のこの問題に直面して，アローは集計関数に僅か4つの公理を課して，これらの公理を満足する集計関数——そのような集計関数は《アローの社会厚生関数》(Arrovian social welfare function)と呼ばれている——に関心を絞り，戦線を縮小しようとした．この戦線からアローが持ち帰った戦果はまことに衝撃的だった．アローの公理を満足するという意味で適格な集計関数は，論理的に存在不可能であることを，アローは証明してしまったのである．第4章の第2節と第3節は，社会的選択の理論におけるこの大定理に2つの証明を与えて，アローの基本定理の意味と意義を徹底的に理解することに充てられる．

第5章(S-整合的評価と社会的選択の可能性)は，社会的評価を個人的評価と完全にパラレルに取り扱い，評価をおしなべて順序で表現するアローの定式化から一歩を踏み出して，社会的評価の完備性の要請を外すこと，第1部で中心

的な役割を果たしたS-整合性の要請で推移性の要請を置き換えることの意義を検討することに充てられる．完備性の要請を排除する措置の背景には，どのような選択肢のペアに対しても必ず社会的優劣の観点からの比較が可能であると要求することはむしろ不自然だという批判——代表的な批判としてはアマルティア・セン(Sen, 1997b)を参照せよ——がある．また，社会的評価の推移性の要請を緩和する方法としては，センがつとに提唱した準推移性——強意の選好の推移性——を採択して，無差別関係の推移性を放棄する方法が長い間試みられてきたが，本章では推移性に替えてS-整合性を採用することによって，アローの一般不可能性定理からのひとつの脱出路を確保することを試みる．この研究は最近の論文(Bossert and Suzumura, 2008a)において，ウォルター・ボッサールと鈴村興太郎が公表した成果に依拠している．

最後に第6章(不可能性の陥穽からの脱出路)は，アローの一般不可能性定理の陥穽から脱出する経路の可能性について，3つの代表的な選択肢を示唆すること，これらの選択肢の探索を切っ掛けにして，本書における厚生経済学と社会的選択理論の検討の進路を探求することに充てられている．第1の選択肢は，社会的《評価》と社会的《選択》を，パレート＝ヒックスの消費者選択理論とのアナロジーを重視して，選択を選好最適化行動と理解するアローのアプローチを脱却して，社会的選択に直接的に焦点を合わせるアプローチである．このアプローチを推進した代表的な研究としては，Douglas Blair, Georges Bordes, Jerry Kelly and Kotaro Suzumura(1976)，Charles Plott(1973)およびAmartya Sen(1977a)などが挙げられる．第2の選択肢は，効用ないし厚生の個人間比較をおしなべて排除するパレート＝ヒックス＝ロビンズ＝バーグソン＝サミュエルソンの考え方とは一線を画して，少なくともある個人による社会的《評価》の形成理論に関する限り，個人間比較にオペレーショナルな意味を賦与できることを指摘して，この基礎に立って新たな理論的可能性を開拓するアプローチである．セン(Sen, 1977c)が重要な貢献をしたこのアプローチの根源には，パトリック・スッピス(Suppes, 1966)の先駆的貢献に基づくアローの示唆があることは，公平性のために記憶に留められるべきである．第3の選択肢は，従来の厚生経済学と社会的選択理論が立脚する情報的な基礎を根本的に見直して，拡大された情報的基礎に立つ新たな理論構成を構想するアプ

ローチである．振り返ってみると，パレート=ヒックス以降の個人間比較不可能な序数的効用概念にせよ，スッピス=アロー=センの個人間比較可能な序数的効用概念にせよ，いずれも実現された社会的選択肢に関する情報を，序数的な効用ないし厚生をフィルターとして濾過したものだけに依拠して構成されている．厚生経済学と社会的選択に関する理論構成の情報的基礎としてみれば，このアプローチは非常に限定的な性格のものであることは否み難い．第6章の末尾に据えた第4節(社会的評価の情報的基礎)は，このアプローチの限定性を浮き彫りにして，これ以降の本書の各章で検討する拡大された情報的基礎を準備することを目的としている．

第4章 アローの一般不可能性定理

第1節 社会的評価の形成プロセス：アローの公理

厚生経済学を経済学の一分野として確立したアーサー・ピグーは，ジェレミー・ベンサム＝ジョン・スチュワート・ミル＝フランシス・エッジワースの功利主義的伝統を継承して，経済制度や経済政策のさまざまな選択肢の社会的な優劣を比較する基準として，制度や政策によって実現される人々の《効用》の社会的総和を採用していた．この基準を採用する前提として，ピグーは人々の効用が基数的な概念であること，個人間で効用差の大小比較——任意の2人の個人 i, j が持つ効用関数を u_i, u_j とするとき，任意の社会的な選択肢 x, y, z, w に対して，$u_i(x) - u_i(y)$ と $u_j(z) - u_j(w)$ の大小比較——が可能であることを仮定していた．そのため，こうした効用差の個人間比較には科学的な根拠がまったくないというライオネル・ロビンズの批判によって，ピグーの【旧】厚生経済学の基礎は壊滅的な打撃を受けることにならざるを得なかった．その後，経済システム論や経済政策論の理論的基礎の再構築を試みた【新】厚生経済学の旗手たちは，序数的であるうえに，効用の絶対水準も効用差も個人間で比較不可能な効用概念を採用して，この新たな情報的基礎のうえにロビンズの意味で科学性を備えた厚生経済学を建設することに邁進したのである．

【新】厚生経済学には，ニコラス・カルドア＝ジョン・ヒックス＝ティボール・スキトフスキーによって開拓された《補償原理》(compensation principles)学派と，アブラム・バーグソン＝ポール・サミュエルソンを旗手として正統派のミクロ経済学を席巻した《社会厚生関数》(social welfare function)学派の2つの潮流がある．両学派に共通する基本原理は，現代の厚生経済学で中心的な役割を担う《パレート原理》(Pareto principle)である．この原理によれば，任意の2つの社会的選択肢 x, y に対して，社会を構成する人々が一致して x を y よりも選好すれば，x は社会的にも y より選好されることになる．この原理を適用するためには，基礎情報としての効用は序数的で個人間で比較不可能であ

って差し支えない.だが問題は,この原理をそのまま適用して社会的な優劣判断ができる可能性は,極端に狭く限られていることである.多数の個人から構成される社会において,たったひとりでも異論を唱えるひとがいれば,2つの社会的選択肢の間で優劣比較を行うことが不可能であることになると,パレート原理のみに基づいて社会的な優劣判断を行う社会は,しばしば機能麻痺に陥る可能性がある.そのため,《補償原理》学派であれ《社会厚生関数》学派であれ,【新】厚生経済学はなんらかの工夫によってパレート原理の射程を延長して,選択肢の是非に関して人々の間に異論が生じる場合にも,社会的な優劣判断を行う可能性をできるだけ拡大する措置を講じている.

《補償原理》学派の【新】厚生経済学の場合には,この主旨の延長措置のエッセンスは,ある政策による受益者と損失者の間で仮説的な補償の支払いを認めて,直接的にはパレート原理を適用できない利害対立の状況にまで,パレート原理に依拠する判断の適用限界を拡張する工夫にある.例えば,現状が y という社会状態であり,政策Aを適用すれば y が x という社会状態に変更される場合を想定する.このとき,政策Aの実施から利益を得る——x を y よりも選好する——人々が,政策Aの実施によって損失を被る——y を x よりも選好する——人々に補償を支払えば,彼らに不利な政策の採択に同意する誘因を提供でき,《政策Aプラス補償の支払い》というパッケージが現状を——パレート原理に基づいて——優越する場合には政策Aの実施を是認するのが,カルドア(Kaldor, 1939)が導入した仮説的補償原理の考え方に他ならない.ここで用いられた《仮説的》(hypothetical)という表現は,カルドア原理の中核に位置する補償は利得者と損失者の間で実際に支払われる金額を指すものではなく,パレート原理の適用限界を拡張する理論的な媒介項として,単に仮想されるに過ぎないことを意味している.補償原理という表現がしばしば《仮説的》という形容詞を付けて用いられている所以は,まさにこの事実のうちにある.

カルドア補償原理とほぼ踵を接して公表されたヒックス補償原理(Hicks, 1940)の要諦は,カルドア原理とはまったく逆に,政策Aの実施から損失を被る——y を x よりも選好する——人々が,政策Aの実施によって受益する——x を y よりも選好する——人々に補償を支払って,彼らに有利な政策Aの実現を断念することに同意する誘因を提供できる可能性を尋ね,その可能性

が存在しない場合には政策 A の実施を是認する考え方である．

カルドア原理にせよヒックス原理にせよ，政策の社会的な是非を全員一致の原則に基づいて判断するパレート基準を人々の間に異論が存在する状況にまで拡張する巧妙な理論的工夫として，しばらくは大きな影響力を振るった．しかし，間もなくスキトフスキー(Scitovsky, 1941)によって論理的な矛盾の発生を指摘されて，【新】厚生経済学の基礎としてのその地位は大きく揺らぐことになった．この窮状を救うために，スキトフスキーはカルドア補償原理とヒックス補償原理を重ねて適用する《二重基準》(double criteria)を提唱したが，この基準ですら後にウィリアム・ゴーマン(Gorman, 1955)によって論理的な欠陥の存在を指摘されて，結局は挫折を免れ得なかった．このように，【新】厚生経済学の《補償原理》学派は，経済システム論や経済政策論の整合的な基礎を提供することに，ついに成功しなかったと言わざるを得ないのである[1]．

《社会厚生関数》学派の【新】厚生経済学も，人々の間に利害の対立が発生する状況にまで適用できるようにパレート原理を拡充する点では，《補償原理》学派と軌を一にしている．《社会厚生関数》学派は，効用概念の基数性と個人間比較可能性を政策判断の基礎を建設する《場》から追放して，それに替わって序数的な効用概念を採用する点でも，《補償原理》学派と歩調を合わせている．さらに，【新】厚生経済学の両学派は厚生経済学の倫理的な側面を経済学の外部に追放して，科学的・技術的な経済分析の遂行にその任務を限定するという諦観的な経済学観の正統化を推進する点でも共通性を持っていた．この諦観的な思想を象徴する道具概念こそ，アブラム・バーグソン(Bergson, 1938)が最初に導入してポール・サミュエルソン(Samuelson, 1947/1983, Chapter VIII; 1981)がその精緻化と普及に貢献した《社会厚生関数》(social welfare function)だったのである．

バーグソン＝サミュエルソンの社会厚生関数の概念を形式化するために，ここでいくつかの記号法を導入する．$N = \{1, 2, \ldots, n\}$ $(2 \leq n < +\infty)$ は社会を

---

[1] 仮説的な補償原理を論理的には欠陥がない形式に磨き上げた貢献として，Samuelson (1950a)の補償原理は高い評価を確立している．しかし，サミュエルソンの補償原理とパレート原理を連動させると，社会的選択が不可能になる状況があることを，Suzumura(1999d)が指摘している．この事実に関する一層の詳細については，本書第 7 部の第 20 章(アローの定理とヒックスの非厚生主義宣言)を参照していただきたい．

構成する個人の集合，X は社会的選択肢の集合であり，X の要素の個数は少なくとも3であるとする．各個人 $i \in N$ に対して R_i は彼の選好順序である．そのとき，任意の社会的選択肢 $x, y \in X$ に対して，xR_iy は個人 i にとって x は y と比較して少なくとも同程度に望ましいことを表している．この R_i に対応する強意の選好関係を $P(R_i)$ と書くとき，個人的選好順序の任意のプロファイル $\boldsymbol{R} = (R_1, R_2, \ldots, R_n)$ に対応して，パレート原理は

(1.1) $$\forall x, y \in X : x(\bigcap_{i \in N} P(R_i))y \Rightarrow xP(R)y$$

と表現される．ただし，ここで R はプロファイル $\boldsymbol{R} = (R_1, R_2, \ldots, R_n)$ に対応する社会厚生《順序》である．バーグソン゠サミュエルソンの社会厚生《関数》とは，(1.1)を満足する社会厚生《順序》R に対して，R を数値的に表現する関数 u，すなわち

(1.2) $$\forall x, y \in X : u(x) \geq u(y) \Leftrightarrow xRy$$

を満足する実数値関数 u のことに他ならない[2]．

　このように定義されたバーグソン゠サミュエルソンの社会厚生関数は，実施された政策の結果として人々が享受する序数的な効用を情報的基礎として，さまざまな政策の社会的な優劣を比較する公共【善】の指標である．バーグソン゠サミュエルソンによれば，このような公共【善】の指標それ自体は経済学者にとって外生的な与件であって，その内容や背景を分析したり説明したりすることは，彼らの固有の課題ではない．経済学者の本来の任務は，パレート原理を尊重するという点以外，まったく制約なしに与えられた公共【善】の観点から《最善》の選択肢を発見して，その実現のための政策手段を設計することに限られるというのである．

　もっとも，バーグソン゠サミュエルソンの社会厚生関数の起源とか，その関数が表現する公共【善】の形成方法などを問う意義に関して，バーグソンとサミュエルソンの間に微妙な温度差があることには注意すべきである．バーグソ

---

[2] 集合 X 上の順序 R が任意に与えられたとき，(1.2)を満足する実数値関数 u が存在するためには，集合 X と順序 R の双方に対して，いくつかの制約的な仮定が課される必要がある．この点に関して詳しくは，例えば Debreu(1959)を参照されたい．

ンによれば，厚生経済学が前提する公共【善】は分析対象とされる社会で支配的な価値評価と整合的であるべきであって，現実の経済・社会で支配的な価値評価を発見するルールの研究は，経済学の正統的な研究課題であると認められるべきである[3]．これに対してサミュエルソンは，公共【善】それ自体の分析を経済学の領域外部に追放することを，終始一貫して主張してきている．彼の考え方によれば，社会厚生関数が体現する公共【善】は，論理的に整合的でありさえすればどのような価値評価であっても誰の価値評価であっても差し支えない．その価値評価の起源や形成手続きを問うことは，経済学者が本来追求すべき研究課題ではないのである[4]．

バーグソンやサミュエルソンとは対照的に，公共【善】の概念を厚生経済学の正統な分析対象に位置付けて，精密な分析的枠組みを最初に形式化した研究は，ケネス・アローの記念碑的な著作『社会的選択と個人的評価』(Arrow, 1951/1963)だった．アローの考え方によれば，採択された経済政策の影響を潜在的に受ける人々が選択肢に対して持つ個人的な評価を集計して，公共【善】を形成するルールを分析する作業は，単に論理的に興味深いエクササイズであるのみならず，経済政策の基礎理論を標榜する厚生経済学にとっては必要不可欠な課題の一部なのである．

アローの分析の第一の基礎概念は《アローの社会厚生関数》(Arrovian social welfare function)ないし《社会構成関数》(constitution function)——個人的評価順序のプロファイル $\boldsymbol{R} = (R_1, R_2, \ldots, R_n)$ を社会的な評価順序 R に写像する関数 f ——である[5]．アローがこの概念を駆使して捕捉しようとした考え方は，『社会的選択と個人的評価』の以下の一節(Arrow, 1951/1963, pp. 22-23)に簡潔に述べられている．

---

[3] Bergson(1938, 1954)を参照されたい．
[4] Samuelson(1947/1983, Chapter VIII; 1981)を参照されたい．
[5] バーグソン＝サミュエルソンの社会厚生関数とアローの社会厚生関数とは，しばしば混同されて無益な論争を生み出してきたが，実際には両者の論理的な関係は簡単・明瞭である．個人的評価順序のプロファイルを，アローの社会厚生関数を用いて集計して形成された社会的評価順序を実数値で表現する関数こそ，バーグソン＝サミュエルソンの社会厚生関数に他ならない．この意味で，両者は明確に関係付けられた別概念であるのだが，無用な混乱の根を絶つためにこれ以降は《社会構成関数》という表現の方をもっぱら使用することにする．

ある固定された社会的選択肢のペアの相対的な序列は，少なくとも一部の人々の評価が変化すれば，それに伴って変化するのが通例である．個人的評価がどのように変化しても社会的評価は不変に留まると仮定することは，プラトン的実在説のように伝統的な社会哲学に加担して，個人の願望とは独立に定義される客観的な公共【善】が実在するという仮定に帰着してしまう．この公共【善】を把握する最善の方法は哲学的な探求であるという主張がしばしば聞かれるが，そのような哲学は——宗教的であるか世俗的であるかを問わず——エリートによる支配を正統化するために利用されがちであり，事実そのように利用されてきてもいる[……]．

現代的な唯名論的気質の持ち主にとっては，プラトン的な公共【善】が実在するという仮定は無意味である．ジェレミー・ベンサムとその追随者たちの功利主義哲学は，それに替えて公共【善】を人々の個人的な【善】に依拠させることを試みた．さらに進んで，功利主義哲学と結びついた快楽主義的心理学が，各個人の【善】を彼の《欲望》と同一視するために利用された．このようにして，公共【善】はある意味で人々の《欲望》の合成物であることになった．政治的な民主主義と自由放任主義的な経済学——少なくとも，消費者による財の自由な選択と労働者による自由な職業選択を含む経済システム——の双方に対する正統化の根拠として，この観点は役割を果たしている．本書[『社会的選択と個人的評価』]においても，人々の行動は個人的な選好順序によって表現されるという仮定のなかに，快楽主義的哲学はその具体的な表現を見出している．

アローが踏んだ次のステップは，社会的《評価》と社会的《選択》を連結する方法を発見することだった．その方法は簡単であり，個人的な評価順序のプロファイル $\boldsymbol{R} = (R_1, R_2, \ldots, R_n)$ が与えられたとき，社会構成関数 f が指定する社会的評価順序 $R = f(\boldsymbol{R})$ を道標として，選択肢の機会集合 $S \subseteq X$ からの社会的選択 $C(S) \subseteq S$ を

(1.3) $$C(S) = \{x^* \in S \mid \forall x \in S : x^* R x\}$$

という手続き——制約条件のもとでの社会的評価順序の最適化——で定めさえ

すればよい．個人的評価順序のプロファイルから，社会構成関数による集計手続きを経て，社会的《評価》の最適化を通じて社会的《選択》の決定に到るアローのシナリオは，完全競争市場における消費者選択に関するパレート＝ヒックス理論——制約条件のもとでの個人的《選好》の最適化——と完全にパラレルな構造を持っていることに注意したい．このように，社会的《評価》と社会的《選択》を完全合理性の概念を媒介項として連結するアロー理論の構成方法に対しては，公共選択学派の総帥ジェームズ・ブキャナン(Buchanan, 1954)による次のような批判が提起されている．

　　社会的合理性という概念が導入されたという事実それ自体が，アローの社会的選択の定式化には基本的な哲学的問題点が含まれていることを示唆している．社会的グループの属性として合理性や非合理性を要請するということは，そのグループを構成する諸個人を離れた有機的な存在意義をグループに対して付与することを意味している．[これに対して]目的や価値を持つのは個人だけだという個人主義の哲学的立場を採用する場合には，社会的合理性や集団的合理性という問題を提起する余地はない．[この場合には]社会的な価値評価などは端的にいって存在しないからである．あるいは，なんらかの意味で社会有機体説的な哲学的立場を採用してグループはそれに固有の価値順序を持つ独立した存在であると考えるならば，この存在の合理性や非合理性を検証する唯一の正統性を持つ方法は[個人の価値を超越した]社会的価値順序を吟味することでしかあり得ない．

　ブキャナンによるこの批判の要諦は単純である．個人的な評価順序に情報的基礎を求めつつ，社会に対しても完全合理性を要求するアローの理論は，個人に対してだけ妥当性を持つ合理性の概念を，社会にまで不当に移植したものである——ブキャナンのアロー批判のエッセンスはこの主張に凝縮されるといって差し支えない．
　ブキャナンのこの批判に直面して，アローは社会的選択の理論のエッセンスを理解するうえで非常に重要な考え方を提示した．アローによれば，民主主義はしばしば機能障碍を惹起するが，なかでも最も深刻な機能障碍は《民主主義

の麻痺現象》(democratic paralysis)——なにもしないことを民主的に決定したわけではないのに,民主的な決定プロセスの機能障害のために社会的な決定を行えず,麻痺状態に陥ってしまう現象——である[6].この麻痺現象の危険を回避できるように民主的な意思決定プロセスを設計しようとすれば,我々は社会的選択を順序によって合理化できる公共【善】の存在を前提せざるを得ないのである.

ブキャナンの批判とアローの応答を比較秤量する手掛かりとして,民主主義の麻痺現象の典型的な一例——《投票の逆理》(voting paradox)とか,《コンドルセ・パラドックス》(Condorcet's paradox)と呼ばれる例——を検討することにしよう.いま,3人の個人から構成される社会 $N = \{1, 2, 3\}$ が,3つの選択肢 x, y, z のなかから,ひとつの選択肢を民主的に選択する状況に直面しているものとする.この社会的選択の情報的基礎として,3人の個人は以下のような個人的評価順序のプロファイルを持つものとする.ただしここで,例えば個人1は,選択肢 x を《最善》,選択肢 y を《次善》,選択肢 z を《最悪》と評価している.個人2と個人3の個人的評価順序の読み方は,これに準じて明らかな筈である.

$$1 : x \succ y \succ z \qquad 2 : y \succ z \succ x \qquad 3 : z \succ x \succ y$$

民主主義の意味内容は複雑だが,ここでは単純多数決投票を民主的な社会的意思決定の典型的な手続きと考えて,問題を単純化することにしたい.そのとき,選択肢 a が選択肢 b に単純多数決コンテストで勝つことを $a \succ_{maj} b$ と書くことにすれば,特定化された個人的評価順序のプロファイルのもとでは

(1.4) $\qquad x \succ_{maj} y, \qquad y \succ_{maj} z, \qquad z \succ_{maj} x$

となることを確認することができる.(1.4)は,機会集合 $S = \{x, y, z\}$ のなかからどの選択肢を選んでも,多数派によってそれよりも支持される選択肢が必ず S 内にあることを意味していて,単純多数決投票による民主的な社会的選択はまさしく麻痺状態に陥ってしまう.これが《投票の逆理》ないし《コンド

---

6) Arrow(1951/1963, p. 120)を参照されたい.

ルセ・パラドックス》と呼ばれる問題の簡単な一例なのである．

　この逆理のエッセンスは，単純多数決投票によって形成される社会的な評価が，《推移性》という整合性の公理を満足しないことにある．アローが社会的選択の理論を2段階構造の理論として構想して，社会的《選択》の背後に公共【善】の最適化という選択の合理化段階を設定したこと，しかも公共【善】を表現する社会的評価を《順序》によって——《完備性》と《推移性》を兼備した二項関係として——表現したことの背景には，まさに民主主義の麻痺現象を避ける構造措置を内在化する意図があったのである[7]．この事実を踏まえて，ブキャナンの批判に対するアローの反論は，以下の文章で締め括られている．

　　　社会的選択メカニズムに課される集団的合理性の要請は，個人に対してのみ妥当する合理性の要請を，社会に対して不当にも移植したものではない．この要請は，変化する[選択]環境に民主主義的なシステムが十分適応できるために必要とされる，真に重要な属性として導入されているのである．

　厚生経済学の研究者に対してのみならず，政治理論や政治哲学の研究者に対しても大きな波紋を広げたアローの基本定理に進む準備が，これですべて整った．まず，社会構成関数に対してアローが課した4つの基本的要請を，以下のように導入することにしたい．

　アローの第1の要請は，社会構成関数 f の定義域の最大限の広範性である．

公理 U（定義域の無制約性）
　社会構成関数 f の定義域 D_f は，論理的に可能な個人的評価順序のプロファイル全体である[8]．

---

[7] 社会的評価の完備性は，2つの藁束の間で選択ができずに餓死したビュリダンのロバのように，民主主義の麻痺現象によって社会が立ち往生することがないように，どの選択肢のペアに対しても社会はそれらの優劣を比較できることを要請する公理なのである．
[8] この要請は，社会を構成するすべての個人が，論理的に可能な限りでどのような評価順序でも表明する自由を保障されていることを意味している．

アローの第2の要請は【新】厚生経済学から継承されたパレート原理である．個人的評価順序の任意のプロファイルにおいて，社会を構成する個人が一致して表明する強意の選好評価は，社会構成関数 f がそのプロファイルに対応させる社会的評価順序にもそのまま反映されることが要求されている．

公理 P (パレート原理)

個人的評価順序のプロファイル $\boldsymbol{R} = (R_1, R_2, \ldots, R_n)$ と，2つの社会的選択肢 $x, y \in X$ に対して，

$$\forall i \in N : xP(R_i)y \Rightarrow xP(R)y$$

が成立する．ただしここで $R = f(\boldsymbol{R})$ である．

アローの第3の要請は，社会的評価順序を形成するために社会構成関数 f が必要とする個人的評価順序のプロファイルに関する情報が，最大限に節約されていることを求めるものである．

公理 I (無関係対象からの独立性)

個人的評価順序の2つのプロファイル $\boldsymbol{R}^1 = (R_1^1, R_2^1, \ldots, R_n^1)$, $\boldsymbol{R}^2 = (R_1^2, R_2^2, \ldots, R_n^2)$ と2つの社会的選択肢 $x, y \in X$ に対して，

$$\forall i \in N : R_i^1(\{x, y\}) = R_i^2(\{x, y\})$$

が成立すれば，

$$R^1(\{x, y\}) = R^2(\{x, y\})$$

の成立が保証される[9]．ただしここで $R^t = f(\boldsymbol{R}^t)$ $(t = 1, 2)$ である．

アローの第4の要請は，社会的選択に対する個人的な影響力に極端な不平

---

[9] 任意の二項関係 Q と任意の選択肢 x, y に対して，$Q(\{x, y\})$ は Q の $\{x, y\}$ への制限を表している．すなわち，$Q(\{x, y\}) = Q \cap (\{x, y\} \times \{x, y\})$ である．

等性が発生することを禁止する条件である．ある個人 $d \in N$ は，個人的評価順序のプロファイル $\boldsymbol{R} = (R_1, R_2, \ldots, R_n)$ と2つの社会的選択肢 $x, y \in X$ に対して，$xP(R_d)y$ であれば d 以外の個人の評価如何によらずに $xP(R)y$ が成立する場合には，社会構成関数 f の《独裁者》(dictator)であるという．ただしここで $R = f(\boldsymbol{R})$ である．

公理 D（非独裁性）
  社会構成関数 f は独裁者を持ってはならない．

  アローが導入した公理は，それぞれに十分な説得力を備えた公理ではあるが，これらの公理を一括して要請する場合には，次のような衝撃的な一般不可能性定理を生み出すことが論証されている．

アローの一般不可能性定理
  少なくとも3つの社会的選択肢と，少なくとも2人で有限人の個人から構成される社会において，公理 U，公理 P，公理 I，公理 D を満足する社会構成関数は存在しない．

  本章の残る2節では，アローの基本定理に対して2つの証明を与えることにする．第1の証明は Suzumura(2000a) による数学的帰納法を用いた証明を簡素化したものである．第2の証明は，Hansson(1976) による極大フィルター理論を用いた証明を簡素化したものである．同じ定理に対する別証明ではあるが，それぞれにアローの定理の別の側面を照射する証明になっているため，重複を敢えて厭わずに収録することにしたのである．

第2節　数学的帰納法によるアローの定理の証明

  以下では社会を構成する個人の総数に関する数学的帰納法を用いるので，個人の総数が n ($2 \le n < +\infty$) の社会を個人の集合 $N(n) := \{1, 2, \ldots, n\}$ で表現する．また，この社会 $N(n)$ の社会構成関数を f_n，個人的評価順序のプロ

ファイル全体の集合を A_n で表すことにする．任意の個人的評価順序のプロファイル $\boldsymbol{R} = (R_1, R_2, \ldots, R_n) \in A_n$ に対応する社会的評価順序——バーグソン＝サミュエルソンの社会厚生順序——は，$R = f_n(\boldsymbol{R})$ で表現するものとする．

以下の証明で決定的な役割を果たす 2 つの補題を最初に樹立する．

独裁者の補題(dictator lemma)

社会 $N(n)$ の社会構成関数 f_n は公理 **P** と公理 **I** を満足するものとする．そのとき，個人 $i \in N(n)$，選択肢 $x, y \in X$ および個人的評価順序のプロファイル $\boldsymbol{R} = (R_1, R_2, \ldots, R_n) \in A_n$ で

(2.1) $\quad\quad\quad xP(R_i)y, \forall j \in N(n) \backslash \{i\} : yP(R_j)x$

でありつつ，$xP(R)y$ かつ $R = f_n(\boldsymbol{R})$ を満足するものが存在すれば，この個人 i は f_n の独裁者である．

証明：(i) 相異なる選択肢 $z \neq w$ で $z, w \in X \backslash \{x, y\}$ となるものが存在する場合を考える．新しいプロファイル $\boldsymbol{R}^* = (R_1^*, R_2^*, \ldots, R_n^*) \in A_n$ で

(2.2)
$zP(R_i^*)x, xP(R_i^*)y, yP(R_i^*)w, \forall j \in N(n) \backslash \{i\} : zP(R_j^*)x, yP(R_j^*)x, yP(R_j^*)w$

を満足するものをとる．2 つのプロファイル $\boldsymbol{R}, \boldsymbol{R}^*$ は $\{x, y\}$ 上では一致していて，しかも $xP(R)y$ であるため，公理 **I** によって $xP(R^*)y$ でもなくてはならない．ただし，ここで $R = f_n(\boldsymbol{R})$ および $R^* = f_n(\boldsymbol{R}^*)$ である．また，公理 **P** から，$zP(R^*)x, yP(R^*)w$ も成立する．R^* の推移性によって，このとき $zP(R^*)w$ がしたがうことになる．しかるに，プロファイル $\boldsymbol{R}^*$ において z を w より選好する個人は i のみであり，任意の $j \in N(n) \backslash \{i\}$ に対して R_j^* には $\{z, w\}$ 上でなんの制約も課されていないため，公理 **I** を再度援用すれば，個人 $i \in N(n)$ は独力で $\{z, w\}$ に対する自己の選好評価を，社会に強制できることがわかる[10]．

(ii) X は少なくとも 3 つの選択肢を含むため，任意の選択肢 $z \in X \backslash \{x, y\}$ をひとつとって，以下ではこれを固定することにする．

(ii-1) 新しいプロファイル $\boldsymbol{R}^a = (R_1^a, R_2^a, \ldots, R_n^a) \in A_n$ を

(2.3) $xP(R_i^a)y, yP(R_i^a)z, \forall j \in N(n)\backslash\{i\} : yP(R_j^a)z, yP(R_j^a)x$

という条件が満足されるように選択する．そのとき，公理 **I** と公理 **P** によってそれぞれ $xP(R^a)y, yP(R^a)z$ が得られるが，$R^a = f_n(\boldsymbol{R}^a)$ の推移性から $xP(R^a)z$ が得られるので，前に用いたものと同じ論法で，個人 $i \in N(n)$ は独力で $\{x, z\}$ に対する自己の選好評価を社会に強制できることがわかる．

(ii-2) 新しいプロファイル $\boldsymbol{R}^b = (R_1^b, R_2^b, \ldots, R_n^b) \in A_n$ を

(2.4) $zP(R_i^b)x, xP(R_i^b)y, \forall j \in N(n)\backslash\{i\} : zP(R_j^b)x, yP(R_j^b)x$

という条件が満足されるように選択する．そのとき，公理 **I** と公理 **P** によってそれぞれ $xP(R^b)y, zP(R^b)x$ が得られるが，$R^b = f_n(\boldsymbol{R}^b)$ の推移性から $zP(R^b)y$ が得られるので，前に用いたのと同じ論法で，個人 $i \in N(n)$ は独力で $\{z, y\}$ に対する自己の選好評価を社会に強制できることがわかる．

(ii-3) 新しいプロファイル $\boldsymbol{R}^c = (R_1^c, R_2^c, \ldots, R_n^c) \in A_n$ を

(2.5) $zP(R_i^c)y, yP(R_i^c)x, \forall j \in N(n)\backslash\{i\} : yP(R_j^c)x$

という条件が満足されるように選択する．そのとき，公理 **I** と公理 **P** によってそれぞれ $zP(R^c)y, yP(R^c)x$ がしたがうが，$R^c = f_n(\boldsymbol{R}^c)$ の推移性から $zP(R^c)x$ が得られるので，前に用いたのと同じ論法で，個人 $i \in N(n)$ は独力で $\{z, x\}$ に対する自己の選好評価を社会に強制できることになる．

(ii-4) 新しいプロファイル $\boldsymbol{R}^d = (R_1^d, R_2^d, \ldots, R_n^d) \in A_n$ を

(2.6) $yP(R_i^d)x, xP(R_i^d)z, \forall j \in N(n)\backslash\{i\} : yP(R_j^d)x$

という条件によって定義する．そのとき，(ii-1) によって $xP(R^d)z$ が，公理 **P** によって $yP(R^d)x$ が得られる．ここで $R^d = f_n(\boldsymbol{R}^d)$ の推移性を援用すれ

---

10) アローの定理の多くの証明では，このステップで証明の基本的なロジックは説明済みと考えて，これ以降の証明——$\{x, y\} \cap \{z, w\} \neq \emptyset$ となるケースの検討——は，基本的なケースとほぼ同じ論法で取り扱えると述べて通過してしまうことが多い．以下では，少なくとも今回に関する限り，細部に到るまでの完全な証明を述べておくことにしたい．

ば $yP(R^d)z$ がしたがうので，前に用いたのと同じ論法で，個人 $i \in N(n)$ は独力で $\{y, z\}$ に対する自己の選好評価を社会に強制できることがわかる．

(ii-5) 新しいプロファイル $\boldsymbol{R}^e = (R_1^e, R_2^e, \ldots, R_n^e) \in A_n$ を

$$(2.7) \qquad yP(R_i^e)z, zP(R_i^e)x$$

という条件によって定義する．そのとき，(ii-4) によって $yP(R^e)z$ が，(ii-3) によって $zP(R^e)x$ が得られる．ここで $R^e = f_n(\boldsymbol{R}^e)$ の推移性を援用すれば $yP(R^e)x$ がしたがうので，前に用いたのと同じ論法で，個人 $i \in N(n)$ は独力で $\{y, x\}$ に対する自己の選好評価を社会に強制できることがわかる．

以上の結果を綜合すれば，実は (2.1) を満足する個人 $i \in N(n)$ は社会構成関数 f_n の独裁者であることが示されたことになる．∥

還元性の補題 (reduction lemma)

社会 $N(n)$ ($3 \leq n < +\infty$) にアローの公理を満足する社会構成関数 f_n が存在すれば，社会 $N(n-1)$ にアローの公理を満足する社会構成関数 f_{n-1} が存在する．

証明：R^0 は X 上の普遍的な無差別関係，すなわち $R^0 := X \times X$ であるものとして，任意の $\boldsymbol{R} = (R_1, R_2, \ldots, R_{n-1}) \in A_{n-1}$ に対して，$f_{n-1}(\boldsymbol{R}) := f_n(\boldsymbol{R}, R^0)$ によって f_{n-1} を定義する．以下ではこの f_{n-1} はアローの公理を満足する社会 $N(n-1)$ の社会構成関数であることを証明する．f_{n-1} が f_n から公理 **I** を継承することは明らかである．f_{n-1} が公理 **D** を満足することを示すために，$d \in N(n-1)$ は f_{n-1} の独裁者であるものと仮定する．選択肢 $x, y \in X$ とプロファイル $\boldsymbol{R}^a = (R_1^a, R_2^a, \ldots, R_{n-1}^a) \in A_{n-1}$ は

$$xP(R_d^a)y, \forall j \in N(n-1) \backslash \{d\} : yP(R_j^a)x$$

を満足するものと仮定する．d は f_{n-1} の独裁者であるから，$R^a = f_{n-1}(\boldsymbol{R}^a) = f_n(\boldsymbol{R}^a, R^0)$ とするとき，$xP(R^a)y$ が成立する．

$\{z, w\}$ は社会的選択肢のペアで $z \neq w, \{x, y\} \cap \{z, w\} = \emptyset$ を満足するものとする[11]．プロファイル $\boldsymbol{R}^b \in A_n$ は，$xP(R_d^b)y, yP(R_d^b)z, zP(R_d^b)w$ かつ

$$\forall j \in N(n)\backslash\{d,n\} : yP(R_j^b)z, zP(R_j^b)w, wP(R_j^b)x$$

$wP(R_n^b)x, xI(R_n^b)y$ および $yP(R_n^b)z$ を満足するものとする．ここで $I(R_n^b)$ は R_n^b に対応する無差別関係である．公理 **I** から $xP(R^b)y$ がしたがい，公理 **P** から $yP(R^b)z$ がしたがうので，$R^b = f_n(\boldsymbol{R}^b)$ の推移性によって，$xP(R^b)z$ が得られることになる．R^b は完備的なので，$xP(R^b)w$ あるいは wR^bx が成立しなくてはならない．前者の場合には，独裁者の補題によって d は f_n の独裁者となってしまう．後者の場合には，$xP(R^b)z$ と結合すれば $wP(R^b)z$ がしたがうので，独裁者の補題から n は f_n の独裁者となってしまう．いずれの場合にも，f_{n-1} が独裁的であれば f_n も独裁的である他はないことになって，矛盾に陥るのである．

最後に f_{n-1} は公理 **P** を満足することを示すため，選択肢 $x, y \in X$ とプロファイル $\boldsymbol{R}^c \in A_{n-1}$ は $\forall i \in N(n-1) : xP(R_i^c)y$ でありつつ yR^cx であるものとする．ただし，$R^c = f_{n-1}(\boldsymbol{R}^c) = f_n(\boldsymbol{R}^c, R^0)$ である．任意の選択肢 $z \in X\backslash\{x,y\}$ とプロファイル $\boldsymbol{R}^d \in A_n$ は

$$\forall i \in N(n-1) : xP(R_i^d)z, zP(R_i^d)y, zP(R_n^d)x, xI(R_n^d)y$$

を満足するものとする．$R^d = f_n(\boldsymbol{R}^d)$ とするとき，公理 **I** によっては yR^dx が，そして公理 **P** によっては $zP(R^d)y$ がしたがうので，R^d の推移性によって $zP(R^d)x$ が得られることになる．そのとき独裁者の補題から n は f_n の独裁者であることになって，仮定に反する結果が生じることになる．こうして f_{n-1} は公理 **P** を満足することが論証されて，証明はこれで完了する．∥

アローの一般不可能性定理

社会 $N(n)$ $(2 \leq n < +\infty)$ にはアローの公理を満足する社会構成関数は存在しない．

証明：社会 $N(n)$ $(3 \leq n < +\infty)$ にアローの公理を満足する社会構成関数 f_n

---

11) 独裁者の補題の場合と同様に，$\{x,y\} \cap \{z,w\} \neq \emptyset$ であるケースも，同じ論法で取り扱うことができる．

が存在したとすれば，還元の補題を繰り返して適用して，アローの公理を満足する社会構成関数の列 $f_n, f_{n-1}, \ldots, f_2$ が存在することを確認することができる．次に，社会的選択肢 $x, y \in X$ と，個人的評価順序のプロファイル $\boldsymbol{R} = (R_1, R_2) \in A^2$ は，$xP(R_1)y, yP(R_2)x$ を満足するものとする．$R = f_2(\boldsymbol{R})$ は完備性を持っているため，$xRy, yP(R)x$ のいずれかひとつは必ず成立する筈である．後者の場合には，独裁者の補題によって個人2は f_2 の独裁者となる．そこで前者の場合を考えて，社会的選択肢 $z \in X \setminus \{x, y\}$ と個人的評価順序のプロファイル $\boldsymbol{R}^* = (R_1^*, R_2^*) \in A^2$ は，$xP(R_1^*)y, yP(R_1^*)z, yP(R_2^*)z$ および $zP(R_2^*)x$ を満足するものとする．そのとき，公理 **I** と公理 **P** から xR^*y, $yP(R^*)z$ を得ることができるが，$R^* = f_2(\boldsymbol{R}^*)$ の推移性によってこれより $xP(R^*)z$ がしたがうことになる．独裁者の補題によって，そのとき個人1は f_2 の独裁者となる．この結果はアローの公理を満足する社会構成関数 f_2 の存在を否定することになる．したがって，アローの公理を満足する社会構成関数の列 $f_3, \ldots, f_n$ の存在も否定せざるを得ないのである．∥

第3節　極大フィルター理論によるアローの定理の証明

以下では，社会を構成する個人の集合 N は固定するが，個人の総数は無限大である可能性も排除しないでおくことにする．

最初に，アローの定理に対する第2の証明の基礎にある重要な概念を定義しておくことにする．集合 N 上で定義される《極大フィルター》(ultrafilter)とは，以下の4つの公理を満足する N の部分集合の集合族 $\boldsymbol{\Omega}$ のことである：

(a)　　$\emptyset \notin \boldsymbol{\Omega}$;
(b)　　$\forall T, T' \subseteq N : T \in \boldsymbol{\Omega} \ \& \ T \subseteq T' \Rightarrow T' \in \boldsymbol{\Omega}$;
(c)　　$\forall T, T' \in \boldsymbol{\Omega} : T \cap T' \in \boldsymbol{\Omega}$;
(d)　　$\forall T \subseteq N : T \in \boldsymbol{\Omega} \vee N \setminus T \in \boldsymbol{\Omega}$.

ここで2つの注意を与えておきたい．第1に，公理(a)と公理(d)によれば，$N \in \boldsymbol{\Omega}$ がしたがうことは明らかである．第2に，公理(a)と公理(c)によれば，公理(d)が保証する2つの選択肢は，同時には成立しない排他的な選択肢で

あることを確認することができる．この事実を確認するために，任意の $T \subseteq N$ をとれば公理(d)によって $T \in \Omega$ あるいは $N \setminus T \in \Omega$ の少なくとも一方が成立する．もしこれらの性質がいずれも正しければ，公理(c)によって $T \cap (N \setminus T) = \emptyset \in \Omega$ となって，公理(a)との矛盾が生じることになる．

極大フィルター Ω は，集合 N が有限集合であっても無限集合であっても定義される概念であるが，特に N が有限集合である場合には，以下の性質が成立することが知られている．

補助定理 3.1

Θ が有限集合 N で定義される極大フィルターであれば，ある $d^* \in N$ が存在して $\{d^*\} \in \Theta$ が成立する．

証明：極大フィルター Θ に対して

$$(3.1) \qquad G^* = \bigcap_{G \in \Theta} G$$

を定義する．仮定によって N は有限集合なので，Θ も N の有限個の部分集合から構成される集合族である．そこで，極大フィルターの公理(c)によって G^* は Θ に所属することになるため，極大フィルターの公理(a)によって $G^* \neq \emptyset$ でなくてはならない．そこで集合 G^* のひとつの要素 $d^* \in G^*$ をとって，実は $G^* = \{d^*\}$ であることを証明することにしたい．

この結論を否定して，$G^{**} = G^* \setminus \{d^*\}$ によって集合 $G^{**} \subseteq N$ を定義すれば，極大フィルターの公理(d)によって

$$(3.2) \qquad G^{**} \in \Theta \vee N \setminus G^{**} \in \Theta$$

が成立する．(3.2)の前者の選択肢は(3.1)および G^{**} の定義によって否定されるので，$N \setminus G^{**} \in \Theta$ が成立しなければならない．$G^* \in \Theta$ かつ $N \setminus G^{**} \in \Theta$ であるので，極大フィルターの公理(c)によって $G^* \cap (N \setminus G^{**}) = \{d^*\} \in \Theta$ がしたがうが，これはわれわれの前提と矛盾する．したがって $G^* = \{d^*\}$ であることを認めざるを得ないことになる．∥

次の課題は，極大フィルターという抽象的な概念と，アローの社会構成関数

との関連を明らかにすることである．まず，個人のグループ $G \subseteq N$ が，社会構成関数 f のもとで選択肢のペア (x,y) に対して《決定的》(decisive)であること，すなわち任意のプロファイル $\boldsymbol{R} = (R_1, R_2, \ldots, R_n) \in D_f$ に対して

(3.3)
$$\forall i \in G : xP(R_i)y \Rightarrow xP(R)y$$

が成立することを，$d_f(x,y)$ と記すことにする．ただし $R = f(\boldsymbol{R})$ である．特に，個人のグループ $G \subseteq N$ が社会構成関数 f のもとで任意の選択肢のペア (x,y) に対して $d_f(x,y)$ を満足する場合には，G は社会構成関数 f のもとで《決定的》(decisive)であるという．最後に，社会構成関数 f のもとで決定的である個人のグループ $G \subseteq N$ の集合族を Θ_f と記すことにする．これらの概念を理解する一助として，以下の2つの事実に読者の注意を喚起したい．

(i) アローが社会構成関数 f に課した《パレート原理》は，社会構成員全員の集合 N が社会構成関数 f のもとで決定的である――$N \in \Theta_f$ である――こととして表現することができる；

(ii) アローの《非独裁性》の条件は，どのような個人 $i \in N$ も単独で社会構成関数 f のもとで決定的となることはない――$\forall i \in N : \{i\} \notin \Theta_f$ である――こととして表現することができる．

これだけの準備を経て，以下の重要な定理を述べる段階に到達した．

定理 3.1 (Hansson, 1976)

社会構成関数 f がアローの条件 **U**, **P** および **I** を満足すれば，決定的なグループの集合族 Θ_f は極大フィルターとなる．

この定理を証明するための予備的ステップとして，まずひとつの補助定理を準備することにしたい．

補助定理 3.2

社会構成関数 f はアローの条件 **U**, **P** および **I** を満足するものとする．そのとき，あるグループ $G \subseteq N$ がある選択肢のペア (x,y) $(x,y \in X, x \neq y)$ に対して $d_f(x,y)$ を満足すれば，G は社会構成関数 f のもとで決定的となり，

$G \in \mathbf{\Theta}_f$ を満足する.

証明:前提された条件のもとで,Gは任意のペア(z, w) $(z, w \in X, z \neq w)$に対して$d_f(z, w)$を満足することを示しさえすればよい.証明はいくつかのケースに分けて行われる.

(i) 任意の$z, w \in X \backslash \{x, y\}$ $(z \neq w)$に対して$d_f(z, w)$が成立する.

以下のようなプロファイル$\mathbf{R} \in D_f$を考える.

$$\forall i \in G : zP(R_i)xP(R_i)yP(R_i)w$$

$$\forall i \in N \backslash G : yP(R_i)w, zP(R_i)x$$

そのとき,条件**P**によって$zP(R)x, yP(R)w$が成立する.ただし$R = f(\mathbf{R})$である.また,$d_f(x, y)$により$xP(R)y$が成立するので,社会的評価の推移性によって,$zP(R)w$がしたがうことになる.条件**I**により,この結論は$\{z, w\}$以外の選択肢に対するプロファイル$\mathbf{R}$の特定化とは独立なので,$d_f(z, w)$という所望の結論が得られることになる.

(ii) 任意の$z \in X \backslash \{x, y\}$に対して$d_f(x, z)$が成立する.

以下のようなプロファイル$\mathbf{R} \in D_f$を考える.

$$\forall i \in G : xP(R_i)yP(R_i)z$$

$$\forall i \in N \backslash G : yP(R_i)z$$

そのとき,条件**P**によって$yP(R)z$が成立する.ただし$R = f(\mathbf{R})$である.また,$d_f(x, y)$により$xP(R)y$が成立するので,社会的評価の推移性によって,$xP(R)z$がしたがうことになる.条件**I**により,この結論は$\{x, z\}$以外の選択肢に対するプロファイル$\mathbf{R}$の特定化とは独立なので,$d_f(x, z)$という所望の結論が得られることになる.

(iii) 任意の$z \in X \backslash \{x, y\}$に対して$d_f(z, y)$が成立する.

以下のようなプロファイル$\mathbf{R} \in D_f$を考える.

$$\forall i \in G : zP(R_i)xP(R_i)y$$

$$\forall i \in N \backslash G : zP(R_i)x$$

そのとき,条件**P**によって$zP(R)x$が成立する.ただし$R = f(\mathbf{R})$である.

また,$d_f(x,y)$により$xP(R)y$が成立するので,社会的評価の推移性によって,$zP(R)y$がしたがうことになる.条件$\mathbf{I}$により,この結論は$\{z,y\}$以外の選択肢に対するプロファイル$\mathbf{R}$の特定化とは独立なので,$d_f(z,y)$という所望の結論が得られることになる.

(iv) 任意の$z \in X \setminus \{x,y\}$に対して$d_f(z,x)$が成立する.

以下のようなプロファイル$\mathbf{R} \in D_f$を考える.

$$\forall i \in G : zP(R_i)yP(R_i)x$$

$$\forall i \in N \setminus G : yP(R_i)x$$

そのとき,(iii)で証明した$d_f(z,y)$によって,$zP(R)y$がしたがう.また,条件$\mathbf{P}$によって$yP(R)x$がしたがうが,社会的評価の推移性によって,$zP(R)x$が得られることになる.条件$\mathbf{I}$により,この結論は$\{z,x\}$以外の選択肢に対するプロファイル$\mathbf{R}$の特定化とは独立なので,$d_f(z,x)$という所望の結論が得られることになる.

(v) 任意の$z \in X \setminus \{x,y\}$に対して$d_f(y,z)$が成立する.

以下のようなプロファイル$\mathbf{R} \in D_f$を考える.

$$\forall i \in G : yP(R_i)xP(R_i)z$$

$$\forall i \in N \setminus G : yP(R_i)x$$

そのとき,(ii)で証明した$d_f(x,z)$によって,$xP(R)z$がしたがう.また,条件$\mathbf{P}$によって$yP(R)x$がしたがうが,社会的評価の推移性によって,$yP(R)z$が得られることになる.条件$\mathbf{I}$により,この結論は$\{y,z\}$以外の選択肢に対するプロファイル$\mathbf{R}$の特定化とは独立なので,$d_f(y,z)$という所望の結論が得られることになる.

(vi) $d_f(y,x)$が成立する.

以下のようなプロファイル$\mathbf{R} \in D_f$を考える.

$$\forall i \in G : yP(R_i)zP(R_i)x$$

そのとき,(v)で証明した$d_f(y,z)$から$yP(R)z$がしたがい,(iv)で証明した$d_f(z,x)$から$zP(R)x$がしたがう.そのとき,Rの推移性から$yP(R)x$がし

たがうが，条件 I により，この結論は $\{y,x\}$ 以外の選択肢に対するプロファイル $\boldsymbol{R}$ の特定化とは独立なので，$d_f(y,x)$ という所望の結論が得られることになる．∥

定理 3.1 の証明：f の決定的なグループの集合族 Θ_f が極大フィルターの公理 (a)–(d) を満足することを確認する．

公理 (a) の確認：もし仮に $\emptyset \in \Theta_f$ であるとすると，任意の選択肢 $x,y \in X$ ($x \neq y$) と任意のプロファイル $\boldsymbol{R} \in D_f$ に対して，$xP(R)y, yP(R)x$ となって，明らかな矛盾に陥ることになる．ただし，$R = f(\boldsymbol{R})$ である．

公理 (b) の確認：決定的なグループの定義から，この性質の成立は明らかである．

公理 (c) の確認：2 つの決定的なグループ $G, G' \in \Theta_f$ をとる．3 つの相異なる選択肢 $x,y,z \in X$ を任意にとり，プロファイル $\boldsymbol{R} \in D_f$ は

$$\forall i \in G \setminus G' : xP(R_i)y, xP(R_i)z$$
$$\forall i \in G \cap G' : zP(R_i)xP(R_i)y$$
$$\forall i \in G' \setminus G : yP(R_i)x, zP(R_i)x$$

を満足するものとする．仮定により G, G' は決定的なので，$xP(R)y, zP(R)x$ が成立する．ただし，ここで $R = f(\boldsymbol{R})$ である．R の推移性によって，そのときには $zP(R)y$ となるが，これは $G \cap G'$ が $d_f(z,y)$ であることを意味する．補助定理 3.2 により，そのとき $G \cap G' \in \Theta_f$ が得られることになる．

公理 (d) の確認：任意の $G \subseteq N$ をとる．$x,y,z \in X$ は相異なる選択肢であり，プロファイル $\boldsymbol{R} \in D_f$ は

$$\forall i \in G : xP(R_i)y, xP(R_i)z$$
$$\forall i \in N \setminus G : xP(R_i)y, zP(R_i)y$$

を満足するものとする．そのとき，$xP(R)z, R = f(\boldsymbol{R})$ であれば G は $d_f(x,z)$ を満足するので，補助定理 3.2 によって $G \in \Theta_f$ となる．さもないと，R の完備性から $zRx, R = f(\boldsymbol{R})$ となるため，条件 P からしたがう $xP(R)y, R = f(\boldsymbol{R})$ と R の推移性から $zP(R)y$ が得られる．このことは $N \setminus G$ が $d_f(z,y)$

を満足することを意味するが，これは補助定理3.2によって$N\backslash G \in \Theta_f$を意味することになる．‖

　定理3.1によれば，アローの条件 **U**, **P** および **I** を満足する社会構成関数の決定的グループの集合族 Θ_f は，極大フィルターである．この性質は，社会を構成する個人の集合 N が有限集合であろうと無限集合であろうと成立するが，特に N が有限集合である場合には，補助定理3.1によって，ある特定の個人 $d^* \in N$ が存在して，$\Theta_f = \{d^*\}$ を満足することになる．決定的グループの定義によって，この個人 d^* は社会構成関数 f の独裁者となる．これでアローの一般不可能性定理の別証明が完成したことになる．

第5章　S-整合的評価と社会的選択の可能性

第1節　社会的評価の非完備性とS-整合性

　アローの一般不可能性定理によれば，民主的な手続き的特徴を備えた社会的評価の形成ルールで，評価を形成する素材として収集・解析する必要がある個人的評価に関する情報を最大限に節約するルールは，論理的に存在不可能である．この衝撃的な命題に接したとき，【新】厚生経済学の新たな基礎付けを模索してきた人々のうちには，アローの社会的選択の理論を厚生経済学の研究領域から完全に追放することによって，不可能性定理の衝撃の波及を断固として阻止しようと試みる人々もいた．このような試みの代表例は，イアン・リットル (Little, 1952) とポール・サミュエルソン (Samuelson, 1967) だった．後者の論文においてサミュエルソンは，アローが確立した一般不可能性定理を最大限に称揚して，フォン・ノイマンのゲーム理論およびラムゼー＝サヴェッジ＝マルシャックの主観確率の理論に比肩する不朽の功績を讃えつつ，この定理を厚生経済学への貢献として認めることは断固拒否したのである．サミュエルソン自身はその理由を以下のように述べている[1]．

> 　アローの成果は伝統的な厚生経済学の数学理論に対する貢献であるというよりは，いまだ萌芽期にある数理政治学への貢献であるという方が遥かに相応しい．私はアローを経済学から政治学に輸出する．なぜならば，私はアローが伝統的な経済学のバーグソン厚生関数の不可能性を証明したとは信じていないからである．

　リットル＝サミュエルソンのように，アローの社会的選択の理論を厚生経済

---

[1]　Samuelson (1967, p. 168)．アローの一般不可能性定理とバーグソン＝サミュエルソンの社会厚生関数の存在可能性との関係は，本書の第7部第20章 (アローの定理とヒックスの非厚生主義宣言) で改めて述べる予定である．

学の聖域から追放して，一般不可能性定理の暗雲を手っ取り早く吹き払う試みとは一線を画して，先駆者アローが残した道標を細心に辿って民主的な社会的評価形成ルールの存在を保証する条件を発見する試みは，アローの否定的結論の衝撃が広く深く浸透するのと歩調を合わせて，着実に積み重ねられてきた．この試みを体系的に吟味して，本書の今後の分析の進路を定める一助とする作業は，次の第6章で行うことにしたい．本章では，形成されるべき社会的評価に対してアローが課した条件の特定の一部に関心を絞って，一般不可能性定理からの脱出路の可能性を検討する作業に専念することにする．本章で注目する一部の条件とは，社会的評価が《順序》であって，《完備性》と《推移性》を満足するという条件に他ならない．

　アローの一般不可能性定理からの脱出路を探索する作業の一環として，社会的評価の《完備性》の要請を批判の俎上に載せる選択には十分な理由がある．社会を構成する人々の評価の間にありとあらゆる異論が発生する余地を残しつつ，それらの異質な評価を綜合した社会的評価が必ず完備性を満足することを要求すれば，個人的評価を社会的評価に集約するルールに過大な負荷をかけることになりかねない．人々の間に僅かなりとも評価の対立があれば社会的な評価の形成を即座に放棄する敗北主義的なルールはいかにも脆弱な社会的評価の方法であって，できれば採用を避けたいところである．とはいえ，逆の極端に突進して完備性の要請を妥協の余地がまったくない不可侵の条件として課せば，社会的評価の形成ルールの存在余地を最初から大幅に狭める危険を冒すことになりかねない．少なくとも，社会的評価の完備性の要求を緩和すれば社会的評価形成ルールにどの程度新たな可能性が開けることになるかという設問は，難問の前に挫折する経験を重ねてきた厚生経済学であるだけに，解答を求める価値が十分ある問題であることだけは間違いない．

　ところで，社会的評価の《完備性》を緩和する可能性を導入すれば，社会的評価の《推移性》という条件にも自然な緩和の可能性が同時に開けることに注意したい．本書第1部で大きな役割を果たしたS-整合性の条件への緩和がその可能性である．完備性を持つ社会的評価のS-整合性は推移性と同値な要請に帰着したが，非完備な社会的評価のS-整合性は非完備社会的評価の推移性よりも厳密に弱い条件だった．したがって，社会的評価の非完備性を許容す

る限り，社会的評価ルールのS-整合性で推移性を置き換えれば，適格な社会的評価ルールの可能性をさらに拡大できる余地がある．この事実を念頭に置いて，次節では非完備でS-整合的な社会的評価ルールを公理的に特徴付ける作業に専念することにしたい[2]．

S-整合的な社会的評価ルールを特徴付けるためにわれわれが課す公理は，《定義域の無制約性》(unrestricted domain)を意味する公理 **U**，《強意のパレート原理》(strong Pareto principle)を意味する公理 **SP**，社会を構成する個人の衡平な処遇を要請する《匿名性》(anonymity)の公理 **A**，社会的選択肢を平等に取り扱うことを要請する《中立性》(neutrality)の公理 **N** である[3]．これらの公理が特徴付ける社会的評価ルールは，社会的選択肢の数 $|X|$ と社会を構成する個人の数 $|N|$ との大小関係に基づいて，2つのクラスに分かれることになる．

第1に，$|X| \geq |N|$ が成立する場合には，われわれの公理は社会構成員が全員一致した評価を行う場合にのみ，その一致した評価を社会的評価として採用するパレート・ルール[4]を特徴付けることになる[5]．

第2に，$|X| < |N|$ が成立する場合には，われわれの公理はパレート・ルールを越えて遥かに多様な社会的評価ルール——以下で《S-ルール》と名付けられるルール——全体の特徴付けを与えることになる．S-ルールの正確な定義は次節で詳細に説明されることになる．

社会的選択肢の総数と社会を構成する個人の総数との大小関係については，

---

2) 本章における S-整合的な社会的評価ルールの公理的な特徴付けは，ボッサール＝鈴村の研究(Bossert and Suzumura, 2008a)に基づいている．
3) これらの条件の正確な表現および解釈は次節で与えることにする．
4) パレート・ルールの厳密な定義は次節で与えることにする．
5) パレート・ルールを公理化した先駆的な研究は，John Weymark(1984, Theorem 3)である．ウェイマークの公理化とわれわれの公理化との間には，基本的に3つの相違点がある．第1の相違点として，ウェイマークは社会的評価の完備性を放棄しつつ，推移性はそのまま維持しているのに対して，われわれは完備性を放棄するのみならず，推移性に替えてそれよりも弱い S-整合性の条件を導入している．第2の相違点として，ウェイマークはアローが導入した無関係対象からの独立性(情報的効率性)の公理 **I** をそのまま維持しているが，われわれの公理化は公理 **I** を中立性の公理 **N** に強めている．第3の相違点として，ウェイマークは社会的選択肢の数 $|X|$ と社会を構成する個人の数 $|N|$ との大小関係に関わりなく，パレート・ルールを公理化しているが，われわれの公理は $|X| \geq |N|$ が成立する場合にのみパレート・ルールを特徴付けるのであって，逆の不等号が成立する場合には，同じ公理の組はもっと豊かなルールのクラスを特徴付けることになる．

社会的選択のコンテクストに応じていずれの可能性もあることは間違いない。経済学的な社会的選択のコンテクストにおいては，公共財の代替的な供給プランが社会的選択肢である場合には $|X| < |N|$ が自然な状況であるが，私的財の代替的な配分プランが社会的選択肢である場合には $|X| > |N|$ の方がむしろ自然な状況であるというべきである．これに対して，政治学的な社会的選択のコンテクストでは，公職への立候補者の数 $|X|$ が有権者の数 $|N|$ を下回るのは例外というよりは通則である．したがって，社会的評価の表現として非完備な S-整合的関係を許容することがアローの一般不可能性定理からの脱出路として持つ説得力は，明らかに社会的選択のコンテクスト次第であるということになる．

第2節　S-整合的な社会的評価ルール：公理的特徴付け

社会的評価形成ルールを以下では f と表記する．ルール f の定義域と値域はそれぞれ D_f および R_f と表記する．本章で考察するすべての社会的評価形成ルール f の定義域 D_f は，社会的選択肢の集合 X で定義される個人的選好順序のプロファイル全体の集合であると仮定する．ルール f の値域 R_f については，集合 X 上の順序全体の集合，集合 X 上の推移的な選好関係全体の集合，集合 X 上の S-整合的な選好関係全体の集合など，さまざまな可能性を考慮することにする．以下で考察する社会を構成する個人の集合 $N = \{1, 2, \ldots, n\}$ は本章を通して終始固定されるが，$2 \leq n := |N| < +\infty$ を満足するものと仮定される．

推移的な社会的評価を形成するルールの一例は《パレート・ルール》f^p である．任意のプロファイル $\boldsymbol{R} = (R_1, R_2, \ldots, R_n) \in D_{f^p}$ に対して，$R^p = f^p(\boldsymbol{R})$ は

(2.1) $$\forall x, y \in X : x R^p y \Leftrightarrow (\forall i \in N : x R_i y)$$

によって定義される．社会構成員の間で全員一致が成立しなければ社会的評価を断念するというルール f^p は，非常に多くの状況で社会的評価を放棄せざるを得ないという意味で，評価の広範な非完備性を許容する仕組みになってい

る．その意味で，評価を形成できる限りでは異論の余地が少ないとはいえ，評価の形成を放棄するケースがあまりにも多いという点では満足できるというにはほど遠いルールであると言わざるを得ないように思われる．

以下の考察の予備的なステップとして，任意の選択肢 $x, y \in X$ と個人的選好順序の任意のプロファイル $\bm{R} = (R_1, R_2, \ldots, R_n)$ に対して，$B(x, y; \bm{R})$ という集合を

$$(2.2) \qquad B(x, y; \bm{R}) = \{i \in N \mid xP(R_i)y\}$$

によって定義する．そのとき以下の簡単な補助定理が成立する．

補助定理 2.1

任意の選択肢 $x, y, z \in X$ と個人的選好順序のプロファイル $\bm{R} = (R_1, R_2, \ldots, R_n)$ に対して，

$$(2.3) \qquad |B(x, z; \bm{R})| \leq |B(x, y; \bm{R})| + |B(y, z; \bm{R})|$$

という三角不等式が成立する．

証明：最初に次のような集合の包含関係を証明する．

$$(2.4) \qquad B(x, z; \bm{R}) \subseteq B(x, y; \bm{R}) \cup B(y, z; \bm{R}).$$

いま仮に，$i \notin B(x, y; \bm{R}) \cup B(y, z; \bm{R})$ であったとすれば，個人的選好順序は完備性を持つため，yR_ix かつ zR_iy が成立しなければならない．そのとき，R_i の推移性によって zR_ix が成立するため，$i \notin B(x, z; \bm{R})$ を承認せざるを得ない．この性質の対偶をとれば，所望の (2.4) が得られることになる．(2.4) からは明らかに

$$(2.5) \qquad |B(x, z; \bm{R})| \leq |\{B(x, y; \bm{R}) \cup B(y, z; \bm{R})\}|$$

が得られるが，(2.5) の右辺は $|B(x, y; \bm{R})| + |B(y, z; \bm{R})|$ より大ではないので，これで (2.3) の成立が確認できたことになる．‖

以下の公理的な特徴付けで活用される f に関する条件を，この段階で列挙

しておくことにしたい．

公理 U（定義域の無制約性）

f の定義域 D_f は，論理的に可能な個人的評価順序のプロファイル全体から構成される．

公理 SP（強意のパレート原理）

(a)　　$\forall x, y \in X, \forall \boldsymbol{R} = (R_1, R_2, \ldots, R_n) \in D_f : (\forall i \in N : xR_iy) \Rightarrow xRy;$

(b)　　$\forall x, y \in X, \forall \boldsymbol{R} = (R_1, R_2, \ldots, R_n) \in D_f :$
$$\{\forall i \in N : xR_iy \,\&\, \exists j \in N : xP(R_j)y\} \Rightarrow xP(R)y.$$

ただし，ここで $R = f(\boldsymbol{R})$ である．

公理 A（匿名性）

任意の一対一対応 $\pi : N \to N$ と任意のプロファイル $\boldsymbol{R}, \boldsymbol{R}^* \in D_f$ に対して，

$$\{\forall i \in N : R_i^* = R_{\pi(i)}\} \Rightarrow R = R^*$$

が成立する．ただし，ここで $R = f(\boldsymbol{R})$ かつ $R^* = f(\boldsymbol{R}^*)$ である．

公理 N（中立性）

任意の $x, y, z, w \in X$ および任意の $\boldsymbol{R}, \boldsymbol{R}^* \in D_f$ に対して，

$$\{\forall i \in N : (xR_iy \Leftrightarrow zR_i^*w \,\&\, yR_ix \Leftrightarrow wR_i^*z)\}$$
$$\Rightarrow (xRy \Leftrightarrow zR^*w \,\&\, yRx \Leftrightarrow wR^*z)$$

が成立する．ただし，ここで $R = f(\boldsymbol{R})$ かつ $R^* = f(\boldsymbol{R}^*)$ である．

これらの公理のうちで，公理 U と公理 SP については，これ以上の説明を追加する必要はもはやない筈である．公理 A によれば，社会的な評価を形成するうえで重要な情報は社会のなかで全体としてどのような個人的選好評価のプロファイルが分散して持たれているかに関する情報だけであって，誰がどの

選好を持つかに関する情報は社会的評価の基礎としては重要性を持たない．これに対して公理 **N** は，社会的選択肢の名称それ自体は重要視すべき情報ではないこと，社会を構成する個人が表明する選好評価のランキングが同一である限り，名称のみで異なる選択肢が異なる社会的ランキングを与えられるべき理由はないことを要請している．このように解釈すれば，公理 **A** と公理 **N** がそれぞれ強い説得力を備えた要請であることについては，多くの人々の賛同を得られるのではあるまいか．

明らかにパレート・ルール f^p はこれらの公理をすべて満足するルールである．これ以外に，公理 **U**，公理 **SP**，公理 **A**，公理 **N** をすべて満足する社会的評価形成ルールを網羅的に特徴付ける補助手段として，いくつかの追加的な記法を導入することから始めたい．

まず，

(2.6) $\quad \Psi = \{(w, l) \in \{0, \ldots, n\}^2 \mid 0 \leq |X| l < w + l \leq n\} \cup \{(0, 0)\}$

と定義して，その部分集合の集合族

(2.7) $\quad \mathbf{\Sigma} = \{S \subseteq \Psi \mid \forall w \in \{0, 1, \ldots, n\} : (w, 0) \in S\}$

を定義する．任意の $S \in \mathbf{\Sigma}$ に対して《S-ルール》f^S を，

(2.8)
$R^S = \{(x, y) \in X \times X \mid \exists (w, l) \in S : |B(x, y; \mathbf{R})| = w \ \& \ |B(y, x; \mathbf{R})| = l\}$

と定義される R^S を用いて，$R^S = f^S(\mathbf{R})$ によって定義する．プロファイル $\mathbf{R}$ が与えられたとき，集合 $S \in \mathbf{\Sigma}$ は，x が y よりも弱い意味で社会的に高く評価されるために，x(あるいは y)を y(あるいは x)よりも選好する必要がある個人の数の組み合わせを与えている．明らかに，ある性質を持つ個人の数だけを問題にして，彼らの個人としての属性は問題としていないため，集合 $S \in \mathbf{\Sigma}$ に基づいて定義されるルール f^S は，明らかに公理 **A** を満足する．同様に，ルール f^S は選択肢の名称とは無関係に定義されているため，公理 **N** を満足することも明らかである．ルール f^S が公理 **SP** を満足することは，集合族 $\mathbf{\Sigma}$ の定義において，任意の $w \in \{0, 1, \ldots, n\}$ に対して $(w, 0) \in S$ を要

求していることで保証されている．さらに，社会的評価 R^S の反射性は，個人的選好評価の反射性と，任意の $S \in \Sigma$ に対して $(0,0) \in S$ であることで保証されている．最後に，社会的評価 R^S のS-整合性が Ψ の定義のなかでペア (w,l) に課された制約に基づいて保証されることは，以下の定理の証明のなかで示されることになる．

定理 2.1 (Bossert and Suzumura, 2008a, Theorem 1)

S-整合的な社会的評価形成ルール f が公理 **U**，公理 **SP**，公理 **A**，公理 **N** をすべて満足するのは，$f = f^S$ となる $S \in \Sigma$ が存在するとき，そしてそのときのみである．

証明：[十分性] 任意の $S \in \Sigma$ に対してS-ルールが公理 **U**，公理 **SP**，公理 **A**，公理 **N** を満足することは，この定理に先立つ議論から明らかである．任意のS-ルールが形成する社会的評価の反射性も同様である．

残された課題は，任意のS-ルール f^S と，個人的選好順序の任意のプロファイル $\boldsymbol{R} \in D_{f^S}$ に対して，$R^S = f^S(\boldsymbol{R})$ がS-整合的であることの確認である．そこでいま，ある $S \in \Sigma$，ある $\boldsymbol{R} \in D_{f^S}$ および 3 以上のある自然数 M に対して

(2.9) $\quad \forall m \in \{2, 3, \ldots, M\} : x^{m-1} R^S x^m \ \& \ x^M P(R^S) x^1$

を満足する $\{x^1, x^2, \ldots, x^M\} \subseteq X$ が存在するものとする．一般性を失うことなく，$M \leq |X|$ であると仮定する．R^S の定義から，$(w_1, l_1), (w_2, l_2), \ldots, (w_M, l_M) \in S$ で，任意の $m \in \{2, 3, \ldots, M\}$ に対して $|B(x^{m-1}, x^m; \boldsymbol{R})| = w_{m-1}, |B(x^m, x^{m-1}; \boldsymbol{R})| = l_{m-1}$ を満足するものが存在する．また，$|B(x^M, x^1; \boldsymbol{R})| = w_M, |B(x^1, x^M; \boldsymbol{R})| = l_M$ かつ $w_M > 0$ が成立しなければならない．なぜならば，仮に $w_M = 0$ であれば $x^M I(R^S) x^1$ となって，$x^M P(R^S) x^1$ という仮説に矛盾するからである．

さて，$\max\{l_1, l_2, \ldots, l_M\} = 0$ であれば，補助定理 2.1 によって

$$|B(x^3,x^1;\boldsymbol{R})| \le |B(x^3,x^2;\boldsymbol{R})| + |B(x^2,x^1;\boldsymbol{R})|$$
$$\vdots$$
$$|B(x^M,x^1;\boldsymbol{R})| \le |B(x^M,x^{M-1};\boldsymbol{R})| + \cdots + |B(x^2,x^1;\boldsymbol{R})| = 0$$

が得られるが,これは $|B(x^M,x^1;\boldsymbol{R})| = w_M > 0$ という先に得られた結論と矛盾する.

次に,$\max\{l_1,l_2,\ldots,l_M\} > 0$ であり,この最大値はある $m \in \{1,2,\ldots,M\}$ に対する l_m によって実現されるものとする.そのとき,Ψ の定義により,$|X| \ge 3 > 0$ と $w_m + l_m > |X|l_m$ をあわせ考えると $w_m + l_m > |X|w_m$ という可能性は排除されることになるため $(l_m, w_m) \notin S$ となり,選好の連鎖の第 m 要素に対応する選好は強い選好でなければならない.一般性を欠くことなく,$m = M$ と仮定することができる.補助定理 2.1 をもう一度援用して l_M の最大性を適用すれば

$$|B(x^3,x^1;\boldsymbol{R})| \le |B(x^3,x^2;\boldsymbol{R})| + |B(x^2,x^1;\boldsymbol{R})| \le 2l_M$$
$$\vdots$$
$$|B(x^M,x^1;\boldsymbol{R})| \le |B(x^M,x^{M-1};\boldsymbol{R})| + \cdots + |B(x^2,x^1;\boldsymbol{R})| \le (M-1)l_M$$

を得ることができる.$M \le |X|$ なので,このとき

(2.10) $$|B(x^M,x^1;\boldsymbol{R})| \le (|X|-1)l_M$$

が成立する.S の定義と帰謬法の仮定によって

(2.11) $$|B(x^M,x^1;\boldsymbol{R})| = w_M > (|X|-1)l_M$$

が得られるが,(2.11) は (2.10) と矛盾する.

[必要性] f は定理の条件を満足する S-整合的な評価形成ルールであるものとする.集合 S を

$$S = \{(w,l) | \exists x, y \in X \ \& \ \exists \boldsymbol{R} \in D_f :$$
$$|B(x,y;\boldsymbol{R})| = w, |B(y,x;\boldsymbol{R})| = l \ \& \ xRy\}$$

によって定義する．ただし，$R = f(\boldsymbol{R})$ とする．公理 **A** と公理 **N** によって，この S に対して $R = R^S$ が成立する．残された課題は，$S \in \boldsymbol{\Sigma}$ の証明である．任意の $w \in \{0, 1, \ldots, n\}$ に対して $(w, 0) \in S$ であることは，公理 **SP** からしたがう．また，任意の $(w, l) \in S$ に対して，$|X|l \geq 0$ および $w + l \leq |N|$ が成立することは明らかである．

まず，補助的な結果として

(2.12) $\qquad\qquad \forall (w, l) \in S \backslash \{(0, 0)\} : w > l$

であることを証明する．帰謬法の仮定として，ある $(w, l) \in S \backslash \{(0, 0)\}$ に対して $w \leq l$ が成り立ったものとする．仮定によって $(w, l) \neq (0, 0)$ なので，このとき $l > 0$ となるが，公理 **SP** によって，そのとき $w > 0$ が成立せざるを得ない．公理 **U** と $|X| \geq 3$ という前提によれば，次の性質を持つ選択肢 x, y, z と，個人的選好順序のプロファイル $\boldsymbol{R}$ を選択することができる：

$$\forall i \in \{1, \ldots, w\} : \{(x, y), (y, z)\} \subseteq P(R_i)$$
$$\forall i \in \{l+1, \ldots, l+w\} : \{(y, z), (z, x)\} \subseteq P(R_i).$$

さらに，$w < l$ であれば

$$\forall i \in \{w+1, \ldots, l\} : \{(y, x), (x, z)\} \subseteq P(R_i)$$

であり，$w + l < n$ であれば

$$\forall i \in \{w+l+1, \ldots, n\} : \{(x, y), (y, z)\} \subseteq I(R_i)$$

であるものとする．$|B(z, x; \boldsymbol{R})| = |B(x, y; \boldsymbol{R})| = w, |B(x, z; \boldsymbol{R})| = |B(y, x; \boldsymbol{R})| = l$ なので，zRx, xRy となる．公理 **SP** により $yP(R)z$ となるため，R の S-整合性との矛盾が生じることになる．したがって，(2.12) の成立を承認せざるを得ないことになる．

証明を完成させるためには，任意の $(w, l) \in S \backslash \{(0, 0)\}$ に対して $w + l >$

$|X|l$ が成立することを示さなければならない．この結論を否定してみると，あるペア $(w_0, l_0) \in S \setminus \{(0,0)\}$ が存在して $w_0 + l_0 \leq |X|l_0$，すなわち

(2.13) $$w_0 \leq (|X| - 1)l_0$$

を満足する．(w_0, l_0) に対する (2.12) を (2.13) と結合すれば，

(2.14) $$l_0 < w_0 \leq (|X| - 1)l_0$$

が得られる．$l_0 = 0$ は (2.14) と矛盾するため，$l_0 > 0$ でなければならない．

(2.12) によれば，任意の $(w, l) \in S \setminus \{(0,0)\}$ に対して $(l, w) \notin S$ である．したがって，特に $|B(x, y; \boldsymbol{R})| = w_0, |B(y, x; \boldsymbol{R})| = l_0$ である場合には，ただ単に xRy であるのみならず，$xP(R)y$ であることになる．

ここで2つのケースを分けて考察する．第1のケースは，w_0 が l_0 の正の定数倍である場合である．この場合，(2.14) のもとに $w_0 = (\beta - 1)l_0$ を成立させる $\beta \in \{3, \ldots, |X|\}$ が存在する．公理 **U** によって，β 個の選択肢 $x^1, \ldots, x^\beta \in X$ と，以下の性質を満足する個人的選好順序のプロファイル $\boldsymbol{R}$ が存在する：

$$\forall i \in \{1, \ldots, l_0\} : \{(x^1, x^2), \ldots, (x^{\beta-1}, x^\beta)\} \subseteq P(R_i)$$
$$\forall i \in \{l_0 + 1, \ldots, 2l_0\} : \{(x^2, x^3), \ldots, (x^\beta, x^1)\} \subseteq P(R_i)$$
$$\vdots$$
$$\forall i \in \{(\beta-2)l_0 + 1, \ldots, (\beta-1)l_0\} : \{(x^{\beta-1}, x^\beta), (x^\beta, x^1)\} \subseteq P(R_i).$$

もし $\beta > 3$ ならば，

$$\forall i \in \{(\beta-2)l_0 + 1, \ldots, (\beta-1)l_0\} : \{(x^1, x^2), \ldots, (x^{\beta-3}, x^{\beta-2})\} \subseteq P(R_i)$$
$$\forall i \in \{(\beta-1)l_0 + 1, \ldots, \beta l_0\} : \{(x^\beta, x^1), \ldots, (x^{\beta-2}, x^{\beta-1})\} \subseteq P(R_i).$$

もし $n > w_0 + l_0 = \beta l_0$ ならば，

$$\forall i \in \{w_0 + l_0 + 1, \ldots, n\} : R_i = X \times X.$$

このプロファイル $\boldsymbol{R}$ に対しては，$|B(x^{m-1}, x^m; \boldsymbol{R})| = (\beta - 1)l_0 = w_0$ および

任意の $m \in \{2,\ldots,\beta\}$ に対して $|B(x^m, x^{m-1}; \boldsymbol{R})| = l_0$ が,さらに $|B(x^\beta, x^1; \boldsymbol{R})| = (\beta - 1)l_0 = w_0$ および $|B(x^1, x^\beta; \boldsymbol{R})| = l_0$ が成立する.したがって,すべての $m \in \{2,\ldots,\beta\}$ に対して $x^{m-1}P(R)x^m$ かつ $x^\beta P(R)x^1$ が成立することになって,R の S-整合性との矛盾が現れることになる.

最後に,w_0 が l_0 の整数倍にならない第2のケースを考察する.このケースは,$l_0 > 1$ である場合にのみ可能である.(2.14) により,

(2.15) $$(\alpha - 2)l_0 < w_0 < (\alpha - 1)l_0$$

を成立させる $\alpha \in \{3,\ldots,|X|\}$ が存在する.公理 **U** によって,α 個の選択肢 $x^1,\ldots,x^\alpha \in X$ と,以下のような個人的選好順序のプロファイル $\boldsymbol{R}$ を考えることができる:

$$\forall i \in \{1,\ldots,l_0\} : \{(x^2, x^3),\ldots,(x^\alpha, x^1)\} \subseteq P(R_i)$$
$$\vdots$$
$$\forall i \in \{(\alpha-3)l_0 + 1,\ldots,(\alpha-2)l_0\} : \{(x^{\alpha-1}, x^\alpha),(x^\alpha, x^1)\} \subseteq P(R_i)$$

もし $\alpha > 3$ ならば

$$\forall i \in \{(\alpha - 3)l_0 + 1,\ldots,(\alpha - 2)l_0\} : \{(x^1, x^2),\ldots,(x^{\alpha-3}, x^{\alpha-2})\} \subseteq P(R_i)$$
$$\forall i \in \{(\alpha - 2)l_0 + 1,\ldots,w_0\} : \{(x^\alpha, x^1),\ldots,(x^{\alpha-2}, x^{\alpha-1})\} \subseteq P(R_i)$$
$$\forall i \in \{w_0 + 1,\ldots,2w_0 - (\alpha - 2)l_0\} : \{(x^1, x^2),\ldots,(x^{\alpha-1}, x^\alpha)\} \subseteq P(R_i)$$
$$\forall i \in \{2w_0 - (\alpha - 2)l_0 + 1,\ldots,w_0 + l_0\} :$$
$$\{(x^1, x^\alpha),(x^\alpha, x^2),\ldots,(x^{\alpha-2}, x^{\alpha-1})\} \subseteq P(R_i).$$

もし $n > w_0 + l_0$ であれば,

$$\forall i \in \{w_0 + l_0 + 1,\ldots,n\} : R_i = X \times X.$$

このプロファイルは,(2.15)から

$$w_0 < 2w_0 - (\alpha - 2)l_0 < w_0 + l_0$$

がしたがうので，矛盾を含んでいない．このとき，任意の $m \in \{2,\ldots,\alpha\}$ に対して，$|B(x^{m-1}, x^m; \boldsymbol{R})| = w_0$ および $|B(x^m, x^{m-1}; \boldsymbol{R})| = l_0$ であって，$|B(x^\alpha, x^1; \boldsymbol{R})| = w_0$，$|B(x^1, x^\alpha; \boldsymbol{R})| = l_0$ も成立する．そこで $x^m P(R) x^{m-1}$ が任意の $m \in \{2,\ldots,\alpha\}$ に対して成立して，$x^m P(R) x^1$ も成立するため，この場合にも R の S-整合性との矛盾が生じることになる．∥

アローの社会的選択の完全合理性の要請を緩和して，完備性の公理を放棄して作り出した余裕を生かして推移性の公理を S-整合性の公理に弱めた我々の試みは，定理 2.1 によって特徴付けられる可能性を開拓することに結実した．この可能性の限界を見定めるために，最後にいくつかの注意事項を述べておくことにしたい．

(1) パレート・ルールは，$S = \{(w,0) \mid w \in \{0,\ldots,n\}\}$ に対応する S-ルールの特殊ケースである．$|X| \geq n$ であれば，これが唯一の S-ルールである．この事実を確認するためには，$|X| \geq n$ という不等式のもとでは，$(w, l) \in S$ が成立するためには $l = 0$ となる他はないことに注意しさえすればよい．この事実のために，定理 2.1 は $|X| \geq n$ という場合にはパレート・ルールの公理化を与えていることになる．

(2) これに対して，$|X| < n$ という不等式が成立する場合には，S-ルールのクラスにはパレート・ルール以外のルールがいくつも含まれることになる．その一例は，$S = \{(w,0) \mid w \in \{0,\ldots,n\}\} \cup \{(n-1, 1)\}$ に対応する S-ルールである．

(3) パレート・ルール以外の S-ルールは，S-整合的な社会的評価を生成することは保証されているが，必ずしも推移的な社会的評価を生成しない．例えば，$X = \{x, y, z\}$ かつ $n = 4$ であり，$S = \{(0,0), (1,0), (2,0), (3,0), (4,0), (3,1)\}$ という場合に

$$R_1 = R_2 : x \succ y \succ z$$
$$R_3 : z \succ x \succ y$$
$$R_4 : y \succ z \succ x$$

で定義されるプロファイル $\boldsymbol{R} = (R_1, R_2, R_3, R_4)$ に対する社会的評価 $R^S =$

$f^S(\boldsymbol{R})$ は，確かに S-整合的ではあるが推移的ではないことを，容易に確認することができる．

(4) 最後に，定理 2.1 をさらに拡張する可能性の限界についても，2 つの留意点を述べておくことにしたい．

第 1 に，中立性の公理 **N** をアローの無関係対象からの独立性の公理 **I** に弱めると，定理 2.1 の結論は維持できない．

第 2 に，定理 2.1 で重要な役割を担っている社会的評価の S-整合性の要請を非循環性の要請で置き換えると，定理 2.1 が与える特徴付けを維持することは不可能である．

次章では，社会的評価の完備性を維持しつつ，アローが社会的評価形成ルールに課したそれ以外の要請を緩和して，アローの一般不可能性定理の暗雲をはらそうとしたさまざまな試みについて，我々の観点からの交通整理と評価を述べることにしたい．

第6章　不可能性の陥穽からの脱出路

第1節　社会的《評価》と社会的《選択》

　民主的で情報節約的な社会的選択ルールの存在可能性の問題を提起して，衝撃的な一般不可能性定理を論証したアローの古典的著作は，『社会的選択と個人的評価』と題されている．このタイトルがいみじくも明示しているように，アローの関心は社会を構成する個人の《評価》順序プロファイルを情報的基礎として，社会的選択肢の機会集合から社会が行う《選択》を説明する理論的可能性に焦点を結んでいた．しかるに，アローの定理は個人の《評価》順序プロファイル $\boldsymbol{R} = (R_1, R_2, \ldots, R_n)$ を社会の《評価》順序 R に集約するルール f の存在に関わる命題である．社会の《評価》を社会の《選択》と結ぶ仕組みは，パレート=ヒックスの古典的な消費者選択の理論と完全にパラレルに，社会的選択肢の機会集合 S からの《選択》を S 内の R-最大点と看做す考え方に基づいていた．そうであるだけに，アローが発見した論理的な隘路から脱出して厚生経済学の基礎を構築する可能性を探索する経路としては，大別して3つの可能性があるように思われる．

　その1．アローが採用した2段階の理論的シナリオ——個人の《評価》順序プロファイルを社会の《評価》順序に集計する第1段階と，形成された《評価》順序にしたがって機会集合の内部で最適な選択肢を採択する第2段階を経て，最終的な社会の《選択》に到達するシナリオ——を踏襲しつつ，中間段階で形成される社会の《評価》に課される整合性の要請をアローが課した完備性と推移性の要請よりも緩和することによって，アローの袋小路からの脱出路を探索する可能性．

　その2．アローの理論の情報的な枠組みは継承しつつ，社会の《評価》順序の形成という中継基地を経て社会の《選択》に到る2段階の理論的シナリオの方は放棄して，個人の《評価》順序プロファイルを社会の《選択》に直結させる理論的シナリオに基づいて，アローの袋小路からの脱出路を探索する

可能性.

　この考え方を具体化するために使用される道具概念は，社会的選択肢の機会集合の集合族 K を定義域とする《社会的選択関数》(social choice function) C である．任意の機会集合 $S \in K$ に対して，《社会的選択集合》(social choice set) $C(S) \subseteq S, C(S) \neq \emptyset$ は S から社会が行う選択を表している．そのとき，社会的選択理論の問題は，個人の評価順序プロファイル $R = (R_1, R_2, \ldots, R_n)$ を社会的選択関数 C に集約するプロセスないしルール g の存在可能性の問題として，簡潔に表現できることになる．

　この観点に立ってアローの理論的枠組みを振り返ると，アローは個人の評価順序の任意のプロファイル R に対して，形成される社会的選択関数 $C = g(R)$ は《完全合理性》を持つことを仮定したものと理解することができる．

　その3．最後に残された基本的な可能性は，アローが依拠した分析の情報的な枠組みの修正ないし拡張である．社会の《評価》順序を中継基地にするにせよ，しないにせよ，社会的選択肢の集合上の個人の《評価》順序プロファイルを唯一の情報源として社会の《選択》の問題を考察するというアローの定式化は，それだけで多くの重要な考慮事項を排除するものであることは明らかである．社会状態に対する個人の評価順序を排他的な情報源にすれば，社会的な選択の範囲を定める機会集合が含む《選択機会の豊穣さ》が完全に考慮の外に置かれることになる．また，社会的な選択が実行されるプロセスないしルールが，社会を構成する個人に対して公共的決定への《参加の権利》を認めているかとか，個人のプライヴァシーを尊重しているかなど，選択手続きそれ自体が持つ内在的な価値に対する個人の評価なども，この分析的枠組みでは考慮の余地がないことになる．それだけに，排除されたこれらの考慮事項を許容できる分析的枠組みを開発すれば，広大な未開拓地を探索する可能性が我々の眼前に新たに開かれることになるのである．

　本章では，第1の可能性を探求した研究の代表的な成果を概説すること(第2節)，第2の可能性を探求した研究の典型的な成果と展望を簡潔に述べること(第3節)，第3の可能性を体系的に探索するために必要な《社会的選択の情報的基礎》に関する分析の枠組みを簡潔に説明すること(第4節)を，課題として分析の俎上に載せることにする．なお，第5章第2節で考察したS-整合的

な社会的評価ルールは，アローの袋小路からの脱出路の第1の可能性の具体的な一例になっていることに，改めて読者の注意を喚起しておきたい．また，社会の《評価》を経由する2段階の社会的選択構造を放棄して，社会的《選択》関数に直接焦点を合わせるアプローチとしては，第3部第8章で考察する《羨望のない状態としての衡平性》(equity as no-envy)アプローチも，本章第3節で検討する経路独立的な選択関数アプローチとは異なる意味で，社会的選択関数アプローチの興味深い具体例を提供することになる．この例は，アローの袋小路から脱出する第3の経路として示唆した社会的選択の情報的基礎の拡張という観点からも，興味ある具体例となっていることを書き添えておきたい．

第2節　社会的合理性の仮定の緩和とアローの定理の頑健性

　個人の《評価》順序プロファイルを集計して構成される社会の《評価》にアローが課した順序の公理——《完備性》・《反射性》・《推移性》の要請——は，最高の位階にある社会的選択の合理性の要請として，適格なルールの存在可能性を厳しく制約する役割を果たしている．それだけに，アローの2段階の理論構成と彼が課したその他の要請を受け入れつつ，社会的選択を合理化する評価に対する要請を緩和して，アローの袋小路からの脱出路を模索する試みは，非常に素直な研究プログラムであるといってよい．本節ではこのプログラムに関する研究の大筋をごく簡潔に述べることに留めるが，このプログラムには実は自明な限界があることを，あらかじめ注意しておきたい．

　アローの2段階の理論構成によれば，第1段階で構成される社会的《評価》の二項関係 R は，第2段階で機会集合 S から最善な社会的選択肢を《選択》する公共【善】の基準として，実際に機能できなければならない．ところで，第1部第1章の定理3.2と定理3.3によれば，社会の評価関係 R が完備性と反射性を満足する限り，有限個の選択肢から構成される機会集合 S 内で R に関して最善な選択肢の集合 $G(S, R)$ が非空となることが保証されるのは，R が非循環性を持つ場合，そしてその場合のみである．この事実は，社会の評価関係の整合性の要請を緩和できる範囲は，評価関係の整合性条件のスペクト

ラムのなかで,推移性と非循環性の2つの条件の——両端を含めた——内部の性質に限られることを意味している.すなわち,推移性を緩和する論理的な可能性は——第1部第1章で準備した整合性条件の範囲内では——準推移性,S-整合性,非循環性の3つの整合性条件に限られることになる.だが,S-整合的な関係Rが完備性と反射性の2条件を満足すればRは順序である他はない——第1部第1章の定理3.1——のだから,以下の検討作業の対象は実際には準推移性と非循環性に限られることになる[1].

この研究方向に最初の一歩を進めたのは,アマルティア・セン(Sen, 1969, 1970/1979)だった.彼は,個人的評価順序の任意のプロファイル$\boldsymbol{R} = (R_1, R_2, \ldots, R_n)$に対して

$$(2.1) \qquad R^p = \bigcap_{i \in N} R_i$$

で《パレート全員一致関係》(Pareto unanimity relation)を定義したうえで,この関係を媒介項として以下の社会的評価形成ルールを定義した:個人的評価順序の任意のプロファイル$\boldsymbol{R} = (R_1, R_2, \ldots, R_n)$に対して,《パレート拡張ルール》(Pareto extension rule)は

$$(2.2) \qquad R^e = \{(x, y) \in X \times X \mid (y, x) \notin P(R^p)\}$$

という二項関係を対応させる社会的評価形成ルールf^eである.容易に確認できるように,任意のプロファイル$\boldsymbol{R} = (R_1, R_2, \ldots, R_n)$に対して$R^e = f^e(\boldsymbol{R})$は準推移性,完備性,反射性を満足する二項関係ではあるが,推移性は必ずしも満足しない.このルールf^eに対して,センは次のような公理化を与えることに成功したのである.

定理 2.1 (Sen, 1969; 1970/1979, Theorem 5*3)
少なくとも3つの社会的選択肢が存在して,社会を構成する個人は2人以

---

[1] 公共【善】の判定基準Rが完備性と反射性を満足しないS-整合的な関係である場合は,既に第2部第5章第2節で検討されている.そこで得られた結論はアローの一般不可能性定理とは対照的な可能性定理であって,我々は可能なルールの公理的な特徴付けを与えることができた.

上の有限人であるものとする．そのとき，準推移的な社会的評価形成ルール f が公理 **U**(定義域の無制約性)，公理 **SP**(強意のパレート原理)，公理 **A**(匿名性)，公理 **N**(中立性)をすべて満足するのは，$f = f^e$ が成立するとき，そしてそのときのみである．

この定理は，アローの《完全合理性》という——おそらくは過大な——整合性の要求を僅かに緩和しさえすれば，その他のアローの要請を維持——それどころか強化——してさえ，十分理に適った社会的評価形成ルールが存在することを示した点で，意義深い成果であるというべきである．センが最初の一歩を踏み出したこの研究の射程を確認するために，以下ではいくつかの留意点を列挙して説明することにしたい．

その1．社会的な評価関係 R に対するアローの推移性の要求に替えてセンが要求した準推移性の条件は，社会的な評価の整合性に関してどの程度の妥協を行うことを意味しているのだろうか．最初に注意すべき点として，R が推移的な評価関係であれば，それに随伴する強意の評価関係 $P(R)$ と無差別関係 $I(R)$ もやはり推移的となる[2]．しかるに，無差別関係 $I(R)$ の推移性に対しては，実はこれまでに多くの批判が提起されてきている．これらの批判の著名な一例は，ダンカン・ルース(Luce, 1956)による 400 杯のコーヒーの巧妙な事例である．

諸君の面前には，400 個のコーヒー・カップが並んでいて，それぞれカッ

---

[2] 逆に $P(R)$ と $I(R)$ が推移性を持てば，R は推移性を持たざるを得ないことになる．この事実を確認するために，X に属するある x, y に対して，xRy & yRz でありつつ xRz ではないとすれば，R の完備性によって $zP(R)x$ が成立せざるを得ない．次に，xRy であることから(a) $xP(R)y$ あるいは(b) $xI(R)y$ が成立するが，(a)の場合には $zP(R)x$ と結合すれば $P(R)$ の推移性によって $zP(R)y$ がしたがうことになって，当初仮定された yRz と矛盾する．そのため，(b)の成立を承認せざるを得ない．同様に，yRz であることから(c) $yP(R)z$ あるいは(d) $yI(R)z$ が成立するが，(c)の場合には $zP(R)x$ と結合すれば $P(R)$ の推移性によって $yP(R)x$ がしたがうことになって，当初仮定された xRy と矛盾する．そのため，(d)の成立を承認せざるを得ない．しかるに(b)と(d)を結合して $I(R)$ の推移性を用いると $xI(R)z$ が得られることになって，当初仮定した $zP(R)x$ と矛盾する．こうして，$P(R)$ と $I(R)$ が推移的であれば，完備性を持つ R は推移性を持たざるを得ないことが確認されたことになる．

プ8分目までブラック・コーヒーが満たされている．このカップの列の左端から右端にかけて，非常に小さなスプーンで砂糖を入れていくことにして，1杯目のカップにはスプーンに1杯，2杯目のカップにはスプーンに2杯，以下 s 杯目のカップにはスプーンに s 杯 $(s=3,4,\ldots,400)$ の砂糖を入れるものとする．そのとき，最左端のカップには，事実上のブラック・コーヒーが入っている．以下，右のカップに移動するごとにコーヒーに混入された砂糖の量は着実に増加して，最右端のカップにはスプーン400杯分の砂糖が入っている．ところで，隣り合うカップを区別する砂糖の量の差はあまりにも微量なので，諸君は誰も2つの隣接するカップを識別できないだろう．ライプニッツの原理を持ち出すまでもなく，識別できないものの間では無差別関係が成立するものと考えざるを得ないため，隣り合うコーヒー・カップのペア $(s, s+1)$ $(s=1,2,\ldots,399)$ は無差別であると看做す他はない．もし無差別関係が推移性を持つならば，そのとき1杯目のコーヒーと400杯目のコーヒーもまた無差別であると判断されることになるが，事実上のブラック・コーヒーとコーヒー色をした砂糖を無差別だと真面目に主張するひとがいるとは思われない[3]．‖

ルースに帰属するこの著名な例は，殆どすべてのミクロ経済学のテキストブックに登場する消費者が選択肢の間の非常に微妙な差異ですら発見できる程に完璧な識別能力を備えていることを，暗黙のうちに仮定していることを明らかにしたものである．このように非現実的な識別能力の前提を承認しない人々は，「無差別関係の非推移性には疑いの余地はない．推移的な無差別関係が存在する社会などは，想像することすら不可能である」(Armstrong, 1948, p. 3) とまで，強い批判を展開してきた．センが導入した準推移性の仮説は，推移性の持つ整合性の要請のうちで，擁護が困難な無差別関係の推移性を放棄して，正当化が遥かに容易な強意の選好の推移性——準推移性——のみを維持しようとするものであって，社会的選択の理論の研究者の間では非常に幅広い支持を得てきている．

---

3) ルースの例には，第1章第3節で既に言及した．

その2．アローの一般不可能性定理とセンの定理2.1を比較すれば明らかなように，社会的選択の完全合理性の要請を僅かに修正して，もともと擁護が困難な要請——社会的評価の無差別関係の推移性の要請——を放棄しさえすれば，アローの一般不可能性の暗雲を払拭できるというセンのメッセージは，合理的・民主的・情報節約的な社会的選択の可能性に肯定的な曙光をもたらすものとして，積極的な歓迎に値する．とはいえ，センの定理2.1が公理化したパレート拡張ルールは，社会を構成する人々の間に僅かなりとも評価の不一致があれば，人々の評価が一致しない社会的選択肢のペアをおしなべて無差別と宣言するルールである．ある選択肢xが別の選択肢yよりも積極的に評価される状況は，社会のなかの誰一人としてyをxより高く評価するひとはなく，少なくとも一人の個人はxをyよりも積極的に高く評価する場合に限られている．このようなルールは，人々の間に発生する異論の調整メカニズムとしての機能をまるで果たせない虚弱なルールであって，熱のこもった推奨に値するルールであるとは到底いえそうにはない．

　実のところ，セン自身もパレート拡張ルールをアローが提起した難問に対する積極的な解決策として考えていたわけでは決してないことに注意すべきである．パレート拡張ルールを用いてセンが示した重要な洞察は，アローの定理が論理的に非常に無駄のない緻密な構造を持っていること，アローが課した要請を僅かに修正すれば，一般不可能性定理というアローの結論は定理2.1のような可能性定理へと切り換えられてしまうことを，具体的に例示することにあったと言うべきなのである．

　その3．センの定理2.1は形式的には確かに可能性定理である．だが，この定理が確保した可能性が実質的に社会的評価形成の民主性や情報的効率性を保証しているかといえば，そこには大きな留保の余地があるように思われる．この点を正確に述べるためには，ここで《決定的なグループ》の概念を復習する必要がある．

　第2部第4章(アローの一般不可能性定理)で既に説明したように，社会的評価形成ルールfが与えられたとき，個人的評価順序の任意のプロファイル$\boldsymbol{R} = (R_1, R_2, \ldots, R_n)$に対して個人のグループ$G \subseteq N$が

(2.3) $$\forall i \in G : xP(R_i)y \Rightarrow xP(R)y$$

を満足するならば，G は順序対 $(x,y) \in X \times X$ に対して《決定的》(decisive)なグループであるという．ただし，ここで $R = f(\boldsymbol{R})$ である．グループ G がどのような順序対 $(x,y) \in X \times X$ に対しても決定的であれば，G は単に決定的なグループであるという．同様に，個人的評価順序の任意のプロファイル $\boldsymbol{R} = (R_1, R_2, \ldots, R_n)$ に対して，個人のグループ $G \subseteq N$ が

(2.4) $$\forall i \in G : xP(R_i)y \Rightarrow xRy$$

を満足するならば，G は順序対 $(x,y) \in X \times X$ に対して《阻止的》(blocking)なグループであるという．ただし，ここで $R = f(\boldsymbol{R})$ である．グループ G がどのような順序対 $(x,y) \in X \times X$ に対しても阻止的であれば，G は単に阻止的なグループであるという．

　決定的ないし阻止的なグループは，グループ内での結束さえ成立すれば，グループ外の人々の評価の有様には関わりなく，自分たちの評価を社会的評価に反映させる支配力を持っているわけである．明らかに，決定的なグループの支配力は阻止的なグループの支配力を上回っている．

　決定的なグループと阻止的なグループの概念を結合すれば，社会的評価形成ルール f に対する寡頭支配グループという重要な概念を，次のようにして定義することができる．個人のグループ $G \subseteq N$ が，

(1) G は支配的である；
(2) G の任意のメンバーは阻止的である；

という2つの条件を満足するならば，G はルール f の《寡頭支配グループ》(oligarchy)であるという．

　これだけの準備が整えば，準推移的な社会的評価形成ルールに対するセンの可能性定理の限界を示すアンドレア・マスコレル＝ヒューゴー・ソンネンシャインの定理を述べることができる．

定理 2.2 (Mas-Colell and Sonnenschein, 1972, Theorem 2)
　少なくとも3つの社会的選択肢が存在して，社会を構成する個人は2人以

上の有限人であるものとする．そのとき，準推移的な社会的評価形成ルール f で公理 U，公理 I および公理 P を満足するものは，必ず寡頭支配グループを持つことになる．

定理 2.1 と定理 2.2 の関係は明らかだろう．定理 2.2 の公理 I と公理 P をそれぞれ公理 N と公理 SP に強めて公理 A を追加すれば，定理 2.2 が一般的に存在を保証する寡頭支配グループは，社会を構成する個人全体の集合 N に限られることになる．これが実質的には定理 2.1 の内容なのである．

その 4．定理 2.2 によれば，社会的評価の完備性と反射性の要請を維持しつつ，過大な整合性を要求するかにみえる推移性の要請を準推移性の要請に緩和する措置だけでは，社会的評価に対する支配力の不平等な分配を避ける安全装置として十分に強力であるとは言い難い．それでは，社会的評価の整合性の要請を緩和する限界にまで敢えて後退して準推移性の要請を非循環性の要請で置き換える措置をとれば，不平等な支配力の分配に対する防波堤に満足すべき強度を与えることができるだろうか．残念ながら，ここまでの後退を敢えて甘受しても社会的評価形成ルールが備える性能を完璧なものにするには足りそうにないことが，やはりマスコレル゠ソンネンシャインによって示されている．

この定理を述べる準備として，ある個人 $v \in N$ は，単集合 $\{v\} \subset N$ が f の阻止的グループとなる場合には，f の《拒否権者》(vetoer) であるということにする．また，社会的評価形成ルールが《正の反応性》(positive responsiveness) を持つという条件——公理 PR——を，次のようにして定義する．

公理 PR（正の反応性）

個人的評価順序の任意のプロファイル $\boldsymbol{R} = (R_1, R_2, \ldots, R_n)$，任意の個人 $i \in N$，および任意の社会的選択肢 $x, y \in X$ が与えられ，プロファイル $\boldsymbol{R}^* = (R_1^*, R_2^*, \ldots, R_n^*)$ は

(1) $R^* = f(\boldsymbol{R}^*)$ は xR^*y を満足する；
(2) $\forall j \in N \setminus \{i\} : R_j = R_j^*$ が成立する；
(3) $[yP(R_i^*)x \ \& \ xI(R_i)y] \lor [xI(R_i^*)y \ \& \ xP(R_i)y]$ が成立する；

ものとすれば，$xP(R)y$ が成立しなければならない．ただしここで $R = f(\boldsymbol{R})$

である．

　公理 **PR** の意味内容は，容易に理解することができる．個人的評価順序の 2 つのプロファイル R, R^* を比較するとき，選択肢のペア $x, y \in X$ に対して，個人 $i \in N$ 以外のすべての個人の評価順序は 2 つのプロファイルの間で同じであり，i 自身の評価順序は，R^* から R にプロファイルが切り換えられるとき，y と比較して x の評価がワン・ランクだけ高まるようなものであれば，もともと xR^*y であるならば必ず $xP(R)y$ が成立しなければならないのである．そのとき，次の定理が成立することがマスコレル゠ソンネンシャインによって示されている．

定理 2.3 (Mas-Colell and Sonnenschein, 1972, Theorem 3)
　少なくとも 3 つの社会的選択肢が存在して，社会を構成する個人は 4 人以上の有限人であるものとする．そのとき，非循環的な社会的評価形成ルール f で公理 **U**，公理 **I**，公理 **P** および公理 **PR** を満足するものは，必ず拒否権者を持たざるを得ない．

　マスコレル゠ソンネンシャインに負うこの定理において，2 人社会と 3 人社会が視野の外に放置されていることはさておくとしても，どの個人も彼の評価順序を変更すれば単独で社会の評価を変化させる能力を備えているという公理 **PR** は，かなり強い要求であることに注意すべきである．したがって，準推移的な社会的評価形成ルールに関する定理 2.2 と，非循環的な社会的評価形成ルールに関する定理 2.3 は，センが先鞭を付けたアローの不可能性からの脱出路——社会的評価の整合性の要請を緩和する方向に切り開かれた脱出路——を完全に封鎖するほどに強力な結果ではないと考えられる．とはいえ，これらの結果にはセンが切り開いた脱出路の広範性と頑健性に合理的な疑念を抱かせるだけの説得力があることは，おそらく否定できない事実であるというべきではあるまいか．

第 6 章 不可能性の陥穽からの脱出路

第 3 節　社会的選択の経路独立性

アローが発見した社会的選択の袋小路からの脱出路を探索する第 2 の可能性は，アロー理論の情報的枠組みはそのまま継承しつつ，社会の《評価》順序の形成を経由して社会の《選択》に到る 2 段階の理論的シナリオの方は撤回して，個人的評価順序プロファイルを社会的選択と直結する理論的シナリオを描く方向に開かれていた．この新たなシナリオでは，個人的評価順序の任意のプロファイル $\bm{R} = (R_1, R_2, \ldots, R_n)$ に社会的選択関数 C を対応させる関数 g ——以下で《社会的選択ルール》(social choice rule) と称する関数——が中心的な役割を担うことになる．

関数 g の最も自然な定義域は，論理的に可能な個人的評価順序のプロファイル全体の集合 D^g であろう．これに対して，関数 g の値域に関する的確な制約条件を表現するために，社会的選択肢の普遍集合 X の非空有限部分集合の全体の集合族を $\bm{K}$ で，$\bm{K}$ を定義域とする選択関数全体の集合を $\bm{C}$ で表現することにする[4]．明らかに，社会的選択ルールの値域 R^g の最も緩やかな規定方法は，$R^g = \bm{C}$ である．この場合には，個人的評価順序の任意のプロファイル $\bm{R} \in D^g$ が与えられたとき，社会的選択ルール g は任意の社会的選択関数 $g(\bm{R}) = C \in \bm{C}$ をそれに対応して決定できることになる．だが，例えば次のような選択集合を生み出す社会的選択関数 $C \in \bm{C}$ を与える社会的選択ルール g に対しては，強い異論が提起されることになるのではなかろうか．

(3.1) $\qquad C(\{x,y\}) = \{x\}, C(\{y,z\}) = \{y\}, C(\{x,z\}) = \{z\}.$

この選択関数 C に対する異論の理由を明らかにする準備作業として，選択関数の《経路独立性》(path independence) と呼ばれる重要な性質をここで導入することにしたい．この性質は，社会的評価の推移性を要請する根拠としてアロー (Arrow, 1959, p. 120) が最初に導入した議論の定式化を試みたチャール

---

[4] 以下で考察する選択関数の定義域を，普遍集合 X の非空有限部分集合全体の集合族 $\bm{K}$ と仮定する理由は，多分に数学的な処理の簡単化にある．可算無限個の選択肢や連続無限の選択肢を含む機会集合からの選択を分析するためには，普遍集合 X にトポロジーを導入するなど，ここでの問題関心とはいくぶん異なる数学的な精緻化が必要とされるからである．この点に関しては，第 3 部第 9 章 (世代間衡平性とパレート効率性) でもう一度議論する予定である．

ズ・プロット (Plott, 1973) によって,初めて公理として導入されたものである.

公理 PI (選択の経路独立性)

集合族 $\boldsymbol{K}$ 上で定義される選択関数 $C \in \boldsymbol{C}$ は,

(3.2) $\qquad \forall S_1, S_2 \in \boldsymbol{K} : C(S_1 \cup S_2) = C(C(S_1) \cup C(S_2))$

を満足する.

この要請が選択の経路独立性の公理と呼ばれる理由は,次のように考えてみると理解しやすい筈である.いま,ある機会集合 $S \in \boldsymbol{K}$ から選択を行う必要があるが,集合 S は数多くの選択肢を含む大きな集合であるため,いきなり S からの選択を考えることは困難であるものとする.このような困難に直面した場合に役立つアドヴァイスは,困難を分割せよという経験知である.そこで,オリジナルな大問題 S を 2 つの小問題 S_1 と S_2 に分割して,$S = S_1 \cup S_2$, $S_1 \cap S_2 = \emptyset$, $S_1 \neq \emptyset$, $S_2 \neq \emptyset$ が成立するようにする.そのうえで,それぞれの小問題 S_1, S_2 から第 1 ラウンドの選択を行い,このラウンドを首尾よく勝ち抜いた選択肢の集合 $C(S_1)$ および $C(S_2)$ の集合和 $C(S_1) \cup C(S_2)$ から行われる第 2 ラウンドの選択 $C(C(S_1) \cup C(S_2))$ の結果を,大問題 S からの選択 $C(S)$ と看做すことにする.ところで,大問題 S を 2 つの小問題に分割する方法は,(S_1, S_2) 以外にもいくらでも存在するが,(3.2) という条件が満たされている限り,実は分割方法の選択の如何によらず,S からの選択は同じ選択集合に到達することになるのである.すなわち,大問題を小問題に分割して迂回路を辿って選択を行っても,その迂回路の選択方法の如何に関わらず,大問題からの選択は同一に定まるということが,公理 **PI** の要請内容なのである.

これだけの議論を踏まえれば,(3.1) という選択関数がなぜ問題かという疑問に対して,明瞭な理由を示すことができる.すなわち,$\{x, y, z\}$ からの選択という大問題を簡略化するために,$\{x, y, z\} = \{x, y\} \cup \{z\}$ という小問題への分割を考えてみると,この選択経路に従う 2 段階の選択は

$$C(\{x,y,z\}) = C(\{x,y\} \cup \{z\})$$
$$= C(C(\{x,y\}) \cup C(\{z\}))$$
$$= C(\{x\} \cup \{z\}) = C(\{x,z\}) = \{z\}$$

となる．しかるに，大問題 $\{x,y,z\}$ からの選択を簡略化するための別の分割方法として，$\{x,y,z\} = \{x\} \cup \{y,z\}$ という小問題への分割を考えてみると，この選択経路にしたがう選択は

$$C(\{x,y,z\}) = C(\{x\} \cup \{y,z\})$$
$$= C(C(\{x\}) \cup C(\{y,z\}))$$
$$= C(\{x\} \cup \{y\}) = C(\{x,y\}) = \{x\}$$

となる．すなわち，(3.1) を満足する選択関数 C は，選択経路からの独立性を備えていない選択メカニズムを体現していることになるのである．この例のように，選択経路からの独立性を満足しない選択関数は，複雑な選択問題を解くための補助手段として小問題への《分割と統治》(divide and conquer) を行おうとしても，補助手段の選択次第で最終的な選択が変更されることになってしまうことになるのである．

こうなってみると，社会的選択ルールの値域として許容される選択関数としては，任意の機会集合 $S \in \boldsymbol{K}$ に非空の選択集合 $C(S)$ を対応させるという形式的な性質を越えて，なんらかの実質的な《選択の整合性》(choice-consistency) の要請が課されている方が，むしろ自然であるように思われる．ここでいう選択の整合性の要請として，選択の経路独立性を求める公理 **PI** は，おそらく最も自然な候補のひとつであるといって過言ではないように思われる[5]．

---

5) 単純多数決ルールに発生する投票のパラドックスは，3 つの選択肢 x, y, z の間に生じる社会的選好のサイクルをその内容とするものである．単純多数決サイクル

$$x \succ_{maj} y \succ_{maj} z \succ_{maj} x$$

を考える．そのとき，まず x と y の単純多数決コンテストを行って，その勝者と第 1 ラウンドでシードされて残された z との単純多数決コンテストを行って，最終的な勝者を決定するという社会的選択経路を辿ったとすると，最終的な勝者は z となる．これに対して，最初の単純多数決コンテストを x と z (あるいは y と z) の間で行う社会的選択の経路を辿るならば，最終的な勝者は y (あるいは x) となる．このように，投票のパラドックスは社会的選択の経路依存性を生み出すことが，このパラドックスが持つ問題点のひとつとされているのである．

それでは，アローが創始した2段階の社会的選択のシナリオを解消して，個人的評価順序プロファイルを社会的選択関数と直結するシナリオを採用して，許容される社会的選択関数のクラスを選択の経路独立性の公理 **PI** を満足する関数のクラスに限定すれば，アローのその他の公理を受け継いだとしてもアローが逢着した一般不可能性定理の袋小路から脱出することは可能になるのだろうか．以下ではこの設問に対する解答を最終的なターゲットとして，いくつかの観察事実を積み重ねていくことにしたい．

　その1．最初に，アローが当初に要求した社会的選択の完全合理性の要求と，アロー=プロットの社会的選択の経路独立性の要求との間の正確な関係について，簡潔に述べておくことにしたい．いま，選択関数 C は完全合理的であって，ある順序 R によって合理化されるものとする．完全合理性の定義によって，そのとき

$$(3.3) \qquad \forall S \in \boldsymbol{K} : C(S) = G(S, R)$$

が成立する．ただし，選択関数 C を合理化する二項関係 R は，完備性，反射性，推移性を満足する順序である．

　まず，完全合理的な選択関数は経路独立性を持つことを証明する．そのため，任意の $S_1, S_2 \in \boldsymbol{K}$ に対して，$x \in C(S_1 \cup S_2)$ とすれば，(3.3)によって $x \in G(S_1 \cup S_2, R)$ が成立するため，任意の $y \in S_1 \cup S_2$ に対して xRy が成立する．$C(S_t) \subseteq S_1 \cup S_2$ $(t = 1, 2)$ なので，これより $x \in C(S_1) \cup C(S_1)$ であり，任意の $y \in C(S_1) \cup C(S_2)$ に対して xRy が成立する．(3.3)に再度注意すれば，これで

$$(3.4) \qquad \forall S_1, S_2 \in \boldsymbol{K} : C(S_1 \cup S_2) \subseteq C(C(S_1) \cup C(S_2))$$

が証明されたことになる．逆に，任意の $S_1, S_2 \in \boldsymbol{K}$ に対して，$x \in C(C(S_1) \cup C(S_2))$ であるものとすると，(3.3)によって $x \in C(S_1) \cup C(S_2)$ であり，また $C(S_1) \cup C(S_2)$ に所属する任意の y に対して xRy が成立することになる．$y \in C(S_1) \cup C(S_2)$ であるということは，(3.3)によれば，任意の $z \in S_1 \cup S_2$ に対して yRz が成立することを意味している．完全合理性の仮定によって R は推移的なので，そのとき任意の $z \in S_1 \cup S_2$ に対して xRz が成立すること

になる．再度(3.3)を用いれば，これは $x \in C(S_1 \cup S_2)$ となることを意味するため，これで

$$(3.5) \quad \forall S_1, S_2 \in \boldsymbol{K} : C(S_1 \cup S_2) \supseteq C(C(S_1) \cup C(S_2))$$

の成立が確認されたことになる．(3.4)と(3.5)を合わせれば(3.2)の成立が確認できたことになる．すなわち，完全合理的な選択関数は経路独立的な選択関数なのである．

逆に，経路独立的な選択関数は完全合理性を持つかといえば，実のところ経路独立性を満足する選択関数でありつつ，そもそも合理性を持たないものが存在することが知られている．以下にその一例を挙げておくことにしたい．

例 3.1 (経路独立性を持つが合理的ではない選択関数)
選択肢の普遍集合は $X = \{x, y, z\}$ であり，選択の機会集合からの選択集合は以下のように与えられているものとする．

$$C(\{x\}) = \{x\}, C(\{y\}) = \{y\}, C(\{z\}) = \{z\}, C(\{x, y\}) = \{x, y\},$$
$$C(\{y, z\}) = \{y, z\}, C(\{x, z\}) = \{x, z\}, C(\{x, y, z\}) = \{x, y\}.$$

容易に確認できるように，この選択関数は経路独立性を備えている．しかし，この選択関数を合理化する二項関係が存在しないことの確認も容易である．ましてや，この選択関数は完全合理的な選択関数ではあり得ない． ∥

参照の便宜のために，この結果を定理の形式で掲げておくことにしたい．

定理 3.1
完全合理性を持つ選択関数は選択の経路独立性を持つ選択関数である．だが，選択の経路独立性を持つ選択関数は必ずしも合理的な選択関数ではない．

その 2．定理 3.1 は，アローの袋小路からの脱出路を探索する立場からいえば，好都合なメッセージであると考えられる．もし仮に，完全合理性を持つ選択関数と選択の経路独立性を持つ選択関数が同値であれば，アローの 2 段階

の理論構成を放棄して社会的な選択関数に直接的に関心を絞る足場を準備しても，選択の経路独立性を公理として要請する限り，アローの袋小路からの脱出路は最初から閉ざされていることになるからである．だが，定理 3.1 によれば，完全合理的な選択関数と経路独立的な選択関数との間には明らかに論理的なギャップがある．そのため，アローの 2 段階アプローチを放棄してそれよりは弱い経路独立的な選択関数アプローチを採用すれば，アローの袋小路からの脱出路を発見できる可能性が実際に開かれていることになる．

この可能性を探索する前に，ひとつの注意が必要である．それは，社会的評価順序を形成するルールとの関連で表現されたアローの公理——ルールの民主性を要請するパレート原理，ルールの情報的効率性を要請する無関係対象からの独立性の要請，評価形成への支配力の極端な不平等を禁止する非独裁性などの要請——は，社会的評価形成ルール f に対する制約として表現されていて，そのままでは社会的選択ルール g に対する制約とはなっていないことである．だが，ルール g に対する制約としてアローと同じスピリットの要請を表現し直すことは，きわめて容易である．ここでは，ルール f に対する制約として表現されたパレート原理と，ルール g に対する制約として表現されたパレート原理を並列的に示して，必要な書き換え作業の性質を具体的に例示することに留めたい．

ルール f への制約としてのパレート原理

個人の評価順序の任意のプロファイル $\boldsymbol{R} = (R_1, R_2, \ldots, R_n)$ と選択肢の任意のペア $x, y \in X$ に対して，

$$\forall i \in N : xP(R_i)y \Rightarrow xP(R)y$$

が成立する．ただし，ここで $R = f(\boldsymbol{R})$ である．

ルール g への制約としてのパレート原理

個人の評価順序の任意のプロファイル $\boldsymbol{R} = (R_1, R_2, \ldots, R_n)$ と選択肢の任意のペア $x, y \in X$ に対して，

$$\forall i \in N : xP(R_i)y \Rightarrow \{x\} = C(\{x,y\})$$

が成立する．ただし，ここで $C = g(\boldsymbol{R})$ である．

その3．アローの洞察を公理 **PI** に結晶化したプロットは，アローの完全合理性の要請と公理 **PI** との間のギャップに注目して，アローの完全合理性の要請を公理 **PI** で置き換えれば彼の一般不可能性定理は回避できると主張した．この主張はその限りにおいて確かに正しい．センのパレート拡張ルールが形成する準推移的な二項関係を用いて構成される社会的選択ルールは，その具体的な一例になっているからである．しかもこの例は，アローの完全合理性の要請は満足しないとはいえ，準推移的合理性の要請を満足している．だが問題は，社会的選択関数の完全合理性の要請を経路独立性の要請で置き換えることによって，果たしてどの程度に追加的な射程を稼ぐことができたのかという点である．

この設問に答えるために，社会的選択ルールへの制約条件として，無関係対象からの独立性の公理と，《弱意の独裁者》(weak dictator)の存在を否定する公理を，この段階で導入することにしたい．

ルール g への制約としての無関係対象からの独立性の公理

個人の評価順序の任意の2つのプロファイル $\boldsymbol{R} = (R_1, R_2, \ldots, R_n)$, $\boldsymbol{R}^* = (R_1^*, R_2^*, \ldots, R_n^*)$ と，選択肢の任意のペア $x, y \in X$ に対して，

$$\forall i \in N : \{xR_iy \Leftrightarrow xR_i^*y\} \& \{yR_ix \Leftrightarrow yR_i^*x\}$$

であれば，$C(\{x,y\}) = C^*(\{x,y\})$ が成立する．ただし，ここで $C = g(\boldsymbol{R})$ かつ $C^* = g(\boldsymbol{R}^*)$ である．

ルール g への制約として弱意の独裁者を排除する公理

個人の評価順序の任意のプロファイル $\boldsymbol{R} = (R_1, R_2, \ldots, R_n)$ と選択肢の任意のペア $x, y \in X$ に対して，$xP(R_i)y \Rightarrow x \in C(\{x,y\})$ を満足する個人 $i \in N$ ——弱意の独裁者と呼ばれる個人——は存在しない．ただし，ここで

$C = g(\boldsymbol{R})$ である．

そのとき，次の定理が成立する．

定理 3.2 (Blair, Bordes, Kelly and Suzumura, 1976, Theorem 3)
　少なくとも3つの社会的選択肢が存在して，社会を構成する個人は3人以上の有限人であるものとする．そのとき，経路独立性，パレート原理，無関係対象からの独立性および弱意の独裁者の否定の4つの要請を満足する社会的選択ルールは，論理的に存在不可能である．

　こうなってみると，アローの完全合理性をアロー＝プロットの経路独立性で置き換えても，アローの社会的評価の形成原理が論理必然的に辿り着いた袋小路からの脱出路は，実質的に閉ざされていると認めざるを得ない．アロー自らが少し異なる論脈で述べたように，「社会的選択のパラドックスは，それほど簡単に悪霊払いできるものではない」(Arrow, 1951/1963, p. 109)のである．

　その4．アロー＝プロットの選択の経路独立性の研究を契機として，社会的選択関数に焦点を絞った研究は，1970年代のダグラス・ブレア＝ジョルジュ・ボルデス＝ジェリー・ケリー＝鈴村興太郎(Blair, Bordes, Kelly and Suzumura, 1976)とアマルティア・セン(Sen, 1977a)の研究成果を初期のハイライトとして，社会的選択の理論のひとつの標準的なパラダイムとなった．この研究によって，社会的選択の理論の構造が一層明らかになったことは正当に認めるべきであるが，アローが発見した社会的選択の袋小路からの脱出路をこの方向に切り開く探求の試みは当初の希望ほどの成功をもたらしたとはいえないというのが，冷静な現状判断なのである．

第4節　社会的評価の情報的基礎

　社会の評価順序を中継点として，社会の選択という最終目標を分析するアローの2段階の理論構成を踏襲するにせよ，しないにせよ，社会的選択の

ルールを設計するための情報的基礎を，社会的選択肢の普遍集合で定義される個人的評価順序のプロファイルのみに求めるアローの定式化は，多くの重要な考慮事項を排除するという意味で，制約的な情報的枠組みであることは間違いない．そのうえ，無関係対象からの独立性という情報的効率性の要請まで課すアローの理論構成は，私的情報の公共的利用に関してさらに一層吝嗇である[6]．アローが辿り着いた袋小路から脱出する経路を探索する第3の可能性は，アローが排除した情報源を的確に復元して理に適う社会的選択ルールの可能性を探る方向に開かれている．

この計画を具体化するために，社会的評価を形成する方法を情報的基礎の観点に立って分類することを試みたい．

第1に，最も基本的な分類は，《帰結主義》(consequentialism)と《非帰結主義》(non-consequentialism)への二分法である．社会的評価の対象とされる経済システムや経済政策は，その作動や実行によって，必ずなんらかの社会的な《帰結》(consequence)を生むことになる．経済システムや経済政策の代替的な選択肢を公共【善】の視点から評価するためには，そのシステムや政策の作動や実行がもたらす《帰結》に関する情報——以下では《帰結情報》と呼ぶ——と，システムや政策のデザインおよび手続き的な特性，あるいはそのシステムや政策が機能する環境などに関する情報——以下では《非帰結情報》と呼ぶ——のいずれか，あるいは両方を，理に適う評価の情報源として活用する必要がある．このうち，帰結情報に排他的に依存して経済システムや経済政策を評価する考え方を，本書では《帰結主義》的な評価方法と呼ぶことにする．この立場を端的に表現すれば，よい経済システムやよい経済政策とは，よい帰結をもたらす経済システムや経済政策なのである．これに対して，システムや政策に関する帰結情報を完全に無視するわけではないまでも，その帰結をもたらす経済システムや経済政策に関する非帰結情報も活用して経済システムや経済政策の是非を評価する考え方を，本書では《非帰結主義》的な評価方法と呼ぶこ

[6) アローが彼の社会的選択の理論の研究に際して導入した情報節約的な概念的枠組みは，瓦解したピグーの【旧】厚生経済学が残した空白を埋めようとした【新】厚生経済学の——序数的で個人間で比較不可能な効用情報に依拠する——情報的基礎を，明瞭に意識して選択されている．アローの理論を公平に評価するためには，この理論が出発した歴史的なコンテクストを忘れるべきではないと思われる．

とにする．

　特に，経済システムや経済政策のデザインや手続き的特性，あるいはその機能環境などに関する非帰結情報だけを排他的に活用して，経済システムや経済政策の価値を帰結とは関わりなく評価する考え方を，本書では《義務論》(deontology)的な評価方法と呼ぶことにする．この立場からいえば，よい経済システムや経済政策とは，デザインや手続き的特性，潜在的な選択機会の豊穣さ，人々の処遇の衡平性，個人的権利の社会的尊重など，内在的な機能に優れた性能を示すシステムや政策なのである．帰結の【善】【悪】とは関わりなく，内在的メリットのみに基づいてシステムや政策の【善】【悪】を判定する義務論的なアプローチには，幾分なりとも頑な原則論者のスタンスが窺える．だが，非帰結主義的アプローチは，帰結の価値と手続きや機会の価値を複眼的に視野におさめて，公共【善】の評価に伸縮性を持ち込む点にこそ，その重要性があるというべきである．

　帰結主義 versus 非帰結主義という基本的な二分法に関しては，いくつかの注意が必要である．第1に，帰結とはなにかという点に関しては，注意深い定義が必要である．例えば，経済システム σ が，経済環境 ω において機能して，その均衡状態において資源配分 $\theta(\sigma,\omega)$ を実現する場合には，均衡資源配分 $\theta(\sigma,\omega)$ を指して「経済システム σ の経済環境 ω における帰結」という表現を用いるのが，最も素直で常識的な定義であると思われる．この場合に，環境 ω で実現可能な資源配分の集合を $A(\omega)$，可能な経済環境全体の集合を Ω とするとき，集合 $A(\Omega) = \cup_{\omega \in \Omega} A(\omega)$ 上で定義される《帰結道徳律》(outcome morality)と呼ばれる評価順序 R を導入して，経済環境 $\omega \in \Omega$ における経済システム σ, τ の優劣比較を，順序 R による $\theta(\sigma,\omega), \theta(\tau,\omega)$ の優劣比較に帰着させる考え方こそ，経済システムに対する帰結主義的アプローチに他ならない．これに対して，狭義の帰結 $\theta(\sigma,\omega)$ が，経済システム σ の作動を経由して実現されたという複合的な事実を $\{\theta(\sigma,\omega), \sigma\}$ と記述して，経済システム σ, τ の比較を，広義の帰結 $\{\theta(\sigma,\omega), \sigma\}, \{\theta(\tau,\omega), \tau\}$ の複眼的な比較に基づいて行うアプローチは，われわれが非帰結主義的アプローチと呼んだ評価方法の一類型なのである．

　われわれが非帰結主義的アプローチと呼んだ評価方法に対しては，広義の帰

結 $\{\theta(\sigma, \omega), \sigma\}$ を改めて帰結と呼びさえすれば，帰結主義と非帰結主義との分水嶺はそれほど明確ではなくなるという批判が提起される可能性がある．だが，帰結の記述をインフレートさせて帰結主義の守備範囲を形式的に拡張しても，公共【善】の実質的な研究内容がそれで豊かになる可能性は殆どないと考えられる．むしろ，研究対象に応じて帰結の定義を慎重に精緻化して，それぞれのコンテクストで的確な用語法を工夫する——その結果として，採用するアプローチが帰結主義と呼ばれようが非帰結主義と呼ばれようがさほど頓着しない——取捨選択的なアプローチを採用する方が，形式的な包括性を競うより遥かに有意義なエクササイズであると思われる．

非帰結主義という概念は，帰結主義という概念の補集合として定義されている．それだけに，帰結主義の定義が精緻化されればされるほど，非帰結主義に包摂される折衷的アプローチの範囲は拡大せざるを得ない．本書では，一般論はともかくとして，個別問題のコンテクストで帰結主義を超えるアプローチを採用する場合には，通常の意味における帰結には含まれない特徴として，どのような非帰結主義的な特徴を積極的に取り入れるかを明示することによって，《鞄用語》(portmanteau catchword)としての非帰結主義という用語の曖昧さを逃れる工夫を凝らしたいと考えている．

本書の視点から重要な第2の分岐点は，帰結主義を《厚生主義的帰結主義》(welfarist-consequentialism)と《非厚生主義的帰結主義》(non-welfarist-consequentialism)に大別する役割を果たしている．一口に経済システムや経済政策の帰結といっても，どのような情報に依拠していかに記述するかという選択の余地は大きく，このような選択次第では帰結を手掛りとする経済システムや経済政策の評価にも大きな相違が生まれる可能性がある．われわれは帰結を評価する際に，人々がその帰結から享受する《厚生》(welfare)という主観的なフィルターを通過する情報に専ら注目する《厚生主義的帰結主義》ないし《厚生主義》(welfarism)と，主観的な厚生情報を無視はしないまでも，帰結の価値を認識する素材として厚生以外の客観的な情報も採用して，広義の帰結主義的な情報的基礎を構築する《非厚生主義的帰結主義》ないし《非厚生主義》(non-welfarism)の2つの立場を設定して，その間に分水嶺を描くことにしたい．

第3に，【旧】厚生経済学と【新】厚生経済学の対照的な情報的基礎に注目

して，厚生主義的アプローチを厚生概念の基数性と序数性に応じて2大別して，《序数的厚生に基づく厚生主義》と《基数的厚生に基づく厚生主義》を識別することにしたい．

第4に，序数的厚生に基づく厚生主義と基数的厚生に基づく厚生主義のそれぞれの内部に，社会を構成する人々の厚生の個人間比較可能性と比較不可能性に応じた分水嶺を描いて，

(1) 個人間比較不可能な序数的厚生に基づく厚生主義；
(2) 個人間比較可能な序数的厚生に基づく厚生主義；
(3) 個人間比較不可能な基数的厚生に基づく厚生主義；
(4) 個人間比較可能な基数的厚生に基づく厚生主義；

の4つのアプローチを識別することにしたい．

最後に到達した4つの公共【善】の情報的基礎は，厚生経済学の重要な歴史的段階を画した研究がそれぞれ依拠したものであることに注意したい．第1のアプローチは，カルドア＝ヒックス＝スキトフスキーの補償原理学派の【新】厚生経済学，バーグソン＝サミュエルソンの社会厚生関数学派の【新】厚生経済学，アローの社会的選択理論がすべて依拠した情報的基礎である．第2のアプローチは，ジョン・ロールズ(Rawls, 1971)の正義の理論を厚生主義的に再構成したアマルティア・セン(Sen, 1977c)やピーター・ハモンド(Hammond, 1976)が依拠した情報的基礎である．第3のアプローチは，ジョン・ナッシュ(Nash, 1950)の公理主義的交渉理論に端緒をもつナッシュ社会厚生関数が依拠した情報的基礎である．最後に，第4のアプローチは，厚生経済学の水源地というべきジェレミー・ベンサム(Bentham, 1789)の功利主義哲学が依拠した情報的基礎である．

本節で整備した社会的評価形成の情報的基礎は，本書で今後しばしば登場して，アローの社会的選択の理論を袋小路に追い込んだ情報制約を脱却する試みの礎石となる筈である．

第3部
効率と衡平のジレンマ

《問題の設定》

　第2部(社会的選択の合理性と情報的効率性)では，社会を構成する人々 $N = \{1, 2, \ldots, n\}$ $(2 \leq n < +\infty)$ がさまざまな社会状態の集合 X に対して表明する個人的選好順序のプロファイル $\boldsymbol{R} = (R_1, R_2, \ldots, R_n)$ を集約して，社会的評価順序 R を形成するルールに関心を集中した．この考察の焦点は，個人的選好順序のプロファイルを社会的評価順序に集約するルール f で，民主主義のある種の特徴を具備したものが存在する可能性に結ばれていた．社会状態のうち，与えられた環境次第で採択可能な状態の機会集合 S が与えられたとき，S から実際に採択される選択肢は，社会的評価順序 $R = f(\boldsymbol{R})$ に関して最善な選択肢——機会集合 S 内の R-最大点となる選択肢——に他ならないというのが，創始者アローが描いた理論的シナリオだった．第1部第1章(選好・選択・厚生)で準備した合理的選択の理論の概念的枠組みに即していえば，アローが構想した社会的選択の理論では，社会的合理性の前提が分析の最初から理論的枠組みに刻み込まれていたことになる．しかも，社会的合理性の位階に関していえば，アローは最高の位階である社会的選択の《完全合理性》を仮定していたことになるのである．

　第2部第5章(S-整合的評価と社会的選択の可能性)では，アローの社会的評価の《完備性》の要請を放棄して，社会的評価の《推移性》の要請も《S-整合性》の要請に弱める措置の効果が分析された．また，第2部第6章(不可能性の陥穽からの脱出路)では，アローの一般不可能性定理からの脱出路を探索する過程で，アローの2段階の理論構成を維持しつつ，その第1段階で合理性の階梯を下降することの効果を尋ねる作業と並行して，アローの2段階の理論構成を根本的に修正して，社会状態の機会集合の集合族を定義域とする社会的《選択関数》に的を絞ったアプローチ——社会的合理性を全面的に放棄した《選択関数的アプローチ》——をも考察した．このアプローチの典型例は，アローが与えた示唆を契機としてプロットが定式化した《経路独立的選択関数》の理論だったのである．

第3部第8章(無羨望衡平性とパレート効率性)で分析される《羨望のない状態としての衡平性》(equity as no-envy)の理論のひとつの意義は，社会的選択の理論における選択関数的アプローチの別種の典型例である点に求められる．だがこの理論には，さらに実質的な意義がある．

ロビンズの挽き臼がピグーの【旧】厚生経済学を粉砕した廃墟に，序数的で個人間比較が不可能な選好情報に基づいて再建された規範的な経済分析は，社会を構成する人々の間で社会的選択肢の優劣に関して評価の対立がある状況では，究極的に恣意性を批判される余地を残しているように思われる．カルドア＝ヒックス＝スキトフスキーの補償原理学派の【新】厚生経済学にせよ，バーグソン＝サミュエルソンの社会厚生関数学派の【新】厚生経済学にせよ，この間の事情に大きな差異はないというべきである．

補償原理学派の【新】厚生経済学は，仮説的な補償の支払いという理論的媒介項を導入して，人々の間に評価の対立が存在する状況に，規範的な分析を押し進める一歩を踏み出したものである．とはいえ，分配の衡平性に関する基準に合意が存在しない状況では，踏み出されたこの一歩は《厚生改善の潜在的可能性》を推測するための補助手段に留まっていて，補償原理による厚生判断の規範的な根拠はいかにも脆弱だという危惧を禁じ得ない．これに対して，社会厚生関数学派の【新】厚生経済学は，外部から導入された公共【善】の基準さえあれば，人々の間にいかなる利害や判断の対立があろうとも，整合的な厚生判断が可能だと主張していた．とはいえ，このアプローチが前提する公共【善】の基準が本質的に恣意的であるという事実はどこまでも残らざるを得ない留保事項であることを，我々は忘れるべきではない．

【新】厚生経済学の両学派とは対照的に，羨望のない状態としての衡平性の基準は，社会を構成する人々の序数的選好に基づいて内生的に定義される規範原理である．仮説的な理論的媒介項に支えられなければ自立できない補償原理学派の規範原理や，究極的には外在的・恣意的という誹りを免れない社会厚生関数学派の規範原理と比較すれば，序数的・内在的な情報に依拠して構成される羨望のない状態としての衡平性の規範原理は，確かに慎重な性能検査を受けるに価する興味深い考え方である．第3部第8章(無羨望衡平性とパレート効率性)は，この主旨の性能検査を遂行する作業に充てられる．この検査の焦点と

なる性能基準の着眼点は，無羨望衡平性の要請とパレート効率性の要請を同時に満足する社会状態の実現可能性である．両基準を同時に満足する社会状態が存在しない状況は，無羨望衡平性の観点からみた《効率と衡平のジレンマ》状況と呼ばれている．

これに先立つ第3部第7章(帰結道徳律と手続き的衡平性)の課題は，無羨望状態としての衡平性の性能検査の予備作業として，第2部第6章第4節(社会的評価の情報的基礎)で開始された規範原理の情報的基礎に関する考察を規範原理の情報の樹という概念を用いて整理するとともに，《帰結道徳律》と《手続き的衡平性》という考え方を導入して，衡平性の概念を定義する代替的な方法を準備することである．この章で整備される概念的な枠組みは，本書のこれ以降の章において，しばしば活用されることになる．特に，第5部(帰結主義，非帰結主義および社会的選択)では，第2部第6章(不可能性の陥穽からの脱出路)で導入した《帰結主義》と《非帰結主義》という対極に位置する規範的な考え方を公理主義的に特徴付けるとともに，アローの一般不可能性定理に対するその含意を検討する予定である．

第3部の最後に位置する第9章(世代間衡平性とパレート効率性)では，社会を構成する個人が時間軸に沿って交代的に登・退場するモデル——世代交代モデル——を設定して，《世代間衡平性》(intergenerational equity)の概念を分析する．この複雑な概念の重要な起源は，一貫した功利主義者であれば，誕生の時点だけで区別される2つの世代を差別的に処遇すべきではないと主張した19世紀のイギリスの功利主義哲学者ヘンリー・シジウィックの《匿名性》原理(anonymity principle)にまで遡る．地球温暖化問題を契機に多くの関心を呼んでいる《持続可能な福祉》(sustainable well-being)の概念も，その発想の原点をシジウィックの《匿名性》原理に負っていることは注意に値する．第9章の考察の焦点は，シジウィックの世代間衡平性の要請と，パレート効率的な世代間資源配分の要請との両立可能性の問題——世代交代モデルのコンテクストにおける《効率と衡平のジレンマ》——に結ばれている．このジレンマを最初に明示的にとり上げたのは1960年代のチャリング・クープマンス(Koopmans, 1960)とピーター・ダイアモンド(Diamond, 1965a)の先駆者的な研究だが，彼らが提起した問題を継承する世代交代モデルにおける効率と衡平のジレンマ

の研究は，現代における規範的経済学の研究の最大の焦点のひとつとなっている．

　規範的分析の情報的な基礎という観点からいえば，第8章(無羨望衡平性とパレート効率性)と第9章(世代間衡平性とパレート効率性)の分析には，大きな相違がある．第8章の分析は，序数的で《個人間比較》(interpersonal comparison)を許容しない——だが，《状況間比較》(intersituational comparison)を許容して想像上の境遇の交換による同情と共感の可能性を許容する——厚生情報に依拠している．これに対して第9章の分析は，基数的で世代間比較を許容する厚生情報に依拠している．このように，同じく《効率と衡平のジレンマ》と称しても，これらの章の間には分析の情報的基礎という点においては，大きな相違が含まれていることに注意すべきである．

第7章　帰結道徳律と手続き的衡平性

第1節　帰結 versus 手続き：社会的評価の代替的な視点

　第2部第6章第4節(社会的評価の情報的基礎)では，アローの一般不可能性定理の袋小路から脱出する方法を模索する過程で，社会的評価形成の情報的基礎の視点から，《帰結主義》と《非帰結主義》という2つの基本的な考え方を導入した．経済政策や経済システムを評価する際に，その政策やシステムが望ましい《帰結》を創り出すからこそ望ましい政策，望ましいシステムなのだと考える人々は，帰結から遡ってその帰結をもたらす政策やシステムを評価するという意味で，《帰結主義者》という名称に相応しい．これに対して，帰結の善悪を一切顧慮せず，ひたすら正義に適う政策やシステムのみを信奉する《義務論者》の極論には与しないまでも，帰結の価値と並んで帰結をもたらす手続きの内在的な価値にも目配りすべきだと考える人々は，帰結主義に閉じこもる偏狭な立場をとらないという意味で，《非帰結主義者》という名称に相応しい．

　独裁者が専横を恣にする社会で，人々が豊かな生活をたまたま満喫できていたとしても，だからといってこの《帰結》を理由に独裁社会を正統化することはむつかしい．また，奴隷の境遇にあるひとが，優しいご主人が鞭を振るわず，美食も与えてくれて幸福だといったにせよ，その《帰結》の背後に鋭く目を配り，人間の尊厳を無視してひとを奴隷の境遇に置きつつ，自らの境遇の客観的な悲惨さに目を閉ざさせる仕組みの不正義を透視してこそ，社会システムの理に適う評価であるというべきではあるまいか．まさにひとはパンのみにて生きる存在ではなく，豊富なパンが専制君主の気まぐれな恩恵として下賜される社会より，相対的には貧しい社会であっても，自由な意思決定に基づいて自発的に共同作業に参加する権利が保障されている社会の方を選好する立場も，十分理に適うスタンスとして考慮できる分析的枠組みが必要とされている．

　このような考え方をとる限り，帰結主義への排他的なコミットメントは，些か極端な立場であるというべきである．だが，社会的選択の理論の事実上の創

始者ケネス・アロー(Arrow, 1987, p. 124)によれば,

> 経済政策にせよ,その他のいかなる社会政策にせよ,社会や経済を構成する多くの,そして多様な人々に対して,なんらかの帰結を必然的にもたらすことになる.少なくともアダム・スミスの時代以来,代替的な政策は人々にもたらすその帰結に基づいて評価されるべきことが,当然の事実とされてきた

のである.

　実際には,伝統的な規範的経済学の情報的基礎は,《帰結主義》それ自体よりもさらに制約的なものだった.なぜならば,伝統的な規範的経済学の標準的なアプローチは,帰結の価値を捉える手段として,社会・経済を構成する人々がその帰結から享受する《効用》ないし《厚生》に,専ら注目していたからである.第2部第6章第4節(社会的評価の情報的基礎)で準備した用語法を再度活用すれば,伝統的な規範的経済学の情報的基礎は,まさに《厚生主義的帰結主義》──略して《厚生主義》──に他ならなかったのである.

　ところで,等しく《厚生主義》の情報的基礎に依拠するにせよ,ジェレミー・ベンサムの功利主義の直系の継承者アーサー・ピグー,彼が創始した【旧】厚生経済学の下部構造がライオネル・ロビンズによって破壊された後に,漂流する上部構造を救済するために新たな下部構造の建設に乗り出した【新】厚生経済学の推進者たちの間には,安易な架橋を許さない大きな裂け目があった.第2部第6章第4節では,これらの重要な裂け目を明示的に確認するために,《基数的厚生主義》versus《序数的厚生主義》および《個人間比較可能性》versus《個人間比較不可能性》という2つの分岐点を導入して,厚生主義的な規範的経済学の内部に,4つの情報的基礎を識別する分類方法を導入した.(i)個人間比較可能な序数的厚生主義,(ii)個人間比較不可能な序数的厚生主義,(iii)個人間比較可能な基数的厚生主義,(iv)個人間比較不可能な基数的厚生主義,がそれだった.この分類方法を適用して言えば,現代の規範的経済学のすべてとはいわないまでも大部分は,《個人間比較不可能な序数的厚生主義》の立場に依拠しているといっておそらく間違いないのである.

第2節　規範的評価の情報の樹

以下の参照の便宜のために，第2部第6章第4節と本章第1節で導入・検討された規範的評価の情報的基礎の分類方法を，《規範的評価の情報の樹》として描いておくことにしたい．図7-1 がそれである[1]．

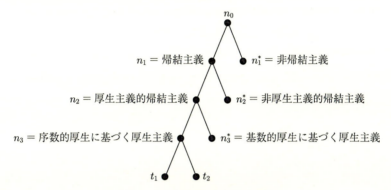

図 7-1　社会的評価の情報的基礎

注釈　$t_1 =$ 個人間比較不可能な序数的厚生に基づく厚生主義；$t_2 =$ 個人間比較可能な序数的厚生に基づく厚生主義．【新】厚生経済学とアローの社会的選択の理論の情報的基礎は，端点 t_1 に対応している．

本節では，図 7-1 に言及しつつ，規範的評価の情報的基礎およびその基礎に立脚する経済分析の方法について，次章以降の理解に役立つと思われる限りで予備的な説明を行うことにしたい．

本節の第1の課題は，《帰結道徳律》という概念を明示的に導入して，経済システムや経済政策の性能を評価する帰結主義的アプローチに，標準的な雛形モデルを準備することである．あくまで雛形モデルであるだけに，分析の細部は特定化されないままの抽象画に留まらざるを得ないが，帰結主義的アプローチの特徴を簡潔に捉えるうえで，多少の有用性があることを期待している．

最初に，実現の可能性がある《経済環境》(economic environments)の集合 E，

---

[1] この樹状図をあまり混雑させないために，図 7-1 ではいくつかの枝は最後まで描かずに中断している．例えば，最初の分岐点——帰結主義 versus 非帰結主義——を非帰結主義の枝に進むと，図 7-1 はその先を具体的に描かないまま残している．さらに詳細な図示と例示を求める読者には，鈴村(2000c, p. 11)を参照していただくようにお願いしたい．本節のこれ以降の部分でも，必要に応じて図 7-1 の空白部分を埋める議論を展開することになる．

採用の可能性がある《経済メカニズム》(economic mechanisms)の集合 M，ありとあらゆる《帰結》(consequences)の集合 X，という基本的な記号法を導入する．また，環境 $e \in E$ のもとで経済メカニズム $m \in M$ を採用することによって達成可能な帰結全体の集合を，$X(e, m) \subseteq X$ と記すことにする．

このモデルにおける《帰結道徳律》(outcome morality)とは，環境 $e \in E$ が与えられたとき，帰結の集合 X で定義される二項関係 $OM(e) \subseteq X \times X$ のことに他ならない．2つの帰結 $x, y \in X$ に対して関係 $(x, y) \in OM(e)$ ——これを以下では $xOM(e)y$ と略記する——が成立するとき，そしてそのときにのみ，帰結道徳律 $OM(e)$ を参照基準として，x は y と比べて少なくとも同程度に優れた帰結であると評価されることになる．

経済メカニズム $m \in M$ が，環境 $e \in E$ において機能して $X(e, m)$ という《成果》(outcome)を生み出した場合，その成果を評価する帰結道徳律 $OM(e)$ が導入されていれば，経済メカニズム $m \in M$ の《機能特性》に関する評価は，成果に対する評価を経由して，間接的に行うことができる．この帰結主義的な評価方法の要諦は，「よい《帰結》をもたらす経済メカニズムこそ，よい機能特性を具備した経済メカニズムである」ということになる[2]．

本節の第2の課題は，規範的経済学で実際に適用されてきた帰結道徳律の具体例を挙げて，本書で使用される用語法と従来から適用されてきた用語法を整合的に架橋することである．

明らかに，最も頻繁に活用されてきた帰結道徳律の具体的な例は，《パレート原理》(Pareto principle)に他ならない．もうひとつの具体例は，《羨望のない状態としての衡平性》(equity as no-envy)の原理である．パレート原理という帰結道徳律に関しては，本節で改めて詳しく述べるべき新たな論点はないけれども[3]，羨望のない状態としての衡平性の原理に関しては，その具体的内容の理解についても，規範的評価の情報の樹の観点からも，立ち入って述べておくべ

---

[2] 2つの経済メカニズム $m, m^* \in M$ に対する評価 $CM(e)$ を，帰結道徳律 $OM(e)$ を用いて帰結の集合 $X(e, m), X(e, m^*)$ の比較に基づいて形成する方法としては，

$$mCM(e)m^* \Leftrightarrow \forall x^* \in X(e, m^*), \exists x \in X(e, m) : xOM(e)x^*$$

という方法——あるいはその変種——が考えられる．

き論点は数多くある．この概念は，次章で考察する《効率と衡平のジレンマ》においても主役を果たす概念であるので，本節で予備的な考察を加えておくに相応しい．

　羨望のない状態としての衡平性の概念の歴史的起源に関しては，ジョン・ヒックスの未公刊の研究が言及されることもあるが[4]，現代経済学の標準的な枠組みを駆使してこの斬新な考え方を積極的に先導した功績は，多くの場合にはダンカン・フォーリー(Foley, 1967)，セルジュ・コルム(Kolm, 1972/1997)，ハル・ヴァリアン(Varian, 1974, 1975)に帰着されることが多い．この考え方によれば，ある社会状態において，誰ひとりとして他人の境遇を自らの境遇よりも選好する――他人を羨望する――ことがなければ，この社会状態は《羨望のない状態としての衡平性》を備えているといわれる．本章の視点から重要なこの考え方の主要な特徴は，以下のように簡潔に整理することができる．

(α)　パレート効率性の概念と同様に，羨望のない状態としての衡平性という規範的な考え方は，経済・社会を構成する人々の選好――経済環境 $e \in E$ の重要な構成要因のひとつ――に基づく《帰結道徳律》として定式化されている[5]．しかも，この基準を適用するために人々の選好に関して必要とされる情報は序数的であるうえに，個人間の比較可能性を要求しない

---

3)　実際には，パレート原理という帰結道徳律の起源については，必ずしもよく知られてはいない．だが，この原理と密接に関わる《パレート最適》(Pareto optimum)という概念を最初に導入した経済学者がイアン・リットル(Little, 1950/1957)であることに関しては，ポール・サミュエルソンによる権威ある証言がある．経済学史のこのエピソードに関して詳しくはSuzumura(2005a)を参照していただきたい．

4)　ケネス・アローの回想によれば，ジョン・ヒックスは1946年にコロンビア大学で行った講演で，基本的には羨望のない状態としての衡平性の考え方を導入して，生活水準の個人間比較に序数的な定義を与える試みを行った．アローは即座に質問して，ヒックスの比較方法は非推移性を持つのではないかという疑問を提起した．この質問の意味を理解できなかったヒックスは，結局彼の新奇なアプローチを全面的に放棄してしまったのである．アローのこの回想に関して詳しくは，ジェリー・ケリー(Kelly, 1987)およびウィリアム・パウンドストーン(Poundstone, 2008)を参照して戴きたい．

5)　羨望のない状態としての衡平性の考え方に立脚する道徳律は，羨望のない状態の集合を $NE(e)$ で表現するとき，
$$\forall x, y \in X : xOM(e)y \Leftrightarrow \{x \in NE(e) \ \& \ y \in X\}$$
として定義される二項関係 $OM(e)$ として表現することができる．

選好情報に限られている[6]．その意味で，《羨望のない状態としての衡平性》アプローチは，1930年代の《序数主義革命》以降の正統派厚生経済学の伝統に沿う理論的な展開なのであって，図7-1の情報の樹でいえば，《個人間比較不可能な序数的厚生主義》の立場に依拠する規範的アプローチに他ならないのである．

(β) 現代経済学の標準的な理解によれば，《パレート効率性》と《羨望のない状態としての衡平性》は経済システムの成果を評価する2つの基準として並列される代表的な帰結道徳律である．これら2つの評価基準を同時に満足する資源配分が存在しない事例は《効率と衡平のジレンマ》あるいは《効率と衡平のトレードオフ》と称されて，厚生経済学者が解決するべき重要な論理的パズルとされてきた．この課題に挑戦した厚生経済学者たちは，無羨望衡平性の概念を修正するさまざまな考え方——その代表的な一例は，エリシャ・パズナーとデーヴィッド・シュマイドラー(Pazner and Schmeidler, 1978)が提唱した《平等等価》(egalitarian equivalence)の考え方である——を展開してきたが，これらの代替的な衡平性の概念も，おしなべてパレート効率性と同列に並ぶ《帰結道徳律》である点では，伝統的な考え方の枠組みに留まっている．第8章(無羨望衡平性とパレート効率性)の第2節(衡平性の帰結道徳律とパレート効率性)では，羨望のない状態としての衡平性の概念を，社会的選択環境に即して具体的に定義して，2つの帰結道徳律の衝突を意味する《効率と衡平のジレンマ》を吟味することにする．

(γ) これとは対照的に，衡平性への《非帰結主義》的アプローチは，社会・経済システムの《手続き的な衡平性》——例えば，公共的な生産活動への貢献に比例した《衡平な報酬原理》のように，人々の処遇における非差別

---

[6] ある社会状態における自分の境遇を他人の境遇と比較するという発想は，いかにも厚生の個人間比較を行っているかに思われるかもしれない．だが，ここで行われている比較は，あくまでも自らの選好に基づく比較——自分の(現実の)境遇と(想像上の境遇の交換を通じて仮説的に身を置く)他人の境遇との比較——であるに過ぎない．なんらかの追加的な要求を課さない限り，この比較は仮説的な《状況間比較》(intersituational comparison)ではあっても，《個人間比較》(interpersonal comparison)ではないことに注意すべきである．羨望のない状態としての衡平性アプローチを基礎づける状況間比較を個人間比較に転換する条件に関しては，第8章第2節(衡平性の帰結道徳律とパレート効率性)を参照していただきたい．

性を重視する考え方——を定式化して，帰結道徳律としてのパレート効率性原理と非帰結主義的な衡平報酬原理の整合性を検討しようとする．この考え方によれば，《効率と衡平のジレンマ》と称される事態とは，ひとをその貢献に比例して処遇するという意味で衡平な報酬原理を前提にして，人々が自らの貢献水準を自発的に選択するゲームのナッシュ均衡帰結として，資源配分のパレート《非》効率性が誘導されるという事態を指している．第8章第3節(手続き的衡平性とパレート効率性)では，この第2の意味での効率と衡平のジレンマを例示することにする．

本章の残された第3節では，経済システムや経済政策の性能を評価する非帰結主義的アプローチの雛形モデルを構成することを試みることにしたい．

第3節　選択手続きに関する評価の情報的基礎

経済システムの《機能特性》と《帰結》を評価する第2のアプローチは，経済システムの手続き的な特性を評価する基準を先験的に導入して，これらの手続き的な評価基準に照らして優れた経済システムがもたらす成果ならば，手続き的な優先的価値を継承するよい《帰結》であり，それ自体を優れた帰結として認定する評価方法である．この評価方法を単純化して表現すれば，「よい《機能特性》を備えた《経済システム》はよい《経済システム》であり，よい《経済システム》がもたらす《成果》はよい《帰結》である」ということになる．経済システムの《帰結》に優先的な地位を認める評価方法を《帰結主義》的アプローチと呼んだ命名法と平仄を合わせて，この評価方法を《手続き主義》的アプローチと呼ぶことは自然である．これら2つのアプローチを両極端として識別することによって，経済システムの《機能特性》と《帰結》を複眼的に評価する《非帰結主義》的アプローチに対する理解を，一歩前進させることができる．以下では，経済システムの選択手続き(メカニズム)と帰結を複眼的に考慮する《非帰結主義》的アプローチの雛形モデルの構成を試みてみたい．

まず，《手続き主義》的アプローチの雛形モデルを構成することから始めた

い．そのためにはいくつかの記号を導入する必要がある．環境 $e \in E$ が与えられたとき，環境 e のもとで機能できる経済メカニズムの集合を $FM(e)$，環境 e のもとで重要性を持つ《機能特性》(performance characteristics)に鑑みて経済メカニズムの優劣比較を行う二項関係を $CM(e)$ と記すことにする．経済システムの性能を評価する機能特性としては，例えば

(i) 経済社会を構成する人々を衡平に処遇しているか，
(ii) 経済メカニズムを機能させるために人々から収集する情報を効率的かつ効果的に処理・活用しているか，
(iii) 必要な情報の提供を人々に求める際に彼らのプライヴァシーを侵害してはいないか，

など，数多くの重要な側面がある．それだけに，ある側面では秀でたメカニズムであっても，別の側面では必ずしも卓越しているとは言えない場合もあるだろう．そこで，経済メカニズムの優劣を比較する二項関係 $CM(e)$ は，一般的には完備性を持たない準順序となる場合も多いと考えられる．そこで，環境 e において機能する経済メカニズムの集合 $FE(e)$ のうち，機能評価の準順序 $CM(e)$ に照らして，他の適用可能なメカニズムによって優越されることがないメカニズムの集合 $M(FE(e), CM(e))$ ——環境 e のもとで適用可能な経済メカニズムの集合 $FE(e)$ のうち，準順序 $CM(e)$ に関する極大点集合——に注目することにする．この極大点集合 $M(FE(e), CM(e))$ からある要素 m^* が選択されるとき，所与の環境 $e \in E$ においてメカニズム $m^* \in M(FE(e), CM(e))$ が生み出す成果の集合 $X(e, m^*) \subseteq X$ に属するどの帰結も，$X \setminus X(e, m^*)$ に属するどの帰結と比較しても必ず優越する帰結だと考えるのが，機能評価の準順序 $CM(e)$ に依拠する《手続き主義》的アプローチなのである．

社会的な選択手続きないし経済メカニズムに固有の内在的価値を認める考え方は，決して特異なものでも奇矯なものでもない．選択の手続きないしメカニズムに帰結と比較して絶対的な優先性を認める手続き主義的アプローチでさえ，その考え方を擁護する論陣を張った先駆者に事欠かないのである．例えば，ジョセフ・シュンペーターの『資本主義・社会主義・民主主義』には，次

のような有名な一節がある[7] (Schumpeter, 1942, pp. 190-191; 邦訳 pp. 348-349).

> 信念ある社会主義者は,社会主義社会に生きているというただそれだけの事実によって満足を覚えるであろう.社会主義のパンは,彼らにとってはそれが社会主義のパンであるというだけの理由で,資本主義のパンよりもずっと甘い味がするかもしれない.たとえ彼らがそのパンのなかにハツカネズミを発見するにせよ.

　選択の手続きないしメカニズムに絶対的な優先性を認める手続き主義的アプローチは確かに極論である.だが,選択の帰結と並んでその帰結をもたらしたプロセスないしルールにも複眼的な関心を寄せる非帰結主義的アプローチは,実はアロー自らがつとに示唆していたところである.事実,『社会的選択と個人的評価』には,以下のような印象的な記述が与えられている[8].

> [これまでのところ我々は]社会状態を定義するベクトルの成分を考察することから手引きを見いだそうとする試みは,まったく行ってはこなかった.この種の分析で特に興味深いものは,社会状態を定義するさまざまな変数のうちに,社会がその選択を行うプロセスないしルールそれ自体が含まれると考えることである.この考え方が特に重要になる場合は,選択プロセスそれ自体が社会を構成する人々にとって価値を持つ場合である.例えば,ある個人は与えられた配分を政府による配給を通じて獲得することと比較して,同じ配分を自由な市場メカニズムを通じて獲得することを明確に選好するかもしれない.社会的決定が行われる社会心理学的風土の全体を含むように,社会的決定のプロセスないしルールを広く解釈する場合に

---

7) 皮肉なことに,1978年の中国共産党中央委員会全体会議以降,実質的に中国共産党の実権を掌握し続けた鄧小平(1904-1997)は,シュンペーターの《信念ある社会主義者》とは対照的に,社会主義的経済メカニズムに手続き主義的な愛着や拘泥を見せず,生産力の増大を最優先して,中国経済の市場経済化に連なる改革開放路線を推進したのである.香港の中国への返還を巡って彼が語った《白猫黒猫論》――白猫であれ黒猫であれ,鼠を捕る猫はよい猫である――は,よい帰結を生む経済メカニズムでさえあれば,市場経済メカニズムであってもよいメカニズムだという彼の考え方を,巧みに象徴する逸話である.

8) Arrow(1951/1963, pp. 89-91; 邦訳 p. 142).

は,財貨の分配に関する選好と比較してこの広義の選好の現実性と重要性は明白である.

アローの示唆を生かして社会状態の記述を拡充して,社会的選択のプロセスないしルールの記述を《拡張された社会状態》の記述に含ませることは,形式的には確かに可能である.$x \in X$ は伝統的な——狭義の——社会状態の記述であり,$m \in M$ は社会的選択のプロセスないしメカニズムであるとするとき,(x, m) という順序対を《広義の社会状態》と呼び,「メカニズム m が機能することによって,狭義の社会状態 x が実現される状況」を《拡張された社会状態》と解釈することにすれば,《選択手続きの価値》と《狭義の帰結状態の価値》を複眼的に視野に収める理論の情報的基礎が得られるかに思われる.

このプログラムを実行するためには,拡張された理論のプリミティブな概念として,拡張された社会状態の集合 $X \times M$ のうえで定義される評価者の選好順序 $\bar{R}$ を導入して,

(3.1)　　$\forall (x, m), (x^*, m^*) \in X \times M : (x, m)\bar{R}(x^*, m^*) \Leftrightarrow$ 評価者の判断によれば,狭義の社会状態 x がメカニズム m によって実現される状況は,狭義の社会状態 x^* がメカニズム m^* によって実現される状況と比較して,少なくとも同程度に望ましい

と解釈しさえすればよい.ただし,このような再解釈に際しては,ひとつの重要な留意点がある.この留意点は,広義の社会状態 (x, m) の《実行可能性》(feasibility)という概念の定義と深く関わっている.

伝統的な理論における狭義の社会状態の実行可能性の概念は,単純かつ明快である.社会状態 $x \in X$ が実行可能であるのは,社会的選択の《機会集合》$S \subseteq X$ が与えられたとき,$x \in S$ が満足されるとき,そしてそのときのみである.これに対して,拡張された理論における広義の社会状態の実行可能性は遥かに精密な特定化を要求する複合的な概念なのである.

議論の単純化と具体化のために,以下では社会的選択メカニズムを表現する標準的な道具概念として,《ゲーム形式》(game form)という表現を活用する

ことにする．1970年代の初めに，哲学者でもあり社会的選択の理論家でもあるアラン・ギバード(Gibbard, 1973)によって導入されたこの概念は，複数の個人の社会関係に含まれる戦略的な相互依存関係を表現する方法として卓越した有用性を認められ，広く活用されている[9]．いま，社会を構成する個人の集合 $N = \{1, 2, \ldots, n\}$ ($2 \leq n < +\infty$) と，狭義の社会状態の普遍集合 X が与えられているものとする．そのとき，社会 (N, X) のゲーム形式とは，他の人々との関わりで任意の個人 $i \in N$ が選択することが許容される《戦略》[10] (strategy)の集合 Σ_i，人々が選択する戦略の任意のプロファイル $\boldsymbol{\sigma} \in \boldsymbol{\Sigma} = \prod_{i \in N} \Sigma_i$ に対して，ある帰結 $\gamma(\boldsymbol{\sigma}) \in X$ を対応させる《帰結関数》(outcome function) γ の組 $G = (N, \boldsymbol{\Sigma}, \gamma)$ のことに他ならない．

あるゲーム形式 $G = (N, \boldsymbol{\Sigma}, \gamma)$ によって，社会 N における人々の行動プランの許容範囲と狭義の社会状態の決定ルールが示されたとしても，ゲーム形式それ自体は人々がそれぞれの戦略を選択する羅針盤を常備しない《ルールの体系》であるに過ぎない．そのため，狭義の社会状態はゲーム形式だけでは決定することができない．この決定を司るゲーム形式の羅針盤として，狭義の社会状態の集合 X 上の各個人 $i \in N$ の選好順序 R_i を導入して，そのプロファイルを $\boldsymbol{R} = (R_1, R_2, \ldots, R_n)$ と記せば，ゲーム形式 G と選好プロファイル $\boldsymbol{R}$ との順序対 $(G, \boldsymbol{R})$ は，ひとつの《ゲーム》(game)を定義することになる．狭義の社会状態の決定に関する記述を閉じるために，本書で採用される均衡概念を ε と記せば，ゲーム $(G, \boldsymbol{R})$ がプレーされた結果として実現される狭義の社会状態は，均衡戦略プロファイル全体の集合を $\varepsilon(G, \boldsymbol{R}) \subseteq \boldsymbol{\Sigma}$ と記すとき，均衡帰結全体の集合

(3.1) $$\gamma(\varepsilon(G, \boldsymbol{R})) = \{\gamma(\boldsymbol{\sigma}) | \boldsymbol{\sigma} \in \varepsilon(G, \boldsymbol{R})\}$$

に所属する状態であることになる．

---

9) 本書では，第4部第11章(ゲーム形式の権利論)で《選択の自由》の観点から個人の自由主義的権利の概念を検討する際に，ゲーム形式の理論を最大限に活用することになる．

10) 戦略とはなにかが問題になるが，当面のところ，複数の個人が協調と競争の関係にある社会において，それぞれの個人が採用する行動プランを単純に戦略と呼んでおくことにしたい．戦略および帰結関数の概念は，ゲーム形式によって捕捉したい社会関係が具体的に示されたとき，そのコンテクストに即して正確に定義されることになる筈である．

これだけの準備が整えば，拡張された理論における広義の社会状態の実行可能性に対して，広義の社会状態 (x, m) が実行可能であるのは，経済メカニズム m をゲーム形式 G で表現するとき，$x \in \gamma(\varepsilon(G, \boldsymbol{R}))$ が成立するとき，そしてそのときのみであるという明確な定義を与えることができる．こうなってみると，狭義の社会状態の定義を拡張して広義の社会状態の定義を導入することは確かに可能だが，狭義の定義のもとで展開された社会的選択の理論の解釈を機械的に拡張して，広義の社会的選択の理論と単純に読み替えることは，実際には不可能であることが明らかになる筈である．新しい酒を的確に収納するためには，やはり新しい革袋の製造が必要なのである．

ところで，拡張された社会的選択の理論を完全に記述するためには，拡張された社会状態の集合 $X \times M$ のうえで定義される評価者の選好順序 $\bar{R}$ を，社会を構成する人々の選好評価に基づいて構成する手続きないしルールを構想する必要がある．本書第4部第12章(権利体系の社会的選択)では，この主旨の分析のひとつの側面に触れることになるが，本章の目的からいって，いまはこの問題に深入りすることは避けておくことにしたい．

《帰結主義》の境界線を越えて《非帰結主義》的な厚生経済学と社会的選択の理論を展開する可能性としては，社会的選択の手続きないしルールを評価の対象に含めるアプローチと並んで，もうひとつのアプローチが考えられる．このアプローチの根底にある考え方は，最終的に選択された狭義の帰結の背後にあって，選ぼうとすれば選べたが実際には棄却された選択肢の《機会集合》には，選択のメニューを提供するという《手段的価値》(instrumental value)の他に，それに固有の《内在的価値》(intrinsic value)を認めるべき場合があるという洞察に根差している．この観点の重要性を効果的に強調した経済学者は，アマルティア・センだった．センによれば，

> 経済学において確立された伝統が示唆するところによれば，選択肢の集合の価値は，その集合内の選択肢を用いて実現し得る最善の結果によって測られる．最大化行動を前提すれば[……]この最善の結果とは現実になされた選択結果に他ならない．[だが]選択肢の集合の価値は，最善の——あるいは選択された——要素の価値と必ずしも同一視される必要はない

［……］．実のところ，実際には利用されない機会を持つことそれ自体にも，固有の重要性を認めるべきかもしれない．もし結果を導くプロセスそれ自体が重要性を持つならば，これは進むべき自然な方向である．事実，《選択すること》それ自体を価値ある機能と看做すことができるし，他に選択肢がない場合に x を持つことを，実質的な選択肢が他に存在する場合に x を選択することと明確に区別することは，十分理に適ってもいる[11]．

センが示唆するアプローチ——実現された帰結の背後に存在する《機会集合》それ自体に内在的な価値を認めるアプローチ——は，明らかに《帰結主義》的アプローチを越える《非帰結主義》的アプローチのひとつの可能性を具体化している．本書の第5部(帰結主義，非帰結主義および社会的選択)では，鈴村興太郎とヨンシェン・シュー(Suzumura and Xu, 2001, 2003, 2004)の研究に依拠してこのアプローチを深く掘り下げ，帰結主義と非帰結主義の並行的な公理化を与えるとともに，アローの一般不可能性定理に対してもたらすこのアプローチのインパクトを明らかにすることになる．

　本章では，狭義の社会状態に対する個人的選好順序のプロファイルを唯一の情報的基礎とするアローの社会的選択の理論を批判的に吟味して，分析の情報的基礎を拡充する3つの可能性が示唆された．第1の可能性は，社会を構成する人々が，自分自身の位置に終始身を置いたままで形成する《社会状態に関する個人的選好評価》のみを考慮するアローの理論を拡張して，人々が想像上の境遇の交換を通じて他人の立場に身を置いて，それぞれに形成する《個人間状況比較》を新たな情報的基礎として採用する考え方である．第2の可能性は，社会的選択手続きがその適用の結果として実現する《狭義の帰結》のみに注目する《帰結主義》的アプローチを脱却して，《狭義の帰結》と《選択手続き》を複眼的に考慮する《非帰結主義》的アプローチである．第3の可能性は，実現される帰結の価値に専ら注目する伝統的な厚生経済学と社会的選択の理論の情報的基礎を，《選択の機会》それ自体の内在的価値にも複眼

---

11) Sen(1997b, 邦訳 pp. 226-227).

的に目配りして拡充するアプローチである．本書のいくつかの章では，これら3つの方向に拡張された情報的基礎に立つ社会的選択の理論を展開して，厚生経済学の基礎付けを強固にすることを試みることになる．まず次章では，第1の可能性を追求する《羨望のない状態としての衡平性》アプローチを，社会的選択の理論に即して追求することにする．

第8章　無羨望衡平性とパレート効率性

第1節　想像上の境遇の交換と羨望のない状態としての衡平性

《羨望のない状態としての衡平性》アプローチのエッセンスは，想像上の境遇の交換によって他人の境遇に身を置いて，ある社会状態のもとで自分自身の境遇にあることは，誰か他人の境遇に仮説的に身を置いて同じ社会状態を体験することと比較して，望ましい・無差別である・望ましくないという類いの比較を行うことにある．ある社会状態が《羨望のない状態としての衡平性》(equity as no-envy)を持つのは，すべての個人がこの主旨の境遇間比較を行った結果として，他のどの個人の境遇に対しても羨望を持たない場合，そしてその場合のみである．すべての個人が終始自らの境遇に留まって社会状態に対する評価順序を表明するアロー理論の情報的枠組みと比較すれば，このアプローチが新たな情報を分析の素材として取り込むために一歩を踏み出していることは間違いない．本章はこのアプローチを社会的選択の理論の観点から構成・分析して，踏み出された一歩がもたらした成果の意義を評価することを目的としている．

最初にこのアプローチを社会的選択の理論モデルとして正確に表現する[1]．分析の出発点として，社会を構成する個人の集合が $N = \{1, 2, \ldots, n\}$ ($2 \leq n < +\infty$)で与えられるとき，各個人 $i \in N$ が置かれた《境遇》(circumstance)を評価する《拡張された選好順序》(extended preference ordering)を $\tilde{R}_i$ と表記する．$\tilde{R}_i$ は $X \times N$ の直積で定義される順序であって，

---

[1]　本章における羨望のない状態としての衡平性アプローチの定式化は，1980年代の著者の一連の論文(Suzumura, 1980a, 1981b, 1982b, 1983b)によって先鞭をつけられたものである．

(1.1) $\forall (x,j), (y,k) \in X \times N : (x,j)\tilde{R}_i(y,k) \Leftrightarrow$ 個人 i の判断によれば，社会状態が x であるとき個人 j の境遇に身を置くことは，社会状態が y であるとき個人 k の境遇に身を置くことと比較して，少なくとも同程度に望ましい

ことを意味している．弱意の選好関係 $\tilde{R}_i$ に対応する強意の選好関係と無差別関係は，それぞれ $P(\tilde{R}_i), I(\tilde{R}_i)$ で表現されることになる．以下では，境遇間比較順序のプロファイルは $\alpha = (\tilde{R}_1^\alpha, \tilde{R}_2^\alpha, \ldots, \tilde{R}_n^\alpha)$, $\beta = (\tilde{R}_1^\beta, \tilde{R}_2^\beta, \ldots, \tilde{R}_n^\beta)$ のように表すものとして，すべてのプロファイルの集合は A で表すことにする．また，社会的選択の機会集合全体の集合族は $\boldsymbol{K}$ で表すことにする．本章の第1節と第2節を通して，機会集合 $S \in \boldsymbol{K}$ は普遍集合 X の非空の有限部分集合であるものと仮定する．

　この枠組みのなかでパレート原理という帰結道徳律を定義するために，あるひとつのプロファイル $\alpha = (\tilde{R}_1^\alpha, \tilde{R}_2^\alpha, \ldots, \tilde{R}_n^\alpha) \in A$ を選択して，それに対応する各個人 $i \in N$ の《主観的選好順序》(subjective preference ordering) を

(1.2) $\qquad R_i^\alpha = \{(x,y) \in X \times X \mid (x,i)\tilde{R}_i^\alpha(y,i)\}$

によって定義する．この定義を用いれば，α-パレート準順序 R_f^α は

(1.3) $\qquad R_f^\alpha = \bigcap_{i \in N} R_i^\alpha$

によって定義することができる．さらに，R_f^α を用いれば，任意の機会集合 $S \in \boldsymbol{K}$ に対応する α-パレート効率状態の集合を

(1.4) $\qquad E_f^\alpha(S) = \{x \in S \mid \neg [\exists y \in S : y P(R_f^\alpha) x]\}$

として簡潔に定義することができる．

　さらに，プロファイル $\alpha \in A$ と機会集合 $S \in \boldsymbol{K}$ のもとで，どの個人と他のどの個人との間にも羨望が生じない状態の集合として

(1.5) $\qquad E_q^\alpha(S) = \{x \in S \mid \forall i,j \in N : (x,i) R_i^\alpha (x,j)\}$

を定義して，これを S 内の α-衡平集合と呼ぶことにする．これだけの準備が

整えば，与えられたプロファイル $\alpha \in A$ に対して，機会集合 $S \in \boldsymbol{K}$ 内の α-公平な状態の集合——以下では簡潔に《α-公平集合》(α-fair set) と呼ぶ——を

$$(1.6) \qquad F^\alpha(S) = E_f^\alpha(S) \cap E_q^\alpha(S)$$

によって定義することができる．機会集合 S 内の α-公平な状態とは，境遇間比較順序のプロファイル α のもとで，パレート効率的であると同時に社会を構成する人々の間に羨望が発生することが決してない衡平な状態に他ならないのである．

第2節　衡平性の帰結道徳律とパレート効率性

《パレート効率性》の概念と，《羨望のない状態としての衡平性》の概念は，いずれも境遇間比較順序のプロファイルを情報的基礎とする《帰結道徳律》であって，いずれもそれなりに強い説得力を備えている．なかでも，羨望のない状態としての衡平性の概念は，個人間の効用や厚生の比較を要求せずに効率性の判断を補完する衡平性の判断をオペレーショナルにすることを可能にした点で，序数主義的な厚生経済学の再構築を目指す人々に対して強い魅力を発揮したのである．それだけに，パレート効率性の概念と羨望のない状態としての衡平性の概念との間の対立可能性を示す以下の簡単な例は，このアプローチの前途に立ちこめる暗雲の前兆として，慎重な検討と対処を要求しているというべきである．

例1［効率と衡平のジレンマ I］(Suzumura, 1981a)

$N = \{1, 2\}$ かつ $X = \{x, y\}$ であるものとする．また，境遇間比較順序のプロファイル $\alpha \in A$ は

$$\tilde{R}_1^\alpha : (y, 2), (y, 1), (x, 1), (x, 2)$$
$$\tilde{R}_2^\alpha : (y, 2), (y, 1), (x, 2), (x, 1)$$

で与えられるものとする．そのときには $P(R_f^\alpha) = \{(y, x)\}$ かつ $E_q^\alpha(\{x, y\}) = \{x\}$ であることを容易に確認することができる．したがって，定義(1.6)によ

って，$F^\alpha(\{x,y\})$ は空集合とならざるを得ない．この経済にはパレート効率性と羨望のない状態としての衡平性を両立させる社会状態は存在しないのである．‖

こうなると，個々にみれば魅力的なパレート効率性と羨望のない状態としての衡平性の概念ではあるが，これらを結合して公平な社会状態を定義することに利用しようとすれば，この複合的な基準に照らして適格な社会状態は論理的に存在しないという障碍に直面することになる．例1が具体化するこの非整合性の問題を以下ではタイプIの《効率と衡平のジレンマ》と称することにする．

このジレンマの源泉を追求する手段として，新たな二項関係 $R^\alpha_{ij}(i,j \in N)$ を

$$(2.1) \qquad R^\alpha_{ij} = \{(x,y) \in X \times X \mid (x,j)\tilde{R}^\alpha_i(y,j)\}$$

によって定義する．そのとき，任意の境遇間比較順序のプロファイル $\alpha \in A$ と任意の個人 $i \in N$ に対して，$R^\alpha_i = R^\alpha_{ii}$ という関係が定義によって成立することは明らかな筈である．同様に，$xR^\alpha_i y$ という関係は，x は y よりも自分にとって好ましいか，最悪の場合でも無差別だと個人 i 自身が考えていることを意味するのに対して，$xR^\alpha_{ij}y$ という関係は，個人 j にとって x は y と比較して少なくとも同程度に望ましいと，個人 i が考えていることを意味することも明らかな筈である．このように解釈してみれば，個人の境遇間比較を情報的基礎に採用して，公共【善】に関する社会的評価の可能性を拡張しようとするプログラムのコンテクストでは，アマルティア・セン(Sen, 1970/1979, p. 156)が少し異なるコンテクストで導入した次の公理の成立を要求することは，非常に自然な手順であるように思われる．

同調性の公理(axiom of identity)

$$\forall i,j \in N : R^\alpha_{ij} = R^\alpha_j.$$

この公理の要求内容は容易に理解することができる．想像上の境遇の交換に

よって他人の位置に身を置くといいつつ，その境遇に我が身を仮託した当人が自ら表明する主観的な選好判断には同調せず，本来の自分の主観的な選好判断に執着するならば，人々を直接に結び付ける《同情》とか《同感》といった感情の紐帯によって論理的には避けられない衝突を回避する工夫を模索するというプランから，問題解決の軌道に進むエンジンを剝奪する結果になりかねない[2]．同調性の公理は，想像上の境遇の交換によって他人の位置に身を置く際には，ただ単に他人の客観的な境遇を仮説的に継承するのみならず，その個人自らの主観的な選好評価に同調することまで要求しているのである[3]．

　個人による境遇間比較を認める情報的枠組みにおいて，同調性の公理に強い説得力が備わっていることは，おそらく否定し難い事実である．とはいえ，この公理にも問題がまったくないわけではない．第1に，《羨望のない状態としての衡平性》アプローチに発生するタイプIの《効率と衡平のジレンマ》を示す例1の境遇間比較順序のプロファイルは，明らかに同調性の公理を満足している．このことは，タイプIの《効率と衡平のジレンマ》の発生原因は，同調性の公理が満足されるか否かとは，実はまったく独立であることを意味している．第2に，同調性の公理を課すことによって，個人の境遇間比較は明らかに厚生判断の個人間比較を含むアプローチとなる．したがって，同調性公理を課さない境遇間比較アプローチは，規範的評価の情報の樹の端点 t_1 に位置する立場であるのに対して，同調性公理を課す境遇間比較アプローチは，規範的評価の情報の樹の端点 t_2 に位置する立場であることになるのである．このように，同調性の公理は個人による境遇間比較を認める情報的枠組みにおいて，《個人間比較を許容する序数的厚生主義》と《個人間比較を許容しない序数的厚生主義》との間のひとつの分水嶺として機能するのである．

---

2) 同調性の公理を満足しない境遇間比較を情報的基礎とする社会的選択の理論がしばしば逆説的な帰結を生むことは，さまざまなコンテクストでよく知られている．その一例としてSen (1970/1979, pp. 149-150) を参照されたい．

3) 例1に関連して指摘しておきたい点がもうひとつある．この例で特定化された境遇間比較によれば，個人1も個人2も，最悪の状況に陥った個人の境遇を改善するというロールズ的な観点から見て，y は x よりも正義に適う帰結であると判断する筈である．だが，x は衡平な社会状態だが y は衡平でない社会状態なので，羨望のない状態としての衡平性の観点に立てば，x は y よりも公共【善】のランキングで上位に位置することになる他はない．この事実がロールズ的正義論への批判なのか，羨望のない状態としての衡平性への批判なのかに関しては，ここでは立ち入らないでおくことにしたい．

以上の予備的な考察によれば，人々の境遇間比較順序のプロファイル $\alpha \in A$ に同調性の公理を課そうが課すまいが，α-公平集合が非空になる保証は一般に存在しない．この事実に留意しつつ，個人の境遇間比較を許容する社会的選択ルールの基本的性能を考察するために，以下の分析の枠組みを構築することにする．

まず，個人の境遇間比較のプロファイル $\alpha \in A$ に，機会集合の集合族 K で定義される選択関数 C^α を対応させる《一般化された社会的選択ルール》(generalized social choice rule) を Ψ と記すことにする．Ψ が任意の $\alpha \in A$ に対応させる $C^\alpha = \Psi(\alpha)$ は，α を情報的基礎として Ψ が決定する社会的選択関数である．機会集合 $S \in K$ が定まれば，$C^\alpha(S) \subseteq S$ は S からの選択集合となる．記述を単純化するために，以下では一般化された社会的選択ルールを GCCR と略記することにする．

GCCR Ψ に課される第1のタイプの要請は，その定義域および値域に対する以下の制約である．

同調性公理のもとでの定義域の無制約性 (UID)

GCCR Ψ の定義域は，同調性の公理を満足する限りにおいて，論理的に可能な任意の境遇間比較順序のプロファイルから構成される．

衡平性の拡張公理 (FE)

許容される任意の状況間比較順序のプロファイル $\alpha \in A$ に対して，$C^\alpha = \Psi(\alpha)$ は以下の性質を満足する：機会集合 $S \in K$ が $F^\alpha(S) \neq \emptyset$ を満足する限り，$C^\alpha(S) = F^\alpha(S)$ が成立する．

公理 FE の要請にしたがえば，α-公平集合 $F^\alpha(S)$ が非空となる境遇間比較順序のプロファイル α と機会集合 S に対しては，S からの選択集合 $C^\alpha(S)$ は S 内の α-公平集合 $F^\alpha(S)$ と一致せざるを得ない．だが，GCCR の定義域に属する境遇間比較順序のプロファイルが公理 UID を満足していても，α-公平集合 $F^\alpha(S)$ が非空となる保証は一般には存在しなかった．このような状況において，パレート効率性と羨望のない状態としての衡平性の要請が選択集合

に対してどのような制約を課すかという点に関しては，公理 **FE** は完全に沈黙を守らざるを得ないのである．

そこで，$F^\alpha(S) = \emptyset$ となる状況で公理 **FE** を補完して，《パレート効率性》と《羨望のない状態としての衡平性》のメッセージを活かす要請を導入するため，新たな二項関係 R_q^α を

(2.2) $\qquad R_q^\alpha = \{(x,y) \in X \times X \mid x \in E_q^\alpha(X) \ \& \ y \in X\}$

として導入する．本章第 1 節の (1.3) で定義された R_f^α と，(2.2) で定義される R_q^α を用いれば，α-公平集合 $F^\alpha(S)$ が空集合となる境遇間比較順序のプロファイル α と機会集合 S に対しても，効率性と衡平性の要請を導入することができる．

公平性の包摂公理(FI)

境遇間比較順序のプロファイル $\alpha \in A$ と機会集合 $S \in \boldsymbol{K}$ が $F^\alpha(S) = \emptyset$ を満足すれば，選択関数 $C^\alpha = \Psi(\alpha)$ は次の 2 つの性質を持つことになる．

(a) $\qquad [x \in S, xP(R_f^\alpha)y \ \& \ y \in C^\alpha(S)] \Rightarrow x \in C^\alpha(S),$
(b) $\qquad [x \in S, xP(R_q^\alpha)y \ \& \ y \in C^\alpha(S)] \Rightarrow x \in C^\alpha(S).$

この公理の意味は容易に読み解くことができる．条件 (a)[あるいは (b)] によれば，選択可能な x が y よりも本章第 1 節の (1.3) の意味でより効率的[あるいは (2.2) の意味でより衡平]でありつつ，y が S から選択されるならば，x 自体もまた S から選択されなければならないのである．

GCCR Ψ に課される第 2 のタイプの要請は，任意の境遇間比較順序のプロファイル α に対応して Ψ が作り出す社会的選択関数 C^α が満足するように要求される《選択の整合性》(choice-consistency) の条件である．本章で許容される機会集合は普遍集合 X の非空有限部分集合であることに留意しつつ，以下の議論で言及される選択の整合性条件を列挙して説明することにしたい．

最初の公理は，本書の第 1 部で考察した選択関数の《完全合理性》を特徴付ける条件として，ケネス・アロー (Arrow, 1959) によって導入された選択の

整合性条件である.アローが論証したように,選択関数の定義域が普遍集合の非空有限部分集合の族で与えられる場合には,アローの公理は選択関数を合理化する順序が存在するために必要かつ十分な条件となっている[4].

アローの選択の整合性公理(**AA**)

$$\forall S_1, S_2 \in \boldsymbol{K} : S_1 \subseteq S_2 \Rightarrow [S_1 \cap C(S_2) = \emptyset \lor S_1 \cap C(S_2) = C(S_1)].$$

定理 2.1 (Arrow, 1959)

選択関数 C の定義域が普遍集合の非空有限部分集合の族で与えられる場合,アローの公理 **AA** は C を合理化する順序が存在する——C が《完全合理性》を持つ——ための必要十分条件である.

証明:最初に,C が合理的であるのは,C の《基底関係》(base relation)と呼ばれる二項関係

(2.3) $$R_C^b = \{(x,y) \in X \times X \mid x \in C(\{x,y\})\}$$

が C の合理化である場合,そしてその場合のみであることを証明する.明らかに,C が合理的であれば,R_C^b は C の合理化であることを示しさえすればよい.R_C^b が C の合理化であれば,C が合理的な選択関数であることは自明だからである.そこで C は合理的選択関数であり,R は C の合理化であるとする.一般性を失うことなく,R は反射性を満足するものと仮定して差し支えない.仮定により,任意の $\{x,y\} \subseteq X$ に対して $C(\{x,y\}) = G(\{x,y\}, R)$ であるから,

(2.4) $$x R_C^b y \Leftrightarrow x \in C(\{x,y\}) \Leftrightarrow x \in G(\{x,y\}, R) \Leftrightarrow x R y$$

が成立する.(2.4)は任意の $\{x,y\} \subseteq X$ に対して成立するので,$R_C^b = R$ であることがこれで証明されたことになる.

[4) 選択関数の定義域に普遍集合の非空有限部分集合の族という制約がない場合には,アローの公理は完全合理性を保証しない.合理性の一般理論は,本書第 1 部(合理的選択と顕示選好)において詳しく議論した.

次に，C が公理 **AA** を満足すれば，R_C^b は X 上の順序であることを証明する．R_C^b の完備性と反射性は定義から明らかなので，公理 **AA** が R_C^b の推移性を保証することを示せば十分である．そこで，任意に $x, y, z \in X$ を選択して $x R_C^b y, y R_C^b z$ であるとする．$x = y$ あるいは $y = z$ あるいは $x = z$ であれば，$x R_C^b z$ がしたがうことは明らかである．そこで x, y, z は全部異なる選択肢であるものとして，$S = \{x, y, z\}$ と定義する．$x \in C(S)$ であればアローの公理から $x \in \{x, z\} \cap C(S) = C(\{x, z\})$ となって，$x R_C^b z$ がしたがうことになる．そこで $x \notin C(S)$ であると仮定する．$y \in C(S)$ であれば $y \in \{x, y\} \cap C(S)$ となるため，公理 **AA** から $\{x, y\} \cap C(S) = C(\{x, y\})$ がしたがうが，$x \in C(\{x, y\})$ でありつつ $x \notin C(S)$ であるため，これは矛盾である．そこで $y \notin C(S)$ を認めざるを得ない．同様にして，$y \notin C(S)$ からは $z \notin C(S)$ がしたがうことになる．こうして $x \notin C(S)$ であれば $C(S) = \emptyset$ となって，矛盾に陥ることになるのである．R_C^b の推移性の証明はこれで完了する．

第3のステップとして，C は完全合理的であるものと仮定して，公理 **AA** が満足されることを示すことにする．完全合理性の定義により，X 上の順序 R が存在して，X の任意の非空有限部分集合 S に対して $C(S) = G(S, R)$ を満足する．$S_1, S_2 \subseteq X$ は任意の非空の有限集合で，$S_1 \subseteq S_2$，$S_1 \cap C(S_2) \neq \emptyset$ を満足するものとする．$x \in S_1 \cap C(S_2)$ を満足する任意の x をとれば，任意の $y \in S_2$ に対して xRy が成立する．$x \in S_1$，$S_1 \subseteq S_2$ と C の完全合理性に留意すれば，これより $x \in C(S_1)$ を結論することができる．ここまでの議論から，我々は

(2.5) $\quad \forall S_1, S_2 \in \boldsymbol{K} : S_1 \subseteq S_2 \Rightarrow [S_1 \cap C(S_2) = \emptyset \vee S_1 \cap C(S_2) \subseteq C(S_1)]$

を結論することができる．次に $z \in C(S_1)$ でありつつ $z \notin C(S_2)$ であったとすれば，ある $v \in S_2$ で $vP(R)z$ を満足するものが存在することになる．任意の $u \in S_1 \cap C(S_2)$ をとれば uRv が成立するので，$vP(R)z$ と合わせて R の推移性に留意すれば $uP(R)z$ を得ることができる．これは $z \in C(S_1)$，$u \in S_1$ からしたがう zRu と矛盾する．これで

(2.6) $\quad \forall S_1, S_2 \in \boldsymbol{K} : S_1 \subseteq S_2 \Rightarrow [S_1 \cap C(S_2) = \emptyset \vee S_1 \cap C(S_2) \supseteq C(S_1)]$

が得られた．(2.5), (2.6)を結合すれば，公理 **AA** の成立が論証できたことになる．

最後のステップは，公理 **AA** を満足する選択関数 C は完全合理性を持つことの確認である．ステップ1により，我々は

(2.7) $$\forall S \in \boldsymbol{K} : C(S) = G(S, R_C^b)$$

を論証しさえすればよい．そこで，任意の $S \in \boldsymbol{K}$ に対して $x \in C(S)$, $y \in S$ をとれば $x \in \{x,y\} \cap C(S)$ である．C は公理 **AA** を満足するために $x \in C(\{x,y\})$ がしたがうので，$xR_C^b y$ を結論することができる．これで任意の $S \in \boldsymbol{K}$ に対して，$C(S) \subseteq G(S, R_C^b)$ の成立を確認できた．逆向きの包含関係を論証するために，$x \in G(S, R_C^b)$, $y \in C(S)$ とする．そのとき，$xR_C^b y, y \in \{x,y\} \cap C(S)$ なので，公理 **AA** から $\{x,y\} \cap C(S) = C(\{x,y\})$ がしたがうことに留意すれば，$x \in C(S)$，したがって $G(S, R_C^b) \subseteq C(S)$ が得られるので，所望の結論がしたがうことになる．∥

明らかに，公理 **AA** は以下の2つの公理に分解することができる．これらの公理はそれぞれに選択の整合性の条件として興味深い性質を表現していることに注意したい．なかでも公理 **CA** (Chernoff, 1954)は，合理的な選択関数の必要条件として基本的な重要性を担っていることに注意したい[5]．

チャーノフの選択の整合性公理(CA)

$$\forall S_1, S_2 \in \boldsymbol{K} : S_1 \subseteq S_2 \Rightarrow [S_1 \cap C(S_2) = \emptyset \lor S_1 \cap C(S_2) \subseteq C(S_1)].$$

---

[5] 集合族 $\boldsymbol{K}$ で定義される選択関数 C は，合理化 R を持つ合理的選択関数であるものと仮定する．機会集合 $S_1, S_2 \in \boldsymbol{K}$ は，$S_1 \subseteq S_2$, $S_1 \cap C(S_2) \neq \emptyset$ を満足する限りで任意であるものとして，$x \in S_1 \cap C(S_2)$ を満足する x を選択する．C は合理化 R を持つので，任意の $y \in S_2$ に対して xRy が成立する．そのときには，任意の $y \in S_1 \subseteq S_2$ に対して xRy が成立するため，C の合理性によって $x \in C(S_1)$ が得られることになる．したがって，$\boldsymbol{K}$ 上の合理的選択関数はチャーノフの選択の整合性の公理 **CA** を満足するのである．

チャーノフの選択の整合性の双対公理(DCA)

$$\forall S_1, S_2 \in \boldsymbol{K} : S_1 \subseteq S_2 \Rightarrow [S_1 \cap C(S_2) = \emptyset \vee S_1 \cap C(S_2) \supseteq C(S_1)].$$

次に導入する選択の《経路独立性》(path independence)の公理は,既にアローの一般不可能性定理からの脱出路を模索する作業のコンテクストで,本書第2部第6章(不可能性の陥穽からの脱出路)で詳しく検討した選択の整合性条件である.

選択の経路独立性の公理(PI)

$$\forall S_1, S_2 \in \boldsymbol{K} : C(S_1 \cup S_2) = C(C(S_1) \cup S_2).$$

実のところ,第2部第6章で考察した選択の経路独立性の公理は,公理 **PI** とは微妙に異なる以下の条件だった.

PI* $\qquad \forall S_1, S_2 \in \boldsymbol{K} : C(S_1 \cup S_2) = C(C(S_1) \cup C(S_2)).$

容易に確認できるように,公理 **PI** と公理 **PI*** は同値である.参照の便宜のために,この簡単な事実を定理として述べておきたい.

定理 2.2 (Suzumura, 1983a, Theorem 2.4)

公理 **PI** と公理 **PI*** は同値である.

証明:選択関数 C は公理 **PI*** を満足するものとする.この公理を $S = S_1 = S_2$ に対して適用すれば,

(2.8) $\qquad \forall S \in \boldsymbol{K} : C(S) = C(C(S))$

が得られる.そのとき,任意の $S_1, S_2 \in \boldsymbol{K}$ に対して

$$C(S_1 \cup S_2) = C(C(S_1) \cup C(S_2))$$
$$= C(C(S_1) \cup C(C(S_2)))$$
$$= C(S_1 \cup C(S_2))$$

が成立する.すなわち,公理 **PI*** は公理 **PI** を含意するのである.

逆に，C は公理 PI を満足する選択関数であるとする．そのとき，任意の $S_1, S_2 \in K$ に対して

$$C(S_1 \cup S_2) = C(C(S_1) \cup S_2) = C(C(S_1) \cup C(S_2))$$

が成立する．すなわち，公理 PI は公理 PI* を含意するのである．‖

公理 AA を公理 CA と公理 DCA に分解したのと同様に，公理 PI も以下の2つの経路独立性の弱公理に分解することができる[6]．

選択の経路独立性の弱公理 α (WPI(α))

$$\forall S_1, S_2 \in K : C(S_1 \cup S_2) \subseteq C(C(S_1) \cup S_2).$$

選択の経路独立性の弱公理 β (WPI(β))

$$\forall S_1, S_2 \in K : C(S_1 \cup S_2) \supseteq C(C(S_1) \cup S_2).$$

第3に，ジョン・ナッシュ(Nash, 1950)が公理主義的な交渉理論の重要な構成要素として定式化した選択の整合性条件を導入することにしたい．この条件は，選択肢の機会集合が S_2 から S_1 に縮小するが，縮小以前に S_2 から選択された選択肢は S_1 においても選択可能に留まるならば，S_1 からの選択集合は S_2 からの選択集合と同一に留まることを要請する．

選択範囲の縮小に関する独立性の公理(NA)

$$\forall S_1, S_2 \in K : [S_1 \subseteq S_2 \,\&\, C(S_2) \subseteq S_1] \Rightarrow C(S_1) = C(S_2).$$

公理 NA をさらに弱めた条件として，機会集合が S_2 から S_1 に縮小して，しかも S_2 から選択される選択肢は S_1 からの選択でもある場合には，S_2 からの選択集合が S_1 からの選択集合の真部分集合となることを禁止する要請とし

---

[6] 経路独立性の弱公理は，Ferejohn and Grether(1977)によって最初に導入された公理である．

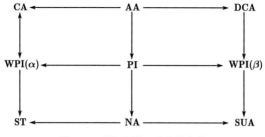

図 8-1　選択関数の整合性条件

て, 次の公理 **SUA** を導入する[7].

上位集合の公理(SUA)

$$\forall S_1, S_2 \in \boldsymbol{K} : [S_1 \subseteq S_2 \,\&\, C(S_2) \subseteq C(S_1)] \Rightarrow C(S_1) = C(S_2).$$

最後に, 選択関数 C を機会集合 S に適用して得られた選択集合 $C(S)$ に対して, 選択関数 C を再び適用しても, 選択集合には変化が生じないことを要求する弱い公理を導入する.

安定性の公理(ST)

$$\forall S \in \boldsymbol{K} : C(C(S)) = C(S).$$

図 8-1 は, 選択の整合性に関するこれらの公理の間の論理的な関係を, 選択関数の定義域が普遍集合 X の非空有限部分集合の集合族 $\boldsymbol{K}$ である場合について, 図示したものである. 公理 **A** から公理 **B** に向かう矢印は, 公理 **A** を満足する選択関数ならば, 必ず公理 **B** をも満足することを示している. また, 公理 **A** と公理 **B** の間にある双方向の矢印は, 2 つの公理の同値関係を示している.

---

[7]　公理 **SUA** は, 経路独立性を持つ選択関数の構造を分析する手段として, Blair, Bordes, Kelly and Suzumura(1976)によって最初に導入されたものである. 定理 2.3 で示されるように, 公理 **PI** が成立するのは, 公理 **CA** と公理 **SUA** が成立するとき, そしてそのときのみなのである.

図 8-1 に記入された矢印のうちには，定義から明らかな性質や第 2 部第 6 章で既に明らかにされた性質もあるので，新たに示す必要がある命題は定理 2.3 に列挙する性質に限られる．

定理 2.3

選択関数 C の定義域は，普遍集合 X の非空有限部分集合の集合族 K であるものとする．そのとき，列挙された選択の整合性公理の間には，以下の含意関係が成立する．

(a) 公理 **PI** が成立するのは，公理 **CA** と公理 **SUA** が成立するとき，そしてそのときのみである(Blair, Bordes, Kelly and Suzumura, 1976)．

(b) 公理 **WPI**($\boldsymbol{\alpha}$)と公理 **CA** は同値であり，これらの公理は公理 **ST** を含意する．

(c) 公理 **DCA** は公理 **WPI**($\boldsymbol{\beta}$)を含意し，公理 **WPI**($\boldsymbol{\beta}$)は公理 **SUA** を含意する．

(d) 公理 **PI** は公理 **NA** を含意し，公理 **NA** は公理 **SUA** と公理 **ST** を含意する．

証明：(a) 選択関数 C は公理 **PI** を満足するものと仮定する．C は公理 **CA** を満足することを示すために，$S_1, S_2 \in K$ は $S_1 \subseteq S_2$, $S_1 \cap C(S_2) \neq \emptyset$ を満足するものと仮定して，$x \in S_1 \cap C(S_2)$ を選択する．公理 **PI*** と $S_2 = (S_2 \backslash S_1) \cup S_1$ から，$x \in C(C(S_2 \backslash S_1) \cup C(S_1))$ を得ることができる．$x \in S_1$ なので，$x \in C(S_1)$ となる．これで公理 **PI*** と同値な公理 **PI** が公理 **CA** を含意することが確認された．公理 **SUA** もまた公理 **PI** によって含意されることを示すため，帰謬法の仮説として，$S_1 \subseteq S_2$, $C(S_1) \supseteq C(S_2)$, $C(S_1) \neq C(S_2)$ を満足する $S_1, S_2 \in K$ が存在するものと仮定する．公理 **PI*** によって，そのとき

$$C(S_1 \cup S_2) = C(C(S_1) \cup C(S_2))$$

が得られることになる．$S_1 \subseteq S_2$ なので，この左辺は実は $C(S_2)$ に他ならない．また，$C(S_1) \supseteq C(S_2)$ なので，この右辺は実は $C(C(S_1))$ に等しいが，定理 2.2 の証明の過程で示された(2.8)によって，これは $C(S_1)$ に一致する．

これで $C(S_1) = C(S_2)$ が示されて，帰謬法の仮定と矛盾する．これで公理 **PI*** と同値な公理 **PI** は公理 **SUA** を含意することが示されたことになる．

逆に，C は公理 **CA** と公理 **SUA** を満足するものとして，公理 **PI** の成立を証明する．まず，公理 **CA** は

$$(2.9) \qquad \forall S_1, S_2 \in \boldsymbol{K} : C(S_1 \cup S_2) \subseteq C(C(S_1) \cup C(S_2))$$

を含意することを示したい．任意の $S_1, S_2 \in \boldsymbol{K}$ に対して $S = S_1 \cup S_2$ と定義すれば，公理 **CA** によって $S_1 \cap C(S) \subseteq C(S_1)$，$S_2 \cap C(S) \subseteq C(S_2)$ が得られるため，

$$C(S) \cap (S_1 \cup S_2) = C(S) \subseteq C(S_1) \cup C(S_2) \subseteq S$$

が得られる．公理 **CA** を再度適用すれば

$$C(S_1 \cup S_2) \cap [C(S_1) \cup C(S_2)] = C(S_1 \cup S_2) \subseteq C(C(S_1) \cup C(S_2))$$

が得られて，(2.9)が示されたことになるのである．

実際には，$C(S_1) \cup C(S_2) \subseteq S_1 \cup S_2$ に留意すれば(2.9)における集合の包含関係は公理 **SUA** から等号となって，公理 **PI** の成立を示すことになる．

(b) (a)を証明する過程で，公理 **CA** が(2.9)を含意することが示された．この命題の逆を証明するために，$S_1, S_2 \in \boldsymbol{K}$ は $S_1 \subseteq S_2$，$S_1 \cap C(S_2) \neq \emptyset$ を満足するものとする．任意の選択肢 $x \in S_1 \cap C(S_2)$ をとれば，(2.9)および $S_2 = (S_2 \setminus S_1) \cup S_1$ から

$$(2.10) \qquad x \in C(C(S_2 \setminus S_1) \cup C(S_1))$$

が得られる．$x \in S_1$ なので(2.10)から $x \in C(S_1)$ となり，C は公理 **CA** を満足することを確認できた．これで(2.9)と公理 **CA** の同値性が示された．

次のステップは，(2.9)と公理 **WPI**$(\boldsymbol{\alpha})$ の同値性を証明することである．はじめに，C は公理 **WPI**$(\boldsymbol{\alpha})$ を満足することを仮定する．そのとき，任意の $S_1, S_2 \in \boldsymbol{K}$ に対して

$$C(S_1 \cup S_2) \subseteq C(C(S_1) \cup S_2) \subseteq C(C(S_1) \cup C(S_2))$$

が成立するので，C は(2.9)を満たすことになる．

逆に，C は(2.9)を満たすことを仮定する．既に示した(2.9)と公理 **CA** の同値性に留意すれば，C は公理 **CA** を満たすことになる．いま，任意に $S_1, S_2 \in K$ をとって，$S = S_1 \cup S_2$ と定義するとき，公理 **CA** によって

$$S_1 \cap C(S) \subseteq C(S_1), S_2 \cap C(S) \subseteq C(S_2)$$

が得られるが，これより

(2.11) $\quad C(S) \subseteq C(S_1) \cup C(S_2) \subseteq S_1 \cup C(S_2) \subseteq S$

を導出することができる．ここで公理 **CA** を再度援用すれば

(2.12) $\quad C(S_1 \cup S_2) \cap (S_1 \cup C(S_2)) \subseteq C(S_1 \cup C(S_2))$

が得られるが，(2.11)により $C(S_1 \cup S_2) \subseteq S_1 \cup C(S_2)$ であることに留意すれば，(2.12)の最左辺は $C(S_1 \cup S_2)$ と一致する．すなわち，C は公理 **WPI**(α) を満たすことになるのである．これで，(2.9)を経由することによって，公理 **CA** と公理 **WPI**(α) の同値性が確認されたことになる．

公理 **CA** が公理 **ST** を含意することを確認するためには，任意の $S \in K$ に対して $S_1 = C(S)$，$S_2 = S$ として公理 **CA** を適用しさえすれば $C(C(S)) = C(S)$ を結論することができるわけである．

(c) 選択関数 C は公理 **DCA** を満たすことを仮定して，任意の $S_1, S_2 \in K$ を選択する．$C(S_1) \cup S_2 \subseteq S_1 \cup S_2$ なので，公理 **DCA** を援用すれば

(2.13) $\quad C(S_1 \cup S_2) \cap [C(S_1) \cup S_2] = \emptyset$

あるいは

(2.14) $\quad C(S_1 \cup S_2) \cap [C(S_1) \cup S_2] \supseteq C(C(S_1) \cup S_2)$

のいずれかを得ることができる．後者の可能性が現実のものとなれば，

(2.15) $\quad C(S_1 \cup S_2) \supseteq C(C(S_1) \cup S_2)$

という所望の結論を得ることができる．そこで，前者の可能性が現実のものに

なったと仮定する．$S_1 \subseteq S_1 \cup S_2$ であるので，公理 **DCA** を再度適用すれば，

(2.16) $$C(S_1 \cup S_2) \cap S_1 = \emptyset$$

あるいは

(2.17) $$C(S_1 \cup S_2) \cap S_1 \supseteq C(S_1)$$

の成立を知ることができる．(2.13)により，$C(S_1 \cup S_2) \cap C(S_1) = C(S_1 \cup S_2) \cap S_2 = \emptyset$ となるので，

(2.18) $$C(S_1 \cup S_2) \subseteq S_1 \backslash C(S_1)$$

が得られる．したがって，(2.16)の成立は否定され，(2.17)の成立を認めざるを得ない．しかし，(2.17)と(2.18)は両立不可能である．したがって，このケースは実際には発生することはあり得ないことになる．これで公理 **DCA** が公理 **WPI**(β) を含意することが確認された．

次に，選択関数 C は公理 **WPI**(β) を満足するものとして，$S_1, S_2 \in K$ は $S_1 \subseteq S_2$, $C(S_2) \subseteq C(S_1)$ を満足するものとする．公理 **WPI**(β) によって

$$C(S_2) = C(S_1 \cup S_2) \supseteq C(C(S_2) \cup S_1) = C(S_1)$$

が得られるが，これを $C(S_2) \subseteq C(S_1)$ と結合すれば，$C(S_1) = C(S_2)$ という所望の結論に到達する．これで公理 **WPI**(β) が公理 **SUA** を含意することが確認できた．

(d) C は公理 **PI** を満足して，$S_1, S_2 \in K$ は $S_1 \subseteq S_2$, $C(S_2) \subseteq S_1$ を満足するものとする．

ここで $S_1 \cup S_2 = S_2$, $S_1 \cup C(S_2) = S_1$ であることに留意して公理 **PI** を援用すれば

(2.19) $$C(S_1 \cup S_2) = C(S_2) = C(S_1 \cup C(S_2)) = C(S_1)$$

となるため，C は公理 **NA** を満足することになる．公理 **NA** が公理 **SUA** と公理 **ST** を含意することは自明である．∥

羨望のない状態としての衡平性の概念に配慮する GCCR Ψ で,広範な境遇間比較順序のプロファイルに対して適用可能であり,精密な選択の整合性条件を満足する社会的選択関数を構成できるものは,論理的に存在可能だろうか.残念ながら,我々が提供できる解答は 2 つの一般不可能性定理である.第 1 の不可能性定理は,羨望のない状態としての衡平性への配慮を公理 **FE**(衡平性の拡張公理)の形式で捕捉しようとするものである.第 2 の不可能性定理は,羨望のない状態としての衡平性への配慮を公理 **FI**(衡平性の包摂公理)の形式で捕捉しようとするものである.

定理 2.4 (Suzumura, 1981a, Theorem 2)

少なくとも 3 つの社会状態が存在するものとする.そのとき,公理 **UID**(同調性公理のもとでの定義域の無制約性),公理 **FE**(衡平性の拡張公理)を満足する GCCR で,社会的選択関数が公理 **SUA**(上位集合の公理)を満足するものは論理的に存在しない.

証明:3 つの相異なる社会状態 $x, y, z \in X$ を選択して,$S_1 = \{x, y\}$,$S_2 = \{x, y, z\}$ と定義する.境遇間比較順序のプロファイル $\alpha = (\tilde{R}_1^\alpha, \tilde{R}_2^\alpha, \ldots, \tilde{R}_n^\alpha) \in A$ を

$\tilde{R}_1^\alpha(S_2 \times \{1,2\}) : (x,1), (z,2), (z,1), (y,1), (y,2), (x,2)$

$\tilde{R}_2^\alpha(S_2 \times \{1,2\}) : (z,2), (y,2), (x,2), (x,1), (z,1), (y,1)$

$\forall i \in N \setminus \{1,2\} : \tilde{R}_i^\alpha(S_2 \times \{1,2\}) = \tilde{R}_1^\alpha(S_2 \times \{1,2\})$

$\forall (v,j) \in (X \times N) \setminus (S_2 \times \{1,2\}) : (x,2) P(\tilde{R}_1^\alpha)(v,j), (y,1) P(\tilde{R}_2^\alpha)(v,j)$

$\forall i \in N \setminus \{1,2\}, \forall (v,j) \in X \times (N \setminus \{1,2\}) : (v,j) P(\tilde{R}_i^\alpha)(x,1),$

$\forall i \in N \setminus \{1,2\}, \forall (v,j) \in (X \setminus S_2) \times \{1,2\} : (x,2) P(\tilde{R}_i^\alpha)(v,j)$

$\forall i \in \{1,2\}, \forall (v^1, j^1), (v^2, j^2) \in (X \times N) \setminus (S_2 \times \{1,2\}) : (v^1, j^1) I(\tilde{R}_i^\alpha)(v^2, j^2)$

$\forall i \in N \setminus \{1,2\}, \forall (v^1, j^1), (v^2, j^2) \in X \times (N \setminus \{1,2\}) : (v^1, j^1) I(\tilde{R}_i^\alpha)(v^2, j^2),$

$\forall i \in N \setminus \{1,2\}, \forall (v^1, j^1), (v^2, j^2) \in (X \setminus S_2) \times \{1,2\} : (v^1, j^1) I(\tilde{R}_i^\alpha)(v^2, j^2)$

によって定義する.ただし,ここで $\tilde{R}_j^\alpha(S_2 \times \{1,2\})$ はすべての $j \in N$ に対して $\tilde{R}_j^\alpha$ の $S_2 \times \{1,2\}$ への制限を示している.明らかに,このプロファイ

ルは公理 **UID** を満足している．また，$E_q^\alpha(S_2) = \{x, y\}$，$P(R_f^\alpha) \cap (S_2 \times S_2) = (\{z, y\})$ であるので，公理 **FE** を援用すれば $C^\alpha(S_1) = F^\alpha(S_1) = S_1$，$C^\alpha(S_2) = F^\alpha(S_2) = \{x\}$ を得ることができる．そのとき，

$$S_1 \subseteq S_2, C^\alpha(S_2) \subseteq C^\alpha(S_1), C^\alpha(S_1) \neq C^\alpha(S_2)$$

となるので，公理 **UID** と公理 **FE** を満足する GCCR は，公理 **SUA** を満足する選択関数を作り出す保証はないのである．∥

　図 8-1 に登場する選択の整合性条件のうちで，公理 **SUA** から論理的な含意関係の矢印を遡って到達できるどの条件であれ，定理 2.4 の公理 **SUA** をその条件で置き換えて得られる命題は，やはり正しい一般不可能性定理となることは明らかである．

　この段階で我々は，アローの一般不可能性定理の轍を辿って，GCCR に対してひとつのタイプのパレート原理を要請することにしたい．ただし，社会的選択の衡平性を配慮すべきコンテクストでは，二項選択環境 $\{x, y\} \subseteq X$ においてたまたま x が y をパレートの意味で優越したからといって，それだけの理由で y を $\{x, y\}$ からの選択集合から排除するのは，おそらく不適切であろう．羨望のない状態としての衡平性アプローチのスピリットと整合的なパレート原理の表現は，衡平性の観点からは x と y を識別する根拠がない場合に限って，パレート原理による識別を活用するという表現であるのではなかろうか．我々が以下で導入する制約条件下のパレート原理は，まさにこの主旨の要請に他ならないのである．

公理 CBEP（制約された二項パレート排除公理）
　境遇間比較順序の許容されるプロファイル $\alpha \in A$ と社会的選択肢 $x, y \in X$ に対して $E_q^\alpha(\{x, y\}) = \emptyset$，$(x, y) \in \cap_{i \in N} P(R_i^\alpha)$ が成立すれば，社会的選択関数 $C^\alpha = \Psi(\alpha)$ は $\{x\} = C^\alpha(\{x, y\})$ を満足する．

　そのとき，以下の一般不可能性定理が成立する．

定理 2.5 (Suzumura, 1981a, Theorem 3)

少なくとも 3 つの社会状態が存在するものとする．そのとき，公理 **UID**（同調性公理のもとでの定義域の無制約性），公理 **FI**（衡平性の包摂公理），公理 **CBEP**（制約された二項パレート排除公理）を満足する GCCR で，社会的選択関数が公理 **CA**（チャーノフの公理）を満足するものは論理的に存在しない．

証明：3 つの相異なる社会状態 $x, y, z \in X$ を選択して，$S_1 = \{x, y\}$，$S_2 = \{x, y, z\}$ と定義する．プロファイル $\alpha = (\tilde{R}_1^\alpha, \tilde{R}_2^\alpha, \ldots, \tilde{R}_n^\alpha) \in A$ を

$\tilde{R}_1^\alpha(S_2 \times \{1, 2\}) : (x, 2), (x, 1), (y, 2), (y, 1), (z, 1), (z, 2)$

$\tilde{R}_2^\alpha(S_2 \times \{1, 2\}) : (x, 1), (x, 2), (y, 1), (y, 2), (z, 2), (z, 1)$

$\forall i \in N \setminus \{1, 2\} : \tilde{R}_i^\alpha(S_2 \times \{1, 2\}) = \tilde{R}_1^\alpha(S_2 \times \{1, 2\})$

$\forall (v, j) \in (X \times N) \setminus (S_2 \times \{1, 2\}) : (z, 2) P(\tilde{R}_1^\alpha)(v, j), (z, 1) P(\tilde{R}_2^\alpha)(v, j)$

$\forall i \in N \setminus \{1, 2\}, \forall (v, j) \in X \times (N \setminus \{1, 2\}) : (v, j) P(\tilde{R}_i^\alpha)(x, 2)$,

$\forall i \in N \setminus \{1, 2\}, \forall (v, j) \in (X \setminus S_2) \times \{1, 2\} : (z, 2) P(\tilde{R}_i^\alpha)(v, j)$

$\forall i \in \{1, 2\}, \forall (v^1, j^1), (v^2, j^2) \in (X \times N) \setminus (S_2 \times \{1, 2\}) : (v^1, j^1) I(\tilde{R}_i^\alpha)(v^2, j^2)$

$\forall i \in N \setminus \{1, 2\}, \forall (v^1, j^1), (v^2, j^2) \in X \times (N \setminus \{1, 2\}) : (v^1, j^1) I(\tilde{R}_i^\alpha)(v^2, j^2)$,

$\forall i \in N \setminus \{1, 2\}, \forall (v^1, j^1), (v^2, j^2) \in (X \setminus S_2) \times \{1, 2\} : (v^1, j^1) I(\tilde{R}_i^\alpha)(v^2, j^2)$

として定義する．ただし，ここで任意の $j \in N$ に対して

$$\tilde{R}_j^\alpha(S_2 \times \{1, 2\}) = \tilde{R}_j^\alpha \cap [(S_2 \times \{1, 2\}) \times (S_2 \times \{1, 2\})]$$

である．この境遇間比較順序のプロファイルが公理 **UID** を満足することは容易に確認できる．また，$E_q^\alpha(S_2) = \{z\}$，$P(\tilde{R}_f^\alpha) \cap (S_2 \times S_2) = \{(x, y), (y, z), (x, z)\}$ なので，公理 **CBEP** により $C^\alpha(S_1) = \{x\}$ が得られる．次に $C^\alpha(S_2)$ に注目する．x あるいは y が $C^\alpha(S_2)$ に所属するならば，公理 **FI(a)** によって $z \in C^\alpha(S_2)$ が得られる．もし $z \in C^\alpha(S_2)$ であれば，公理 **FI(b)** によって x も y も $C^\alpha(S_2)$ に所属することになる．$C^\alpha(S_2)$ は非空集合なので，結局 $C^\alpha(S_2) = S_2$ であることになる．そのとき，

$$S_1 \subseteq S_2, S_1 \cap C^\alpha(S_2) = \{x, y\} \nsubseteq C^\alpha(S_1) = \{x\}$$

となって，公理 UID，公理 FI，公理 CBEP を満足する GCCR は，公理 CA を満足できないことが示されたことになる．∥

　定理 2.4 の場合と同様に，図 8-1 に登場する選択の整合性条件のうちで，公理 CA から論理的な含意関係の矢印を遡って到達できるどの条件であれ，定理 2.5 の公理 CA をその条件で置き換えて得られる命題は，やはり正しい一般不可能性定理となることは明らかである．

　こうなってみると，図 8-1 に登場する選択の整合性条件のうちで，定理 2.4 あるいは定理 2.5 に列挙された公理によって不可能性の罠に捕らわれない条件は，公理 ST のみであることになる．この事実に鑑みて，本節の残るスペースは公理 ST との関連において GCCR の性能検査を行うことに充てられる．

　第 1 に，《定義域の広範性》の性能基準——公理 UID——と《公平性》の性能基準——公理 FE と公理 FI——の双方に耐える GCCR で，公理 ST を満足する選択関数を必ず構成できる GCCR が存在することを確認したい．このルールは，基本的に Goldman and Sussangkarn (1978) によって考案された社会的選択手続きなので，以下では《GS ルール》と名付けることにする．GS ルールを実際に構成するために，境遇間比較順序の任意のプロファイル $\alpha \in A$ と普遍集合 X の任意の非空有限部分集合 S をとる．次に，二項関係 $R^\alpha = P(R_f^\alpha) \cup P(R_q^\alpha)$ に対して，R^α の S への制限 $R^\alpha(S) = R^\alpha \cap (S \times S)$ を定義する．$R^\alpha(S)$ の推移的閉苞 $tc(R^\alpha(S))$ を用いて，機会集合 S からの GS ルールの選択集合 $C_{GS}^\alpha(S)$ は

(2.20)
$$C_{GS}^\alpha(S) = \{x \in S \mid \forall y \in S : (x, y) \in tc(R^\alpha(S)) \lor (y, x) \notin tc(R^\alpha(S))\}$$

によって定義される[8]．このように定義された選択関数 C_{GS}^α を，プロファイル α に対応させる GCCR Ψ_{GS} こそ，GS ルールに他ならないのである．

　GS ルールは多くの優れた機能特性を備えている．以下で確認するように，

---

[8] 推移的閉苞の定義と性質の復習を必要とされる読者は，本書第 1 部第 1 章の第 4 節を再読していただきたい．

GS ルールは公理 **FE** と公理 **FI** を満足するという意味で,《公平性》の要請を満足する GCCR である. 同様に, GS ルールが作り出す選択関数は必ず公理 **ST** を満足するという意味で, GS ルールは選択の整合性に関しても望ましい性質を備えている. さらに, GS ルールは, アローの社会的選択の理論で重要な役割を果たした《情報的効率性》(informational efficiency)の要請と, 同等な個人を同等に処遇するという《匿名性》(anonymity)の要請も満足することを示すことができる. 前者の要請は, GCCR の枠組みに即してアローの要請を手直しした条件であって, 以下のように定式化される.

無関係対象からの独立性の公理 (IIA)

境遇間比較順序のプロファイル $\alpha = (\tilde{R}_1^\alpha, \tilde{R}_2^\alpha, \ldots, \tilde{R}_n^\alpha) \in A$, $\beta = (\tilde{R}_1^\beta, \tilde{R}_2^\beta, \ldots, \tilde{R}_n^\beta) \in A$ と機会集合 $S \in \boldsymbol{K}$ は, すべての $i \in N$ に対して $\tilde{R}_i^\alpha(S \times N) = \tilde{R}_i^\beta(S \times N)$ を満足するものとする. そのとき, $C^\alpha = \Psi(\alpha)$, $C^\beta = \Psi(\beta)$ とおけば, $C^\alpha(S) = C^\beta(S)$ が成立する.

次に, GCCR に課される匿名性の条件を定式化するために, Π_N は集合 N の上の《置換》(permutation)全体の集合とする. 任意の置換 $\pi \in \Pi_N$ と任意の境遇間比較順序 $\tilde{R}$ に対して, 新たな境遇間比較順序 $\pi \circ \tilde{R}$ を

$$\forall x, y \in X, \forall j, k \in N : (x, j)\pi \circ \tilde{R}(y, k) \Leftrightarrow (x, \pi(j))\tilde{R}(y, \pi(k))$$

によって定義する. この記法を活用して, 任意の置換 $\pi \in \Pi_N$ と境遇間比較順序の任意のプロファイル $\alpha \in A$ に対して, 置換されたプロファイル $\pi(\alpha)$ を

$$\pi(\alpha) = (\pi \circ \tilde{R}_{\pi(1)}^\alpha, \pi \circ \tilde{R}_{\pi(2)}^\alpha, \ldots, \pi \circ \tilde{R}_{\pi(n)}^\alpha)$$

によって定義する. そのとき, 以下の平等処遇の条件を定式化する匿名性の公理を述べることができる.

匿名性の公理 (A)

境遇間比較順序の任意のプロファイル $\alpha \in A$ と, 個人の集合 N の任意の置換 $\pi \in \Pi_N$ に対して, $C^\alpha = \Psi(\alpha)$ および $C^{\pi(\alpha)} = \Psi(\pi(\alpha))$ とするとき, $C^\alpha =$

$C^{\pi(\alpha)}$ が成立する．

　GS ルール Ψ_{GS} が満足する機能特性は，以下の定理に取り纏めることができる．

定理 2.6

　GS ルール Ψ_{GS} は，公理 **UID**(同調性公理のもとでの定義域の無制約性)，公理 **FE**(衡平性の拡張公理)，公理 **FI**(衡平性の包摂公理)，公理 **CBEP**(制約された二項パレート排除公理)，公理 **IIA**(無関係対象からの独立性)，公理 **A**(匿名性)をすべて満足する GCCR である．また，許容される任意のプロファイル $\alpha \in A$ に対応して GS ルール Ψ_{GS} が作り出す社会的選択関数 C_{GS}^{α} は，公理 **ST**(安定性)を満足する．

　証明：GS ルール Ψ_{GS} の列挙された性質のうちで，選択関数 C_{GS}^{α} が公理 **ST** を満足するという性質以外の確認は，Ψ_{GS} の定義から容易にしたがうので，以下では公理 **ST** の成立を確認する作業に集中することにしたい[9]．そこで，ある $\alpha \in A$ とある $S \in \boldsymbol{K}$ が存在して，

$$(2.21) \qquad C_{GS}^{\alpha}(C_{GS}^{\alpha}(S)) \subset C_{GS}^{\alpha}(S)$$

が成立するものと仮定する．そのとき，$x \in C_{GS}^{\alpha}(S)$，$x \notin C_{GS}^{\alpha}(C_{GS}^{\alpha}(S))$ を満足する $x \in S$ が存在する．この後者から，

$$(2.22) \qquad \exists y \in C_{GS}^{\alpha}(S) : \neg xtc(R^{\alpha}(C_{GS}^{\alpha}(S)))y \ \& \ ytc(R^{\alpha}(C_{GS}^{\alpha}(S)))x$$

がしたがう．そのとき，ある自然数 $t > 0$ が存在して

$$(2.23)$$
$$\exists z^1, z^2, \ldots, z^t \in C_{GS}^{\alpha}(S) : z^1 = y, z^{\tau} R^{\alpha} z^{\tau+1} (\tau = 1, 2, \ldots, t-1) \ \& \ z^t = x$$

が成立する．ここで

---

[9] GS ルール Ψ_{GS} が公理 **FE** と公理 **FI** を満足することの証明は Suzumura(1983a, Theorem 5.5)で，公理 **IIA**，公理 **A**，公理 **CBEP** を満足することの証明は Suzumura(1983a, pp. 143-144)で与えられている．

(2.24) $\quad\forall \tau \in \{1,2,\ldots,t-1\} : z^{\tau+1}tc(R^\alpha(C_{GS}^\alpha(S)))z^\tau$

を示そう．これを示せば $tc(R^\alpha(C_{GS}^\alpha(S)))$ の推移性から $z^t tc(R^\alpha(C_{GS}^\alpha(S)))z^1$，すなわち $xtc(R^\alpha(C_{GS}^\alpha(S)))y$ が得られるが，この結果は (2.22) と矛盾することになる．

(2.24) を証明するため，任意の $\tau \in \{1,2,\ldots,t-1\}$ をとる．$z^{\tau+1} \in C_{GS}^\alpha(S)$ かつ $z^\tau \in C_{GS}^\alpha(S) \subseteq S$ なので，$z^{\tau+1}tc(R^\alpha(S))z^\tau$ あるいは $\neg z^\tau tc(R^\alpha(S))z^{\tau+1}$ が成立するが，この後者は $z^\tau R^\alpha z^{\tau+1}$ と矛盾する．そこで前者が成立することになるので，ある自然数 $m > 0$ が存在して

(2.25) $\quad \exists w^1, w^2, \ldots, w^m \in S : z^{\tau+1} = w^1, w^\mu R^\alpha w^{\mu+1} (\mu = 1,2,\ldots,m-1)$
$$\& \ w^m = z$$

が成立する．ここで

(2.26) $\quad \forall \mu \in \{1,2,\ldots,m-1\} : w^\mu \in C_{GS}^\alpha(S)$

を示せば所望の結論に到着する．w^{m-1} をまず取りあげる．$w^{m-1}R^\alpha(S)w^m$ であり，$w^m = z^\tau \in C_{GS}^\alpha(S)$ でもあるので，$w^{m-1} \in S, w^{m-1}R^\alpha w^m$ かつ

(2.27) $\quad \forall v \in S : w^m tc(R^\alpha(S))v \vee vtc(R^\alpha(S))w^m$

が得られる．いま仮に $w^{m-1} \notin C_{GS}^\alpha(S)$ であったとすれば

(2.28) $\quad \exists u \in S : \neg w^{m-1}tc(R^\alpha(S))u \ \& \ utc(R^\alpha(S))w^{m-1}$

が得られ，$w^{m-1}R^\alpha w^m$ と $utc(R^\alpha(S))w^{m-1}$ を結合して $utc(R^\alpha(S))w^m$ を得ることができる．(2.27) によれば，そのとき $w^m tc(R^\alpha(S))u$ が成立する．$w^{m-1}R^\alpha w^m$ をもう一度援用すれば $w^{m-1}tc(R^\alpha(S))u$ が得られるが，これは (2.28) と矛盾する．したがって $w^{m-1} \in C_{GS}^\alpha(S)$ の成立を認めざるを得ない．w^{m-1} の替わりに w^{m-2} を用い，w^m の替わりに w^{m-1} を用いて同じ議論を繰り返せば，$w^{m-2} \in C_{GS}^\alpha(S)$ が得られる．このプロセスを継続すれば (2.26) の成立を確認することができて，定理の証明は完成する． ‖

本節で確立した2つの一般不可能性定理——定理2.4と定理2.5——とGSルールΨ_{GS}の機能特性を述べた定理2.6を対照させてみると，アローの一般不可能性定理からの脱出路として羨望のない状態としての衡平性アプローチが持つ性能に関して，一定の評価を下すことができる．アローの性能基準に照らしてみれば，GSルールΨ_{GS}の機能特性には優れた点が数多いことは事実である．とはいえ，アローが課した完全合理性の要請と社会的選択関数の安定性の要請との距離が遠いことも否定できない事実である．また，パレート効率性と羨望のない状態としての衡平性の2つの部分原理を並列して，推移的閉包を道具として社会的評価の射程を拡張するGSルールΨ_{GS}のアプローチには，社会的選択集合を過大にしてしまう危惧が大きいことも事実である[10]．我々の試みの到達点であるGSルールΨ_{GS}を，アローの一般不可能性定理からの脱出路として推奨することに対して我々自身が置く留保は，まさにこの点を意識してのことである．とはいえ，非常に弱い要請に思われがちな社会的選択関数の安定性の要請にも，一定の識別能力が備わっていることは注意すべきである．この事実を確認するために，《ボルダ・ルール》(Borda rule)と《コープランド・ルール》(Copeland rule)という2つの著名な社会的選択ルールを活用することにしたい．

この例示のため，社会的選択の情報的基礎は普遍集合X上で無差別関係のない推移的順序のプロファイル$a = (R_1^a, R_2^a, \ldots, R_n^a)$で与えられるものとして，社会的選択の機会集合$S \in \boldsymbol{K}$と社会的選択肢$x \in S$に対する《ボルダ得

---

10) この危惧の感触を伝えるため，個人$N = \{1, 2, 3\}$と選択肢$X = \{x, y, z\}$から構成される古典的な《投票のパラドックス》の状況を考える．この事例を構成する個人的選好順序のプロファイルは

$$R_1 : x \succ y \succ z \qquad R_2 : y \succ z \succ x \qquad R_3 : z \succ x \succ y$$

で与えられる．このとき，単純多数決ルールに基づく社会的ランキングR_{maj}は，

$$xP(R_{maj})y, \qquad yP(R_{maj})z, \qquad zP(R_{maj})z$$

というサイクルを生むことになる．いま，単純多数決ランキングR_{maj}それ自体ではなく，R_{maj}の推移的閉包$tc(R_{maj})$を用いることにすれば，機会集合$S = \{x, y, z\}$からの選択集合を空集合から非空集合に切り替えることができる．とはいえ，推移的閉包を用いて確保されたこの成果は，Sのすべての選択肢を選択集合のなかに迎え入れることによって購われているという事実を，我々は忘れるべきではない．GSルールに対する我々の危惧も，推移的閉包の利用に伴うこの懸念に根差している．

点》(Borda score) $\beta^a(x \mid S)$ と《コープランド得点》(Copeland score) $\gamma^a(x \mid S)$ を，以下のようにして定義する．

$$\beta^a(x \mid S) = \sum_{i \in S} |\{y \in S \mid xR_i^a y\}|$$

$$\gamma^a(x \mid S) = |\{y \in S \mid xM^a y\}| - |\{y \in S \mid yM^a x\}|.$$

ただし，ここで

$$xM^a y \Leftrightarrow |\{i \in N \mid xR_i^a y\}| > |\{i \in N \mid yR_i^a x\}|$$

である．ボルダ得点とコープランド得点を用いれば，《ボルダ選択関数》C_β^a と《コープランド選択関数》C_γ^a を

$$\forall S \in \mathbf{K} : C_\beta^a(S) = \{x \in S \mid \forall y \in S : \beta^a(x \mid S) \geq \beta^a(y \mid S)\}$$

$$\forall S \in \mathbf{K} : C_\gamma^a(S) = \{x \in S \mid \forall y \in S : \gamma^a(x \mid S) \geq \gamma^a(y \mid S)\}$$

によって定義することができる．

例 2 (Suzumura, 1981b, p. 360)

$N = \{1, 2, 3\}$, $X = \{x, y, z, w\}$, $S_1 = \{z, w\}$, $S_2 = X$ とおき，以下のプロファイル

$$R_1^a : w \succ y \succ x \succ z \qquad R_2^a : z \succ w \succ y \succ x \qquad R_3^a : x \succ z \succ y \succ w$$

を定義する．このプロファイルに対応するボルダ得点とコープランド得点は，以下のように求められる．

$$\beta^a(z \mid S_1) = 2, \qquad \beta^a(w \mid S_1) = 1, \qquad \beta^a(x \mid S_2) = 4,$$
$$\beta^a(y \mid S_2) = 4, \qquad \beta^a(z \mid S_2) = 5, \qquad \beta^a(w \mid S_2) = 5,$$
$$\gamma^a(z \mid S_1) = 1, \qquad \gamma^a(w \mid S_1) = -1, \qquad \gamma^a(x \mid S_2) = -1,$$
$$\gamma^a(y \mid S_2) = -1, \qquad \gamma^a(z \mid S_2) = 1, \qquad \gamma^a(w \mid S_2) = 1.$$

そのとき，ボルダ選択関数とコープランド選択関数は

$$C_\beta^a(S_1) = C_\gamma^a(S_1) = \{z\}, \qquad C_\beta^a(S_2) = C_\gamma^a(S_2) = S_1$$

で与えられるので，$C_\beta^a(C_\beta^a(S_2)) \neq C_\beta^a(S_2)$，$C_\gamma^a(C_\gamma^a(S_2)) \neq C_\gamma^a(S_2)$ が結論される．このように，ボルダ選択関数とコープランド選択関数は，公理 **ST** を満足することを保証できないのである． ‖

　GS ルール Ψ_{GS} に関連して注意を要するもうひとつの点は，定理 2.6 に含まれる公平性の原理を満足するルールとしては，Ψ_{GS} 以外にも多数のルールがあるという事実である．単純な一例は，任意のプロファイル $\alpha \in A$ と任意の機会集合 $S \in \mathbf{K}$ に対して，$F^\alpha(S) \neq \emptyset$ ならば $C_0^\alpha(S) = F^\alpha(S)$，$F^\alpha(S) = \emptyset$ ならば $C_0^\alpha(S) = S$ で定義される選択関数 C_0^α を用いて，$\Psi_0(\alpha) = C_0^\alpha$ で定義される GCCR Ψ_0 である．このルールは，公理 **CBEP** は満足しないものの，公理 **UID**，公理 **FE**，公理 **FI**，公理 **IIA**，公理 **A**，公理 **ST** を全部満足することを，容易に確認することができる．この事実に鑑みて，公平性の性能基準を満足する GCCR のなかで，GS ルール Ψ_{GS} を特徴付ける致命的な性質はなにかという疑問が提起されるのは，至極当然のことである．本節の最後にこの疑問に答えておくことにしたい．

　プロファイル $\alpha \in A$ と機会集合 $S \in \mathbf{K}$ が与えられたとき，S の非空部分集合 T が以下の属性を備えていれば，T は $R^\alpha = P(R_f^\alpha) \cup P(R_q^\alpha)$ に関して閉じているという：

(2.29)
$$\begin{cases} F^\alpha(S) \neq \emptyset \Rightarrow T = F^\alpha(S); \\ F^\alpha(S) = \emptyset \Rightarrow [\{x \in S, xR^\alpha y \,\&\, y \in T\} \Rightarrow x \in T]. \end{cases}$$

次に，機会集合 T の R^α に関して閉じた極小部分集合の集合族を，$\mathbf{\Gamma}_S^\alpha$ と記すことにする．定義により，$T \in \mathbf{\Gamma}_S^\alpha$ が成立するのは，(i) T が R^α に関して閉じた S の部分集合であり，(ii) T の非空の真部分集合で R^α に関して閉じたものは存在しないとき，そしてそのときのみである．これだけの準備が整えば，GS ルール Ψ_{GS} を次のように特徴付けることができる．

定理 2.7 (Suzumura, 1981b, pp. 361-362)

GS ルール Ψ_{GS} が定める選択関数は以下の性質によって特徴付けられる：

(2.30) $$\forall(\alpha, S) \in A \times \boldsymbol{K} : C_{GS}^{\alpha}(S) = \bigcup_{T \in \boldsymbol{\Gamma}_S^{\alpha}} T.$$

証明：任意の $\alpha \in A$ に対して

(2.31) $$\boldsymbol{K}_0^{\alpha} = \{S \in \boldsymbol{K} \mid F^{\alpha}(S) \neq \emptyset\}$$

と定義する．ここで別個に処理すべき2つのケースがある．

ケース1：$S \in \boldsymbol{K}_0^{\alpha}$．

この場合には，(2.29)によって

(2.32) $$T^{\alpha}(S) := \bigcup_{T \in \boldsymbol{\Gamma}_S^{\alpha}} T = F^{\alpha}(S) = C_{GS}^{\alpha}(S)$$

を得ることができる．

ケース2：$S \in \boldsymbol{K} \setminus \boldsymbol{K}_0^{\alpha}$．

ステップ1：$T^{\alpha}(S) \subseteq C_{GS}^{\alpha}(S)$ の証明．

帰謬法の仮説として，$x \in T^{\alpha}(S) \setminus C_{GS}^{\alpha}(S)$ となる x が存在するものとする．そのとき，ある $T_x \in \Gamma_S^{\alpha}$ で

(2.33) $$x \in T_x \ \& \ [\{y \in S, y R^{\alpha} z \ \& \ z \in T_x\} \Rightarrow y \in T_x]$$

を満足するものが存在する．したがって $C_{GS}^{\alpha}(S)$ の定義(2.20)と $x \notin C_{GS}^{\alpha}(S)$ から

(2.34) $$\exists x^* \in S : \neg x tc(R^{\alpha}(S)) x^* \ \& \ x^* tc(R^{\alpha}(S)) x$$

が得られる．すなわち，ある自然数 $t > 0$ に対して選択肢 $z^1, z^2, \ldots, z^t \in S$ が存在して $x^* = z^1$，$z^{\tau} R^{\alpha}(S) z^{\tau+1} (\tau = 1, 2, \ldots, t-1)$，$z^t = x$ を満足する．(2.33)により，$z^{t-1} \in S, z^{t-1} R^{\alpha} x$ および $x \in T_x$ から $z^{t-1} \in T_x$ を得ることができる．この論法を繰り返せば，任意の $\tau = 1, 2, \ldots, t-1$ に対して $z^{\tau} \in T_x$ が得られる．特に，$x^* = z^1 \in T_x$ が成立する．この事実に留意すれば，集合

(2.35) $$A^\alpha(x^*) = \{x^*\} \cup \{z \in T_x \mid ztc(R^\alpha(S))x^*\}$$

は集合 T_x に含まれることになる．(2.34) により，$x \notin A^\alpha(x^*)$ なので，$A^\alpha(x^*)$ は実際には T_x の真部分集合になる．次に

(2.36) $$w \in S, wR^\alpha z \ \& \ z \in A^\alpha(x^*) \Rightarrow w \in A^\alpha(x^*)$$

を証明する．いま，(2.36) の前件が正しいにも関わらず，$w \notin A^\alpha(x^*)$ が成立したものとすれば，

(2.37) $$w \neq x^* \ \& \ \neg wtc(R^\alpha(S))x^*$$

が成立する．また，$z \in A^\alpha(x^*)$ によって $z = x^*$ あるいは $ztc(R^\alpha(S))x^*$ が得られることになる．前者の場合には (2.36) によって $(w, x^*) \in R^\alpha(S) \subseteq tc(R^\alpha(S))$ が得られ，(2.37) と矛盾してしまう．他方，$wR^\alpha(S)z$ および $ztc(R^\alpha(S))x^*$ からも $wtc(R^\alpha(S))x^*$ を得ることができ，再び (2.37) との矛盾に帰着する．これで (2.36) の正しさが証明でき，$A^\alpha(x^*)$ は T_x の R^α に関して閉じた真部分集合であることになるが，これは $T_x \in \mathbf{\Gamma}_S^\alpha$ の極小性に矛盾する．これで $T^\alpha(S) \subseteq C_{GS}^\alpha(S)$ が証明された．

ステップ 2：$C_{GS}^\alpha(S) \subseteq T^\alpha(S)$ の証明．

帰謬法の仮説として，ある $x \in C_{GS}^\alpha(S) \setminus T^\alpha(S)$ が存在するものと仮定する．S の部分集合 $B^\alpha(x)$ を

(2.38) $$B^\alpha(x) = \{x\} \cup \{z \in S \mid ztc(R^\alpha(S))x\}$$

によって定義する．容易に確認できるように，$B^\alpha(x)$ は R^α に関して閉じているので，$B^\alpha(x)$ の極小性を証明しさえすればよい．そこで，

(2.39) $$w \in S, wR^\alpha z \ \& \ z \in B \Rightarrow w \in B$$

を満足する $B^\alpha(x)$ の任意の非空部分集合 B をとって，$B^\alpha(x) \setminus B$ に属する y が存在するものとする．このとき，$x \in B$ であることを証明しさえすればよい．なぜなら，(2.38) と (2.39) が成り立つため，$x \in B$ と $y \in B^\alpha(x)$ から $y \in B$ が必然的に成り立って，我々は求める矛盾に到着することになるからであ

る．そこで $x \notin B$ と仮定する．そのとき，(2.39)によって，すべての $z \in B$ に対して $\neg x R^\alpha z$ が成立することになる．$x \in C_{GS}^\alpha(S)$ なので，

$$(2.40) \quad \forall v \in S : \neg\, vtc(R^\alpha(S))x \vee xtc(R^\alpha(S))v$$

が成立する．(2.40)を $z \in B \subseteq B^\alpha(x) \subseteq S$ に対して適用して，$z \in B^\alpha(x)$ によって $z = x$ あるいは $ztc(R^\alpha(S))x$ が成り立つことに注意しさえすれば，$xtc(R^\alpha(S))z$ を得ることができる．ここで(2.39)を繰り返して適用すれば $x \in B$ を得ることができて，証明は完成する．∥

第3節　手続き的衡平性とパレート効率性

【新】厚生経済学の2つの学派の間には明瞭な分水嶺があった．資源配分の《効率性》基準と所得分配の《衡平性》基準という2つの《帰結道徳律》(outcome morality)を構想して，異論の余地が大きい衡平性基準を選択する決断に先立ち，仮説的補償の支払いという理論的な媒介項を導入して，異論の余地が少ないパレート効率性基準の適用射程を拡張するというのが，補償原理学派の【新】厚生経済学の分析指針だった[11]．これとは対照的に，社会厚生関数学派の【新】厚生経済学は，公共【善】に関する判断基準を《効率性》と《衡平性》という2つの部分基準に分類する考え方を退けて，公共【善】に関する綜合的な判断基準を経済学の外部から与えられる《社会厚生関数》(social welfare function)に一括して委ねる分析指針を選択した．しかも，社会厚生関数に対して，パレート原理と整合的(Pareto compatible)である——選択肢 x が選択肢 y をパレート原理の意味で優越すれば，社会厚生関数は x を y よりも高く評価する——という要請を課すことによって，パレート原理を公共【善】に関

---

[11]　イアン・リットル(Little, 1950/1957)が導入した《厚生基準論》(Little's welfare criteria)は，補償原理学派の【新】厚生経済学の二分法を前提しつつ，分配の衡平性に関する基準を外部から持ち込んで，仮説的補償原理の効率性に関する判断を補完しようとする試みだった．リットルの厚生基準論の批判的な検討に関しては，Arrow(1951)，Sen(1963)およびSuzumura(1980b)を参照していただきたい．また，本書第7部の第20章(アローの定理とヒックスの非厚生主義宣言)では，2つの【新】厚生経済学とリットルの厚生基準論の展開過程と論理的な内容を検討する予定である．

する綜合的な判断に内部化していたのである．2つの学派が持つこのように対照的な特徴を前提として，効率性と衡平性に関する2つの新たな論点を提起することにしたい．

第1に，《効率性至上主義》という誤解の余地が大きい表現が公共【善】に関する批判的な議論のコンテクストでしばしば登場して，無用な混乱を招いているように思われる．この主旨の議論の要諦は，およそ以下のように纏めることができる．

> 公共【善】の基準，すなわちパレート整合的な社会厚生関数の形状がいかなるものであるにせよ，パレート効率性の達成はその社会厚生関数に関して《最善》な社会的選択肢の必要条件であることは間違いない．したがって，パレート効率的な選択肢に優先的に関心を絞るのは，処遇の《衡平性》の実現とか個人的な《権利》の社会的な尊重など，異論の余地が大きな難問にいきなり無防備に突進するよりも，賢明な選択と集中であるといってよい．

健全な常識の表現であるかに響くこの議論には，実際には大きな落とし穴があることに注意すべきである．パレート整合的なバーグソン＝サミュエルソンの社会厚生関数 f が与えられたものとする．そのとき，実現可能な選択肢全体の集合 $S \subseteq X$ のなかで，f が《最善》と判定する選択肢 $x^* \in S$ を唯一の例外として，パレート効率的ではあるが社会的に《最善》ではないどのような選択肢 $x^{**} \in S$ に対しても，$f(x^0) > f(x^{**})$ を満足するパレート《非》効率的な選択肢 $x^0 \in S$ が必ず存在するからである．こうなると，《効率性至上主義》という表現が正確になにを意味しているにせよ，社会的評価の規範的な立場としてこの考え方を遵守すべき積極的な理由は，非常に稀薄であるといわざるを得ない．

第2に，公共【善】を表現する方法には《帰結主義》的アプローチと《非帰結主義》的アプローチがあって，《効率と衡平のジレンマ》という二律背反も，2つのアプローチのいずれを採択するかに応じて大きく異なる意味を持つことに注意すべきである．本章前節までに検討した《羨望のない状態として

の衡平性》の概念は，明らかに《帰結主義》的アプローチに依拠していた．また，タイプIの《効率と衡平のジレンマ》という表現は，2つの帰結道徳律を並列した際に，双方の価値を両立させる選択肢が存在しないことを指して用いられていた．本節のこれ以降の部分では，衡平性の概念への《非帰結主義》的アプローチの可能性を例示すること，並びにこのアプローチにしたがう場合に逢着するタイプIIの《効率と衡平のジレンマ》を明示することを試みたい．

　我々が衡平性への《非帰結主義》的アプローチと呼ぶものは，社会・経済システムの手続き的な衡平性——協同的な生産活動への人々の貢献と報酬が比例する《衡平な報酬原理》(equitable remuneration principle)のように，人々を処遇する手続きの衡平性——を重視する考え方である．貢献に対する報酬原理に衡平性が備わっているか否かという社会の特性は，協同活動に貢献する人々の誘因を経由して，協同成果の効率性に影響を及ぼさざるを得ない筈である．《比例性報酬原理》(proportionality principle of equity)という衡平な報酬原理の採用は，あたかも協同活動に参加する人々の間の不満の根を断って，協同成果の効率化に貢献するかに思われるかもしれない．だが，ことの真相はむしろ逆なのであって，比例性衡平原理を満足する報酬原理の採用は協同成果のパレート《非》効率性をもたらすことが示されることになる．この意味における効率と衡平の二律背反を，我々はタイプIIの《効率と衡平のジレンマ》と称することにする．

　比例性衡平原理の起源は，遥かに遠くアリストテレスの正義論(4th c. BC)にまで遡ることができる[12]．それはまた，実験社会学者ジョージ・ホーマンス(Homans, 1961)を創始者／推進者として，大きな影響力を振るってきた行動主義的正議論の中枢に位置する考え方でもある[13]．

　我々の論点を明確にするために，生産と分配の非常に単純なモデルを分

---

12) アリストテレスの『ニコマコス倫理学』(高田三郎訳(上), p. 179)には，以下の有名な一節がある．
　　もし当事者が均等な人々でないならば，彼らは均等なものを取得すべきではないのであって，ここからして，もし均等な人々が均等ならぬものを，ないしは均等ならぬ人々が均等なものを取得したり配分されたりすることがあれば，そこに闘争や悶着が生じるのである．[……]してみれば，「正」ということは「比例的」(アナロゴン)ということの一種に他ならない．

析することにする[14]. n 人 $(2 \leq n < +\infty)$ の個人から構成される社会が,協力してある財を生産する状況を考える.個人 i は,手持ちの財を c_i だけ協同生産活動に拠出して,その拠出量の合計 $C = \sum_{i=1}^{n} c_i$ が生産過程への投入物となる.生産関数 $Q = f(C)$ は微分可能な凹関数であって,$f(0) = 0$, $f'(C) > 0$, $f''(C) < 0$, $\lim_{C \to 0+} f'(C) = +\infty$, $\lim_{C \to +\infty} f'(C) = 0$ を満足するものとする.こうして生産された生産量 $Q = f(C)$ は,アリストテレス=ホーマンスの比例性衡平原理にしたがって,生産に寄与した人々の貢献量に比例して分配されるものとする.そのとき,個人 i の分配分 $r_i^H(\boldsymbol{c}), \boldsymbol{c} = (c_1, c_2, \ldots, c_n)$ は

(3.1) $\qquad r_i^H(\boldsymbol{c})/c_i = r_j^H(\boldsymbol{c})/c_j \qquad (i \neq j;\ i, j = 1, 2, \ldots, n)$

という制約に服することになる. (3.1)から得られる

$$c_j r_i^H(\boldsymbol{c}) = c_i r_j^H(\boldsymbol{c}) \qquad (i \neq j;\ i, j = 1, 2, \ldots, n)$$

の両辺を $j = 1, 2, \ldots, n$ にわたって集計して,$\sum_{j=1}^{n} r_j^H(\boldsymbol{c}) = Q = f(C)$ を考慮すれば,

(3.2) $\qquad r_i^H(\boldsymbol{c}) = (c_i/C)f(C) \qquad (i = 1, 2, \ldots, n)$

を得ることができる.比例性衡平原理(3.1)を満足する報酬ルールは(3.2)によって一義的に与えられるのである.そのとき,投入量 c_i を貢献した個人 i が受け取る純便益は

(3.3) $\qquad b_i^H(\boldsymbol{c}) = r_i^H(\boldsymbol{c}) - c_i = (c_i/C)f(C) - c_i \qquad (i = 1, 2, \ldots, n)$

で与えられることになる.そのとき,$G = (N, \{c_i\}_{i \in N}, \{b_i^H(\cdot)\}_{i \in N})$, $N = \{1, 2, \ldots, n\}$ は,N をプレーヤーの集合,正の実数 $c_i > 0$ をプレーヤー i の戦略,$b_i^H(\boldsymbol{c})$ をプレーヤー i のペイオフ関数とする非協力ゲームを構成するこ

---

13) ホーマンスの古典的な研究(Homans, 1961)以降の研究史に関しては,Austin and Hatfield(1980), Deutsch(1985), Hamblin and Kunkel(1977), Shepelak and Alwin(1986)などを参照されたい.

14) この単純モデルの分析は,鈴村(1989)に基本的に依存している.

とになる.

ゲーム G の内点解としてのナッシュ均衡を $\boldsymbol{c}^{NE}$ と記すことにすれば,$\boldsymbol{c}^{NE}$ を特徴付ける条件 $(\partial/\partial c_i)b_i^H(\boldsymbol{c}^{NE})=0\ (i=1,2,\ldots,n)$ は

(3.4)
$$\{f(C^{NE})/C^{NE}-1\}(1-c_i^{NE}/C^{NE})+(c_i^{NE}/C^{NE})\{f'(C^{NE})-1\}=0$$
$$(i=1,2,\ldots,n)$$

と表現することができる.ただし,ここで $C^{NE}=\sum_{i=1}^{n}c_i^{NE}$ である.条件 (3.4) によれば,ナッシュ均衡における生産量が投入量を超過するという意味で協同生産が編成するに値する活動である場合には,ナッシュ均衡 $\boldsymbol{c}^{NE}$ において不等式

(3.5) $$f'(C^{NE})<1$$

が満足されなければならない.

条件 (3.5) の意味を明らかにするために,ここで社会的に《最善》な協同生産を,社会的純便益 $b_S(\boldsymbol{c})=f(C)-C,\ C=\sum_{i=1}^{n}c_i$ を最大化する $\boldsymbol{c}^{SO}$ として定義する.明らかに,最善な協同生産 $\boldsymbol{c}^{SO}$ は

(3.6) $$f'(C^{SO})=1,\qquad C^{SO}=\sum_{i=1}^{n}c_i^{SO}$$

によって特徴付けられる.(3.5) と (3.6) を比較して,$f''(C)<0$ という仮定に留意すれば,$C^{NE}>C^{SO}$ という結論を得ることができる.すなわち,比例性衡平原理に依拠する報酬体系は,自らの純便益を最大化しようとする人々の行動によって,ナッシュ均衡において社会的には過大な生産活動を誘導することになるのである.この性質こそ,我々がタイプ II の《効率と衡平のジレンマ》と称する二律背反に他ならないのである.

ホーマンスを始祖とする《衡平理論》(equity theory) を評価・論評した社会心理学者ドイッチェは,「報酬を均等に分配する労働者グループが,グループの生産物に対する各メンバーの相対的貢献度に応じて報酬を分配する労働者グループよりも一層生産的であることには,かなりの証拠が存在する」(Deutsch, 1985, p. 28) と述べている.ホーマンスの比例性衡平原理とパレート

効率性原理との間には，タイプIIの《効率と衡平のジレンマ》が成立することを示すために用いたモデルを再度利用して，ドイッチェの主張のインプリケーションを明らかにすることにしたい．この作業は，ホーマンスの衡平理論の性質の理解を深めるためにも，一定の役割を果たすことになる．

そこで，個人 i への分配分が

$$(3.7) \quad r_i^E(\boldsymbol{c}) = (1/n)f(C) \qquad (i = 1, 2, \ldots, n)$$

によって与えられる《均等報酬原理》(equal remuneration principle)を考える．この報酬原理に対応する個人 i の純便益関数は

$$(3.8) \quad b_i^E(\boldsymbol{c}) = (1/n)f(C) - c_i \qquad (i = 1, 2, \ldots, n)$$

で与えられるため，この純便益関数をペイオフ関数とする非協力ゲームのナッシュ均衡 $\boldsymbol{c}^E$ は

$$(3.9) \quad (\partial/\partial c_i)b_i^E(\boldsymbol{c}^E) = (1/n)f'(C^E) - 1 = 0 \qquad (i = 1, 2, \ldots, n)$$

によって特徴付けられる．(3.9)を i に関して集計すれば

$$(3.10) \quad f'(C^E) = n$$

が得られる．(3.6)と(3.10)を比較して，$f''(C) < 0$ という仮定に留意すれば，

$$(3.11) \quad C^E < C^{SO}$$

が得られる．すなわち，人々の貢献に対する報酬が，その貢献量に関わりなく総生産量の同じ割合に定められている均等報酬原理は，人々の拠出量の決定誘因に対する影響を経由して，社会的に過小な総投入量に帰結するのである．

均等報酬原理が生産性に及ぼす効果に関するドイッチェの命題と，アリストテレス=ホーマンスの比例性衡平原理とドイッチェの均等報酬原理との比較について，2つの注釈を与えておくことにしたい．

(1) 報酬を均等に分配する労働者グループは，グループの生産物に対する各メンバーの相対的貢献度に応じて報酬を分配する労働者グループよりも一層生産的であるというドイッチェの命題は，$C^E < C^{SO} < C^{NE}$ と $f'(C) > 0$ に

よって，《総》生産量に関する命題としては明らかに正しくない．しかしながら，《平均》生産量 $f(C)/C$ に関する命題として読めば，生産関数に課された条件によって $f(C)/C$ は C の減少関数なので，

$$(3.12) \qquad f(C^E)/C^E > f(C^{SO})/C^{SO} > f(C^{NE})/C^{NE}$$

を得ることができる．

(2) アリストテレス＝ホーマンスの比例性衡平原理とドイッチェの均等報酬原理が，資源の効率的配分の観点から示す機能特性——資源投入の社会的過大性と社会的過小性——は，直観的にも理解しやすい結論である．比例性衡平原理の場合には，各個人は他人に先駆けて貢献量を増加させることによって，相対的に高い報酬シェアを獲得することができる．すべての個人が同様な動機付けを受ける結果として，社会的には過大な総供給量に帰着せざるを得ないわけである．これに対して，均等報酬原理の場合には，各個人はその貢献の多寡に関わらず同じ割合の報酬を保証されることになっているため，人々の間には自らの貢献を増すことよりも他人の貢献にただ乗りする誘因が生まれることになって，社会的には過小な総供給量に帰着せざるを得ないことになる．

それでは，報酬原理を的確に選択することによって，ナッシュ均衡において社会的に最善な生産活動が編成されるように設計することは，論理的に可能だろうか．解答は肯定的であって，

$$(3.13) \qquad r_i^{SO}(\boldsymbol{c}) = \{f(C) - C\}/n + c_i \qquad (i = 1, 2, \ldots, n)$$

という報酬関数は明らかにこのような要請に適った報酬原理となっている．この報酬原理を前提とした非協力ゲームのナッシュ均衡では，経済効率の意味で社会的な最善が実現されるからである．当然のことではあるが，この報酬原理はアリストテレス＝ホーマンスの比例性衡平原理にもドイッチェの均等報酬原理にも適ってはいない[15]．

---

[15] 本節では，手続き的衡平性の考え方とタイプ II の《効率と衡平のジレンマ》のメカニズムを直観的に分かりやすく説明するために，非常に単純なモデルを分析することに終始した．このような単純化は，本節の主なメッセージにとって決して本質的な制約ではない．例えば，アリストテレス＝ホーマンスの比例性衡平原理を一般化して，貢献の大きな(小さな)個人に対しては，報酬も大きい(小さい)という《貢献に応じた報酬》原理を具体化する《ランク・オー

第4節　代替的な衡平性概念とレキシミン羨望ルール

《帰結道徳律》としての衡平性の概念に立ち返って，羨望のない状態としての衡平性の概念の理解を，さらに深めることを試みたい．任意の境遇間比較順序のプロファイル $\alpha \in A$ と任意の選択肢 $x \in X$ をとって，個人の集合 N 上の二項関係 $E(x;\alpha)$ を以下のようにして定義する[16]：

(4.1) $\qquad \forall i,j \in N : iE(x;\alpha)j \Leftrightarrow (x,j)P(\tilde{R}_i^\alpha)(x,i).$

この概念を用いて，個人の間に羨望が存在する有様を俯瞰する手段として，$N \times N$ の上の二項関係

(4.2) $\qquad \Theta(x;\alpha) = \{(i,j) \in N \times N \mid iE(x;\alpha)j\}$

を定義する．他人に対する羨望が少ない状態が社会的に望ましいという判断が衡平性の観点から支持されているものとすれば，プロファイル $\alpha \in A$ を背景として選択肢の集合 X 上の二項関係 $\theta(\alpha)$ を

(4.3) $\qquad \forall x,y \in X : x\theta(\alpha)y \Leftrightarrow \Theta(x;\alpha) \subseteq \Theta(y;\alpha)$

で定義すれば，$x\theta(\alpha)y$ は，選択肢 x が選択肢 y と比較して衡平性の観点から少なくとも同程度に望ましいことを意味している．明らかに，二項関係 $\theta(\alpha)$ は普遍集合 X 上で反射性と推移性を満足する準順序である．

個人間の羨望の事例を少なくすることが社会的に【善】であるという観点が承認される限り，衡平性の観点から最も望ましい選択肢は $\Theta(x^*;\alpha) = \emptyset$ を満足する $x^* \in X$ である．これはまさに，羨望のない状態としての衡平性に適う選択肢に他ならない．ところで問題は，羨望のない状態としての衡平性に適う

ダー衡平原理》に対しても，比例性衡平原理の場合と同様にタイプ II の《効率と衡平のジレンマ》が成立することを確認することができる．同様に，複数財が存在する場合とか，人々の誘因を定義する粗便益関数が一般的な効用関数で与えられる場合にも，本節で得られた結論を基本的に拡張することができる．興味をもたれる読者は，鈴村 (1989) を参照していただきたい．

16)　この定義の意味は明らかな筈である．個人のペア (i,j) に対して二項関係 $E(x;\alpha)$ が成立するのは，プロファイル α のもとで選択肢 x が採られた場合，個人 i が個人 j を羨望するとき，そしてそのときのみなのである．

選択肢がまったくない境遇間比較順序のプロファイルが，同調性の公理を満足する範囲内にさえ存在することである[17]．

例3 [無羨望衡平性を満たす選択肢の非存在]

$N = \{1, 2\}$ かつ $X = \{x, y\}$ であるものとする．また，境遇間比較順序のプロファイル $\alpha \in A$ は

$$\tilde{R}_1^\alpha : (x, 2), (y, 1), (x, 1), (y, 2)$$
$$\tilde{R}_2^\alpha : (y, 1), (x, 2), (x, 1), (y, 2)$$

で与えられるものとする．そのとき，プロファイル α は明らかに公理 **UID** を満足している．個人1は x において個人2を羨望しているし，個人2は y において個人1を羨望しているので，$E_q^\alpha(\{x, y\}) = \emptyset$ である他はない．この経済には，公理 **UID** のもとでさえ，羨望のない状態としての衡平性を満足する状態は存在しないのである．∥

フォーリー=ヴァリアン=コルムの羨望のない状態としての衡平性は本来的に二者択一的な選別基準であり，社会的選択肢の機会集合を《許容できる部分集合》と《許容できない部分集合》に分割する機能を担っていた[18]．ところが例3によれば，羨望のない状態としての衡平性の概念が，機会集合のなかから許容集合を選別する機能をまったく果たせない状況が存在することになる．この状況に鑑みて，羨望のない状態としての衡平性の概念の着眼点を生かしつつ，選択肢の相対的なランキングを構成する試みが，いくつか行われてきた．その最初の例はフェルドマン=カーマン (Feldman and Kirman, 1974) であ

---

17) 第1節の例1は，同調性の公理を満足する境遇間比較順序のプロファイルで，パレート効率性と羨望のない状態としての衡平性を同時に満たす選択肢がないものが存在することを示していた．これに対して例3は，羨望のない状態としての衡平性を満たす選択肢がそもそも存在しない境遇間比較順序のプロファイルが，同調性の公理を満足する範囲内で存在することを示しているのである．

18) この切断によって，トップ集合とボトム集合の二層構造を持つ順序が構成されると考えることは，もちろん可能である．Fleurbaey, Suzumura and Tadenuma (2005b) を参照されたい．

って，彼らの発想は次のように表現されている[19]：

> 完全に衡平な社会状態とは，どの個人も他の個人の境遇を自らの境遇よりも選好することがない状態である．相対的に衡平な社会状態とは，他の個人の境遇を自らの境遇よりも選好する個人の数が少ない状態である．完全に不衡平な社会状態とは，すべての個人が，他のどの個人の境遇と比較しても自らの境遇は劣っていると判断する状態である．

フェルドマン=カーマンの《相対的衡平性》(relative equity)の概念を定式化するために，任意の境遇間比較順序のプロファイル $\alpha \in A$ と，任意の選択肢 $x \in X$ をとって，

$$(4.4) \quad \forall i \in N : \varepsilon_i^\alpha(x) = |\{j \in N \mid (x,j)P(\tilde{R}_i^\alpha)(x,i)\}|$$

と定義する．$\varepsilon_i^\alpha(x)$ は，プロファイル α のもとで選択肢 x が採られたとき，個人 i が羨望を覚える他人の数を表現している．また，$\varepsilon_i^\alpha(x)$ を第 i 成分とする n-次元ベクトル

$$(4.5) \quad \boldsymbol{\varepsilon}^\alpha(x) = (\varepsilon_1^\alpha(x), \varepsilon_2^\alpha(x), \ldots, \varepsilon_n^\alpha(x))$$

は，プロファイル α のもとで選択肢 x が採られたとき，各個人がどれだけの数の他人に対して羨望を持つかを示す一覧表であると考えられる．この概念を用いて，普遍集合 X 上の《フェルドマン=カーマンの相対的衡平性》順序 $R_{q,fk}^\alpha$ を

$$(4.6) \quad R_{q,fk}^\alpha = \{(x,y) \in X \times X \mid \sum_{i \in N} \varepsilon_i^\alpha(x) \leq \sum_{i \in N} \varepsilon_i^\alpha(x)\}$$

として導入すれば，《フェルドマン=カーマンの相対的衡平集合》$F_{fk}^\alpha(S)$ を

$$(4.7) \quad \forall S \in \boldsymbol{K} : F_{fk}^\alpha(S) = E_f^\alpha(S) \cap G(S, R_{q,fk}^\alpha)$$

によって定義することができる．

---

[19] Feldman and Kirman(1974, p.995).

フェルドマン=カーマンの相対的衡平性の概念には，ひとつの弱点がある．この概念は，各個人がどれだけの数の他人に対して羨望を持つかという情報に専ら注目して，各個人がどれだけの数の他人によって羨望されているかという情報には，まったく関心を注いでいない．この弱点を補正するために，任意の境遇間比較順序のプロファイル $\alpha \in A$ と任意の選択肢 $x \in X$ をとって，

$$(4.8) \quad \forall i \in N : \eta_i^\alpha(x) = |\{j \in N \mid (x,i)P(\tilde{R}_j^\alpha)(x,j)\}|$$

と定義する．$\eta_i^\alpha(x)$ は，プロファイル α のもとで選択肢 x が採られたとき，個人 i に対して羨望を覚える他人の数に他ならない．また，$\eta_i^\alpha(x)$ を第 i 成分とする n-次元ベクトル

$$(4.9) \quad \boldsymbol{\eta}^\alpha(x) = (\eta_1^\alpha(x), \eta_2^\alpha(x), \ldots, \eta_n^\alpha(x))$$

は，プロファイル α のもとで選択肢 x が採られたとき，各個人がどれだけの数の他人によって羨望を持たれているかを示す一覧表であると考えられる．社会的選択肢の適否を判断するために羨望が鍵概念であるという考え方に立つ限り，フェルドマン=カーマンのように $\boldsymbol{\varepsilon}^\alpha(x)$ のみに注目するのはバランスを欠いていて，$\{\boldsymbol{\varepsilon}^\alpha(x), \boldsymbol{\eta}^\alpha(x)\}$ という拡大された情報源に我々は注目すべきであるかもしれない．この観点からフェルドマン=カーマンのアプローチを批判したのは，ダニエル(Daniel, 1975)だった．彼は，羨望のない状態としての衡平性を持つ社会的選択肢が存在しなければ，我々は人々の間の相互的な羨望によって特徴付けられる選択肢にこそ注目すべきだと主張したのである．

ダニエルの衡平性に関する考え方の要諦は，羨望関係の《平衡性》(balancedness)という概念である．ある個人を羨望する人々の数が，その個人が羨望する人々の数と一致すれば，この個人はその選択肢において平衡的であるという．もしすべての個人がその選択肢において平衡的であるならば，その選択肢は平衡性を持つという．平衡的な選択肢がパレート効率性をも満足する場合には，ダニエルはその選択肢を《公正》(just)な選択肢と称したのである．

我々が準備した表記法を用いれば，機会集合 $S \in \boldsymbol{K}$ 内の《ダニエル平衡集合》$B^\alpha(S)$ とは，

(4.10) $$B^\alpha(S) = \{x \in S \mid \forall i \in S : \varepsilon_i^\alpha(x) = \eta_i^\alpha(x)\}$$

と表現される S の部分集合である．$x \in E_q^\alpha(S)$ が成立するのは，$\varepsilon_i^\alpha(x) = \eta_i^\alpha(x) = 0$ がすべての $i \in N$ について成立するとき，そしてそのときのみなので，

(4.11) $$\forall (\alpha, S) \in A \times \boldsymbol{K} : E_q^\alpha(S) \subseteq B^\alpha(S)$$

が成立することは明らかである．普遍集合 X 内のダニエル平衡集合 $B^\alpha(X)$ を用いて X 上の二項関係

(4.12) $$R_{q,d}^\alpha = \{(x, y) \in X \times X \mid \neg\, (y \in B^\alpha(X) \,\&\, x \notin B^\alpha(X))\}$$

を定義すれば，任意の $(\alpha, S) \in A \times \boldsymbol{K}$ に対して $B^\alpha(S) = G(S, R_{q,d}^\alpha)$ が成立するので，

(4.13) $$F_d^\alpha(S) = E_f^\alpha(S) \cap G(S, R_{q,d}^\alpha)$$

は《ダニエル公正集合》(Daniel just set)と呼ばれる概念と一致する．

フェルドマン゠カーマンの相対的衡平集合 $F_{fk}^\alpha(S)$ の概念とダニエル公正集合 $F_d^\alpha(S)$ の概念は，非常に対照的な考え方である．その対照性の明瞭な一例としては，すべての個人が他のすべての個人を羨望するような状況を考えさえすればよい．フェルドマン゠カーマンの考え方によれば，この状況は完全に不衡平な状況であるが，ダニエルの考え方によれば，この状況は平衡性を持つ公正な状況なのである．

こうして我々は，羨望のない状態としての衡平性を持つ選択肢が存在しない状況に適用可能な2つのアプローチ——《フェルドマン゠カーマンの相対的衡平集合》アプローチと《ダニエル公正集合》アプローチ——を構成することができた[20]．次のステップは，GCCR に課される一連の公理 $\mathbf{FE}(\tau)$，公理

---

20) 羨望のない状態としての衡平性アプローチを継承する研究は，Feldmand and Kirman (1974)や Daniel (1975)以外にも数多くある．本節の目的にとってはこれら2つの代表的研究を検討することで十分だと思われるが，興味をもたれる読者は Suzumura(1983a, pp. 138-139)で与えられている Pazner(1977)のアプローチの批判的研究を参照していただきたい．

$\mathbf{FI}(\tau)$，公理 $\mathbf{CBEP}(\tau)$ を，第2節で課した公理 $\mathbf{FE}$，公理 $\mathbf{FI}$，公理 $\mathbf{CBEP}$ の定義に登場する $F^\alpha(S)$ を $F^\alpha_\tau(S)$ で，R^α_q を $R^\alpha_{q,\tau}$ で，そして $E^\alpha_q(\{x,y\})$ を $E^\alpha_{q,\tau}(\{x,y\})$ で置き換えて，新たに定義することである．ただし，ここで $\tau = fk$ はフェルドマン=カーマンの《相対的衡平集合》アプローチを，そして $\tau = d$ はダニエルの《公正集合》アプローチを指示する略記法である．

これだけの準備が整えば，フェルドマン=カーマンの《相対的衡平集合》アプローチとダニエルの《公正集合》アプローチの適用射程に関して，以下の2つの不可能性定理を樹立することができる．

定理 4.1 (Suzumura, 1983a, Theorem 5.3)

少なくとも3つの社会状態が存在するものとする．そのとき，任意の $\tau \in \{fk, d\}$ に対して，公理 **UID**(同調性公理のもとでの定義域の無制約性)および公理 $\mathbf{FE}(\tau)$(タイプ τ の衡平性の拡張公理)を満足する GCCR Ψ で，社会的選択関数が公理 **SUA**(上位集合の公理)を満足するものは論理的に存在しない．

定理 4.2 (Suzumura, 1983a, Theorem 5.4)

少なくとも3つの社会状態が存在するものとする．そのとき，任意の $\tau \in \{fk, d\}$ に対して，公理 **UID**(同調性公理のもとでの定義域の無制約性)，公理 $\mathbf{FI}(\tau)$(タイプ τ の衡平性の包摂公理)，公理 $\mathbf{CBEP}(\tau)$(タイプ τ の制約された二項パレート排除公理)を満足する GCCR Ψ で，社会的選択関数が公理 **CA**(チャーノフの公理)を満足するものは論理的に存在しない．

実のところ，$\tau = fk$ あるいは $\tau = d$ のいずれについても，定理4.1と定理4.2は定理2.4と定理2.5の証明と同じ論理を辿って証明することができる．その限りにおいて，フェルドマン=カーマンの《相対的衡平集合》アプローチとダニエルの《公正集合》アプローチは，フォーリー=コルム=ヴァリアンの《羨望のない状態としての衡平性》アプローチの社会選択理論的な性能を改善することには，成功していないと言わざるを得ないのである．

本章の最後に，相対的羨望の指標ベクトル $\varepsilon^\alpha(x)$ を活用する新たな GCCR Ψ_ε を導入して，ひとつの可能性定理を樹立する．《レキシミン羨望ルール》

(leximin envy rule)と称されるこの GCCR Ψ_ε のエッセンスは,相対的羨望の指標ベクトルを辞書式に順序付けることである.

まず,n-次元ユークリッド空間 $E^{(n)}$ 上の《辞書式順序》(lexicographic ordering) $\geq_L$ を,以下のように一般的に定義する.任意の $\boldsymbol{v} \in E^{(n)}$ の要素を大きさの順序で逓降的に並べ替える——同じ大きさの要素の間の順序は恣意的に付ける——とき,第 i 番目に大きい要素の指標を $i(\boldsymbol{v})$ と記すことにする.この定義から,

(4.14) $$\forall \boldsymbol{v} \in E^{(n)}: v_{1(v)} \geq v_{2(v)} \geq \ldots \geq v_{n(v)}$$

が成立する.そのとき,$E^{(n)}$ 上の3つの二項関係 $>_L, =_L, \geq_L$ を以下のように定義することができる:任意の $\boldsymbol{v}^1, \boldsymbol{v}^2 \in E^{(n)}$ に対して,

(4.15)

$$\boldsymbol{v}^1 >_L \boldsymbol{v}^2 \Leftrightarrow \exists r \in N:$$
$$\{\forall i \in \{1, 2, \ldots, r-1\}: v^1_{i(v^1)} = v^2_{i(v^2)} \,\&\, v^1_{r(v^1)} > v^2_{r(v^2)}\}$$

(4.16) $$\boldsymbol{v}^1 =_L \boldsymbol{v}^2 \Leftrightarrow \forall i \in N: v^1_{i(v^1)} = v^2_{i(v^2)}$$

(4.17) $$\boldsymbol{v}^1 \geq_L \boldsymbol{v}^2 \Leftrightarrow \boldsymbol{v}^1 >_L \boldsymbol{v}^2 \vee \boldsymbol{v}^1 =_L \boldsymbol{v}^2.$$

レキシミン羨望ルールと呼ばれる GCCR Ψ_ε は以下のようにして構成される.最初のステップとして,普遍集合 X 上の《辞書式羨望順序》(lexicographic envy ordering) R^α_ε を次の手順で定義する:

(4.18) $$\forall \alpha \in A: R^\alpha_\varepsilon = \{(x, y) \in X \times X \mid \boldsymbol{\varepsilon}^\alpha(y) \geq_L \boldsymbol{\varepsilon}^\alpha(x)\}.$$

辞書式羨望順序 R^α_ε は選択肢のペア x, y を衡平性の観点から明瞭にランク付けることができる.このランキングをフェルドマン=カーマンの相対的衡平性順序 $R^\alpha_{q,fk}$ に基づくランキングと対照するために,以下の例を検討してみたい.

例4 (Suzumura, 1983a, pp. 149-150)

境遇間比較順序のプロファイル $\alpha \in A$ と選択肢 $x, y \in X$ は,以下の条件を

満足するものとする.

(4.19) $\boldsymbol{\varepsilon}^{\alpha}(x) = (1,1,\ldots,1), \quad \boldsymbol{\varepsilon}^{\alpha}(y) = (n-1,0,0,\ldots,0)$

ただし,ここで $3 \leq n < +\infty$ であるものとする.そのとき,

(4.20) $\boldsymbol{\varepsilon}^{\alpha}(y) >_L \boldsymbol{\varepsilon}^{\alpha}(x), \quad \sum_{i \in N} \varepsilon_i^{\alpha}(y) = n-1 < n = \sum_{i \in N} \varepsilon_i^{\alpha}(x)$

となるので $yP(R_{q,fk}^{\alpha})x, xP(R_{\varepsilon}^{\alpha})y$ という真っ向から対立する判断が形成されることになるのである.(4.19)で示される個人間羨望の状況を読み解けば,選択肢 x のもとですべての個人が平等に一人の他人に羨望を持っている.これに対して,選択肢 y のもとでは個人 $2, 3, \ldots, n$ は他の誰に対しても羨望を持たないのに対して,個人1のみがすべての他人に対する羨望を持っていることになる.この状況では,羨望を情報的基礎として衡平性に関する判断を行う限りにおいて,辞書式羨望順序に依拠する判断の方が健全な常識に適った判断であるように思われる. ∥

そこで,辞書式羨望順序 R_{ε}^{α} に根差す選択関数 C_{ε}^{α} を

(4.21) $\forall S \in \boldsymbol{K} : C_{\varepsilon}^{\alpha}(S) = G(E_f^{\alpha}(S), R_{\varepsilon}^{\alpha})$

によって定義して,この選択関数を境遇間比較順序のプロファイル $\alpha \in A$ に対応させる GCCR Ψ_{ε} として,《レキシミン羨望ルール》(leximin envy rule)を定義することにする.そのとき以下の定理を樹立することができる.

定理 4.3 (Suzumura, 1983a, Theorem 5.8)
　レキシミン羨望ルール Ψ_{ε} は公理 **UID**(同調性公理のもとでの定義域の無制約性),公理 **FE**(衡平性の拡張公理),公理 **CBEP**(制約された二項パレート排除公理),公理 **IIA**(無関係対象からの独立性),公理 **A**(匿名性)をすべて満足する GCCR である.また,許容される任意のプロファイル $\alpha \in A$ に対応してレキシミン羨望ルール Ψ_{ε} が作り出す社会的選択関数 C_{ε}^{α} は,公理 **ST**(安定性)を満足する.

　証明:Ψ_{ε} が公理 **FE** を満足することを示すために,$F^{\alpha}(S) \neq \emptyset$ を満足す

る任意の $(\alpha, S) \in A \times \boldsymbol{K}$ をとる．定義(4.21)から，$x \in C_\varepsilon^\alpha(S)$ であれば $x \in E_f^\alpha(S)$ および

(4.22) $$\forall y \in E_f^\alpha(S) : \boldsymbol{\varepsilon}^\alpha(y) \geq_L \boldsymbol{\varepsilon}^\alpha(x)$$

が得られる．(4.22)は $z \in F^\alpha(S) = E_f^\alpha(S) \cap E_q^\alpha(S)$ を満足する z，すなわち $\boldsymbol{\varepsilon}^\alpha(z) = 0$ となる z にも妥当するので，$\boldsymbol{\varepsilon}^\alpha(x) = 0$ すなわち $x \in E_f^\alpha(S)$ となる．これで $C_\varepsilon^\alpha(S) \subseteq F^\alpha(S)$ が示された．

逆に，$x \in F^\alpha(S)$ であれば，$x \in E_f^\alpha(S)$，すなわち $\boldsymbol{\varepsilon}^\alpha(x) = 0$ が得られる．したがって $x \in C_\varepsilon^\alpha(S)$ であることが保証でき，$F^\alpha(S) \subseteq C_\varepsilon^\alpha(S)$ に到達できることになる．

次に C_ε^α が公理 **ST** を満足することを示すことにする．そのためには，

(4.23) $$\forall(\alpha, S) \in A \times \boldsymbol{K} : C_\varepsilon^\alpha(S) \subseteq C_\varepsilon^\alpha(C_\varepsilon^\alpha(S))$$

を示せばよい．そこで，帰謬法の仮定として $x \in C_\varepsilon^\alpha(S)$，$x \notin C_\varepsilon^\alpha(C_\varepsilon^\alpha(S))$ を満足する $(\alpha, S) \in A \times \boldsymbol{K}$ が存在するものとする．そのとき，

(4.24) $$x \notin E_f^\alpha(C_\varepsilon^\alpha(S))$$

あるいは

(4.25) $$\exists y \in E_f^\alpha(C_\varepsilon^\alpha(S)) : \boldsymbol{\varepsilon}^\alpha(x) >_L \boldsymbol{\varepsilon}^\alpha(y)$$

が成立する．他方では，$x \in C_\varepsilon^\alpha(S)$ から

(4.26) $$x \in E_f^\alpha(S)$$

および

(4.27) $$\forall z \in E_f^\alpha(S) : \boldsymbol{\varepsilon}^\alpha(z) \geq_L \boldsymbol{\varepsilon}^\alpha(x)$$

が得られる．いま (4.24) が成立したものとすれば，ある $w \in C_\varepsilon^\alpha(S) \subseteq S$ で $wP(R_f^\alpha)x$ を満足するものが存在することになって，(4.26)と矛盾する．もうひとつの可能性である(4.25)も，$E_f^\alpha(C_\varepsilon^\alpha(S)) \subseteq C_\varepsilon^\alpha(S) \subseteq E_f^\alpha(S)$ に留意すれば，実際には成立不可能であることがわかる．したがって，(4.23)の成立を

承認せざるを得ない.

定理のその他の主張が成立することは明らかである. ∥

レキシミン羨望ルール Ψ_ε に具体化された着想は,直観的に理解しやすいものである.パレート効率的な選択肢の範囲内で,他人に対する最大数の羨望を持つという意味で最も不遇な個人の境遇を最大限度に改善する試みこそ,ルール Ψ_ε が具現する福祉観なのである[21].また,定理4.3に纏められたレキシミン羨望ルール Ψ_ε の性能は,定理2.6に纏められたGSルール Ψ_{GS} の性能に匹敵するレベルのものであって,社会的選択理論における羨望のない状態としての衡平性アプローチの潜在的可能性を例示するうえで,GSルール Ψ_{GS} を補完する機能を果たすものであるといってよい.

---

[21] レキシミン羨望ルールは,社会的選択肢の機会集合を《パレート原理》の適用によってパレート効率集合に絞り込んだ上で,《辞書式羨望原理》にしたがって最終的な社会的選択を決定する方法である.この方法は,パレート原理と辞書式羨望原理という効率性と衡平性の2つの原理に対して,効率性テストを優先的に適用した結果に対して衡平性テストを適用するという意味でも,辞書式の選択方法になっている.そうであれば,2つの原理の適用順序を変えて,衡平性テストを優先的に適用した上で効率性テストを適用するという辞書式の適用方法を考えることができる.本書では立ち入らないが,この意味で2つの原理を辞書的に適用する代替的方法を比較する研究が,鈴村(Suzumura, 1983b)および蓼沼宏一(Tadenuma, 2002)によって試みられている.

第9章　世代間衡平性とパレート効率性[1]

第1節　世代交代モデルにおける効率と衡平

1.1　世代間問題の重要性

　公的年金の制度改革のように，同一時点で重複・共存する世代間の相互扶助と費用負担の効率性と衡平性の問題から，地球温暖化や自然資源の枯渇などに対処する国際的な制度設計と合意形成のように，長期にわたり，国境さえ越えて，将来世代に累積的に影響する環境問題に到るまで，最近の多くの経済問題の核心には《世代間衡平性》(intergenerational equity)——利害が対立する異なる世代の人々に対する処遇の衡平性——という難問が潜んでいる．

　とはいえ，世代間関係の重要性は，異なる世代の利害対立の先鋭化という最近の顕著な現象のみに根差しているわけではない．もともとひとは，世代間連鎖の一環として過去を継承して現在を生き，やがては将来世代に道を譲る経過的な存在である他はない．しかも，将来世代の規模・構成および個性は，現在世代が一方的に——将来世代の意思を問う機会がないままに——行う選択に応じて《可塑的》(malleable)である．このような世代間の連鎖構造は，歴史の起点から現在を経て遠い将来に到る不可避的な事実だが，この連鎖構造の在り方を激しく揺さぶって，その耐震性能を試すことになった最近の契機こそ，地球温暖化問題への対処方法や公的年金の制度改革などの背後にある世代間の利害対立の尖鋭化だったのである．

　経済の制度や政策の【善】と【正】の問題を守備範囲とする厚生経済学だが，世代間衡平性に関する体系的な理論は，未だ確立されているというには程遠い現状にある．本章は，世代間の継承性と利害対立を巡る厚生経済学的研究

---

[1] 本章は，Bossert, Sprumont and Suzumura (2007), Hara, Shinotsuka, Suzumura and Xu (2008), Roemer and Suzumura (2007), 鈴村 (2002b, 2006a), 鈴村・篠塚 (2004), 鈴村・宇佐美・金 (2006) など，著者の最近の世代間問題の経済学的な研究に基づいて書かれている．議論の詳細は原論文に委ねざるを得なかった箇所もあるが，論理の筋道は完結的に説明することに努めたつもりである．

の現状を,《異時点間の資源配分の効率性》と《世代間衡平性》の両立可能性に焦点を合わせて,簡潔に展望・評価することを課題としている.

1.2 世代間衡平性を巡る研究史

最初に,この分野における研究史について,簡潔に述べることにしたい.世代間衡平性の問題に関わる厚生経済学の遺産には,2つの重要な研究の系譜が含まれている.第1の系譜は,将来の効用流列を割引く慣行の合理性と衡平性に関連して,ケンブリッジ大学の倫理学者ヘンリー・シジウィック,経済学者アーサー・ピグー,論理学者フランク・ラムゼー,オックスフォード大学の経済学者ロイ・ハロッドが発展・継承してきた考え方である.第2の系譜は,将来世代のために現在世代が資源を節約・貯蓄する行為の正当化を目標に据えて,ハーヴァード大学の哲学者ジョン・ロールズ,経済学者ケネス・アロー,MITの経済学者ロバート・ソローが軌道を敷いた考え方である.これらの2つの系譜を簡潔に辿って,我々の問題の輪郭を明確にすることにしたい.

第1の系譜の出発点に位置するシジウィックは,功利主義哲学の古典である『倫理学の方法』(Sidgwick, 1907)の第4部において,現在世代の利害との関わりで将来世代の利害をどう処遇すべきかという問題を巡って有名な議論を展開して,功利主義者が堅持すべき衡平性原理を高らかに宣言している[2].

> 将来世代の人々の利害が,現存世代の人々の利害と対立するように思われる場合,我々は将来世代の人々の利害に対してどの程度の配慮を行うべきかと問われるかもしれない.しかし,あるひとが存在する時点は,普遍的な観点からみた彼の幸福の価値に影響すべきでないことは,明らかであるように思われる.また,功利主義者にとって,将来世代の人々の利害は彼と同世代の人々の利害と同等な関心事であるべきことも,同じく明白であるように思われる.

シジウィックの強い影響のもとで主著『厚生経済学』(Pigou, 1920)を完成さ

---

[2] Sidgwick(1907, p. 414).

せたピグーは，将来を見通すわれわれの望遠能力には欠陥があるために，将来の快楽は規模が縮小して見えてしまうことを指摘した．この欠陥を含む《非》合理的な選好に基づいて現在・近い将来・遠い将来に対する資源配分が行われるために，多大な経済的不調和がもたらされることを懸念したピグーは，異時点にわたる資源配分に関しては，国家によるパターナリスティックな介入の余地を大幅に認めたのである．

ケンブリッジ大学の知的環境のなかで，将来世代の利害を現在世代の利害と比較して低く評価する慣行に対するシジウィックの倫理学的な批判と，同じ慣行に対するピグーの合理的選択の観点からの批判をいずれも継承した論理学者ラムゼーは，最適成長論の先駆けとなった論文「貯蓄の数学理論」(Ramsey, 1928)において，時間的に後続する快楽を時間的に先行する快楽と比較して割引く慣行は倫理的に擁護不可能であって，単に想像力の不足から生じる誤謬であるに過ぎないと断定した．同様の見解は，第二次大戦後の経済成長論の起点となった『動態経済学序説』(Harrod, 1948)において，オックスフォード大学の経済学者ハロッドによっても主張されている．

第2の系譜に目を移したい．世代間衡平性に関して，アメリカのマサチューセッツ州ケンブリッジで誕生した伝統の出発点に位置する哲学者ロールズは，その主著『正義論』(Rawls, 1971)のなかで，倫理的には無視すべき情報が無知のベールによって隠された仮設的な社会契約の場においては，《平等な自由の優先配分の原理》と最も不遇な個人の処遇を最大限に改善すべきとする《格差原理》(difference principle)から構成される《正義の原理》が合理的個人によって選択されることを主張して，学会に新鮮な衝撃を与えたのである[3]．だが，世代間衡平性の問題と直面する《貯蓄に関する正義の原理》を論じる箇所に到ると，ロールズは2つの点で彼本来のアプローチに大きな修正を加えている．

第1に，世代間の正義の問題は倫理学のすべての理論に厳しい試練を課す難問であり，少なくとも『正義の理論』の出版時点では，原理的な解決は存在

---

[3] 皮肉なことに，他の面では功利主義の最大の批判者というべき哲学者ロールズだが，将来効用の現在割引きを合理性の観点からも衡平性の観点からも拒否するという一点に関しては，社会契約論者ロールズは功利主義者シジウィック，ピグー，ラムゼーと完全に軌を一にしていたことに注意したい．

しないとロールズは主張した．だが彼は，公正な貯蓄率に対して実質的な倫理的制約を課すことは依然として可能だと考えて，裕福な将来世代のために現在の——相対的に不遇であるのみならず，将来世代からなんの補償も受けられない——世代に過酷な負担を課す古典的功利主義の貯蓄原理を厳しく批判したのである．とはいえ，彼の格差原理を世代間の正義の問題に機械的に適用してみても，決して説得的な貯蓄原理が導かれるわけではない．ロールズが熟知していたように，将来世代のために過酷な負担に耐えるどころか，将来世代と比較して最も不遇な現在世代はまったく貯蓄しないというのが，格差原理を機械的に適用した場合のロールズの公正な貯蓄原理となるからである．この当惑的な帰結に対処するために，ロールズは彼の正義の理論に対する第2の修正措置として，他人の利得に無関心な合理的個人の仮定を捨てて，各世代はその直後の世代——子孫——の利得にパターナリスティックな関心をもつことを仮定したのである．

　このように，功利主義に替わる斬新な正義の理論を構成・提唱しつつ，世代間の正義の問題への適用には慎重なスタンスを貫いたロールズとは対照的に，彼の『正義論』に触発されて世代間衡平性——公正な貯蓄原理——の問題に取り組んだ経済学者は，格差原理の適用をロールズ以上に大胆に推進して，世代間衡平性の分析のひとつの標準的な軌道を敷いたのである．この系列に属する経済学者の代表的な研究としては，ケネス・アロー(Arrow, 1973)とパーサ・ダスグプタ(Dasgupta, 1974a, 1974b)を挙げることができる．

　アローとダスグプタが分析した経済モデルは，世代間衡平性を議論する最小モデルとでも呼ぶべき単純なモデルであって，消費にも資本蓄積にも用いられるひとつの財と定常的な人口から構成されている．現在時点0におけるこの財の存在量をK_0，期間tの期首における資本ストックをK_t，期間tにおける財の消費量をc_tとすれば，t期の貯蓄$S_t = K_t - c_t$と$(t+1)$期の期首の資本ストックK_{t+1}は

(1.1) $$K_{t+1} = \alpha(K_t - c_t) \qquad (\alpha > 1)$$

という関係で結ばれている．生産性パラメーターαが1を超えるという仮定は，この経済が成長経済であるというアローの想定を表現している．各世代

が自らの消費から得る効用は全世代共通の効用関数 U によって表現されるが，ロールズに倣って人々の厚生は直後の世代の効用にも影響されると仮定すれば，第 t 世代の厚生は

(1.2) $\qquad W(c_t, c_{t+1}) = U(c_t) + \beta U(c_{t+1}) \qquad (0 < \beta \leq 1)$

で与えられることになる．ただし β は，直後の世代の効用を現在世代の効用と比較して割引く際に適用される割引因子である[4]．

アロー＝ダスグプタが提起した世代間衡平性の問題は，(1.1)式および

(1.3) $\qquad K_t \geq 0, \qquad c_t \geq 0 \qquad (t = 0, 1, 2, \ldots \text{ad inf.})$

を満足する消費の無限流列 $\boldsymbol{c} = \{c_t\}_{t=0}^{\infty}$ の集合を $\boldsymbol{C}$ とするとき，現在から無限の将来にわたる厚生の無限流列 $\boldsymbol{W} = \{W(c_t, c_{t+1})\}_{t=0}^{\infty}$ の成分の最小値 $W(c_t^*, c_{t+1}^*)$ を最大化する消費の無限流列 $\boldsymbol{c}^* \in \boldsymbol{C}$ ——享受する《厚生》水準が最も低いという意味で最も不遇な世代の《厚生》水準を最大化する消費の無限流列——を発見する問題として定式化されることになる．

アローによれば，この最適化問題に解を与える消費の無限流列 $\boldsymbol{c}^* \in \boldsymbol{C}$ は，以下の2つの特徴を備えている．

(a) $W(c_0^*, c_1^*) = \text{Min}_{0 \leq t < +\infty} W(c_t^*, c_{t+1}^*)$

(b) $W(c_u^*, c_{u+1}^*) > \text{Min}_{0 \leq t < +\infty} W(c_t^*, c_{t+1}^*)$ が成立すれば，$v = u - 1$ および $v = u + 1$ に対しては，$W(c_v^*, c_{v+1}^*) = \text{Min}_{0 \leq t < +\infty} W(c_t^*, c_{t+1}^*)$ が成立しなければならない．

アローの結論(a)によれば，世代間の相互無関心を前提する替わりに，ロールズにしたがって直後の世代の効用に対する肯定的な関心を前提しても，公正

---

[4] 現在効用と比較して将来効用を割引く理論的な慣行を，シジウィックの《世代間衡平性》の観点からもピグーの《合理性》の観点からも正当化できないと考えるイギリス・ケンブリッジの伝統とは真っ向から対立して，アメリカ・ケンブリッジの経済学者たちの間では，将来効用の現在割引きの慣行は殆ど自明な手続きであると考えられている．アービング・フィッシャーの二期間モデルを拡張して，異時点間の資源配分問題の定式化を将来効用流列の割引き現在価値の最大化という形式で与えた最初の経済学者は，ポール・サミュエルソン (Samuelson, 1937)だった．しかし，アロー＝ダスグプタ＝ソローの最適貯蓄理論とは明瞭な一線を画して，サミュエルソンは異時点間の最適化モデルに登場する《効用》に《厚生》経済学的な意味を賦与することは断固として拒否していたことを，我々は忘れるべきではないように思われる．

な貯蓄原理を発見するためにロールズ流の格差原理を機械的に適用する限り，現在世代が最低の厚生水準を割当てられるという結論は，依然として不可避的なのである．それのみならず，アローの結論(b)によれば，公正な消費の無限流列は鋸の刃状の時系列的な変動パターンをとるが，アローが自ら指摘しているように，この異様な消費の変動パターンが直観的な意味で世代間衡平性の理念を体現する経路であるとは考えにくい．

アローが発見した公正な消費——裏返していえば公正な貯蓄——の無限流列には，もうひとつの特徴がある．アローの先駆的な業績をフォローしたダスグプタ(Dasgupta, 1974a, 1974b)が指摘したように，当初の公正な消費流列にしたがってある期 t に到達した時点で，先行世代から継承した資本ストック K_t を初期資本ストックとしてアローの最適化問題を改めて解いて得られる公正な消費流列は，当初の公正な消費流列の t 期以降の残存流列とは，一般的には一致しない．すなわち，ロバート・ストロッツ(Strotz, 1955-1956)が最初に指摘した《時間的非整合性》(time inconsistency)の問題は，アロー＝ダスグプタの公正な消費流列がもつ第2の病理的な特性となっているのである．彼らの先駆的な貢献を踏まえたその後の多くの研究は，これら2つの病理的な特性を免れた公正な消費の無限流列を特徴付けることに，焦点を絞っているといってよい[5]．

第2節　異時点間資源配分の合理性と衡平性：2つの伝統

前節の簡潔な検討によって，世代間衡平性に関する研究には，イギリスのケンブリッジ大学を拠点として開始された研究の系譜と，アメリカのマサチューセッツ州ケンブリッジを拠点として開始された研究の系譜の2つの伝統

---

[5] アロー＝ダスグプタの研究の系譜が，ロールズの正義論，特に彼の公正な貯蓄原理の検討に端を発していることは紛れもない事実だが，この研究の起源をロールズに帰着させることは，2つの点からいっておそらく不適切である．第1に，ロールズ自身は公正な貯蓄原理の研究に対して格差原理を適用する試みに対しては，強い留保条件を付していた．第2に，アロー，ダスグプタおよび彼らに追随した殆どすべての研究は，その分析の情報的基礎を功利主義的な厚生情報に求めているが，この厚生主義的アプローチは，『正義論』でロールズが提唱した非厚生主義的な立場とは，真っ向から対立する考え方なのである．

があることが示唆された．シジウィック = ピグー = ラムゼーに端を発するイギリス・ケンブリッジの伝統は，時間軸のうえで人々が登場する順序とは無関係に，すなわち所属する世代の如何を問わず，同等の個人の厚生は同等に処遇されるべきだとする《世代間衡平性》(intergenerational equity)の原理に集約されるものといってよい．これに対して，サミュエルソンによるアービング・フィッシャーの異時点間資源配分の理論の一般化に端を発し，ロールズの正義論を強力な推進力として，アロー = ダスグプタ = ソローによって定式化された公正な貯蓄理論の展開のエッセンスは，世代効用の割引き現在価値の総和最大化モデルに集約される．

これら2つの伝統の間には，架橋し難い緊張関係があることは明らかである．将来世代の効用ないし厚生の割引き現在価値を最大化するという公共【善】の判定基準は，将来世代の効用ないし厚生を非差別的に処遇すべきとする世代間衡平性の原理と，本質的に対立するからである．実のところ，イギリス・ケンブリッジの伝統が要請する世代間衡平性と，アメリカ・ケンブリッジの伝統が要請する異時点間評価の合理性との不可避的な衝突を示唆する重要な研究が，1960年代にチャリング・クープマンス(Koopmans, 1960)とピーター・ダイアモンド(Diamond, 1965a)によって推進されている．本章の第3節では，現在に到るも継続中の重要な研究系譜の出発点を画すクープマンス = ダイアモンドの不可能性定理と，主要な後継研究の構造を明らかにすることにしたい．

本節では，異なる世代を係留する連結環を定式化する代替的な方法を，簡潔に説明しておくことにする．世代間衡平性に関する従来の分析はこれらのモデルのうちのいずれかを採用しているといって，基本的に差し支えないように思われる．

(1) 重複世代モデル(overlapping generations model) [6]

複数世代の経済活動を係留する連結環を明示的に定式化して，多大な影響

---

6) 重複世代モデルに関する一層の詳細については，Cass and Yaari(1966), Diamond (1965b), Gale(1973), Shell(1971)などを参照していただきたい．サミュエルソンの分析に先駆けてモーリス・アレーが重複世代モデルを先駆的に開発したという主張があるが，このモデルに基づく研究の隆盛をもたらした功績がサミュエルソンに帰属することには，異論の余地がないように思われる．

力を振るってきたモデルは，ポール・サミュエルソン(Samuelson, 1958)が創始した《重複世代モデル》(overlapping generations model)である．単純化のため，各世代は若年期と老年期の2期のみ生存して，若年期には非耐久財を1単位生産するが老年期にはなにも生産できないものとする．第 t 世代は $(1+n)^t$ 人誕生するが，誕生の時点と若年期・老年期の差異を除けば人々はすべて同質的であり，人口成長率 $n > 0$ は一定である．第 t 世代の若年期と老年期における消費をそれぞれ c_t^1, c_t^2 と記せば，彼の生涯にわたる消費計画は $\boldsymbol{c}_t = (c_t^1, c_t^2)$ で示される．そのとき，全世代の生涯消費計画の流列 $\{\boldsymbol{c}_t\}_{-\infty}^{+\infty}$ が実行可能であるためには

$$(2.1) \qquad \forall t : c_t^1 + \frac{c_{t-1}^2}{1+n} \leq 1$$

という制約が満足される必要がある．財は非耐久的であり，どの世代も財を生産する能力をもつのは若年期のみなので，老年期の自らの生活を保障するために，各世代は若年期に生産する財の一部を老年期にある1期前に誕生した世代に移転して，自らが老年期に到ったときに若年期にある次の世代から財の一部を移転してもらう他はない．この点に留意して，期間 t の《投資の収益率》 r_t を以下のように定義する[7]：

$$(2.2) \qquad r_t = \frac{c_t^2 - (1 - c_t^1)}{1 - c_t^1}.$$

このモデルは非常に単純だが，《世代間衡平性》に関する概念の多様な可能性を理解するためには有効である．記号法を軽くするために，各世代に共通の生涯消費計画に関する効用関数を u で表現して，$u_t = u(\boldsymbol{c}_t)$ と定義する．そのとき，実現可能な全世代の生涯消費計画の流列 $\{\boldsymbol{c}_t\}_{-\infty}^{+\infty}$ が《世代間衡平性》を満足するという表現に対して，以下の3つの代替的な定義を与えることができる．

(α) 生涯消費計画に関して世代間の羨望がないという意味の世代間衡平性

---

[7] 第 t 世代は，その若年期に $1 - c_t^1$ だけの財を投資して，老年期に c_t^2 だけの財を受け取るので，(2.2)で定義される r_t は第 t 世代の《投資の収益率》と呼ばれるに相応しい概念である．

$$\forall t : u_t = u_{t+1}.$$

(β) 並存する世代間に消費に関して羨望がないという意味の世代間衡平性

$$\forall t : c_t^2 = c_{t+1}^1.$$

(γ) 投資の収益率に関して世代間の羨望がないという意味の世代間衡平性

$$\forall t : r_t = r_{t+1}.$$

これらの代替的な定義は一般的には相互に一致しない．実のところ，経済が均整成長径路を外れる場合には，これらの世代間衡平性の概念相互間にずれが生じるという事実こそ，公的年金の制度改革に関する論争の底流にある問題点であるといって差し支えないのである[8]．

(2) 愛他的関心を連結環とするモデル(altruistic linkage model)

世代間の連結環を把握する第2の標準的なモデルは，ロールズの公正な貯蓄原理を吟味するために導入されたアロー＝ダスグプタ・モデルである．このモデルについては前節でやや詳しく検討する機会があったので，ここでは繰り返しを避けることにしたい．

(3) 非重複世代モデル(non-overlapping generations model)

重複世代モデルと愛他的関心を連結環とするモデルは，世代《効用》——あるいは世代《厚生》——流列の背後にある財の生産と消費の構造を明示して，世代間衡平性概念のモデルとの整合性を尋ねるという構成を共通して採用していた．これに対して，チャリング・クープマンス(Koopmans, 1960)とピーター・ダイアモンド(Diamond, 1965a)が口火を切った世代効用の無限流列の評価の理論は，直接の関心対象となる効用流列の背後にある経済モデルは明示せず，生産と消費の帰結として生み出される効用流列の評価方法に関心を絞って構成されている．各世代は1期のみ生存して，世代間の連結環は明示的には

---

[8] 代替的な世代間衡平性の概念相互間の関係については，Roemer and Suzumura(2007)に収録された Shinotsuka, Suga, Suzumura and Tadenuma 論文を参照していただきたい．

存在しない[9]．

　以下では，これら3つのモデルのなかで，世代効用の無限流列の評価モデルを議論のキャンバスとして選択することにしたい．世代効用を情報的基礎として，異時点間の資源配分の効率性と世代間衡平性について考察するという意味で，我々が選択するこのアプローチは，《厚生主義》的な情報的基礎に立脚していると思われるかもしれない．だが，同じモデルを解釈する代替的な方法として，評価の対象とされる無限流列は世代効用(厚生)の流列ではなく，各世代がそれぞれ享受する財の無限流列であると考える可能性は残されている．この代替的な解釈方法は，ドナルド・キャンベル(Campbell, 1985)，ラリー・エプシュタイン(Epstein, 1986)，マーク・フローベイ＝フィリップ・ミッシェル(Fleurbaey and Michel, 2001)，篠塚友一(Shinotsuka, 1998)などによって採用されている．とはいえ，重複世代モデルや愛他的関心を連結環とするモデルの場合も含めて，非厚生情報や非帰結情報を社会的評価の情報的基礎に取り入れて世代間衡平性の理論を構築する作業は，十分な深度に達しないままに残されているのが現状である．本章ではこの理論的な展開の可能性に関してはこれ以上触れることはできないが，興味を持たれる読者には，異なるコンテクストにおける分析ではあるが，鈴村(Suzumura, 1999a)，鈴村＝シュー(Suzumura and Xu, 2001, 2003, 2004)などに依拠して書かれた本書第5部(帰結主義，非帰結主義および社会的選択)の分析を参照していただきたい．

第3節　世代効用の無限流列の評価原理：効率と衡平のジレンマ

3.1　クープマンスの非耐忍性定理とダイアモンドの不可能性定理

　さて，将来世代の効用を現在世代の効用と比較して割引く慣行を，合理性の観点と衡平性の観点のいずれからも批判したシジウィック＝ピグー＝ラムゼーの考え方に衝撃をもたらした研究は，クープマンス(Koopmans, 1960)が創始し

---

[9]　各世代が享受する《効用》は，愛他的関心を連結環とするモデルにおける《厚生》のように，直系世代に対する愛他主義を内蔵する reduced form であると考えることはもちろん可能である．この意味においては，ダイアモンドの世代効用流列の非重複世代モデルを，孤立的な世代の連鎖から構成されていると考えるべき必然性は存在しないというべきである．

て，ダイアモンド(Diamond, 1965a)が継承した《非耐忍》(impatience)現象の解明だった[10]．彼らは，将来効用の無限流列を合理的に順序付ける方法に対して一見緩やかな少数の公理を課すならば，これらの公理をすべて満たす順序付けは必ず《非耐忍》現象——ある2つの期間の効用の数値のみで異なる2つの無限効用流列のうち，相対的に高い効用を相対的に早い時点で享受する流列の方が，もう一方の流列と比較して高く評価されること——を論証したのである．したがって，クープマンス＝ダイアモンドの公理群を満足するという意味で合理的な異時点間の選択は，不可避的に将来効用の割引きを含んでいることになる．

こうなってみると，シジウィック＝ピグー＝ラムゼーの世代間衡平性の観点を維持して，異なる世代が享受する効用は衡平に処遇されるべきだという要請を課すならば，効用の無限流列を合理的に順序付ける方法は，論理的に存在しないという主旨の不可能性定理が示唆されることになる．事実，クープマンス＝ダイアモンドの先駆的貢献を継承したその後の多くの研究は，この主旨の不可能性定理の論証と，その不可能性の罠から脱出する方法を模索する努力との往復運動から構成されているといって差し支えないのである．それだけに，これ以降の研究の意味と意義を理解するためにも，クープマンス＝ダイアモンドの不可能性定理の輪郭を理解する必要がある．

ダイアモンドの不可能性定理の舞台装置は以下の通りである．現在時点を1として，世代効用の無限流列を $\boldsymbol{u} = (u_1, u_2, \ldots, u_t, \ldots)$ と書く．各世代の効用 u_t ($t = 1, 2, \ldots$ ad inf.)は，単位閉区間 $[0, 1]$ で値をとるものとする．したがって，世代効用の無限流列の集合は，単位閉区間 $[0, 1]$ の可算無限個の直積 $X := [0, 1] \times [0, 1] \times \ldots$ で定義されることになる．

次に，世代効用の無限流列を評価する順序 R の《連続性》を定義するために，ダイアモンドは集合 X の任意の2つの要素 $\boldsymbol{u}, \boldsymbol{v}$ の間の距離を測る2つ

---

[10] クープマンス＝ダイアモンドの貢献を，シジウィック＝ピグー＝ラムゼーの伝統のなかに位置付けて評価する理解方法は，彼ら自身の考え方ではない．クープマンスの独創的な研究を動機付けた先行研究は，オイゲン・フォン・ベーム・バヴェルクの資本理論とアーヴィング・フィッシャーの利子理論だったのである．

の方法を定義して，集合 X に2種類の位相を導入した[11]．距離の第1の測度は sup metric であって，

$$(3.1) \qquad d_s(\boldsymbol{u}, \boldsymbol{v}) = \sup_t |u_t - v_t|$$

で与えられる．距離の第2の測度は product metric であって，

$$(3.2) \qquad d_p(\boldsymbol{u}, \boldsymbol{v}) = \sum_{t=1}^{\infty} 2^{-t} |u_t - v_t|$$

で与えられる[12]．評価順序 R は，世代効用の無限流列 $\boldsymbol{u} \in X$ を任意に指定した場合に，優集合 $U_R(\boldsymbol{u}) = \{\boldsymbol{x} \in X \mid \boldsymbol{x} R \boldsymbol{u}\}$ と劣集合 $L_R(\boldsymbol{u}) = \{\boldsymbol{x} \in X \mid \boldsymbol{u} R \boldsymbol{x}\}$ がいずれも X に導入された位相に関する閉集合であるとき，その位相に関して《連続性》(continuity)を持つという[13]．世代効用の無限流列の評価順序に関する定理のうちには，普遍集合 X に導入された特定の位相に関する連続性に本質的に依存するものがあるので，連続性の要請を課す場合には前提される位相を必ず明記することにする．

次に，評価順序 R に世代間衡平性の公理を課すための準備作業として，自然数全体の集合を $\mathbb{N}$ と書き，$\mathbb{N}$ 上の置換全体の集合を $\Pi_\mathbb{N}$ と記すことにする．そのとき，任意の $\pi \in \Pi_\mathbb{N}$ と任意の $\boldsymbol{u} \in X$ に対して，

$$(3.3) \qquad \pi \circ \boldsymbol{u} = (u_{\pi(1)}, u_{\pi(2)}, \ldots, u_{\pi(t)}, \ldots)$$

は，世代効用の流列 $\boldsymbol{u}$ を世代間で再分配した新たな効用流列を示している．$\mathbb{N}$ 上の置換は，十分大きな自然数 T を超えるすべての自然数 t に対して $\pi(t) = t$ が満足される場合には，$\mathbb{N}$ 上の《有限置換》(finite permutation)であるという．以下では $\mathbb{N}$ 上の有限置換の集合を $\Pi_\mathbb{N}^F$ と記すことにする．そのとき，シジウィック＝ピグーの世代間衡平性を表現する標準的な公理は，次のように簡潔に述べることができる[14]．

---

11) X 上の評価順序 R は，任意の2つの要素 $\boldsymbol{u}, \boldsymbol{v}$ に対して，$\boldsymbol{u} R \boldsymbol{v}$ は $\boldsymbol{u}$ が $\boldsymbol{v}$ と比較して少なくとも同程度に望ましいことを意味する二項関係であるものとする．
12) product metric は，いわゆる《直積位相》を距離付けする距離関数である．
13) 評価順序 R に対応する強意の選好関係を $P(R)$ とするとき，R の連続性は $P(R)$ の優集合と劣集合がいずれも X に導入された位相に関する開集合であることとして定義することもできる．

公理 IGE（世代間衡平性）

$$\forall \pi \in \Pi_{\mathbb{N}}^{F}, \forall \boldsymbol{u} \in X : (\pi \circ \boldsymbol{u}) I(R) \boldsymbol{u}.$$

　世代間衡平性の公理 IGE を満足する連続な評価順序 R は存在するだろうか．この問いに対しては，簡単に肯定的に解答することができる．あらゆる世代効用の無限流列を同等と評価する順序は，普遍集合 X に導入される位相の如何を問わず，世代間衡平性の公理 IGE と連続性の公理 C の双方を明らかに満足するからである．このトリヴィアルな解答を排除するために，ダイアモンドは2つの《感応性公理》(sensitivity axiom)を導入した．いずれの公理も規範的経済学において標準的に仮定されているパレート効率性の原理に過ぎず，異論が提起される余地は非常に少ないといって差し支えない[15]．

公理 WP（弱いパレート原理）

$$\forall \boldsymbol{u}, \boldsymbol{v} \in X : \boldsymbol{u} \geqq \boldsymbol{v} \Rightarrow \boldsymbol{u} R \boldsymbol{v}; \boldsymbol{u} \gg \boldsymbol{v} \Rightarrow \boldsymbol{u} P(R) \boldsymbol{v}.$$

公理 SP（強いパレート原理）

$$\forall \boldsymbol{u}, \boldsymbol{v} \in X : \boldsymbol{u} > \boldsymbol{v} \Rightarrow \boldsymbol{u} P(R) \boldsymbol{v}.$$

　この枠組みのなかで，ダイアモンド(Diamond, 1965a)は《パレート効率性》と《世代間衡平性》の間のジレンマを結晶化する2つの不可能性定理を樹立したのである．

---

14) シジウィック＝ピグーの議論のなかには，すべての置換ではなく有限置換に限定するべき理由は含まれていない．ダイアモンドの不可能性定理において有限置換に限定して世代間衡平性を要請する理由については，ダイアモンドの不可能性定理を述べた後に説明を与える予定である．

15) パレート原理に対する批判が皆無であるわけではない．なかでも最も本質的な批判は，アマルティア・セン(Sen, 1970, 1976, 1979b, 1982b, 1983, 1992)が提起した《パレート派リベラルの不可能性》という批判であるように思われる．センは，パレート原理という厚生主義的な要請は，ジョン・スチュアート・ミルの『自由論』に遡る《個人的自由の社会的尊重》の要請と矛盾することを主張して，多くの厚生経済学者によるパレート原理の無条件的な支持に対して，批判的な問題提起を行ったのである．センによるこの批判と，それに引き続いて巻き起こされた論争については，本書第4部(権利と効率のジレンマ)において詳細な考察を行う予定になっている．

定理 3.1 (Diamond, 1965a)

公理 **IGE**(世代間衡平性), 公理 **WP**(弱いパレート原理), 公理 **CP**(直積位相に関する連続性)を満足する世代効用の無限流列の評価順序は, 論理的に存在しない.

定理 3.2 (Diamond, 1965a)

公理 **IGE**(世代間衡平性), 公理 **SP**(強いパレート原理), 公理 **CS**(sup metric による位相に関する連続性)を満足する世代効用の無限流列の評価順序は, 論理的に存在しない.

クープマンスに先導されてダイアモンドが発見した論理的な袋小路からの脱出路を模索する作業に先立って, 世代間衡平性の原理を議論するコンテクストで集合 N 上の置換を有限置換に限定した理由を述べておきたい. 試みに, 既に導入された公理 **IGE**(世代間衡平性)を以下のように強めてみる.

公理 SIGE (強い世代間衡平性)

$$\forall \pi \in \Pi_{\mathbb{N}}, \forall \boldsymbol{u} \in X : (\pi \circ \boldsymbol{u}) I(R) \boldsymbol{u}.$$

定理 3.1 と定理 3.2 において公理 **IGE** を公理 **SIGE** で置き換えてみれば, 公理 **SIGE** は公理 **IGE** よりも強い要請なので, 定理 3.1 と定理 3.2 が主張する不可能性定理は, 一層強い理由で成立することになる. 公理 **SIGE** が持つ固有の興味は, 公理 **CP** ないし 公理 **CS** を完全に排除してさえ, 公理 **SP** と公理 **SIGE** の対立は依然として避けられないという事実に起因するのである.

定理 3.3 (Lauwers, 1997, Lemma 1)

公理 **SIGE**(強い世代間衡平性)と公理 **SP**(強いパレート原理)を満足する世代効用流列の評価順序は, 論理的に存在しない[16].

---

16) この事実を不可能性定理の形式で明示的に指摘したのは Lauwers(1997)だが, Svensson(1980, p. 1252)は既にさりげなくこの事実を指摘していたことに注意しておきたい.

この定理の成立を確認することは容易である．2つの世代効用の無限流列

(3.4) $\quad\quad\boldsymbol{u} = (1,0,1,0,1,0,\ldots), \quad \boldsymbol{v} = (1,1,\boldsymbol{u})$

を比較すると，明らかに $\boldsymbol{v} > \boldsymbol{u}$ が成立しているため，公理 **SIGE**(強い世代間衡平性) と公理 **SP**(強いパレート原理) を満足する世代効用流列の評価順序 R が存在すれば，公理 **SP** によって $\boldsymbol{v}P(R)\boldsymbol{u}$ が成立しなければならない．しかるに，置換 $\pi \in \Pi_\mathbb{N}$ を

(3.5)
$$\pi(1) = 1, \pi(2) = 3, \forall n \in \mathbb{N}\setminus\{1\} : \pi(2n-1) = 2n+1, \pi(2n) = 2(n-1)$$

によって定義すれば $\pi \circ \boldsymbol{v} = \boldsymbol{u}$ となるため，公理 **SIGE** からは $\boldsymbol{u}I(R)\boldsymbol{v}$ が成立することになって，矛盾が発生するわけである．

この考察を踏まえて，以下では世代間衡平性の標準的な公理としては，公理 **IGE** を採用して考察を進めることにしたい．

3.2 不可能性定理からの脱出路の探求

議論の交通整理のために，ダイアモンドの不可能性定理を支える効用流列の評価関係 R が持つ性質を，以下のように列挙することから始めたい．
(1) R は《順序》の公理——《完備性》，《反射性》，《推移性》——を満足する．
(2) R はシジウィック＝ピグーの《世代間衡平性》の公理 **IGE** を満足する．
(3) R は《パレート原理》を満足する．
(4) R は選択空間に導入された位相に関して《連続性》を持つ．

第1のクラスの条件のうちで，《反射性》は無害な条件である．また，第3のクラスの条件である《パレート原理》は——まったく異論の余地がないわけではないにせよ——比較的広範に支持されている条件であることは，既に述べた通りである．《推移性》の条件は，公共【善】の評価の《合理性》の根幹に位置する要請ではあるが，選択の合理性を支えるためには論理的に過剰な要請

であるうえに,評価主体に非常に精密な識別能力が備わることを暗黙の前提としている点にも,疑問を差し挟む余地がある.この点は本書第1部(合理的選択と顕示選好)で既に指摘した通りである.これだけの交通整理を踏まえれば,ダイアモンドの不可能性定理の罠を脱出するために定理を構成する条件を緩和する可能性について,的を絞った検討を進めることができる.

世代効用の無限流列の評価の《完備性》に関しては,留保を付すべき理由がある.その理由を簡潔に述べるためには,所得分配の不平等度の計測というまったく異なるコンテクストでセン(Sen, 1997b, 邦訳 pp. 8-9)が与えた以下の議論が,当面の我々のコンテクストにおいても重要な示唆を含んでいるように思われる:

> 不平等の観念には数多くの側面がある.そのため,これらの諸側面に関する判断が一致する場合には完備な序列化が可能になるが,いくつかの側面に関する判断に不一致がある場合には,選択肢を完全に序列付けることは不可能であるかもしれない.このような理由から,序列関係として表現された我々の不平等の観念は,本質的に不完備なものだと考えざるを得ない.そうであれば,完備な順序関係を可能にする不平等の測度をあえて探し求めると,本来は存在しなかった筈の恣意的な問題が発生してしまう可能性がある.なぜならば,測定尺度というものは,それが表現を与えようとする観念以上に正確なものには決してなり得ないからである.

事実,世代効用の無限流列の評価の《完備性》の要請を放棄して,評価序列に課される要請を《推移性》と《反射性》に特徴付けられる《準順序》(quasi-ordering)に弱めれば,ダイアモンドのその他の要請を満足する評価原理の例を構成することは至極容易である.なかでも重要な一例は,パトリック・スッピス(Suppes, 1966)によって最初に定式化されて,セン(Sen, 1970/1979, Chapter 9*)によって精緻化された《正義の評価原理》(grading principle of justice) R_{SG} である[17]:

$$(3.6) \qquad \forall \boldsymbol{u}, \boldsymbol{v} \in X : \boldsymbol{u} R_{SG} \boldsymbol{v} \Leftrightarrow \exists \pi \in \Pi_{\mathrm{N}}^{F} : \pi \circ \boldsymbol{u} \geqq \boldsymbol{v}.$$

スッピスの正義の評価原理は，世代効用の無限流列を評価する興味深い序列付けの原理であって，すべての無限流列の序列化はできないという意味で《非》完備ではあるが，この原理に基づいて可能な限りの序列化は《推移性》を備えた《準順序》になっている．

　シジウィック゠ピグーの《世代間衡平性》の公理と《パレート原理》を満足する《準順序》のもうひとつの例は，フランク・ラムゼー(Ramsey, 1928)とクリスチャン・フォン・ヴァイゼッカー(von Weizsäcker, 1965)によって分析された《追い越し原理》(overtaking principle) R_{RW} である[18]：

(3.7) $\quad \forall \boldsymbol{u}, \boldsymbol{v} \in X : \boldsymbol{u} R_{RW} \boldsymbol{v} \Leftrightarrow \exists T_0 \in \mathbb{N} : T > T_0 \Rightarrow \sum_{t=1}^{T}(u_t - v_t) \geq 0.$

　シジウィック゠ピグーの《世代間衡平性》の公理と《パレート原理》を満足する準順序の例はこれ以外にもあるが，ゲイア・アシェイム゠ヴォルフガング・ブーフホルツ゠バーティル・トゥンゴッデン(Asheim, Buchholz and Tungodden, 2001)によって示されたように，R_{SG} はシジウィック゠ピグーの《世代間衡平性》の公理と《強いパレート原理》を満足する準順序全体の共通部分であるという顕著な性質を持っている．この性質は十分に魅力的であり，非完備な準順序を甘受することを勧告するセンの議論にも説得力があるため，この準順序をもってダイアモンドの罠からの理性的な脱出路と看做す立場には，それなりの根拠があるというべきである．だが，ダイアモンドの不可能性定理を出発点とするその後の研究は，むしろスッピスの正義の評価原理を完備化する方向を目指したのである．この方向を辿ってダイアモンドの罠からの脱出路を切り開くためには，ダイアモンドの公理群のうちで，別の構成要素を攻撃する他はない．評価原理の《連続性》の仮定の背景となる集合 X への位相の導入方法と，シジウィック゠ピグーの《世代間衡平性》の公理が，その攻撃対象の

---

17) スッピス(Suppes, 1966)とセン(Sen, 1970/1979)は，有限人の人々が並存する社会に対して，オリジナルな正義の評価原理を定式化した．本書で検討される正義の評価原理は，継起的な世代の効用の無限流列に対して，スッピス゠センの基本的な発想を拡大して適用する考え方に他ならないのである．

18) 追い越し原理――およびそれと密接に関連する原理――を適用した最適成長モデルの分析については，Gale(1968), Koopmans(1965), McKenzie(1968)を，追い越し原理の公理的特徴付けについては Brock(1970)を参照せよ．

候補となったのは自然な選択だった.

最初に,世代効用の無限流列の集合 X を,単位閉区間 $[0,1]$ の可算無限個の直積集合から,実数の集合 $\mathbb{R}$ の可算無限個の直積 $\mathbb{R}^\infty$——ないし正の実数の集合 $\mathbb{R}_+$ の可算無限個の直積 $\mathbb{R}_+^\infty$——に拡張することにする.この拡張は,世代効用の無限流列の背後にある経済モデルを特定化する際の自由度を拡大すること,X に導入する位相の選択に関する自由度を拡大することの2つの理由から行われるものである.このように拡張された X に対しても,ダイアモンドの不可能性定理は依然として成立する.

さて,評価原理の《連続性》の仮定に内在する集合 X の位相を,ダイアモンドが導入した sup metric が誘導する位相や product metric が誘導する直積位相よりも強めれば,世代効用の無限流列の評価順序の連続性の仮定を緩和することができて,ダイアモンドの不可能性定理を回避できる可能性が拓かれる.この事実を巧妙に示した最初の貢献は,ラース-グンナー・スヴェンソン (Svensson, 1980) によるものだった.スヴェンソンは

$$(3.8) \qquad d_{sv}(\boldsymbol{u},\boldsymbol{v}) = \min\left\{1, \sum_{t=1}^{\infty}|u_t - v_t|\right\}$$

によって定義される距離関数から誘導されるスヴェンソン位相を用いて評価順序の《連続性》を定義し直せば,以下の可能性定理が成立することを論証したのである.

定理 3.4 (Svensson, 1980)

公理 **IGE**(世代間衡平性),公理 **SP**(強いパレート原理),公理 **CSV**(スヴェンソン位相に関する連続性)を満足する世代効用流列の評価順序が存在する.

スヴェンソンが嚆矢を放った理論的シナリオのひとつの問題点は,ダイアモンドが導入した位相よりも強い位相を導入して連続性の公理を満足され易くすれば,それと引き換えにコンパクト集合の集合族は縮小することになって,世代効用の無限流列の集合のなかで連続な評価順序の観点から最善な流列が存在する部分集合——許容される世代効用の無限流列の機会集合——のクラスが狭められることである.別の表現をすれば,連続性の公理の充足と最善な世代

効用の無限流列の存在可能性との間には，ダイアモンド位相より強い位相の選択に関連して明らかなトレードオフ関係が存在することになるのである．しかも，ダイアモンド位相より強い位相を選択しても，ダイアモンドの不可能性定理を必ず脱出できる保障があるわけではない．この事実を例示する具体的な位相の例はドナルド・キャンベル(Campbell, 1985)によって最初に構成された．彼が導入した位相は，$\boldsymbol{u} = \boldsymbol{v}$ なら $d_c(\boldsymbol{u}, \boldsymbol{v}) = 0$ であり，さもなくば $u_t \neq v_t$ となる最小の正の整数 t に対して $d_c(\boldsymbol{u}, \boldsymbol{v}) = 1/t$ で定義される距離関数から誘導されるキャンベル位相だった．これはダイアモンドの直積位相よりも強い位相だが，キャンベルは以下のような不可能性定理を論証したのである[19]．

定理 3.5 (Campbell, 1985)

公理 **IGE**(世代間衡平性)と公理 **CCA**(キャンベル位相に関する連続性)を満足する世代効用の無限流列の評価順序は，どのような世代効用の無限流列もすべて無差別と判定するものに限られる．

このように，ダイアモンド位相よりも強い位相を導入して世代効用の無限流列の評価順序に課される連続性の要請を緩和しても，ダイアモンドの不可能性定理を回避できる保障は一般には存在しないのである[20]．そもそもダイアモンドが不可能性定理の基礎として導入した sup topology と直積位相は決して病理的な位相であるわけではなく，数学的には非常に標準的な位相と認められているものである．それだけに，ダイアモンドの不可能性定理を回避するためにこれらの位相よりも強い位相の選択に精力を傾けるのは，少なくとも経済学の観点からは，世代間倫理を巡る価値の対立に対する正統的な問題解決の方法であるとは認め難いように思われる[21]．

こうなってみると，ダイアモンドの概念的枠組みを基本的に維持して彼の不

---

19) スヴェンソン位相とキャンベル位相との間には位相の強弱関係は存在しない．
20) 同様に，篠塚友一(Shinotsuka, 1998)はスヴェンソン位相に替えて，マッキー位相 (Mackey topology)を導入した．マッキー位相はダイアモンドの直積位相より強い位相だが，キャンベル位相との間には位相の強弱関係は存在しない．篠塚は，この位相に関する世代効用の無限流列の評価順序の連続性を導入して，ダイアモンドの不可能性定理の一般化に成功している．また，Lauwers(1997)も参照せよ．

可能性定理からの脱出路を探究するために精査すべき公理としては，シジウィック＝ピグーの世代間衡平性の公理のみが実質的に残されることになる．

実のところ，シジウィック＝ピグーの世代間衡平性の公理が持つ説得力に関しては，広義の功利主義者の陣営の内部にさえ，世代間倫理を巡る二律背反に直面してとるべき態度の決定に躊躇する人々が数多く存在していることに注意すべきである．この躊躇の理由をアロー(Arrow, 1999, p. 13)は以下のように簡潔に表現したことがある：

> 私見によれば，遠い将来に報酬をもたらすプロジェクト——気候変動プロジェクトや核廃棄物処理プロジェクトなど——の評価に際して，時間に関する割引きを適用すべきかどうかという問題は，主として倫理的な性質のものである．ラムゼーの論文(Ramsey, 1928)が明らかにしているように，我々の道徳的直観には明らかな矛盾が含まれている．一方では，道徳的な考慮は普遍化可能性に基づいている．この観点に立てば，我々は将来世代に対して我々自身を処遇するのと同様な処遇を適用すべきであって，純粋な時間選好率はゼロであるべきである．だが，長期的視野の問題に適用される時間選好率がゼロであれば，[現在の]貯蓄率は途方もなく高くなり，視野が無限に遠くなるに伴ってその値は1に接近しさえするかもしれない．この矛盾の解決のためには，人々は自らに及ぶ犠牲がいかに大であろうとも道徳律に完璧にしたがうことを倫理的に要請されているわけではないという考え方に，我々の判断を依存させざるを得なくなる．

---

21) 世代効用の無限流列の評価順序の連続性に対しては，位相の選択の問題とは別個に，Basu and Mitra(2003)が提起した批判がある．彼らによれば，評価順序の連続性は技術的な仮定に過ぎず，この仮定の当否に効率と衡平のジレンマの成否が依存するというのは奇妙である．この考え方に立って，彼らは連続的な評価順序の仮定を放棄して，評価順序を数値的に表現する社会厚生関数の存在を前提とすることを提唱したのである．バスー＝ミトラの提言に対しては，2つのコメントを与えておきたい．第1に，評価順序の連続性は技術的な仮定に過ぎないというのであれば，評価順序の数値関数による表現可能性も，それに優るとも劣らない意味において，紛れもなく技術的な仮定である．しかも，ある順序関係の数値関数による表現可能性を保証する条件として広く承認されている仮定こそ，その順序関係の連続性に他ならないのである．第2に，評価順序の連続性を数値表現可能性で置き換えて得られたバスー＝ミトラの定理は，依然として不可能性定理だった．ダイアモンドの定理に結晶化された世代間衡平性とパレート効率性のジレンマを打破する目的にとって，バスー＝ミトラの提言はrelevantであるとは言い難いのである．

アローが指摘した功利主義倫理の二律背反が実際問題として深刻であることを示すために，フランク・ラムゼー(Ramsey, 1928)，ジェームズ・マーリース(Mirrlees, 1967)をはじめとする多くの研究者は，将来世代の効用を割引かない社会厚生関数の最大化を計画すれば現在世代に異様に高い貯蓄率を強いる結果になることを，さまざまに例示してきた．例えば，アロー(Arrow, 1999, p. 15)が示したように，弾力性一定の世代効用関数の単純和を最大化する計画において，もっともらしい弾力性——気候変動に関する政府間パネルにおいて採用された値である 1.5 以下——の値に対応する現在世代の貯蓄率は 2/3 以上になってしまうことになる．この結果に照らしてアロー(Arrow, 1999, p. 16)は次のような結論を下している：

> すべての世代は同様な処遇を受けるべきであるという，それ自体としてはもっともな強い倫理的要請は，ある特定世代に対してのみならず，すべての世代に対してさえ過酷に高い貯蓄率を要請するのは倫理的に許容できないという非常に強い直観と矛盾するというのが，私が到達した結論なのである．

アローの結論は，シジウィック゠ピグーの《世代間衡平性》の公理そのものの内在的な価値への批判に基づくものではなく，この公理の適用からは直観的に承服できない帰結——功利主義哲学の内部における矛盾——が導かれる可能性があることを指摘するという意味で，帰結主義的な評価方法に基づいている．この主旨の批判の説得力は，この公理の適用から直観的に許容できない結論を導出するために用いられる仮説的数値例の当否に本質的に依存していることに注意すべきである．

このように，世代間衡平性とパレート効率性のジレンマの表現として出発したクープマンス゠ダイアモンドの不可能性定理は，シジウィック゠ピグーの《世代間衡平性》の公理を前提する限り，異時点間の資源配分に関わる功利主義哲学の内部において，2つの倫理的な要請が不可避的に衝突するという新しい論点に我々を導くことになるのである．

3.3 世代間衡平性の代替的な定式化

シジウィック゠ピグーの《世代間衡平性》の公理には，もうひとつ別の次元の問題がある．この問題を例示するために，任意の効用値 $\delta, 0<\delta<1$ を無限に繰り返す世代効用の無限流列 $_{con}\boldsymbol{\delta}$ を媒介項として，以下の 3 つの世代効用の無限流列を定義する：

$$(3.9) \quad \boldsymbol{u}(\delta) = \left(\frac{1}{3}, \frac{1}{2}, \frac{2}{3}, {}_{con}\boldsymbol{\delta}\right), \quad \boldsymbol{v}(\delta) = \left(\frac{1}{2}, \frac{1}{2}, \frac{1}{2}, {}_{con}\boldsymbol{\delta}\right),$$
$$\boldsymbol{w}(\delta) = \left(\frac{2}{3}, \frac{1}{2}, \frac{1}{3}, {}_{con}\boldsymbol{\delta}\right).$$

これらの無限流列に対して，シジウィック゠ピグーの世代間衡平性の公理が課す制約は，任意の δ $(0<\delta<1)$ に対して $\boldsymbol{u}(\delta)I(R)\boldsymbol{w}(\delta)$ が成立すべきだという要請に尽きる．$\delta=1/2$ という特殊な場合でさえ——この場合，$\boldsymbol{v}(1/2)$ は全世代に平等に効用 $1/2$ を配分しているという顕著な事実にも関わらず——シジウィック゠ピグーの衡平性の公理は，不平等な分配 $\boldsymbol{u}(1/2), \boldsymbol{w}(1/2)$ と完全に平等な分配 $\boldsymbol{v}(1/2)$ の間の差異を，評価の観点から的確に剔出することができないのである．このように，シジウィック゠ピグーの世代間衡平性の公理は，ある世代が別の世代を犠牲にして不平等な優遇を受ける世代効用の無限流列と，優遇と冷遇の立場が逆転した世代効用の無限流列は，社会的評価の観点からは無差別に取り扱われるべきことを要請するに留まって，効用配分における《平等性》(equality) を《不平等性》(inequality) よりも高く評価するという《平等主義》(egalitarianism) 的な判断を要請するものではないのである．

この事実に注目すれば，手続き的な衡平性に関心を絞るシジウィック゠ピグーの公理を補完して，帰結主義的な衡平性の公理を導入する企てが，自然に浮上してくる．この主旨の第 1 の試みは，評価順序 R に凸性の要請を課して，世代効用の無限流列の評価に平等性選好を内在化させる研究方向である．第 2 の試みは，所得と富の分配の不平等性の計測理論を復活させたアンソニー・アトキンソン (Atkinson, 1970, 1983) の足跡を辿って，評価順序 R にピグー゠ドールトンの移転原理を満足すべき公理として課そうとする研究方向である．

第 1 の方向を開拓した功績は，坂井豊貴 (Sakai, 2006) に帰着されるべきである．坂井は，世代効用の無限流列の評価順序 R に対して，以下の 2 種類の準

凸性の要請を課して，分配の平等性志向の要請を世代効用の無限流列の評価理論に明示的に取り入れたのである．

公理 QCV（分配評価の準凸性）

任意の $\bm{u} \in X$ と $\pi \in \Pi_{\mathbb{N}}^{F}$ に対して $\bm{u} \neq \pi \circ \bm{u}$ ならば，ある $s, 0 < s < 1$ が存在して

$$(s\bm{u} + (1-s)\pi \circ \bm{u})P(R)\bm{u}, (s\bm{u} + (1-s)\pi \circ \bm{u})P(R)\pi \circ \bm{u}$$

が成立する．

公理 SQCV（分配評価の強準凸性）

任意の $\bm{u} \in X$ と $\pi \in \Pi_{\mathbb{N}}^{F}$ に対して $\bm{u} \neq \pi \circ \bm{u}$ ならば，任意の s $(0 < s < 1)$ に対して

$$(s\bm{u} + (1-s)\pi \circ \bm{u})P(R)\bm{u}, (s\bm{u} + (1-s)\pi \circ \bm{u})P(R)\pi \circ \bm{u}$$

が成立する．

シジウィック=ピグーの世代間衡平性の公理との関連で先に用いた例を用いると，$s = 1/2$ に対して $s\bm{u}(\delta) + (1-s)\bm{w}(\delta) = \bm{v}(\delta)$ が成立するため，公理 **QCV**（分配評価の準凸性）を満足する評価順序 R は，完全に平等な分配 $\bm{v}(1/2)$ を不平等な分配 $\bm{u}(1/2), \bm{w}(1/2)$ よりも高く評価することになるのである．

異なる世代の処遇に関する手続き的衡平性と効用分配の帰結の平等主義的志向を同時に満足する社会的評価順序は，論理的に存在するだろうか．この設問に対しては，評価順序の sup metric による位相に関する連続性の要請を分水嶺として，肯定的な解答と否定的な解答が坂井によって与えられている．興味を持つ読者には Sakai(2006) の参照を求めたい[22]．

不平等度の計測理論で標準的な位置を占めているピグー=ドールトンの移転

---

22) この研究方向に対しては，分配評価の判断基準に直接的に準凸性の要請を課す方法は，平等主義的な志向を導入する手段としては直裁的に過ぎて，経済学的な動機付けとしての魅力に乏しいという批判の余地がある．

原理を手掛かりに,効用分配の帰結の平等主義的志向に形式的な表現を与える第 2 の方法は,経済学的にはさらに強固な基礎に立つ試みであるように思われる.

公理 PDT (ピグー゠ドールトンの移転原理)

任意の $u, v \in X$ に対して,ある正数 $\varepsilon > 0$ と自然数 $i, j \in \mathbb{N}$ が存在して

(3.10) $\quad v_i = u_i + \varepsilon \leq u_j - \varepsilon = v_j; \forall k \in \mathbb{N}\setminus\{i,j\} : u_k = v_k$

を満足するならば,$vP(R)u$ が成立する.

残念なことに,ピグー゠ドールトンの移転原理によって効用分配の帰結の平等主義的志向に表現を与える方法でさえ,パレート原理と評価順序の連続性の仮定を前提する限り,不可能性定理の罠に捕われざるを得ないのである.この事実は以下の定理によって明瞭に示されている[23]:

定理 3.6 (鈴村゠篠塚,2004)

公理 **PDT**(ピグー゠ドールトンの移転原理),公理 **SP**(強いパレート原理),公理 **CS**(sup metric による位相に関する連続性)をすべて満足する評価順序は存在しない.

証明:効用値 0 を無限に継続する世代効用の無限流列を $_{con}\mathbf{0}$ と書き,$\mathbf{u}^1 = (1, _{con}\mathbf{0})$ からスタートする世代効用の無限流列の無限列 $\{\mathbf{u}^t\}_{t=1}^{\infty}$ を以下の手順で構成する:

---

23) 定理 3.6 は Sakai(2006)に触発されて鈴村゠篠塚(2004)が証明した命題だが,後に第 3.4 節で示すように,もっと強い定理がその後 Hara, Shinotsuka, Suzumura and Xu (2008)によって得られている.定理 3.6 を敢えて残すのは,定理 3.2 との対照の便宜を考えてのことである.

$$\boldsymbol{u}^2 = (1/2, 1/2, {}_{con}\boldsymbol{0}),$$
$$\boldsymbol{u}^3 = (1/4, 1/2, 1/4, {}_{con}\boldsymbol{0}),$$
$$\boldsymbol{u}^4 = (1/4, 1/4, 1/4, 1/4, {}_{con}\boldsymbol{0}),$$
$$\boldsymbol{u}^5 = (1/8, 1/4, 1/4, 1/4, 1/8, {}_{con}\boldsymbol{0}),$$
$$\boldsymbol{u}^6 = (1/8, 1/8, 1/4, 1/4, 1/8, 1/8, {}_{con}\boldsymbol{0}),$$
$$\boldsymbol{u}^7 = (1/8, 1/8, 1/8, 1/4, 1/8, 1/8, 1/8, {}_{con}\boldsymbol{0}),$$
$$\boldsymbol{u}^8 = (1/8, 1/8, 1/8, 1/8, 1/8, 1/8, 1/8, 1/8, {}_{con}\boldsymbol{0}),$$
$$\vdots$$

公理 **PDT** によれば，この無限列は任意の $t \in \mathbb{N}$ に対して

(3.11) $$\boldsymbol{u}^t P(R) \boldsymbol{u}^{t-1} P(R) \ldots P(R) \boldsymbol{u}^2 P(R) \boldsymbol{u}^1$$

を満足する．また，公理 **SP** によって

(3.12) $$\boldsymbol{u}^1 P(R) {}_{con}\boldsymbol{0}$$

が得られる．ところで，無限列 $\{\boldsymbol{u}^t\}_{t=1}^{\infty}$ の無限部分列 $\{\boldsymbol{u}^{t^2} \in X \mid t \in \mathbb{N}\}$ の各項は

(3.13) $\quad \boldsymbol{u}^{t^2} = (1/2^{t-1}, \ldots, 1/2^{t-1}, {}_{con}\boldsymbol{0}) \quad$ ($1/2^{t-1}$ は 2^{t-1} 回繰り返す)

という形を持っている．したがって

(3.14) $$\lim_{t \to \infty} d_s(\boldsymbol{u}^{t^2}, {}_{con}\boldsymbol{0}) = \lim_{t \to \infty} (1/2^{t-1}) = 0$$

が成立する．(3.12)および公理 **CS** を考慮すれば，(3.14)から

(3.15) $$\exists t^* \in \mathbb{N}, \forall t \in \mathbb{N} : t > t^* \Rightarrow \boldsymbol{u}^1 P(R) \boldsymbol{u}^{t^2}$$

が得られるが，(3.15)は(3.11)と R の推移性から得られる $\boldsymbol{u}^{t^2} P(R) \boldsymbol{u}^0$ と矛盾することになる．∥

このように，ピグー=ドールトンの移転原理のように，平等志向的な衡平性の要請でシジウィック=ピグーの匿名性としての衡平性の要請を置き換えても，世代間関係のコンテクストにおける効率と衡平のジレンマは依然として成立するのである．

3.4 無限効用流列の評価原理：2つの展開

これまでの議論を踏まえて，世代効用の無限流列の評価に関する《効率と衡平のジレンマ》に関して，2つのクラスの命題を述べることにしたい．第1のクラスの命題は，世代効用の無限流列を評価する二項関係 R で，平等志向的な衡平性の公理と非常に弱い連続性の公理を満足するものは，R に対する合理性の要請を徹底的に弱めた場合でさえ存在しないことを伝える一般不可能性定理である．このクラスの不可能性定理は，パレート原理にまったく言及していないという点に注意していただきたい[24]．

最初に，普遍集合 X は実数の有界な無限列全体の集合と仮定する[25]．任意の要素 $\boldsymbol{u} \in X$ に対して，$L_P(\boldsymbol{u}) = \{\boldsymbol{v} \in X \mid \boldsymbol{u}P(R)\boldsymbol{v}\}$ は $\boldsymbol{u}$ における $P(R)$ の劣集合とするとき，R に対する弱い連続性の要請を以下の公理として導入する．

公理 PUSC (sup topology に関する P 上半連続性)

任意の要素 $\boldsymbol{u} \in X$ に対して，劣集合 $L_P(\boldsymbol{u})$ は X 上の sup topology に関する開集合である．

次の課題は，平等志向的な衡平性の2つの公理を導入することである．我々が活用する公理のひとつは，既に導入された公理 **PDT**(ピグー=ドールトンの移転原理)であって，改めてここで繰り返す必要はない．我々が活用するもうひとつの公理は《ローレンツ支配原理》(Lorenz domination principle)である．そのための準備として，任意の要素 $\boldsymbol{u} \in X$ と $t \in \mathbb{N}$ に対して，${}_1\boldsymbol{u}_t = (u_1, u_2,$

---

[24] 弱い連続性を導入するために X に導入する位相については，第3.2節での検討を踏まえて，最も標準的な sup metric によって誘導される位相を採用することにする．
[25] これは必要以上に強い制約だが，本書の目的にとってはこれで十分である．

$\ldots, u_t)$ と記号法を定める．また，$\boldsymbol{u}, \boldsymbol{v} \in X$ は

(a) $\sum_{\tau=1}^{t} u_\tau = \sum_{\tau=1}^{t} v_\tau$;

(b) ϕ と φ は $\{1, 2, \ldots, t\}$ 上の置換であり，$u_{\phi(1)} \leq u_{\phi(2)} \leq \cdots \leq u_{\phi(t)}$ 並びに $v_{\varphi(1)} \leq v_{\varphi(2)} \leq \cdots \leq v_{\varphi(t)}$ を満足する

ものとする．すべての $\mu \in \{1, 2, \ldots, t\}$ に対して $\sum_{\tau=1}^{\mu} u_{\phi(\tau)} \geq \sum_{\tau=1}^{\mu} v_{\varphi(\tau)}$ が成立しつつ，少なくともひとつの $\mu \in \{1, 2, \ldots, t\}$ に対しては厳密な不等号が成立するならば，$_1\boldsymbol{u}_t$ は $_1\boldsymbol{v}_t$ を《ローレンツ支配》するという．この概念を用いれば，ローレンツ支配原理を次の公理の形式で表現することができる．

公理 LD（ローレンツ支配原理）

任意の $\boldsymbol{u}, \boldsymbol{v} \in X$ に対して，ある $t^* \in \mathbb{N}$ が存在して，

(a) $_1\boldsymbol{u}_{t^*}$ は $_1\boldsymbol{v}_{t^*}$ をローレンツ支配する；

(b) $t > t^*$ を満足するすべての $t \in \mathbb{N}$ に対して，$u_t = v_t$ が成立する

ならば，$\boldsymbol{u}P(R)\boldsymbol{v}$ が成立する．

これだけの準備が整えば次の 2 つの定理を述べることができる．

定理 3.7 (Hara, Shinotsuka, Suzumura and Xu, 2008, Theorem 1)

公理 **PDT**（ピグー゠ドールトンの移転原理）と公理 **PUSC**（sup topology に関する P 上半連続性）を満足する非循環的な評価原理 R は存在しない．

定理 3.8 (Hara, Shinotsuka, Suzumura and Xu, 2008, Theorem 2)

公理 **LD**（ローレンツ支配原理）と公理 **PUSC**（sup topology に関する P 上半連続性）を満足する評価原理 R は存在しない．

明らかに，公理 **LD** は公理 **PDT** を含意する．したがって，定理 3.7 の公理 **PDT** が定理 3.8 の公理 **LD** で置き換えられたことによって，評価原理 R に対する平等性志向の要請は強められていることになるが，それと引き換えに定理 3.7 で要請されている評価原理 R の《非循環性》の要請は，定理 3.8 で

は完全に姿を消している．ダイアモンド以降の大部分の不可能性定理では，評価原理 R が《順序》であること——すなわち，R は《完備性》，《反射性》，《推移性》を満足すること——が要請されていたことを思えば，評価原理 R の《非循環性》の要請でさえ要求水準の大幅な引き下げであるというべきだが，R が下す評価の首尾一貫性に関してなんの要求も課さない定理 3.8 に到っては，不可能性という強い結論と評価原理に対する論理的要請の弱さとの対照は誠に顕著である．それだけに，定理 3.7 と定理 3.8 は，ピグー゠ドールトンの移転原理やローレンツ支配原理のような平等性志向原理と直面するとき，sup topology に関する P 上半連続性のように弱い形であっても評価原理の連続性がいかに過大な要求であるかということを，逃げ場がない形で示していると読むべきである．

このメッセージを正面から受け止めて世代効用の無限流列の評価に関する連続性の要求を放棄すれば，世代間衡平性とパレート効率性のジレンマに対してどのような対応の道が開けることになるのだろうか．本節で述べる第 2 のクラスの命題は，まさにこの問いに答えることを目的としている．

以下の議論では，いくつかの新たな記号が用いられる．任意の無限次元の実数ベクトル $\boldsymbol{x} = (x_1, x_2, \ldots, x_t, \ldots)$ に対して，$\boldsymbol{x}^{-t} = (x_1, \ldots, x_t)$，$\boldsymbol{x}^{+t} = (x_{t+1}, x_{t+2}, \ldots)$ とする．任意の $\boldsymbol{x}^{-t}$ の《ランク付きの置換》(rank-ordered permutation) とは，$\boldsymbol{x}^{-t}$ の要素を並べ替えて作られ $x^{-t}_{(1)} \leq x^{-t}_{(2)} \leq \ldots \leq x^{-t}_{(t)}$ を満足するベクトル $(x^{-t}_{(1)}, x^{-t}_{(2)}, \ldots, x^{-t}_{(t)})$ のことである．次に，公理 **PDT**（ピグー゠ドールトンの移転原理）を少し強めた平等性志向の要請として，以下の公理を導入する．

公理 SPDT（ピグー゠ドールトンの強移転原理）

任意の $\boldsymbol{u}, \boldsymbol{v} \in X$ と任意の $t, t^* \in \mathbb{N}$ に対して，すべての $k \in \mathbb{N} \setminus \{t, t^*\}$ に対しては $u_k = v_k$ でありつつ，$v_t < u_t \leq u_{t^*} < v_{t^*}$ および $u_t + u_{t^*} = v_t + v_{t^*}$ が満足されるならば，$\boldsymbol{u} P(R) \boldsymbol{v}$ が成立する．

これだけの準備を踏まえて，任意の $t \in \mathbb{N}$ に対してアントニー・ショロックス (Shorrocks, 1983) が導入した《一般化されたローレンツ準順序》(generalized Lorenz quasi-ordering) R_g^t を，以下のようにして定義する[26]：任意の $\boldsymbol{u}, \boldsymbol{v}$ $\in X$ に対して，

$$(3.16) \qquad \boldsymbol{u}^{-t} R_g^t \boldsymbol{v}^{-t} \Leftrightarrow \forall k \in \{1, 2, \ldots, t\} : \sum_{i=1}^k u_{(i)}^{-t} \geq \sum_{i=1}^k v_{(i)}^{-t}$$

が成立する．この準順序 R_g^t を用いて，新たな準順序 R_G^t を

$$(3.17) \qquad \boldsymbol{u} R_G^t \boldsymbol{v} \Leftrightarrow \boldsymbol{u}^{-t} R_g^t \boldsymbol{v}^{-t} \ \& \ \boldsymbol{u}^{+t} > \boldsymbol{v}^{+t}$$

によって定義する．最後に，一般化されたローレンツ準順序の無限次元への拡張 R_G は

$$(3.18) \qquad R_G = \bigcup_{t \in \mathbb{N}} R_G^t$$

で定義される．容易に確認できるように，R_G は普遍集合 X 上の準順序であり，次の定理が示す重要な機能を果たしている．

定理 3.9 (Bossert, Sprumont and Suzumura, 2007, Theorem 1)

普遍集合 X 上の順序 R が公理 **SP**(強いパレート原理)，公理 **IGE**(世代間衡平性)，公理 **SPDT**(ピグー゠ドールトンの強移転原理)を満足するのは，R が R_G の順序拡張であるとき，そしてそのときのみである[27]．

ピグー゠ドールトンの移転原理は，世代効用の無限流列に対する平等性志向を表現する公理として，広く承認されている．だが，社会的選択の理論において社会的評価の衡平性志向を表現する公理として広範な支持を得てきたのは，ピーター・ハモンド(Hammond, 1976)が定式化した《ハモンド衡平性》の公理である[28]．我々の現在のコンテクストでは，ハモンド衡平性の公理は以下の

---

26) 所得分配の理論において通常用いられるローレンツ準順序では，分配される総所得は一定であることが前提されている．R_g^t の定義では，この制約は課されていない．
27) R_G は準順序なので，その順序拡張の存在は，本書第 1 部(合理的選択と顕示選好)で重要な役割を果たした順序拡張定理によって保障されている．したがって，定理 3.9 は公理 **SP**，公理 **IGE**，公理 **SPDT** を満足する順序を特徴付ける定理であると同時に，存在定理でもあることに注意していただきたい．
28) Hammond(1976)はこの公理を活用して，ロールズの正義の原理の厚生主義的な公理化に成功したのである．

ように定式化できる.

公理 HEP(ハモンドの衡平性志向原理)

任意の $u, v \in X$ と任意の $t, t^* \in \mathbb{N}$ に対して,すべての $k \in \mathbb{N} \setminus \{t, t^*\}$ に対しては $u_k = v_k$ が成立しつつ,$v_t < u_t < u_{t^*} < v_{t^*}$ が満足されるならば,$u P(R) v$ が成立する.

ピグー=ドールトンの強移転原理をハモンドの衡平性志向原理で置き換えれば,残される唯一の評価順序はロールズの格差原理を辞書式に拡張した順序になる.この性質を述べる準備として,任意の $t \in \mathbb{N}$ に対して,レキシミン順序 R_l^t を以下のように定義する:任意の $u, v \in X$ に対して,

(3.19) $u^{-t} R_l^t v^{-t} \Leftrightarrow u^{-t}$ は v^{-t} の要素の置換であるか,あるいは $t^* \in \{1, 2, \ldots, t\}$ が存在して,任意の $k \in \{1, 2, \ldots, t\} \setminus \{t^*, \ldots, t\}$ に対して $u_{(k)}^{-t} = v_{(k)}^{-t}$ を満足しつつ,$u_{(t^*)}^{-t} > v_{(t^*)}^{-t}$ が成立する.

容易に確認できるように,R_l^t は任意の $t \in \mathbb{N}$ に対して準順序である.次に,任意の $t \in \mathbb{N}$ と任意の $u, v \in X$ に対して,

(3.20) $u R_L^t v \Leftrightarrow u^{-t} R_l^t v^{-t} \,\&\, u^{+t} > v^{+t}$

によって,準順序 R_L^t を定義する.最後に,レキシミン準順序の無限次元への拡張 R_L は

(3.21) $$R_L = \bigcup_{t \in \mathbb{N}} R_L^t$$

で定義される.容易に確認できるように,R_L は普遍集合 X 上の準順序であり,次の定理が示すような重要な機能を果たしている.

定理 3.10(Bossert, Sprumont and Suzumura, 2007, Theorem 2)

普遍集合 X 上の順序 R が公理 **SP**(強いパレート原理),公理 **IGE**(世代間衡平性),公理 **HEP**(ハモンドの衡平性志向原理)を満足するのは,R が R_L の順序拡張であるとき,そしてそのときのみである.

定理3.9と定理3.10が，本節における世代間衡平性とパレート効率性のジレンマの検討の到達点である．我々が得た結論は2つある．第1に，定理3.7と定理3.8の直後に述べたシナリオにしたがって，世代効用の無限流列の評価に関する連続性の要求を放棄すれば，世代間衡平性とパレート効率性のジレンマは解消される．第2に，世代間衡平性の要請には，シジウィック＝ピグーの匿名性としての衡平性と，ピグー＝ドールトンの平等性志向原理ないしハモンドの衡平性志向原理によって捕捉される衡平性の2つの考え方があるが，この両者の考え方を強いパレート原理と同時に満足させることが可能であるのみならず，これらの公理群を満足する評価原理の完全な特徴付けを与えることができる．この2つの結論を提出することによって，我々の世代間衡平性とパレート効率性の両立可能性を巡る研究の総括を閉じることにしたい．

第4節　将来世代の可塑性と現在世代の責任[29]

4.1　環境的外部性としての地球温暖化問題の特徴

本章第1節で述べたように，世代間関係の在り方に最近関心が高まっている理由の一端は，長期にわたる環境的外部性の問題——特に，地球温暖化問題——の深刻化にある．地球温暖化問題は，人類が初めて遭遇した規模の自然科学的・社会科学的な難問であるが，この問題には前節までに考察した世代間関係の厚生経済学の枠組みで対処することが本質的に困難な側面がある．まず，地球温暖化問題の特異性を列挙して，今後の厚生経済学が対処を求められる問題の粗描を試みることにしたい．

経済学的にいえば，地球温暖化問題は《外部性》(externality)現象——市場機構を経由せず，ある経済主体の活動が《付随的》に他の経済主体の利得に影響を及ぼす現象——の一例である．しかし，地球温暖化問題と通常の外部性問題（例えば公害問題）との間には，2つの重要な差異がある．

第1に，空港の騒音や工場排水による生活環境の汚染などの公害問題であ

---

[29]　本節の考察は，Roemer and Suzumura (2007) に収録された蓼沼宏一氏との共同論文に基本的に依拠している．

れば，加害者と被害者が同時点に並存しているのが通例である．これに対して，地球温暖化問題の場合には，関係するすべての当事者が同時点に並存することはあり得ない．過去および現在の経済活動が付随的に排出した温暖化ガスの最も深刻な影響を受けるのは遠い将来の世代であって，現在時点では彼らは未だ存在していない．したがって，彼らが加害者に対して被害の補償を求めたり，被害をもたらす活動の自制を求めたりして交渉する機会は，原理的に存在しないのである．また，加害者である現在世代と過去世代のうち，過去世代の大部分は歴史のベールの彼方に姿を隠していて，現在時点ではもはや存在しない．したがって，加害者の間で責任分担を巡る交渉を組織して，補償支払いの負担を求める機会は，原理的に存在しないのである．このように，現在時点で地球温暖化問題に関する意思決定に参加できるのは，加害者と被害者の僅かな一部を形成する現在世代，すなわち意思決定の時点に生存する世代だけなのである．

第2に，公害現象などの場合には加害者と被害者ははっきりと分離されているのだが，温暖化ガスは生産活動からのみならず消費活動からも発生するだけに，地球環境を共有するすべての人々は，地球温暖化現象の被害者であると同時に加害者でもある．地球温暖化問題に対処する制度の設計と実装のプログラムは，すべての関係者が被害者であると同時に加害者でもあるというこの決定的な特徴を，明瞭に意識して作成される必要があるのである．

4.2 世代間の歴史的構造と人格の《非同一性》(non-identity)問題

地球温暖化は非常に長期にわたる外部性問題である．そこに登場する人々は幾世代にも及び，同時並列的にではなく歴史的構造をもって継起的に登場する．過去から現在までの歴史的経路は，無数の可能性のなかからただひとつに確定していて，その経路上に存在した過去の人々および現存する人々も，既に確定している．だが，将来どのようなタイプの人々がどれだけ存在することになるのかは，現在世代の行動によって決定される経路次第で異なるものとなり，意思決定の時点では確定していない．この事実を説明する具体例をいくつか挙げてみたい．

（1）先進国で石油の利用を厳しく制限する温暖化対策が採用される場合と，

まったく制限されない場合を比較してみよう．石油の利用は現在世代の生活のあらゆる側面に関わるため，2つの場合では衣食住の在り方や移動の機会と便宜性が大きく異なってくる．その結果，人々は異なるパートナーと出会って異なる家族を構成して，異なる生活経験を積み重ねて行くために，数十年のうちには生存する人々の数および個人的特性は，異なる経験と遺産の継承を経由して，非常に異なる姿になっている筈である．

(2) 温暖化ガスの総排出量は，人口ひとり当たりの排出量とともに，人口規模それ自体にも依存する．温暖化の進行を抑制するために発展途上国において人口爆発を抑制する政策を実行する場合と実行しない場合とでは，将来世代の規模のみならずその個人的な特性も，大きく異なる姿になっている筈である．

(3) 温暖化ガスの排出を抑制しなかった場合には，太平洋上の島嶼国が水没して，民族構成が大きく変化するかもしれない．また，かつては永久凍土と考えられていた地域が耕作可能となって，人口規模とその地域配分が大きく影響されることになるかもしれない．

このように，将来時点に存在する人々の数や個人的な特性が，現在世代の政策の選択に依存して《可塑的》(malleable)であるという事実は，デレク・パーフィット(Parfit, 1981, 1984)によって指摘された将来世代の《非同一性問題》(non-identity problem)の重要な一例に他ならない．

将来世代の非同一性問題は，地球温暖化問題の厚生経済学の情報的基礎に対して，重要な問題を提起することになる．例えば，自動車を頻繁に使用するアメリカ型の社会で育ったひとは，自動車の利用に対して強い選好を体得するようになるだろうが，石油の利用が制限された結果として公共的交通機関が発達した社会で成長したひとは，自動車の利用をそれほど必要としない選好を身に付けることになるだろう．このとき，2つの帰結のどちらが好ましいかという設問は，社会的評価の情報的基礎として厚生主義的なアプローチを採用する限り，将来世代の非同一性問題のために，原理的に回答不可能となるのである．正統派の厚生経済学，道徳哲学，法哲学，政治哲学の多くは，公共【善】に対する厚生主義的アプローチに依拠しているために，地球温暖化問題の複雑なコンテクストではその切れ味をほとんど喪失してしまうように思われる．

4.3 同一世代内の差異：経済発展段階の差異と地球温暖化の影響の差異

これまでは異なる世代間の差異に専ら注目して，各世代はあたかも同質的なグループであるかのように議論してきたが，同一世代内の人々の間にも，少なくとも2つの点で重要な差異がある．

第1に，経済の発展段階は明らかに国家間・地域間で異なっている．同一の世代内でも，さまざまな経済の発展段階にある国家・地域が並存しているのが現実である．経済の先進地域に生活する人々は，現在の大規模な経済活動から生み出される財貨のフローから受益しているのみならず，過去の高い水準の経済活動が結実したストック（資本および物的・知的インフラストラクチュア）からも，大きな便益を享受している．このようなストックを生み出した過去の経済活動も，現在時点までの温暖化ガスの蓄積に寄与してきたことは当然である．したがって，経済発展段階を異にする国家・地域は，経済活動のフローの成果から直接的に，あるいは資本やインフラストラクチュアなどのストックから間接的に享受する便益に大きな格差をもつのみならず，経済活動に起因する温暖化ガスの蓄積量に対する貢献度においても大きな格差をもっている．このため，温暖化ガスの排出を抑制する措置を巡って先進国と開発途上国の間で鋭い利害対立が生じることは，殆ど必然的である．

第2に，同一世代の間でも国家間・地域間で地球温暖化から受ける影響の程度には大きな差異がある．例えば，50年後には太平洋上の島嶼国が水没の危機に瀕しつつ，カナダやロシアなどでは永久凍土ないし耕作不適と考えられていた土地が耕作適地になって，大きな利益を得ることになっている可能性がある．このような対照的な可能性に直面する国々では，地球温暖化問題に対する意識に雲泥の差が生じることはむしろ当然のことである．

このように，同じ世代に属する国・地域の間にも，地球温暖化の意味と意義に関して多様な考え方がある現実を見据えれば，地球温暖化に対する政策の設計と選択に関する国際的な合意の形成可能性は，さらに一層その複雑さを増すことになる．

4.4 正統的なアプローチの適用可能性に対する留保

このように，地球温暖化問題は非常に長期にわたる歴史的構造をもつ諸世代

間の福祉分配の問題であるのみならず,同一世代内で利害を異にするグループ間の福祉分配の問題でもある.この問題に対する正統的な厚生経済学の分析装置の適用可能性に対しては,第4.2節で述べた人格の《非同一性》問題を考慮するとき,懐疑的にならざるを得ない理由がある.本節では,当事者間交渉による解法,権利・義務の関係に基づく解法の2つの正統的な外部性問題に対する解法が,地球温暖化問題のコンテクストでは失敗せざるを得ない理由を突き詰めて考えてみることにしたい.

(1) 当事者間交渉による解決法

外部性問題の古典的な解決方法としてロナルド・コーズ(Coase, 1960)が提唱したのは,外部性の出し手と受け手の間の直接交渉による問題処理だった.《コーズの定理》(Coase's theorem)と称されている命題によれば,取引費用が無視できる場合には,当事者間交渉によって外部性の問題はパレート効率的に解決することができる.当事者の間の権利の初期分配の在り方にしたがって,交渉解における所得分配の在り方は当然異なることになるが,いかなる権利の初期分配の在り方に対しても,交渉解のパレート効率性は保証されることになるのである.空港の騒音問題を例に取れば,《静かな生活を営む権利》(あるいは《騒音を無制約に出す権利》)が設定されているならば,当事者間の交渉を経由して騒音の水準や金銭的補償などに関する合意が形成されて,外部性の問題はパレート効率的に解決されることになる.

地球温暖化問題の場合には,加害者(温暖化ガスの発生者)と被害者(地球温暖化の影響を被る人々)が同じ時点には並存しないという時間的な構造があるために,当事者間の直接交渉による外部性問題の解決が現実には不可能であることは明らかである.規範理論としては,あたかもすべての当事者が一堂に会して交渉するかのような仮想的ないし反事実的な設定をして,想像上の交渉の場で合理的に推論される交渉結果を規範的に望ましい解決と看做す考え方もあり得よう.だが,この意味の仮想的・反事実的設定においてさえ,将来世代を適切に代表するエージェントを合理的に想定することは不可能だといわざるを得ない.そもそもこの仮想的な交渉に参加するのは,温暖化対策が実行された場合に存在する人々のエージェントなのだろうか.それとも実行されなかった場合

に存在する人々のエージェントなのだろうか．前者だとすれば，エージェントが代理する人々は温暖化対策が実行されたときにのみ存在するのだから，彼は温暖化対策が実行されなかった場合に発生する被害に対する補償を請求して，交渉に参加する資格を欠いている．後者だとすれば，エージェントが代理する人々は温暖化対策が実行されなかったときにのみ存在するのだから，補償の支払いという外部性の内部化費用を支弁して現在世代が温暖化対策を実行することになれば，彼は代理すべき将来世代を失ってしまうことになる．いずれの場合にも，地球温暖化問題のコンテクストでは関係する当事者間の合理的な交渉を規範的理論の基礎とすることは，原理的に不可能なのである．

(2) 権利と義務のパラダイムによる解決法

社会正義は，しばしば《権利》と《義務》の関係として表現される．地球温暖化問題における《世代間の権利と義務》に関する常識論は，「将来世代は現在世代に対して，人為的な地球温暖化の影響を排除ないし緩和することを要求する権利をもち，現在世代は将来世代に対して，人為的な温暖化を抑制する義務を負う」と主張するだろう．しかし，地球温暖化問題における将来世代と現在世代との関係を単純な権利・義務関係で把握することには，やはり論理的な難点がある．

この事実を理解するために，時点 t^* において「温暖化対策を実行する」という政策を a^{t^*}，「温暖化対策をまったく実行しない」という政策を b^{t^*} とすると，それぞれの政策の結果として将来の時点 T で生存する人々の人格は異なっていて，$N^T(a^{t^*}) \neq N^T(b^{t^*})$ が成立する．ただし，$N^T(a^{t^*})$ あるいは $N^T(b^{t^*})$ は，第 t^* 世代が政策 a^{t^*} あるいは政策 b^{t^*} を実行したときの第 T 世代の人々の規模や人格を一括して表現した集合である．さて，どちらのグループの人々 $N^T(a^{t^*})$ あるいは $N^T(b^{t^*})$ が現在世代に対して温暖化抑制を要求する権利をもち，また現在世代はそのグループに対して義務を負うのだろうか．

まず，温暖化の進行した世界に生きる集合 $N^T(b^{t^*})$ の人々が，その権利を有するものと考えてみよう．しかし，ひとたび現在世代が将来世代によって行使された権利に応じる義務を果たして温暖化抑制措置を実行したならば，将来時点で生存するのは集合 $N^T(a^{t^*})$ の人々である．つまり，$N^T(b^{t^*})$ の人々が

温暖化の抑制された世界に生きることは決してなく，権利の行使は自己の存在を否定することになる．賦与された権利の自発的な行使が，権利主体の存在を自ら否定するような《権利》の設定は不合理である．

逆に，温暖化が抑制された世界に生存する集合 $N^T(a^{t^*})$ の人々が，現在世代に温暖化抑制を要求する権利を有すると定める合理的根拠はやはり存在しない．なぜなら，温暖化が抑制されなかったときに生存するのは $N^T(b^{t^*})$ の人々であり，$N^T(a^{t^*})$ の人々はなんら損害を被っているわけではないからである．

結局，人格の非同一性問題のために，地球温暖化対策を将来世代の権利に対する現在世代の義務として根拠付けることは論理的に不可能なのである．

4.5 歴史的経路の選択に対する責任と補償

このように，地球温暖化問題に対する政策の厚生経済学的な根拠を《交渉解》に求めることは，論理的に不可能である．また，温暖化対策を単純に将来世代の《権利》に対する現在世代の《義務》として位置付けることも，論理的に不可能である．では，「現在世代の選択次第で将来の歴史的経路上に存在する人々は異なるのだから，現在世代が行う選択に対する規範的な判断基準は論理的に存在し得ない」という一種の不可知論を，我々は甘受せざるを得ないのだろうか．この不可知論の罠から脱出するためには別の理論的な展開が必要である．

このコンテクストで我々が注目したいのは，ロナルド・ドウォーキン(R. Dworkin, 1981a)，マーク・フローベイ(Fleurbaey, 1995, 1998, 2008)らの最近の研究によって厚生経済学に新たに導入された《責任と補償》(responsibility and compensation)という原理である．フローベイ(Fleurbaey, 1998)が《支配に基づく責任》(responsibility by control)と呼んだのは，ひとは自分の自由意思によってコントロールできる選択の帰結に対しては，責任を負うべきだという原理である．それはいわば《選択の自由》(freedom of choice)を行使することに伴う責任を選択主体に帰属させて，その選択が不利な結果に帰着してもその責任の転嫁を認めないという考え方である．

この原理によれば，高級な自動車に対して特別の嗜好を培ってきたひとが，

その高級車を入手し得ない限り彼の欲望の満足度が極めて低くなるという理由で，彼の所得の補償を社会に対して請求する正当な根拠はない．なぜならば，低い効用という帰結は，彼が自由意思によって特殊な選好——ドゥオーキンが《シャンペン嗜好》と呼んだ贅沢な選好——を形成したことに起因するのであって，この原因に対しては本人がその選択の責任を負うべきだからである．これに対して，ひとが自由意思ではコントロールできない要因に基づく不遇と困窮に対しては，本人に責任を負わせるべきではない．別の表現をすれば，non-responsible factor に起因する不利益に対しては，社会的な《補償》が支払われなければならないのである．例えば，他人の飲酒運転による自動車事故に巻き込まれて身体障害者になった不運なひとは，自分がコントロールできない要因——他人の飲酒に基づく重大な過失——から，なんら自らの責任を問われるいわれはない不利益を被ったのだから，社会的な補償を受けるのが正当である．確かにこの補償の支払い責任は飲酒運転を行った個人に第一義的に帰着するべきだが，正当な手続きによって補償の支払いが行われる制度的な枠組みを整備して，その補償の敏速な履行をモニターする責任は，あくまで社会によって担われるべきである．

この観点から地球温暖化の問題を考える場合に決定的に重要な事実は，温暖化ガスを発生させる現在世代の経済活動は将来世代の人格に対して《外部的》に——将来世代には責任を問えない形で——影響すること，そして現在時点で実行する政策を完全にコントロールしているのはひとえに現在世代であるということである．したがって，《責任と補償の原理》に基づけば，地球温暖化問題に対して現在世代は歴史的経路を決定する政策選択をコントロールする自律性をもつために，それに伴う《選択責任》を負うべきだと考えられる．

だが，ドゥオーキンやフローベイが想定していた理論的フレームワークと地球温暖化問題の構造との間には本質的な差異があって，ドゥオーキン＝フローベイ理論の結論を機械的に地球温暖化問題に適用することは意味がない点には注意すべきである．ドゥオーキン＝フローベイのフレームワークでは，選択行為の責任主体とその選択の帰結から影響を受ける主体は同一であるか，異なる主体ではあっても同一時点で並存する状況が，暗黙のうちに前提されている．上に挙げた2つの例のうち，高価な嗜好の例は主体が同一であるケースであ

り，飲酒運転事故の例は主体が異なるが加害者と被害者が同時点で並存するケースである．ところが地球温暖化問題のひとつの本質的な特徴は，現在の選択行為の責任主体は現在世代だが，この選択の外部効果を一方的に受容せざるを得ない主体は未だ存在しない将来世代だという点にあった．現在世代が行う選択の結果に依存して，その選択の帰結から外部的な影響を被る主体の人格が決定され，その主体が享受し得る福祉もまた決定されるのである．この決定的に重要な特徴に留意すれば，現在世代が行う《選択》の意味と，その選択に伴う《責任》の意味について，さらに注意深い考察が必要とされることになる．

　ここで改めて注意を喚起すべき重要な事実は，現在世代が行う選択は現在から将来への歴史的経路の選択に他ならず，この選択は将来世代の人格と彼らが享受する福祉の双方を，彼ら自身が遡って選択をやり直す機会を与えずに——その意味で一方的・外部的・不可逆的に——決定する行為であるという点である．したがって，現在世代が将来世代に対して負うべき《責任》の第1の意味は，なんらかの明確で合理的な基準に照らして現在世代の選択が《社会的に最善》であると説明することが可能な経路を選択する責任——《説明責任》(accountability)——である．

　現在世代が将来世代に対して負う《責任》の第2の意味を明らかにするために，現在世代には以下の3つの単純な選択肢のみが存在する状況を考えてみたい．

（A）地球温暖化の進行をストップさせる政策，
（B）地球温暖化の進行は放置するが，将来世代に及ぶその影響を補整するために，他の社会資本の蓄積水準を改善する政策，
（C）地球温暖化の進行を放置するのみならず，他の社会資本の蓄積水準を補整的に改善する措置も講じない政策．

現在世代がこれら3つの選択肢のどれを選ぶかによって，将来生存する人々の人格は異なり，彼らの福祉水準も異なってくる．だが，どの人々が存在するにせよ，現在世代が行う選択に対して将来世代に責任を問うことはできない．別の表現をすれば，現在世代が行う選択は将来世代にとっては彼らの福祉を条件付ける外生的な要因であって，彼らにその責任を転嫁する根拠はない．仮に選択肢(C)を現在世代が選んだとすると，将来時点で生存する人々は，責任を

負うべき理由がない現在世代の選択から不利益を被りつつ,その不利益を補整する《補償》を得ていないことになる.このことは,選択肢(C)の先にある歴史的経路上では,《責任と補償の原理》が実現されていないことを意味している.このような経路は規範的に望ましい選択肢であるとはいえないだろう.これに対して,現在世代が選択肢(B)を選んだ場合には,将来生存する人々は温暖化による不利益を被りつつ,それを補整する社会資本の蓄積という《補償》を受けることになる.この経路上では《責任と補償の原理》が実現されているというべきだろう.このように,環境の悪化が不可避である場合には《責任と補償の原理》が実現される歴史的経路を選択する責任を現在世代は負っている——これが現在世代が担う《責任》の第2の意味なのである.

われわれがいう現在世代の負う第2の意味の責任を,《将来世代のもつ権利の侵害に対する現在世代の賠償責任》と捉えてはならない.第4.4節で説明した通り,将来世代の人格の非同一性問題のために,そのような権利設定には論理的な困難があるからである.《責任と補償の原理》に基づくわれわれの主張は,現在世代の選択から一方的に不利益を被る人々が将来存在することになるような歴史的経路の選択は,規範的に望ましい経路選択とはいえないということである.それは,現在時点では合理的な代理が不可能な将来世代の選好や権利とは,まったく無関係な規範的主張なのである.

4.6 結論と今後の課題

本節では,地球温暖化問題を非常に長期にわたる世代間・世代内の福祉分配の問題として捉えて,その厚生経済学的な分析の基礎を検討した.将来世代の人格の非同一性という難問のために,この問題の厚生経済学的な分析の情報的基礎としては,世代効用の無限流列のように,厚生主義的なアプローチを採用することは不適格である.同じく将来世代の人格の非同一性のために,非常に長期の環境的外部性の問題を解決するために,標準的な厚生経済学の加害者と被害者の直接交渉のパラダイムや,権利と義務のパラダイムを適用する可能性も,阻まれてしまうことになる.このような検討を経て,我々が最終的に到達した規範的な観点はドウォーキン=フローベイの《責任と補償》の原理だった.我々は,環境的外部性の加害者と被害者が直接に出会う機会がない非常に

長期の福祉分配の問題に適合する形式でこの原理を再構成して，規範的なアプローチのひとつのパラダイムを構成したのである．

　経済学が初めて直面した時間的・空間的に大規模な福祉分配の問題に取り組む厚生経済学は，その端緒に付いたばかりという萌芽的な段階にある．新たな研究に乗り出す際には，考察すべき問題の構造を明確に理解するとともに，標準的な理論的フレームワークの適用射程を冷静に評価することが，進むべき方向性と開発されるべき分析道具を見定めるために必要不可欠なステップとなる．本節における考察が，地球温暖化の厚生経済学のパイロット・スタディとして今後の一層の研究の足掛りを提供できるならば，我々のささやかな目的は果たされたことになる．

第4部
権利と効率のジレンマ

《問題の設定》

アローが一般不可能性定理を最初に公表したのは，1948年にクリーブランドで開催されたエコノメトリック・ソサエティの大会でのことだった．計量経済学者ローレンス・クラインが座長を務め，アローが報告を行ったセッションには，カナダ人の政治学者デーヴィッド・マッコード・ライトが出席していた．もともと論争好きで知られたライトは，アローが不整合性を証明した公理群には，社会的選択が満足すべき本質的な条件として《自由》の尊重が含まれていないとして，アローを激しく批判する論陣を張った．座長クラインと報告者アローの対応に不満をもったライトは，憤然としてセッション・ルームを飛び出して，廊下でクラインとアローはコミュニストだと叫んでいたと伝えられている[1]．残念ながら，ライトの批判に対してアローが——そしてクラインが——どう応答したかは，記録に残されていない．だが，論理的にはライトの批判に解答することは簡単だった筈である．アローが不整合性を証明した公理群に《自由》の尊重を公理として追加すれば，既に不整合な公理群はさらに矛盾の程度を深めるだけであって，アローが発見した論理的矛盾の本質が，それで変わるわけではまったくないからである．

とはいえ，民主的な社会的選択が個人の《自由》を尊重しつつ遂行可能であるかという問題は，社会科学の観点から非常に興味ある問題であることは間違いない．それにも関わらず，社会的選択の公理として《自由》の尊重を定式化して，民主的な社会的選択との整合性を論理的に追求する研究がようやく誕生したのは，アローの一般不可能性定理が公表されてから，20年が経過した後のことだった．アマルティア・センが発見して大きな反響を呼んだ《パレート派自由主義者の不可能性》定理(Sen, 1970)こそ，社会的選択の理論の積年の宿題に答える役割を担う研究だったのである．社会的選択が最小限の民主主

---

[1] このエピソードは，ジェリー・ケリーが行ったアローとのインタビュー(Kelly, 1987)のなかで，アロー自身によって語られたものである．

義の要求を尊重しつつ，社会を構成する人々に最小限の自由主義的な権利を保障することは，論理的に可能だろうか．センはこの問題を新たに提起したのみならず，否定的な一般定理を証明することによって，アローが創始した社会的選択の理論に新次元を追加したのである．しかも，往々にしてアローの一般不可能性定理の源泉として名指されてきた社会的選択の《合理性》と《情報的効率性》の要請をまったく課さなくともセンの一般不可能性定理は成立するという意味で，《最小限の民主主義》(minimal democracy)と《最小限の自由主義》(minimal liberalism)との論理的な衝突は，非常に根強い論理的な難問なのである．こうしてセンの定理は，アローの定理と並んで社会的選択の理論の重要命題という位置を確立したのである．

第4部の課題は，民主主義と自由主義の論理的な整合性を尋ねるセンの問題提起と社会的選択の理論のその後の展開を，体系的に検討することである．第10章(リベラル・パラドックス)は，センのパレート派自由主義者の不可能性定理の意味と意義を，徹底的に明らかにすることを課題としている．最初に踏まれるべきステップは，自由主義的な権利の社会的尊重という考え方に対して，社会的選択の論理的な枠組みを用いて形式的に正確な表現を与えることである．我々は，センが用いた定式化の的確性を問うための準備も意識して，彼が捉えようとした自由の概念を古典的な自由主義者の主張との整合性を問いつつ詳しく吟味する．

センの問題の起源は，ジョン・スチュアート・ミルが『自由論』(Mill, 1859)で提起した問題——人々の《個人的自由の社会的尊重》の問題——と密接に関わっている．著者はかつて厚生経済学の進化過程を巡ってポール・サミュエルソンをインタビューしたのだが，ミル＝センの問題に話が及んだとき，彼が持ち出した寓話がある[2]．ロンドンのセント・ジェームズ・パークを若者がステッキを振り回して歩いていて，あわや通りすがりの老人を叩きそうになった．老人が「君のステッキは公園を散歩する人々の迷惑になっている」とたしなめると，若者は「ほっといてくれ，ここは自由な国じゃないか」と食って掛かった．すかさず老人は「お若い方，君の自由は私の鼻が始まるところで終わるの

---

[2] サミュエルソンの寓話に関しては，Suzumura(2005a)を参照していただきたい．

だよ」と諭したというのである．ミルの『自由論』には，個人の周囲には他人の干渉を許さない《保護領域》(protected sphere)があり，他のすべての人々の福祉のためであるにせよ，この保護領域を侵犯することは許されないと論じた有名な箇所がある．サミュエルソンの寓話は，個人の不可侵な保護領域には相互の両立可能性という重要な問題があることを，鮮やかに例示している．センの自由主義的権利論には，この問題のカウンターパートとして，アラン・ギバードのパラドックス(Gibbard, 1974)が付きまとっている．この問題を検討することも第10章の重要な課題となる．

社会的選択理論に自由主義的権利という新たな次元を持ち込んだセンの貢献は間違いなく重要だが，彼が実際に用いた自由主義的権利の形式的な表現には重大な批判の余地がある．第11章(ゲーム形式の権利論)では，センの自由主義的権利の概念の問題点を抉り出して，代替的な権利論――《ゲーム形式の権利論》(game-form approach to rights)――を提唱することを試みる．この代替的権利論は，センの社会的選択の理論に根差した権利論とは異なり，個人が自らの私的な決定変数を選択する自由に注目して定式化されている．ゲーム形式の権利論は，個人の自由の本質を《選択の自由》(freedom of choice)と連結する古典的自由主義の伝統と，基本的に親和的なアプローチなのである．この新たな権利論は，個人の自由主義的権利の定式化としてはセンの権利論と鋭く対立している．だが，オリジナルな権利の定式化を駆使してセンが抉り出した難問は，ゲーム形式の権利論においても新たな衣装を纏って再登場する．センが発見したパレート派自由主義者の不可能性は，自由主義的権利の定式化の表現上の差異を超越して民主的な社会が直面せざるを得ない論理的な障碍を象徴するパラドックスとして，不滅の地位を確立しているのである．

最後に第12章(権利体系の社会的選択)は，自由主義的権利の問題を
 (1) 権利の《形式的な表現方法》(formal articulation)の問題
 (2) 権利の《社会的な実現》(social realization)の問題
 (3) 権利の《初期配分》(initial conferment)の問題
に分類して，センの権利論および我々のゲーム形式の権利論の到達点と残された問題を整理して，一層の研究が期待される課題を確認することを課題としている．

第10章　リベラル・パラドックス

第1節　厚生主義に対する事例含意的批判と原理対立的批判

　厚生経済学と社会的選択の理論における自由主義的権利の理論の位置と機能を理解するためには，本書第3部第7章(帰結道徳律と手続き的衡平性)の規範的評価の情報の樹を活用して，規範的経済学の展開プロセスを見直してみることが役に立つ筈である．過度な単純化の危険性を承知のうえで，社会的評価の情報的基礎の観点から規範的経済学が辿った経路を通覧すれば，以下のような俯瞰図を描くことができる．

　情報の樹の出発点では功利主義者ベンサムとともに《非帰結主義》と袂を分かち，《帰結主義》の枝を選択した規範的経済学は，樹状図の第2の分岐点ではピグーの【旧】厚生経済学と歩調を合わせて帰結に関する非厚生情報を切り捨てて，《厚生主義的帰結主義》——略称して《厚生主義》——の枝を採択した．ロビンズの批判を浴びて【旧】厚生経済学が瓦解した後に，経済システムや経済政策の規範的評価の新たな理論的フレームワークを探求して誕生した【新】厚生経済学も，規範的経済学の論理的な基礎を包括的に分析する理論としてアローが創始した社会的選択の理論も，規範的評価の情報的基礎として情報の樹の《厚生主義》の枝に進むという点では，ピグーと歩を一にしていた．だが，【新】厚生経済学と社会的選択の理論がピグーの【旧】厚生経済学と歩調を合わせたのは，樹状図のこの第2の分岐点に到るまでのことだった．ロビンズに先導された【新】厚生経済学者は，ベンサムとピグーが用いた効用概念の《基数性》と《個人間比較可能性》を退けて，厚生主義の内部で効用の《序数性》と《個人間比較不可能性》を前提とする枝に進んだのである．また，【新】厚生経済学の論理的な基礎を内在的に批判するため，アローの社会的選択の理論も【新】厚生経済学が選んだ枝と同じ経路を進んだ．このようにして，現代の規範的経済学は《効用の個人間比較を許さない序数的厚生主義》という情報的基礎——情報の樹の端点 t_1 ——に辿り着いたのだが，そこに待ち

受けていたものこそ, 合理性・民主性・情報的効率性を満足する社会的厚生判断の形成不可能性という厳しい宣告, すなわちアローの一般不可能性定理だったのである.

ところで, 経済政策の是非や経済システムの性能を社会的な観点から評価する際には, その政策やシステムの《帰結》から人々が享受する《効用》ないし《厚生》を社会的な厚生判断の情報的基礎として採用する選択は, ある意味では非常に自然である. それだけに, 政策判断の《厚生主義》的基礎を問題視するひとは, 《厚生》というフィルターを通して《帰結》を評価する立場のなにが問題なのかを, 十分明らかにする義務を負っている. 厚生主義の問題点を抉り出して, 非厚生主義的ないし非帰結主義的な情報的基礎に立つ規範的経済学の建設の必要性を説くという困難な作業を自覚的に背負った代表的な経済学者こそ, アマルティア・センだった.

センの厚生主義批判には基本的に2つのアプローチがある. 第1のアプローチは, 効用ないし厚生という主観的なフィルターを通過する情報に専ら依拠して経済政策の評価や経済システムの性能に関する判断を行うと重大な誤りを犯す危険性があることを, 直観的な事例に則して指摘するアプローチである. この批判方法は, 厚生主義への《事例含意的な批判》(case implications critique)と呼ばれている. 第2のアプローチは, 厚生主義的な原理と非厚生主義的な原理の間に論理的な衝突の根強い可能性があることを指摘して, 厚生主義的な原理と比肩する説得力を非厚生主義的な原理が備えている限りにおいて, 厚生主義的な原理の支配的な影響力に疑問を突きつけるアプローチである. この批判方法は, 厚生主義への《原理対立的な批判》(conflicting principles critique)と呼ばれている.

厚生主義へのセンの事例含意的な批判の典型例は, 『福祉の経済学——財と潜在能力』(Sen, 1985a, 邦訳 pp. 35-36)に提示されている:

　　我々が敢えて欲するもの, またそれを得られないとき我々が痛みを覚えるものは, 実現可能性や現実的な見通しをどう考えるかによって影響される. 我々が実際に獲得するもの, また入手することを無理なく期待できるものに対して示す心理的な反応は, 往々にして厳しい現実への妥協を含

んでいる．極貧から施しを求める境遇に落ちたもの，かろうじて生延びてはいるものの，身を守るすべのない土地なし労働者，昼夜暇なく働き詰めで過労の召使い，抑圧と隷従に馴れて，その役割と運命に妥協している妻——こういう人々は，すべてそれぞれの苦境を甘受するようになりがちである．彼らの窮状は，平穏無事に生延びるために必要な忍耐力によって抑制され，覆い隠されて，（欲望充足と幸福に反映される）効用の物差しにはその姿を現さないのである．

センがここで例証しているように，ひとの福祉に関する判断の情報的基礎として，効用ないし厚生には致命的な欠陥がある．環境に適応して改鋳された効用ないし厚生に関する情報に依拠して福祉への社会的な評価や判断を形成すれば，厚生経済学は抑圧や隷従のシステムを合理化する可能性を含むことになりかねないからである．

厚生主義への事例含意的な批判としては，ヨン・エルスター(Elster, 1983)とロナルド・ドウォーキン(R. Dworkin, 1981a)による以下の2つの例も，それぞれに重要な論点を含んでいる．

狐と酸っぱい葡萄：エルスターの例

イソップ物語のなかに，狐と酸っぱい葡萄の物語がある．葡萄園を通りかかった狐が，どうもがいても葡萄には手が届かず，彼に葡萄を手渡してくれる寛大なひともいないことを承知したうえで，「あんな葡萄は欲しくない．どうせ酸っぱいにきまっている」と言い捨てて去るという物語である．エルスターは，選択の合理性に関する興味深い著書(Elster, 1983)のなかで，この寓話から次のような教訓を汲み上げている．功利主義者にとっては，あの葡萄は酸っぱいと口に出す狐が葡萄の配分から排除されても，なんの社会的な損失もないことになる．むしろ，酸っぱい葡萄を受け取っても喜ばない狐よりは，葡萄を喜んで受け取るひとに配分する方が，表明された個人的効用の社会的総和を高めることができるからである．だが，あの葡萄は酸っぱいという狐の捨て台詞の背後には，自分が葡萄の配分から閉め出されているという狐の猜疑心があるとすれば，狐が表明した選好を根拠にして彼に葡萄を与えない厚生主義的な判断

を正当化することに対しては，疑問を差し挟む余地がある．‖

センの例にせよ，エルスターの例にせよ，自己の選好を厳しい環境に適応調節するひとの行為には，満たされない欲望をもてばこそ生じる失望感と挫折感から逃避しようとする絶望的な衝動が潜んでいるという事実を指摘する点では，明らかな共通点がある．彼らの議論は共通して，厚生主義的アプローチに含まれる陥穽に対して重大な警告を発しているのである．

ハンディキャップとシャンパン嗜好：ドウォーキンの例

ドウォーキンは，彼が構築した《資源の平等》論を動機付けるために，これとは対照的な《厚生の平等》論を批判する手段として，次のような例を提出した．裕福な父親が2人の子供に対する財産分与の遺言を書こうとしている．ひとりの子供は，その誕生の不遇から深刻なハンディキャップを負っている．もうひとりの子供は，自ら選んだ贅沢な生活のなかで，高価なシャンパンでなければ満たされない嗜好を身につけたプレイボーイである．父親は，それぞれの子供が受け取る所得から得る満足感(効用)を考慮して，分配の仕方を決めるものとする．まず，深刻なハンディキャップを持つ子供は，同じ所得水準のもとではハンディキャップを持たない子供より低い効用しか得られないため，そのハンディキャップを補償する主旨で，相対的に高い所得の配分を受ける資格があるように思われる．だが，シャンパン嗜好の持ち主のプレイボーイも，廉価な嗜好を持つひとと比較して，同じ所得水準のもとでは低い効用しか得られないかもしれない．財産分与に関する決定の情報的基礎として厚生(効用)情報だけしか利用できなければ，ハンディキャップを持つ子供とシャンパン嗜好を持つ子供は，平等な分配を受ける同等の資格があるという判断に辿り着くことになりかねない．この結論は，分配の衡平性に関する我々の直観とは，明らかな齟齬をきたしているのではなかろうか．‖

自ら提起したこの問題に対する解答としてドウォーキンが提出した考え方こそ，第3部第9章第4節(将来世代の可塑性と現在世代の責任)で触れた《責任と補償》の原理だった．ハンディキャップとシャンパン嗜好の例でいえば，自ら

責任を負う理由はない事故で生涯にわたるハンディキャップを負った子供は，自ら選択責任を負うべき贅沢な生活からシャンパン嗜好を身につけたプレイボーイと比較して，不遇に対する補償として相対的に優遇されるべきだというのが，《責任と補償》の原理に適う勧告なのである．

このように，厚生主義的な情報的基礎に立てば厚生経済学の進路を危うくする可能性を含む事例を指摘して激しく警鐘を打ち鳴らす点では，厚生主義に対する事例含意的な批判は紛れもなく有効性を持っている．だが，ベンサムに端を発する功利主義の伝統に深く根差していて，【新】【旧】の厚生経済学とアローの社会的選択の理論にも継承された厚生主義的アプローチであるだけに，その全面的な見直しを迫るためには，事例含意的な批判に加えて一層説得力のある批判の論法が必要とされている．センが提起した《パレート派自由主義者の不可能性》(impossibility of a Paretian liberal)は，まさに厚生主義の根幹を痛撃する原理対立的な批判だったのである．

厚生主義に対するセンの原理対立的な批判は，厚生主義の最も基本的な要請である《パレート原理》(Pareto principle)と典型的な非厚生主義的な要請である個人の《自由主義的権利の社会的尊重》(social respect for libertarian rights)という原理とは，論理的に両立不可能であることを示すというシナリオにしたがっている．パレート原理は民主主義に基礎を据えた社会的選択の最小限度の要請であるので，センの不可能性定理に対しては，民主主義と自由主義の論理的な整合性に関する根本的な問題提起であるという理解もある．セン以前にも，政治哲学者アイザイア・バーリン(Berlin, 1958)を始め，民主主義と自由主義の衝突の可能性を指摘した思想家は決して少なくはない．センはこの衝突が論理的に不可避的であることを一般不可能性定理の形式で論証して両者の対立の深刻さを際立たせるとともに，両者間の調整方法を探究する理論的な研究の端緒を拓くことにも貢献したのである．

センの不可能性定理の精粋は以下の物語によって巧妙に例示されている．

『チャタレー夫人の恋人』：センの例[1]

　D. H. ローレンスの小説『チャタレー夫人の恋人』が一冊だけあって，謹厳居士の P 氏とプレイボーイの L 氏のうちのひとりだけ，この本を読めるものとする．他の事情はすべて一定とすれば，P 氏と L 氏の 2 人だけが構成する社会には，3 つの社会状態だけが存在することになる．$(r,0), (0,r)$ および $(0,0)$ である．ただし，r はこの本を読むという選択肢，0 はこの本を読まないという選択肢である．そして，$(r,0)$ [あるいは $(0,r)$] は P 氏 [あるいは L 氏] だけがこの本を読む状態，$(0,0)$ は誰もこの本を読まない状態である[2]．

　社会状態の機会集合 $S = \{(r,0), (0,r), (0,0)\}$ のうえで 2 人の個人が持つ選好順序は，次のように示されるものとする：

$$R_P : (0,0) \succ (r,0) \succ (0,r)$$
$$R_L : (r,0) \succ (0,r) \succ (0,0).$$

この選好順序のプロファイルに対しては，次のように興味深い解釈が与えられている．謹厳居士の P 氏の判断によれば，ローレンスの過激な本は誰も読まない状態 $(0,0)$ が最善である．また，2 人のうちのどちらか一方が読むのであれば，P 氏としては淫蕩な L 氏にこの本を読ませるくらいなら，むしろ自分が読む方がよいと考えている．L 氏の判断によれば，ローレンスの名作を誰も読まないのは優れた文学作品の浪費であって，状態 $(0,0)$ は社会的に最悪である．また，2 人のうちのどちらか一方が読むのであれば，L 氏としては人生の真実に無知な P 氏を覚醒させることの方が，自分がローレンスを読む快楽よりも価値があると考えている．

　機会集合 S からの選択集合を $C(S)$ と書くことにする．選択集合 $C(S)$ を制約する第 1 の条件は《パレート原理》である．プロファイル $\boldsymbol{R} = (R_P, R_L)$ によれば，2 人は一致して $(r,0)$ を $(0,r)$ よりも選好しているので，パレート原理によれば，$(r,0)$ を含む機会集合 S から $(0,r)$ が選択されることはあり得

---

[1] Sen(1970/1979, Chapter 6*; 1970)．センの問題提起を継承して巻き起こされた論争に対するセンの評価と反論として，Sen(1976) も参照されるべきである．
[2] 第 4 の社会状態として，(r,r) ——P 氏も L 氏もこの本を読む——を認めても，議論の本質には関わりはない．ただし，本章第 3 節で議論するギバード・パラドックスを参照されたい．

ない．次に，機会集合 $C(S)$ を制約する第2の条件として，センは個人の《自由主義的権利の社会的尊重》の原理を導入した．まず，P 氏の場合に即していえば，状態 $(0,0)$ と状態 $(r,0)$ との間の唯一の差異は P 氏が『チャタレー夫人の恋人』を読む(r)か読まないか(0)だけであって，L 氏はいずれの状態でもこの本を読むことはない．しかも，P 氏はこの本を読まない状態 $(0,0)$ を読む状態 $(r,0)$ よりも選好している．この場合，もし状態 $(r,0)$ が状態 $(0,0)$ を含む機会集合 S からの選択集合 $C(S)$ に含まれることになれば，P 氏は彼の《私的事項》(private matter)だけで異なる2つの社会状態に対して表明した選好を，社会によって尊重されていないことになる．したがって，社会的選択ルールが自由主義的権利の社会的尊重の原理にしたがう限り，$(r,0) \not\in C(S)$ が満足される必要がある．まったく同様な推論によって，L 氏の自由主義的権利が社会的に尊重される限り，$(0,0) \not\in C(S)$ が満足される必要がある．こうなってみると，社会的選択ルールがパレート原理と個人の自由主義的権利の社会的尊重の原理の双方を満足する限り，社会的選択集合は $C(S) = \emptyset$ である他はないことになる．

この例の教訓を一般化して，パレート原理という厚生主義の非常に弱い形式と個人の自由主義的権利の社会的尊重の原理をともに満足する社会的選択ルールが存在しないことになれば，我々はまさに厚生主義に対する原理対立的な批判を得ることになる．次節では，このシナリオに忠実にしたがってセンのパレート派自由主義者の不可能性定理を確立すること，そして厚生主義批判としてのその意義を詳しく検討することを課題とすることにしたい．

第2節　パレート派自由主義者の不可能性：センの定理

以下の考察の基本的なキャンバスを準備するために，社会を構成する個人の集合を $N = \{1, 2, \ldots, n\}$ $(2 \leq n < +\infty)$，社会的選択肢(社会状態)の普遍集合を X $(3 \leq |X|)$ と記すことにする．各個人 $i \in N$ に対して，R_i は普遍集合 X 上の i の選好順序であり，$\boldsymbol{R} = (R_1, R_2, \ldots, R_n)$ は個人的選好順序のプロファイルである．論理的に可能なプロファイル全体の集合を，以下では A と記

すことにする．また，普遍集合 X の非空有限部分集合の集合族は $\boldsymbol{K}$ によって表現される．任意の $S \in \boldsymbol{K}$ は，社会的選択の機会集合を表現するものとする．集合族 $\boldsymbol{K}$ 上の選択関数は C で示される．選択関数の定義によって，

$$(2.1) \qquad \forall S \in \boldsymbol{K} : \emptyset \neq C(S) \subseteq S$$

が成立する．

社会的選択ルールとは，任意のプロファイル $\boldsymbol{R} \in A$ に $\boldsymbol{K}$ 上で定義される社会的選択関数 $C(\cdot, \boldsymbol{R})$ を対応させるプロセスないしルール f である：

$$(2.2) \qquad \forall \boldsymbol{R} \in A : C(\cdot, \boldsymbol{R}) = f(\boldsymbol{R}).$$

機会集合 $S \in \boldsymbol{K}$ からの選択集合 $C(S, \boldsymbol{R}) \subseteq S$ は，プロファイル $\boldsymbol{R} \in A$ に集約された個人的選好順序の有様を背景として，機会集合 $S \in \boldsymbol{K}$ から社会的に選択された社会状態の集合を表現している．

これだけの準備を踏まえて，前節で予備的に考察した『チャタレー夫人の恋人』の例に登場した個人の《自由主義的権利の社会的尊重》という要請に，理論的に正確な表現を与えることにする．まず，これまで社会状態の内部構造を明示しなかったが，以下では社会を構成する人々の《個人的特性》(personal features) と社会の《公共的特性》(public features) を列挙したリストとして，社会状態を表現することにする．そのため，各個人 $i \in N$ の個人的特性の選択肢の集合を X_i と記すことにする．集合 X_i の典型的な要素 x_i は，この個人のプライヴァシーに属する事項ごとに，可能な選択肢を指定したベクトルである．例えば，ベクトル x_i の要素として，寝室の壁の色，私的な日記の記載内容，自分が締めるネクタイの色などを例に挙げれば，$x_i \in X_i$ の意味内容を理解する一助になる筈である．また，公共的特性の選択肢の集合を X_0 と記すことにする．集合 X_0 の典型的な要素 x_0 は，国家財政の規模と構成，競争政策の法的な枠組み，公的年金制度の改革プラン，国立公園の指定など，すべての個人が共通に関心を持つ社会の特性を列挙したベクトルである．そのとき，社会状態の普遍集合 X は

$$(2.3) \qquad X = X_0 \times (\prod_{i \in N} X_i)$$

で与えられ，その典型的な要素は $x = (x_0; x_1, x_2, \ldots, x_n) \in X$ と書かれることになる．以下では，$X_0, X_i (i \in N)$ は，それぞれ少なくとも 2 つの選択肢を含んでいるものと仮定する．

この記法を用いれば，自由主義的権利の概念の形式化は容易に実行できる．任意の社会状態 $x = (x_0; x_1, x_2, \ldots, x_n) \in X$，任意の個人 $i \in N$，個人 $i \in N$ の任意の個人的な選択肢 $y_i \in X_i$ に対して，補助的な記法 x_{-i} と新たな社会状態 $(y_i; x_{-i})$ を

(2.4) $$x_{-i} = (x_0; x_1, \ldots, x_{i-1}, x_{i+1}, \ldots, x_n)$$

(2.5) $$(y_i; x_{-i}) = (x_0; x_1, \ldots, x_{i-1}, y_i, x_{i+1}, \ldots, x_n)$$

によって定義する．そのとき，定義によって，$(x_i; x_{-i}) = x$ が成立することは明らかである．さらに，任意の $i \in N$ に対して，

(2.6) $$X_{-i} = X_0 \times (\prod_{j \neq i, j \in N} X_j)$$

と記法を定める．

さて，任意の $i \in N$，任意の $x_{-i} \in X_{-i}$ および任意の $y_i, z_i \in X_i$ に対して，2 つの社会状態 $(y_i; x_{-i}), (z_i; x_{-i}) \in X$ は $i \in N$ の個人的特性だけで異なる 2 つの社会状態を表している．いま，個人的選好順序のプロファイル $\boldsymbol{R} \in A$ が

(2.7) $$(y_i; x_{-i}) P(R_i)(z_i; x_{-i}) \;\&\; \exists S \in \boldsymbol{K} : \{(y_i; x_{-i}) \in S \;\&\; (z_i; x_{-i}) \in C(S, \boldsymbol{R})\}$$

を満足するならば，個人 i は自らの個人的特性（プライヴァシー）だけで異なる 2 つの社会状態の集合 $\{(y_i; x_{-i}), (z_i; x_{-i})\}$ の上で，自らの選好と違背する社会的選択を強いられていることになる．センは，個人の自由主義的権利の社会的尊重という要請によって，このような事態の発生を排除しようとしたのである．

センの自由尊重主義は次のようにして形式化できる．任意の個人 $i \in N$ に対して，集合 $D_i \subseteq X \times X$ は，任意の $(x, y) \in D_i$ をとるとき，x と y の唯一の差異は i の個人的な選択肢のみであるものとして定義する．そのとき，社会

的選択ルール f が以下の性質を満足すれば，f はセンの意味の個人 i の自由主義的権利を社会的に尊重するという:

(2.8)
$$\forall \boldsymbol{R} \in A, \forall S \in \boldsymbol{K} : (x,y) \in D_i \cap P(R_i) \Rightarrow \{x \in S \Rightarrow y \notin C(S, \boldsymbol{R})\}.$$

ただし，(2.8)において，$C(\cdot, \boldsymbol{R}) = f(\boldsymbol{R})$ である．この性質を備えた集合 D_i は，個人 i の《保護領域》(protected sphere) と呼ばれている．これ以降の議論では，我々は保護領域の対称性，すなわち $(x,y) \in D_i$ であれば，そしてそのときにのみ，$(y,x) \in D_i$ が成立することを仮定する．保護領域の意味からいって，この仮定は自然な要請であると思われる．

『チャタレー夫人の恋人』の例に始まってこの点まで到達した我々にとって，要請(2.8)の意味を理解することはもはや簡単な筈である．煩雑を厭わずに述べれば，社会状態 x と社会状態 y の間の唯一の差異は個人 i のプライヴァシーに属する事項であり，個人 i は x を y より選好しているならば，社会的選択は個人 i の自由主義的権利を尊重して，x を含む機会集合から y が敢えて社会的に選択されることは決してないことが要請されるのである．

同じ枠組みのなかでは，厚生主義的なパレート原理に対して次のような形式化を与えることは，非常に自然な筈である．

公理 P (パレート原理)

$$\forall \boldsymbol{R} \in A, \forall S \in \boldsymbol{K}, \forall x, y \in X : \{\forall i \in N : xP(R_i)y\}$$
$$\Rightarrow \{x \in S \Rightarrow y \notin C(S, \boldsymbol{R})\}.$$

センが要請した自由主義的権利の社会的尊重は，実際には以下のような最小限の公理だった．

公理 ML (最小限の自由主義的権利の社会的尊重)

少なくとも2人の個人 $j, k \in N$ が存在して，社会的選択ルール f は個人 j, k の非空の保護領域 D_j, D_k のうえで彼らの自由主義的権利を社会的に尊重する．

最後の公理は社会的選択ルールの適用範囲の最大限の広範性の要請である．

公理 U（定義域の広範性）
　社会的選択ルールは，論理的に可能などのようなプロファイルに対しても社会的選択関数を対応させることができるのでなくてはならない．

　前節で『チャタレー夫人の恋人』の例で示したパレート原理と個人の自由主義的権利の社会的尊重の原理の間の対立は，以下の一般不可能性定理に示されるように根強い原理間衝突の簡単な事例だったのである．

定理 2.1 (Sen, 1970/1979, Chapter 6*; 1970)
　公理 **U**（定義域の広範性），公理 **P**（パレート原理），公理 **ML**（最小限の自由主義的権利の社会的尊重）を満足する社会的選択ルールは存在しない．

　センの定理を証明する準備として，個人に賦与された保護領域のプロファイル $D = (D_1, D_2, \ldots, D_n)$ を《権利体系》(rights-system)と呼んで，権利体系 D の《首尾一貫性》(coherence)という概念を導入することにしたい[3]．
　権利体系 D の位数 t $(2 \leq t < +\infty)$ の《臨界的ループ》(critical loop)とは，社会状態の順序対の列 $\{(x^\mu, y^\mu)\}_{\mu=1}^t$ であって，以下の3つの条件を満足するものをいう：
　(α) すべての $\mu \in \{1, 2, \ldots, t\}$ に対して $(x^\mu, y^\mu) \in \bigcup_{i=1}^n D_i$ が成立する；
　(β) すべての $\mu \in \{1, 2, \ldots, t\}$ に対して $(x^\mu, y^\mu) \in D_{i^*}$ を満足する $i^* \in N$ は存在しない；
　(γ) $x^1 = y^t$ およびすべての $\mu \in \{1, 2, \ldots, t\}$ に対して $x^\mu = y^{\mu-1}$ が成立する．
　権利体系 D は，いかなる次数の臨界的ループも存在しないとき，そしてそのときにのみ，首尾一貫性を持つという．

---

[3] 権利体系の首尾一貫性の概念を最初に導入したのは，Suzumura(1978)である．

定理 2.1 の証明

ケース 1：権利体系 D が首尾一貫性を持つ場合．

一般性を失うことなく，$(x,y) \in D_j\ (x \neq y)$ かつ $(z,w) \in D_k\ (z \neq w)$ であるものとする．仮定によって D_j と D_k は対称性を持つため，$(y,x) \in D_j$ かつ $(w,z) \in D_k$ も成立する．

サブ・ケース 1.1：$\{x,y\} = \{z,w\}$．

$x = w$ かつ $y = z$ であれば，$(x,y),(y,x)$ は位数 2 の臨界的ループとなる．仮定によって D は首尾一貫性を持つため，これは明らかな矛盾である．$x = z$ かつ $y = w$ の場合も同様である．

サブ・ケース 1.2：$\{x,y\} \cap \{z,w\} = \{z\} \vee \{w\}$．

最初に $x = z$ であるものとして，$xP(R_j^1)y, yP(R_j^1)w, yP(R_k^1)w, wP(R_k^1)x$ であり，任意の $i \in N\setminus\{j,k\}$ に対して $yP(R_i^1)w$ を満たす $\boldsymbol{R}^1 = (R_1^1, R_2^1, \ldots, R_n^1) \in A$ を考える．このプロファイルは公理 **U** によって許容されている．$C(\cdot, \boldsymbol{R}^1) = f(\boldsymbol{R}^1)$ と定義して，選択集合 $C(\{x,y,w\}, \boldsymbol{R}^1)$ を考える．公理 **ML** によって x,y はこの選択集合から排除され，公理 **P** によって w はこの選択集合から排除されるので，$C(\{x,y,w\}, \boldsymbol{R}^1) = \emptyset$ となって矛盾に陥るのである．このサブ・ケースに属する他の状況も同様にして処理できる．

サブ・ケース 1.3：$\{x,y\} \cap \{z,w\} = \emptyset$．

$wP(R_j^2)x, xP(R_j^2)y, yP(R_j^2)z, yP(R_k^2)z, zP(R_k^2)w, wP(R_k^2)x$ および任意の $i \in N\setminus\{j,k\}$ に対して $wP(R_i^2)x, yP(R_i^2)z$ を満足する $\boldsymbol{R}^2 = (R_1^2, R_2^2, \ldots, R_n^2) \in A$ を考える．このプロファイルは公理 **U** によって許容されている．$C(\cdot, \boldsymbol{R}^2) = f(\boldsymbol{R}^2)$ と定義して，選択集合 $C(\{x,y,z,w\}, \boldsymbol{R}^2)$ を考える．公理 **P** によって x,z はこの選択集合から排除され，公理 **ML** によって y,w もこの選択集合から排除される．こうして $C(\{x,y,z,w\}, \boldsymbol{R}^2) = \emptyset$ となって矛盾に陥るのである．

ケース 2：D が首尾一貫性を持たない場合．

D は首尾一貫性を持たないので，ある有限の次数 t を持つ臨界的ループ $\{(x^\mu, y^\mu)\}_{\mu=1}^t$ が存在する．したがって，ある関数 $\kappa : \{1,2,\ldots,t\} \to N$ が存在して

(2.9) $\quad\forall \mu \in \{1, 2, \ldots, t\} : (x^\mu, y^\mu) \in D_{\kappa(\mu)}$
(2.10) $\quad\exists \mu^1, \mu^2 \in \{1, 2, \ldots, t\} : \kappa(\mu^1) \neq \kappa(\mu^2).$

となる．$x^1 P(R^3_{\kappa(1)}) x^2, x^2 P(R^3_{\kappa(2)}) x^3, \ldots, x^t P(R^3_{\kappa(t)}) x^1$ という性質を持つプロファイル $\boldsymbol{R}^3 = (R^3_1, R^3_2, \ldots, R^3_n) \in A$ を考える．(2.10)によって，$\boldsymbol{R}^3$ はすべての $i \in N$ に対する推移性の条件と整合的である．したがって，公理 **U** によってこのプロファイル $\boldsymbol{R}^3$ は許容されている．$S = \{x^1, x^2, \ldots, x^t\}$ とするとき，任意の $\mu \in \{1, 2, \ldots, t-1\}$ に対して，$(x^\mu, x^{\mu+1}) \in D_{\kappa(\mu)} \cap P(R^3_{\kappa(\mu)})$ から $x^{\mu+1} \notin C(S, \boldsymbol{R}^3)$ がしたがうし，$(x^t, x^1) \in D_{\kappa(t)} \cap P(R^3_{\kappa(t)})$ から $x^1 \notin C(S, \boldsymbol{R}^3)$ がしたがう．こうして選択集合 $C(S, \boldsymbol{R}^3)$ は空集合であることになって，矛盾に到るのである．‖

　センの一般不可能性定理が確立されたこの段階で，いくつかの注釈を与えておく必要がある．

　第1に，本書第2部(社会的選択の合理性と情報的効率性)で検討したアローの一般不可能性定理と比較して，センの一般不可能性定理には特筆に値する2つの差異がある．

　相違点のひとつは社会的選択関数の《集団的合理性》(collective rationality)の仮説である．アローが要請した《完全合理性》の公理は，集団的合理性の仮説の位階の最上位にある．アローの不可能性定理のエッセンスを維持しつつ，集団的合理性の仮説を徐々に緩和する方向で後続の研究が進められてきたものの，集団的合理性の公理の残滓を完全に除去することは結局できないことが，現在では広範に認識されている．これに対して，自由主義的権利の社会的尊重の原理と厚生主義的なパレート原理の2つの原理の衝突を意味するセンの定理は，直前に与えた定理の述べ方と証明方法から明らかなように，社会的選択関数の集団的合理性を要求しないのみならず，それより緩やかな《選択の整合性》(choice-consistency)さえ要求していない．自由主義と民主主義の最小限の要請を社会的選択のプロセスないしルールに同時に課せば，社会的選択集合の非空性という最小限の決定可能性の条件さえ満たせないというのが，センの不可能性定理のエッセンスなのである．

アローの定理とセンの定理の間には，もうひとつの重要な分岐点がある．不整合性が示される公理群の内容が，個人的選好順序の複数のプロファイルに言及しているか，それとも単一のプロファイルのみを用いて表現されているかという区別がそれである．幾分技術的に響くかもしれない論点だが，この分岐点の重要性を強調して，社会的選択の理論を《単一プロファイル接近法》(single profile approach)および《複数プロファイル接近法》(multiple profile approach)に分類する試みさえ著名な研究者によって行われている[4]．この分類基準を最初に提起した経済学者は，『厚生経済学批判』(Little, 1950/1957)によって《厚生基準》(welfare criteria)論の研究に一石を投じたイアン・リットルだった．彼の考え方によれば，伝統的な経済学はひとつの社会を一定の選好順序を持つ人々のグループとして定義してきたのであって，ある社会を構成する人々がさまざまな選好順序のプロファイルを持つ可能性を許容するアローの社会的選択の理論は，厚生経済学に対する正統な貢献とは認められないというのである[5]．このような恣意的な区別立てによって，科学的研究領域の内部に境界線を引く考え方は，明らかに非生産的であるように思われる．とはいえ，アローの定理を構成する公理のうちには，無関係対象からの独立性のように典型的な複数プロファイル条件が含まれていることは事実である[6]．これに対して，センの定理を構成する公理は，パレート原理にせよ，自由主義的権利の社会的尊重の公理にせよ，紛れもなく典型的な単一プロファイル条件なのである[7]．

第2に，センの定理を構成する《パレート原理》と《自由主義的権利の社会的尊重》の原理のうち，前者の原理は人々の選好順序に関するある種の全員一致性が，結果として実現される社会的選択に反映される仕方に関する要求

---

4) 例えば，Fishburn(1987)を参照されたい．
5) リットルのアロー批判(Little, 1952)に関しては，本書第7部第20章(アローの定理とヒックスの非厚生主義宣言)で改めて論評する予定である．
6) 読者は本書第2部(社会的選択の合理性と情報的効率性)における無関係対象からの独立性の公理の定義を再読して，この事実を確認していただきたい．
7) アローの定理と同じく，センの定理も定義域の広範性の公理を課していて，個人的選好順序の多数のプロファイルを許容していることは事実である．だが，無関係対象からの独立性のような条件は複数のプロファイルの間の関連性を問題とする公理であるのに対して，定義域の広範性の公理は多数のプロファイルを個々に社会的な集計ルールの定義域内に招き入れる条件に過ぎず，複数のプロファイルの間の関係にはまったく言及していないという事実に注意すべきである．

であって，明らかに《厚生主義》的な条件である．これに対して，後者の原理は明らかに《非厚生主義》的な条件である．なぜならば，社会的選択肢のある順序対 (x, y) に対して自由主義的権利の尊重の原理がなんらかの要求を課すかどうかを判定するためには，単にある特定の個人が選択肢 x を選択肢 y より選好するかどうかに関する厚生主義的な情報を得るだけでは，明らかに不十分である．この判定を行うためには，選択肢 x と選択肢 y に関する非厚生情報——すなわち x と y との間の唯一の差異が，その特定個人の私的な関心事項であるかどうかという記述的な情報——を知る必要があるからである．このようにして，センの不可能性定理は，厚生主義的なパレート原理と，非厚生主義的な自由主義的権利の社会的尊重の原理との不可避的な衝突を示すものであることが確認できる．こうなってみると，古くはジョン・スチュアート・ミルの『自由論』(Mill, 1859)にまで遡る自由主義的権利の社会的尊重の原理に重要な意義を認める限り，厚生主義的なパレート原理に厚生経済学の神聖不可侵な原理であるという位置付けを与え続けることに対しては，疑問の余地があるといわざるを得ないことになる．《パレート派自由主義者の不可能性》を発見したセンは，この不可能性定理を彼の厚生主義に対する原理対立的批判の最も尖鋭な武器として縦横に駆使したのである[8]．

　一般に，原理 A と原理 B が真っ向から衝突する場合には，我々が選択できる対応方法は基本的に 3 つある．第 1 の対応方法は，原理 A や原理 B の内容を発見された両立不可能性定理の含意の重要性に鑑みて再検討して，両者の整合的な共存のために原理 A あるいは原理 B の内容を修正したり，制約したりする方向性を模索する方法である[9]．第 2 の対応方法は，原理 A あるいは原理 B が記述された概念的フレームワークを再構成して，新たなフレームワークのなかで両原理に対応する原理——原理 A(+)，原理 B(+)——は，整合的に並存可能であることを示そうとする方法である．第 3 の対応方法は，原理 A と原理 B の衝突にはなにも解決すべき問題が含まれているわけではな

---

8) Sen(1979a, 1979b, 1983)を参照されたい．
9) この対応方法には，原理 A と原理 B を同列に配置した場合に生じる衝突と矛盾を避けるために，両原理の間に辞書式優先原則を導入して，位階制の複合原理に原理 A と原理 B を整合的に位置付ける工夫も含まれている．

く,単に人生の現実として《桃源郷の不可能性》(Impossibility of the Land of Cockaigne)を示したものに過ぎないという考え方をとることである.そのうえで,原理A(あるいは原理B)を満足するために,我々は原理B(あるいは原理A)をどこまで妥協する覚悟があるかを尋ね,原理を非妥協的に追求することのコストを計算して,最小犠牲の考え方によって避けられない妥協の耐えやすさを判断するという考え方である.

センが発見したパレート派自由主義者の不可能性という原理間の対立に関しても,これら3つの対応方法はそれぞれに興味深い小道に我々を導いてくれる.次章では,センの問題に対する第1と第2の対応方法を簡潔に検討することにする.だがその前に,センの問題の系譜上で検討しておくべきもうひとつのパラドックスが残されている.哲学者アラン・ギバードによって提起された自由主義的権利の自己矛盾の問題——いわゆる《ギバード・パラドックス》——がそれである.

第3節　自由主義的権利の自己矛盾:ギバードのパラドックス

ジョン・スチュアート・ミルの『自由論』には,個人の周囲には他人の干渉を許さない《保護領域》(protected sphere)があって,他のすべての人々の福祉の増進の目的のためであってさえ,この保護領域を侵犯することは許されないと論じた箇所がある.第4部の《問題の設定》で紹介したサミュエルソンの寓話は,有限な地球を共有する人々は,自由主義的な権利を保障される保護領域の存在という考え方そのものは承認するにせよ,他人もまた自分と同等な権利の主体であることを認識して行動すべきこと,社会・経済制度を設計・運営する際には,共有資源を享受する機会がすべての人々に平等に保障されるように配慮すべきことを,平易に伝えるためのものだった.本節では,サミュエルソンの警告が自由主義的な権利のコンテクストでも基本的な重要性を持つことを示したアラン・ギバードのパラドックスを検討して,センのパレート派自由主義者のパラドックスに対する理解をさらに深めることにしたい.

まず,センの自由主義的権利の社会的尊重の公理を自然に拡張することから始めたい.任意の個人 $i \in N$ に対して,$D_i^* \subseteq X \times X$ を

(3.1) $$D_i^* = \{(x,y) \in X \times X \mid x \neq y \ \& \ x_{-i} = y_{-i}\}$$

によって定義する．

公理 GL（ギバードの自由主義的権利の社会的尊重）
  任意の個人 $i \in N$ に対して，社会的選択ルール f は保護領域 D_i^* のうえで彼の自由主義的権利を社会的に尊重する．

  センの公理 **ML** とギバードの公理 **GL** を比較すると，明らかに後者は前者よりも広範な自由主義的権利を個人に賦与している．さりながら，センの公理を承認する用意があるひとならば，ギバードの公理を拒絶する理由を説明することは殆ど不可能なのではあるまいか．例えば，あるひとに対して，寝室の壁を桜色に塗るか若草色に塗るかという点では選択の自由を賦与しつつ，象牙色に塗るかエメラルド色に塗るかという点では選択の自由を賦与しないとすれば，その理由を問われて答えに窮することになるのではあるまいか．このような考え方に立つとき，次の例が示す状況はセンが導入した自由主義的権利の概念に対して追加的に重要な問題を提起するかに思われる．

ギバード・パラドックス(Gibbard, 1974)
  イアンとジョンは，どちらも白いシャツ(w)と赤いシャツ(r)を持っている．他の事情を一定とすれば，彼らが選ぶシャツの色だけで異なる4種類の社会状態 $(w,w), (r,w), (r,r), (w,r)$ が存在する．例えば，(w,r) はイアンが白いシャツ，ジョンが赤いシャツを選んでいる社会状態を表している．2人の個人は，それぞれ次のような選好を持っている：

$$R_{Ian}: (w,w) \succ (r,w) \succ (r,r) \succ (w,r)$$
$$R_{John}: (w,r) \succ (w,w) \succ (r,w) \succ (r,r).$$

自分自身のシャツの色の選択はその個人の私的な選好に任されるべき個人的事項であるという考え方に立てば，イアンとジョンにセンの意味での自由主義的権利を賦与することの帰結は重大である．イアンに賦与された権利によれば，

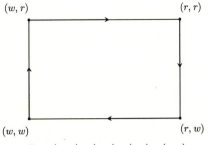

図 **10-1** ギバードの逆説

$S = \{(w,w), (r,w), (r,r), (w,r)\}$ という機会集合からの選択集合 $C(S)$ には，(r,w) が所属することがあってはならない．なぜならば，(w,w) と (r,w) はイアンのシャツの色だけで異なる社会状態のペアであり，イアンは (w,w) を (r,w) よりも選好しているからである．まったく同じ推論によって，我々はイアンの権利によって (w,r) を，そしてジョンの権利によって (w,w) と (r,r) を選択集合 $C(S)$ から排除しなければならない．このことは $C(S) = \emptyset$ であることを意味していて，個人の自由主義的権利を尊重しつつ，社会的選択を行うことの不可能性を例示しているのである． ∥

ギバード・パラドックスの要諦は図 10-1 に纏められている．この図中の横向きの矢印はイアンの選好が高まる方向を示しているが，それは同時に社会的選択が辿るべき方向をも示している．同じ図中の縦向きの矢印はジョンの選好が高まる方向を示しているが，それは同時に社会的選択が辿るべき方向をも示している．ここで注目すべき点はギバード・パラドックスにおいてパレート原理はまったく役割を果たしていないこと，したがってこのパラドックスはまさにサミュエルソンが示唆した個人の権利間の衝突の直接的な帰結であるということである．

ところで，イアンとジョンの選好プロファイル (R_{Ian}, R_{John}) には，注目すべき特徴がある．イアンの方は，ジョンのシャツの色が赤ならば彼自身のシャツの色が赤である状態 (r,r) を白である状態 (w,r) よりも選好するが，ジョン

のシャツの色が白ならば彼自身のシャツの色が白である状態 (w,w) を赤である状態 (r,w) よりも選好している.すなわち,イアンの選好はジョンの選択に追随的な性質を持っている.これに対してジョンの方は,イアンのシャツの色が赤ならば彼自身のシャツの色が白である状態 (r,w) を赤である状態 (r,r) よりも選好するが,イアンのシャツの色が白ならば彼自身のシャツの色が赤である状態 (w,r) を白である状態 (w,w) よりも選好している.すなわち,イアンの選好はジョンの追随を忌避する性質を持っている.こうなってみると,上で例示したギバード・パラドックスの本質は,追随者と追随忌避者が自分たちのシャツの色の選択を巡って果てしなく追随と忌避を繰り返す過程にあることが,明らかにされることになる.この事実に気付けば,このパラドックスを自由主義と結合することさえ拒否したいと思う自由主義者がいても,まったく驚くにはあたらない.自由主義者が本来主張しているのは,個人の私的な活動領域における自律的な選好は社会による干渉に晒されるべきではないということだからである.この考え方に基づいてギバード・パラドックスを退けたとしても,その脱出路の先には次のパラドックスが待ち構えているのである.

パレート派自由主義者のパラドックス

ギバード・パラドックスの場合と同様な状況——イアンとジョンが白いシャツと赤いシャツの2つの選択肢を持つ状況——を考える.先の例との唯一の相違点は,イアンとジョンが持つ選好のプロファイルである:

$$R_{Ian}: (r,r) \succ (w,r) \succ (r,w) \succ (w,w)$$
$$R_{John}: (w,w) \succ (w,r) \succ (r,w) \succ (r,r).$$

このプロファイルのもとで,センの意味の自由主義的な権利を行使すれば,選択集合 $C(S)$ からは $(w,r),(w,w),(r,r)$ の3つの社会状態が排除されることになる.ところで,最後に残された社会状態 (r,w) は,イアンとジョンの双方によって (w,r) よりも不満足な選択肢であると評価されているため,社会的選択ルールがパレート原理を満足する限り,この最後の選択肢も選択集合 $C(S)$ から排除されざるを得ないことになる.こうして得られた $C(S) = \emptyset$ という結論は,センのパレート派自由主義者のパラドックスの第2の例となっ

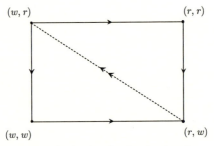

$R_{Ian}: (r,r) \succ (w,r) \succ (r,w) \succ (w,w)$
$R_{John}: (w,w) \succ (w,r) \succ (r,w) \succ (r,r)$

図 10-2 センのパレート派自由主義者の逆説

ている．∥

　この例で用いられているプロファイルは，ギバード・パラドックスに登場したプロファイルのように，自由主義者が許容しかねるような特性を持ってはいない．事実，イアンはジョンのシャツの色が赤であろうと白であろうと自分のシャツの色が赤である状態を白である状態よりも選好している．別の表現をすれば，赤(r)はイアンの《支配戦略》(dominant strategy)である．同様に，白(w)はジョンの支配戦略となっている．こうなってみると，パレート派自由主義者のパラドックスの要諦は，実は《囚人のジレンマ》(prisonner's dilemma)と同根であることが判明したことになる[10]．

　本章の最後に，ギバードのパラドックスの一般性を確認するために，次の定理を述べておくことにしたい．

定理 2.2 (Gibbard, 1974)
　公理 **U**(定義域の広範性)と公理 **GL**(ギバードの自由主義的権利の社会的尊重)を満足する社会的選択ルールは存在しない．
　証明：2人の個人 $j, k \in N$ を選択して，それぞれに2つの個人的特性の選

---

[10] セン自身の証言によれば，パレート派自由主義者のパラドックスと囚人のジレンマの家族的類縁性を最初に指摘したのは，トーマス・シェリングだった．同じ事実を公刊された論文で最初に指摘したのは，Fine(1975)だった．

択肢 $x_j, x_j^* \in X_j$ $(x_j \neq x_j^*)$ および $x_k, x_k^* \in X_k$ $(x_k \neq x_k^*)$ をとる．一般性を失うことなく，$j < k$ であると仮定する．また，$a_0 \in X_0$，任意の $i \in N \setminus \{j, k\}$ に対して $a_i \in X_i$ を選択して固定する．これらを用いて，以下の4つの社会的選択肢を定義する：

$$x = (a_0, a_1, \ldots, a_{j-1}, x_j, a_{j+1}, \ldots, a_{k-1}, x_k, a_{k+1}, \ldots, a_n)$$
$$y = (a_0, a_1, \ldots, a_{j-1}, x_j^*, a_{j+1}, \ldots, a_{k-1}, x_k, a_{k+1}, \ldots, a_n)$$
$$z = (a_0, a_1, \ldots, a_{j-1}, x_j, a_{j+1}, \ldots, a_{k-1}, x_k^*, a_{k+1}, \ldots, a_n)$$
$$w = (a_0, a_1, \ldots, a_{j-1}, x_j^*, a_{j+1}, \ldots, a_{k-1}, x_k^*, a_{k+1}, \ldots, a_n)$$

明らかに，$(x, y) \in D_j^*$，$(y, w) \in D_k^*$，$(w, z) \in D_j^*$，$(z, x) \in D_k^*$ が成立するので，$\boldsymbol{D}^*$ は次数4の臨界的ループを含むことになって，首尾一貫性のない権利システムであることになる．定理2.1の証明のケース2はパレート原理をいっさい用いていないので，定理2.2の成立は定理2.1のこのケース2の証明によって樹立できることになるのである．‖

本章では，第11章(ゲーム形式の権利論)，第12章(権利体系の社会的選択)で掘り下げて分析する問題が正確に表現されたことになる．次の第11章では，センが提起したパレート派自由主義者の不可能性定理を解消させる試みのいくつかの代表例を議論すること，センの自由主義的権利の定式化に対して批判的な検討を深めることを課題として設定することにしたい．

第11章　ゲーム形式の権利論

第1節　リベラル・パラドックスの解消方法

　センが提起した自由主義と民主主義の両立不可能性定理は，厚生と権利の不可避的な衝突という問題を最初に提起した「パレート派自由主義者の不可能性」という論文(Sen, 1970)の発表当初から，激しい論争を惹起してきた．前章で説明したように，この不可能性定理は厚生主義に対するセンの原理対立的な批判の核心に位置している．それだけに，厚生主義を情報的基礎として受け入れる研究者たちがセンの権利論に激しい批判を浴びせたのは，殆ど必然的なことだった．このような批判に対して，「自由・全員一致・権利」(Sen, 1976)という論文でセンは詳細な反論，評価および新たな批判を公表して，鮮やかに自らの権利論を擁護してみせた[1]．これに対して，センの権利論の問題関心を基本的に共有する研究者たちは，2つの方向で自由主義的権利論を拡充する試みを推進してきた．第1の方向はセンの自由主義的権利の定式化を受け入れたうえで，厚生主義的なパレート原理との対立を解消する体系的な方法を模索する——パレート派自由主義者の不可能性を解消する理論的なスキームを探求する——試みである．第2の方向はミルの《選択の自由》(freedom of choice)としての自由主義的権利とセンが定式化した権利との対応関係を批判的に検討して，センの権利論に対して留保ないし疑問符を付ける試みである．この試みの延長線上には，選択の自由の考え方にさらに的確な表現を与えるために，センとは異なる新たな権利論——《ゲーム形式の権利論》(game-form approach to rights)——を構築する試みが展望されることになる．

　本節では第1の方向を辿った研究のうちで，センの権利論への理解の深化に寄与したと思われるいくつかの代表的な解法を，簡潔に検討することにし

---

[1]　センの1970年論文を真剣には受け取らなかった理論家のうちにも，1976年論文によってセンが提起した問題の重要性をはじめて明瞭に認識した人々が少なからずいたことを，ここで記録のために証言しておくことにしたい．

たい[2]．第2の方向を辿る研究については第2節でセンの権利論に対して《選択の自由》という古典的リベラリズムの観点から疑問符を付ける試みを行ったうえで，第3節で《ゲーム形式の権利論》を自由主義的権利への代替的アプローチとして導入することを試みる．

さて，センが定式化した自由主義的権利の概念を基本的に受け入れて，パレート派自由主義者の不可能性定理の解法を模索した研究は多岐にわたり多数の研究が公刊されているが，以下では代表的な3つの提案を検討することに留めることにしたい．

(1) ブラウの解法：おせっかいな個人の権利の停止

第1の解法はジェリアン・ブラウ (Blau, 1975) によって提案された方法であって，他人の権利に対しておせっかいな選好を表明する個人は，彼に賦与された権利の行使を停止されるという《黄金律》(golden rule) に，その解法の要諦を求めている[3]．ブラウの解法の核心は《おせっかいな個人》(meddlesome individual) という興味深い概念である．この概念を導入するための準備作業として，普遍集合 $X = \{x, y, z, w\}$ の上で定義される3つの選好順序 $\{R^1, R^2, R^3\}$ を以下のようにして定義する[4]：

$$R^1 : x \succ y \succ z \succ w$$
$$R^2 : [x, y] \succ z \succ w$$
$$R^3 : x \succ y \succ [z, w].$$

これら3つの選好順序に共通する特徴は

$$\forall R \in \{R^1, R^2, R^3\} : xRy, yP(R)z, zRw$$

---

2) この主旨の解消法に対する一層詳細で周到な検討については，Sen (1976), Suzumura (1983a, Chapter 7; 1996a) を参照していただきたい．
3) 本節では，検討の俎上に載せる解法の作動様式を例示するために，センの『チャタレー夫人の恋人』の事例を一貫して用いることにする．この例は P 氏と L 氏の2人の個人しか含んでいないが，取りあげる解法が3人以上の事例では機能できない場合には，その事実は当然ながら明確に指摘することにする．
4) 横に並べた社会状態のなかで，左側に位置する状態は右側に位置する状態よりも選好順位が高く，カギ括弧でくくられた2つの状態は互いに無差別な関係にある．

という性質が成立して，2つの R のうちの少なくとも一方は，強意の選好 $P(R)$ であるということである．この場合，厳密な選好関係 $xP(R)w$ は厳密な選好関係 $yP(R)z$ よりも《序数的な意味で強い》(stronger in the ordinal sense) 選好であるという[5]．この定義には4つの社会状態 x, y, z, w が含まれているが，特に $z = w$ となって実質的に3つの社会状態しか含まれていない場合にも，この定義はそのまま通用することに注意しておきたい．

この概念を用いて，A氏の《保護領域》に所属する社会状態のペアに対するA氏の強い選好を真っ向から否定する選好を表明するのみならず，自らの《保護領域》内の社会状態のペアに対する選好よりも，A氏のプライヴァシーへの干渉的な選好の方が序数的な意味で強いB氏を，ブラウは《おせっかいな個人》と命名したのである．センの『チャタレー夫人の恋人』の例を考えてみると，P氏もL氏もブラウの意味でおせっかいな個人であることに気付かざるを得ない．したがって，P氏(あるいはL氏)は，自らのプライヴァシーを犠牲にすればL氏(あるいはP氏)のプライヴァシーの放棄に導けるならば，喜んでそうする意思を持っていることになる．ブラウは，社会的選択ルールがある個人の自由主義的権利を社会的に尊重するのは，彼がおせっかいでない場合のみであるという主旨の《修正された自由尊重主義》(modified libertarian claim in the sense of Blau)の公理を導入した．『チャタレー夫人の恋人』の例の場合には，P氏の権利もL氏の権利も放棄されることになり，$S = \{r_0, r_P, r_L\}$ のなかから選択される資格を剥奪される選択肢は r_L だけとなるため，$C(S, (R_P, R_L)) = \{r_0, r_P\}$ という選択集合が決定されることになる[6]．この例を一般化して，ブラウは個人の数が2であれば，公理 **U** (定義域の無制約性)，公理 **P** (パレート原理)，公理 **BL** (ブラウの意味で修正された自由尊重主義)を満足する社会的選択ルールが存在することを証明したが，それと同時に，個人の数が3以上ではこの可能性定理は成立しないことも示したのであ

---

[5] この興味深い概念を最初に定式化したのは，ダンカン・ルースとハワード・ライファの名著『ゲームと決定』(Luce and Raiffa, 1957)だった．

[6] 第10章第1節で『チャタレー夫人の恋人』の例を最初に導入した際には，社会的選択肢に対して，本章のこれ以降の部分で用いるものとは異なる記号法を使用した．両者の対応関係は明瞭であって，$r_0 = (0, 0)$, $r_P = (r, 0)$, $r_L = (0, r)$ である．この記号法の変更は本章における議論を簡素化するためのものに過ぎず，議論の本質にはまったく関わっていない．

る(Blau, 1975, pp. 398-399).

　ブラウの可能性定理はセンのパラドックスに対して興味深い解法を提供してはいるが，個人の数が2という手厳しい限定が付くことに留まらず，実はそれ以上に深刻な問題点がある．その問題点とは，ブラウの解法は自由尊重主義のパラドックスに対して《リベラル》(liberal)とは認め難い解決を与えているという皮肉な事実である．2人の個人が相手のおせっかいで干渉的な関心に悩まされている状況を自由尊重主義に忠実に解決する方法は，2人の個人の自由尊重主義的な権利をさらに強固に擁護する措置である筈だが，ブラウの解法は相互的なおせっかいの渦中にある個人の権利の行使を阻止することによって，おせっかいな選好に完璧な支配権を委ねるスキームになっている．こうなると，ブラウのスキームの自由尊重主義的な意義に対しては，大きな疑問符を付けざるを得なくなるのである．‖

(2) ギバードの解法：権利行使の自発的放棄

　アラン・ギバード(Gibbard, 1974, p. 397)は，《自由な契約という強い自由尊重主義的な伝統》(strong libertarian tradition of free contract)に根ざす権利行使の考え方——ある個人の権利は，自らの考え方次第で行使することもできるが，状況を考えてその行使を自発的に放棄することもできるという考え方——に立脚して，センのパレート派自由主義者の不可能性を解消する巧妙なスキームを提案した．《譲渡可能な権利体系》(alienable rights-system)と呼ばれるギバードの解法は，賦与された権利を機械的に行使すれば他人の権利やパレート原理との連鎖効果次第ではむしろ自分に不利な結果に帰着する場合があること，せっかく賦与された権利であるとはいえ，その行使を差し控える方が賢明である状況が起こり得ることを洞察して，緻密に定式化されている．

　ギバードの解法の要諦は，センの『チャタレー夫人の恋人』の事例を再度参照することによって容易に理解することができる．いま，センの自由主義的な権利を賦与されたP氏とL氏が，賦与された権利を行使すべきか，それとも行使を差し控えるべきかを考えている状況に注目する．P氏の推論を辿ってみれば，社会状態r_0とr_Pの唯一の差異は，P氏がこの本を読むか読まないかという私的な事項であり，彼はr_0をr_Pより選好しているので，賦与され

た自由主義的権利を行使すれば，P 氏は r_P を機会集合 $S = \{r_0, r_P, r_L\}$ に対する選択集合 $C(S, (R_P, R_L))$ から排除することができる．しかし，この権利を行使することが P 氏にとって賢明な選択であるかといえば，再考を促すべき余地がある．もし P 氏がこの排除を実行すれば，L 氏も彼に賦与された権利の行使によって r_0 を選択集合から排除して，社会的選択集合に残される選択肢は r_L だけになる可能性がある．だが，この選択肢 r_L こそ，P 氏にとってはまさに最悪の選択肢ではないか．このような結果に誘導する権利の行使を差し控えることこそ，P 氏にとって賢明な権利の活用方法ではなかろうか．

この例の含意を一般化して，ギバードのスキームの性格を明確にしておくことにしたい．

任意のプロファイル $\boldsymbol{R} = (R_1, R_2, \ldots, R_n) \in A$ と任意の機会集合 $S \in \boldsymbol{K}$ をとるとき，個人 $i \in N$ は

(1.1) $\qquad \exists x, y \in X : x \in S \,\&\, (x, y) \in D_i^* \cap P(R_i)$

であれば，センの自由主義的権利が社会的に尊重される限り，y を社会的選択集合 $C(S, \boldsymbol{R})$ から排除する意思と能力を持つが，この権利の行使を差し控える方が i にとって賢明な選択である場合がある．それは，機会集合 S のなかに任意有限個の社会状態の列 $\{y_1, y_2, \ldots, y_\lambda\} \subseteq S$ が存在して，以下の 2 つの条件を満足する場合である：

(1.2) $\qquad\qquad\qquad y_\lambda = x, y R_i y_1 \,\&\, y \neq y_1$

(1.3)

$\qquad \forall t \in \{1, 2, \ldots, \lambda - 1\} : (y_t, y_{t+1}) \in (\bigcap_{j \in N} P(R_j)) \cup (\bigcup_{j \in N \setminus \{i\}} [D_j^* \cap P(R_j)]).$

条件 (1.2) と条件 (1.3) の意味は『チャタレー夫人の恋人』の事例の分析から類推することができる．状態 x から出発して，パレート改善または i 以外の誰かの権利行使による社会状態の移動を繰り返して y と比較して望ましくない状態 $y_1, y \neq y_1$ に到達するというのが (1.2) と (1.3) の意味である．別の表現をすると，(1.2) と (1.3) を満足する社会状態の列 $\{y_1, y_2, \ldots, y_\lambda\} \subseteq S$ が存在すれば，当初の権利行使 (1.1) によって y より望ましい状態 x が実現できた筈なのに，その権利行使から得られた利得は社会状態の列 $\{y_1, y_2, \ldots, y_\lambda\} \subseteq S$ に

よって完全に吸い上げられ，最終的には y より望ましくない状態 y_1 に到着して，無意味な結果に終わってしまうのである．このような推論を踏まえて，《権利放棄集合》(waiver set)と呼ばれる集合 $W_i(\boldsymbol{R}:S) \subseteq D_i^*$ を

(1.4) $\quad (x,y) \in W_i(\boldsymbol{R}:S) \Leftrightarrow \exists \{y_1, y_2, \ldots, y_\lambda\} \subseteq S : (1.2) \,\&\, (1.3)$

によって定義すれば，(1.1)に加えて(1.4)が満足されないとき，そしてそのときにのみ，個人 i による (x,y) に対する権利の行使は適宜性を持つと考えるのがギバードの譲渡可能な権利体系の要諦なのである．

公理 GL* (ギバードの譲渡可能な権利体系)

任意のプロファイル $\boldsymbol{R} = (R_1, R_2, \ldots, R_n) \in A$, 任意の機会集合 $S \in \boldsymbol{K}$, 任意の個人 $i \in N$ および社会状態の任意のペア $(x,y) \in X \times X$ に対して，

(1.5) $\qquad (x,y) \in D_i^* \cap P(R_i) \,\&\, (x,y) \notin W_i(\boldsymbol{R}:S)$

が成立すれば，プロファイル $\boldsymbol{R}$ に対応する社会的選択関数を $C(\cdot\,, \boldsymbol{R}) = f(\boldsymbol{R})$ と記すとき，$x \in S$ である限り $y \notin C(S, \boldsymbol{R})$ が成立する．

ギバードは，n 人 $(2 \leq n < +\infty)$ の個人から構成される社会に対して，公理 **U**(定義域の無制約性)，公理 **P**(パレート原理)および公理 **GL***(ギバードの譲渡可能な権利体系)を満足する社会的選択ルールの存在を証明して，彼の解法の一般的な適用可能性を確認したのである．ギバードの譲渡可能な権利体系は，賦与された権利は機械的に行使されるという硬直的な定式化を避けて，《自由契約という強い自由尊重主義的な伝統》をセンの権利論に接続することに成功した点に，大きなメリットを持っている．だが，カウシック・バスー(Basu, 1984)が的確に指摘したように，ギバードの権利放棄ルールの定式化は基本的に恣意的なルールであって，そのさまざまな修正版のなかで，ギバードの権利放棄集合を優先的に尊重すべき格別の理由は存在しないことも事実である．また，ジェリー・ケリー(Kelly, 1976b, 1978)は，ギバードの権利放棄ルールでは，(x,y) に対する権利行使を無効にする社会状態の列の到達点 y_1 が，実際には y と無差別であって権利行使の結果に対して実害をもたらさない場合も

含まれているが，このような場合にさえ賦与された (x,y) に対する権利の放棄を勧告すべき理由はないとして，ギバードのスキームを批判した．この批判に基づいて，ケリーはギバードの権利放棄ルールを微小修正して，譲渡可能な権利体系のスキームの説得力を強化しようとした．この修正措置の要点は，ギバードの条件(1.2)を

(1.2*) $$y_\lambda = x \,\&\, y P(R_i) y_1$$

に修正すること，権利放棄集合の定義も

(1.4*) $(x,y) \in W_i^*(\boldsymbol{R}:S) \Leftrightarrow \exists \{y_1, y_2, \ldots, y_\lambda\} \subseteq S : (1.2^*) \,\&\, (1.3)$

に修正することに尽きている．そのうえでケリーは，ギバードの譲渡可能な権利体系も以下のように修正することを提案したのである．

公理 KL (ケリーの譲渡可能な権利体系)

任意のプロファイル $\boldsymbol{R} = (R_1, R_2, \ldots, R_n) \in A$，任意の機会集合 $S \in \boldsymbol{K}$，任意の個人 $i \in N$ および社会状態の任意のペア $(x,y) \in X \times X$ に対して，

(1.5*) $(x,y) \in D_i^* \cap P(R_i) \,\&\, (x,y) \notin W_i^*(\boldsymbol{R}:S)$

が成立すれば，プロファイル $\boldsymbol{R}$ に対応する社会的選択関数を $C(\cdot, \boldsymbol{R}) = f(\boldsymbol{R})$ と記すとき，$x \in S$ である限り $y \notin C(S, \boldsymbol{R})$ が成立する．

いささか不可解なことに，ケリーはこのような修正によってギバードの可能性定理は揺るがないと明記している．だが，Suzumura(1980a; 1983a, Chapter 7)が示したように，公理 **GL*** から公理 **KL** への移行の効果は衝撃的であって，公理 **U** (定義域の無制約性)，公理 **P** (パレート原理) および公理 **KL** (ケリーの譲渡可能な権利体系) を満足する社会的選択ルールは，実際には存在不可能なのである．

こうなってみると，賦与された限りの権利は機械的に適用されるという定式化の硬直性を緩和して，《自由契約という強い自由尊重主義的な伝統》をセンの権利論に導入したギバードの貢献の意義は高く評価されるべきだとはいえ，

ギバード＝ケリーの譲渡可能な権利体系を，厚生と権利の論理的衝突に対するリベラルな解決方法として一般的に承認することには，克服困難な無理があるといわざるを得ないのである．‖

(3) セン＝鈴村の解法：転轍機としてのリベラルな個人

ブラウの解法もギバードの解法も，センの《パレート派自由主義者の不可能性》定理に直面して，厚生主義的な《パレート原理》と非厚生主義的な《自由主義的権利の社会的尊重の原理》の間を調整する必要に迫られたとき，パレート原理の方は調整の対象外に置いたうえで専ら自由主義的権利の社会的尊重の原理の適用限界を狭める方向を模索したという点では，同じ軌道を辿る試みだったといってよい．これに対して，《パレート派自由主義者の不可能性》定理を厚生主義批判の武器として駆使したセンに相応しく，センの「自由・全員一致・権利」論文(Sen, 1976)は自由主義的権利の原理の貫徹と両立可能な程度にまでパレート原理の適用範囲を限定して，2つの原理の整合化を試みたのである．彼が提唱した解法は鈴村の研究(Suzumura, 1978; 1983a, Chapter 7)によって精緻化され，その備える特性は一層明らかにされている．

セン＝鈴村の解法の要諦は簡単である．パレート原理は，社会を構成する人々の間で全員一致した選好が支配する場合にのみ社会的選択に対する制約条件として役割を果たすことは明らかである．したがって，自由主義的権利の社会的尊重を貫徹するためには，社会の少なくとも一員が《リベラルな個人》(liberal individual)と呼ばれるに相応しく他人の権利が発言権を持つ社会的選択肢に対する選好を適切に自制すれば，自由主義的権利との衝突を招くパレート原理の影響力を抑制して，厚生と権利の整合化に導く転轍機のような役割を果たすことができる．

セン＝鈴村のスキームの機能実態を理解するためには『チャタレー夫人の恋人』の例に即した検討が役立つ筈である．この例で，それぞれの個人の保護領域に属する社会状態のペアに対して自由尊重主義的な権利を賦与された個人が表明する選好は，

$$D_P \cap P(R_P) = \{(r_0, r_P)\}; D_L \cap P(R_L) = \{(r_L, r_0)\}$$

で与えられる．したがって，個人の自由主義的な権利の主張が社会的な選択に影響を及ぼすチャンネルは

(1.6) $\quad \{D_P \cap P(R_P)\} \cup \{D_L \cap P(R_L)\} = \{(r_0, r_P), (r_L, r_0)\}$

という社会状態の部分的なランキングであることがわかる．ここで，《リベラルな個人》という概念を，社会内の——自分を含む——すべての個人がそれぞれの保護領域に属する社会的選択肢のペアに対して表明する選好と矛盾する自らの選好の表明は自制して，社会的選択プロセスで考慮されることを要求しない個人として定義することにする．この考え方の要諦は，それぞれの個人が持つ本来的な選好と彼が社会的選択プロセスで考慮されることを要求する選好を，概念的に峻別することである．例えば，あるひとのネクタイを《私》は俗悪な趣味の極まりだと思うが，彼がそのネクタイを締めることを禁止する社会的キャンペーンで弾劾発言をする行為は，リベラルな個人を自認する《私》には，到底容認できることではない．ここで形式化しようとするリベラルな個人の概念は，まさにこの例の《私》のような個人なのである．

『チャタレー夫人の恋人』の例で，リベラルな個人の概念を具体的に示しておくことにしよう．(1.6)という社会状態の部分的なランキングの順序拡張を R とする．そのとき，例えば P 氏が社会的選択プロセスで考慮されることを要求する選好を R_P^0 と記すことにすれば，P 氏がリベラルな個人であるときには $R_P^0 = R \cap R_P$ であり，P 氏がリベラルでない個人であるときには $R_P^0 = R_P$ である[7]．以下では P 氏はリベラルな個人であり，L 氏はリベラルでない個人である場合のみを考察することにする[8]．容易に確認できるように，『チャタレー夫人の恋人』の例では(1.6)という社会状態の部分的なランキングの順序拡張 R は一意的に定まって，

(1.7) $\qquad\qquad\qquad R : r_L \succ r_0 \succ r_P$

---

[7] (1.6)式の部分的ランキングの順序拡張の存在は，『チャタレー夫人の恋人』の事例の権利体系 D の首尾一貫性によって保証されている．この事実の確認は，セン＝鈴村の解法の一般論のなかで Suzumura(1983a, Chapter 7) によって行われている．

[8] P 氏に替わって L 氏がリベラルな個人である場合でも，セン＝鈴村の解法が機能できることはいうまでもない．

で与えられる．そのとき，P氏とL氏が社会的選択プロセスで考慮に入れられることを要求する選好は

(1.8) $$R_P^0 : r_0 \succ r_P \qquad R_L^0 : r_P \succ r_L \succ r_0$$

で与えられる．この場合には$C(\{r_0, r_P, r_L\}, (R_P, R_L)) = \{r_L\}$という社会的選択は，$P$氏と$L$氏の自由主義的権利を尊重しつつ，修正されたプロファイル(R_P^0, R_L^0)に関するパレート原理をも満足することが確認できるのである．

センニ鈴村の解法は，リベラルな個人にパレート派自由主義者の不可能性定理を可能性定理に切り換える転轍機としての役割を委ねるスキームであって，『チャタレー夫人の恋人』のように2人の個人から構成される事例に対してのみならず，一般のn人ケース$(2 \leq n < +\infty)$にも対処可能な解法であることは当然である．この事実の論証の詳細はSuzumura(1978; 1983a, Chapter 7)に委ねたい．以下ではもうひとつの事例を考えて，『チャタレー夫人の恋人』の事例では表面化していないが研究史のなかでは重要と考えられてきた若干の論点を，簡単に素描しておくことにしたい．

以下で採り上げる事例は，センが「自由・全員一致・権利」(Sen, 1976)で《労働選択のケース》(work choice case)と名付けた仮説例である．

労働選択のケース

パートタイムの職を持つ2人の個人1, 2がいて，たまたまフルタイムの職の機会が生まれたものとせよ．いずれの個人も，他の個人の就業状態が与えられたもとではフルタイムの職(選択肢1)をパートタイムの職(選択肢1/2)よりも選好し，パートタイムの職(選択肢1/2)を失業状態(選択肢0)よりも選好する．だが，彼らはいずれも競争社会のなかですれっからしになっていて，ただ単に他の個人が劣悪な就業状態にあることを歓迎するのみならず，自らの就業状態よりも他の個人が失業状態にあることに大きな重要性を認めている．以下では，$(1, 1/2), (0, 1/2), (1/2, 1), (1/2, 0)$という4つの就業状態を考察することにする．社会的選択肢の機会集合を$S = \{(1, 1/2), (0, 1/2), (1/2, 1), (1/2, 0)\}$と記すことにして，個人的選好順序のプロファイル$\boldsymbol{R} = (R_1, R_2)$と自由尊重主義的な権利体系$\boldsymbol{D} = (D_1, D_2)$は，以下のように特定化されるものと

する：

$$R_1(S) : (1/2, 0) \succ (1, 1/2) \succ (0, 1/2) \succ (1/2, 1)$$
$$R_2(S) : (0, 1/2) \succ (1/2, 1) \succ (1/2, 0) \succ (1, 1/2)$$
$$D_1 = \{((1, 1/2), (0, 1/2)), ((0, 1/2), (1, 1/2))\}$$
$$D_2 = \{((1/2, 1), (1/2, 0)), ((1/2, 0), (1/2, 1))\}.$$

$C(\cdot, \bm{R}) = f(\bm{R})$ として，選択集合 $C(S, \bm{R})$ を考える．権利体系 $\bm{D}$ が社会的に尊重されるならば，

$$((1, 1/2), (0, 1/2)) \in D_1 \cap P(R_1) \Rightarrow (0, 1/2) \notin C(S, \bm{R})$$
$$((1/2, 1), (1/2, 0)) \in D_2 \cap P(R_2) \Rightarrow (1/2, 0) \notin C(S, \bm{R})$$

が成立する．また，パレート原理 $\bm{P}$ により $(1, 1/2) \notin C(S, \bm{R})$，$(1/2, 1) \notin C(S, \bm{R})$ が得られる．すなわち，$C(S, \bm{R}) = \emptyset$ という矛盾がしたがうことになるのである．∥

さて，セン＝鈴村の解法における決定的なステップは，自由主義的権利の保護領域の上で権利の所有者たちが表明する選好をリベラルに制約する手段となる順序拡張の可能性だった．労働選択のケースでは $(D_1 \cap R_1) \cup (D_2 \cap R_2)$ の順序拡張は複数個——実際には 13 個——存在する．以下では，そのうちの 3 つの順序拡張 $R^\alpha, R^\beta, R^\gamma$ を採り上げることにする：

$$R^\alpha : (1, 1/2) \succ (0, 1/2) \succ (1/2, 1) \succ (1/2, 0)$$
$$R^\beta : (1/2, 1) \succ (1/2, 0) \succ (1, 1/2) \succ (0, 1/2)$$
$$R^\gamma : [(1, 1/2), (1/2, 1)] \succ (0, 1/2) \succ (1/2, 0).$$

誰がリベラルな個人であり，どの順序拡張を用いて選好をリベラルに制約するかに応じて，この事例に対するセン＝鈴村の解法にはさまざまな代替的なシナリオが描けることになる．例えば，個人1がリベラルであり，順序拡張 α が用いられるシナリオを $(1, \alpha)$ と記すことにすれば，このシナリオにしたがう労働選択のケースに対するセン＝鈴村スキームの選択は $(1, 1/2)$ となる．

また，シナリオ $(1,\beta)$ に基づくセン＝鈴村スキームの選択は $(1/2,1)$ であり，シナリオ $(\{1,2\},\gamma)$ に基づくセン＝鈴村スキームの選択は $\{(1,1/2),(1/2,1)\}$ である．このように，誰がリベラルな個人であるかとか，どの順序拡張を選好のリベラルな制約に用いるかによって，同じ事例に対するセン＝鈴村スキームの選択は明らかに異なるものとなる．オースティン－スミス(Austin-Smith, 1982)はこの特性をセン＝鈴村の解法の不完全性と考えて，セン＝鈴村の解法の一層の精緻化に向かう後継研究を行っている．このような精緻化の意義を否定する必要はまったくないが，セン＝鈴村スキームの選択の多様性はこのスキームのメリットでこそあれディメリットではないことは，敢えて強調するに値すると思われる．振り返ってみると，パレート派自由主義者の不可能性は，《最小限の民主主義》と《最小限の自由主義》が不可避的に衝突するというシグナルであって，これに対する——セン＝鈴村スキームのような——解法の課題は，原理間の衝突を解消させる最小限の契機を発見することに絞られている．社会的選択が満足することが期待される属性は決して最小限の民主主義と最小限の自由主義によって尽くされているわけではないだけに，問題解決の俎上に載せた原理間の衝突を解消するために，他の考慮事項を取り入れる余地を残さない程に手足を縛ったスキームを考案することは，必要でもなければ望ましくもない——これがオースティン－スミスのリサーチ・プログラムに対する著者のスタンスなのである．‖

(4) 境遇の個人間比較と自由尊重主義的権利への倫理的制約

第10章第2節の末尾では，2つの原理が不可避的に衝突する場合に可能な対応方法を，3つの基本的なパターンに分類しておいた．第1の方法は，2つの原理の整合的な共存のために，これらの原理の要求内容を調整したり制約したりする方向を模索して，修正された原理の整合化を図る方法である．第2の方法は，これらの原理が記述された概念的な枠組みを再構成して，新たな枠組みのなかで両原理に対応する原理は整合的に共存可能であることを示す方法である．第3の方法は，2つの原理の衝突にはなにも解決すべき問題が含まれているわけではなく，単に人生の現実として《桃源郷の不可能性》を示したものに過ぎないと考える諦観的なスタンスである．パレート派自由主義者の不可

能性に対処するために，本節でこれまで論じてきた3つの方法は，第1のパターンに所属する試みの典型例だった．本節の最後に，第2のパターンに所属するパレート派自由尊重主義者の不可能性への対応のひとつの試みを，簡潔に議論しておきたい．

我々が導入する分析の概念的枠組みは，第3部第8章で《羨望のない状態としての衡平性》概念を考察した際に活用した《境遇間比較》(intersituational comparisons)の枠組みである．また，パレート派自由主義者の不可能性を解消する潜在的な可能性を検討する基本的な着眼点は，政治哲学者アイザイア・バーリン (Berlin, 1958, 邦訳 p. 309, p. 387) によって巧みに表現された次のような視点である：

> 自由は決して人間の唯一の目標ではない [……]．もし他の人々が自由を奪われているなら，もし私の兄弟たちが貧困と不潔と鎖のなかに留まっていなければならないのなら，私は自分にも自由を欲しはしない．
>
> 　ひとが，あるいは民衆が，自ら欲するままの生き方を選択する自由の程度は，他の多くの価値——おそらく，平等，正義，幸福，安全，社会秩序などが最も顕著な例であろう——の要求と，比較・秤量されなければならない．それゆえに，自由の程度は無制限ではあり得ない．

この考え方を自由主義的権利のコンテクストで定式化するために，社会的選択肢の普遍集合 X と個人の集合 N の直積集合で定義される個人 $i \in N$ の境遇間比較順序 $\tilde{R}_i$ を，第8章の(1.1)によって定義する．境遇間比較順序のプロファイルは $\alpha = (\tilde{R}_1^\alpha, \tilde{R}_2^\alpha, \ldots, \tilde{R}_n^\alpha) \in \tilde{A}$ のように記される．このプロファイルに対応して，個人 $i \in N$ の《主観的選好順序》(subjective preference ordering) $R_i(\tilde{R}_i^\alpha)$ を

$$(1.9) \qquad R_i(\tilde{R}_i^\alpha) = \{(x,y) \in X \times X \mid (x,i)\tilde{R}_i^\alpha(y,i)\}$$

によって定義する．また，各個人 $i \in N$ の倫理的な判断基準を規定する《正義の原理》(principle of justice) を ω_i と書くことにする．各個人 $i \in N$ の境遇間比較順序 $\tilde{R}_i$ が与えられたとき，彼の正義の原理 ω_i は，X 上の《倫理的選好

順序》(ethical preference ordering) $\omega_i(\tilde{R}_i)$ を決定する情報的基礎として，その役割を果たすことになる[9]．

各々の個人の主観的選好順序とは対照的に，倫理的選好順序を特徴付ける非人格的性格を表現するために，Π_N は個人の集合 N 上の置換全体の集合であるものとする．任意の境遇間比較順序 $\tilde{R}$ に対して，パトリック・スッピスが導入した《正義の評価原理》(grading principle of justice) $\omega_S(\tilde{R})$ を，任意の選択肢 $x, y \in X$ に対して，

$$(1.10) \quad x\omega_S(\tilde{R})y \Leftrightarrow \exists \pi \in \Pi_N : (\forall i \in N : (x,i)\tilde{R}(y,\pi(i)))$$
$$\& \ (\exists j \in N : (x,j)P(\tilde{R})(y,\pi(j)))$$

によって定義する．この定義を読み下せば，x が y よりもスッピスの意味でより正義に適うのは，誰がどの境遇にいるかという個人的な状況を無視して，y における人々の境遇の全般的な在り様よりも x における人々の境遇の全般的な在り様の方がパレートの意味で望ましい場合，そしてその場合のみである．スッピスの正義の評価原理を用いれば，各個人の持つ正義の原理の非人格的な性格を，次の公理の形式で規定することができる．

公理 IM（非人格性）
境遇間比較順序の任意のプロファイル $\alpha = (\tilde{R}_1^\alpha, \tilde{R}_2^\alpha, \ldots, \tilde{R}_n^\alpha) \in \tilde{A}$ に対して，任意の個人 $i \in N$ が持つ正義の原理 ω_i は，$\omega_S(\tilde{R}_i^\alpha) \subseteq P(\omega_i(\tilde{R}_i^\alpha))$ を満足しなければならない．

非人格性の公理を満足する正義の原理の重要な一例は，ロールズの正義の原理 ω_R である[10]．ある境遇間比較順序 $\tilde{R}$ が与えられたとき，任意の $i \in N$ と任意の $x \in X$ に対して，$i(x)$ は社会状態 x において第 i 番目に不遇な個人の

---

[9] 倫理的選好順序という概念は，ジョン・ハルサニー(Harsanyi, 1955)によって導入されたものであり，この個人が《非人格的》(impersonal)な社会的考慮のみに基づいて形成する選好順序を表している．

[10] ここで定式化されるロールズの正義の原理は，社会的選択の情報的基礎として境遇間比較順序のプロファイルを採用する立場に基づいていて，ロールズ自身の『正義論』(Rawls, 1971)の非厚生主義的な立場とは，重要な点で異なる点には注意するべきである．

位置を表す番号とする．具体的に言えば，$(x,1), (x,2), \ldots, (x,n)$ を $\tilde{R}$ にしたがって遁昇順に並べ替えて，同順の選択肢の間では恣意的に順番を割当てたとき，最下位から第 i 番目に位置する境遇が $(x, i(x))$ になるというわけである．この概念を用いれば，$\tilde{R}$ に依拠するロールズの正義順序 $\omega(\tilde{R})$ は，任意の $x, y \in X$ に対して，

(1.11) $\quad xP(\omega_R(\tilde{R}))y \Leftrightarrow \exists r \in N : (x, r(x))P(\tilde{R})(y, r(y))$
$$\& \ \forall i \in \{1, 2, \ldots, r-1\} : (x, i(x))I(\tilde{R})(y, i(y))$$

(1.12) $\quad xI(\omega_R(\tilde{R}))y \Leftrightarrow \forall i \in N : (x, i(x))I(\tilde{R})(y, i(y))$

(1.13) $\quad x\omega_R(\tilde{R})y \Leftrightarrow xP(\omega_R(\tilde{R}))y \vee xI(\omega_R(\tilde{R}))y$

によって定義される．

社会的選択の情報的基礎を境遇間比較順序のプロファイルに改めたので，社会的選択ルールの定式化にも，僅かな修正が必要である．本節のこれ以降の部分では，境遇間比較順序の任意のプロファイル $\alpha = (\tilde{R}_1^\alpha, \tilde{R}_2^\alpha, \ldots, \tilde{R}_n^\alpha) \in \tilde{A}$ に社会的選択集合 $\tilde{C}(\cdot, \alpha)$ を対応させる関数 $\tilde{C}(\cdot, \alpha) = \tilde{f}(\alpha)$ を，《拡張された社会的選択ルール》(extended social choice rule) と呼ぶことにして，適格な性質を備えた関数 $\tilde{f}$ の存在に関心を絞ることになる．

拡張された社会的選択ルールの適格性を定義するために，以下ではいくつかの公理を導入することにする．最初の公理はこの枠組みのなかでのパレート原理であって，改めて説明を加える必要はあるまいと思われる．

公理 SP（強意のパレート原理）

任意の $x, y \in X$ と任意のプロファイル $\alpha \in \tilde{A}$ に対して

$$(x, y) \in P(\bigcap_{i \in N} R_i(\tilde{R})) \Rightarrow \forall S \in \boldsymbol{K} : \{x \in S \Rightarrow y \notin \tilde{C}(S, \alpha)\}$$

が成立する．ただし，ここで $\tilde{C}(\cdot, \alpha) = \tilde{f}(\alpha)$ である．

次に，拡張された社会的選択ルールの定義域に関する要請を導入するため，境遇間比較順序の任意のプロファイル $\alpha = (\tilde{R}_1^\alpha, \tilde{R}_2^\alpha, \ldots, \tilde{R}_n^\alpha) \in \tilde{A}$ と，任意の個人 $i, j \in N$ に対して

(1.14) $$\forall x, y \in X : x R_{ij}(\tilde{R}_i^\alpha) y \Leftrightarrow (x, j) \tilde{R}_i^\alpha (y, j)$$

によって X 上の二項関係 $R_{ij}(\tilde{R}_i^\alpha)$ を定義する[11]．想像上の境遇の交換を手段として相互の境遇の理解を形成することがこの情報的枠組みの目的であるだけに，第8章(無羨望衡平性とパレート効率性)で導入した以下の公理は非常に強い説得力を備えている．

公理 ID (同調性の公理)

境遇間比較順序のプロファイル $\alpha = (\tilde{R}_1^\alpha, \tilde{R}_2^\alpha, \ldots, \tilde{R}_n^\alpha) \in \tilde{A}$ は

$$\forall i, j \in N : R_{ij}(\tilde{R}_i^\alpha) = R_j(\tilde{R}_j^\alpha)$$

を満足する．

公理 **ID** に説得力が備わっているならば，拡張された社会的選択ルール $\tilde{f}$ に対する以下の定義域制約も，想像上の境遇比較アプローチにおいては自然な選択であると言ってよい．

公理 UID (同調性公理のもとでの定義域の無制約性)

拡張された社会的選択ルール $\tilde{f}$ の定義域は，公理 **ID**(同調性の公理)を満足する限りで任意の境遇間比較順序のプロファイルの全体 $\tilde{A}_{ID}$ から構成される．

公理 **UID** はひとつの定義域制約だが，各個人の境遇間比較順序の一致，すなわち $\tilde{R}_i^\alpha = \tilde{R}_j^\alpha$ $(i, j \in N, i \neq j)$ の成立を要求すること——この強い要求を以下では公理 **UCID**(完全同調性のもとでの定義域の無制約性)と呼び，この公理にしたがう定義域を $\tilde{A}_{CID}$ と表記することにしたい——と比較すれば遥かに緩やかであり，正当化もずっと易しい要請であることに注意すべきである．

これだけの準備が整ったので，(4)の冒頭で引用したアイザイア・バーリン

---

11) この概念は既に第8章で導入されているが，本章の記号法との若干の齟齬が誤解の余地を生むことを避けるために，ここで改めて定義することにした．同調性の公理についても同様である．

の考え方——「ひとが[……]自ら欲するままの生き方を選択する自由の程度は，他の多くの価値[……]の要求と，比較・秤量されなければならない．それゆえに，自由の程度は無制限ではあり得ない」という考え方——を定式化して，正義の要請によって制約された自由尊重主義的な要請を，厚生主義的なパレート原理と整合化する可能性を尋ねる作業に取り組むことができる．このような研究の端緒を拓いたのはジェリー・ケリーの「公正な自由主義者の不可能性」(Kelly, 1976a) という論文だが，以下で報告する可能性定理と不可能性定理はいずれも鈴村の研究成果 (Suzumura, 1982b; 1983a, Chapter 7, Section 4) に依拠するものである．

あるひとに賦与された自由主義的権利が，正義の考慮を経たうえで社会的に尊重されるための条件を，2つの代替的な形式で表現することから始めたい．第1の形式は，自由主義的権利を賦与されたひとが要請する権利は，自分を含めて誰ひとりとしてその権利の行使は正義にもとるという理由で反対しない限り，社会的に尊重されるという条件である．第2の形式は，自由主義的権利を賦与されたひとが要請する権利は，自分を含めて社会を構成する個人の全員がその権利の行使は正義にもとるという理由で反対しない限り，社会的に尊重されるという条件である．明らかに，第2の形式の権利の尊重は，第1の形式の尊重と比較して，自由尊重主義的な権利に遥かに強い実効性を賦与している．

公理 JCL(1)（正義に制約された自由尊重主義：第1形式）

許容される任意の状況間比較順序のプロファイル $\alpha \in \tilde{A}$，非空の保護領域を持つ任意の個人 $i \in N$，そして任意の社会状態 $x, y \in X$ に対して，

(1.15) $\quad (x,y) \in D_i \cap P(R_i(\tilde{R}_i^\alpha)) \,\&\, (y,x) \notin \bigcup_{j \in N} P(\omega_j(\tilde{R}_j^\alpha))$

$\Rightarrow \forall S \in \boldsymbol{K} : [x \in S \Rightarrow y \notin \tilde{C}(S, \alpha)]$

が成立する．ただし，ここで $\tilde{C}(\cdot, \alpha) = \tilde{f}(\alpha)$ である．

公理 JCL(2)（正義に制約された自由尊重主義：第2形式）

許容される任意の状況間比較順序のプロファイル $\alpha \in \tilde{A}$，非空の保護領域

を持つ任意の個人 $i \in N$, そして任意の社会状態 $x, y \in X$ に対して,

(1.16) $\quad (x, y) \in D_i \cap P(R_i(\tilde{R}_i^\alpha)) \,\&\, (y, x) \notin \bigcap_{j \in N} P(\omega_j(\tilde{R}_j^\alpha))$

$$\Rightarrow \forall S \in \boldsymbol{K} : [x \in S \Rightarrow y \notin \tilde{C}(S, \alpha)]$$

が成立する. ただし, ここで $\tilde{C}(\cdot, \alpha) = \tilde{f}(\alpha)$ である.

正義に制約された自由尊重主義は, 強意のパレート原理という厚生主義的要請との両立可能性を持っているのだろうか. この問題への解答として, 以下では4つの定理を述べておくことにしたい.

定理 1.1 (Kelly, 1976a)

すべての個人 $i \in N$ に対して, $\omega_i = \omega_S$ が成立するものとする. また, 少なくとも2人の個人 $j, k \in N$ で非空の保護領域 D_j, D_k を持つものが存在するものとする. そのとき, 公理 **UCID**(完全同調性のもとでの定義域の無制約性), 公理 **SP**(強意のパレート原理), 公理 **JCL(1)**(正義に制約された自由尊重主義: 第1形式)を満足する拡張された社会的選択ルール $\tilde{f}$ は存在しない.

定理 1.2 (Suzumura, 1978; 1983a, Chapter 7, Theorem 4.3)

すべての個人 $i \in N$ に対して, $\omega_i = \omega_R$ が成立するものとする. また, 権利体系 $\boldsymbol{D} = (D_1, D_2, \ldots, D_n)$ は首尾一貫性を持つものとする. そのとき, 公理 **UCID**(完全同調性のもとでの定義域の無制約性), 公理 **SP**(強意のパレート原理), 公理 **JCL(1)**(正義に制約された自由尊重主義: 第1形式)を満足する合理的な拡張された社会的選択ルール $\tilde{f}$ が存在する.

定理 1.3 (Suzumura, 1982b)

すべての個人の正義の原理は完備性を持ち, 公理 **IM**(非人格性)を満足する限りで任意のものとする. また, 権利体系 $\boldsymbol{D} = (D_1, D_2, \ldots, D_n)$ は首尾一貫性を持つものとする. そのとき, 公理 **UID**(同調性のもとでの定義域の無制約性), 公理 **SP**(強意のパレート原理), 公理 **JCL(1)**(正義に制約された自由尊重主義: 第1形式)を満足する合理的な拡張された社会的選択ルール $\tilde{f}$ が存在する.

定理 1.4 (Suzumura, 1982b)

すべての個人 $i \in N$ に対して，$\omega_i = \omega_R$ が成立するものとする．また，権利体系 $\boldsymbol{D} = (D_1, D_2, \ldots, D_n)$ は首尾一貫性を持つものとする．さらに，

(1.17) $\quad \{(x,y),(y,x)\} \subseteq D_1 \ (x \neq y); \{(z,w),(w,z)\} \subseteq D_2 \ (z \neq w)$

を満足する $x, y, z, w \in X$ が存在するものとする．そのとき，公理 **UID**(同調性のもとでの定義域の無制約性)，公理 **SP**(強意のパレート原理)，公理 **JCL(2)**(正義に制約された自由尊重主義：第 2 形式)を満足する拡張された社会的選択ルール $\tilde{f}$ は存在しない．

これら一連の定理の証明に関心を持たれる読者には，Suzumura(1982b)あるいは Suzumura(1983a, Chapter 7)を参照していただくことにして，以下では『チャタレー夫人の恋人』の例に即して，可能性定理と不可能性定理を分離する分水嶺を理解することに関心を集中することにしたい．

『チャタレー夫人の恋人』の例を境遇間比較順序の枠組みに埋め込むため，L 氏は P 氏と比較して相対的に不遇な個人であることが普遍的に認められていること，以下の境遇間比較順序 $\tilde{R}$ が P 氏と L 氏によって共有されていることを仮定する：

(1.18)
$\quad (r_0, P)P(\tilde{R})(r_P, P)P(\tilde{R})(r_L, P)P(\tilde{R})(r_P, L)P(\tilde{R})(r_L, L)P(\tilde{R})(r_0, L).$

この境遇間比較順序に内包される主観的選好順序のプロファイル $(R_P(\tilde{R}), R_L(\tilde{R}))$ は，『チャタレー夫人の恋人』の事例のオリジナルな選好プロファイルと一致することに，読者は直ちに気付かれた筈である．また，この境遇間比較順序に対して，スッピスの正義の原理 ω_S とロールズの正義の原理 ω_R はそれぞれ以下のランキングを形成することも，読者は容易に確認できる筈である．

(1.19) $\quad\quad\quad \omega_S(\tilde{R}) : r_P \succ r_L \quad\quad \omega_R(\tilde{R}) : r_P \succ r_L \succ r_0.$

$\omega = \omega_S$ の場合には，$\omega_S(\tilde{R})$ は非完備である．そのため，公理 **JCL(1)** におい

て正義による権利の行使への制約は実際には無効であり，パレート派自由主義者の不可能性はそのまま維持されることになる．これが定理1.1の実像である．これに対して $\omega = \omega_R$ の場合には，$\omega_R(\tilde{R})$ は完備である．そのため，ロールズの正義の原理に制約されて L 氏の権利の行使は妨げられ，強パレート原理と正義に制約された自由尊重主義との両立可能性が保証されることになる．これが定理1.2の実質的な内容である．

ところで，定理1.2は確かに可能性定理ではあるが，全個人がロールズの正義の原理を一致して受け入れているとか，境遇間比較順序もすべての個人にわたって同一であるなど，整合性が保証される条件がいかにも特殊であることは否めない．幸いにも，定理1.2の条件を自然に拡張した条件も整合的であることが，定理1.3によって保証されている．しかし，このような拡張には越えられない限界があることを示すのが定理1.4であって，公理 JCL(1)（正義に制約された自由尊重主義：第1形式）を，公理 JCL(2)（正義に制約された自由尊重主義：第2形式）にまで強めようとすれば，正義の原理に関する人々の完全な一致という要請を復活させてさえ，不可能性定理が呼び戻されることになってしまうのである．

第2節　センの自由主義的権利論への批判と反批判

第1節では，センによる自由主義的権利の社会的尊重という考え方を基本的に受け入れた上で，厚生主義的な《パレート原理》と非厚生主義的な《自由主義的権利の社会的尊重の原理》を整合化する可能性を追求した．これに対して，そもそもセンによる自由主義的権利の社会的尊重の定式化が，ミル以来の自由主義の考え方と整合的であることを疑問視する見解も，センの研究の公表当初からしばしば表明されてきた．本節では，センに対するこの主旨の批判を提起したウルフ・ゲルトナー＝プラサンタ・パタナイック＝鈴村興太郎(Gaertner, Pattanaik and Suzumura, 1992)の考え方とセンの回答および反批判(Sen, 1992)並びにパタナイックと鈴村の再批判(Pattanaik, 1994, 1996; Pattanaik and Suzumura, 1994, 1996; Suzumura, 1996a, 2000a; 鈴村 1996b, 2000c, 2000d)に基づいて，自由主義的権利の意味と意義を徹底して追求することにし

たい．この作業の到達点では，センの自由主義的権利論に対する代替案として，《ゲーム形式の権利論》(game-form approach to rights)を提唱することになる[12]．

まず，第10章第3節のギバード・パラドックスを再吟味して，センによる自由主義的な権利の定式化に対して，最初の疑念を提出することにしたい．自由尊重主義的な権利主張の素朴な形式は，私的な選択肢——ギバード・パラドックスの状況では白いシャツ(w)と赤いシャツ(r)——に対する《自律的な選択の自由》(freedom of autonomous choice)の主張に帰着するように思われる．この素朴な形式の自由尊重主義的な主張によれば，イアンはw(あるいはr)を自律的に選択すれば，(r,w)と(r,r) [あるいは(w,w)と(w,r)]が社会的に選択されることを排除できる．同様にして，ジョンはw(あるいはr)を自律的に選択すれば，(r,r)と(w,r) [あるいは(w,w)と(r,w)]が社会的に選択されることを排除できる．これに対して，ギバード・パラドックスの状況においてセンの権利論は，イアン(あるいはジョン)に対して，(r,w)と(w,r) [あるいは(w,w)と(r,r)]を社会的選択から排除する権能を賦与している．このような権能は，自律的選択の自由を行使することから誕生することは決してないのである．

2つの権利論の対立には，強調に値する2つの側面がある．第1に，素朴な形式の《自律的選択の自由》論とセンの自由尊重主義的な権利論とは，権利の主体が賦与される《社会状態を選択集合から排除する能力》(ability to exclude social states from choice set)において非常に顕著な差異を持っていて，センの権利論は素朴な選択の自由論との整合性を明らかに欠いているのである．第2に，素朴な選択の自由論は，社会状態に対する個人の選好とは完全に独立して，《社会状態を選択集合から排除する能力》を決定できるのに対して，センの権利論が個人に賦与する《社会状態を選択集合から排除する能力》は，社会状態に対する個人の選好に本質的に依存して決定されている．別の表現をすれば，センの権利論が個人に賦与する権能は，社会状態に対する個人の選好次第

---

[12] ゲーム形式の権利論の水源地としては，ロバート・ノジックの問題作『アナーキー・国家・ユートピア』(Nozick, 1974)における初期のセンの自由主義的権利論への批判，ピーター・ゲルデンフォルス(Gärdenfors, 1981)による初期のゲーム論的権利論の試み，ロバート・サグデン(Sugden, 1985a, 1985b, 1993, 1994)によるゲーム形式の権利論の初期の試みが存在することを指摘しておきたい．

でその内容を異にする《選好依存的な排除能力》(preference-contingent power of rejection)なのである．

センの自由尊重主義的な権利論と素朴な選択の自由論との齟齬をいくら指摘しても，それだけの理由でセンの権利論に疑問符を付けるべき必然性に関しては，なお説得力が不足しているかもしれない．そこで，ギバード・パラドックスを微調整したもうひとつの例を検討して，センの自由尊重主義的な権利論に対する批判的視点を補強することを試みたい．

修正されたギバード・パラドックス(modified Gibbard paradox)
イアンとジョンは，どちらも白いシャツ(w)と赤いシャツ(r)を持っている．他の事情を一定とすれば，彼らが選ぶシャツの色だけで異なる4種類の社会状態 $(w,w), (r,w), (r,r), (w,r)$ が存在する．2人の個人は，それぞれ次のような選好を持つものとする：

$$R_{Ian} : (w,w) \succ (r,r) \succ (r,w) \succ (w,r)$$
$$R_{John} : (w,r) \succ (r,w) \succ (w,w) \succ (r,r).$$

イアンとジョンに対しては，$\{w,r\}$ という私的選択肢の集合上で，《自律的な選択の自由》が賦与されているものとする．この意味で自由主義的な権利を行使して自分のシャツの色を選択するに際しては，イアンもジョンも相手が何色のシャツを選ぶか次第では，自分の選択の満足度が大きく異なることを知っている．例えば，イアンが w を選択するとき，ジョンの選択が w であるか r であるかに応じて，社会状態はイアンにとって最善の (w,w) にもなれば，彼にとって最悪の (w,r) にもなるからである．このような事情はジョンにとっても同様である．ところで，いずれの個人も自分のシャツの色の選択に先立って，相手のシャツの色を知る権利も能力も持ってはいないため，実は集合 $\{w,r\}$ からシャツの色を選択する問題は，イアンにとってもジョンにとっても《不確実性のもとにおける合理的選択》(rational choice under uncertainty)の問題にならざるを得ない．

この問題に直面して，我々はイアンもジョンも不確実性のもとでの合理的選択の基準として有名な《マキシミン原理》(maximin principle)にしたがう選択

行動を採用するものとする[13]．容易に確認できるように，イアンにとってマキシミン戦略はrであり，ジョンにとってマキシミン戦略はwである．そこで，この例の状況におけるマキシミン均衡は(r,w)となる．ここまでの議論では誰の《自律的な選択の自由》の意味における自由主義的な権利もまったく侵害されてはいない．イアンにせよジョンにせよ，マキシミン原理にしたがって不確実性のもとでの合理的な選択を行ったに過ぎないからである．しかるに，(w,w)と(r,w)との間の唯一の差異はイアンがwを選択するか，rを選択するかのみであって，イアン自身は(w,w)を(r,w)よりも選好しているのだから，機会集合$\{(w,w),(r,r),(r,w),(w,r)\}$から$(r,w)$がマキシミン均衡として選択されたという事実は，センの意味におけるイアンの自由尊重主義的な権利が侵犯されたということを意味せざるを得ないのである．このことは，自律的な選択の自由という古典的な自由主義的権利論とセンの自由尊重主義的な権利論が，真っ向から対立するという事実を示している．||

ゲルトナー＝パタナイック＝鈴村によるこの主旨の批判に直面してセンが展開した反論は，基本的に以下の2点に要約することができる．

第1に，個人の自由主義的権利の本質を，私的選択肢の集合上で《自律的な選択の自由》が保証されていることに求める古典的な立場は，ミルの『自由論』(Mill, 1859)を水源地として，ロバート・ノジックの『アナーキー・国家・ユートピア』(Nozick, 1974)に流れ込む非帰結主義的——義務論的——権利論と親和性を持つ考え方に根差している．この立場は，ある個人が自らの私的な選択を直接的に支配できるという事実と，その個人が自由主義的な権利を賦与されているという事実を，短絡的に直結させている．だが，ある個人の自由が尊重されるべき多くのコンテクストにおいて，その個人が私的な選択肢を直接支配する余地があり得ない場合がしばしば発生する．例えば，交通事故で昏睡中の個人は，本来は宗教的な信念に基づいて適用を断る治療方法であっても，こ

---

[13] マキシミン原理は，不確実性のもとでの合理的選択の唯一の原理だというわけではなく，この例を用いて示そうとしている論点にとって，イアンとジョンがマキシミン原理にしたがう行動をとることが本質的であるわけでもない．これとは異なる不確実性のもとでの合理的選択の原理を採用しても，我々の論点を樹立する例を構成することが可能だからである．

の方法の適用を退ける意思表明を自ら行うことは不可能である．それにも関わらず，彼の意思を尊重してこの治療方法を避けて，彼の《選択の自由》の行使を実現させることこそ，自由を尊重する社会の義務である．この例のように，自由尊重主義的な権利の定式化を，《私的な選択肢の直接的な支配》と直結する短絡的なアプローチは，自由主義的権利の定式化の方法として重大な欠陥があるというべきである．

第2に，自由主義的権利の本質を《選択の自由》に求める考え方は，暗黙のうちに人々の私的選択肢の《分解可能性》(decomposability)を仮定しているように思われる．だが，社会的な相互依存関係に立つ人々の間では，往々にして私的な選択肢の《分解不可能性》(indecomposability)こそ事態の本質だというべき場合がある．この事実を明らかにするためには以下の例を考えてみさえすればよい[14]．

英国鉄道と副次的喫煙の例

英国鉄道の客車に，アンとフレッドが乗り合わせた．アンは嫌煙家，フレッドは愛煙家である．この客車内には，英国鉄道によって「同室の乗客が反対なさる場合には，どうか喫煙をご遠慮下さい」という掲示がなされている．アンの私的な選択肢の集合は $\varSigma_{Ann} = \{$喫煙に反対する，喫煙に反対しない$\}$ で与えられ，フレッドの私的な選択肢の集合は $\varSigma_{Fred} = \{$喫煙する，喫煙しない$\}$ で与えられる．この場合，アンとフレッドに私的な選択肢の集合で完全な《選択の自由》を賦与すれば，彼らの自律的な選択の結果として，(アンは喫煙に反対する，フレッドは喫煙する) という社会状態が発生する可能性があるが，これは英国鉄道の客車内に掲示されたルールに違背する状況である[15]．

---

14) この例は，著者が Gaertner, Pattanaik and Suzumura(1992) の初期のドラフトを作成していたとき，セン教授によって提示されたものである．ここに明記して感謝したい．

15) イアンとジョンのシャツの例と，アンとフレッドの副次的喫煙の例を比較すると，《分解可能》なケースと《分解不可能》なケースの対照が明らかになる．イアンとジョンの例では，彼らが選択した戦略(シャツの色)の組み合わせは，そのまま実現可能な社会状態となっている．これが分解可能なケースである．アンとフレッドの例では，アンが選択した《反対》戦略とフレッド選択した《喫煙》戦略の組み合わせは，英国鉄道が要請したルールのもとでは許容されない(アンは喫煙に反対する，フレッドは喫煙する)という状態となって，実現可能な社会状態ではないことになる．これが分解不可能なケースである．

センが提示したこれらの反論は，《選択の自由》を中核に据える自由尊重主義的な権利論を脱輪させるというよりは，かえってこの権利論に対する理解を深める契機として重要な役割を果たしているように思われる．事実，センによる2つの反論に応答することによって，《選択の自由》としての自由尊重主義的権利論を一層精緻化することができるのである．

センの第1の反論に応答することは容易である．選択の自由を権利として賦与された個人 A が，なんらかの事情で自らその権利を直接的に行使できない場合でも，彼の意思を正しく継承する代理人 B がその権利を間接的に行使することに障碍がなければ，個人 A の権利は実効的に尊重されていると考えることができる．我々の判断によれば，《選択の自由》を直接的に行使できない場合があることを強調したセンの議論は，自由主義的権利への《選択の自由》的なアプローチに対する批判としては有効性を持つようには思われない．

センの第2の反論に対しては，英国鉄道が客車内に掲示したゲームのルールに忠実に，アンとフレッドの《戦略集合》(strategy set)を的確に定義し直せば，センが指摘した問題は自然な形で解消させることができる．具体的にいえば，アンとフレッドの私的な選択変数の集合を $\Sigma_{Ann} = \{s, s^*\}$，$s =$ 喫煙に反対する，$s^* =$ 喫煙に反対しない，$\Sigma_{Fred} = \{t, t^*\}$，$t =$ 反対されれば喫煙を差し控えるが，反対されなければ喫煙する，$t^* =$ いずれにせよ喫煙しないと定義して，2人が選択する戦略の各プロファイルに対応して社会状態を規定する《帰結関数》(outcome function) g を以下のように定義すればよいのである．

$g(s, t) = g(s, t^*) = x =$ アンの反対によって，フレッドは喫煙を断念する，

$g(s^*, t) = y =$ アンの同意を得て，フレッドは喫煙する，

$g(s^*, t^*) = z =$ アンは反対しないが，フレッドは自発的に禁煙する．

こうして $G_{BR} = \{\{Ann, Fred\}, \Sigma_{Ann}, \Sigma_{Fred}, g\}$ という《ゲーム形式》(game form)で英国鉄道と副次的喫煙の例を捕捉し直しさえすれば，センが指摘した《選択の自由》としての自由主義的権利論の問題点は解消されて，センの自由尊重主義的な権利論に対する代替案として《ゲーム形式の権利論》(game-form approach to rights)という新たな権利論の雛形が得られたことになる[16]．ここで節を改めて，ゲーム形式の権利論の源泉並びに一般的な定義，その射程と限界，センの自由尊重主義的な権利論との比較，残された問題について，簡潔に議論することにしたい．

第3節　ゲーム形式の権利論

センの厚生主義への原理対立的な批判がパレート派自由主義者の不可能性定理という斬新な形式で公表されてほどなく，ハーヴァード大学の政治哲学者ロバート・ノジックは『アナーキー・国家・ユートピア』という論争的な著書で，興味深いセンの不可能性の解消方法を提唱した(Nozick, 1974, p. 166)．ノジックによれば，非厚生主義的な自由の原理と厚生主義的なパレート原理のジレンマは，2つの原理に対してまったく異なる役割を指定することによって自然に解消することができる：

> [センの権利論より]もっと適切な権利の見方は次のようなものである．個人の権利は共存可能である．各個人は，彼の権利を望みのままに行使することができる．これらの権利の行使によって，世界のなんらかの特徴が固定されることになる．こうして固定された特徴の制約のもとに，社会状態を選択する余地がなお残されている限り，社会的[選好]順序に基づく社会的選択機構を用いて，社会的選択を行うことができる．権利の役割は，社会的[選好]順序を決定することにあるのではなく，ある選択肢を社会的選択から排除したり，他の選択肢の選択を強制したりして，社会的選択がその条件の下で行われる制約を課すことにある．(もし私がニューヨークに住むか，マサチューセッツに住むかを選択する権利を持っていて，私がマサチューセッツに住むことを選択するならば，私がニューヨークに住むことを特徴の一部として含む選択肢は，社会的[選好]順序のなかに位置付け

---

[16]　ゲーム形式 G_{BR} における《選択の自由》としての権利は，アンとフレッドがそれぞれに許容される戦略集合 $\Sigma_{Ann}, \Sigma_{Fred}$ のなかで外部からの干渉を受けずに自ら戦略を選択する自由として表現される．

られるべき対象ではないのである.)［……］これ以外のどんな方法で,センの不可能性に対処できるのだろうか[17].

ノジックの権利論は,ロバート・サグデン(Sugden, 1985a)とゲルトナー＝パタナイック＝鈴村(Gaertner, Pattanaik and Suzumura, 1992)によって後に展開されたゲーム形式の権利論の先駆者として,社会的選択の理論における権利論の歴史のなかで特異な位置を占めている.とはいえ,ノジックの権利論は,個人の選択が世界の特徴を固定するという彼が用いた表現に顕示されているように,前節の《英国鉄道と副次的喫煙》の例を用いて示されたセンの批判に,まともに晒される危険性があることも事実である.

ノジックの先駆的な研究の制約を克服する道具概念として,《ゲーム形式》(game form)を以下のように一般的に定義することにする.ゲーム形式とは,

(1) 《プレーヤー》(player)の集合 $N = \{1, 2, \ldots, n\}$ ($2 \leq n < +\infty$);
(2) 各プレーヤー $i \in N$ の《戦略》(strategy)の集合 Σ_i;
(3) 実現可能な《帰結》(outcome)の集合 X;
(4) すべてのプレーヤーの戦略のプロファイル $\boldsymbol{\sigma} = (\sigma_1, \sigma_2, \ldots, \sigma_n) \in \boldsymbol{\Sigma} := \prod_{i \in N} \Sigma_i$ に,ひとつの帰結を対応させる《帰結関数》(outcome function) g を列挙した組み合わせ $G = (N, \{\Sigma_i\}_{i \in N}, X, g)$

のことである.ゲーム形式 G と各プレーヤーが帰結の集合 X のうえで持つ選好順序のプロファイル $\boldsymbol{R} = (R_1, R_2, \ldots, R_n)$ が与えられるとき,ペア $(G, \boldsymbol{R})$ はひとつの完全なゲームを定義することになるのである.

この概念的枠組みを駆使して捉えられる個人的権利とは,各プレーヤーに許容される戦略の範囲——戦略選択の《自由度》(degree of freedom)——の特定化と,許容される戦略集合内で戦略を選択する自由——《選択の自由》(freedom of choice)——である.この抽象的な定義に具体的なイメージを賦与するために,ひとつの例を検討してみたい.

---

[17] Nozick (1974, p. 166).

パーティの主催と招待 (Gaertner, Pattanaik and Suzumura, 1992, pp. 173-174)

A氏は自宅でパーティを開催する予定だが，B氏を招待すべきか，招待すべきでないかに迷っている．この場合，A氏には

$\sigma_A = B$氏を招待する；
$\sigma_A^* = B$氏を招待しない；

という2つの許容される戦略から構成される戦略集合 $\Sigma_A = \{\sigma_A, \sigma_A^*\}$ が与えられている．B氏にも，

$\sigma_B = A$氏が招待しなければ，自宅に留まる．A氏が招待すれば，その招待を断って自宅に留まる；
$\sigma_B^* = A$氏が招待しなければ，自宅に留まる．A氏が招待すれば，その招待を受け入れて出席する；

という2つの許容される戦略から構成される戦略集合 $\Sigma_B = \{\sigma_B, \sigma_B^*\}$ が与えられている．A氏とB氏の戦略の選択の結果として (σ_A, σ_B) という許容戦略のプロファイルが実現されれば，「A氏はB氏を招待するが，B氏はその招待を断って自宅に留まる」という社会状態が招来される．同様に，A氏とB氏の戦略の選択の結果として (σ_A, σ_B^*) という許容戦略のプロファイルが実現されれば，「A氏はB氏を招待して，B氏はその招待を受け入れてパーティに出席する」という社会状態が招来される．このように，A氏とB氏が戦略を選択した結果として得られる戦略プロファイルと，そのもとで実現される社会状態との対応関係を記述する関数こそ，このゲーム的状況の帰結関数なのである．‖

パーティの主催と招待の例では，記述されたプレーヤー，戦略，戦略集合および帰結関数によって，A氏のパーティへの招待とB氏の出席・欠席のゲーム的状況は，過不足なく記述されている．とはいえ，ゲーム形式で表現された社会的状況の記述には，プレーヤーの間の関係がどのような帰結を実際に招来するかを予測するためには必要な2つのタイプの情報が欠けている．第1のタイプの情報は各プレーヤーの戦略選択の羅針盤――帰結の集合に対する各プ

レーヤーの選好順序——である．第2のタイプの情報は，ゲーム形式およびプレーヤーの選好順序のプロファイルが与えられて完全なゲームが定義されたとき，どのような戦略プロファイルが実現されることになるかを予測するために必要な《均衡》(equilibrium) 概念である．

これまでの検討を踏まえて，ゲーム形式の自由主義的権利論が持つ重要な特徴を，センの権利論との比較を含めて整理して述べておくことにしたい．

第1に，ゲーム形式とは，プレーヤーの集合 N，各プレーヤー $i \in N$ の戦略の集合 Σ_i，実現可能な帰結の集合 X，各プレーヤー $i \in N$ が選択した戦略のプロファイルにひとつの社会的な帰結を対応させる帰結関数 g の組 G のことだった．この記述には，社会状態に対する各プレーヤーの選好順序は含まれていない．そのため，私的事項に関する情報のみで異なる社会状態の選好順序に基づくセンの権利論と，社会状態に対する選好順序とは完全に独立に定義されるゲーム形式の権利論との間には，明らかに架橋不可能な懸隔がある．

第2に，ゲーム形式の権利論は，自由主義的権利の形式的な表現方法としてゲーム形式が適切なキャンバスとして役立つことを主張している．だがそれは，ゲーム形式そのものが権利を体現する実質を備えていることをまったく主張してはいない．例えば，パーティの主催と招待の例で実際に記述したゲーム形式は，この状況に含まれる自由主義的権利の表現方法としては適切である．だが，戦略と帰結関数を規定する方法次第では，自由主義的権利とは似ても似つかないゲーム形式が構成できることには，注意を払う必要がある．例えば，自由主義的権利の観点からいえば，A氏がB氏を自宅に招待しようとしなければA氏にピストルを突きつけて招待状を出させてパーティに出席する戦略は，到底許容される戦略であるとはいえそうにない．だが，ゲーム形式を構成する方法としては

$\sigma_B^{**} = $ A氏がB氏を招待しなければピストルを持ってA氏のパーティに押し掛ける；A氏がB氏を招待すれば，その招待を受け入れてパーティに出席する．

という戦略を追加して，$\Sigma_B^{*} = \Sigma_B \cup \{\sigma_B^{**}\}$ という許容戦略の集合を定義しさえすれば，新たなゲーム形式を構成することは完全に可能なのである．だが，

オリジナルなゲーム形式は自由主義的権利の表現方法として的確であったが，新たなゲーム形式は自由の表現とは無縁であるといわざるを得ない．このように，あるゲーム形式が自由主義的権利の表現方法として適格であるかどうかという問題は，ひとえに許容戦略の集合および帰結関数の定義次第である点に，我々は注意しなければならないのである．

　第3に，ゲーム形式は直観的な意味での自由尊重主義的な権利を表現する枠組みとして《道具的な価値》を持ってはいる．この事実を示すことには，本章の議論はそれなりに貢献したものと考えられる．だが，ゲーム形式の権利論に《内在的な価値》が備わっているかどうかに関しては，これまでの議論のなかにはその判断材料は含まれていないといわざるを得ない．次章では，この問題を考察するきっかけとして，権利を巡る研究の焦点を権利の《形式的表現》の問題，権利の《社会的実現》の問題，権利の《社会的選択》の問題に分類して，我々の研究の現在までのプログレス・レポートを提出することにしたい．

第12章　権利体系の社会的選択

第1節　権利の表現,実現および初期賦与の選択

センの《パレート派自由主義者の不可能性》定理が,厚生経済学と社会的選択の理論に及ぼした衝撃の大きさと意義は,未だ十分に理解されているとは言い難い現状にある.セン自身は,権利に関する彼の研究プログラムの発足当初から,厚生主義的なパレート原理と非厚生主義的な権利の尊重が真っ向から対立する可能性を,厚生主義に対する原理対立的批判の鋭利な武器として周到に準備した節がある.

第11章第2節で示したように,センが形式化した自由主義的権利論と,ミルの『自由論』(Mill, 1859)が強調した個人の保護領域における《選択の自由》としての権利論との間には,架橋不可能なギャップがある.だが,《選択の自由》を的確に定式化した《ゲーム形式の権利論》でセンの権利論を置き換えても,センが最初に提起した厚生と権利の不可避的な衝突がそれで一挙に払拭されるわけではない[1].アローの一般不可能性定理と同様に,センのパレート派自由主義者の不可能性定理も,簡単に悪霊払いできる命題ではないのである.センが提起した《厚生と権利のジレンマ》は,自由主義的権利の表現方法の形式的な差異を越えて,厚生主義に対する根強い原理対立的批判として,依然と

---

[1] 例えば,第11章第3節の《パレート派自由主義者のパラドックス》を考えてみよう.この事例はセンの権利論のコンテクストで導入されたものではあるが,$N = \{イアン, ジョン\}$, $\Sigma_{Ian} = \Sigma_{John} = \{w, r\}$, $X = \{(w,w), (w,r), (r,w), (r,r)\}$ および

$$\forall (s,t) \in \Sigma_{Ian} \times \Sigma_{John} : g(s,t) = (s,t)$$

によってゲーム形式 $G = (N, \{\Sigma_{Ian}, \Sigma_{John}\}, X, g)$ を定義すれば,《パレート派自由主義者のパラドックス》の選好順序のプロファイルと相まって,ゲーム $(G, (R_{Ian}, R_{John}))$ が定義される.容易に確認できるように,(r, w) はこのゲームの《支配戦略均衡》(dominant strategy equilibrium)であるが,この均衡は (w, r) によってパレート優越されている.こうして,《パレート派自由主義者のパラドックス》の事例は,ゲーム形式の権利論においても《厚生と権利のジレンマ》に帰着することになるのである.ゲーム形式の権利論におけるこのジレンマのさらに周到な分析は Deb, Pattanaik and Razzolini(1997)で与えられている.

して鋭利な問題提起を続けているというべきである．

　厚生主義批判というコンテクストを離れても，センの自由尊重主義的な権利論は厚生経済学と社会的選択の理論の枠組みを豊かに拡充する契機となったという意味で，高い評価に値する．ベンサムの功利主義思想を水源地として，社会を構成する人々の《効用》ないし《厚生》を情報的基礎とする【新】【旧】の厚生経済学から出発しつつ，非厚生主義的なセンの《自由尊重主義的な権利》の概念を踏み台に帰結主義の境界線さえ飛越して，社会的な選択《手続き》や社会的な選択《機会》の豊穣さの内在的な価値に到るまで，公共【善】を構想するための情報的基礎は拡大されてきたが，このような発展の最初の一歩を踏み出す契機となった研究こそ，紛れもなくセンの権利論だったからである．

　この事実に注目しつつ，本章では権利を巡る研究プログラムを3つの焦点的な問題に関心を傾注するサブ・プログラムに分割して，現在も残されている問題の所在を明確にすることにしたい．権利論の第1の焦点的な問題は，権利の《形式的表現》(formal articulation of rights)である．第2の焦点的な問題は，権利の《社会的実現》(social realization of rights)である．第3の焦点的な問題は，権利の《初期賦与の社会的選択》(social choice of initial conferment of rights)である．以下ではこれらの焦点的な問題について，我々の理解の現状を簡潔に説明することにしたい[2]．

　第1の焦点である権利の《形式的表現》の問題に関しては，本書第10章，第11章において2つの表現方法が詳細に検討された．センのオリジナルな権利論とゲーム形式の権利論がそれである．両者の基本的な相違点は次の2つの点に集約される[3]．いずれも第11章で既に述べた点ではあるが，その重要性に鑑みて敢えて詳しく再述しておくことにしたい．

[2) 権利の問題の3分法は，著者が単独研究(Suzumura, 1996a)およびプラサンタ・パタナイックとの共同研究(Pattanaik and Suzumura, 1994, 1996)で導入した考え方である．また，権利の初期賦与の社会的決定に関する本章第3節の考え方は，一橋大学経済研究所の吉原直毅氏との討議の過程で成熟したものである．ここに明記して両氏に感謝したい．

3) 権利の定式化に関しては，センの形式やゲーム形式以外にも，いくつもの代替的な方法が提唱されている．本書の目的からはセンの権利論とゲーム形式の権利論に議論を集中して差し支えないため，権利に対するこれ以外に可能な定式化には触れないことにする．

(1) センの権利論において，個人は《社会状態》(social state)——個人の厚生に関連を持つ社会の特徴の完全な記述，すなわち社会の非個性的(公共的)な特性およびすべての個人の個性的(私的)な特性を過不足なく列挙したリスト——に対して，《小域的な決定権》(power of local decisiveness)を賦与されている．この支配権が及ぶ範囲は，社会状態のペアで，そのペアを構成する2つの社会状態の間の唯一の差異が当該個人の私的な関心事項のみである場合に限定されている．また，この支配権の持つ有効性は，当該個人が社会状態に対して持つ選好順序と密接に連結されている．すなわち，センの権利を賦与された個人が持つ小域的な決定権が有効であるかどうかは，社会状態に対するその個人の《選好次第》(contingent on preferences)なのである．

(2) ゲーム形式の権利論では，個人(プレーヤー)の権利は許容される戦略集合のなかでは自律的に戦略を選択できるという《選択の自由》によって表現されている．それはまた，他の個人(プレーヤー)が当該個人(プレーヤー)による戦略の選択に干渉したり妨害したりすることが禁止されていることをも意味している．ゲーム形式の表現には個人(プレーヤー)の選好はまったく関係しないことから明らかなように，ゲーム形式の権利論は個人(プレーヤー)の選好とは完全に独立した論理を持つのである．この権利論においても，許容戦略の集合の範囲内で戦略を自律的に選択して，ゲームのプレーが実現する社会状態の範囲を限定できるという意味で，個人(プレーヤー)はある種の決定権を賦与されてはいる．だがこの決定権は，センの権利論における《選好次第の小域的決定権》(preference-contingent power of local decisiveness)とは異なり，個人(プレーヤー)の選好とはまったく独立なゲーム形式に固有の内在的性質なのである．

第2の焦点である権利の《社会的実現》の問題に関しても，センの権利論とゲーム形式の権利論は著しく対照的な考え方を具体化している．センの権利論の場合には，権利の実現の問題は社会的選択集合の性質の問題に他ならない．ある個人が社会状態のペア (x,y) に対してセンの意味の権利を賦与されていても，社会状態に対する個人的選好順序のプロファイル $\boldsymbol{R}$ と社会的選択の機会集合 S に対応する選択集合 $C(\boldsymbol{R},S)$ が $x \in S$ であれば $y \notin C(\boldsymbol{R},S)$ となることが保障されていない限り，賦与された権利は社会的に実現されることはない．この意味で，センの権利論における賦与された権利の社会的実現の問題

は，任意の $(\boldsymbol{R}, S)$ に対してセンの権利を実現する社会的選択集合 $C(\boldsymbol{R}, S)$ を対応させる社会的選択ルールが一般的に存在するかどうかという問題に翻訳されるわけである．

これに対して，ゲーム形式の権利論は，社会状態に対する個人的選好順序のプロファイルが与えられてゲーム形式が完全なゲームになったとき，各個人（プレーヤー）が自律的に——私的【善】の最適化の意味で——最【善】の戦略を選択する自由が保障されている限り，賦与された権利は社会的に実現されたと考える．ゲームがプレーされた結果として実現される社会状態を予測する観察者の立場からいえば，採用される《均衡》(equilibrium)概念のもとで，均衡状態の存在が関心の焦点となるのは当然である．とはいえ，《均衡概念の選択》の問題や，選択された均衡概念に基づく《均衡の存在》の問題は，ゲーム形式の《権利の社会的実現》の問題と混同されるべきではないのである．

第3の焦点である権利の《初期賦与の社会的選択》の問題に関しては，センの権利論にせよゲーム形式の権利論にせよ，いずれも十分な成果を挙げてきたとは認め難い現状にある．センにとっては，自由尊重主義的な権利論の構築とパレート派自由主義者の不可能性の証明は，厚生主義に対する原理対立的な批判を目標とする戦略的なステップに他ならなかった．したがって，どのような権利——選好依存的な小域的決定権——が個人に賦与されるべきかという問題は，センにとってさほどの関心事ではなかったのである．だが，選好依存的な小域的決定権それ自体は，自由尊重主義的な権利と論理必然的な関係があるわけではない．したがって，どのような選好依存的な小域的決定権ならば自由尊重主義的な権利の表現として適格性を持っているのか，また，社会を構成する個人に対して自由尊重主義的な権利の表現として適格な決定権をどのようなルールに基づいて賦与するべきかという問題は，本来的にはセン流の権利論の重要な課題であってよい筈である．

ゲーム形式の権利論の場合にも，ゲーム形式それ自体は自由尊重主義的な権利と直接的・論理必然的な関係があるわけではない．与えられたゲーム形式が自由尊重主義的な権利の表現として適格性を持つかどうかは，そのゲーム形式に含まれる戦略の集合や帰結関数の解釈に依存せざるを得ないからである．それだけに，どのようなゲーム形式ならば自由尊重主義的な権利の表現として適

格性を持っているのか,また,自由尊重主義的な権利の表現として適格なゲーム形式をどのようなルールに基づいて社会的に選択するべきかという問題は,本来的にはゲーム形式の権利論の重要な課題である筈である.

本章第2節では,選好依存的な小域的決定権としての自由尊重主義的な権利を,センのように外部から与えられるデータとして処理せずに,権利の初期配分と再配分を自由尊重主義的な権利論の重要な一部として取り扱うひとつの試みを,批判的に検討することにする[4].第3節では,ゲーム形式の自由尊重主義的な権利の初期賦与の社会的選択の問題を英国鉄道と副次的喫煙の例に則して分析して,この問題の分析的な性格の理解を深めることにしたい[5].

第2節　センの権利体系の内生化:権利賦与の自発的交換スキーム

センの権利概念に対しては,その発表の当初からひとつの批判が繰り返して表明されてきた.センの権利論では個人に賦与された権利は必ず機械的に行使されることが仮定されている.すなわち,同様に権利を賦与された他人との交渉の結果として権利の行使を回避した方が相互に有利となる場合には,賦与された権利の行使は自発的に放棄されるとか,他人に賦与された権利との交換が双方に有利である場合には,当初に賦与された権利の自発的交換を通じて権利の賦与状況は内生的に変化するという類いの伸縮的な考え方は,センの権利論には完全に欠如しているというのがその批判の主旨である.この批判の延長線上には,伸縮的な権利の自発的な放棄や賦与された権利の交換の可能性を認めさえすれば,センが発見した《パレート派自由主義者の不可能性》を解消できるという直観があったように思われる.この考え方を示唆した著者は数多いのだが,その考え方を分析的に定式化して直観の妥当性を正確に論証する試みは,アロン・ハーレルとシュミュール・ニッツァンの研究(Harel and Nitzan, 1987)に到るまで,まったく存在しなかったのである.

ハーレル=ニッツァンによれば,「センの不可能性定理に対する[ハーレル=

---

[4] この分析は Harel and Nitzan(1987)および Suzumura(1991; 1996a, Section 3)に基づいている.
[5] この分析は Suzumura and Yoshihara(2008)に基づいている.

ニッツァン]解法の源泉は，ジェームズ・ブキャナン(Buchanan, 1976/1996)，ブライアン・バリー(Barry, 1986)，ピーター・ベルンホルツ(Bernholz, 1974)にまで辿れるが，ブキャナン゠バリー゠ベルンホルツの先駆的な試みとは異なって，ハーレル゠ニッツァン解法は[……]正確かつ明示的に定義され，恣意性を持たない《相互に有利な権利の交換》という考え方に基づいている」のである．この野心的な主張は必ずしも彼らの自負心に支えられているだけではない．例えば，クリスチャン・ザイドル(Seidl, 1990, p.72)は，ハーレル゠ニッツァン解法に対して「自由尊重主義の原理と完璧に整合的なパレート派自由主義者のパラドックスの解決方法」という最大限の賛辞を捧げているのである．以下では，ザイドルの断言にも関わらず，ハーレル゠ニッツァン解法には「自由尊重主義の原理と完璧に整合的なパレート派自由主義者のパラドックスの解決方法」という表現を裏切る数多くの問題点が含まれていることを示すことにしたい．我々の批判の論点は，ハーレル゠ニッツァン解法の論理的な整合性とその倫理的な説得力の双方にわたっている．

　ハーレル゠ニッツァン解法を簡潔に再構成することから始めたい．個人的選好順序の任意のプロファイル $\boldsymbol{R} = (R_1, R_2, \ldots, R_n) \in A$, 任意の個人 $i \in N$, 任意の社会状態 $x, y, z \in X$ をとる．いま，$xP(R_i)z$ かつ $zP(R_i)y$ であるものとすれば，本書第11章第1節で導入された意味で，個人 i が持つ $xP(R_i)y$ という選好は，$xP(R_i)z$ という選好よりも序数的な意味で強いことになる．この事実を $(x, y)P^*(R_i)(x, z)$ で表現する．同様にして $(x, y)P^*(R_i)(z, y)$ も成立する．ハーレル゠ニッツァンによれば，この場合，x が存在する場合に y を社会的選択から排除できる権利を持つことは，x(あるいは z)が存在する場合に z(あるいは y)を社会的選択から排除できる権利を持つことよりも，個人 i にとってさらに望ましい．この概念を駆使すれば，ハーレル゠ニッツァンの意味の《権利配分の自発的交換》(voluntary exchange of rights-assignments)という考え方に対して，精密な表現を与えることができる．

　いま，プロファイル $\boldsymbol{R} = (R_1, R_2, \ldots, R_n)$ と権利体系 $\boldsymbol{D} = (D_1, D_2, \ldots, D_n)$ に対して，

(2.1) $\quad\quad\quad (x, z)P^*(R_i)(x, y)$ & $(y, w)P^*(R_j)(z, w)$

を満足する $i, j \in N$, $(x, y) \in D_i$ および $(z, w) \in D_j$ が存在するものとする．そのとき，個人 i と j が，それぞれ権利を賦与された社会状態のペア (x, y) および (z, w) を構成する社会状態 y と z を交換して，それぞれ (x, z) と (y, w) に対する新たな権利を獲得すれば，双方にとって有利な権利体系の変化が実現される．ハーレル=ニッツァンは，このような場合には，個人 i と j の間に，権利体系 $\boldsymbol{D}$ のもとで，プロファイル $\boldsymbol{R}$ において，《潜在的に有利な権利の交換》(potentially advantageous exchange of rights) の可能性が存在するというのである．さらに，権利配分 $\boldsymbol{D}^\tau$ ($\tau \geq 1$) は，(i) $\boldsymbol{D}^0 = \boldsymbol{D}$, (ii) 権利配分 $\boldsymbol{D}^{\tau-1}$ のもとで，プロファイル $\boldsymbol{R}$ において，ある潜在的に有利な権利の交換の可能性を実現して権利配分 $\boldsymbol{D}^\tau$ が得られる場合には，プロファイル $\boldsymbol{R}$ における権利配分 $\boldsymbol{D}^{\tau-1}$ の《有利な再配分》(advantageous reallocation) であるという．最後に，権利配分 $\boldsymbol{D}^t$ ($t \geq 1$) は，(i) $\boldsymbol{D}^{\tau+1}$ ($\tau \in \{1, 2, \ldots, t-1\}$) は $\boldsymbol{R}$ における $\boldsymbol{D}^\tau$ の有利な再配分であり，(ii) $\boldsymbol{R}$ において $\boldsymbol{D}^t$ の有利な再配分は存在しない場合には，$\boldsymbol{D}^0$ の《効率的な再配分》(efficient reallocation) であるという．

これだけの準備が整えば，ハーレル=ニッツァンの自由尊重主義的な権利の要請を，次の公理として形式化することができる．

公理 HNL（ハーレル=ニッツァンの自由尊重主義）
権利配分 $\boldsymbol{D}^t$ は，プロファイル $\boldsymbol{R}$ において，初期権利配分 $\boldsymbol{D} = \boldsymbol{D}^0$ の効率的な再配分であるとする．そのとき，個人 $i \in N$ は，$(x, y) \in D_i^t \cap P(R_i)$ であれば，x を含む機会集合から y の社会的選択を排除することができる．

ザイドルによれば「自由尊重主義の原理と完璧に整合的なパレート派自由主義者のパラドックスの解決方法」である筈のハーレル=ニッツァン解法だが，解法の内部的整合性，交換契約の実行可能性，倫理的な説得性の3つの観点から，深刻な難点があることに留意する必要がある．

第1の難点を例示するために，2人の個人1および2に，図 12-1 の左側に示された権利体系 $\boldsymbol{D} = (D_1, D_2)$ が賦与されている状況を考える．この権利体系の首尾一貫性は明らかに保障されている．2人の個人は次のような選好を持つものとする：

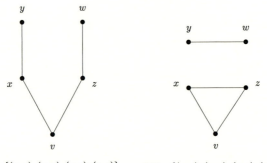

$D_1 = \{(x,y),(y,x),(z,v),(v,z)\}$ $D_1^* = \{(x,z),(z,x),(z,v),(v,z)\}$
$D_2 = \{(z,w),(w,z),(v,x),(x,v)\}$ $D_2^* = \{(y,w),(w,y),(v,x),(x,v)\}$

図 12-1　権利賦与の自発的交換

$$R_1 : x \succ v \succ w \succ y \succ z \qquad R_2 : v \succ y \succ z \succ x \succ w$$

そのとき，$(x,y) \in D_1, (z,w) \in D_2, (x,z)P^*(R_1)(x,y), (y,w)P^*(R_2)(z,w)$ なので，$\boldsymbol{D}$ のもとで，$\boldsymbol{R}$ において 1 と 2 の間に潜在的に有利な権利の交換の可能性が存在する．この可能性の実現は図 12-1 の右側に示された新しい権利体系 $\boldsymbol{D}^* = (D_1^*, D_2^*)$ の創造に導くが，この権利体系は明らかに首尾一貫性を欠いている．この $\boldsymbol{D}^*$ は初期権利配分 $\boldsymbol{D}$ の効率的な再配分であるので，公理 **HNL**（ハーレル=ニッツァンの自由尊重主義）を満足する広範な定義域を持つ社会的選択ルールは存在不可能である．

第2の難点を例示するためには，『チャタレー夫人の恋人』の例をもう一度活用することができる．この例の権利の初期配分は

$$D_P = \{(r_P, r_0), (r_0, r_P)\}; D_L = \{(r_L, r_0), (r_0, r_L)\}$$

で与えられる．そのとき，『チャタレー夫人の恋人』の選好プロファイルのもとでは

$$(r_0, r_L)P^*(R_P)(r_0, r_P) \ \& \ (r_0, r_P) \in D_P;$$
$$(r_P, r_0)P^*(R_L)(r_L, r_0) \ \& \ (r_L, r_0) \in D_L$$

が成立するので，権利体系 $\boldsymbol{D}$ のもとで，プロファイル $\boldsymbol{R}$ において，P 氏と

L氏の間には，潜在的に有利な権利の交換の可能性が存在する．この可能性を実現して，効率的な権利体系 $\boldsymbol{D}^* = (D_P^*, D_L^*)$ に到着すれば，パレート原理と公理 **HNL**(ハーレル=ニッツァンの自由尊重主義)を満足する社会的選択集合 $\{r_P\}$ が存在することは確かである．だが問題は，新たな権利体系 $\boldsymbol{D}^* = (D_P^*, D_L^*)$ の性格であって，『チャタレー夫人の恋人』を読みたい L 氏に敢えて読むことを禁じる権利 $(r_0, r_L) \in D_P^*$ と，『チャタレー夫人の恋人』を読みたくない P 氏に敢えて読むことを命じる権利 $(r_P, r_0) \in D_L^*$ を自由尊重主義の観点から正統化することは，殆ど不可能であるように思われる．

第3の難点を示すために，次の例を考察してみたい．

《君主制 versus 民主制》の例

m 氏は「君主」であり，d 氏は「民主制の夢想家」であるものとする．x, y, z, w は以下のような構成要素を含む社会的選択肢であるものとする：

$x_0 = y_0 = $「君主制」

$x_d = y_d$

$x_m = $「腹這いで眠る」

$y_m = $「仰向けで眠る」

$z_0 = w_0 = $「民主制」

$z_m = w_m$

$z_d = $「$d$ 氏の寝室の壁の色をピンクにする」

$w_d = $「$d$ 氏の寝室の壁の色を青にする」

x と y の唯一の差異は m 氏が腹這いで眠るか仰向けで眠るかだけなので，センの意味の自由尊重主義的な権利の賦与方法としては，$(x, y) \in D_m$ とすることは自然である．同様に，z と w の唯一の差異は d 氏が寝室の壁の色をピンクにするか青にするかだけなので，$(w, z) \in D_d$ とすることも自然である．さて，m 氏と d 氏の選好順序は，以下のものであることを仮定する．

$$xP(R_m)y, yP(R_m)w; yP(R_d)w, wP(R_d)z$$

そのとき

$(x, w)P^*(R_m)(x, y)$ & $(x, y) \in D_m; (y, z)P^*(R_d)(w, z)$ & $(w, z) \in D_d$

なので，$\boldsymbol{D}$ のもとで，$\boldsymbol{R}$ において，m 氏と d 氏の間に潜在的に有利な権利の交換が存在する．この交換を実行すると，m 氏は自分が腹這いで眠る君主制が社会的に選択可能である限り，d 氏の寝室の壁の色が青である民主制を，社会的選択から排除する権限を賦与されることになる．∥

この奇怪な例が示しているように，ハーレル＝ニッツァン解法にしたがって権利の自発的交換を実行すると，事後的に得られる権利体系は自由尊重主義的な権利体系とは到底認め難い権限の分配に帰着する可能性があるのである．

以上 3 つの根拠に基づいて，我々はハーレル＝ニッツァン解法は自由尊重主義とパレート原理との衝突を解消するための解法としての資格を欠いていると結論したい．

第 3 節　ゲーム形式の権利体系の社会的選択

ゲーム形式の自由尊重主義的な権利の社会的選択の問題は，現在までのところ広く承認された一般理論が未完成なまま留まっている研究課題である．本節では第 11 章第 2 節で導入した英国鉄道と副次的喫煙の例をさらに深く掘り下げて，ゲーム形式の権利の社会的選択の理論の輪郭を明確にする契機とすることにしたい．

英国鉄道と副次的喫煙：ゲーム形式の権利体系の社会的選択の例

英国鉄道の客車内に，2 人の乗客 1, 2 が乗り合わせた．乗客 1 は愛煙家，乗客 2 は嫌煙家である．英国鉄道は，誰からも制約されず自由に喫煙したいという愛煙家 1 の要望と，副次的喫煙を免れたいという嫌煙家 2 の要望の間で，なんらかのルールを決定しなければならない．この問題は，以下の 2 つのゲーム形式で表現される 2 つの権利体系の間で社会的選択を行う問題に翻訳することができる．

第 1 のゲーム形式は，$G = (N, \{\Sigma_i^G\}_{i \in N}, g^G)$ である．ただし，個人（プレー

1 \ 2	$(l\|s, r\|ns)$	r
s	(s, l)	(s, r)
ns	(ns, r)	(ns, r)

1 \ 2	$p \cdot r$	$p \cdot l$	np
$(s\|p, ns\|np)$	(s, r)	(s, l)	(ns, r)
ns	(ns, r)	(ns, r)	(ns, r)

図 12-2　副次的喫煙と権利賦与の社会的選択

ヤー)の集合は $N = \{1, 2\}$ である．愛煙家 1 の戦略集合は $\Sigma_1^G = \{s, ns\}$ で与えられ，戦略は $s =$ 喫煙する，$ns =$ 喫煙しない，で与えられる．嫌煙家 2 の戦略集合は $\Sigma_2^G = \{(l|s, r|ns), r\}$ で与えられ，戦略は $(l|s, r|ns) =$ 愛煙家 1 が喫煙すれば客車を離れるが，愛煙家 1 が喫煙しなければ客車に留まる，$r =$ いずれにせよ客車に留まる，で与えられる．このゲーム形式の帰結関数 g^G は，図 12-2 の上図で定義されている．ただし，この図の (s, l) は，愛煙家 1 が喫煙して嫌煙家 2 が客車を離れる，という帰結を表している．その他の帰結 $(ns, r), (s, r)$ の定義はこれに準じて明らかであろう．

第 2 のゲーム形式は，$G^* = (N, \{\Sigma_i^{G^*}\}_{i \in N}, g^{G^*})$ である．このゲーム形式の場合にも，個人(プレーヤー)の集合は $N = \{1, 2\}$ である．愛煙家 1 の戦略集合は $\Sigma_1^{G^*} = \{(s|p, ns|np), ns\}$ で与えられ，戦略は $(s|p, ns|np) =$ 嫌煙家 2 が許容すれば喫煙するが嫌煙家 2 が許容しなければ喫煙しない，$ns =$ いずれにせよ喫煙しない，で与えられる．嫌煙家 2 の戦略集合は $\Sigma_2^{G^*} = \{p \cdot r, p \cdot l, np\}$ で与えられ，戦略は $p \cdot r =$ 愛煙家 1 の喫煙を許容して客車に留まる，$p \cdot l =$ 愛煙家 1 の喫煙を許容するが，実際に彼が喫煙する場合，そしてその場合にのみ，客車を離れる，$np =$ 愛煙家 1 の喫煙を許容しない，で与えられる．このゲーム形式の帰結関数 g^{G^*} は，図 12-2 の下図で定義されている．

いずれのゲーム形式の場合にも，帰結の集合は $S = \{(s, l), (ns, r), (s, r)\}$ で与えられる．また，英国鉄道がゲーム形式 G を選ぶということは愛煙家 1 の喫煙に対して優先権を認めることを意味している．これに対して，英国鉄道がゲーム形式 G^* を選ぶということは嫌煙家 2 に対して副次的喫煙を退ける優

先権を認めることを意味していることに注意してほしい．∥

　個人の集合 N ($2 \leq n := |N| < +\infty$) と社会状態の集合 X ($3 \leq |X|$) が与えられたもとで，N をプレーヤーの集合，X を帰結の集合とするゲーム形式の集合 $\boldsymbol{G}$ のなかで，ゲーム形式の権利体系としての適格性を持つゲーム形式の集合を $\boldsymbol{G}^R \subseteq \boldsymbol{G}$ とする．この集合 $\boldsymbol{G}^R$ から，ゲーム形式の権利体系 $G \in \boldsymbol{G}^R$ を社会的に選択するという《ゲーム形式の権利の初期賦与》の問題は，プラサンタ・パタナイックと鈴村興太郎 (Pattanaik and Suzumura, 1994, 1996) によって最初に明示的に提起され，定式化された．その後，鈴村興太郎と吉原直毅 (Suzumura and Yoshihara, 2008) は，パタナイック゠鈴村モデルの精緻化を試みている．本節における分析は，これらの研究を踏まえつつ，英国鉄道と副次的喫煙の例を用いて行われることになる．

　我々の社会的意思決定のモデルは，ゲーム形式の権利体系の初期賦与を選択する第 1 段階と，選択されたゲーム形式 $G \in \boldsymbol{G}^R$ を帰結に対する個人 (プレーヤー) の選好順序のプロファイルで補完して得られるゲーム $(G, \boldsymbol{R})$ が，非協力的にプレーされる第 2 段階から構成される．

　第 1 段階の権利体系の初期賦与のモデルを構成するためには，社会的選択の情報的基礎について，モデル選択に関する重要な決定をしなくてはならない．第 2 段階でゲームをプレーする個人 (プレーヤー) が，戦略を選択する際に羅針盤として役立つ《帰結に対する選好順序》のプロファイル $\boldsymbol{R} = (R_1, R_2, \ldots, R_n)$ について，第 1 段階でどこまで情報が得られると仮定するかに関する決定がそれである．

　帰結に対する選好順序のプロファイル $\boldsymbol{R} = (R_1, R_2, \ldots, R_n)$ を正確に知ることができて，ゲーム形式 $G = (N, \{\Sigma_i^G\}_{i \in N}, g^G) \in \boldsymbol{G}^R$ とプロファイル $\boldsymbol{R}$ によって決定されるゲーム $(G, \boldsymbol{R})$ の帰結を予測する手段として《ナッシュ均衡》(Nash equilibrium) の概念が採用されるならば，ゲーム $(G, \boldsymbol{R})$ がプレーされた場合に予測される帰結の集合は，ナッシュ均衡 $\boldsymbol{\sigma}^{NE} \in \prod_{i \in N} \Sigma_i^G$ に対応する《ナッシュ均衡帰結》(Nash equilibrium outcome) の集合

(3.1) $\quad E^{NE}(G, \boldsymbol{R}) = \{g^G(\boldsymbol{\sigma}^{NE}) \mid \boldsymbol{\sigma}^{NE}$ はゲーム $(G, \boldsymbol{R})$ のナッシュ均衡$\}$

で与えられる．この場合には，各個人(プレーヤー) $i \in N$ について，ゲーム形式の集合 $\boldsymbol{G}^R$ の上で定義される選好関係 $\Theta_i^G(\boldsymbol{R})$ を誘導することができる[6]：

(3.2) $\quad \forall G^1, G^2 \in \boldsymbol{G}^R : G^1 \Theta_i^G(\boldsymbol{R}) G^2$
$$\Leftrightarrow \forall y \in E^{NE}(G^2, \boldsymbol{R}), \exists x \in E^{NE}(G^1, \boldsymbol{R}) : xR_iy.$$

こうして，ゲーム形式の権利体系の初期保有の問題を考える際の情報的基礎として，《帰結に関する選好》順序のプロファイル $\boldsymbol{R} = (R_1, R_2, \ldots, R_n)$ に依存して定まる《ゲーム形式に関する選好》関係のプロファイル

(3.3) $\quad\quad\quad \boldsymbol{\Theta}^G(\boldsymbol{R}) = (\Theta_1^G(\boldsymbol{R}), \Theta_2^G(\boldsymbol{R}), \ldots, \Theta_n^G(\boldsymbol{R}))$

を採択する可能性が拓かれることになる．この情報的基礎を採択して，ゲーム形式の権利体系の初期賦与に関する社会的選択は，ゲーム形式に関する選好関係のプロファイル $\boldsymbol{\Theta}^G(\boldsymbol{R})$ の社会的集計に基づいてなされると考えるのが，第1の理論的なシナリオである．

この第1のシナリオは，《帰結》に関する選好順序が《ルール》選択に先駆けて予めわかる場合には，自然な選択であるかに思われる．だが，権利体系という制度的ルールの社会的選択に際して，選択された制度的ルールから生まれる帰結に対する個人の主観的な評価のみを判断材料とするアプローチは，制度的ルールの選択の公共的な意義を十分に捕捉するアプローチであるとは考え難いのではあるまいか．ゲーム形式の権利体系の初期賦与のように，ルール選択に関する社会的な決定は，手続き的衡平性や匿名性など，ルールの適用によって生まれる帰結の評価とは異なる非帰結的な側面を考慮するアプローチを，本来的に要求する問題である筈ではなかろうか．

この考え方に基づいて我々が構想する第2のシナリオは，帰結の集合上の個人的選好順序のプロファイルの集合 A^C は既知であるものと仮定するが，A^C に属する特定のプロファイルはゲーム形式の権利体系の初期賦与を社会的

---

[6] 帰結に関する選好順序のプロファイルからゲーム形式に関する選好関係のプロファイルを定義する方法としては，(3.2)以外にもいくつかの方法を考えることは可能である．ここでは議論を具体的に進めるために(3.2)という具体例を採用したに過ぎないことに注意していただきたい．

に選択する第1段階では誰にも知られていないものと仮定する．第2段階の帰結に関する選好プロファイルが《無知のヴェイル》(veil of ignorance)によって隠されているこの場合には，自分に有利な帰結を生むようにルールの選択に際して発言する可能性は，どの個人(プレーヤー)にも開かれていないことに注意したい．

以下の分析の基本的なキャンバスとして，帰結の集合 X とゲーム形式としての権利体系の集合 $\boldsymbol{G}^R$ の直積 $X \times \boldsymbol{G}^R$ を出発点として採用する．この直積集合に所属する (x, G) という代表的なペアは，x という帰結が G というゲーム形式をルールの体系とするゲームをプレーした結果として実現される状況を示している．ゲーム形式 G それ自体には (x, G) というペアが実行可能であるか否かを決定する情報が備わっていない．そのため，帰結に対する選好順序のプロファイル $\boldsymbol{R} = (R_1, R_2, \ldots, R_n)$ が A^C 内でパラメトリックに与えられたものとして，実行可能な帰結とゲーム形式のペアの集合

(3.4) $$\Lambda(\boldsymbol{R}) = \{(x, G) \in X \times \boldsymbol{G}^R \mid x \in E^{NE}(G, \boldsymbol{R})\}$$

を定義する．集合 $\Lambda(\boldsymbol{R})$ から任意に選んだペア (x, G) は，権利体系を表現するゲーム形式 G が選択されたもとで，帰結(社会状態)の上の選好順序のプロファイル $\boldsymbol{R}$ が顕示されたとき，ゲーム $(G, \boldsymbol{R})$ のナッシュ均衡帰結 x によってもたらされる《拡張された社会状態》(extended social state)を表現している．

帰結に対する選好順序のプロファイル $\boldsymbol{R} = (R_1, R_2, \ldots, R_n)$ が A^C 内でパラメトリックに与えられたという想定を維持しつつ，任意の個人(プレーヤー) $i \in N$ に対して $Q_i(\boldsymbol{R})$ は拡張された社会状態に対する i の選好順序——《拡張された選好順序》(extended preference ordering)を表現するものとする：

(3.5) $\forall (x, G), (x^*, G^*) \in \Lambda(\boldsymbol{R}) : (x, G) Q_i(\boldsymbol{R})(x^*, G^*) \Leftrightarrow$ 個人(プレーヤー) i の判断によれば，帰結(社会状態)の上の選好順序のプロファイル $\boldsymbol{R}$ が顕示されたとき，権利体系 G のもとで帰結 x を得ることは，権利体系 G^* のもとで帰結 x^* を得ることと比較して，少なくとも同程度に望ましい．

パラメトリックに与えられた帰結(社会状態)の上の選好順序のプロファイル $\boldsymbol{R}$

を集合 A^C のなかで動かせば，A^C を定義域とする関数 Q_i を定義することができる．この関数は，帰結(社会状態)の集合上の選好プロファイル $\boldsymbol{R}$ が顕示されたとき，個人(プレーヤー) $i \in N$ が拡張された社会状態に対して表明する拡張された選好順序を指定する役割を担う関数関係である．この意味で，関数 Q_i を個人(プレーヤー) i の《社会厚生関数》(social welfare function)と呼ぶことにする．これはバーグソン=サミュエルソンの社会厚生関数とは異なる概念であって，用語法の先例としてはジョン・ハルサニー(Harsanyi, 1955)の概念に倣っている[7]．

個人(プレーヤー)の社会厚生関数のプロファイル $\boldsymbol{Q} = (Q_1, Q_2, \ldots, Q_n)$ が与えられたとき，このプロファイルを集計して公共的な社会的厚生関数を構成するプロセスないしルール Ψ を，《拡張された社会構成関数》(extended constitution function)と呼ぶことにする．このルールによって，公共的な社会厚生関数 $Q = \Psi(\boldsymbol{Q})$ が構成されたとき，我々の第2のシナリオにしたがうゲーム形式の権利体系の初期賦与は，以下の手続きで決定されることになる：

(3.6)
$$C(Q, \boldsymbol{R}) = \{G^* \in \boldsymbol{G}^R \mid \exists x^* \in A, \forall (x, G) \in \Lambda(\boldsymbol{R}) : (x^*, G^*) Q(\boldsymbol{R})(x, G)\}.$$

このシナリオは，ルールの社会的選択と帰結の社会的決定との間に，帰結に対する個人(プレーヤー)の選好に指定される役割において基本的な差異があることに根差して構想されている．帰結に対する個人的選好プロファイルが，ゲームのプレーに際して戦略選択の羅針盤として支配的な役割を担うことには，異論の余地はあまりない．だが，最終的に到達したゲーム形式の権利体系の選択方法(3.6)は，帰結の集合のうえで定義される個人的選好プロファイルに依存して，選択される権利体系が調整される仕組みになっている．この事実に注目すれば，ゲーム形式の権利体系の社会的選択関数に対する以下の条件を満足する拡張された社会構成関数の存在可能性の問題が，非常に興味深い研究課題として浮かび上がることになる．

---

[7] ある個人の社会厚生関数とは，彼が自分の利害関係を離れた社会的観点に立って，与えられた社会的選択肢に対する評価順序を構成するプロセスないしルールである．

権利体系の選択の一様性(Uniform Choice of Game-Form Rights-System)

拡張された社会構成関数 Ψ は，個人の社会厚生関数の任意のプロファイル $\boldsymbol{Q} = (Q_1, Q_2, \ldots, Q_n)$ に対して，

$$(3.7) \qquad \bigcap_{\boldsymbol{R} \in A^C} C(\Psi(\boldsymbol{Q}), \boldsymbol{R}) \neq \emptyset$$

を満足する．

　権利体系の一様な選択が保障される拡張された社会構成関数が存在すれば，ゲームがプレーされる第2段階で顕示される帰結に対する選好順序のプロファイルがなにであろうとも一様に適用できるゲーム形式の権利体系が存在することになるのである．

　このシナリオの上演可能性を検討する詳細な研究は，鈴村＝吉原の共同研究(Suzumura and Yoshihara, 2008)に譲ることにして，以下では英国鉄道と副次的喫煙の例を用いて，この理論的なスキームの運行様式を例示することにしたい．そこで，帰結の集合 $S = \{(s,l), (s,r), (ns,r)\}$ の上で喫煙家と嫌煙家が持つ選好プロファイル $\boldsymbol{R} = (R_1, R_2) \in A^C$ が，以下のように与えられるものとする：

$$R_1 : (s,l) \succ (s,r) \succ (ns,r) \qquad R_2 : (ns,r) \succ (s,l) \succ (s,r)$$

このプロファイル $\boldsymbol{R} = (R_1, R_2) \in A^C$ が与えられたとすれば，(s,l) はゲーム $(G, \boldsymbol{R})$ のユニークな(純粋戦略)ナッシュ均衡帰結であることを確認することができる．また，(ns,r) はゲーム $(G^*, \boldsymbol{R})$ のユニークな(純粋戦略)ナッシュ均衡帰結であることも確認できる．このプロファイル $\boldsymbol{R}$ と個人(プレーヤー)の社会的厚生関数のプロファイル $\boldsymbol{Q}$ が与えられたとき，拡張された社会構成関数 Ψ はゲーム形式 G^* を選択するものとしよう[8]．このゲーム形式が権利体系として初期賦与されたとき，第2段階でゲーム $(G^*, \boldsymbol{R})$ がプレーされれば，

---

8) 例えば，$((ns, r), G^*)Q_i(\boldsymbol{R})((s, l), R)$ であれば，個人(プレーヤー) i にとってゲーム $(G^*, \boldsymbol{R})$ のナッシュ均衡帰結として (ns, r) が実現される状況は，ゲーム $(G, \boldsymbol{R})$ のナッシュ均衡帰結として (s, l) が実現される状況と比較して，少なくとも同程度に望ましいということになる．

(ns, r) がその帰結として実現されることになる.

　拡張された社会構成関数に課されるどのような公理が,選択されるゲーム形式の権利体系に興味ある性質——とりわけ,ゲーム形式の権利体系の選択の一様性——を保障することになるかとか,拡張された社会構成関数が的確に設計・選択されさえすれば,選択されるゲーム形式の権利体系が帰結のパレート効率性との整合性を持つことを保障できるかなど,この2段階の社会的選択モデルに関して提起できる興味深い問題は,枚挙に暇ないほどである.本章ではこれらの問題のサンプルを挙げたに過ぎないが,自由尊重主義的権利の社会的選択に関する研究の現状報告を,ひとまずこれで閉じることにしたい.

第5部
帰結主義，非帰結主義および社会的選択

《問題の設定》

アマルティア・センの《パレート派自由主義者の不可能性》定理には，民主主義と自由主義の根強い緊張関係に読者の関心を引き寄せることに加えて，ベンサムの功利主義を継承してピグーが創始した【旧】厚生経済学，序数的で個人間比較不可能な厚生情報に依拠した【新】厚生経済学，アローの社会的選択の理論を通底する《厚生主義的帰結主義》(welfarist-consequentialism) ——簡略化して《厚生主義》(welfarism) ——に対して，根本的な批判を提出するという重要な任務が与えられていた．センの定理は，厚生主義の非常に弱い形態である《パレート原理》と，自由主義に対してセンが与えた形式化である《個人的自由の社会的尊重》の原理が，真っ向から衝突することを示すものだった．それだけに，パレート原理を妥協の余地を残さず要求する限り，その要求と引き換えに個人的自由の社会的尊重の要求を妥協せざるを得ないことが，逃げ場がない形で示されたことになる．このことは，パレート原理を特殊ケースとして包含する《厚生主義》に対しても同様な批判が波及することを意味している．厚生主義に対するこの批判のエッセンスは，センによる個人的自由の社会的尊重の原理の定式化を疑問視して，代替的なゲーム形式の権利論によって個人の《選択の自由》の原理を把握する方法を採用したとしても，基本的に維持されることに注意すべきである．

ところで，センによる《個人的自由の社会的尊重》の形式化によれば，社会的選択肢のペア (x, y) が特定の個人の保護領域に属するのは，2つの社会状態 x, y の間の唯一の差異がこの個人のプライヴァシーである場合，そしてその場合のみなのである．このように，個人の厚生とは関わらない社会状態の特徴に本質的に依存する《個人的自由の社会的尊重》の原理は，明らかに非厚生主義的な条件である．とはいえ，この条件は社会的選択の帰結状態のみに基づいて記述できるので，依然として《非厚生主義的帰結主義》に分類される条件となっている．

これに対して，ゲーム形式の権利論によって個人の《選択の自由》の原理を

形式化する考え方は，明らかに非帰結主義的な情報的基礎に立脚する自由論である．センの権利論とゲーム形式の権利論の間には，帰結主義と非帰結主義の境界線を挟んでこのように尖鋭なコントラストがみられるのである．

第5部(帰結主義，非帰結主義および社会的選択)では，帰結主義と非帰結主義の間の対照を鮮明にする目的で，選択行動を評価するための理論的なフレームワークを拡張して，ある選択肢 x を機会集合 S から選択することは，別の選択肢 y を別の機会集合 T から選択することと比較してよい・悪い・無差別であるという判断を，分析の出発点として採用するアプローチを開発する．本書の著者がヨンシェン・シュー教授と行った一連の共同研究(Suzumura and Xu, 2001, 2003, 2004)で最初に導入したこのアプローチは，帰結主義と非帰結主義を並行的に公理化することを可能にする概念的枠組みとなっている[1]．帰結主義と非帰結主義に対するこの公理化に基づいて，帰結主義の枠内で厚生主義の境界線を越えることに留まらず，帰結主義それ自体の境界線を越えて非帰結主義的な判断を許容することの効果を問うことによって，規範的経済学に新しい次元を導入する可能性が拓かれる．この可能性を追求する最初の一歩として，第5部では緊密に関連する3つの章から構成される分析を提出することになる．

第13章(帰結主義 versus 非帰結主義)は，帰結主義と非帰結主義の考え方に関していくつかの例示と整理を行って，続く2つの章における分析の課題と方法を明らかにするとともに，帰結の背後にその帰結が選択される機会集合を考慮するアプローチを駆使して，帰結主義と非帰結主義の並行的な公理化を試みる．第13章で公理化される帰結主義と非帰結主義は，選択の《帰結》と選択の《機会》との間にトレードオフの余地をいっさい許さないという意味で，それぞれ極端なケースに限定されている．第14章(一般化された帰結主義と非帰結主義)では，極端な帰結主義と極端な非帰結主義の間に横たわる広大な可能性

---

[1]　帰結主義と非帰結主義を対照させる分析的な枠組みとしては，帰結と並んでその帰結が選択される《機会集合》を考慮する——本書で追求される——アプローチ以外にも，帰結と並んでその帰結が選択される《選択手続き》を考慮するアプローチが考えられる．この代替的なアプローチでは，ある選択肢 x を選択手続き θ の媒介によって選択することは，別の選択肢 y を別の選択手続き η の媒介によって選択することと比較して，よい・悪い・無差別であるという判断が，分析の出発点として採用されることになる．この分析のひとつの側面は，本書第4部第12章(権利体系の社会的選択)で既に登場済みである．

を包摂できる分析フレームワークを用意して，《帰結》と《機会》というキーワードを中核に据える選択の一般理論の展開を試みる．最後に第15章(帰結主義，非帰結主義とアローの定理)は，アローの社会的選択の理論の情報的枠組みを拡張して，帰結主義者と非帰結主義者が共存する社会を考察することが，アローの一般不可能性定理に対して与えるインパクトを分析する．アローの分析からは厚生主義の情報的枠組みを越える手掛りが意識的に排除されているため，社会を構成するすべての個人は厚生主義的帰結主義者であることが，暗黙のうちに仮定されていることになる．これに対して，帰結主義の内部における厚生主義 versus 非厚生主義の境界線のみならず，帰結主義 versus 非帰結主義の境界線さえ越える余地を許容する我々の新たな情報的枠組みにおいては，帰結主義者と並んで非帰結主義者が存在する広大な可能性が拓かれている．第15章の分析は，新たに獲得された情報的枠組みの可能性が，アローの一般不可能性定理の暗雲を克服するうえで一定の有効性を持つことを示唆している．

　第5部の分析は，選択の機会集合が有限集合であるとか，機会集合に含まれる機会の豊穣さを測定する測度として機会集合に含まれる選択肢の個数を使うなど，新しい分析を単純化するために非常に制約的な仮定を設けていることは事実である．まったく新しい開墾地で今後の開発のパイロット・スタディに取り組む際には，大胆な単純化を敢行して将来の精緻な研究の道筋を探るのは科学の常道である．今後の一層の研究によってこれらの単純化の限界を克服する作業が進むことを，我々としては期待を持って見守りたい[2]．

---

[2] このような一般化の試みは，若い研究者たちによって既に具体的に進行中である．彼らの研究が近い将来に実り多い成果に結実することを，本書の著者としても大いに期待している．

第13章　帰結主義 versus 非帰結主義[1]

第1節　はじめに

　すべてとまではいわないまでも，殆どすべての厚生経済学者たちは，彼らが経済政策や経済制度を満足すべきものだと考えるのは，その帰結が社会厚生の観点から高く評価されることが保証されている場合，そしてその場合のみであるという意味で，紛れもなく《厚生主義》の考え方に依拠している[2]．他方では，帰結の厚生主義的な特徴のみならず，帰結の非厚生主義的な特徴や，帰結をもたらす手続きの非帰結主義的な特徴にまで関心を持つ人々が存在することも，同じく否定しがたい事実である．したがって，自らは厚生主義的な強い信念の持ち主である厚生経済学者であっても，彼らの厚生分析がパターナリスティックな偏向の誹りを免れるためには，非厚生主義的ないし非帰結主義的な信念を持つ人々の存在を，無視するわけにはいかないというべきである．第5部を構成する3つの章では，非厚生主義的ないし非帰結主義的な信念を持つ人々の考え方を包摂できる分析的な枠組みを構成して，非帰結主義的な選好や選択を，帰結主義的な選好や選択と並行して分析できる手法を開発すること，社会的選択の可能性に対するその含意を明らかにすることを試みたい．

　具体的にいえば，第5部全体を通して，我々は個人が次のような選好を表明する状況を考察できる枠組みを開発することに努めたい．すなわち，私にとっては，帰結 x が機会集合 A から選択されて実現する状況は，別の帰結 y が別の機会集合 B から選択されて実現する状況よりも，一層望ましいというタイプの選好がそれである．とりわけ，彼が選択肢 x を機会集合 $\{x\}$ から選択する状況と比較して，同じ選択肢 x を機会集合 A ——ただし，$x \in A$ である

---

[1]　第5部を構成する3つの章は，本書の著者がヨンシェン・シュー教授と行った共同研究の成果を取りまとめて書かれている．本章で報告される研究成果は，*Journal of Economic Theory* に掲載された共同論文(Suzumura and Xu, 2001)に最初に公表されたものである．

[2]　厚生主義の概念とその限界に関する先駆的な考察を展開した重要な貢献には，Sen(1979a, 1979b)が含まれている．

ものとする——から選択する状況の方を選好するならば，彼は《選択の機会》に対して内在的な価値を認めていることになるという事実に注意すべきである．この分析的な枠組みを整備して活用すれば，帰結主義と非帰結主義の正確な定義を提唱することができるのみならず，これらの概念を少数の単純な公理によって特徴付けることも可能である[3]．

本章の構成は以下の通りである．第2節では，基本的な表記法と定義を提示する．第3節では，本章全体を通じて仮定される基本的な公理を導入して，これらの公理の直観的な含意を導出する．第4節では，《極端な帰結主義者》(extreme consequentialist)と《強い帰結主義者》(strong consequentialist)の概念を定義して，これらの概念を公理的に特徴付けることに専念する．第5節では，《極端な非帰結主義者》(extreme non-consequentialist)と《強い非帰結主義者》(strong non-consequentialist)の概念を導入して，これらの概念を公理的に特徴付ける作業に集中する．最後に第6節は，いくつかの一般的な注意と残された課題を述べて，本章を締め括る．

第2節 基本的な表記法と定義

X は，相互に排他的で結合すれば網羅的な社会状態全体の集合を表すものとする．ただし $3 \leq |X| < \infty$ である．X の要素は $x, y, z, \ldots$ によって示されて，それぞれ《帰結》(consequence)と呼ばれる．K は X の非空な有限部分集

---

3) Sen(1985a, 1993c)を先駆者的な貢献として，多くの研究が機会集合の評価の問題に集中的に捧げられてきた．代表的な貢献として，Bossert, Pattanaik and Xu(1994), Pattanaik and Xu(1990, 2000a, 2000b), Sen(1993c, 1997a)およびSuzumura(1999a)などを挙げておくことにしたい．本書の著者が知る限りでは，Nicolas Gravel(1994, 1998)は $X \times K$ 上の拡張された選好順序を分析した唯ひとりの先駆者である．ただし，ここで X は社会状態の集合であり，K は機会集合の集合族である．だが，グラベルは個人が2つの選好順序——X に属する《帰結》を順序付ける選好と，$X \times K$ に属する《一般化された選択状況》に対する選好順序を持つことを仮定していて，我々の研究方法とはまったく異なっている．彼の分析的な関心は，この2つの順序の間の論理的な衝突の可能性に絞られていて，帰結主義と非帰結主義の定義や公理化とはまったく関係がない．本章の分析と関わりを持つ研究としては，Arrow(1951/1963, pp. 89-91)の洞察を踏査したPattanaik and Suzumura(1994, 1996)およびSuzumura(1999a, 2000a)の研究がある．彼らは，帰結がもたらされる意思決定プロセスの非帰結主義的な特徴を分析する概念的な枠組みを，最初に開発したのである．

合全体の集合族を表している．K の要素は $A, B, C, \ldots$ によって表されて，それぞれ《機会集合》と呼ばれる．$X \times K$ は，X と K のデカルト積であるとする．すなわち，$X \times K$ の要素は $(x, A), (y, B), (z, C), \ldots$ によって表されて，それぞれ《拡張された選択肢》と呼ばれる．

ここで，新たな集合 $\Omega := \{(x, A) \mid A \in K \ \& \ x \in A\}$ を定義する．Ω は，A が有限集合であって x が A の要素であるすべてのペア (x, A) から構成される集合である．$\Omega \subseteq X \times K$ であり，すべての $(x, A) \in \Omega$ に対して，$x \in A$ が成り立つことは明らかである．すべての $(x, A) \in \Omega$ に対して，我々は以下の解釈を意図している．すなわち，選択肢 x は機会集合 A から選択される帰結である．

$\succsim$ は，Ω 上の反射性，完備性および推移性を持つ順序であるものとする．$\succsim$ の非対称成分および対称成分は，それぞれ $\succ$ および $\sim$ によって表される．任意の $(x, A), (y, B) \in \Omega$ に対して，$(x, A) \succsim (y, B)$ は「帰結 x を機会集合 A から選択する行為は，帰結 y を機会集合 B から選択する行為と比較して，少なくとも同程度に望ましい」と解釈される．したがって，我々の拡張された分析的枠組みを駆使すれば，機会集合の《道具的価値》(instrumental value)の他に，その《内在的価値》(intrinsic value)をも表現することが可能となる．実際，ある拡張された選択肢 $(x, A) \in \Omega$ が存在して $(x, A) \succ (x, \{x\})$ が成立すれば，この意思決定者は選択機会の内在的価値を認めているということができる．まったく同一の帰結 x であっても，選択の余地なくその帰結を受け入れざるを得ない状況 $\{x\}$ と比較して，帰結 x の背後に選ぼうとすれば選べた筈の選択肢の集合 $A, \{x\} \subset A$ が存在する場合には，この意思決定者は満足の階梯のうえで一層上位に位置することになっているからである．

第3節　基本的な公理とその含意

本節では，順序 $\succsim$ に関する2つの基本的な公理を導入して，これらの公理を結合して要請することの含意を考察する．

独立性(IND)：任意の $(x, A), (y, B) \in \Omega$ と任意の $z \in X \setminus (A \cup B)$ に対し

て，$(x, A) \succsim (y, B) \Leftrightarrow (x, A \cup \{z\}) \succsim (y, B \cup \{z\})$ が成立する．

単純な無差別性(SI)：任意の $x \in X$ および任意の $y, z \in X \setminus \{x\}$ に対して，$(x, \{x, y\}) \sim (x, \{x, z\})$ が成立する．

公理 IND は，機会集合に含まれる《選択の自由》(freedom of choice)の程度の比較を考察する文献——例えば Pattanaik and Xu(1990)——のなかで，頻繁に用いられてきた標準的な独立性公理に対応している．その要請の内容は単純である．すなわち，任意の機会集合 A と B に対して，選択肢 z が A にも B にも属さなければ，$(x, A \cup \{z\})$ と $(x, B \cup \{z\})$ に対する拡張された選好順序は，追加された選択肢 z の性質とは無関係に，(x, A) と (y, B) に対する選好順序と一致するのである．

公理 SI は，x がそれぞれ2つの選択肢のみを含む《単純》な状況から選択される場合には，2つの状況は互いに無差別であると判断されることを要請している．

次の結果はこれら2つの公理の含意を要約したものである．

定理 3.1

$\succsim$ が公理 IND と公理 SI を満足すれば，任意の $(x, A), (x, B) \in \Omega$ に対して，$|A| = |B| \Rightarrow (x, A) \sim (x, B)$ が成立する．

証明：$\succsim$ は公理 IND と公理 SI を満足するものとする．$(x, A), (x, B) \in \Omega$ が $|A| = |B|$ を満足する場合を考える．

最初に，$A \cap B = \{x\}$ となる場合を考える．$A = \{x, a_1, \ldots, a_m\}$ かつ $B = \{x, b_1, \ldots, b_m\}$ であるものとすれば，仮定によって機会集合は有限個の要素から構成されているので，$m < +\infty$ が成立する．明らかに，公理 SI から，すべての $i, j = 1, \ldots, m$ に対して $(x, \{x, a_i\}) \sim (x, \{x, b_j\})$ が成立する．公理 IND を2回適用することによって，$(x, \{x, a_1, a_2\}) \sim (x, \{x, a_1, b_1\})$ および $(x, \{x, a_1, b_1\}) \sim (x, \{x, b_1, b_2\})$ を得ることができる．$\succsim$ の推移性によって，そのとき容易に $(x, \{x, a_1, a_2\}) \sim (x, \{x, b_1, b_2\})$ がしたがうことになる．これと同様の議論を繰り返して用いれば，公理 IND と $\succsim$ の推移性から $(x, A) \sim$

(x, B) を得ることができる.

次に，$A \cap B = \{x\} \cup C$ となる場合を考える．ただし，ここで C は非空集合である．上に述べたことから，$|A \backslash B| = |B \backslash C|$ に注意しさえすれば，我々は $(x, (A \backslash C) \cup \{x\}) \sim (x, (B \backslash C) \cup \{x\})$ であることを認める他はない．このとき，機会集合は有限なので公理 **IND** から $(x, A) \sim (x, B)$ を得ることができる．∥

第4節　帰結主義

本節では，2 つのタイプの帰結主義，すなわち《極端な帰結主義》と《強い帰結主義》を定義して，両者を公理的に特徴付けることにする．

最初のステップは，極端な帰結主義と強い帰結主義をそれぞれ以下のようにして定義することである．

定義 4.1

$\succsim$ が極端に帰結主義的であるという状況は，任意の $(x, A), (x, B) \in \Omega$ に対して $(x, A) \sim (x, B)$ が成立する状況である．

定義 4.2

$\succsim$ が強く帰結主義的であるという状況は，任意の $(x, A), (y, B) \in \Omega$ に対して $(x, \{x\}) \sim (y, \{y\})$ が $[(x, A) \succsim (y, B) \Leftrightarrow |A| \geq |B|]$ を含意するのみならず，$(x, \{x\}) \succ (y, \{y\})$ が $(x, A) \succ (y, B)$ を含意する状況である．

このように，極端な帰結主義によれば，2 つの選択状況 (x, A) と (y, B) はそれぞれの帰結 x と y に専ら注目して判断されて，これらの帰結が選択される機会集合 A と B は，実際には選択状況の順序付けにはなんらの関係も持たないことになるのである．また，強い帰結主義によれば，個人が 2 つの選択状況 $(x, \{x\})$ と $(y, \{y\})$ に対して厳密な選好を持つときには，帰結の選択の背後にある機会集合は，選択状況の順序付けにはなんらの関係も持たないことを意味するものである．したがって，選択の機会が帰結の順序付けと関連性を

持つ可能性があるのは，選択の主体が $(x,\{x\})$ と $(y,\{y\})$ の間で無差別である場合，そしてその場合のみなのである．

極端な帰結主義と強い帰結主義を特徴付けるためには，次の2つの公理が重要な役割を果たすことになる．

局所的な無差別性(LI)：任意の $x \in X$ に対して，$(x,\{x\}) \sim (x,A)$ を満足する拡張された選択肢 $(x,A) \in \Omega \backslash \{(x,\{x\})\}$ が存在する．

局所的に厳密な単調性(LSM)：任意の $x \in X$ に対して，$(x,A) \succ (x,\{x\})$ を満足する拡張された選択肢 $(x,A) \in \Omega \backslash \{(x,\{x\})\}$ が存在する．

公理 **LI** は，極端な帰結主義の最小限の要請で，局所的な性格の公理である．すなわち，$\{x\}$ とは異なる機会集合 A で，選択肢 x を機会集合 A から選択することが，選択肢 x を単集合 $\{x\}$ から選択することと無差別になるものが，K 内に少なくともひとつ存在するという要請である．これに対して公理 **LSM** は，少なくともひとつの機会集合 A が K 内に存在して，帰結 x を機会集合 A から選択することは，帰結 x を単集合 $\{x\}$ から選択することよりも，厳密に選好されることを要請している．換言すれば，非常に限られた意味において，個人は選択機会の豊かさを本質的に評価しているというのが，公理 **LSM** の要請内容なのである．

定理 4.1

$\succsim$ が 公理 **IND**，公理 **SI** および公理 **LI** を満足するのは，それが極端に帰結主義的である場合，そしてその場合のみである．

証明：$\succsim$ が極端に帰結主義的であれば，公理 **IND**，公理 **SI** および公理 **LI** を明らかに満足する．ゆえに，$\succsim$ が公理 **IND**，公理 **SI** および公理 **LI** を満足すれば，任意の $(x,A), (x,B) \in \Omega$ に対して，$(x,A) \sim (x,B)$ が成立することを証明しさえすればよい．

そこで，$\succsim$ は公理 **IND**，公理 **SI** および公理 **LI** を満たすものと仮定する．最初に，定理 3.1 から次の性質がわかっていることに注意したい．

(4.1)

　任意の $(x, A), (x, B) \in \Omega$ に対して，$|A| = |B| \Rightarrow (x, A) \sim (x, B)$ である．

そこで，定理 4.1 の成立を確認するためには，次の性質を示せばよい．

(4.2)

　任意の $(x, A), (x, B) \in \Omega$ に対して，$|A| > |B| \Rightarrow (x, A) \sim (x, B)$ である．

まず，

(4.3)

　任意の $x \in X$ と任意の $y \in X \setminus \{x\}$ に対して，$(x, \{x, y\}) \sim (x, \{x\})$ である

を示したい．そこで，$x \in X$ に対してある $a \in X \setminus \{x\}$ が存在して $(x, \{x, a\}) \succ (x, \{x\})$ が成立することを仮定する．公理 **SI** と $\succsim$ の推移性によって

(4.4)　　任意の $y \in X \setminus \{x\}$ に対して，$(x, \{x, y\}) \succ (x, \{x\})$ である

が得られる．このとき，公理 **IND** によって

(4.5)

　任意の $z \in X \setminus \{x, y\}$ に対して，$(x, \{x, y, z\}) \succ (x, \{x, z\})$ が成立する

が得られる．同様な議論によって

(4.6)　　任意の $(x, A) \in \Omega$ と任意の $m = 4, \ldots$ に対して，$|A| = m \Rightarrow$
　　　　$(x, A) \succ (x, \{x\})$ である

を示すことができる．

　(4.6) を (4.4) および (4.5) と結合すれば，公理 **LI** との矛盾が得られることになる．したがって，ある $a \in X \setminus \{x\}$ に対して $(x, \{x, a\}) \succ (x, \{x\})$ が成り立つことはあり得ないことになる．同様にして，ある $b \in X$ に対して，$(x, \{x\}) \succ (x, \{x, b\})$ であれば，$A \neq \{x\}$ である任意の $(x, A) \in \Omega$ に対して $(x, \{x\}) \succ (x, A)$ が成立することになって，公理 **LI** との別の矛盾に逢着することになる．したがって，$\succsim$ の完備性によって，(4.3) の成立を承認せざるを得ない

わけである．

機会集合の有限性に留意すれば，公理 **IND**，(4.1)および $\succsim$ の推移性によって(4.3)から(4.2)を得ることができ，定理の証明はこれで完成する．∥

強い帰結主義の完全な特徴付けを考えるに先立ち，本章の残りの結果を樹立するうえで有用な次の結果を導出しておくことにしたい．

補題 4.1

$\succsim$ が公理 **IND**，公理 **SI** および公理 **LSM** を満足すれば，任意の (x, A), $(x, B) \in \Omega$ に対して，$|A| \geq |B| \Leftrightarrow (x, A) \succsim (x, B)$ が成立する．

証明：$\succsim$ は公理 **IND**，公理 **SI** および公理 **LSM** を満たすものとする．定理 3.1 から，我々は次の結果を得ることができる．

(4.7)

任意の $(x, A), (x, B) \in \Omega$ に対して，$|A| = |B| \Rightarrow (x, A) \sim (x, B)$ である．

したがって，補題 4.1 の成立を確認するためには

(4.8)

任意の $(x, A), (x, B) \in \Omega$ に対して，$|A| > |B| \Rightarrow (x, A) \succ (x, B)$ である

を示しさえすればよい．

最初に，定理 4.1 の証明で用いた議論と同様の論法によって，下記の性質を樹立することができる．

(4.9) 　任意の $x \in X$ と任意の $y \in X$ に対して，$x \neq y \Rightarrow (x, \{x, y\}) \succ (x, \{x\})$ が成立する．

公理 **IND** を繰り返して適用すれば，我々は(4.9)から下記の性質を導くことができる．

(4.10) 　任意の $(x, A) \in \Omega \setminus \{(x, X)\}$ および任意の $y \in X \setminus A$ に対して，$(x, A \cup \{y\}) \succ (x, A)$ が成立する．

このとき，機会集合は有限集合なので，(4.7)および(4.10)によって，(4.8)は $\succsim$ の推移性からしたがうことになる．||

　強い帰結主義を特徴付けるためには，ここでひとつの追加的な条件を導入しなければならない．この条件とは，任意の $(x, A), (y, B) \in \Omega$ と任意の $z \in X$ に対して，個人が (x, A) を (y, B) よりも高く評価するならば，z を B に追加しつつ，y が $B \cup \{z\}$ から選択されることはそのままに維持しても，個人の選好順位には影響が及ばない——すなわち，(x, A) は依然として $(y, B \cup \{z\})$ よりも高く評価され続ける——という要請である．この条件を形式的に表現すれば，次の公理を得ることになる．

　頑健性(ROB)：任意の $(x, A), (y, B) \in \Omega$ および任意の $z \in X$ に対して，$(x, \{x\}) \succ (y, \{y\})$ かつ $(x, A) \succ (y, B)$ であれば，$(x, A) \succ (y, B \cup \{z\})$ が成立する．

　強い帰結主義に対する完全な公理主義的特徴付けを提出する準備は，これで整ったことになる．

定理 4.2
　$\succsim$ が公理 **IND**，公理 **SI**，公理 **LSM** および公理 **ROB** を満足するのは，それが強く帰結主義的である場合，そしてその場合のみである．

　証明：$\succsim$ が強く帰結主義的であれば，公理 **IND**，公理 **SI**，公理 **LSM** および公理 **ROB** を明らかに満足する．そこで，$\succsim$ が公理 **IND**，公理 **SI**，公理 **LSM** および公理 **ROB** を満足すれば，任意の $(x, A), (y, B) \in \Omega$ に対して，$(x, \{x\}) \sim (y, \{y\})$ は $[(x, A) \succsim (y, B) \Leftrightarrow |A| \geq |B|]$ を含意すること，および $(x, \{x\}) \succ (y, \{y\})$ は $(x, A) \succ (y, B)$ を含意することを証明しさえすればよい．

　そこで，$\succsim$ は公理 **IND**，公理 **SI**，公理 **LSM** および公理 **ROB** を満たすものとする．補題 4.1 から，下記の性質が得られることに注意する．

(4.11)
　　任意の $(x,A),(x,B) \in \Omega$ に対して，$|A| \geq |B| \Leftrightarrow (x,A) \succsim (x,B)$ である．

さて，任意の $x,y \in X$ に対して，$(x,\{x\})$ と $(y,\{y\})$ を考察する．まず，$(x,\{x\}) \sim (y,\{y\})$ である場合を考える．X は少なくとも3つの選択肢を含んでいるので，そのとき任意の $z \in X \backslash \{x,y\}$ に対して，公理 **IND** から $(x,\{x,z\}) \sim (y,\{y,z\})$ が成立する．このとき(4.11)と $\succsim$ の推移性から $(x,\{x,y\}) \sim (y,\{x,y\})$ となる．公理 **IND** により $(x,\{x,y,z\}) \sim (y,\{x,y,z\})$ である．機会集合は有限集合なので，(4.11)，$\succsim$ の推移性および公理 **IND** から，次の性質を得ることができる．

(4.12)　　任意の $(x,A),(y,B) \in \Omega$ に対して，もし $(x,\{x\}) \sim (y,\{y\})$ であれば，$|A| \geq |B| \Leftrightarrow (x,A) \succsim (y,B)$ が成立する．

これに対して，$(x,\{x\}) \succ (y,\{y\})$ である場合には，任意の $z \in X$ に対して公理 **ROB** によって $(x,\{x\}) \succ (y,\{y,z\})$ が成立することがわかる．このとき，機会集合は有限集合なので，公理 **ROB** を繰り返して適用すれば，任意の $(y,A) \in \Omega$ に対して $(x,\{x\}) \succ (y,A)$ であることがわかる．したがって，(4.11)と $\succsim$ の推移性から，次の性質を確認することができる．

(4.13)　　任意の $(x,A),(y,B) \in \Omega$ に対して，$(x,\{x\}) \succ (y,\{y\})$ である場合には，$(x,A) \succ (y,B)$ が成立する．

定理の主張は，(4.11),(4.12)および(4.13)を組み合わせれば得られることになる． ∥

公理 **IND**，公理 **SI** および公理 **LI** が独立であること，公理 **IND**，公理 **SI**，公理 **LSM** および公理 **ROB** が独立であることは，Suzumura and Xu (2001)において例証されている．したがって，我々の公理的な特徴付け定理——極端な帰結主義に対する定理 4.1 と強い帰結主義に対する定理 4.2 ——は，重なり合いのない公理群による精密な公理化であることを，本節の最後に確認しておくことにしたい．

第5節　非帰結主義

本節では，2つのタイプの非帰結主義——《極端な非帰結主義》と《強い非帰結主義》——を定義して，それぞれに対して公理主義的な特徴付けを与えることにしたい．最初に非帰結主義の2つのタイプを定義することにする．

定義 5.1

$\succsim$ が極端に非帰結主義的であるという状況は，任意の $(x, A), (y, B) \in \Omega$ に対して $(x, A) \succsim (y, B) \Leftrightarrow |A| \geq |B|$ が成立する状況である．

定義 5.2

$\succsim$ が強い意味で非帰結主義的である状況は，任意の $(x, A), (y, B) \in \Omega$ に対して $|A| > |B| \Rightarrow (x, A) \succ (y, B)$ および $|A| = |B| \Rightarrow [(x, \{x\}) \succsim (y, \{y\}) \Leftrightarrow (x, A) \succsim (y, B)]$ が成立する状況である．

極端な非帰結主義の考え方によれば，評価の形成にとって帰結はまったく重要性を持たず，評価の観点から重視されるべき要因は，ひとえに選択状況に含まれる機会の豊穣さのみである．2つの拡張された選択肢 (x, A) と (y, B) の価値は，機会集合 A と機会集合 B に含まれる要素の個数の大小関係に基づいて評価され，帰結 x と帰結 y は評価に対してまったく影響力を持たないのである．帰結の価値を完全に無視するという点で，極端な非帰結主義は実際に極端な評価方法である．だが，「我に自由を与えよ，さもなくば死を与えよ」というように，自由に絶対的な優先権を認めて選択機会の豊穣さ以外には眼を閉ざす主張には，それなりの意味があることは認めざるを得ない．これに対して，強い非帰結主義が帰結に留意するのは，2つの機会集合が同数の選択肢を含む場合，そしてその場合のみである．

極端な非帰結主義と強い非帰結主義の特徴付けを与えるうえでは，次に挙げる公理が重要な役割を果たすことになる．

選択のない状況の無差別性(INS)：任意の $x, y \in X$ に対して，$(x, \{x\}) \sim$

$(y, \{y\})$ が成立する.

機会に対する単純な選好(SPO):相異なる任意の選択肢 $x, y \in X$ に対して, $(x, \{x, y\}) \succ \{y, \{y\}\}$ が成立する.

公理 INS を解釈するのは容易である. $(x, \{x\}), (y, \{y\})$ のように,たったひとつの選択肢しか含まない機会集合からの2つの選択状況を比較する場合には,帰結 x, y がどのようなものであれ,所詮はいずれも選択の自由を与えない状況である以上,選択の当事者である個人はこれらの選択状況の間で無差別であるというのである.この考え方は,機会集合を《選択の自由》の観点から評価するという別の目的のために Pattanaik and Xu(1990) が提唱した公理に対応している.

公理 SPO は,選択の当事者である個人が,ある帰結を2つの選択肢——そのうちのひとつの選択肢が必ず選択されるものとして——を含む機会集合から選択する状況は,ある帰結をその帰結だけを含む単集合から選択する状況よりも,必ずよいことを要求する条件である.したがって,公理 SPO は,真の選択の機会を持ちたいという個人の希望を,非常に控えめに表現する要請であると考えることができる.

定理 5.1

$\succsim$ が公理 IND,公理 SI,公理 LSM および公理 INS を満足するのは,それが極端に非帰結主義的である場合,そしてその場合のみである.

証明:$\succsim$ が極端に非帰結主義的であれば,それは公理 IND,公理 SI,公理 LSM および公理 INS を明らかに満足する.そこで,$\succsim$ が公理 IND,公理 SI,公理 LSM および公理 INS を満足すれば,任意の $(x, A), (y, B) \in \Omega$ に対して,$|A| \geq |B| \Leftrightarrow (x, A) \succsim (y, B)$ であることを証明しさえすればよい.

まず最初に補題 4.1 から次の性質が得られることに注意する.

(5.1)

任意の $(x, A), (x, B) \in \Omega$ に対して,$(x, A) \succsim (x, B) \Leftrightarrow |A| \geq |B|$ である.

さて，任意の $x, y \in X$ に対して，公理 **INS** によって $(x, \{x\}) \sim (y, \{y\})$ である．また，任意の $z \in X \setminus \{x, y\}$ に対して，公理 **IND** によって $(x, \{x, z\})$ $\sim (y, \{y, z\})$ である．(5.1)から，$(x, \{x, y\}) \sim (y, \{x, y\})$ である．ただし，ここで $\succsim$ の推移性が用いられている．(5.1)，公理 **IND** および $\succsim$ の推移性を用いて，すべての機会集合が有限であることに留意すれば

(5.2)

　任意の $(x, A), (y, B) \in \Omega$ に対して，$(x, A) \succsim (y, B) \Leftrightarrow |A| \geq |B|$ である．

定理 5.1 の証明はこれで完了する．∥

　強い非帰結主義の特徴付け定理を述べるに先立って，特徴付け定理を樹立するために有用な次の補題を述べておくことにしたい．

補題 5.1

　$\succsim$ が公理 **IND**，公理 **SI** および公理 **SPO** を満足すれば，$\succsim$ は公理 **LSM** も満足する．

　証明：$\succsim$ は，公理 **IND**，公理 **SI** および公理 **SPO** を満足すると仮定して，任意の $x \in X$ をとる．そのとき，公理 **SPO** によって，任意の $y \in X \setminus \{x\}$ に対して $(x, \{x, y\}) \succ (y, \{y\})$ が成立する．このとき，公理 **IND** によって，任意の $z \in X \setminus \{x, y\}$ に対して $(x, \{x, y, z\}) \succ (y, \{y, z\})$ が含意される．公理 **SI** によって，そのとき $(y, \{y, z\}) \sim (y, \{x, y\})$ である．そうなれば，$\succsim$ の推移性によって $(x, \{x, y, z\}) \succ (y, \{x, y\})$ がしたがうことになる．公理 **SPO** によって，そのとき $(y, \{x, y\}) \succ (x, \{x\})$ が得られることになる．したがって，$\succsim$ の推移性から $(x, \{x, y, z\}) \succ (x, \{x\})$ が成立する．このことは，公理 **LSM** が満足されることを意味するものに他ならない．∥

定理 5.2

　$\succsim$ が公理 **IND**，公理 **SI** および公理 **SPO** を満足するのは，それが強く非帰結主義的である場合，そしてその場合のみである．

　証明：$\succsim$ が強く非帰結主義的であれば，公理 **IND**，公理 **SI** および公理

SPO が明らかに満足される．そこで，定理を確立するためには，$\succsim$ が公理 **IND**, 公理 **SI** および公理 **SPO** を満足すれば，任意の $(x,A), (y,B) \in \Omega$ に対して $|A| > |B| \Rightarrow (x,A) \succ (y,B)$ および $|A| = |B| \Rightarrow [(x,\{x\}) \succsim (y,\{y\}) \Leftrightarrow (x,A) \succsim (y,B)]$ が成立することを証明しさえすればよい．

補題 5.1 と補題 4.1 から，(5.1) が得られる．公理 **SPO** によって，任意の相異なる $x,y \in X$ に対して，$(x,\{x,y\}) \succ (y,\{y\})$ が成立する．そのとき，(5.1) と $\succsim$ の推移性から，任意の $z \in X \setminus \{x\}$ に対して，$(x,\{x,z\}) \succ (y,\{y\})$ が成立する．公理 **IND** によって，任意の $z \in X \setminus \{x,y\}$ に対して $(x,\{x,y\}) \succ (y,\{y\})$ から $(x,\{x,y,z\}) \succ (y,\{y,z\})$ が成立する．このとき (5.1) と $\succsim$ に注意すれば

(5.3) 　任意の $(x,A), (y,B) \in \Omega$ に対して，$|A| = |B|+1$ かつ $|B| \leq 2$ ならば，$(x,A) \succ (y,B)$ が成立する

を得ることができる．公理 **IND**, (5.1) および $\succsim$ の推移性を用いて，すべての機会集合が有限集合であることに留意すれば，(5.3) から次の性質を確認することができる．

(5.4) 　任意の $(x,A), (y,B) \in \Omega$ に対して，$|A| = |B|+1$ が成立すれば，$(x,A) \succ (y,B)$ となる．

(5.4) と $\succsim$ の推移性および (5.1) からは，

(5.5) 　任意の $(x,A), (y,B) \in \Omega$ に対して，$|A| > |B|$ が成立すれば，$(x,A) \succ (y,B)$ となる

を得ることができる．

そこで $(x,\{x\})$ と $(y,\{y\})$ を考えることにする．$(x,\{x\}) \sim (y,\{y\})$ のときには，定理 5.1 の証明の過程で用いた論法と同様の議論にしたがえば

(5.6) 　任意の $(x,A), (y,B) \in \Omega$ に対して，$(x,\{x\}) \sim (y,\{y\})$ および $|A| = |B|$ であれば，$(x,A) \sim (y,B)$ が成立する

を得ることができる．

これに対して，$(x,\{x\}) \succ \{y,\{y\}\})$ であれば，定理 4.2 の証明の過程で用いた論法と同様の議論にしたがって

(5.7)　　任意の $(x,A), (y,B) \in \Omega$ に対して，$(x,\{x\}) \succ (y,\{y\})$ および $|A| = |B|$ であれば，$(x,A) \succ (y,B)$ が成立する

を得ることができる．

最後に得られた(5.7)を(5.5)および(5.6)と結合すれば，定理の証明はこれで完了することになる．∥

Suzumura and Xu(2001)において我々は，公理 **IND**，公理 **SI**，公理 **LSM** および公理 **INS** が独立であること，公理 **IND**，公理 **SI**，公理 **LSM** および公理 **SPO** が独立であること，を例証している．したがって，われわれの特徴付け定理，すなわち極端な非帰結主義に対する定理 5.1 と強い非帰結主義に対する定理 5.2 には，どこにも論理的なゆるみは含まれていないのである．

第 6 節　結語的覚書き

規範的経済学の理論を本質的に制約してきた帰結主義――厚生主義は帰結主義のさらに制約的な一例であるに過ぎない――の拘束衣をひとまず脱ぎ捨てて，帰結主義とは本質的に異なる非帰結主義を対等の位置に据える枠組みを構成することが，本章で我々が取り組んだ課題だった．本書がこれまで活用してきた枠組みと最大限の比較可能性を確保するために，我々の分析的枠組みは，選択と選好の理論を自然に拡張することによって構成されている．すなわち，選択と選好の主体であるエージェントが，選択の《帰結》と帰結がその内部から選択される《機会集合》の組に対して表明する選好順序――拡張された選好順序――の分析的枠組みを用いて，我々は帰結主義と非帰結主義を並存させる分析を展開したのである．極端な帰結主義と強い帰結主義という 2 種類の帰結主義，および極端な非帰結主義と強い非帰結主義という 2 種類の非帰結主義は，この枠組みによって初めて分析のテーブルに載せられたのであって，我々はこれらの概念を明確に対照させる目的で，それぞれの考え方を公理主義

的に特徴付ける定理を確立したのである．

　我々の特徴付け定理の構造は，図13-1に簡潔に要約されている．

　極端な帰結主義と強い帰結主義，極端な非帰結主義と強い非帰結主義は，《帰結》と《選択機会》に対する態度において非常に対照的な考え方であるのだが，いずれも共通して公理 IND と公理 SI を満足することは，特記して注意を喚起するに値する．より顕著な特徴として，強い帰結主義，極端な非帰結主義と強い非帰結主義は，それぞれの定義をみて受ける印象とは対照的に，多くの共通点を持っている．これらの考え方は，公理 IND と公理 SI のみならず，公理 LSM さえも共通して満足しているのである．

　本章で提出した特徴付け定理には登場していないが，極端な帰結主義と強い帰結主義，極端な非帰結主義と強い非帰結主義は，すべて共通して次の性質をも満足している．

単調性(MON)：任意の $(x, A), (x, B) \in \Omega$ に対して，$B \subseteq A \Rightarrow (x, A) \succsim (x, B)$ が成立する．

　公理 MON によれば，個人はより豊かな機会を嫌うことはない．すなわち，帰結 x を機会集合 A から選択することは，同じ帰結 x を A の真部分集合である機会集合 B から選択することと比較して，少なくとも同程度によいと考えているのである．しかるに，Gerald Dworkin(1982)が的確に指摘したように，選択の機会集合が拡大することは，選択の責任者にとっては選択肢の比較秤量を行う範囲の拡大，すなわち負担の増大を意味するために，かえってマイナスの影響を及ぼす可能性がある．我々が定義した極端な帰結主義と強い帰結主義，極端な非帰結主義と強い非帰結主義は，この可能性を無視している点で，一般性をある程度犠牲にして，分析の単純化を獲得している点を指摘しておく必要がある．明らかに，公理 MON と公理 LI，公理 MON と公理 LSM がそれぞれ独立であることは，簡単に確認することができる．

　帰結主義と非帰結主義に対する我々の公理的特徴付けにおいて，一貫して活用されている公理 IND と公理 SI にしても，実際には論争の余地がない要請であるというわけではない．本書の第1部第3章(社会的規範と選択行動の合

$$(\text{IND}) \oplus (\text{SI}) \begin{cases} \oplus (\text{LI}) = 極端な帰結主義 \\ \oplus (\text{LSM}) \begin{cases} \oplus (\text{ROB}) = 強い帰結主義 \\ \oplus (\text{INS}) = 極端な非帰結主義 \\ \oplus (\text{SPO}) = 強い非帰結主義 \end{cases} \end{cases}$$

IND: 独立性
SI: 単純な無差別性
LI: 局所的な無差別性
LSM: 局所的に厳密な単調性
ROB: 頑健性
INS: 選択のない状況の無差別性
SPO: 機会に対する単純な選好

図 13-1 帰結主義と非帰結主義の公理主義的な特徴付け定理
注釈 $(A) \oplus (B)$ は 2 つの公理 A と B の論理的な結合を表現する記号法である．

理化可能性)でも触れた点だが，選択の機会集合に認識論的な価値が認められる場合には，公理 **IND** に対する例外が発生する可能性がある．その具体的な一例は Sen(1997a, p. 753) によって与えられている．センの例はおよそ次のような筋書きを持っている．あるひとが帰宅の途中，それほど親しくはない友人から，アフタヌーン・ティーに招かれた．彼には，この招待を受け入れて友人の家に行く (x) か，招待を断って帰宅する (y) かという 2 つの選択肢があって，彼は選択肢 x を選ぶ気になりかけていた．そのとき友人が言葉を重ねて，「ちょうど高品質のコカインも手に入ったところだから……」といったことで，彼が直面する選択問題はその性格をがらりと変えて，麻薬を吸うひとと一緒にはティーであっても飲みたくない彼は，帰宅する (y) という選択肢を選択する．すなわち，機会集合 $\{x,y\}$ からは $\{x\}$ を選ぶ彼なのだが，機会集合が $\{x,y,z\}$ に拡大した場合には，彼が選ぶ選択肢は $\{y\}$ へと変更されることになるのである．この選択の変更は，メニューが $\{x,y\}$ から $\{x,y,z\}$ へと拡大したことによって，招待者の人物に関して重要な情報が得られたことを思えば，決して非常識でも不合理でもない．それにも関わらず，センが挙げたこの例は，公理 **IND** の $A = B$ というケースに違背することになるのである．

もうひとつの公理 **SI** に関しても，もっともらしい例外事例がないわけでは

ない.例えば,X 氏が A 市から B 市に移動するために,利用可能な交通機関の選択肢のなかで選択を行う場合を考える.x と y は,製造ナンバーを除いてまったく同じ自動車による移動であるものとすれば,x と y の間では X 氏は無差別であると考えられる.したがって,機会集合が $\{x,y\}$ である場合には,X 氏は y ではなくて x が指示されたとしても,なんの不満も持たないだろうと思われる.これに対して,A 市と B 市を接続する快適な列車による移動(z)が新たに選択肢に加えられた場合,機会集合が $\{x,z\}$ であるときに x を選択することを強制されれば,X 氏は大いに不満を抱くかもしれない.このことは,$(x,\{x,z\})$ と $(x,\{x,y\})$ に対して X 氏は無差別ではないことを意味するが,これは公理 **SI** の明らかな反例であることになる.

本章で与えた帰結主義と非帰結主義の定義と特徴付け定理に対しては,このように異論や批判の余地がないわけではない.とはいえ,帰結主義と非帰結主義を並行して検討できる枠組みは我々の試みが最初のものである以上,このパイロット・スタディが切り開いた地平線を細かく精査する作業には,それなりの意味と意義があるといってよい.以下ではそのような精査を行う可能性について,2つの提案を行うことにしたい.

第1の可能性は,本章で考察した極端な帰結主義,強い帰結主義,極端な非帰結主義,および強い非帰結主義は,帰結と機会という2つの重要な考慮事項の間で,辞書的な優先関係を前提する考え方だったという点から出発する.帰結と機会との間に積極的な相互作用とトレードオフを認める考え方を許せば,拡張された選好順序の考え方について,遥かに広大な可能性が眼前に拓かれることになる.第14章(一般化された帰結主義と非帰結主義)では,この広大な領域の一部を瞥見するささやかな試みを行いたい.

第2の可能性は,帰結主義者と非帰結主義者をいずれも許容する枠組みが整ったからには,帰結 versus 機会というコンテクストにおいて,人々の間の態度決定の異質性が許される社会を,同質的な個人しか存在しない社会と比較することができるという観点から出発する.本書のコンテクストで特に興味深い研究計画は,すべての個人が帰結主義者であるアローの社会的選択の理論のなかに,非帰結主義者の存在を正統に位置付けて,帰結主義者と非帰結主義者が共存する社会における社会的選択の理論——特に,アローの一般不可能性定

理——を探索するというプロジェクトである．第 15 章（帰結主義，非帰結主義とアローの定理）では，このまったく新しい問題領域を踏査する最初の試みを行うことにしたい．

第14章　一般化された帰結主義と非帰結主義[1]

第1節　はじめに

　経済政策や社会政策の是非を評価する方法に関して，かつてケネス・アロー(Arrow, 1987, p. 124)は次のような主旨のことを述べたことがある．いかなる政策にせよ，社会・経済を構成する多数の人々になんらかの帰結をもたらすが，少なくともアダム・スミスの時代から，代替的な政策の評価は人々に対するその帰結に基づいて行われることが当然視されてきた，と．実際には，伝統的な政策評価の情報的基礎は，《帰結主義》(consequentialism)の立場よりもさらに制約的な《厚生主義》(welfarism)に依拠していた．なぜならば，帰結を描写するために使用された情報は，その帰結から人々が得る《効用》(utility)ないし《厚生》(welfare)に限定されていたからである．

　最近の規範的経済学のひとつの重要な展開は，帰結主義——あるいはさらに制約的な厚生主義——の桎梏を離れて，厚生経済学と社会的選択の理論の情報的基礎を拡大する試みである．規範的経済学の情報源として，最終的に実現された帰結の背後に位置する《選択の機会》(choice opportunity)とか，その帰結の実現をもたらした《選択手続き》(choice procedure)など，最終的に実現された帰結を補完して，選択状況の記述を一層精密にする追加的な情報を分析の情報的基礎に取り入れる試みが誕生した背景には，以下のような事情があるといってよい．

　第1に，最終的に選択された帰結の背後にある選択肢の《機会集合》には，最終的な選択の手段としての《道具的価値》(instrumental value)を越えて，それに固有の《内在的価値》(intrinsic value)を認めるべき場合がある．この事実の重要性は，セン(Sen, 1997b)の巧妙な例示によって浮き彫りにされている．

---

[1]　本章は，著者とヨンシェン・シュー教授との帰結主義・非帰結主義研究の第2弾であり，その主要内容は Suzumura and Xu(2003) として *Journal of Economic Theory* に最初に公表されている．

経済学の確立された伝統が示唆するところによれば，選択肢の集合の価値は，それを利用して実現される最善の選択[……]すなわち実際になされる選択によって表現される．[しかし]選択肢の集合の価値が，そこから結果的に選択された要素の価値と必然的に同一視されるべき理由はない．結果的には利用されなかったにせよ，選択の機会を持てたという事実そのものが，固有の重要性を持つと認めるべき場合が存在するからである．[……]事実，《選択すること》は固有の価値を認められるべき重要な機能なのであって，他の選択肢がない場合に x を得ることを，実質的な選択肢が他に存在する場合に x を選択することから区別する考え方には，十分に合理的な根拠が存在するのである．

第2に，最終的な帰結を実現する《選択手続き》にも，評価される帰結をもたらす手段としての道具的価値を越えて，それに固有の内在的価値を認めるべき場合がある．この事実の重要性を強調するために，かつて鈴村(Suzumura, 1999a)は以下の例を導入したことがある．

　　ある父親が，3人の子供に同質的なケーキを公平に分配しようとしている．彼が利用できる第1の方法は，自らこのケーキを3等分して，子供たちに，この均等分配を受け入れるか，なにも受け取らないか，いずれかひとつを選ばせる方法である．彼が利用できる第2の方法は，子供たちの間で公平な分配とはなにかを議論させ，その結論にしたがってケーキを分配するように，子供たちに決定の権限を委ねる方法である．もし子供たちが均等分配こそ公平な分配だという結論に到って，我々には最終的な分配の帰結以外の情報が伝えられないのであれば，我々は2つの方法を同等と評価する他はないことになる．だが，第1の方法は子供たちに分配の決定に参加する権利をまったく認めていないのに対して，第2の方法は子供たちに公平な分配の決定に参加する権利を賦与している．この重要な差異を的確に捉えるためには，我々は帰結に関する情報のみならず，その帰結が実現される手続きの内在的特徴に関する情報——非帰結情報——をも考慮できるように，社会的な評価の情報的基礎を拡大する必要がある

のである．

　このように，規範的経済学の帰結主義的な限界を踏み越える試みには，少なくとも2つの可能な進路がある．第13章では，これら2つの可能性のうち，選択の最終的な帰結の背後に存在する選択の機会集合を考慮に取り入れる進路を選択して，帰結主義と非帰結主義を並行して分析できる枠組みを構成することを試みた．だが，帰結主義にせよ非帰結主義にせよ，第13章で定義して公理主義的な特徴付けを与えた考え方は，帰結の価値と機会集合の価値の間に辞書的な優先順序が付けられる特殊ケースに留まっていて，帰結の考慮と機会の考慮の間でトレードオフを認める余地は，ほぼ完全に排除されていた．本章ではこの制約を取り去って，新たな概念的枠組みを伸縮的に活用する可能性を探求する試みに取り組みたい．

　本章の構成は以下の通りである．第2節では，我々の分析の基本的な表記法と，拡張された選択肢の定義を提示する．第3節では，一般化された帰結主義および非帰結主義を，普遍集合が有限集合である単純な枠組みに基づいて分析する．第4節では，一般化された帰結主義および非帰結主義を，普遍集合は無限集合であるものとするが，個々の機会集合は依然として有限集合であるという枠組みに基づいて分析する．最後に第5節は，結論に替えていくつかの留意点を述べて，本章を締め括ることに充てられる．

第2節　基本的な表記法と拡張された選択肢の定義

　$\mathbb{N}$ と $\mathbb{R}$ は，それぞれ自然数全体の集合および実数全体の集合を表現する記号であるものとする．我々の分析の基礎に据える普遍集合 X は，相互に排他的であり，綜合すれば網羅的となる選択肢全体の集合であるものとして，以下では $3 \leq |X|$ であることを仮定する．ただし，本章全体を通じて，普遍集合 X の任意の有限部分集合 A に対して，$|A|$ は A の要素の個数を示すものとする．普遍集合 X の代表的な要素は $x, y, z, \ldots$ によって示されるものとする．集合族 $\boldsymbol{K}$ は，普遍集合 X の非空部分集合の全体から成る集合である．集合族 $\boldsymbol{K}$ の要素は $A, B, C, \ldots$ によって示されて，それぞれの要素は《機会集合》

(opportunity set)と呼ばれる．$X \times \boldsymbol{K}$ は X と $\boldsymbol{K}$ のデカルト積を表現する記法である．$X \times \boldsymbol{K}$ の代表的な要素は $(x, A), (y, B), (z, C), \ldots$ によって示されて，それぞれの要素は《拡張された選択肢》(extended alternative)と呼ばれる．任意の拡張された選択肢 (x, A) に我々が賦与する解釈は，選択肢 x が機会集合 A から選択されることである．この解釈を採用する前提は，帰結 x が機会集合 A に所属することである．そこで，集合 Ω を $\Omega = \{(x, A) \mid A \in \boldsymbol{K} \ \& \ x \in A\}$ によって定義する．すなわち，Ω は A が $\boldsymbol{K}$ の要素であり，x が A の要素であるすべての拡張された選択肢 (x, A) から構成される集合である．明らかに，$\Omega \subset X \times \boldsymbol{K}$ である．

$\succsim$ は，Ω 上の反射性，完備性，推移性を満足する二項関係であるものとする．すなわち，$\succsim$ は Ω 上の順序である．$\succsim$ の非対称成分および対称成分は，それぞれ $\succ$ および $\sim$ で表現される．拡張された選択肢 $(x, A), (y, B) \in \Omega$ に対して，$(x, A) \succsim (y, B)$ は「選択肢 x を機会集合 A から選択することは，選択肢 y を機会集合 B から選択することと比較して，少なくとも同程度に望ましい」ことを意味するものと解釈される．このように拡張された枠組みにおいては，機会集合に対して，道具的価値と内在的価値の双方を考慮することが可能である．実際，ある拡張された選択肢 $(x, A) \in \Omega$ が存在して $(x, A) \succ (x, \{x\})$ が成立するならば，意思決定者は選択の機会の内在的価値を認識しているものと理解することができる．

第3節 普遍集合が有限集合であるケース

本節では，普遍集合 X が有限集合── $|X| < \infty$ ──である単純なケースを考察することに専念する．また，集合族 $\boldsymbol{K}$ は，普遍集合 X の非空部分集合の全体であるものとする．

拡張された選択肢の集合 Ω で定義される順序 $\succsim$ に対しては，以下の3つの公理を要求することにする．これらの公理は，Suzumura and Xu(2001)によって最初に提案されたものであり，それぞれの公理の要求内容の詳しい説明は，前章で与えられている．

独立性(IND)：任意の $(x,A),(y,B) \in \Omega$ および任意の $z \in X \backslash (A \cup B)$ に対して，$(x,A) \succsim (y,B) \Leftrightarrow (x, A \cup \{z\}) \succsim (y, B \cup \{z\})$ が成立する．

単純な無差別性(SI)：任意の $x \in X$ および任意の $y,z \in X \backslash \{x\}$ に対して，$(x,\{x,y\}) \sim (x,\{x,z\})$ が成立する．

単純な単調性(SM)：任意の $(x,A),(x,B) \in \Omega$ に対して，$B \subset A$ であれば，$(x,A) \succsim (x,B)$ が成立する．

公理 IND は，選択の自由の観点から機会集合を評価する一連の研究――その代表的な一例は Pattanaik and Xu(1990) である――のなかに，密接に関連する公理がある．この公理は，任意の機会集合 A および B に対して，選択肢 z が A にも B にも所属しなければ，新たに加えられる選択肢 z の性質に関わらず，$(x, A \cup \{z\})$ および $(y, B \cup \{z\})$ に対する拡張された選好順序は (x,A) および (y,B) に対する拡張された選好順序と一致することを要請している．

選択の自由のコンテクストにおいて，独立性の公理に対しては，強い批判が提起されてきた．例えば，ある機会集合が提供する選択の自由は，その機会集合に所属する選択肢が，相互にどれほど異なっているかに依存する――したがって，選択肢の記述的な特徴に立ち入らない限り，2つの機会集合を選択の自由の観点から順序付ける作業を行うことは，本来は不適切である――という主張が，しばしば提起されてきた．この考え方によれば，2つの機会集合 A, B に追加される選択肢 z が，A に所属するある選択肢とは非常に似ているが，B に所属するどの選択肢ともまったく違う場合には，$A \cup \{z\}$ と $B \cup \{z\}$ を選択の自由の観点から同列に置くことは，非常に不適切であるかもしれない．z を A に追加しても，A が既に提供している選択の自由は実質的に変化しないのに対して，z を B に追加すれば，B が既に提供している選択の自由は実質的に増加するからである．我々のコンテクストでも，同じ観点から公理 IND に対して批判が提起される可能性は，確かに残されているのである．

公理 SI は，x と y が異なり，x と z も異なる限り，2つの拡張された選択肢 $(x,\{x,y\})$ と $(x,\{x,z\})$ は，等しく評価されることを要請している．この

公理に対しては，公理 IND に対する批判と同様の批判が提起される余地があることは明らかである．

最後に，公理 SM は，選択肢 x を集合 A から選択することは，同じ選択肢 x を A の部分集合 B から選択することよりも，悪くはなりえないということを要請する単調性である．この公理は，個人は本質的に豊かな機会を嫌わないという確信を反映する要請であるが，ときとして豊かな機会は選択の負担を増すことになるため，限定された機会よりも必ず選好されるとは限らないという主旨で，留保の余地があることが指摘されるかもしれない．そのような指摘の一例は G. Dworkin(1982) によって与えられている．

このように，公理 IND，公理 SI および公理 SM は，異論の余地がない程に説得的な公理ではないかもしれないが，病的な公理であるというわけでもない．少なくとも，一般化された帰結主義と非帰結主義を単純で操作性を備えた枠組みのなかで分析する可能性を提供するという意味では，公理 IND，公理 SI および公理 SM は十分有意義な公理群であると思われる．

さて，公理 IND，公理 SI および公理 SM は，次のような単純な含意を持っている．

補題 3.1

$\succsim$ は Ω の順序であり，公理 IND，公理 SI および公理 SM を満足するものとする．そのとき，任意の $(a, A), (b, B) \in \Omega$ および任意の $x \in X \setminus A$, $y \in X \setminus B$ に対して，$(a, A) \succsim (b, B) \Leftrightarrow (a, A \cup \{x\}) \succsim (b, B \cup \{y\})$ が成立する．

証明：最初に，Suzumura and Xu(2001) の定理 3.1 [本書第 13 章の定理 3.1] によって，次の主張が成立することに注意する．

主張 3.2

任意の $(a, A), (a, A') \in \Omega$ に対して，$|A| = |A'| \Rightarrow (a, A) \sim (a, A')$．

さて，$(a, A), (b, B) \in \Omega$, $x \in X \setminus A$, $y \in X \setminus B$ かつ $(a, A) \succsim (b, B)$ であるものとする．$\succsim$ は順序なので，$(a, A) \sim (b, B) \Rightarrow (a, A \cup \{x\}) \sim (b, B \cup \{y\})$ であり，$(a, A) \succ (b, B) \Rightarrow (a, A \cup \{x\}) \succ (b, B \cup \{y\})$ であることを示しさえ

すればよい．

まず次の事実を証明する．

$(*)$ $\quad (a, A) \sim (b, B) \Rightarrow (a, A \cup \{x\}) \sim (b, B \cup \{y\})$ である．

前提により，$x \in X \backslash A$ かつ $y \in X \backslash B$ なので，明らかに $A \neq X$ かつ $B \neq X$ である．ここで3つのケースを考える．すなわち，(i) $A = \{a\}$，(ii) $B = \{b\}$，(iii) $|A| > 1$ かつ $|B| > 1$，がそれである．

ケース(i) $A = \{a\}$ は，さらに2つのサブ・ケースに分割される．サブ・ケース(i.1)：$x \notin B$ およびサブ・ケース(i.2)：$x \in B$ である．サブ・ケース(i.1)の場合，$(a, \{a\}) \sim (b, B)$ と公理 **IND** から，$(a, \{a, x\}) \sim (b, B \cup \{x\})$ がしたがうことになる．主張3.2から，そのとき $(b, B \cup \{x\}) \sim (b, B \cup \{y\})$ が得られる．そこで $\sim$ の推移性を用いれば $(a, \{a, x\}) \sim (b, B \cup \{y\})$ が得られる．次に(i.2)というサブ・ケースを考察する．まず $B \cup \{y\} = \{a, b\}$ の場合を考える．$x \in X \backslash A$，$y \in X \backslash B$ であるため，$x = b$ かつ $y = a$ が得られるので，$B = \{b\}$ となる．$|X| \geq 3$ であるから，$c \notin \{a, b\}$ となる $c \in X$ が存在する．$(a, \{a\}) \sim (b, \{b\}) = (b, B)$ と公理 **IND** から，この場合 $(a, \{a, c\}) \sim (b, \{b, c\})$ となる．主張3.2より，$(a, \{a, b\}) \sim (a, \{a, c\})$ かつ $(b, \{b, c\}) \sim (b, \{a, b\})$ となる．このとき，$\sim$ の推移性より $(a, \{a, b\}) \sim (b, \{a, b\})$，すなわち $(a, \{a, x\}) \sim (b, B \cup \{y\})$ が得られる．次に $B \cup \{y\} \neq \{a, b\}$ の場合を考える．$y \neq a$ であれば，$(a, \{a\}) \sim (b, B)$ の場合，公理 **IND** から $(a, \{a, y\}) \sim (b, B \cup \{y\})$ となる．主張3.2によって，$(a, \{a, x\}) \sim (a, \{a, y\})$ となる．$\sim$ の推移性により，このとき $(a, \{a, x\}) \sim (b, B \cup \{y\})$ が得られることになる．一方 $y = a$ であれば，$|X| \geq 3$ かつ $B \cup \{y\} \neq \{a, b\}$ なので，$z \notin \{a, b\}$ を満足する $z \in B$ が存在する．主張3.2によって，$(b, B) \sim (b, (B \cup \{y\}) \backslash \{z\})$ となる．$(a, \{a\}) \sim (b, B)$ から $\sim$ の推移性より $(a, \{a\}) \sim (b, (B \cup \{y\}) \backslash \{z\})$ が得られることになる．さて，$z \neq a$ なので，公理 **IND** より $(a, \{a, z\}) \sim (b, B \cup \{y\})$ が成立する．そこで主張3.2から $(a, \{a, x\}) \sim (a, \{a, z\})$ が得られるので，$\sim$ の推移性より $(a, \{a, x\}) \sim (b, B \cup \{y\})$ がしたがうことになる．

ケース(ii) $B = \{b\}$．この場合は(i)と同様に処理できる．

ケース(iii) $|A| > 1$ かつ $|B| > 1$. $\{a, b\} \subset A'' \subset A', |A''| = \min\{|A|, |B|\}$ $> 1, |A'| = \max\{|A|, |B|\} > 1$ を満足する $A', A'' \in \boldsymbol{K}$ を考える.$A \neq X$ かつ $B \neq X$ なので,このような A' および A'' の存在は保証されている.そのとき,$z \notin A'$ となる $z \in X$ が存在することは明らかである.$|A| \geq |B|$ であれば,(a, A') と (b, A'') を考える.主張3.2から,A' と A'' の構成方法と $(a, A) \sim (b, B)$ という仮定および $\sim$ の推移性から $(a, A') \sim (b, A'')$ が得られる.$z \in X \setminus A'$ に注意して公理 **IND** より $(a, A' \cup \{z\}) \sim (b, A'' \cup \{z\})$ となる.$|A \cup \{x\}| = |A' \cup \{z\}|$ および $|B \cup \{y\}| = |A'' \cup \{z\}|$ に注意すれば,主張3.2によって,$\sim$ の推移性から $(a, A \cup \{x\}) \sim (b, B \cup \{y\})$ が容易に得られることになる.これに対して $|A| < |B|$ であれば,(a, A'') と (b, A') を考えて上で用いたものと同様の議論を辿れば,$(a, A \cup \{x\}) \sim (b, B \cup \{y\})$ を示すことができる.これで命題(∗)の成立が証明されたことになるわけである.

我々の次の課題は

(∗∗) $\qquad (a, A) \succ (b, B) \Rightarrow (a, A \cup x) \succ (b, B \cup y)$ である.

という命題の成立を示すことである.

(∗)を証明したときと同様に,3つの場合を区別する.(a) $A = \{a\}$,(b) $B = \{b\}$,および(c) $|A| > 1$ かつ $|B| > 1$,がそれである.

(a) $A = \{a\}$ の場合.第1のサブ・ケースとして,(a.1) $x \notin B$ という場合には,$(a, \{a\}) \succ (b, B)$ から公理 **IND** によって $(a, \{a, x\}) \succ (b, B \cup \{x\})$ が得られる.そのとき,主張3.2によって $(b, B \cup \{x\}) \sim (b, B \cup \{y\})$ となるため,$\succsim$ の推移性から $(a, \{a, x\}) = (a, A \cup \{x\}) \succ (b, B \cup \{y\})$ が得られることになる.

第2のサブ・ケースとして,(a.2) $x \in B$ という場合を考える.$B \cup \{y\} = \{a, b\}$ であるときには,$x \notin A$ および $y \notin B$ なので,$x = b$ および $y = a$ となる.$|X| \geq 3$ なので,$c \notin \{a, b\}$ を満足する $c \in X$ が存在する.$(a, \{a\}) \succ (b, \{b\}) = (b, B)$ および公理 **IND** から,そのときは $(a, \{a, c\}) \succ (b, \{b, c\})$ がしたがう.主張3.2を援用して,$(a, \{a, b\}) \sim (a, \{a, c\})$ および $(b, \{b, c\}) \sim (b, \{a, b\})$ を得ることができる.そのとき,$\succsim$ の推移性から $(a, \{a, b\}) \succ$

$(b,\{a,b\})$ が含意される. すなわち, $(a,\{a,x\})=(a,A\cup\{x\})\succ(b,B\cup\{y\})$ である. $B\cup\{y\}\neq\{a,b\}$ であれば, さらにケースを細分して(a.2.i) $y\neq a$ および(a.2.ii) $y=a$ を考える. まず, (a.2.i) $y\neq a$ であると仮定する. $(a,\{a\})\succ(b,B)$ から, 公理 **IND** により $(a,\{a,y\})\succ(b,B\cup\{y\})$ である. 主張 3.2 から, $(a,\{a,x\})\sim(a,\{a,y\})$ となる. $\succsim$ の推移性から, このとき $(a,\{a,x\})=(a,A\cup\{x\})\succ(b,B\cup\{y\})$ がしたがうことになる. 次に(a.2.ii) $y=a$ であるものと仮定する. $|X|\geq 3$ であり, $B\cup\{y\}\neq\{a,b\}$ なので, $c\notin\{a,b\}$ を満足する $c\in B$ が存在する. 主張 3.2 から $(b,B)\sim(b,(B\cup\{y\})\backslash\{c\})$ である. $(a,\{a\})\succ(b,B)$ から, $\succsim$ の推移性を援用して, $(a,\{a\})\succ(b,(B\cup\{y\})\backslash\{c\})$ を得ることができる. ここで $c\neq a$ であることに注意すれば, 公理 **IND** から $(a,\{a,c\})\succ(b,B\cup\{y\})$ を得る. 主張 3.2 から, $(a,\{a,c\})\sim(a,\{a,x\})$ である. そのとき $\succsim$ の推移性から $(a,\{a,x\})=(a,A\cup\{x\})\succ(b,B\cup\{y\})$ が含意される.

(b) $B=\{b\}$ の場合. $x\notin B$ ならば, $(a,A)\succ(b,B)$ および公理 **IND** から $(a,A\cup\{x\})\succ(b,\{b,x\})$ がしたがう. 主張 3.2 によって, $(b,\{b,x\})\sim(b,\{b,y\})=(b,B\cup\{y\})$ である. $\succsim$ の推移性から $(a,A\cup\{x\})\succ(b,\{b,y\})=(b,B\cup\{y\})$ がしたがう. $x\in B$ ならば, $B=\{b\}$ によって $x=b$ である. まず, $y=a$ である場合を考える. $A=\{a\}$ であれば, (a)からは $(a,\{a,x\})=(a,A\cup\{x\})\succ(b,\{b,y\})=(b,B\cup\{y\})$ がしたがう. 次に $A\neq\{a\}$ と仮定する. そのとき, $x=b$, $y=a$, $x\notin A$ および $y\notin B$ なので, $|X|\geq 3$ に留意して $c\in A\backslash\{a,b\}$ が存在することがわかる. 主張 3.2 から $(a,(A\cup\{x\})\backslash\{c\})\sim(a,A)$ がしたがって, $\succsim$ の推移性と $(a,A)\succ(b,\{b\})$ から $(a,(A\cup\{x\})\backslash\{c\})\succ(b,\{b\})$ が成立する. そのとき公理 **IND** から, $(a,A\cup\{x\})\succ(b,\{b,c\})$ が成立する. 主張 3.2 によって, $(b,\{b,y\})\sim(b,\{b,c\})$ となる. そこで, $(a,A\cup\{x\})\succ(b,\{b,y\})=(b,B\cup\{y\})$ が $\succsim$ の推移性からしたがうことになる. 次に, $y\neq a$ であるものとする. $y\notin A$ であるならば, 公理 **IND** および $(a,A)\succ(b,\{b\})$ によって, $(a,A\cup\{y\})\succ(b,\{b,y\})$ が直ちにしたがう. 主張 3.2 によって, $(a,A\cup\{y\})\sim(a,A\cup\{x\})$ である. そのとき, $\succsim$ の推移性から, $(a,A\cup\{x\})\succ(b,\{b,y\})=(b,B\cup\{y\})$ がしたがう. $y\in A$ の場合には, $y\neq a$, $y\notin B$ および $x=b$ に注意すれば, $|((A\cup\{x\})\backslash\{y\})|=|A|$ を得

ることができる．主張 3.2 によって，$(a, A) \sim (a, (A \cup \{x\}) \setminus \{y\})$ である．$\succsim$ の推移性は $(a, (A \cup \{x\}) \setminus \{y\}) \succ (b, \{b\})$ を含意するため，公理 **IND** によって，このときには $(a, A \cup \{x\}) \succ (b, \{b, y\}) = (b, B \cup \{y\})$ となる．

(c) $|A| > 1$ かつ $|B| > 1$ である場合．この場合は上の(iii)の場合と同様であって，省略しても差し支えない．

こうして命題(∗∗)の成立が証明された．命題(∗)を命題(∗∗)と合わせれば，補題 3.1 の証明はこれで完成することになる．∥

我々はいまや，公理 **IND**，公理 **SI** および公理 **SM** を満足する順序全体を完全に特徴付けるための準備を整えることができた．

定理 3.3

$\succsim$ が公理 **IND**，公理 **SI** および公理 **SM** を満足するのは，関数 $u: X \to \mathbb{R}$ と関数 $f: \mathbb{R} \times \mathbb{N} \to \mathbb{R}$ が存在して，以下の性質 (3.1)-(3.3) を満足する場合，そしてその場合のみである．

(3.1) 任意の選択肢 $x, y \in X$ に対して，$u(x) \geq u(y) \Leftrightarrow (x, \{x\}) \succsim (y, \{y\})$ が成立する；

(3.2) 任意の拡張された選択肢 $(x, A), (y, B) \in \Omega$ に対して，$(x, A) \succsim (y, B) \Leftrightarrow f(u(x), |A|) \geq f(u(y), |B|)$ が成立する；

(3.3) f は独立変数のそれぞれに関して非減少的であって，次の性質を満足する：任意の整数 $i, j, k \geq 1$ および任意の $x, y \in X$ に対して，$i+k, j+k \leq |X|$ ならば $f(u(x), i) \geq f(u(y), j) \Leftrightarrow f(u(x), i+k) \geq f(u(y), j+k)$ が成立する．

証明：最初に，$\succsim$ が公理 **IND**，公理 **SI** および公理 **SM** を満足すれば，関数 $f: \mathbb{R} \times \mathbb{N} \to \mathbb{R}$ および関数 $u: X \to \mathbb{R}$ が存在して，定理 3.3 の (3.1)-(3.3) が成立することを示すことにする．そこで，順序 $\succsim$ は公理 **IND**，公理 **SI** および公理 **SM** を満足するものと仮定する．$\succsim$ は順序であり，X も Ω も有限集合なので，関数 $u: X \to \mathbb{R}$ および $F: \Omega \to \mathbb{R}$ が存在して

(3.4) 任意の $x, y \in X$ に対して，$(x, \{x\}) \succsim (y, \{y\}) \Leftrightarrow u(x) \geq u(y)$
(3.5) 任意の $(x, A), (y, B) \in \Omega$ に対して，

$$(x, A) \succsim (y, B) \Leftrightarrow F(x, A) \geq F(y, B)$$

を満足する．

　定理3.3の(3.1)が成立することは明らかである．(3.2)が成立することを示すために，$(x, A), (y, B) \in \Omega$ は $u(x) = u(y)$ かつ $|A| = |B|$ を満足するものとする．$u(x) = u(y)$ なので $(x, \{x\}) \sim (y, \{y\})$ でなければならない．このとき，必要ならば補題3.1を繰り返して用いること，$|A| = |B|$ に注意することによって，$(x, A) \sim (y, B)$ を得ることができる．ここで $\Sigma \subset \mathbb{R} \times \mathbb{N}$ を次のように定義する：$\Sigma := \{(t, i) \in \mathbb{R} \times \mathbb{N} \mid \exists (x, A) \in \Omega : t = u(x) \ \& \ i = |A|\}$. 次に，$\Sigma$ 上の二項関係 $\geq^*$ を次のように定義する：任意の $(x, A), (y, B) \in \Omega$ に対して，$(x, A) \succsim (y, B) \Leftrightarrow (u(x), |A|) \geq^* (u(y), |B|)$. $\succsim$ が公理 **SM** および公理 **IND** を満足することに注意すれば，Σ 上で定義される二項関係 $\geq^*$ は順序であって，以下の性質を持つことになる：

(**SM'**)：任意の $(t, i), (t, j) \in \Sigma$ に対して，$j \geq i \Rightarrow (t, j) \geq^* (t, i)$；
(**IND'**)：任意の $(s, i), (t, j) \in \Sigma$ および任意の k に対して，$i + k \leq |X|$ かつ $j + k \leq |X|$ ならば，$(s, i) \geq^* (t, j) \Leftrightarrow (s, i + k) \geq^* (t, j + k)$ が成立する．

　Σ は有限集合であり，$\geq^*$ は Σ 上の順序なので，関数 $f : \mathbb{R} \times \mathbb{N} \to \mathbb{R}$ が存在して，任意の $(s, i), (t, j) \in \Sigma$ に対して，$(s, i) \geq^* (t, j)$ は $f(s, i) \geq f(t, j)$ である場合，およびその場合にのみ成立することになる．$\geq^*$ と Σ の定義から次の性質が成り立たなくてはならない：任意の $(x, A), (y, B) \in \Omega$ に対して，$(x, A) \succsim (y, B) \Leftrightarrow (u(x), |A|) \geq^* (u(y), |B|) \Leftrightarrow f(u(x), |A|) \geq f(u(y), |B|)$ が成立する．f が各々の独立変数に関して非減少的であることを証明するために，まず $u(x) \geq u(y)$ かつ $|A| = |B|$ である場合を考える．$u(x) \geq u(y)$ なので，u の定義から $(x, \{x\}) \succsim (y, \{y\})$ がしたがうことになる．$|A| = |B|$ に注

意すれば，必要に応じて補題 3.1 を繰り返し用いることによって，$(x, A) \succsim (y, B)$ が得られることになる．こうして，f は最初の独立変数に関して非減少的であることになる．f が 2 番目の独立変数に関しても非減少的であることを示すために，$u(x) = u(y)$ かつ $|A| \geq |B|$ である場合を考える．$u(x) = u(y)$ から，$(x, \{x\}) \sim (y, \{y\})$ が成立する．したがって，$|A'| = |B|$ を満足するある $A' \subset A$ に対して，$(x, A') \sim (y, B)$ であることになる．公理 **SM** によって，$(x, A) \succsim (x, A')$ である．このとき，$(x, A) \succsim (y, B)$ が $\succsim$ の推移性からしたがうことになる．こうして f は各々の独立変数に関して非減少的であることになる．最後に，(3.3.1) は公理 **IND′** から明らかにしたがうことになる．

定理の必要性の部分を確認するために，$u: X \to \mathbb{R}$ および $f: \mathbb{R} \times \mathbb{N} \to \mathbb{R}$ は，定理 3.3 の (3.1)-(3.3) を満足するものであることを仮定する．

公理 **SI** の確認：任意の $x \in X$ と任意の $y, z \in X \backslash \{x\}$ は $|\{x, y\}| = |\{x, z\}|$，したがって $f(u(x), |\{x, y\}|) = f(u(x), |\{x, z\}|)$ を満足することに注意する．このことは，$(x, \{x, y\}) \sim (x, \{x, z\})$ が成立することを意味している．

公理 **SM** の確認：$B \subset A$ を満足する任意の $(x, A), (x, B) \in \Omega$ に対して，$f(u(x), |A|) \geq f(u(x), |B|)$ が成立する．これは f が各々の独立変数に関して非減少的であって，$|A| \geq |B|$ であることによる結論である．したがって，$(x, A) \succsim (x, B)$ である．

公理 **IND** の確認：任意の $(x, A), (y, B) \in \Omega$ および任意の $z \in X \backslash (A \cup B)$ に対して，(3.3) から

$$f(u(x), |A|) \geq f(u(y), |B|)$$
$$\Leftrightarrow f(u(x), |A| + 1) \geq f(u(y), |B| + 1)$$
$$\Leftrightarrow f(u(x), |(A \cup \{z\})|) \geq f(u(y), |(B \cup \{z\})|)$$

がしたがう．すなわち，$(x, A) \succsim (y, B) \Leftrightarrow (x, A \cup \{z\}) \succsim (y, B \cup \{z\})$ であることになる．∥

本節の最後に，定理 3.3 の意味に関して，2 つの注意を与えておくことにしたい．

第 1 に，(3.1) によれば，関数 u は社会状態の集合上で定義される効用関数

であると解釈することができる．これに対して，関数 f は帰結状態の効用によって測られる帰結状態の価値と機会集合の基数——すなわち要素の個数——によって測られる機会の豊穣性の価値を，比較考量する役割を果たしているものと考えられる．

第 2 に，定理 3.3 は，帰結状態の効用と機会の豊穣性の価値が積極的に関わりを持つあらゆるケースの処理を可能にしてくれる．究極的な場合として，第 13 章で取り扱った極端な帰結主義と極端な非帰結主義，強い帰結主義と強い非帰結主義も，定理 3.3 の特殊ケースになっている．事実，定理 3.3 の特殊ケースとして，これらの考え方は以下のように表現することができる．

極端な帰結主義：任意の $(x, A) \in \Omega$ に対して，$f(u(x), |A|) = u(x)$ である．

強い帰結主義：任意の $(x, A), (y, B) \in \Omega$ に対して，$(x, A) \succsim (y, B) \Leftrightarrow [u(x) > u(y)$ または $\{u(x) = u(y)$ かつ $|A| \geq |B|\}]$ である．

極端な非帰結主義：任意の $(x, A) \in \Omega$ に対して，$f(u(x), |A|) = |A|$ である．

強い非帰結主義：任意の $(x, A), (y, B) \in \Omega$ に対して，$(x, A) \succsim (y, B) \Leftrightarrow [|A| > |B|$ または $\{|A| = |B|$ かつ $u(x) \geq u(y)\}]$ である．

第 4 節　普遍集合は無限だが，機会集合は有限であるケース

定理 3.3 は，公理 **IND**，公理 **SI** および公理 **SM** を満足するすべての順序を完全に特徴付けてはいるが，定理の成立は普遍集合 X が有限であるという制約的な仮定に全面的に依存している．ミクロ経済学の消費者選択の理論や厚生経済学の資源配分の理論など，選好と選択を考察する多くのコンテクストにおいて，普遍集合 X は通常の場合に無限集合であると仮定されている．本節では，普遍集合 X が無数の選択肢を含んでいるが，機会集合の集合族 $\boldsymbol{K}$ が X の非空有限部分集合の全体から構成される場合を取りあげることにしたい．

この仮定のもとでは，集合 Ω は，A が有限集合であって x が A の要素であるすべての (x, A) を含むことになる．

選択空間に関するこの新たな条件のもとでは，Ω 上の順序が公理 **IND**，公理 **SI** および公理 **SM** を満足するための必要十分条件は，次のように与えられる．

定理 4.1

順序 $\succsim$ が公理 **IND**，公理 **SI** および公理 **SM** を満足するのは，$X \times \mathbb{N}$ 上の順序 $\succsim^{\#}$ が存在して，

(4.1) 任意の拡張された選択肢 $(x, A), (y, B) \in \Omega$ に対しては，$(x, A) \succsim (y, B) \Leftrightarrow (x, |A|) \succsim^{\#} (y, |B|)$ が成立する；

(4.2) 任意の $i, j, k \geq 1$ および任意の拡張された選択肢 $x, y \in X$ に対しては，$(x, i) \succsim^{\#} (y, j) \Leftrightarrow (x, i+k) \succsim^{\#} (y, j+k)$ かつ $(x, i+k) \succsim^{\#} (x, i)$ が成立する

場合，およびその場合のみである．

証明：最初に，主張 3.2 が依然として成立することに注意する．すなわち，任意の $(a, A), (a, B) \in \Omega$ に対して，$|A| = |B|$ ならば，$(a, A) \sim (a, B)$ が成立する．次の課題は以下の主張を確立することである．

主張 4.2

X 内の任意の選択肢 x, y と Ω 内の任意の拡張された選択肢 $(x, A), (y, A)$ に対して，$(x, \{x\}) \succsim (y, \{y\}) \Leftrightarrow (x, A) \succsim (y, A)$ が成立する．

この主張を確立するために，$x, y \in X$ かつ $(x, A), (y, A) \in \Omega$ であるものとする．$x = y$ であれば，主張 4.2 は $\succsim$ の反射性から直ちにしたがう．そこで $x \neq y$ と仮定して，$(x, \{x\}) \sim (y, \{y\})$ であるものとする．$z \in X \backslash \{x, y\}$ をとれば，公理 **IND** によって $(x, \{x, z\}) \sim (y, \{y, z\})$ が得られる．主張 3.2 か

ら，$(x, \{x, z\}) \sim (x, \{x, y\})$ および $(y, \{y, z\}) \sim (y, \{x, y\})$ が得られる．この
とき，$\sim$ の推移性によって $(x, \{x, y\}) \sim (y, \{x, y\})$ が成立する．A が有限集
合であることに注意すれば，公理 **IND** を繰り返して適用することによって，
$(x, A) \sim (y, A)$ を得ることができる．同様にして，$(x, \{x\}) \succ (y, \{y\})$ ならば
$(x, A) \succ (y, A)$ であることを示すことができる．$\succsim$ は順序なので，主張 4.2
はこれで証明されたことになる．

次に，任意の $(x, A), (y, B) \in \Omega$ に対して，$(x, \{x\}) \sim (y, \{y\})$ かつ $|A| = |B|$ であれば，$(x, A) \sim (y, B)$ であることを示すことにする．$C \in \boldsymbol{K}$ が $|C| = |A| = |B|$ かつ $\{x, y\} \subset C$ であれば，主張 4.2 から $(x, C) \sim (y, C)$ を得ることができる．ここで $(x, C) \sim (x, A)$ および $(y, C) \sim (y, B)$ が主張 3.2 からしたがうことに注意する．$\sim$ の推移性により，そのとき $(x, A) \sim (y, B)$ を得ることができる．ここで $X \times \mathbb{N}$ 上の二項関係 $\succsim^{\#}$ を，次のようにして定義する：

任意の $x, y \in X$ および任意の正の整数 i, j に対して，$(x, i) \succsim^{\#} (y, j)$ が成立するのは，$[x \in A, y \in B, i = |A|, j = |B|$ を満足するある $A, B \in K$ に対して，$(x, A) \succsim (y, B)]$ が成立する場合，そしてその場合のみである．

これまでの議論によって，$\succsim^{\#}$ は適切に定義されていて，順序の公理を満足することがわかる．そこで，(3.3) を証明するのに用いたものと同様の方法によって，(4.2) の成立を確認することができる．∥

定理 4.1 に基づいて，前節と同様にして，我々が第 13 章で定義した極端な帰結主義，強い帰結主義，極端な非帰結主義および強い非帰結主義を表現することができる．この点の詳細を確認する作業は興味を持たれる読者に残すことにしたい．

拡張された選好順序 $\succsim$ に対してなんらかの追加的な条件を課さない限り，帰結状態の評価を数値関数によって表現することが不可能であることは，明らかな筈である．そこで，帰結状態の評価を数値的に表現可能にするために，$\succsim$ に対して以下のような連続性の条件を賦課することにする．まず，本節の残

りの部分では，ある自然数 n に対して $X = \mathbb{R}_+^n$ であること——X は n-次元ユークリッド空間の非負象限であること——を仮定して，次の要請を導入することにする．

連続性(CON)：任意の $x^i \in X$ $(i = 1, 2, \dots)$ と任意の $x, y \in X$ に対して，もし $\lim_{i \to \infty} x^i = x$ である場合には，[任意の $i = 1, 2, \dots$ に対して $(x^i, \{x^i\}) \succsim (y, \{y\})] \Rightarrow (x, \{x\}) \succsim (y, \{y\})$ が成立する．また，[任意の $i = 1, 2, \dots$ に対しては，$(y, \{y\}) \succsim (x^i, \{x^i\})] \Rightarrow (y, \{y\}) \succsim (x, \{x\})$ が成立する．

このとき，次の命題の成立を主張することができる：

定理 4.4

$X = \mathbb{R}_+^n$ であるものと仮定する．順序 $\succsim$ は公理 **IND**，公理 **SI**，公理 **SM** および公理 **CON** を満足するものと仮定する．このとき，連続関数 $u : X \to \mathbb{R}$ および $\mathbb{R} \times \mathbb{N}$ 上の順序 $\succsim^*$ が存在して，以下の性質 (a), (b), (c) を満足する．

(a) 任意の $(x, A), (y, B) \in \Omega$ に対して，$(x, A) \succsim (y, B) \Leftrightarrow (u(x), |A|) \succsim^* (u(y), |B|)$ が成立する；

(b) 任意の $x, y \in X$ に対して，$(x, \{x\}) \succsim (y, \{y\}) \Leftrightarrow u(x) \geq u(y)$ が成立する；

(c) 任意の整数 $i, j, k \geq 1$ および任意の $x, y \in X$ に対して，$(u(x), i) \succsim^* (u(y), j) \Leftrightarrow (u(x), i+k) \succsim^* (u(y), j+k)$ かつ $(u(x), i+k) \succsim^* (u(x), i)$ が成立する．

証明：定理 4.1 から，$X \times \mathbb{N}$ 上の順序 $\succsim^\#$ が存在して

(F.1) 任意の $(x, A), (y, B) \in \Omega$ に対して，$(x, A) \succsim (y, B) \Leftrightarrow (x, |A|) \succsim^\# (y, |B|)$ が成立する；

(F.2) 任意の整数 $i, j, k \geq 1$ と任意の $x, y \in X$ に対して，$(x, i) \succsim^\# (y, j) \Leftrightarrow (x, i+k) \succsim^\# (y, j+k)$ かつ $(x, i+k) \succsim^\# (x, i)$ が成立する

ことが知られている．すべての $x,y \in X$ に対して，X 上の二項関係 R を次の通り定義する：任意の $x,y \in X$ に対して，$xRy \Leftrightarrow (x,\{x\}) \succsim (y,\{y\})$ である．ここで $\succsim$ は順序であり，公理 **CON** を満足することを想起すれば，$X = \mathbb{R}_+^n$ 上の R は順序であって，次の連続性の公理を満足する：任意の $x \in X$ に対して，$\{y \in X \mid yRx\}$ および $\{y \in X \mid xRy\}$ は閉集合である．そのときには，連続関数 $u: X \to \mathbb{R}$ が存在して，任意の $x,y \in X$ に対して，$xRy \Leftrightarrow u(x) \geq u(y)$ を満足することになる．R の定義により，任意の $x,y \in X$ に対して，$(x,\{x\}) \succsim (y,\{y\}) \Leftrightarrow u(x) \geq u(y)$ であることは明らかである．こうして定理 4.4 の (b) の成立が確認されたことになる．この事実を踏まえれば，(a) および (c) の成立を確認することは簡単である．∥

議論をさらに前進させるために，定理 4.4 で用いられた連続性の条件を，《強意の連続性》(strong continuity) と呼ばれる次の条件に強化すれば，二項関係 $\succsim$ は数値表現可能になる．

強い連続性(SCON)：任意の $(x,A) \in \Omega$，任意の $y, y^i \in X$ ($i = 1,2,\ldots$) および任意の $B \in \boldsymbol{K} \cup \{\emptyset\}$ に対して，もし $B \cap \{y^i\} = B \cap \{y\} = \emptyset$ が任意の $i = 1,2,\ldots$ に対して成立して，$\lim_{i \to \infty} y^i = y$ であれば，$[(y^i, B \cup \{y^i\}) \succsim (x,A)$ がすべての $i = 1,2,\ldots$ に対して成立する $] \Rightarrow (y, B \cup \{y\}) \succsim (x,A)$ が成立し，[すべての $i = 1,2,\ldots$ に対して $(x,A) \succsim (y^i, B \cup \{y^i\})$ である $] \Rightarrow (x,A) \succsim (y, B \cup \{y\})$ が成立する．

公理 **CON** は，公理 **SCON** の $B = \emptyset$ という特殊ケースとなっていることに注意したい．

定理 4.5

$X = \mathbb{R}_+^n$ であるものと仮定して，$\succsim$ は公理 **IND**，公理 **SI**，公理 **SM** および公理 **SCON** を満足するものと仮定する．このとき，関数 $v: X \times \mathbb{N} \to \mathbb{R}$ が存在して，その最初の独立変数に関して連続性を持ち，さらに以下の性質を満足する．

(a) 任意の $(x, A), (y, B) \in \Omega$ に対して，$(x, A) \succsim (y, B) \Leftrightarrow v(x, |A|) \geq v(y, |B|)$ が成立する；

(b) 任意の $i, j, k \in \mathbb{N}$ と任意の $x, y \in X$ に対して，$v(x, i) \geq v(y, j) \Leftrightarrow v(x, i+k) \geq v(y, j+k)$ かつ $v(x, i+k) \geq v(x, i)$ が成立する．

証明：定理 4.1 から，$X \times \mathbb{N}$ 上の順序 $\succsim^{\#}$ が存在して

(G.1) 任意の $(x, A), (y, B) \in \Omega$ に対して，$(x, A) \succsim (y, B) \Leftrightarrow (x, |A|) \succsim^{\#} (y, |B|)$ が成立する；

(G.2) 任意の整数 $i, j, k \geq 1$ と任意の $x, y \in X$ に対して，$(x, i) \succsim^{\#} (y, j) \Leftrightarrow (x, i+k) \succsim^{\#} (y, j+k)$ かつ $(x, i+k) \succsim^{\#} (x, i)$ が成立する．

であることがわかっている．任意の $(x, i) \in X \times \mathbb{N}$ と任意の $j \in \mathbb{N}$ に対して，集合

$$U(x; i, j) = \{y \in X \mid (y, j) \succsim^{\#} (x, i)\}; L(x; i, j) = \{y \in X \mid (x, i) \succsim^{\#} (y, j)\}$$

を考える．(G.1) から，公理 **SCON** によって，$U(x; i, j)$ と $L(x; i, j)$ は，いずれも閉集合であることは明らかである．ここで $X = \mathbb{R}^n_+$ であることに注意してほしい．Blackorby, Bossert and Donaldson(2001) の定理 3 によって関数 $v : X \times \mathbb{N} \to \mathbb{R}$ が存在して，v はその最初の独立変数に関して連続であり，$\succsim^{\#}$ を数値的に表現することができる．これで定理 4.5 の (a) の部分が確認できたことになる．定理 4.5 の (b) の部分は，(a), (G.1) および (G.2) からしたがうことになる． ∥

第 5 節 結語的覚書き

本章では，Suzumura and Xu(2001) および本書第 13 章で報告した拡張された選好に関する分析を一般化して，《選択の帰結》とこれらの帰結の背後にある《選択の機会》の間にトレードオフの可能性を許す分析を試みた．以前の分析は，《帰結主義》(consequentialism) と《非帰結主義》(non-consequentialism) の概念を公理化した最初の試みだったのだが，意思決定者が持つ選択の帰結に対する選好のみを反映する帰結主義的な考慮と，選択肢が選ばれる機会の豊か

さに対する関心を反映する非帰結主義的な考慮の間に，トレードオフの可能性が存在しない特殊な状況にのみ関わる分析だった．この制約された分析的枠組みのなかで，極端な帰結主義および強い帰結主義，極端な非帰結主義および強い非帰結主義に対して，公理主義的な特徴付けが与えられたのである．

　帰結主義と非帰結主義の両極に位置する極端な場合に対する分析を超えて，本章では帰結主義的な考慮と非帰結主義的な考慮の間の相互作用を許容する分析的枠組みを準備して，選択の帰結と機会を複眼的に視野に収める選好を公理主義的に特徴付けたのである．我々の議論の普遍集合は有限集合でも無限集合でもあり得るとはいえ，機会集合の集合族には有限集合だけが許容されるという意味で，新たな分析的枠組みは依然として制約的であることは間違いない．だが，この制約的な分析的枠組みといえども，個人的・社会的選択の古典的な分析を一般化するために，有用な役割を果たす可能性を持っている．従来の分析では，個人にせよ社会にせよ，選択の帰結にのみ関心を持つということが，暗黙のうちに仮定されてきた．実際には，伝統的な分析はこの主旨の帰結主義よりもっと制約的だったのであり，個人も社会も，帰結をその個人的厚生ないし社会的厚生に対する効果というフィルターを通じてのみ評価するものと，暗黙のうちに仮定されていたのである．別の表現をすれば，伝統的な分析は帰結主義の特殊ケースである厚生主義的帰結主義——厚生主義——に専ら基づいて，個人にせよ社会にせよ，選好と選択の理論を展開してきたのである．

　帰結主義的な考慮と非帰結主義的な考慮の間に相互作用が存在する余地を認めたとき，ミクロ経済学の事実解明的なアプローチと規範的なアプローチに対してどのような修正が必要とされることになるかを検討することは，非常に興味深い課題である．本書の立場からいえば，帰結主義者と並んで非帰結主義者が社会に存在することが，アローの一般不可能性定理に対してどのような影響が及ぶことになるかという問題は，最も緊急性の高い分析課題であるように思われる．この問題と最初に取り組んだ Suzumura and Xu(2004) に依拠しつつ，次章では拡張された選好分析に立脚するアロー流の社会的選択の理論を考えてみることにしたい．

ns
第15章　帰結主義,非帰結主義とアローの定理[1]

第1節　はじめに

　本書第2部(社会的選択の合理性と情報的効率性)で考察したアローの一般不可能性定理は,社会状態の集合で定義された個人の選好順序のプロファイルを社会の評価順序に集計するプロセスないしルールで,民主主義の最小限の要請と集計のための情報投入量の最大限の節約の要請を満足するものは,論理的に存在しないことを示す定理だった.我々が準備してきた社会的評価形成の情報的基礎の考え方からすれば,アローの定理は,社会を構成するすべての個人が自分の立場に終始我が身を置いて,社会的選択の《帰結》に対する評価——帰結主義的な評価——を表明するという意味で,帰結主義者であるという暗黙の仮定に基づいていたということができる.第13章,第14章の分析によって,帰結主義の考え方を相対化する非帰結主義の考え方にひとつの表現を発見した我々は,アローが設けた暗黙の仮定に拘束されずに彼が提起した問題を再検討して,民主的・合理的・情報節約的な社会的評価形成の可能性について,新たな分析に乗り出すことができる地点に辿り着いたのである.

　アローの『社会的選択と個人的評価』における社会的選択理論の先駆者的な展開のなかで,本章における再検討の指針として確認しておくべきアローの洞察がもうひとつある.それは,社会的評価形成の可能性は,社会的選択肢に対する人々の《態度の類似性》(similarity of attitude)のなかに求められるという彼の洞察(Arrow, 1951/1963, p. 69)である.この主張を分析的に確認するために,Arrow (1951/1963, p. 81)は Duncan Black(1948, 1958)による単純多数決ルールの分析を一般化して,人々の選好がある意味で明示的に類似性をもつ範疇に含まれる場合——《単峰型選好》(single-peaked preference)の場合——には,

---

1) 本章が主として依拠する論文 Suzumura and Xu(2004)は,著者がヨンシェン・シュー教授と協力して推進した帰結主義と非帰結主義に関する共同研究の第3弾であり,最初に Social Choice and Welfare に公表されている.

社会的厚生評価を矛盾なく構成できることを示したのである．アロー＝ブラックによるこの分析は，その後の社会的選択の理論の展開のひとつの焦点を形成して，Ken-Ichi Inada(1969)および Amartya Sen and Prasanta Pattanaik (1969)によって頂点に達した重要な研究分野を形成する端緒となったのである．この系列の分析が送り続けてきたメッセージを端的に表現すれば，社会的選択肢に対する人々の態度の類似性こそ，社会的評価形成の可能性を開く鍵だということになる．だが，本章はある意味でこのメッセージとは対極にあるメッセージを送ることにしたい．すなわち，《帰結》と《機会》という2つの情報源に対して，帰結に専ら関心を絞って社会状態に関する選好評価を形成して発信する純粋な帰結主義者のみではなく，選択機会にも固有の選好評価を持つ非帰結主義的な側面を持つ個人も存在するという意味で，人々の態度の多様性を含む社会においてこそ，民主主義的・合理的・情報節約的な社会的選択の可能性が開かれる余地があることが，本章で示唆したいメッセージなのである．

第2節　基本的な表記法および定義

X は，伝統的な意味における社会状態の普遍集合であるものとする．X の構成要素は相互に排他的であり，全体としては網羅的であるものとする．X に含まれる要素の数に関しては，$3 \leq |X| < \infty$ を仮定する．個々の社会状態は $x, y, z, \ldots$ と表記されて，それぞれ社会的選択の潜在的な《帰結》(consequence)と呼ばれる．$\boldsymbol{K}$ は X の非空部分集合の全体を表す集合族である．$\boldsymbol{K}$ の要素は $A, B, C, \ldots$ によって表されて，それぞれ社会的選択の《機会集合》(opportunity set)と呼ばれる．$X \times \boldsymbol{K}$ は，集合 X と集合族 $\boldsymbol{K}$ とのデカルト積である．$X \times \boldsymbol{K}$ の要素は $(x, A), (y, B), (z, C), \ldots$ と表記されて，それぞれ《拡張された選択肢》(extended alternative)と呼ばれる．$(x, A) \in X \times \boldsymbol{K}$ に対して我々が意図する解釈は，帰結 x が機会集合 A から選択されるということである．この解釈は x が A の要素でなければ空虚であるため，集合 $\Omega \subseteq X \times \boldsymbol{K}$ を $(x, A) \in \Omega$ のときには必ず $x \in A$ であるものと定義して，以下で考察する拡張された選択肢は，集合 Ω の要素であるものとする．

集合 $N = \{1, 2, \ldots, n\}$ は社会を構成する個人全体の集合であるものとす

第15章 帰結主義,非帰結主義とアローの定理―― 351

る.ただし,$2 \leq n = |N| < \infty$ であることを仮定する.各個人 $i \in N$ は,集合 Ω 上の拡張された選好順序 R_i を持つものと仮定する.各個人の拡張された選好順序は,反射性,完備性,推移性を満足するものと仮定する.任意の $(x, A), (y, B) \in \Omega$ に対して,$(x, A)R_i(y, B)$ という表現によって,個人 i の判断によれば,社会が x を A から選択することは y を B から選択することと比較して少なくとも同程度に望ましいことを意味するものとする.R_i の非対称成分および対称成分はそれぞれ $P(R_i)$ および $I(R_i)$ によって表現されて,$i \in N$ の厳密な選好関係および無差別関係を意味するものとする.

$\mathscr{R}$ は,Ω 上の論理的に可能な順序の全体を表すものとする.このとき,各個人が表明する拡張された個人的選好順序のプロファイル $\boldsymbol{R} = (R_1, R_2, \cdots, R_n)$ は $\mathscr{R}^n$ の要素である.拡張された社会的厚生関数(ESWF)は,$\mathscr{R}^n$ の部分集合 D_f に属する各プロファイルを $\mathscr{R}$ に写像する関数 f である.$R = f(\boldsymbol{R})$ があるプロファイル $\boldsymbol{R} \in D_f$ に対して成立するとき,$I(R)$ および $P(R)$ はそれぞれ R に対応する社会的な無差別関係および厳密な社会的選好関係を表現するものとする.ESWF f の概念を用いれば,本章で考える社会的選択の問題は以下のように表現されることになる.

プロファイル $\boldsymbol{R} \in D_f$ および実行可能な社会的選択肢の集合 $S \subseteq X$ が与えられたとき,機会集合 S からの最善の社会的選択は,$(x^*, S)R(x, S)$ がすべての選択肢 $x \in S$ に対して成立する $x^* \in S$ であると考えられる.ただし,$R = f(\boldsymbol{R})$ である.この解釈を自然なものにするために,各選択肢 $x \in X$ は,社会で供給される公共財の一覧表や公共機関における選挙の候補者の記述のように,公共的選択肢を表現するものと仮定する.

2.1 定義域に対する制限の導入

問題を分析的に扱いやすく,しかも興味深いものにするために,以下では許容可能なプロファイル $\boldsymbol{R} = (R_1, R_2, \ldots, R_n) \in D_f$ を構成する各個人の拡張された選好順序 R_i $(i \in N)$ が,次の2つの条件を満足することを仮定することにする.これらの公理は,既に第13章および第14章で活用されたものではあるが,本章の記号法を用いて表現しておくことが便利なので,敢えて繰り返しておくことにしたい.

独立性(IND)：任意の $(x, A), (y, B) \in \Omega$ および任意の $z \in X \setminus (A \cup B)$ に対して，

$$(x, A) R_i (y, B) \Leftrightarrow (x, A \cup \{z\}) R_i (y, B \cup \{z\})$$

が成立する．

単純な無差別性(SI)：任意の $x \in X$ および任意の $y, z \in X \setminus \{x\}$ に対して，

$$(x, \{x, y\}) I(R_i)(x, \{x, z\})$$

が成立する．

公理 **IND** は，標準的な独立性公理に対応する要請であって，任意の機会集合 $A, B \in \boldsymbol{K}$ に対して，選択肢 $z \in X$ が集合 A にも集合 B にも属さないならば，$(x, A \cup \{z\})$ と $(y, B \cup \{z\})$ に対する選好順位は，(x, A) と (y, B) に対する選好順位と一致することを意味している．公理 **SI** は，x をそれぞれ 2 個の選択肢から構成される機会集合から選択する 2 つの状況は，x に追加される選択肢がいかなるものであれ，無差別と考えられることを要請している．

さらに，以下の条件を追加的に仮定することも考えられる．

単調性(MON)：任意の $(x, A), (x, B) \in \Omega$ に対して，

$$B \subseteq A \Rightarrow (x, A) R_i (x, B)$$

が成立する．

公理 **MON** は，選択状況の機会面に関する情報を明示的に用いた条件であって，帰結 x を機会集合 A から選択することは，同じ帰結 x を機会集合 A の部分集合である機会集合 B から選択することと比べて，少なくとも同程度に望ましいという要請である．我々の当面のコンテクストでは，この公理は非常にもっともらしい要請であるように思われる．

次の補題は，上の 3 つの公理の含意を要約して表現するものである．

補題 2.1

R_i が公理 **IND**,公理 **SI** および公理 **MON** を満足すれば,任意の (x, A), $(x, B) \in \Omega$ に対して,$|A| \geq |B| \Rightarrow (x, A) R_i(x, B)$ である.

証明:R_i は公理 **IND**,公理 **SI** および公理 **MON** を満足するものであり,$(x, A), (x, B) \in \Omega$ は $|A| \geq |B|$ を満足するものとする.

$|A| = |B| = 1$ であれば,$A = B = \{x\}$ である.R_i の反射性によって,これより直ちに $(x, A) I(R_i)(x, B)$ となる.$|A| = |B| = 2$ ならば,公理 **SI** によって,$(x, A) I(R_i)(x, B)$ が直ちにしたがうことになる.これで次の性質が証明されたことになる.

(2.1)

任意の $(x, A), (x, B) \in \Omega$ に対して,$|A| = |B| \leq 2 \Rightarrow (x, A) I(R_i)(x, B)$.

$|A| = |B| = m > 2 \Rightarrow (x, A) I(R_i)(x, B)$ を証明するために,数学的帰納法を用いることにして,

(2.2) $|S| = |T| < m \ \& \ (x, S), (x, T) \in \Omega \Rightarrow (x, S) I(R_i)(x, T)$

を仮定する.いま,ある $y \in A \cap B$ が存在して $y \neq x$ を満足するならば,(2.2) から $(x, A \setminus \{y\}) I(R_i)(x, B \setminus \{y\})$ が成立する.そのとき,公理 **IND** によって $(x, A) I(R_i)(x, B)$ となる.次に,$A \cap B = \{x\}$ であれば,$a \in A \setminus \{x\}$ かつ $b \in B \setminus \{x\}$ である a, b に対して,$C = (A \setminus \{a\}) \cup \{b\}$ を考える.前の議論から,明らかに $(x, A) I(R_i)(x, C)$ かつ $(x, B) I(R_i)(x, C)$ である.したがって,R_i の推移性によって $(x, A) I(R_i)(x, B)$ となる.

X が有限集合であることに注意すれば,(2.1) および (2.2) から,

(2.3)

任意の $(x, A), (x, B) \in \Omega$ に対して,$|A| = |B| \Rightarrow (x, A) I(R_i)(x, B)$

を得ることができる.

次に,$|A| > |B|$ である場合を考える.$|B| = 1$,すなわち $B = \{x\}$ ならば,公理 **MON** によって,$(x, A) R_i(x, B)$ が直ちにしたがうことになる.同様にして,$A = X$ ならば,公理 **MON** によって $(x, A) = (x, X) R_i(x, B)$ がした

がうことになる．$|X|>|A|>|B|>1$ ならば，明らかに $|B\cup C|=|A|$ となる $C\in \boldsymbol{K}$ が存在する．そのとき，(2.3)から $(x,C\cup B)I(R_i)(x,A)$ であることがわかる．公理 **MON** から，$(x,C\cup B)R_i(x,B)$ なので，$(x,A)R_i(x,B)$ が R_i の推移性によって直ちにしたがうことになる．∥

こうして，これらの単純な公理を結合すれば，各個人は豊かな選択機会を忌避することはないこと，すなわち，大きな機会集合が有害と看做されることはないことを意味することがわかる．この事実を踏まえて，第 3 節および第 4 節を通じて，各々のプロファイル $\boldsymbol{R}=(R_1,R_2,\cdots,R_n)\in D_f$ は，どの R_i も公理 **IND**，公理 **SI** および公理 **MON** を満足するものと仮定することにする．

2.2 拡張された枠組みにおけるアローの条件

上で導入した D_f に対する定義域の制限に加えて，我々は f に関していくつかの条件を導入することにしたい．これらの条件は，Arrow(1951/1963) によって導入された条件をわずかに変形したものになっている．最初の 2 つの条件は周知の要請であって，ことさらに説明を加える必要はない筈である．

強パレート原理(SP)：任意の $(x,A),(y,B)\in \Omega$，任意の $\boldsymbol{R}=(R_1,R_2,\ldots,R_n)\in D_f$ に対して，$(x,A)P(R_i)(y,B)$ がすべての個人 $i\in N$ に対して成立するときには，$(x,A)P(R)(y,B)$ が成立する．また，$(x,A)I(R_i)(y,B)$ がすべての個人 $i\in N$ に対して成立するときには，$(x,A)I(R)(y,B)$ が成立する．ただし，$R=f(\boldsymbol{R})$ である．

非独裁性(ND)：[任意の $(x,A),(y,B)\in\Omega$ と任意の $\boldsymbol{R}=(R_1,R_2,\cdots,R_n)\in D_f$ に対して，$(x,A)P(R_i)(y,B)\Rightarrow(x,A)P(R)(y,B)$] が成立する個人 $i\in N$ —— f の《独裁者》(dictator)—— は存在しない．ただし，$R=f(\boldsymbol{R})$ である．

アローの無関係な対象からの独立性の公理を現在のコンテクストに相応しく定式化するためには，いろいろな代替的方法がある．例えば，以下のような代

替的な独立性の公理を導入することができる.

無関係な対象からの独立性(i)(IIA(i)):任意の $\boldsymbol{R}^1 = (R_1^1, R_2^1, \cdots, R_n^1)$, $\boldsymbol{R}^2 = (R_1^2, R_2^2, \cdots, R_n^2) \in D_f$,任意の $(x,A), (y,B) \in \Omega$ に対して,

$$(x,A)R_i^1(y,B) \Leftrightarrow (x,A)R_i^2(y,B) \,\&\, (x,\{x\})R_i^1(y,\{y\}) \Leftrightarrow (x,\{x\})R_i^2(y,\{y\})$$

がすべての $i \in N$ に対して成立するならば,

$$(x,A)R^1(y,B) \Leftrightarrow (x,A)R^2(y,B)$$

が成立する.ただし,$R^1 = f(\boldsymbol{R}^1)$ かつ $R^2 = f(\boldsymbol{R}^2)$ である.

無関係な対象からの独立性(ii)(IIA(ii)):任意の $\boldsymbol{R}^1 = (R_1^1, R_2^1, \cdots, R_n^1)$, $\boldsymbol{R}^2 = (R_1^2, R_2^2, \cdots, R_n^2) \in D_f$ および $|A|=|B|$ である任意の $(x,A), (y,B) \in \Omega$ に対して,$[(x,A)R_i^1(y,B) \Leftrightarrow (x,A)R_i^2(y,B)]$ がすべての $i \in N$ に対して成立するならば,

$$(x,A)R^1(y,B) \Leftrightarrow (x,A)R^2(y,B)$$

が成立する.ただし,$R^1 = f(\boldsymbol{R}^1)$ かつ $R^2 = f(\boldsymbol{R}^2)$ である.

無関係な対象からの完全な独立性(FIIA):任意の $\boldsymbol{R}^1 = (R_1^1, R_2^1, \cdots, R_n^1)$, $\boldsymbol{R}^2 = (R_1^2, R_2^2, \cdots, R_n^2) \in D_f$ および任意の $(x,A), (y,B) \in \Omega$ に対して,$[(x,A)R_i^1(y,B) \Leftrightarrow (x,A)R_i^2(y,B)]$ がすべての $i \in N$ に対して成立するならば,

$$(x,A)R^1(y,B) \Leftrightarrow (x,A)R^2(y,B)$$

が成立する.ただし $R^1 = f(\boldsymbol{R}^1)$ かつ $R^2 = f(\boldsymbol{R}^2)$ である.

公理 **IIA(i)** によれば,任意の2つの拡張された選択肢 (x,A) と (y,B) に対する拡張された社会的選好は,これらの選択肢に対する各個人の拡張された選好および $(x,\{x\})$ と $(y,\{y\})$ に対する各個人の拡張された選好のみによっ

て決定される．これに対して，公理 **IIA**(ii) によれば，$|A|=|B|$ を満足する任意の2つの拡張された選択肢 (x,A) と (y,B) に対する拡張された社会的選好は，これらの選択肢に対する各個人の拡張された選好のみによって決定される．最後に，公理 **FIIA** によれば，任意の2つの拡張された選択肢 (x,A) と (y,B) に対する拡張された社会的選好は，これらの選択肢に対する各個人の拡張された選好のみによって決定される．

明らかに，公理 **IIA**(i) は公理 **IIA**(ii) とは論理的に独立した要請であり，公理 **IIA**(i) と公理 **IIA**(ii) は公理 **FIIA** より論理的に弱い要請である．

第3節　帰結主義者の枠組みにおけるアローの一般不可能性定理

本節では，厚生主義的帰結主義よりは広いが，依然として帰結主義の枠内に留まる情報的な枠組みのなかで，アローの一般不可能性定理を検討することにしたい．第13章で準備した用語法にしたがって，帰結主義者と呼ぶべき理由がある2種類の個人を確認することから議論を開始したい．

《**極端な帰結主義者**》(extreme consequentialist)

個人 $i\in N$ が極端な帰結主義者であるといわれるのは，任意の拡張された選択肢 $(x,A),(x,B)\in\Omega$ に対して，$(x,A)I(R_i)(x,B)$ が成立する場合，そしてその場合のみである．

《**強い帰結主義者**》(strong consequentialist)

個人 $i\in N$ が強い帰結主義者であるといわれるのは，任意の2つの拡張された選択肢 $(x,A),(y,B)\in\Omega$ に対して，
 (a)　$(x,\{x\})I(R_i)(y,\{y\})$ ならば，$|A|\geq|B|\Leftrightarrow(x,A)R_i(y,B)$；
 (b)　$(x,\{x\})P(R_i)(y,\{y\})$ ならば，$(x,A)P(R_i)(y,B)$
が成立する場合，そしてその場合のみである．

この定義によれば，極端な帰結主義者は，2つの拡張された選択肢 (x,A) および (y,B) を，それぞれの選択肢に含まれる最終的な帰結 x および y にした

がって専ら評価して，x および y が選択される機会集合 A および B の豊穣さには，まったく関心を持たない個人である．これに対して，強い帰結主義者が，2つの選択肢 (x, A) および (y, B) をそれぞれの最終的な帰結 x および y のみに関心を絞って評価するのは，彼が x を単集合 $\{x\}$ から選択することと，y を単集合 $\{y\}$ から選択することとの間で厳密な選好関係を持つ場合に限られている．彼が x を単集合 $\{x\}$ から選択することと，y を単集合 $\{y\}$ から選択することとの間で無差別である場合には，(x, A) および (y, B) の間で彼が表明する選好順位は，機会集合 A および B に含まれる選択機会の豊穣さ——A と B の要素の個数の大小比較——にしたがって決定されるのである．だが，強い帰結主義者が機会に対する選好を顕示するのは，この限られた程度までのことである．その限りにおいて，強い帰結主義者は極端な帰結主義者にはない機会の豊穣さへの態度の柔軟性を備えているのである．

次の補題が示すように，極端な帰結主義者と強い帰結主義者に対しては，公理 **IND**，公理 **SI** および公理 **MON** を賦課しても，実際には彼の選好になんら実質的な制限を課すことにはならないのである．

補題 3.1

極端な帰結主義者および強い帰結主義者の拡張された選好順序は，必ず公理 **IND**，公理 **SI** および公理 **MON** を満足する．

証明：極端な帰結主義者および強い帰結主義者の拡張された選好順序が，公理 **SI** および公理 **MON** を満足することの確認は容易である．以下では，公理 **IND** が極端な帰結主義者および強い帰結主義者の拡張された選好順序によって満足されることだけを証明する．

極端な帰結主義者の場合：個人 i は極端な帰結主義者であり，R_i は彼の拡張された選好順序であるとする．$(x, A), (y, B) \in \Omega$ および $z \in X \setminus (A \cup B)$ は，$(x, A) R_i (y, B)$ を満たすものとする．i は極端な帰結主義者であるので，定義によって，$(x, A) I(R_i)(x, A \cup \{z\})$ および $(y, B) I(R_i)(y, B \cup \{z\})$ が成立することになる．このとき，R_i の推移性によって $(x, A \cup \{z\}) R_i (y, B \cup \{z\})$ が含意されることになる．逆の含意の成立は，同様にして立証される．こうして，

公理 IND は極端な帰結主義者の拡張された選好順序に対して成立することになるのである.

強い帰結主義者の場合：個人 j は強い帰結主義者であって，R_j は彼の拡張された選好順序であるものとする．$(x, A), (y, B) \in \Omega$ および $z \in X \backslash (A \cup B)$ は $(x, A) R_j (y, B)$ を満足するものとする．ここで，全体としてすべての可能性を尽くす3つのサブ・ケースを識別したい．(a) $(x, A) I(R_j)(y, B)$；(b) $x = y$ & $(x, A) P(R_j)(y, B)$；(c) $x \neq y$ & $(x, A) P(R_j)(y, B)$ である．

ケース(a)の場合，強い帰結主義者の定義によれば，$(x, \{x\}) I(R_j)(y, \{y\})$ & $|A| = |B|$ でなければならない．このとき，強い帰結主義の定義によって，$(x, A \cup \{z\}) I(R_j)(y, B \cup \{z\})$ となる．ケース(b)の場合には，$x = y$ なので，強い帰結主義者の定義によって $|A| > |B|$ でなければならない．この場合，明らかに $|(A \cup \{z\})| > |(B \cup \{z\})|$ であるので，強い帰結主義者の定義から $(x, A \cup \{z\}) P(R_j)(y, B \cup \{z\})$ が得られることになる．最後に(c)の場合には，$(x, \{x\}) P(R_j)(y, \{y\})$ でなければならない．このとき，強い帰結主義者の定義から $(x, A \cup \{z\}) P(R_j)(y, B \cup \{z\})$ が直ちにしたがう．逆の成立は同様にして立証される．こうして，強い帰結主義者の拡張された選好順序は，公理 IND を満足することになるのである．∥

ここで，D_f の適切な部分集合を特定化することによって，f に対する3つの定義域制約を導入することにしたい．第1の定義域制約 $D_f(E)$ は，すべての個人が極端な帰結主義者であるプロファイルの全体から構成される D_f の部分集合である．第2の定義域制約 $D_f(E \cup S)$ は，少なくともひとりの個人が定義域に属するすべてのプロファイルに対して一様に極端な帰結主義者であり，少なくともひとりの個人が定義域に属するすべてのプロファイルに対して一様に強い帰結主義者であるプロファイル全体から構成される D_f の部分集合である．最後に第3の定義域制約 $D_f(S)$ は，すべての個人が強い帰結主義者であるプロファイル全体から構成される D_f の部分集合である．

帰結主義者の枠組みに依拠する分析結果を提示する準備がようやくこれで整った．我々の最初の成果はアローの一般不可能性定理の単純な言い換えであっ

て，拡張された社会的厚生関数に対する定義域制約が導入されること，パレート原理が僅かに強められることが，本来のアローの定理との相違点であるに過ぎない．

定理 3.1

すべての個人は極端な帰結主義者であるものと仮定する．このとき，公理 **SP**，公理 **ND** および公理 **IIA(i)** または公理 **IIA(ii)** を満足しつつ，定義域 $D_f(E)$ を持つ拡張された社会的厚生関数 f は存在しない．

証明：公理 **SP** および公理 **IIA(i)** を満足して，定義域 $D_f(E)$ を持つ拡張された社会的厚生関数 f が存在するものと仮定する．仮定により，すべての個人は極端な帰結主義者なので，

(3.1) $$\forall i \in N : (x,A)R_i(y,B) \Leftrightarrow (x,X)R_i(y,X)$$

が，任意の $(x,A),(y,B) \in \Omega$ と任意の $\boldsymbol{R} = (R_1, R_2, \cdots, R_n) \in D_f(E)$ に対して成立する．公理 **IND**，公理 **SI** および公理 **SM** は，各個人 $i \in N$ に対して R_i が $\Omega_X := \{(x,X) \in X \times \boldsymbol{K} \mid x \in X\}$ 上に制約されたとしても，プロファイル $\boldsymbol{R} = (R_1, R_2, \cdots, R_n)$ に制限を加えないことに注意したい．また，f に課された公理 **SP**，公理 **IIA(i)** は，制約された空間 Ω_X 上でも同じ公理が満足されなければならないことを含意する事実にも注意したい．そこで，アローの一般不可能性定理によって，独裁者——例えば，個人 $d \in N$ ——が制約された空間 Ω_X 上の f に対して存在する．すなわち，任意の $\boldsymbol{R} = (R_1, R_2, \cdots, R_n) \in D_f(E)$ と任意の $(x,X),(y,X) \in \Omega_X$ に対して $(x,X)P(R_d)(y,X) \Rightarrow (x,X)P(R)(y,X)$ が成立する．ただし，ここで $R = f(\boldsymbol{R})$ である．これ以降，任意の $(x,A),(y,B) \in \Omega$ に対して，$(x,A)P(R_d)(y,B)$ である場合は $(x,A)P(R)(y,B)$ であること，すなわち個人 d が全体空間 Ω 上の f の独裁者であることを示したい．d は極端な帰結主義者なので，$(x,A)P(R_d)(y,B)$ であるのは $(x,X)P(R_d)(y,X)$ である場合，そしてその場合のみである．すべての個人は極端な帰結主義者なので，$(x,A)I(R_i)(x,X)$ & $(y,B)I(R_i)(y,X)$ が，すべての $i \in N$ に対して成立する．公理 **SP** から $(x,A)I(R)(x,X)$ & $(y,B)I(R)(y,X)$ である．R の推移性から，そのとき $(x,X)P(R)(y,X) \Rightarrow$

$(x, A)P(R)(y, B)$ となる. これで $(x, A)P(R_d)(y, B) \Rightarrow (x, A)P(R)(y, B)$ が示されたことになる. 換言すれば, d は空間全体 Ω 上の f に対して独裁者である. このことは, 公理 **SP**, 公理 **IIA(i)** および公理 **ND** を満足する ESWF は存在しないことを示している.

これと同様の議論は, 公理 **SP**, 公理 **IIA(ii)** および公理 **ND** を満足する ESWF が存在しないことを示すために用いられる. ∥

このようにして, すべての個人が極端な帰結主義者であるという意味で, 社会を構成する個人の間で社会的選択の《帰結》と《機会》に対する態度の類似性が支配する場合には, アローの一般不可能性定理が本質的に再現されることになる. この定理のメッセージをさらに補強するために, 次の定理として, 極端な帰結主義者と強い帰結主義者が社会に同時に存在すれば, 一般不可能性の罠から脱出することができることを示すことにしたい.

定理 3.2

$D_f(E \cup S)$ 上で一様に極端な帰結主義者が少なくともひとり存在すると同時に, $D_f(E \cup S)$ 上で一様に強い帰結主義者が少なくともひとり存在することを仮定する. そのとき, 公理 **SP**, 公理 **IIA(i)**, 公理 **IIA(ii)** および公理 **ND** を満足して, 定義域 $D_f(E \cup S)$ を持つ拡張された社会的厚生関数 f が存在する.

証明:個人 $e \in N$ は一様に極端な帰結主義者であり, 個人 $s \in N$ は一様に強い帰結主義者であるものとする. 定義により,

(3.2) $\qquad \forall (x, A), (x, B) \in \Omega : (x, A)I(R_e)(x, B)$

(3.3)
$\forall (x, A), (y, B) \in \Omega : (x, \{x\})I(R_s)(y, \{y\}) \Rightarrow [(x, A)R_s(y, B) \Leftrightarrow |A| \geq |B|]$

および

(3.4) $\qquad \forall (x, A), (y, B) \in \Omega : (x, \{x\})P(R_s)(y, \{y\}) \Rightarrow (x, A)P(R_s)(y, B)$

が成立する. ここで, 次のような ESWF を定義する.

$\forall (x, A), (y, B) \in \Omega$:

$$(x, \{x\})P(R_s)(y, \{y\}) \Rightarrow [(x, A)R(y, B) \Leftrightarrow (x, A)R_s(y, B)];$$
$$(x, \{x\})I(R_s)(y, \{y\}) \Rightarrow [(x, A)R(y, B) \Leftrightarrow (x, A)R_e(y, B)].$$

ただし，ここで $R = f(\boldsymbol{R})$ である．

この ESWF が公理 **SP** および公理 **ND** を満足することは，容易に確認することができる．この ESWP が，公理 **IIA(i)** と公理 **IIA(ii)** をも満足することを証明するために，$(x, A), (y, B) \in \Omega$ および $\boldsymbol{R} = (R_1, R_2, \cdots, R_n)$, $\boldsymbol{R}' = (R_1', R_2', \cdots, R_n') \in D_f(E \cup S)$ を考える．以下では，$R = f(\boldsymbol{R})$, $R' = f(\boldsymbol{R}')$ とする．

最初に，任意の個人 $i \in N$ に対して，$(x, A)R_i(y, B) \Leftrightarrow (x, A)R_i'(y, B)$ および $(x, \{x\})R_i(y, \{y\}) \Leftrightarrow (x, \{x\})R_i'(y, \{y\})$ が成立するものとする．まず $(x, \{x\})P(R_s)(y, \{y\})$ であるならば，$(x, \{x\})P(R_s')(y, \{y\})$, $(x, A)P(R_s)(y, B)$ および $(x, A)P(R_s')(y, B)$ である．この ESWF は，$(x, A)P(R)(y, B)$ および $(x, A)P(R')(y, B)$ をもたらす．次に $(y, \{y\})P(R_s)(x, \{x\})$ ならば，$(y, \{y\})P(R_s')(x, \{x\})$, $(y, B)P(R_s)(x, A)$ & $(y, B)P(R_s')(x, A)$ となる．このとき，先に定義した ESWF は $(y, B)P(R)(x, A)$ & $(y, B)P(R')(x, A)$ をもたらす．さらに，$(x, \{x\})I(R_s)(y, \{y\})$ ならば，$(x, \{x\})I(R_s')(y, \{y\})$ が成立する．このとき，構成された ESWF は $(x, A)R(y, B) \Leftrightarrow (x, A)R_e(y, B)$ & $(x, A)R'(y, B) \Leftrightarrow (x, A)R_e'(y, B)$ を含意する．個人 e が極端な帰結主義者であることに注意すれば，この場合には，$(x, A)R_e(y, B) \Leftrightarrow (x, A)R_e'(y, B)$ ならば，$(x, A)R(y, B) \Leftrightarrow (x, A)R'(y, B)$ であることは明らかである．したがって，公理 **IIA(i)** は満足されることになるのである．

次に，$|A| = |B|$ であることと，任意の $i \in N$ に対して $[(x, A)R_i(y, B) \Leftrightarrow (x, A)R_i'(y, B)]$ であることを仮定する．この場合には，$(x, A)R(y, B) \Leftrightarrow (x, A)R'(y, B)$ であることを示すため，$|A| = |B|$ のときには $(x, A)R_s(y, B) \Leftrightarrow (x, \{x\})R_s(y, \{y\})$ および $(x, A)R_s'(y, B) \Leftrightarrow (x, \{x\})R_s'(y, \{y\})$ であることに注意する．このとき，構成された ESWF が公理 **IIA(ii)** を満足することの証明は，ESWF が公理 **IIA(i)** を満足することの証明と同様であって，個人 e が極端な帰結主義者であることに注意しさえすればよい．

我々が構成した ESWF が生成する二項関係 R は，明らかに反射性と完備性を満足する．R が推移性を持つことを示すため，$(x, A), (y, B), (z, C) \in \Omega$ は $(x, A)R(y, B)$ および $(y, B)R(z, C)$ を満足するものとする．$(x, A)R(y, B)$ なので，我々が構成した ESWF によれば，$(y, \{y\})P(R_s)(x, \{x\})$ ではあり得ないことは明らかである．このとき，R_s の完備性により，検討を要するケースは2個しかない．ケース(a) $(x, \{x\})I(R_s)(y, \{y\})$ およびケース(b) $(x, \{x\})P(R_s)(y, \{y\})$ である．

ケース(a)：この場合には，$(x, A)R_e(y, B)$ が成立しなければならない．もし $(y, \{y\})I(R_s)(z, \{z\})$ であれば，$(y, B)R(z, C)$ から $(y, B)R_e(z, C)$ であることになる．このとき，R_e の推移性によって $(x, A)R_e(z, C)$ がしたがうことになる．また，R_s の推移性によって，$(x, \{x\})I(R_s)(z, \{z\})$ となる．そこで，$(x, A)R(z, C)$ であるのは $(x, A)R_e(z, C)$ である場合，そしてその場合のみなので，$(x, A)R(z, C)$ が $(x, A)R_e(z, C)$ から得られる．$(y, \{y\})P(R_s)(z, \{z\})$ であれば，R_s の推移性によって $(x, \{x\})P(R_s)(z, \{z\})$ が得られる．したがって，$(x, A)R(z, C)$ であるのは $(x, A)R_s(z, C)$ の場合，そしてその場合のみである．仮定によって s は強い帰結主義者なので，$(x, \{x\})P(R_s)(z, \{z\})$ から $(x, A)P(R_s)(z, C)$ でなければならない．そこで，$(x, A)P(R)(z, C)$ が得られることになるため，$(x, A)R(z, C)$ が成立することになる．$(y, B)R(z, C)$ であるため，$(z, \{z\})P(R_s)(y, \{y\})$ ではあり得ないことに注意したい．こうしてケース(a)の場合には R の推移性が成立することになる．

ケース(b)：この場合，$(x, A)P(R_s)(y, B)$ となり，$(x, A)P(R)(y, B)$ が成立する．また，$(y, B)R(z, C)$ であるので，この場合には $(y, \{y\})R_s(z, \{z\})$ でなくてはならない．R_s の推移性から $(x, \{x\})P(R_s)(z, \{z\})$ がしたがうため，s が強い帰結主義者であることから，$(x, A)P(R_s)(z, C)$ が得られることになる．ESWF の構成方法から，この場合に $(x, A)R(z, C)$ となるのは $(x, A)R_s(z, C)$ である場合のみである．したがって $(x, A)P(R)(z, C)$ である．こうして R の推移性はケース(b)の場合にも成立する．

ケース(a)およびケース(b)の場合を合わせれば，R の推移性の証明は完了する．∥

強い帰結主義者のみから構成される社会の場合にはどうだろうか．我々は定理3.1および定理3.2と整合的に，次の定理の成立を主張することができる．

定理 3.3

すべての個人は強い帰結主義者であると仮定する．このとき，公理 **SP**，公理 **IIA** および公理 **ND** を満足して，定義域 $D_f(S)$ を持つ拡張された社会的厚生関数 f は存在しない．

証明：すべての個人が強い帰結主義者であるから，すべての $i \in N$ に対して次の事実が成立する：任意の $(x, A), (y, B) \in \Omega$ に対して，

$$(x,x)I(R_i)(y,y) \text{ であれば，} |A| \geq |B| \Leftrightarrow (x,A)R_i(y,B)$$

である．また，

$$(x,x)P(R_i)(y,y) \text{ であれば，} (x,A)R_i(y,B) \Leftrightarrow (x,X)R_i(y,X)$$

である．ESWF f は公理 **SP** および公理 **FIIA** を満足するものと仮定して，x, y, z がすべて相異なる帰結である任意のトリプル $(x, A), (y, B), (z, C) \in \Omega$ を考える．すべての個人が強い帰結主義者であり，f は定義域 $D_f(S)$ を持つので，$\{(x, A), (y, B), (z, C)\}$ 上では各個人の拡張された厳密な選好順序に対してどのような制約も課されていない．そのとき，$\{(x, A), (y, B), (z, C)\}$ 上の独裁者が存在する．そのとき $A \neq X$ となる $\{(x, A), (y, B), (z, C)\}$ は，$\{(y, B), (z, C)\}$ の上では，$\{(x, X), (y, B), (z, C)\}$ と一致することに注意したい．したがって，$\{(x, A), (y, B), (z, C)\}$ 上の独裁者は，実際には集合 $A \in \boldsymbol{K}$ から独立でなければならない．同じ議論は，$B \in \boldsymbol{K}$ および $C \in \boldsymbol{K}$ に対しても適用できる．そこで，すべてのトリプル $\{(x, A), (y, B), (z, C)\}$ に対して，ひとりの独裁者の存在を認める他はないことになる．この個人を $d \in N$ と呼ぶことにして，x, y, z が互いに相異なる $(x, A), (y, B), (z, C) \in \Omega$ を考える．ここで $A \neq A^*$ を満足する任意の $(x, A^*) \in \Omega$ をとる．$A^* \subset A$ であれば，すべての個人は強い帰結主義者であるので，公理 **SP** は $(x, A)P(R)(x, A^*)$ を含意する．ただし，ここで $R = f(\boldsymbol{R})$ である．同様にして，$A \subset A^*$ であれば，すべての個人は強い帰結主義者であるので，公理 **SP** によって (x, A^*)

$P(R)(x, A)$ が得られる.ただし,ここで $R = f(\boldsymbol{R})$ である. A が A^* の部分集合ではなく, A^* も A の部分集合ではないならば,すべての個人は強い帰結主義者であるので, $(x, A)R_i(x, A^*)$ であるのは $|A| \geq |A^*|$ である場合,そしてその場合のみである.そのとき,公理 SP から, $(x, A)R(x, A^*)$ であるのは, $|A| \geq |A^*|$ である場合,そしてその場合のみであることになる.ただし,ここで $R = f(\boldsymbol{R})$ である.したがって, d は Ω 上の独裁者である.このことは,公理 SP,公理 FIIA および公理 ND を満足する ESWF は存在しないことを意味している. ‖

　これらの単純な結果の基本的なメッセージは,非常に明瞭である筈である.帰結主義者の枠組みのなかで,すべての個人が極端な帰結主義者であるか,すべての個人が強い帰結主義者であるならば,アローの一般不可能性定理は本質的に維持される.これに対して,少なくともひとりの一様に極端な帰結主義者と,少なくともひとりの一様に強い帰結主義者が同時に存在するという意味で,多様な個人から構成される社会では,アローの条件を僅かに変形した公理群を満足する拡張された社会的厚生関数を設計することが,論理的に可能になるのである.このことは,帰結主義者の枠組みのなかで,アローの一般不可能性定理の罠を脱出しようとすれば,その試みにおいて重要な役割を果たす鍵となるのは,社会の多様性,または社会を構成する人々の異質性であることを示唆しているのである.

第 4 節　非帰結主義者の枠組みにおけるアローの一般不可能性定理

　本節では,非帰結主義者の枠組みにおけるアローの一般不可能性定理の検討に進みたい.検討作業の最初の課題は,《非帰結主義》(non-consequentialism) という表現によって,我々が正確にはなにを意味するのかを明らかにすることである.第 13 章,第 14 章で導入した考え方を踏まえて,以下では非帰結主義者と呼ばれる個人を以下のように定義することにしたい.

《非帰結主義者》(non-consequentialist)

ある個人 $i \in N$ が非帰結主義者であるといわれるのは,すべての (x,A), $(y,B) \in \Omega$ に対して,(a) $|A| > |B| \Rightarrow (x,A)P(R_i)(y,B)$,かつ(b) $|A| = |B| \Rightarrow [(x,A)R_i(y,B) \Leftrightarrow (x,\{x\})R_i(y,\{y\})]$ が成立する場合である.

このように,本章でいう非帰結主義者は,2つの拡張された選択肢 (x,A), $(y,B) \in \Omega$ に対して,機会集合 A が機会集合 B より多くの選択肢を含むときには,必ず (x,A) を (y,B) より高く評価するような個人である.彼が (x,A) および (y,B) を $(x,\{x\})$ および $(y,\{y\})$ とまったく同様に評価するのは,A と B が同数の選択肢を含むときに限られるのである.このように,非帰結主義者は,極端な帰結主義者とも強い帰結主義者とも,対照的な側面を持つ判断基準を備えている個人なのである.

我々の次の補題は,非帰結主義者に対して第2節で導入した公理 **IND**,公理 **SI** および公理 **MON** を課すことは,彼の選好をまったく制限しないということを示している.

補題 4.1

非帰結主義者の拡張された選好順序は,公理 **IND**,公理 **SI** および公理 **MON** を満足する.

証明:非帰結主義者の拡張された選好順序が公理 **SI** と公理 **MON** を満足することは簡単に確認できる.以下では,公理 **IND** も非帰結主義者の拡張された選好順序によって満足されることを示すことにする.

個人 i は非帰結主義者とする.$(x,A),(y,B) \in \Omega$ かつ $z \in X \setminus (A \cup B)$ として,$(x,A)R_i(y,B)$ を仮定する.考えるべきケースは2つある:(a) $|A| > |B|$ と(b) $|A| = |B|$ である.ケース(a)の場合には,$(x,A)P(R_i)(y,B)$ であり,また $|(A \cup \{z\})| > |(B \cup \{z\})|$ である.$(x,A \cup \{z\})P(R_i)(y,B \cup \{z\})$ は,個人 i が非帰結主義者であることからしたがう.これに対して,ケース(b)の場合には,$(x,A)R_i(y,B)$ であるのは $(x,\{x\})R_i(y,\{y\})$ であり,また $|(A \cup \{z\})| = |(B \cup \{z\})|$ である場合,そしてその場合にのみである.このとき,$(x,A \cup \{z\})R_i(y,B \cup \{z\})$ が成立するのは,個人 i が非帰結主義者であることから $(x,\{x\})R_i(y,\{y\})$ がしたがう場合,そしてその場合のみである.R_i が

完備性を持つことに注意すれば,公理 **IND** は R_i によって満足されることになる. ∥

拡張された社会的厚生関数 f の定義域 $D_f(N)$ は,任意のプロファイル $\boldsymbol{R} = (R_1, R_2, \cdots, R_n) \in D_f(N)$ に対して,一様に非帰結主義者である個人が少なくともひとり,例えば $n^* \in N$ が存在するものであるとして定義する.このような個人は,$D_f(N)$ 上で一様に非帰結主義者であるといわれる.

定理 4.1

定義域 $D_f(N)$ 上で一様に非帰結主義者である個人が,少なくともひとり存在することを仮定する.このとき,公理 **SP**,公理 **FIIA** および公理 **ND** を満足して,定義域を $D_f(N)$ とする拡張された社会的厚生関数 f が存在する.

証明:個人 $n^* \in N$ が定義域 $D_f(N)$ 上で一様に非帰結主義者であるものとする.このとき,任意のプロファイル $\boldsymbol{R} = (R_1, R_2, \cdots, R_n) \in D_f(N)$ および任意の $(x, A), (y, B) \in \Omega$ に対して,$|A| > |B|$ は $(x, A)P(R_{n^*})(y, B)$ を含意する.さてここで,次の ESWF f を考える:任意の $(x, A), (y, B) \in \Omega$ に対して,

- $|A| > |B|$ ならば,$(x, A)P(R)(y, B)$ である;
- $|A| = |B| = 1$ ならば,$(x, \{x\})R(y, \{y\})$ であるのは $(x, \{x\})R_1(y, \{y\})$ である場合,そしてその場合のみである;
- $|A| = |B| = 2$ ならば,$(x, A)R(y, B)$ であるのは $(x, A)R_2(y, B)$ である場合,そしてその場合のみである;
  $\vdots$
- $A = B = X$ ならば,$(x, A)R(y, A)$ であるのは $(x, A)R_k(y, B)$ である場合,そしてその場合のみである.ここで $k = \min\{|N|, |X|\}$ とする;

ただし,ここで $R = f(\boldsymbol{R})$ である.この f が公理 **SP**,公理 **FIIA** および公理 **ND** を満足することを確認するのは容易である.この ESWR によって生成される R が反射性と完備性を持つことも明らかである.R の推移性を示すために,$(x, A), (y, B), (z, C) \in \Omega$ が $(x, A)R(y, B)$ かつ $(y, B)R(z, C)$ を満足

するものとする．このとき，明らかに，$|A| \geq |B|$ かつ $|B| \geq |C|$ である．$|A| > |B|$ または $|B| > |C|$ ならば $|A| > |C|$ である．構成された ESWF によれば $(x, A)P(R)(z, C)$ がしたがうことは明らかであるので，この場合 R の推移性は成立する．次に，$|A| = |B| = |C|$ を仮定する．このとき，$|G| = |H| = |A|$ を満足する任意の $(a, G), (b, H) \in \Omega$ に対して $(a, G)R(b, H)$ が成立するのは，$k = \min\{|N|, |A|\}$ を満足する $k \in N$ に対して $(a, G)R_k(b, H)$ となる場合，そしてその場合のみである．こうして，R の推移性は R_k の推移性からしたがうことになる．これら 2 つのケースはすべての可能性を尽くしているので，R の推移性はこれで証明されたことになる．∥

極端な帰結主義者や強い帰結主義者とは異なり，非帰結主義者はアロー流の拡張された社会的厚生関数の存在を独力で保証できる．そのうえ，彼の能力は，すべての個人が非帰結主義者である同質的な社会においても無効にされないということは，強調に値する事実である．

定理 4.1 の証明で構成した拡張された社会的厚生関数は，論理的な証明手段として構成されたものではあるが，それなりに興味ある特徴を備えているという事実に注意することは，無駄ではないように思われる．$|X| + 1 \geq n$ であれば，各個人は拡張された社会的選択肢のひとつの《層》(layer) に対して，独裁的な支配力を行使することができる．事実，非帰結主義者に対しては，$|A| \neq |B|$ を満足する $(x, A), (y, B) \in \Omega$ を割当てて，独裁的な支配力を行使させる．その他のすべての個人には，$|A| = |B|$ が彼の《指数》(index) と一致する拡張された選択肢 $(x, A), (y, B) \in \Omega$ を割当てて，独裁的な支配力を行使させればよいのである．$|X| + 1 < n$ のときには，《層》の数が各個人に独裁的な支配力を賦与するだけの数に達しないため，社会を構成する個人の集合を 2 つの部分集合——集団 1 と集団 2 ——に分割する．集団 2 は，非帰結主義者を含む ($|X| + 1$) 人の個人からなるが，それぞれのメンバーに割当てられる拡張された社会的選択肢に対して，独裁的な支配力を行使する．残りの個人は ($n - |X| - 1$) 人の個人を含む集団 1 を構成するが，集団 2 のどの個人がどの《層》の選択肢に対して独裁的な支配力を行使するかを決定する．その際に，非帰結主義者に対しては，$|A| \neq |B|$ を満足する $(x, A), (y, B) \in \Omega$ を割当て

るものとする．このようにして，すべての個人は社会的な意思決定に積極的に参加する権利を賦与されているのである．‖

第5節　議論の一般化の可能性

　これまでのところ，我々の分析は機会の豊穣さを表現するため，しばしば非難される機会集合の要素の個数による単純な測り方を用いてきた．だが，得られた結論のいくつかは，この単純な機会の測度を超えて成立するだけの一般性を要求できる．この事実を示すために，機会集合の集合族 $\boldsymbol{K}$ のうえで定義される順序 Θ を，任意の $A, B \in \boldsymbol{K}$ に対して，$A\Theta B$ が成立するのは A が B より少なくはない機会を含む場合，そしてその場合のみであるものとして定義する．$P(\Theta)$ と $I(\Theta)$ は，それぞれ Θ の非対称成分および対称成分を表すものとする．慣習的に定義される社会状態の普遍集合 X は，同値関係 $I(\Theta)$ によって同値類に分割される．この同値類の集合族を $\mathcal{K}_\Theta$ によって表現して，機会集合 $A \in \boldsymbol{K}$ に対して，$E_\Theta(A) \in \mathcal{K}_\Theta$ は A によって決定される同値類であるものとする．そのとき，$\mathcal{K}_\Theta$ 上の線形順序 Θ^* を，

(5.1)　　任意の $E_\Theta(A), E_\Theta(B) \in \mathcal{K}_\Theta$ に対して，$E_\Theta(A)\Theta^* E_\Theta(B) \Leftrightarrow A\Theta B$

によって定義することができる．

　以下では，$(\Theta, \mathcal{K}_\Theta)$ は以下の2つの基本的な要請を満足することを仮定することにしたい．

　仮定 U：機会の豊穣さの測度 Θ は，社会の個人全員によって共有されている．

　仮定 R：$\mathcal{K}_\Theta$ には少なくとも2つの同値類が存在する．

　そのとき，帰結主義者および非帰結主義者の定義は，次のような形式のものとなる．

極端な帰結主義者：個人 $i \in N$ が極端な帰結主義者であるのは，任意の $(x, A), (x, B) \in \Omega$ に対して，$(x, A) I(R_i)(x, B)$ が真となる場合である．

強い帰結主義者：個人 $i \in N$ が強い帰結主義者であるのは，任意の (x, A), $(y, B) \in \Omega$ に対して，

(a) $(x, \{x\}) I(R_i)(y, \{y\})$ ならば，$A \Theta B \Leftrightarrow (x, A) R_i(y, B)$; かつ
(b) $(x, \{x\}) P(R_i)(y, \{y\})$ ならば，$(x, A) P(R_i)(y, B)$

となる場合である．

非帰結主義者：個人 $i \in N$ が非帰結主義者であるのは，任意の (x, A), $(y, B) \in \Omega$ に対して，

(a) $A P(\Theta) B \Rightarrow (x, A) P(R_i)(y, B)$; かつ
(b) $A I(\Theta) B \Rightarrow [(x, A) R_i(y, B) \Leftrightarrow (x, \{x\}) R_i(y, \{y\})]$

となる場合である．

第3節および第4節で我々が得た結果は，本節で導入された枠組みに即して，次のように一般化することができる．これらの結果の証明は，定理3.1, 定理3.2, 定理3.3および定理4.1の証明と同様なので，省略しても差し支えないように思われる．

定理 5.1

社会を構成するすべての個人が，極端な帰結主義者であるものとする．そのとき，公理 **SP**，公理 **ND** および公理 **IIA(i)** または公理 **IIA(ii)** を満足して，定義域を $D_f(E)$ とする拡張された社会的厚生関数 f は存在しない．

定理 5.2

定義域 $D_f(E \cup S)$ のうえで一様に極端な帰結主義者である個人が少なくともひとり，定義域 $D_f(E \cup S)$ のうえで一様に強い帰結主義者である個人が少

なくともひとり,社会のなかに存在するものとする.そのとき,公理 **SP**, 公理 **IIA(i)**, 公理 **IIA(ii)** および公理 **ND** を満足して, $D_f(E \cup S)$ を定義域とする拡張された社会的厚生関数 f が存在する.

定理 5.3

社会を構成するすべての個人が強い帰結主義者であるものとする.このとき,公理 **SP**,公理 **FIIA** および公理 **ND** を満足して,$D_f(S)$ を定義域とする拡張された社会的厚生関数 f は存在しない.

定理 5.4

定義域 $D_f(N)$ のうえで一様に非帰結主義者である個人が少なくともひとり存在するものとする.このとき,公理 **SP**,公理 **FIIA** および公理 **ND** を満足して,定義域を $D_f(N)$ とする拡張された社会的厚生関数 f が存在する.

このように,本章の基本的な結論は,実際には機会の豊穣さを機会集合の要素の個数によって測る——幾分論争的な——方法には依存しないのである.

第6節 結語的覚書き

本章で我々は,アローの一般可能性定理がどの程度まで伝統的な厚生主義的帰結主義——厚生主義——という彼の分析的枠組みの基本的な前提に依存するものかを確認するために,社会的選択の理論の2つの拡張された枠組みを開発することに努めた.実際には,我々の本章での分析にはもうひとつの動機付けがあった.それは,「社会的厚生判断の可能性は社会的選択肢に対する人々の態度の類似性に依存する」というアローの洞察が,厚生主義的帰結主義より広い枠組みのなかでも妥当性を持つものかどうかを,確認してみたいということだった.我々の分析の出発点は,社会状態並びに社会状態が属する機会集合のペアに対する拡張された個人的選好順序だった.人々は選択肢 x を機会集合 A から選択することは,選択肢 y を機会集合 B から選択することと比較して,少なくとも同程度によいという類いの判断を下す準備が整っているように

思われる．この主旨の拡張された選好を表明する可能性を否定することは，選択機会に対して内在的な価値を認めないという立場に閉じこもることを意味している．選択肢 x を x が含まれる機会集合 A から選択することは，同じ選択肢 x を単集合 $\{x\}$ から選択することより望ましいと認めれば，我々の拡張された選好の枠組みを受け入れざるを得ないからである．

拡張された選好順序の概念は，帰結主義 versus 非帰結主義という対立的な考え方を社会的選択の理論に組み込むオペレーショナルな方法を提供してくれる．この方法を駆使した我々の本章での分析は，以下のような対照的な結論に導いてくれた．

第1に，社会を構成するすべての個人が極端な帰結主義者であるか，または全員が強い帰結主義者であれば，アローの一般不可能性定理は依然として基本的に成立する．

第2に，少なくともひとりの極端な帰結主義者と，少なくともひとりの強い帰結主義者が同時に存在する多様な社会では，アロー流の要請を満足する拡張された社会的厚生関数が存在する．

この意味において，帰結主義者から構成される社会では，アローの一般不可能性定理から脱出する可能性を開拓するのは，人々の態度の類似性よりも多様性なのである．

非帰結主義者から構成される社会では，アロー流の社会的選択の可能性を巡る状況は，微妙に異なっている．事実，少なくともひとりの非帰結主義者が社会に存在する限り，アロー流の拡張された社会的厚生関数の存在を保証することが可能なのであって，この能力は非帰結主義者のみから構成される同質的な社会であっても依然として通用するのである．

これらの結果は，あくまでアローの社会的選択の理論の枠組みのなかでの論理的な可能性の発見に留まるものであって，構成された社会的選択ルールがそれ自体として推奨に値する完成度に到っていると主張するものではない．それだけに，本章で到達した社会的選択の可能性定理は，今後の研究のひとつの進路を照らす小さな道標に過ぎない．だがそれは，少なくとも社会的選択の理論を《不可能性の科学》(science of the impossible) と揶揄する立場への，ささやかな挑戦状でもある．

第6部
競争と経済厚生

《問題の設定》

　厚生経済学と社会的選択の理論の形式的な定義を問われれば,著者は次のように答えるだろう[1].《厚生経済学》は,現存するものにせよ,想像上のものであるにせよ,経済システムの性能を批判的に検討して,人々の福祉の観点からその性能を改善するために,代替的な経済システムや経済政策の設計と実装を企てる経済学の一分野である.また,《社会的選択の理論》は,集団的意思決定の代替的な方法の設計と評価,並びに厚生経済学の理論的な基礎に関わる研究分野であって,その分析には経済学者のみならず,政治学者,政治哲学・法哲学および道徳哲学の研究者,数理社会学者,数理心理学者,論理学者などが,分野横断的に参加している.この定義によれば,厚生経済学が研究対象とする経済システムは,決して競争的市場メカニズムに限定されるわけではない.むしろ,代替的な経済システムを設計者・実装者の観点に立って自由に構想して,システム間比較の選択肢を豊富に整備すればこそ,厚生経済学者は現存する経済システムを相対化して捉え,複眼的・俯瞰的な分析視点を獲得することができるのである.
　とはいえ,競争的市場メカニズムは厚生経済学が研究する経済システムの最も重要な基礎モデルであること,創始者アーサー・ピグー以来,厚生経済学の研究の多くは,競争的市場メカニズムに発見された欠陥——《市場の失敗》(market failures)——を補整する仕組みを設計して,このメカニズムの射程を延長する作業に捧げられてきたことは,紛れもない事実である.この間の経緯は,《厚生経済学の基本定理》(fundamental theorems of welfare economics)と称される重要な命題が,競争的市場メカニズムの性能評価に専ら焦点を絞っているという事実によって,いみじくも示唆されているといってよい.

---

1) 事実,ケネス・アロー,アマルティア・センの両教授と *Handbook of Social Choice and Welfare*, Vol. I (Arrow, Sen and Suzumura, 2002)を編集してその序章を担当・執筆したとき,厚生経済学と社会的選択の理論に著者が与えた定義は,まさにこのようなものだった.

ところで，競争的市場メカニズムの機能評価に関しては，非常に対照的な2つの通念が広範に抱かれていることに注意すべきである．第1の通念によれば，競争メカニズムは分権的な経済社会において優れた資源配分機能を担う類い稀な仕組みである．分権的な経済社会には，経済全体に目配りして資源の利用効率を改善するためにタクトを振る指揮者が存在しないにも関わらず，競争の《無政府的》な機能を妨げる障碍さえなければ，効率的な資源配分が自ずと実現されるというのである．この通念の古典的な表現こそ，アダム・スミスの『国富論』と表裏一体をなす「神のみえざる手」(god's invisible hand)という表現なのである．また，同じ通念の現代的な表現と看做されている重要な命題こそ，ケネス・アロー，ジェラール・デブリュー，チャリング・クープマンスなど，現代経済学の旗手とも言うべき役割を果たした経済学者たちが結晶化させ，精緻化してきた《厚生経済学の基本定理》だったのである．

これに対して日本では——実際には，アメリカを潜在的な例外として，多くの西欧諸国においても——強い影響力を振るってきた第2の通念は，競争の経済効果に対しても『過ぎたるは及ばざるが如し』という格言が的確に妥当すると考える《過当競争》(excessive competition)論である．競争を資源の効率的配分に導く無政府的な機構と考える第1の通念を信奉する人々にとって，過当競争という奇妙な表現は，殆ど自己矛盾の響きを伴っている．だが，戦前以来日本では競争の過当性を唱え，公共【善】の観点から競争に秩序の轡を嵌めるために公的規制の必要性を主張する発言が，強い影響力を保ってきた．そもそも，《競争》という訳語を鋳造してcompetitionという経済学の基本概念を日本語に定着させた福沢諭吉が『福翁自伝』で回想しているように，徳川幕府の勘定方の役人には経国済民の基本原理が《競争》であるという経済学の常識は，まさに非常識以外の何物でもなかったのである[2]．

厚生経済学のひとつの中心概念である競争の機能の評価を巡って，このように両極端に位置する通念が根強く支配している状況は，人々の福祉に多大な影響を及ぼすミクロの経済政策——競争政策，産業政策，公的規制——の設計と

---

[2] このエピソードは，福沢諭吉『福翁自伝』(1899/2008, pp. 215-216)に語られたものであるが，本書第18章第1節（競争の社会的機能に関する伝統的通念）において，そのエッセンスを解説する予定である．

実装を検討するうえで，決して好ましい知的環境であるとはいえそうにない．第6部では，この問題意識に基づいて，競争の機能と評価に関する理論的・政策論的な検討を行いたい．そのひとつの焦点は，競争の機能に関する根強い伝統的通念に対する挑戦と破壊の試みである．

第16章(参入障壁と経済厚生：過剰参入定理)は第6部の分析的な核心である．クールノー＝ナッシュ型の寡占的競争均衡の標準的なモデルを用いて，競争が適切に定義された意味で激化するとき《社会的余剰》(social surplus)で測定される《経済厚生》(economic welfare)に及ぶ効果を分析して，競争の《社会的な過剰性》(social excessiveness)というべき性質が頑強に成立することが，本章で証明されることになる．競争とは，資源配分の効率化を分権的に実現するメカニズムであると考える第1の通念に立脚すれば，《過剰参入定理》(excess entry theorem)と呼ばれるこの命題は，にわかには承服できない異端の説に思われても決して不思議ではない[3]．それだけに，過剰参入定理の頑健性を確認する作業には，通念の支配に対する攻撃の正当性を確認するためにも，格別の重要性がある．

第17章(戦略的R&Dと過剰参入定理)では，ある産業への企業の参入・退出の第1段階と，参入企業が生産物市場で戦うクールノー競争の第2段階から構成される第16章のモデルに，参入を意図する企業が競争手段の尖鋭化を意図して行う費用削減投資の新たな段階を追加した3段階モデルを用いて，過剰参入定理の頑健性を確認する作業が行われる[4]．

最後に，第18章(競争の社会的機能：通念とその破壊)は，競争の社会的機能を巡る2つの伝統的な通念を詳しく検討して，第6部全体の分析のメッセージを2点に凝縮することに充てられる．第1に，競争の経済効果の全貌を的確に評価するためには，競争均衡で実現される経済厚生に関心を絞る《厚生主

---

3) 過剰参入定理は，Mankiw and Whinston(1986)と鈴村興太郎・清野一治(Suzumura and Kiyono, 1987)によって，同時期に独立して樹立された命題である．
4) 本書では割愛したが，我々は(1) 費用削減投資のスピルオーバー効果を導入するとともに，R&Dに関する共同研究活動の効果をも研究したSuzumura(1992)，(2) 第16章の部分均衡モデルの限界を克服するために一般均衡モデルを研究したKonishi, Okuno-Fujiwara and Suzumura(1990)において，過剰参入定理の頑健性を別の方向でも確認する作業を行っている．

義》的な評価基準には，大きな限界があるというべきである．競争という資源配分機構の重要な意義は，その手続き的な特性——《非帰結主義》的な評価基準——に求められる必要がある．第2に，競争のメカニズムは決して無政府的な放任を前提するものであってはならず，競争ゲームのルールの体系を的確に設計・執行する競争政策によって補完されてこそ，競争は資源配分メカニズムとして他の追随を許さない優れた性能を発揮しうることを忘れてはならない．

第16章　参入障壁と経済厚生：過剰参入定理[1]

第1節　資源配分機構としての競争の機能

　分権的な市場経済においては，消費者の財・サービスに対する選好，生産者の財・サービスの供給に関する技術・知識，並びに資産所有者が保有する有形・無形の資産に関する情報は，すべて分散的に所有される《私的情報》(private information)である．消費者による財・サービスに対する需要や，生産者による中間財に対する需要の規模と構成に的確に対応する生産活動を編成して，必要とされる《時点》と《場所》と《状況》に相応しく供給するためには，なんらかの制度設計によって分散所有される私的情報を社会のニーズのために活性化する工夫が必要とされる．その気がない馬に水を飲ませることはできないという常套的な表現があるが，自発的に顕示する誘因を持たない人々に無理強いしても，正確な私的情報が提供される筈はない．それだけに，私的情報を社会的に活性化する制度には，私的情報の所有者に情報を自発的に提供する誘因を賦与する工夫が，的確に内蔵されている必要があるのである．

　この主旨の制度的な工夫としては，中央集権的な生産計画を編成する経済レジームに期待が寄せられた時期もあったが，1980年代末からの社会主義経済の市場経済化の波は，この期待が大きな幻滅に終わったことを契機として勃興したものだった．分散的な私的情報を社会的活用の水路に導く分権的な制度としては，失敗した計画機構の社会的な実験に遥かに先立って，自生的な進化プ

---

[1]　本章で報告される《過剰参入定理》(excess entry theorem)に結実した競争と経済厚生に関する著者の研究は，東京経済研究センターの共同研究として開始された《日本の産業政策》プロジェクト(1982-1984年)の成果の一部である．この共同研究は，小宮隆太郎・奥野正寛・鈴村興太郎編『日本の産業政策』(1984)，伊藤元重・清野一治・奥野正寛・鈴村興太郎『産業政策の経済分析』(1988)という2つの研究書の出版に結実したが，競争と経済厚生に関するサブ・プロジェクトは奥野正寛，清野一治の両氏との共同研究としてその後も継続され，Suzumura and Kiyono (1987), Okuno-Fujiwara and Suzumura (1993), Suzumura (1992, 1995) などの成果に結実した．本章は，Suzumura and Kiyono (1987) および Suzumura (1995, Chapter 1)に主として依拠して書かれている．

ロセスを辿ってきた競争的な市場メカニズムを抜きにしては，殆どあり得ないように思われる[2]．事実，かつてのソヴィエト連邦をはじめとする中央計画経済においてさえ，集権的計画機構の円滑なワーキングのためには，分権的・合理的な経済計算を可能にする潜在価格システムの利用が不可欠であったこと，ノルマの指令を消化するための緩衝帯として，さまざまな闇市場が機能を果たしていたことが，いまでは周知の事実となっている．

　競争的市場メカニズムに対する信頼感の通念的な表現は，アダム・スミスの『国富論』と結びついてあまりにも有名な《神のみえざる手》という表現を嚆矢として，枚挙に暇ないまでに数多い．この通念に対して，コンテスタブル市場理論の創始者ウィリアム・ボーモル(Baumol, 1982, p. 2)は，「産業組織論の標準的な分析は，産業のパフォーマンスの望ましさに関して，規制されない純粋独占を最悪の極限，完全競争を最善の極限とするスペクトラムが存在して，企業数が増加するにつれて，資源配分の効率性は単調に改善されるという印象を与えている」というオペレーショナルな表現を与えたことがある．

　実のところ，「競争を激しくすることは，経済厚生を高める」(Stiglitz, 1981, p. 184)というこの伝統的な通念の支配に対しては，合理的な疑問を提示するべき事例が数多く指摘されてきたことに留意すべきである．事実，クリスチャン・フォン・ヴァイゼッカー(von Weizsäcker, 1980a, 1980b)をはじめとして，潜在的な競争企業の参入の脅威を強めるよりは弱める方が，社会的な経済厚生を改善することになることを示す事例が，数多く報告されている．競争は経済厚生の向上をもたらす分権的メカニズムであるという伝統的な通念の是非を決定するためには，こうした事例は単なる病理的な例外事象であるに過ぎないのか，それとも確固とした理論的根拠に根差した頑健な性質として，真剣に向き合うべき競争機構に内在する特性なのかという点を，徹底的に見極めなければならない．本章は，この見極めのための単純な理論的検討を遂行することを課題としている．

---

[2] 中央集権的な経済計画の合理的な可能性に関しては，フリードリッヒ・ハイエクやオスカー・ランゲを中心に，1930年代に《経済計画論争》(economic planning controversy)という著名な論争があった．制度設計の経済学や比較経済システム論の理論的な源流として重要なこの論争の評価に関しては，鈴村(1982a, 第1章)を参照していただきたい．

この理論的な検討作業は，同質的な財市場で数量戦略を用いて戦われるクールノー型の寡占的競争モデルを用いて行われる．分析の焦点はある産業内で競争する企業数nであるが，企業数の増加による競争の激化が経済厚生に及ぼす効果を分析する手段として，3つの重要な企業数の概念——《最善》企業数，《次善》企業数，《均衡》企業数——を定義する．まず，ある時点で競争に参加する企業数nが与えられたとき，社会的に《最善》(first-best)の産出量を，《限界費用価格形成》(marginal cost pricing)原理を満足する各企業の産出量として定義する．産業内の全企業が社会的に最善の産出量を遵守するという前提のもとに《社会的総余剰》(total social surplus)——《消費者余剰》(consumer's surplus)と《生産者余剰》(producer's surplus)の和——を最大化する企業数として，社会的に最善の企業数を定義する．次に，産業内の各企業がクールノー＝ナッシュ均衡で成立する産出量を生産するという前提のもとに，社会的総余剰を最大化する企業数として，社会的に次善の企業数を定義する．最後に，企業数nが与えられたとき，クールノー＝ナッシュ均衡で各企業が獲得する利潤が正(あるいは負)であれば，他の産業から新たな企業がこの産業に参入する(あるいはこの産業の既存企業が他の産業に移動する)という企業数調整の動学プロセスを考えて，この動学的調整が収束する企業数として，均衡企業数を定義することにする．これだけの道具立てが整えば，我々が先に提起した問題に対する解答に直結する3つの過剰参入定理を述べることができる．いずれの定理も，その成立のためにはいくつかの条件が必要とされるのは当然だが，議論の詳細は次節以降の分析に譲ることにして，ここでは定理の主張内容とその意味に専ら関心を絞ることにしたい．

第1の定理——《最善の過剰参入定理》(first-best excess entry theorem)——は，均衡企業数は最善の企業数を超過することを主張する．第2の定理——《次善の過剰参入定理》(second-best excess entry theorem)——は，均衡企業数は次善の企業数を超過することを主張する．第3の定理——《限界における過剰参入定理》(excess entry theorem at the margin)——は，均衡企業数から僅かに企業数を減少させれば，社会的総余剰で測られた経済厚生は僅かに増加することを主張する．いずれの定理にせよ，基本的なメッセージは同一である．均衡企業数は，社会的総余剰で測られた経済厚生の観点に立って，社会的に過剰だ

と判定されるのである．

次節からの4つの節では，過剰参入定理の正確な定式化と論証を行い，最後の第6節では，定理の意味と意義に関してさらに立ち入って議論することにしたい．

第2節　対称的クールノー寡占のモデル

本章全体を通じて，同質財を生産する寡占産業のモデルを，議論のキャンバスとして採用する．すべての企業は，技術面でも行動面でも，まったく同一であると仮定される．産業内で稼働する企業数は，n で示される．第 i 企業の産出量を z_i $(i=1,2,\ldots,n)$ で示せば，$Q := \sum_{i=1}^{n} z_i$ は産業の総産出量を示すことになる．各企業の費用関数と市場の逆需要関数は，それぞれ $C(z_i)$ $(i=1,2,\ldots,n)$ と $p = f(Q)$ によって表現される．関数 C と f は，以下の分析が必要とする回数だけ，連続微分可能であるものと仮定される．そのとき第 i 企業の利潤は

$$(2.1) \qquad \pi_i(z_i; Q_i) = z_i f(z_i + Q_i) - C(z_i)$$

によって表現される．ただし $Q_i := \sum_{j \neq i} z_j = Q - z_i$ $(i=1,2,\ldots,n)$ である．以下では，μ は《推測変分》(conjectural variation) の係数を示すものであって，$\mu := \partial Q/\partial z_i$ $(i=1,2,\ldots,n)$ として定義される．そのとき，他のすべての企業の産出量の和 Q_i に対応して，第 i 企業の利潤を最大化する産出量 z_i は

$$(2.2) \qquad f(z_i + Q_i) + \mu z_i f'(z_i + Q_i) - C'(z_i) = 0$$

および

$$(2.3) \qquad 2\mu f'(z_i + Q_i) + \mu^2 z_i f''(z_i + Q_i) - C''(z_i) < 0$$

を満足する．

本章全体を通じて，我々は次の仮定を設けることにする．

仮定 A1：準クールノー推測が行われているものとする．すなわち，μ は n

を上回ることがない正の定数である[3]．

仮定 A2：逆需要関数 f は，ある $M > 0$ と任意の $Q > 0$ に対して $-M \leq f'(Q) < 0$ を満足する．

仮定 A3：費用関数は，(i) すべての $z > 0$ に対して $C'(z) > 0$ を満足する．また (ii) $C(0) > 0$ あるいは $\lim_{z \to 0^+} C''(z) := C''(0) < 0$ を満足する．

仮定 A4：限界費用は需要曲線よりも低い割合で逓減する．すなわち，任意の $z_i > 0$ と $Q_i > 0$ $(i = 1, 2, \ldots, n)$ に対して

$$(2.4) \qquad \mu f'(z_i + Q_i) < C''(z_i)$$

が成立する．

仮定 A5：任意の企業の限界収入は，残りの企業の総産出量の減少関数である．すなわち，任意の $z_i > 0$ と $Q_i > 0$ $(i = 1, 2, \ldots, n)$ に対して

$$(2.5) \qquad f'(z_i + Q_i) + \mu z_i f''(z_i + Q_i) < 0$$

が成立する．

仮定 A6：仮定 **A1** を満足する任意の n と μ に対して，対称的な準クールノー均衡が一意的に存在する．この均衡は，

---

[3] この仮定は，各企業はその行動が残りの企業全体に及ぼす効果を，自信を持って予想できることを意味している．クールノー推測は，自分が現在の行動プランから乖離しても，残りの企業は彼らの行動プランから乖離することはないと，各企業が推測することを意味している．これは，$\mu = 1$ という **A1** の特殊ケースであることに注意せよ．また，全企業がその相互作用を十分認識し，あたかもカルテルを形成したかのように共謀する場合には，$\mu = n$ という **A1** の別の特殊ケースが得られることになる．このように考えると，$m := n/\mu$ はクールノー寡占の《有効》企業数であると解釈することができる．$0 < \mu \leq 1$ (あるいは $1 < \mu \leq n$) は，企業間の《競争》(あるいは《共謀》) 状態に対応すると解釈することができる．

(2.6) $$f(nz(n,\mu)) + \mu z(n,\mu)f'(nz(n,\mu)) - C'(z(n,\mu)) = 0$$

および

(2.7) $$Q(n,\mu) := nz(n,\mu), \qquad p(n,\mu) := f(Q(n,\mu))$$

を満足する企業の産出量 $z(n,\mu)$，産業の産出量 $Q(n,\mu)$ および価格 $p(n,\mu)$ の組み合わせ $\{z(n,\mu), Q(n,\mu), p(n,\mu)\}$ として定義される．

表記法の簡単化のために，次の記号を導入することにしたい：

(2.8) $$m := \frac{n}{\mu}, \qquad K(n,\mu) := 1 - \frac{C''(z(n,\mu))}{\mu f'(Q(n,\mu))}, \qquad E(Q) := \frac{Qf''(Q)}{f'(Q)}.$$

以下では，m は《有効》企業数と呼ばれることになる．

これらの記号を用いれば，不等式(2.3)は対称的な準クールノー均衡において

(2.9) $$E(Q(n,\mu)) + mK(n,\mu) + m > 0$$

と書き換えられる．

仮定 **A1**, **A2**, **A4** および(2.8)をあわせ考慮すれば

(2.10) $$K(n,\mu) > 0$$

を導出することができる．また，仮定 **A1**, **A2**, (2.5)および(2.8)をあわせ考慮すれば

(2.11) $$E(Q(n,\mu)) + m > 0$$

が含意されることになる．

(2.9)を(2.10)および(2.11)と比較してみると，仮定 **A1**, **A2**, **A4** および **A5** は，利潤最大化の2階の条件(2.9)が満足されることを保証していることが確認できる．

さらに，仮定 **A4** と **A5** は，準クールノー市場の数量調整プロセス

(2.12) $$\dot{z}_i = \alpha_i \{z_i(Q_i) - z_i\} \quad (\alpha_i > 0)$$

が動学的に安定であるための十分条件であるという事実も，ここで注意を喚起する価値がある．ただし，所与の Q_i に対して $z_i(Q_i)$ は(2.2)の解であって，α は調整係数，$\dot{z}_i$ は z_i の時間に関する微分を表している[4]．

固定された企業数 n に対して，企業の社会的に最適な産出量 $z_*(n)$ は，社会的総余剰関数を一意的に最大化する産出量として定義される．すなわち，

(2.13) $$z_*(n) := \arg\max_{z>0} \left\{ \int_0^{nz} f(x)dx - nC(z) \right\}$$

である．よく知られているように，(2.13)によって定義される $z_*(n)$ は限界費用原理：

(2.14) $$f(nz_*(n)) = C'(z_*(n))$$

を満足する産出量である．

最後に，準クールノー市場の参入・退出動学を考える．各企業は，対称的な準クールノー均衡において正の(あるいは負の)利潤を上げているとすれば，新規企業(あるいは既存企業)はこの産業に参入する(あるいはこの産業から退出する)誘因が存在することになる．企業数を連続変数と仮定すれば，企業のこの参入・退出動学を，微分方程式：

(2.15) $$\dot{n} = \beta \{f(nz(n,\mu))z(n,\mu) - C(z(n,\mu))\} \quad (\beta > 0)$$

によって定式化することができる[5]．ただし，この式の右辺の中カッコ内は利潤を表していて，β は調整係数である．また，$\dot{n}$ は n の時間に関する微分を表している．

$n_e(\mu)$ は $\mu > 0$ に対応する(2.15)の停留点を表現するものとする．すなわ

---

[4] 準クールノー市場における数量調整プロセスの動学的安定条件に関しては，Hahn(1962)およびSeade(1980a, 1980b)を参照していただきたい．

[5] 企業数を連続変数として処理する分析方法は，Dixit and Stiglitz(1977), Seade(1980a, 1980b), von Weizsäcker(1980a, 1980b)およびその後継研究において，一般的に使用されてきた．この理論的慣行を擁護しようとする試みについては，Seade(1980b, p. 482)並びに本章末尾の第6節を参照していただきたい．

ち，

(2.16) $$f(n_e(\mu)z(n_e(\mu),\mu))z(n_e(\mu),\mu) = C(z(n_e(\mu),\mu))$$

である．$n_e(\mu)$ の一意性と安定性の証明は，本章第5節で与えられる．以下では，対称的な準クールノー均衡 $\{z(n_e(\mu),\mu), Q(n_e(\mu),\mu), p(n_e(\mu),\mu)\}$ は，《自由参入準クールノー均衡》(free entry quasi-Cournot equilibrium) と呼ばれる．それに対応して，$n_e(\mu)$ は《均衡企業数》(equilibrium number of firms) と呼ばれる．

第3節 最善の過剰参入定理

《最善》(first-best) の厚生最適の分析から始めたい．まず最初に，企業の社会的に最適な産出量 $z_*(n)$ の性質を，均衡産出量 $z(n,\mu)$ の性質と比較する．

補題1

任意に与えられた $n > 0$ と $\mu > 0$ に対して，(a) $z_*(n) > z(n,\mu)$ が成立する．また，(b) $z(n,\mu)$ は $\mu > 0$ の減少関数である．

証明は第5節で与えることにするが，補題1のいくつかの直接的な含意は，現段階で言及しておく価値がある．第1に，$Q_*(n) := nz_*(n)$ と $p_*(n) := f(Q_*(n))$ を定義すれば，仮定 **A2** と補題1(a) から $Q_*(n) > Q(n,\mu)$ と $p_*(n) < p(n,\mu)$ が $0 < \mu < n$ を満足するすべての n と μ に対して成り立つことを結論できる．ゆえに，《有効》企業数 m が 1 を上回る任意の企業数 $n > 0$ と推測係数 $\mu > 0$ に対して，産業の均衡産出量(あるいは均衡価格)は社会的に最適な産出量(あるいは社会的に最適な価格)より小さい(あるいは大きい)ことになる．第2に，μ が n を固定しつつ 0 に収束するとすれば，$z(n,\mu)$ は補題1(b) によって増大するが，これは補題1(a) によって $z_*(n)$ に上から抑えられている．したがって，$z(n,0) := \lim_{\mu \to 0} z(n,\mu)$ が存在する．他方では，(2.6)で μ が 0 に収束すると仮定して，$\{z(n,\mu)\}$ の有界性を考慮すれば，連続性の仮定から

(3.1) $$f(nz(n,0)) = c'(z(n,0))$$

が成り立つことになる.(2.14)と(3.1)を比較して $z_*(n)$ の一意性に注意すれば,

(3.2) $$\lim_{\mu \to 0} z(n,\mu) := z(n,0) = z_*(n)$$

が任意の $n > 0$ に対して成り立つという結論を下すことができる[6]).

n の変化が,企業の産出量に及ぼす効果についてはどうだろうか.第1に,(2.14)を n について微分すれば,

(3.3) $$z_*'(n) := \frac{d}{dn} z_*(n) = -\frac{z_*(n)}{n - \dfrac{C''(z_*(n))}{f'(nz_*(n))}}$$

が得られるが,これは $n > \mu$ を満足するすべての n に対して負である.ゆえに,企業の社会的に最適な産出量の水準は,産業の企業数の増大に応じて減少する.第2に,(2.6)を n について微分すると,

(3.4) $$z_n(n,\mu) := \frac{\partial}{\partial n} z(n,\mu) = -\frac{z(n,\mu)}{n} \frac{E(Q(n,\mu)) + m}{E(Q(n,\mu)) + m + K(n,\mu)}$$

を得るが,これは(2.10)と(2.11)によって負である.ゆえに,企業の均衡産出量の水準は産業の企業数の増大に応じて減少する.

均衡企業数 $n_e(\mu)$ は $\mu > 0$ の変化にどのように反応するだろうか.我々は,容易に次の補題を立証することができる:

補題 2

すべての $\mu > 0$ に対して $n_e'(\mu) > 0$ である.

証明は第5節で与えられている.

[6) μ が 0 に収束するという仮定は,各企業が自らの産出量の変化の産業の産出量への効果を次第に認識しなくなる状況に対応している.したがって,(3.2)は企業の《主観的な規模》が無限小になるとき,企業の均衡産出量は社会的に最適な産出量に収束することを意味するものと解釈することができる.

大雑把にいえば，この補題のメッセージは次のように解釈される：企業間関係が共謀的になればなるほど，自由参入準クールノー均衡における産業内企業数は多くなる．この結果の直観的な理由は，産業が共謀的になるにつれて，各企業の利潤が増大する結果，潜在的な企業がこの産業に参入してくることになるということである．

《最善》の過剰参入定理を述べる準備はこれで整った．《最善》の厚生最適化を追求する目的で，価格・参入規制を行う政府による介入の論理的な帰結を調べよう．《最善》の総余剰関数を

$$(3.5) \qquad W_f(n) := \int_0^{nz_*(n)} f(x)dx - nC(z_*(n))$$

によって定義して，《最善》の企業数 n_f を

$$(3.6) \qquad n_f := \arg\max_{n>0} W_f(n)$$

によって定義する．

n_f を特徴付けるために，$W_f(n)$ を微分すれば

$$(3.7) \qquad W_f'(n) = f(nz_*(n))z_*(n) - C(z_*(n))$$

を得ることができる．ただし，$z_*'(n)$ を含む項を消去する段階で，(2.14)が用いられている．

(3.7)を微分して(2.14)と(3.3)を用いれば，

$$(3.8) \qquad W_f''(n) = -\frac{\{z_*(n)\}^2 C''(z_*(n))}{n - \dfrac{C''(z_*(n))}{f'(nz_*(n))}}$$

が得られる．$W_f'(n) = 0$ が成り立つのは

$$(3.9) \qquad f(nz_*(n)) = \frac{C(z_*(n))}{z_*(n)},$$

すなわち，価格が平均費用に等しい場合，そしてその場合のみであることになる．これに対して $W_f''(n) < 0$ が仮定 **A1**, **A2** および **A3** のもとで成り立つのは $C''(z_*(n)) > 0$ である場合，そしてその場合のみである．ゆえに，《最善》の企業数 n_f は限界費用が逓増する場合には，(3.9)によって特徴付けられる．

本章の第1の主要結果を提示する段階にきた．

定理 3.1（最善の過剰参入定理）

仮定 **A1**-**A6** が成り立つものと仮定する．さらに，(i) 限界費用が逓増すること，(ii) 名目企業数も《有効》企業数も，自由参入準クールノー均衡における企業数を上回ることを仮定する．そのとき，均衡企業数 $n_e(\mu)$ は最善の企業数 n_f を上回る．

証明は第5節で与えられている．

定理 3.1 の背後にある条件 **A1**-**A6** の間で，**A5** はやや厳しい仮定であるように思われる．とはいえ，この仮定はより弱い

仮定 **A5***
$$E(Q(n,\mu)) + mK(n,\mu) + m > 0,$$
$$E(Q(n,\mu)) + K(n,\mu) + m > 0$$

によって置き換えることができる．仮定 **A5*** の第1の部分は利潤最大化の2階の条件 (2.9) に他ならないことに注意していただきたい．第2の部分は，Seade (1980a, 1980b) によると，数量調整プロセス (2.12) の動学的安定性のための必要十分条件である．容易に示されるが，仮定 **A5*** が **A5** を置換できる程度には，定理1は一般化することができる．

第4節　次善の過剰参入定理と限界における過剰参入定理

《最善》の理想がどれほど望ましいように思われても，現実の政府は《最善》の厚生最適化のために必要とされる限界費用原理を，企業に対して強制することはできない．そこで，寡占的な価格形成が現実の——《次善》の——政府によって許容されることを前提にして，《最善》の過剰参入定理のメッセージが企業行動を管理する政府の規制能力の変化によってどのように変化することになるかを考えてみることにしたい．

そこで，《次善》の総余剰関数を

(4.1) $$W_s(n,\mu) := \int_0^{nz(n,\mu)} f(x)dx - nC(z(n,\mu))$$

によって定義する．これを用いて，《次善》の企業数 $n_s(\mu)$ は

(4.2) $$n_s(\mu) := \arg\max_{n>0} W_s(n,\mu)$$

によって定義される．

以下では，$n_e(\mu) > n_s(\mu)$ が必ず成立することを示したい．そこで，$n_s(\mu) \geq n_e(\mu)$ であるものと仮定する．(4.1)を n について微分すれば，

(4.3) $$\frac{\partial}{\partial n} W_s(n,\mu) = \mu\{z(n,\mu)\}^2 f'(nz(n,\mu)) \frac{E(Q(n,\mu)) + m}{E(Q(n,\mu)) + m + K(n,\mu)}$$
$$+ \pi(n,\mu)$$

を得ることができる．ただし

(4.4) $$\pi(n,\mu) := f(nz(n,\mu))z(n,\mu) - C(z(n,\mu))$$

である．また，ここで(2.6)と(3.4)が用いられている．そのとき

(4.5) $$\frac{\partial}{\partial n}\pi(n,\mu) = f'(nz(n,\mu))\{z(n,\mu)\}^2 \frac{mK(n,\mu) + E(Q(n,\mu)) + m}{E(Q(n,\mu)) + m + K(n,\mu)} < 0$$

が成り立つことに注意する．ただし，ここで(2.6), (2.10), (2.11)および(3.4)が用いられている．$n_e(\mu)$ の定義そのものによって $\pi(n_e(\mu),\mu) = 0$ が成り立つから，(4.5)はすべての $n > n_e(\mu)$ に対して $\pi(n,\mu) < 0$ であることを意味している．そのとき

(4.6) $$\text{すべての } n \geq n_e(\mu) \text{ に対して } \frac{\partial}{\partial n} W_s(n,\mu) < 0$$

であることになる．ただしここで，仮定 **A2**,(2.10)および(2.11)を用いている．$n_s(\mu) \geq n_e(\mu)$ と(4.6)から $(\partial/\partial n)W_s(n_s(\mu),\mu) < 0$ が成り立つことになるが，これは $n_s(\mu)$ の定義(4.2)と矛盾する．背理法によって，我々は次の結果を主張することができる．

定理 4.1 (次善の過剰参入定理)

仮定 **A1**-**A6** が成り立つものと仮定する．そのとき，《均衡》企業数 $n_e(\mu)$ は《次善》企業数 $n_s(\mu)$ を上回る．

定理 3.1 とは異なり，定理 4.1 の妥当性はまさに仮定 **A5** 次第である．実際，仮定 **A5** を仮定 **A5*** で置き替えれば，定理 4.1 の主張は維持できなくなるのである．仮定 **A5** が満足されれば，各々の既存企業の利潤は《次善》の最適状態において正，すなわち，$\pi(n_s(\mu),\mu) > 0$ であることにも注意せよ．この事実は，(4.3) と $(\partial/\partial n)W_s(n_s(\mu),\mu) = 0$ によって保障される．したがって，《最善》の最適とは異なり，《次善》の最適においては各企業に対して正の収益性が保証されているのである．

ここで，(4.6) が $(\partial/\partial n)W_s(n_e(\mu),\mu) < 0$ を保障することに注意してほしい．この性質は，《次善》の社会的総余剰 $W_s(n,\mu)$ が均衡企業数 $n_e(\mu)$ において，n の減少関数であることを意味している．この事実のインプリケーションは重要であって，我々は次の定理を主張することができる：

定理 4.2 (限界における過剰参入定理)

仮定 **A1**-**A6** が成り立つものと仮定する．そのとき，自由参入準クールノー均衡において企業数を僅かに削減すれば，社会的総余剰で測られる経済厚生は必ず高まることになる．

この結果は次の事実を意味している：たとえ《次善》の企業数 $n_s(\mu)$ がどこにあるかが(例えば，次善の社会的総余剰関数の正確な性質がわからないために)確かでないにしても，政府は均衡数の企業から僅かな《退出》を実現すれば，限界において経済厚生が改善されることを知ることができるのである．

第 5 節　定理の証明

1. $n_e(\mu)$ の一意性と安定性

均衡企業数 $n_e(\mu)$ は $\pi(n_e(\mu),\mu) = 0$ によって定義される．ただし $\pi(n,\mu)$

は(4.4)によって定義される利潤関数である．(4.5)を考慮すれば，$n_e(\mu)$の一意性は明らかである．

$n_t := n(t, n_0)$が，微分方程式(2.15)の解であるとする．ただしn_0はnの初期値を示すものとする．解の経路$\{n_t := n(t, n_0) \mid 0 \leq t < +\infty\}$と均衡企業数$n_e(\mu)$の間の距離を$V_t := (1/2)\{n_t - n_e(\mu)\}^2$によって定義する．そのとき

(5.1) $\qquad \dot{V}_t = \{n_t - n_e(\mu)\}\dot{n}_t = \beta\{n_t - n_e(\mu)\}\pi(n_t, \mu)$

であることは明らかである．(4.5)によって，$n_t < n_e(\mu), = n_e(\mu), > n_e(\mu)$に応じて$\pi(n_t, \mu) > 0, = 0, < 0$である．このとき，$n_t \neq n_e(\mu)$である限り$\dot{V}_t < 0$であることになる．それに対して，$\dot{V}_t = 0$を得るのは$n_t = n_e(\mu)$である場合，そしてその場合のみである．ゆえに，$\lim_{t\to\infty} n(t, n_0) = n_e(\mu)$が保証される．∥

2. 補題1の証明

(a) 任意のnに対して，zの関数$g_n(z) := f(nz) - C'(z)$と$h_n(z) := f(nz) - C'(z) + \mu z f'(nz)$を定義する．仮定**A1**と**A2**によって，すべての$z > 0$に対して$\mu z f'(nz) < 0$を得るので，すべての$z > 0$に対して$g_n(z) > h_n(z)$である．$z_*(n)$と$z(n, \mu)$の定義によって，$g_n(z_*(n)) = h_n(z(n, \mu)) = 0$を得る．さらに，仮定**A2**と**A4**は$g'_n(z) = (n-\mu)f'(nz) + \mu f'(nz) - C''(z) < 0$を含意する．これは$z_*(n)$の一意性と不等式$z_*(n) > z(n, \mu)$を保証するのに十分である．

(b) (2.6)をμについて微分すれば，

(5.2) $\qquad z_\mu(n, \mu) := \dfrac{\partial}{\partial \mu} z(n, \mu) = -\dfrac{z(n, \mu)}{\mu\{E(Q(n, \mu)) + m + K(n, \mu)\}}$

が成り立つことが容易に確認できる．これは(2.10)と(2.11)によって負である．∥

3. 補題2の証明

(2.16)をμについて微分して，$n = n_e(\mu)$に対する(2.6)を考慮すれば，

第 16 章　参入障壁と経済厚生：過剰参入定理——393

(5.3) $\quad n_e'(\mu) = -\dfrac{z_\mu(n_e(\mu),\ \mu)}{z(n_e(\mu),\ \mu) + \{n_e(\mu) - \mu\}z_n(n_e(\mu),\ \mu)}$

を得る．$n = n_e(\mu)$ について (5.2) と (3.4) を (5.3) に代入して整理すれば，

(5.4) $\quad n_e'(\mu) = -\dfrac{z_\mu(n_e(\mu),\ \mu)m_e\{E(Q_e) + m_e + K_e\}}{z(n_e(\mu),\ \mu)\{m_e K_e + E(Q_e) + m_e\}}$

を得る．ただし，ここで $E(Q_e) := E(Q(n_e(\mu),\mu))$, $m_e := n_e(\mu)/\mu$ および $K_e := K(n_e(\mu),\mu)$ である．$n = n_e(\mu)$ に対する (2.10) と (2.11) によって，(5.2), (2.4) および (5.4) から，すべての $\mu > 0$ に対して $n_e'(\mu) > 0$ が成り立つことを確認することができる．∥

4. 定理 1 の証明

はじめに，$n_e(0) := \lim_{\mu \to 0} n_e(\mu)$ が存在して $n_e(0) = n_f$ を満足することを証明する．補題 1(a), $z_*'(n) < 0$ および仮定 (ii) によって

(5.5) $\quad z(n_e(\mu),\mu) < z_*(n_e(\mu)) \leq z_*(1)$

が成り立つことに注意せよ．また $(d/d\mu)z(n_e(\mu),\mu) = z_n(n_e(\mu),\mu)n_e'(\mu) + z_\mu(n_e(\mu),\mu) < 0$ に注意せよ．ただし補題 2 が援用されている．ゆえに，μ が 0 に向かって減少すると，$z(n_e(\mu),\mu)$ は増大する．$\{z(n_e(\mu),\mu)\}$ は $z_*(1)$ によって上に有界なので，$\lim_{\mu \to 0} z(n_e(\mu),\mu) = z(\lim_{\mu \to 0} n_e(\mu), 0)$ が存在する．$n_e(0) := \lim_{\mu \to 0} n_e(\mu)$ とする．$n = n_e(\mu)$ に対する (2.6) を考えて μ が 0 に収束すると仮定すれば

(5.6) $\quad f(n_e(0)z(n_e(0),0)) = C'(z(n_e(0),0))$

を得る．ただし，ここで仮定 **A2** と **A5*** が用いられている．(3.2) を考慮すれば，(5.6) は

(5.7) $\quad f(n_e(0)z_*(n_e(0))) = C'(z_*(n_e(0)))$

と書き換えられる．次に，(2.16) で μ が 0 に収束すると仮定して (3.2) を考慮すれば

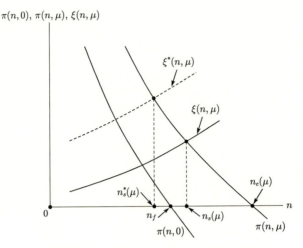

図 16-1 $n_f, n_s(\mu)$ および $n_e(\mu)$ の比較

(5.8) $\qquad f(n_e(0)z_*(n_e(0)))z_*(n_e(0)) = C(z_*(n_e(0)))$

を得ることができる. (5.7)と合わせると, (5.8)は所望の $n_e(0) = n_f$ を与えてくれる.

ここで, ある $\mu > 0$ に対して $n_f \geq n_e(\mu)$ が成り立つとする. このとき, 補題2によって, $n_f \geq n_e(\mu) > n_e(0) = n_f$ を得るが, これは矛盾である. ゆえに, $n_e(\mu) > \max\{1, \mu\}$ を満足するすべての $\mu > 0$ に対して $n_f < n_e(\mu)$ である他はない. これが示されるべきことであった. ∥

5. n_f と $n_s(\mu)$ の間の比較

$n_f, n_s(\mu)$ および $n_e(\mu)$ はそれぞれ $\pi(n_f, 0) = 0$, $\pi(n_s(\mu), \mu) = \xi(n, \mu)$ および $\pi(n_e(\mu), \mu) = 0$ によって特徴付けられることに注意せよ. ただし, $\pi(n, \mu)$ は(4.4)によって定義されて, $\xi(n, \mu)$ は

(5.9) $\quad \xi(n, \mu) := -\mu\{z(n, \mu)\}^2 f'(nz(n, \mu)) \dfrac{E(Q(n, \mu)) + m}{E(Q(n, \mu)) + m + K(n, \mu)}$

によって定義される. これは, 我々の仮定のもとで正である. また(4.5)が $(\partial/\partial n)\pi(n, \mu) < 0$ であることを保証することに注意せよ. それに対して補題

1(b) は

(5.10) $\quad \dfrac{\partial}{\partial \mu}\pi(n,\mu) = (n-\mu)z(n,\mu)f'(Q(n,\mu))z_\mu(n,\mu) > 0$

を保証する.固定された $\mu > 0$ に対して $\pi(n,0), \pi(n,\mu)$ および $\xi(n,\mu)$ のグラフを描く.容易に気付くように,$n_e(\mu) > n_f$ と $n_e(\mu) > n_s(\mu)$ は一般に成立する.これに対して,$n_s(\mu)$ は $\xi(n,\mu)$ の $\pi(n,\mu)$ に対する相対的な位置によって,n_f を上回るかもしれないし,下回るかもしれない.∥

第6節　競争と経済厚生:過剰参入定理のメッセージ

　本章では,競争こそ資源配分の効率化に導く分権的なメカニズムであるという伝統的な通念に対して,合理的な根拠を持って疑問を提起するために,クールノー寡占モデルにおける3つの過剰参入定理を証明した.これらの定理に共通するメッセージは,ここで簡潔に要約しておくに値する.すなわち,利潤動機を道標として,クールノー=ナッシュ均衡において正の利潤を保障する利益性の高い産業へ新規企業が参入する自由を認めて,産業内の競争を激しくする政策よりは,なんらかの政策手段を用いて均衡企業数以下に新規企業の参入を抑制する政策の方が,社会的総余剰で測られる経済厚生の観点から判断すれば,社会的に望ましいのである.アダム・スミスにその源泉を持つ伝統的な通念とは対立的な過剰参入定理の綜合的な解釈と評価は,第18章(競争の社会的機能:通念とその破壊)に到るまで保留しなければならない.以下では,過剰参入定理の主張内容と証明方法に絞って,いくつかの注意事項を述べることに留めることにしたい.

　第1に,我々の過剰参入定理は,その基礎モデルであるクールノー寡占モデルが,Frank Hahn(1962)や Jesus Seade(1980a, 1980b)によるクールノー=ナッシュ均衡の動学的安定条件を満足するという前提を踏まえて証明されている.クールノー寡占モデルにおける参入に関しては,従来もいくつかの直観に反する結果が得られてきた.だが,これらの直観を裏切る結果はクールノー=ナッシュ均衡が動学的に不安定である場合にのみ成立することが,現在ではよく知られている.それだけに,過剰参入定理がクールノー=ナッシュ均衡の動

学的安定条件を前提して証明されているという事実は，特筆に値するというべきである．

第2に，クールノー寡占モデルの次善のパフォーマンスに関しては，あまり多くの分析があるとはいえないのが現実である．Richard Harris(1981)はその数少ない例外のひとつである．ただし，ハリスの次善概念と我々の次善概念には明瞭な差異があって，2つの分析の結果は比較可能ではないことに注意しなければならない．

最後に，我々の過剰参入定理の構想に導いた日本の産業政策の経験に，簡潔に触れておきたい．戦前，戦後を通じて，日本の産業政策と経済規制を司った人々の間では，競争はせいぜい必要《悪》であり，秩序ある協調は《善》であるという考え方が，支配的な影響力を振るってきたといってよい．経済メカニズムに対する国家の強権的な介入が目立つ戦前はいうまでもなく，基本的には分権的な市場メカニズムを活用して経済運営が行われてきた戦後期においてさえ，日本の産業政策と経済規制は，市場メカニズムに対する行政的な介入を繰り返してきた．このような介入を動機付けた標語こそ，《過当競争の弊害の除去》だったのである．

我々が理解するところでは，《産業政策》(industrial policy)とは，一国の産業(部門)間の資源配分，または特定産業(部門)内の産業組織に介入して，その国の経済厚生に影響を与えようとする政策である．この意味の産業政策のなかには，

(1) 一国の産業構造に戦略的に影響を与えようとする政策，すなわち，成長産業の保護・育成，衰退産業の調整・援助に関わる政策，
(2) 技術開発や情報の不完全性などに起因する《市場の失敗》の補整に関わる政策，
(3) 個別産業内部の産業組織に行政的に介入して，経済厚生を高めようとする政策，すなわち，不況カルテル，合理化カルテル，設備投資カルテルなど，企業間の競争圧力を軽減する措置を独占禁止法の適用対象の外部に置くことによって，産業のパフォーマンスを改善しようとする政策，
(4) 主として政治的な要請に基づき，輸出自主規制や輸入自主拡大などに関する政府間の政策合意を形成して，貿易相手国との経済摩擦を軽減しよ

うとする政策,

の4つのタイプの政策が含まれていると考えられる[7]. このうち, 第3のタイプの産業政策こそ, 過当競争の制御に関わる経済政策なのである. このような政策の理論的な正当化は, 殆ど真剣に試みられることさえ稀だった. 僅かに存在する正当化の試みも, 「競争によって得られる国民経済的利益よりも, 競争にともなって失う国民経済的コストの方が大きい」(両角, 1966, p. 62; 1973, 注11)程に競争が激しい場合には, 産業組織への行政的介入は適切かつ正当であるという殆ど同義反復に近い議論でしかなかったのである. 我々の過剰参入定理は, 3つの特徴を備えた産業, すなわち

(α) 産業の生産物が同質的である,
(β) 産業の生産技術が規模の経済性を持っている,
(γ) 産業組織が寡占的である,

という性質に特徴付けられる産業において, 企業間競争が利潤のシグナルを道標としてクールノー＝ナッシュの長期均衡に到達するのを放置するよりも, 産業内で稼働する企業数を制約する方が産業の経済厚生が改善されるという意味で, 自由な寡占企業間の競争は社会的に過剰となることを教えている.

この結論の持つ意味をさらに興味深いものとする事実として, 戦後の日本経済で, 設備投資の過当競争がしばしば語られてきた産業は, 製鉄, 石油精製, 石油化学, 精糖, 紙・パルプなど, まさしく(α)・(β)・(γ)という3つの特徴を備えた産業であったことにも言及しておくことにしたい.

本章で論証された命題が, 過剰参入定理の基本型である. この定理が, いわゆる過当競争論の理論的な根拠付けになっているという結論に性急に飛躍する前に, まだ行われるべき重要な作業がひとつ残されている. 競争と経済厚生に関わる伝統的通念の根拠付けに関係する重要な命題であるだけに, 過剰参入定理の頑健性を確認する作業は, 慎重に行われる必要があるからである. 次章では, 過剰参入定理の頑健性テストの一例を示して, 定理の一般化の可能性を示唆することにしたい.

---

7) 産業政策に対するこのような理解は,《日本の産業政策》プロジェクトの推進過程で次第に成熟して, 伊藤元重・清野一治・奥野正寛・鈴村興太郎『産業政策の経済分析』(1988)における理論的研究の枠組みとして, 統一的に採用された考え方である.

第17章　戦略的R&Dと過剰参入定理[1]

第1節　戦略的コミットメントと経済厚生

　第16章(参入障壁と経済厚生：過剰参入定理)では,「競争を激しくすることは経済厚生を高める」(Stiglitz, 1981)という伝統的通念と真っ向から衝突するように思われる《過剰参入定理》が,いくつかの形式で証明された．これらの命題は,同質財の市場でクールノー型数量競争に携わる企業の部分均衡モデルに依拠して確立されていて,寡占的競争の帰結を検討するための標準的な分析手法に基づいて導出されていた．とはいえ,競争と経済厚生についての重要な通念の維持可能性に関わる命題であるだけに,過剰参入定理の頑健性をさらに補強する目的で,第16章のモデルでは捨象されていた重要な特徴を正面から取り入れたモデルを構成して,過剰参入定理が維持されるのか,それともその成立が揺らぐことになるのかを確認する作業が非常に重要であることは,むしろ当然のことだというべきである．

　本章では,企業間競争の武器を鋭利化する費用削減的なR&D投資への戦略的なコミットメントを組み込んで,3段階の寡占的競争モデルを構成する．第1段階——《参入決意》(entry decision)の段階——では,潜在的な企業が,この産業に参入するのか産業外に留まるのかを,同時に決定する．第2段階——《R&D決意》(R&D decision)の段階——では,第1段階で参入を決意した企業が,費用削減的なR&D投資にどの程度にコミットするのかを,同時に決定する．第3段階——《産出量決意》(output decision)の段階——では,第2段階で決定したR&D水準に応じた費用関数を武器として,生産物市場における数量競争に従事する企業が,数量戦略を同時に決定する．

　本章の前半では,産業内で活動する企業数がある水準 n に決定されたもの

---

[1]　本章は,奥野正寛氏と共同で執筆した論文(Okuno-Fujiwara and Suzumura, 1993)に依拠して書かれている.

として，固定された数 n の企業間で行われる 2 段階競争のクールノー＝ナッシュ均衡を分析して，この 2 段階ゲームの《部分ゲーム完全均衡》(subgame perfect equilibrium)における R&D 投資は，次善の経済厚生を最大化する次善の R&D 水準と比較して社会的に過剰になる可能性を指摘するとともに，過剰 R&D 投資に導く要因を明らかにすることに努めている．本章の後半では，3 段階の完全なゲームを分析して，過剰参入定理がこの 3 段階ゲームの長期クールノー＝ナッシュ均衡においても頑健に成立することを証明する．

　本章の構成は以下の通りである．第 2 節では，寡占的競争の 3 段階モデルが定式化される．第 3 節は，企業数を固定して第 2 段階，第 3 段階のゲームを考察して，R&D 投資の変化が経済厚生にもたらす効果を《捩じれ効果》(distortion effect)と《拘束効果》(commitment effect)に分解する．この節の分析の到達点として，固定された企業数がある臨界値を超過する場合には，戦略的な R&D 投資は社会的に過剰となることが証明される．第 4 節では，完全な 3 段階モデルが分析の俎上に載せられて，限界における次善の過剰参入定理が示される．第 5 節はすべての込み入った証明を集めている．最後の第 6 節は，残された問題に関するいくつかの注意を述べて，本章を締め括っている．

第 2 節　捩じれ効果と拘束効果：参入・退出がない場合

　生産活動に従事するすべての企業が，同質的な製品を生産する寡占的産業を考える．この産業に参入する企業は，3 段階の競争に参加する．産業の背後には，無数の潜在的参入企業が存在するものとする．第 1 段階では，潜在的企業はこの市場に参入するかどうかを同時に決定する．第 2 段階では，第 1 段階で参入した各企業は，費用削減的な R&D 投資をするという戦略的なコミットメントを行う．最後の第 3 段階では，企業は生産物市場で産出量を戦略として競争する．

　本章では，3 つの均衡概念を活用する．任意の企業数と R&D 投資プロファイルが与えられれば，第 3 段階の《クールノー＝ナッシュ均衡》(Cournot-Nash equilibrium)が定義される．任意の企業数が与えられれば，第 2 段階の《部分ゲーム完全均衡》(subgame perfect equilibrium)が定義される．最後に，第

1段階の《自由参入均衡》(free entry equilibrium)が全体ゲームの部分ゲーム完全均衡として定義される．我々の分析の焦点は，第2段階の対称的な部分ゲーム完全均衡と第1段階の自由参入均衡のパフォーマンスを，経済厚生の観点から評価することである．

製品に対する逆需要関数は，p を価格，Q を産業の産出量として，$p = f(Q)$ で与えられる．企業 i の費用削減的な R&D 投資と産出量水準は，それぞれ x_i と q_i によって表され，企業 i の可変費用関数は $c(x_i)q_i$ によって表される．ただし，関数 $c(\cdot)$ はすべての企業に対して同一であるものと仮定される．

ある企業数 $n \geq 2$ と，R&D コミットメントのプロファイル $\mathbf{x} = (x_1, x_2, \ldots, x_n) > 0$ が与えられたとき，企業 i の第3段階の利得関数は

$$(2.1) \qquad \pi^i(\mathbf{q}; \mathbf{x}; n) := \{f(Q) - c(x_i)\}q_i - x_i$$

によって定義される．ただし，$\mathbf{q} = (q_1, q_2, \ldots, q_n)$ かつ $Q = \sum_{j=1}^{n} q_j$ である．表記法の簡単化のために，R&D 水準 x_i は設備の取付費用によって測られるものと仮定する．また，$\mathbf{q}^N(\mathbf{x}; n)$ は，所与の $(\mathbf{x}; n)$ に対応する第3段階のクールノー＝ナッシュ均衡を表すものとする．

R&D コミットメントのプロファイル $\mathbf{x}$ が対称的であり，正であれば，$\mathbf{q}^N(\mathbf{x}; n)$ は一意的，対称的かつ正であるものと仮定する[2]．以下では次の仮定を設けることにする：

A(1)：$f(Q)$ は2階連続微分可能であり，$f(Q) > 0$ を満足するすべての $Q \geq 0$ に対して $f'(Q) < 0$ を満足する．さらに，ある定数 $\delta_0 > -\infty$ が存在して

$$(2.2) \qquad f(Q) > 0 \text{ である任意の } Q \geq 0 \text{ に対して } \delta(Q) := \frac{Qf''(Q)}{f'(Q)} \geq \delta_0\ [3]$$

---

[2] ベクトル $\mathbf{y} = (y_1, y_2, \ldots, y_n)$ が対称的であるというのは，$i, j = 1, 2, \ldots, n$ に対して，$y_i = y_j$ が成立する場合である．それに対して，$\mathbf{y}$ が正値であるというのは，すべての $i = 1, 2, \ldots, n$ に対して $y_i > 0$ が成立する場合である．

[3] 逆需要関数の傾きの弾力性 δ は，寡占的相互作用の多くのコンテクストで，重要な役割を果たしている．Timothy Besley and Kotaro Suzumura(1992), Jesus Seade(1980a, 1980b), Kotaro Suzumura(1992) および Kotaro Suzumura and Kazuharu Kiyono (1987) などを参照されたい．

であるものとする.

A(2): $c(x)$ は2階連続微分可能であって,すべての $x \geq 0$ に対して $c(x) > 0$, $c'(x) < 0$ および $c''(x) > 0$ を満足する.

任意の産出量プロファイル $\mathbf{q} = (q_1, q_2, \ldots, q_n)$, R&D コミットメントのプロファイル $\mathbf{x} = (x_1, x_2, \ldots, x_n)$ および企業数 n に対して,

$$\alpha_i(\mathbf{q}; \mathbf{x}; n) := \frac{\partial^2}{\partial q_i^2} \pi^i(\mathbf{q}; \mathbf{x}; n)$$

$$\beta_{ij}(\mathbf{q}; \mathbf{x}; n) := \frac{\partial^2}{\partial q_i \partial q_j} \pi^i(\mathbf{q}; \mathbf{x}; n) \qquad (i \neq j;\ i, j = 1, 2, \ldots, n)$$

を定義する.

ここで $\beta_{ij}(\mathbf{q}; \mathbf{x}; n)$ は第2段階の戦略が《戦略的代替》関係 ($\beta_{ij}(\mathbf{q}; \mathbf{x}; n) < 0$) にあるか,それとも《戦略的補完》関係 ($\beta_{ij}(\mathbf{q}; \mathbf{x}; n) > 0$) にあるかを決定する重要な項であることに注意せよ[4]. 本章では,次の仮定を設けることにする:

A(3): 第2段階の戦略は戦略的代替関係にあって,任意の $(\mathbf{q}; \mathbf{x}; n)$ $(i \neq j; i, j = 1, 2, \ldots, n)$ に対して $\beta_{ij}(\mathbf{q}; \mathbf{x}; n) < 0$ が成り立つ.

注意 1. **A**(1)は,$f'(Q)$ の弾力性が一定である次の種類の逆需要関数を許容していることに注意したい:

(2.3) $$f(Q) = \begin{cases} a - bQ^\gamma & \gamma = \delta + 1 \neq 0 \text{ のとき} \\ a - b \cdot \log Q & \delta = -1 \text{ のとき,} \end{cases}$$

ただし a は非負の定数であり,b は $\gamma < 0$(あるいは $\gamma > 0$)ならば正の(あるいは負の)定数である.(2.3)は線形の逆需要関数 ($\gamma = 1$) も弾力性が一定の逆需要関数 ($a = 0$) も含むから,非常に広範な種類の「正常な」逆需要関数を許容して

---

[4] 戦略的代替関係・補完関係の概念に関して,詳しくは Jeremy Bulow, John Geanakoplos and Paul Klemperer (1985) を参照されたい.また,Jonathan Eaton and Gene Grossman (1986) も参照されたい.

いることに注意せよ.

注意 2. 戦略的代替性の仮定を現在の文脈において要求することは,まったく自然である.この仮定は,第 3 段階の数量ゲームにおいて,右下がりの反応曲線を仮定することと同値だからである.

注意 3.

(2.4) $\quad \alpha_i(\mathbf{q}^N(\mathbf{x};n);\mathbf{x};n) = 2f'(Q^N(\mathbf{x};n)) + q_i^N(\mathbf{x};n) \cdot f''(Q^N(\mathbf{x};n))$

(2.5) $\quad \beta_{ij}(\mathbf{q}^N(\mathbf{x};n);\mathbf{x};n) = f'(Q^N(\mathbf{x};n)) + q_i^N(\mathbf{x};n) \cdot f''(Q^N(\mathbf{x};n))$

が成り立つことを確かめるのは容易である.ただし $Q^N(\mathbf{x};n) = \sum_{j=1}^n q_j^N(\mathbf{x};n)$ である.$\mathbf{x}$ が対称であれば,すべての i と j に対して α_i と β_{ij} は同じ値をとることになる.この場合には,(2.2) によって (2.4) と (2.5) をそれぞれ

(2.6) $\quad \alpha(\mathbf{x};n) = n^{-1} \cdot f'(Q^N(\mathbf{x};n)) \cdot \{2n + \delta(Q^N(\mathbf{x};n))\}$

(2.7) $\quad \beta(\mathbf{x};n) = n^{-1} \cdot f'(Q^N(\mathbf{x};n)) \cdot \{n + \delta(Q^N(\mathbf{x};n))\}$

に書き直せる.ただし表記の簡単化のために,$\alpha(\mathbf{x};n) := \alpha_i(\mathbf{q}^N(\mathbf{x};n);\mathbf{x};n)$ および $\beta(\mathbf{x};n) := \beta_{ij}(\mathbf{q}^N(\mathbf{x};n);\mathbf{x};n)$ と略記している.そこで,$\mathbf{A}(3)$ は任意の $\mathbf{x}$ と $n \geq 2$ に対して:

(2.8) $\quad n + \delta(Q^N(\mathbf{x};n)) > 0$

を含意することになる.ただしここで $\mathbf{A}(1)$ を援用している.(2.8) が任意の $n \geq 2$ に対して満足されるのは

(2.8*) $\quad 2 + \delta(Q^N(\mathbf{x};n)) > 0$

が成り立つ場合,およびその場合のみであることに注意せよ.また $\mathbf{A}(1)$ と (2.8) は,$\alpha(\mathbf{x};n) < 0$ が任意の $(\mathbf{x};n)$ に対して成り立つことを保証することに注意せよ.

内点最適の仮定の下に,第 3 段階のクールノー゠ナッシュ均衡 $\mathbf{q}^N(\mathbf{x};n)$ は

$$(2.9) \quad f(Q^N(\mathbf{x};n)) + q_i^N(\mathbf{x};n) \cdot f'(Q^N(\mathbf{x};n)) = c(x_i) \quad (i=1,2,\ldots,n)$$

によって特徴付けられる．

以下の我々の分析の第1のねらいは，クールノー=ナッシュ産出量 $q_i(\mathbf{x};n)$ が，$x_i, x_j \, (i \neq j)$ と n の変化に応じてどう振舞うかを確認することである．記号の簡略化のために，

$$\omega(\mathbf{x};n) := (\partial/\partial x_i) q_i^N(\mathbf{x};n); \theta(\mathbf{x};n) := (\partial/\partial x_j) q_i^N(\mathbf{x};n) \, (i \neq j)$$

を定義すれば，簡単な計算によって次の補題を確認することができる：

補題1

対称的な $\mathbf{x}$ と任意の n に対して，

$$(2.10) \quad (\partial/\partial n) q_i^N(\mathbf{x};n) = -\frac{q_i^N(\mathbf{x};n) \cdot \beta(\mathbf{x};n)}{\alpha(\mathbf{x};n) + (n-1)\beta(\mathbf{x};n)} < 0$$

$$(2.11) \quad \omega(\mathbf{x};n) = \frac{c'(x_i)}{\Delta(\mathbf{x};n)} \cdot \{\alpha(\mathbf{x};n) + (n-2)\beta(\mathbf{x};n)\} > 0$$

$$(2.12) \quad \theta(\mathbf{x};n) = -\frac{c'(x_i)}{\Delta(\mathbf{x};n)} \cdot \beta(\mathbf{x};n) < 0$$

が成り立つ．ただし

$$(2.13) \quad \Delta(\mathbf{x};n) := \{\alpha(\mathbf{x};n) - \beta(\mathbf{x};n)\} \cdot \{\alpha(\mathbf{x};n) + (n-1)\beta(\mathbf{x};n)\} > 0^{5)}$$

である．

---

5) $\beta(\mathbf{x};n) < 0$ と $\alpha(\mathbf{x};n) < 0$ が $\mathbf{A}(1)$ と $\mathbf{A}(3)$ の下に成り立つから，

$$(1^*) \quad \alpha(\mathbf{x};n) + (k-1)\beta(\mathbf{x};n) < 0 \quad (k=0,1,\ldots,n)$$

が成り立つことになる．(1^*) が近視眼的な数量調整過程

$$(2^*) \quad \dot{q}_i = \sigma \cdot \frac{\partial}{\partial q_i} \pi^i(\mathbf{q};\mathbf{x};n) \quad (i=1,2,\ldots,n)$$

の局所安定性の十分条件であることに注意せよ．ただし，ここで $\dot{q}_i$ は q_i の時間微分を表して，$\sigma > 0$ は調整係数を表している．

次に，第2段階のゲームを考える．特定された企業数 n に対して，企業 i の第2段階の利得関数は

(2.14) $$\Pi^i(\mathbf{x};n) = \pi^i(\mathbf{q}^N(\mathbf{x};n);\mathbf{x};n)$$

で与えられる．第2段階ゲームのナッシュ均衡を $\mathbf{x}^N(n)$ で表せば，$\{\mathbf{x}^N(n), \mathbf{q}^N(\mathbf{x}^N(n);n)\}$ が n 企業間の第2段階の部分ゲーム完全均衡に他ならない．以下では，n に対して $\mathbf{x}^N(n)$ が一意的，対称的かつ正値であることを，一貫して仮定することにする．内点最適を仮定すれば，$\mathbf{x}^N(n)$ は

(2.15)
$$\{f(Q^N(\mathbf{x}^N(n);n)) - c(x_i^N(n))\} \cdot \frac{\partial}{\partial x_i} q_i^N(\mathbf{x}^N(n);n) + q_i^N(\mathbf{x}^N(n);n)$$
$$\cdot \{f'(Q^N(\mathbf{x}^N(n);n)) \cdot \frac{\partial}{\partial x_i} Q^N(\mathbf{x}^N(n);n) - c'(x_i^N(n))\} - 1 = 0$$
$$(i=1,2,\ldots,n)$$

によって特徴付けられる．$\mathbf{x} = \mathbf{x}^N(n)$ に関する (2.9) によって，(2.15) は

(2.16)
$$-c'(x_i^N(n)) \cdot q_i^N(\mathbf{x}^N(n);n) - 1$$
$$= \{f(Q^N(\mathbf{x}^N(n);n)) - c(x_i^N(n))\} \cdot \sum_{j \neq i} \frac{\partial}{\partial x_i} q_j^N(\mathbf{x}^N(n);n)$$
$$(i=1,2,\ldots,n)$$

に変形される．この式は，以下において決定的に重要な役割を果たすことになる．

さて，n 個の企業間の第2段階の部分ゲーム完全均衡において，企業 i が稼得する利潤 $\Pi^i(\mathbf{x}^N(n);n)$ を考える．古典的な参入・退出動学によれば，企業数 n は $\Pi^i(\mathbf{x}^N(n);n) > 0 \,(<0)$ のときは必ず増大する(減少する)．すなわち，

(2.17) $$\dot{n} > 0 \,(<0) \Leftrightarrow \Pi^i(\mathbf{x}^N(n);n) > 0 \,(<0)$$

である．ただし，$\dot{n}$ は n の時間微分を表している．

均衡企業数 n_e は，(2.17) によって記述される動学プロセスの停留点として定義される：

$$(2.18) \quad \Pi^i(\mathbf{x}^N(n_e); n_e) = 0 \quad (i = 1, 2, \ldots, n_e).$$

このとき，$\{n_e, \mathbf{x}^N(n_e), \mathbf{q}^N(\mathbf{x}^N(n_e); n_e)\}$ は第1段階の自由参入均衡を構成する．

この産業のパフォーマンスを経済厚生の観点から評価するために，総余剰関数を

$$(2.19) \quad W(\mathbf{q}; \mathbf{x}; n) := \int_0^Q f(R) dR - \sum_{j=1}^n \{c(x_j)q_j + x_j\}$$

によって定義する．ただし $Q = \sum_{j=1}^n q_j$ である．

政府がこの産業全体を社会厚生の最大化の観点から規制することができるのであれば，遂行される《最善》の規制は，社会的に《最善》のR&D投資 $x^F(n)$ と，社会的に《最善》の産出量 $q^F(n)$ を各既存企業に賦課したうえで，《最善》の企業数 n_f を選ぶことである．これらの補助的な概念は

$$(2.20) \quad f(nq^F(n)) - c(x^F(n)) = 0$$

$$(2.21) \quad -c'(x^F(n)) \cdot q^F(n) - 1 = 0$$

$$(2.22) \quad n_f := \arg\max_{n \geq 1} W(\mathbf{q}^F(n), \mathbf{x}^F(n); n)$$

によって定義される．

だが，現実的にいえば，このような《最善》の政策は遂行困難である．《最善》の規制のもとでは，企業は赤字で生産することを強制されるからである．そこで，政府が企業の競争戦略を規制できないという事実を前提として，それでもなお遂行可能な規制は，《次善》の企業数：

$$(2.23) \quad n_s := \arg\max_{n \geq 1} W(\mathbf{q}^N(\mathbf{x}^N(n); n); \mathbf{x}^N(n); n)$$

を選んで参入規制を行うことであるかもしれない．この方法によれば，第2段階の部分ゲーム完全均衡 $\{\mathbf{x}^N(n_s); \mathbf{q}^N(\mathbf{x}^N(n_s); n_s)\}$ を実現するために，選択された n_s 企業に産業内で自由に競争させることになる．

しかし，短期的な観点からは，政府は企業数を《次善》の水準に規制することはできない可能性が高い．《次善》の企業数を計算するためには，需要関数と費用関数の性質に関する詳細な情報を入手する必要があるが，たとえ政府

に強い権限が備わっていたにせよ，これらの情報を企業に提出させることは自由主義経済においては困難であるからである．そのため，《次善》の企業数 n_s を正確に認識して《次善》の規制を遂行することは，禁止的といえる程に困難だといわざるを得ない．必要とされているものは，需要関数と費用関数の性質に関する詳細な情報の利用可能性を前提としない政策規範である．これはまさに以下の節で追求する課題である．

第3節　捩じれ効果と拘束効果：参入・退出がある場合

本節では，企業数 n は規制できないが，R&D 投資は政府の規制下にある状況を前提する．$W^N(\mathbf{x}; n)$ は，第3段階のクールノー＝ナッシュ均衡における産出量を企業が生産している場合の社会的総余剰であるものとする：

$$(3.1) \quad W^N(\mathbf{x}; n) := \int_0^{Q^N(\mathbf{x};n)} f(Q)dQ - \sum_{j=1}^n \{c(x_j) q_j^N(\mathbf{x}; n) + x_j\}.$$

いま仮に $(\partial/\partial x_i) W^N(\mathbf{x}(n); n) <$（あるいは $>$）0 であったとすれば，第2段階の部分ゲーム完全均衡における企業 i の R&D 投資の僅かな減少（あるいは僅かな増大）は社会厚生を増大させるため，部分ゲーム完全均衡における R&D 投資は限界において社会的に過剰（あるいは社会的に過小）であることになる．

そこで重要な項 $(\partial/\partial x_i) W^N(\mathbf{x}^N(n); n)$ の決定要因を理解するために，我々が《拘束効果》(commitment effect) と名付ける項 $C_i(\mathbf{x}^N(n); n)$ と，《捩じれ効果》(distortion effect) と名付ける項 $D_i(\mathbf{x}^N(n); n)$ にこの項を分解することを試みる．具体的にいえば，拘束効果は

$$(3.2) \quad C_i(\mathbf{x}^N(n); n) := -c'(x_i^N(n)) \cdot q_i^N(\mathbf{x}^N(n); n) - 1$$

によって定義される[6]．(2.16) を考慮すれば，これは

---

[6] 戦略的なコミットメントがない場合には，社会厚生を最大化する問題は，$\int_0^Q f(R)dR - \sum_{j=1}^n \{c(x_j)q_j + x_j\}$ の $\{(q_i; x_i)\}_{i=1}^n$ に関する最大化の形式をとる．このとき，1階の条件は $f(Q) - c(x_i) = 0$ および $-c'(x_i)q_i - 1 = 0$ $(i = 1, 2, \ldots, n)$ である．後者の条件は，戦略的コミットメントが存在する場合にのみ，$C_i(\mathbf{x}^N(n); n)$ が 0 にならないことを示している点に留意されたい．我々の命名法は，この事実によって動機付けられている．

(3.3) $\quad C_i(\mathbf{x}^N(n); n) := \mu_i(\mathbf{x}^N(n); n) \cdot \sum_{j \neq i} \dfrac{\partial}{\partial x_i} q_j^N(\mathbf{x}^N(n); n)$

に変形される.それに対して,捩じれ効果は

(3.4) $\quad D_i(\mathbf{x}^N(n); n) := \sum_{j=1}^{n} \mu_j(\mathbf{x}^N(n); n) \cdot \dfrac{\partial}{\partial x_i} q_j^N(\mathbf{x}^N(n); n)$

によって定義される.ただし,$\mu_j(\mathbf{x}^N(n); n) := f(Q^N(\mathbf{x}^N(n); n)) - c(x_j^N(n))$ は企業 j の限界的な歪み――価格と限界費用との格差――を表している.対称均衡においては,この限界的な歪みはすべての企業に対して共通である.拘束効果 $C_i(\mathbf{x}^N(n); n)$ と捩じれ効果 $D_i(\mathbf{x}^N(n); n)$ を単純に加えれば,限界的な厚生効果 $(\partial/\partial x_i)W^N(\mathbf{x}^N(n); n)$ を得ることができる.

$\mathbf{x}$ の対称性と (2.11)–(2.13) を考慮すれば,

(3.5) $\quad C_i(\mathbf{x}^N(n); n) = (n-1) \cdot \mu(\mathbf{x}^N(n); n) \cdot \theta(\mathbf{x}^N(n); n) < 0,$

(3.6)
$D_i(\mathbf{x}^N(n); n) = \mu(\mathbf{x}^N(n); n) \cdot \{\omega(\mathbf{x}^N(n); n) + (n-1) \cdot \theta(\mathbf{x}^N(n); n)\} > 0$

が得られる.ここで対称均衡の仮定から $\mu(\mathbf{x}^N(n); n) := \mu_j(\mathbf{x}^N(n); n) > 0$ なので,$(\partial/\partial x_i)W^N(\mathbf{x}^N(n); n)$ は反対の符号を持つ 2 つの構成要素から成ることになる.

限界的な厚生効果の分解を,図 17-1 を用いて説明することは有益であるかもしれない.対称的な部分ゲーム完全均衡において,各企業は限界費用 $c^* := c(\mathbf{x}_i^N(n); n)$ で $q_i^* := q_i^N(\mathbf{x}^N(n); n)$ を生産して,産業の産出量は $Q^* := nq_i^*$ となる.企業 i だけがその R&D 投資を微小量 $\epsilon > 0$ だけ増大させれば,その限界費用は $c^{**} := c^* - \epsilon \cdot \{-c'(x_i^N(n))\}$ に引き下げられる.生産量は戦略的代替関係にあるから,この企業 i の攻撃性の増大は他の企業の産出量を減らすため,企業 i の残余需要曲線は上方にシフトする.結果として,産業の産出量は Q^{**} に増大して,企業 i の産出量は q_i^{**} に増大する.

この変化からの厚生の純増加分は

$$\text{消費者余剰の変化} = Ap^{**}B' \text{ の面積} - Ap^*B \text{ の面積}$$
$$= Bp^*p^{**}B' \text{ の面積}$$

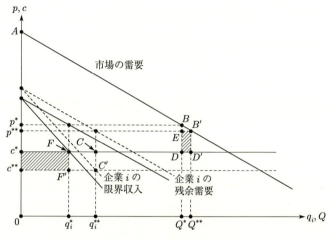

図 17-1 捩じれ効果と拘束効果

および

$$\text{利潤の変化} = (B'p^{**}c^*D' \text{の面積} + Cc^*c^{**}C' \text{の面積} - \epsilon)$$
$$- Bp^*c^*D \text{の面積}$$

から構成される．2次の無限小の項を無視すれば，これは $(B'EDD'$ の面積$)$ $+ (Fc^*c^{**}F'$ の面積 $- \epsilon)$ に要約される．明らかに，第1項が捩じれ効果に他ならない．それに対して第2項は，(3.2)によって定義された拘束効果にちょうど対応する．

したがって，捩じれ効果はよく知られている限界的な歪みの和に他ならないが，企業の独占力を消費者に行使することから惹起される厚生損失を表している．明らかに，産業の総供給を増大させる R&D 投資の増大は，正の捩じれ効果を発生させる．これに対して，拘束効果は企業が x_i における R&D 投資の増大を経てより有利な第3段階のゲーム構造を造り出して，他の企業の市場シェアを剥奪することによって，追加的な利潤を引き出せる程度を測定するものである．経済厚生への全効果は，方向を異にするこれらの効果の相対的な強さ次第で，その符号が決定されることになる．

本節の残部では，企業数が十分に大きければ，拘束効果が捩じれ効果を支

配する可能性が高まって，項 $(\partial/\partial x_i)W^N(\mathbf{x}^N(n);n)$ は負になる可能性が高まることを示したい．(3.5), (3.6), (2.6), (2.7), (2.11) および (2.12) を考慮して，$\mathbf{A}(1)$ と (2.13) に注意すれば，

$$\frac{\partial}{\partial x_i}W^N(\mathbf{x}^N(n);n) = C_i(\mathbf{x}^N(n);n) + D_i(\mathbf{x}^N(n);n) < 0$$

となるための条件は

$$(3.7) \qquad 1 - (n-1) \cdot \left\{ -\frac{\dfrac{\partial}{\partial x_i}q_j^N(\mathbf{x}^N(n);n)}{\dfrac{\partial}{\partial x_i}Q^N(\mathbf{x}^N(n);n)} \right\} < 0$$

に変形される．これはさらに

$$(3.8) \qquad n^2 - 2n + (n-1)\delta(Q^N(\mathbf{x}^N(n);n)) > 0$$

に変形される．$\mathbf{A}(1)$ によって，(3.8) は $\lambda(n) := n^2 - 2n + (n-1)\delta_0 > 0$ が満足されるときには必ず成立する．$N(\delta_0) > 0$ は，2次方程式 $\lambda(n) = 0$ の最大の根であるとする．このとき，$n > N(\delta_0)$ ならば $(\partial/\partial x_i)W^N(\mathbf{x}^N(n);n) < 0$ が成立する．したがって以下の定理が得られたことになる．

定理 3.1
　$\mathbf{A}(1)$，$\mathbf{A}(2)$ および $\mathbf{A}(3)$ が満足されるものとすれば，ある正数 $N(\delta_0)$ が存在して，$n > N(\delta_0)$ ならば $(\partial/\partial x_i)W^N(\mathbf{x}^N(n);n) < 0$ が成立する．すなわち，戦略的な費用削減 R&D は，$n > N(\delta_0)$ ならば限界において社会的に過剰であることになるのである．

ひとつの重要な問題が依然として残されている．定理 1 に登場する臨界数 $N(\delta_0)$ はどれほど大きいのだろうか．逆需要関数が凹の場合には，$N(\delta_0) = 2$ であることを確認することは簡単である．逆需要関数が弾力性一定の場合には，$N(\delta_0)$ は逆需要関数の弾力性 η が増大するにつれて増大するが，$0 < \eta < 1$ を満足するすべての η の値に対して，$1 < N(\delta_0) < 2 + \sqrt{2}$ である．したがって，$N(\delta_0)$ はこの重要な種類の状況に対しては，かなり小さいままに留まる

のである.

　R&D 投資の社会的過剰性を決めるのに，なぜ企業数 n が重要な役割を演じるのだろうか．この点は，図を用いて説明することにしよう．まず，企業 i の第 3 段階の《反応関数》(reaction function) を

$$(3.9) \qquad r_i(Q_{-i}; x_i^0) := \arg\max_{q_i > 0} \{f(q_i + Q_{-i}) - c(x_i^0)\} q_i$$

によって定義する．ただし $Q_{-i} := \sum_{j \neq i} q_j$ であって，R&D 投資プロファイル $\mathbf{x}^0 := (x_1^0, x_2^0, \ldots, x_n^0)$ は固定されている．このとき，《累積反応関数》(cumulative reaction function) $R_i(Q; x_i^0)$ は

$$(3.10) \qquad q_i = R_i(Q; x_i^0) \Leftrightarrow q_i = r_i(Q - q_i; x_i^0)$$

によって定義される．その構成方法によって，第 3 段階のクールノー=ナッシュ均衡における産業の産出量 $Q^N(\mathbf{x}^0; n)$ は，写像

$$\sum_{j=1}^{n} R_j(Q; x_j^0)$$

の不動点であることは明らかである．すなわち，

$$Q^N(\mathbf{x}^0; n) = \sum_{j=1}^{n} R_j(Q^N(\mathbf{x}^0; n); x_j^0)$$

である．図 17-2 は，もともとの第 3 段階の均衡 E^0 を，曲線 $\sum_{j=1}^{n} R_j(Q; x_j^0)$ が 45° 線を切る点として描いている．

　さて，企業 i がその R&D 投資を僅かに増大させるものと仮定しよう．この場合には，《集計的累積反応曲線》(aggregate cumulative reaction function) は，$\sum_{j=1}^{n} R_j(Q; x_j^1)$ へと上方にシフトする．ただしすべての $j \neq i$ に対して $R_j(Q; x_j^1) = R_j(Q; x_j^0)$ であるから，産業の産出量は $Q^N(\mathbf{x}^1; n) - Q^N(\mathbf{x}^0; n)$ だけ増大する．それに対して企業 j $(j \neq i)$ の産出量は $q_j^N(\mathbf{x}^0; n) - q_j^N(\mathbf{x}^1; n)$ だけ減少する．ただしすべての $j \neq i$ に対して $x_j^1 = x_j^0$ である．2 つの数値の比率 $[Q^N(\mathbf{x}^1; n) - Q^N(\mathbf{x}^0; n)]/[q_j^N(\mathbf{x}^0; n) - q_j^N(\mathbf{x}^1; n)]$ は，企業 i の R&D 投資の増大が十分に小さければ(3.7)の $-(\partial/\partial x_i)q_j^N(\mathbf{x}^0; n)/(\partial/\partial x_i)Q^N(\mathbf{x}^0; n)$ によって近似されるが，これは累積反応曲線の傾きによって規定される．

　図 17-2 は逆需要関数が線形である状況を描写している．反応曲線も傾きが

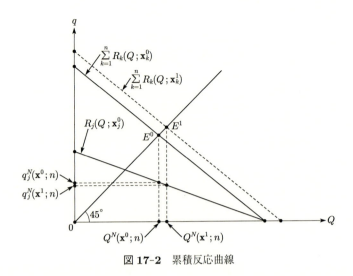

図 17-2 累積反応曲線

企業数 n と無関係である線形である．この場合には，n が増大することに伴って，$(\partial/\partial x_i)W^N(\mathbf{x}^0;n)$ は明らかに負になり，均衡 R&D 投資は限界において社会的に過剰になるわけである．

最後の注意を述べて本節を閉じることにしたい．厚生基準は一般に凹関数である必要はないから，限界的に厚生を改善する R&D 投資は，実際には大域的な見地からいえば「悪い」動きであるかもしれない．とはいえ，モデルがパラメーターで表示できれば，すなわち，逆需要関数も費用関数も弾力性が一定であれば，《次善》の R&D 投資水準を第 2 段階の部分ゲーム完全均衡のそれと直接比較することが可能である．これまでの分析とまったく整合的に，臨界的な企業数が逆需要関数の弾力性 η の関数，例えば $n^*(\eta)$ として存在して，$n > n^*(\eta)$ ならば，部分ゲーム完全均衡の R&D 投資水準が《次善》の水準を上回ることが示される．その臨界的な企業数は $n^*(\eta) := [(\eta+3) + \sqrt{\{(\eta+3)^2 - 4(\eta+1)\}}]/2 < \eta+3$ によって与えられるが，これは広範囲の η に対してかなり小さい値に留まることになる．

第4節　長期的クールノー=ナッシュ均衡と過剰参入定理

　この産業が長期間にわたって無規制のままに放置されれば，均衡企業数 n_e の企業が存在する第1段階の自由参入均衡 $\{n_e, \mathbf{x}^N(n_e), \mathbf{q}^N(\mathbf{x}^N(n_e); n_e)\}$ が達成されることになる．このとき，政府が実行できる厚生改善的な政策は，どのような政策となるのだろうか．政府が限界費用価格規制を強制できるのであれば，経済厚生を最大化する政策は企業数を0かまたは1に制限して，限界費用価格形成を活動中の企業に賦課することであることは，簡単に確認できる．すなわち，次の定理が得られることになる：

定理 4.1（最善の過剰参入定理）
　$\mathbf{A}(2)$ が成り立つものと仮定する．このとき，企業数 n の限界的な制限は，$n \geq 2$ である限りは

$$(4.1) \qquad \frac{d}{dn} W(\mathbf{q}^F(n); \mathbf{x}^F(n); n) < 0$$

が成り立つという意味で，明らかに《最善》の経済厚生を改善する．《最善》の企業数 n_f は0または1である．

　限界費用価格形成を企業に強制することは，現実の政府にとってはほとんど不可能であるといわざるを得ない．そこで，企業数が限界的に変化するとき，《次善》の厚生関数 $W(\mathbf{q}^N(\mathbf{x}^N(n); n); \mathbf{x}^N(n); n)$ に対してどのような影響が及ぶかを調べてみることにする．
　$W(\mathbf{q}^N(\mathbf{x}^N(n); n); \mathbf{x}^N(n); n)$ を n について微分すれば，

$$(4.2)$$
$$(d/dn) W(\mathbf{q}^N(\mathbf{x}^N(n); n); \mathbf{x}^N(n); n)$$
$$= \Pi^i(\mathbf{x}^N(n); n) + n \cdot \{f(Q^N(\mathbf{x}^N(n); n)) - c(x_i^N(n))\} \cdot \frac{\partial}{\partial n} q_i^N(\mathbf{x}^N(n); n)$$
$$+ n \cdot \{C(\mathbf{x}^N(n); n) + D(\mathbf{x}^N(n); n)\} \cdot x_i^N(n)$$

が得られる．

(4.2) の右辺の第 1 項は，$n = n_e$ で評価されるとき，(2.18) によって 0 であることに注意する．一方，$n = n_e$ で評価されるとき第 2 項，すなわち，

$$(4.3) \qquad \mu(\mathbf{x}^N(n_e); n_e) \cdot \frac{\partial}{\partial n} q_i^N(\mathbf{x}^N(n_e); n_e)$$

は $\mathbf{A}(1)$，$\mathbf{x} = \mathbf{x}^N(n_e)$ に関する (2.9) および補題 1 によって，常に負である．(4.3) は，戦略的なコミットメントがないコンテクストにおいて，Mankiw and Whinston(1986) および Suzumura and Kiyono(1987) の過剰参入定理をもたらした重要な項である．

(4.2) の右辺の第 3 項は戦略的なコミットメントのある寡占モデルに特有な効果である．$n = n_e$ で評価される第 1 の構成要素，すなわち $C(\mathbf{x}^N(n_e); n_e)$ は，第 3 節で拘束効果と呼んだものである．$n = n_e$ で評価される第 2 の構成要素，すなわち $D(\mathbf{x}^N(n_e); n_e)$ は，第 3 節で捩じれ効果と呼んだものである．

第 3 節で示されたように，$C(\mathbf{x}^N(n_e); n_e) < 0$ および $D(\mathbf{x}^N(n_e); n_e) > 0$ であるから，戦略的なコミットメントの存在は，(4.2) の符号を決定するのにあいまいさを持ち込むように思われる．とはいえ，$\mathbf{A}(1)$ を次の強い仮定 $\mathbf{A}(1^*)$ で置き換えれば，あいまいさがない結果を樹立することができる．

$\mathbf{A}(1^*)$：$f(Q)$ は 2 階連続微分可能であって，$f(Q) > 0$ であるすべての $Q \geq 0$ に対して $f'(Q) < 0$ を満足する．さらに，$f'(Q)$ の弾力性は一定，例えば，$\delta(Q) = \delta$ である[7]．

この仮定を用いれば，次の定理を樹立することができる：

定理 4.2 (限界における《次善》の過剰参入定理)

$\mathbf{A}(1^*)$，$\mathbf{A}(2)$ および $\mathbf{A}(3)$ が成立するものと仮定する．このとき，第 1 段階の自由参入均衡における企業数の限界的な減少は，$n_e \geq 1 - \delta$ である限りは

$$(4.4) \qquad \frac{d}{dn} W^N(\mathbf{q}^N(\mathbf{x}^N(n_e); n_e); \mathbf{x}^N(n_e); n_e) < 0$$

---

7) $\mathbf{A}(1)$ の主張に続く注意 1 を参照せよ．

が成立するという意味で,《次善》の経済厚生を改善する.

定理3は,仮定された条件のもとに,たとえ n_f と n_s の正確な値がわからなくても,第1段階の自由参入均衡における既存企業の限界的な退出は,《次善》の意味で経済厚生を改善することを教えている.逆需要関数が凹であれば不等式 $n_e \geq 1-\delta$ は明らかに満足されるから,$\delta \geq 0$ が成り立つことに注意せよ.

第5節　一般化された過剰参入定理の証明

(a) 補題1の証明

(2.9) を n について微分して $\alpha(\mathbf{x};n)$ と $\beta(\mathbf{x};n)$ を使って項を整理しなおせば,

$$(5.1) \quad \{\alpha(\mathbf{x};n) + (n-1)\beta(\mathbf{x};n)\} \cdot \frac{\partial}{\partial n} q_i^N(\mathbf{x};n) = -q_i^N(\mathbf{x};n) \cdot \beta(\mathbf{x};n)$$

を得ることができる.これは (2.10) を与えてくれる.$(\partial/\partial n) q_i^N(\mathbf{x};n)$ の負の符号は $\mathbf{A}(1)$ と $\mathbf{A}(3)$ によって決められる.

(2.11) と (2.12) を証明するために,(2.9) を x_i と x_j $(i \neq j)$ についてそれぞれ微分して,$\omega(\mathbf{x};n)$ と $\theta(\mathbf{x};n)$ を使って項を整理しなおせば

$$(5.2) \quad \alpha(\mathbf{x};n) \cdot \omega(\mathbf{x};n) + (n-1) \cdot \beta(\mathbf{x};n) \cdot \theta(\mathbf{x};n) = c'(x_i)$$

$$(5.3) \quad \beta(\mathbf{x};n) \cdot \omega(\mathbf{x};n) + \{\alpha(\mathbf{x};n) + (n-2)\beta(\mathbf{x};n)\} \cdot \theta(\mathbf{x};n) = 0$$

を得る.(5.2) と (5.3) を $\omega(\mathbf{x};n)$ と $\theta(\mathbf{x};n)$ について解けば,(2.11) と (2.12) を得ることができる.$\omega(\mathbf{x};n), \theta(\mathbf{x};n)$ および $\Delta(\mathbf{x};n)$ の符号は,$\mathbf{A}(3), (2.6)$ および (2.7) によって決められる. ∥

(b) 定理1の証明

証明の概略は本文に与えられているので割愛する. ∥

(c) 定理2の証明

$W(\mathbf{q}^F(n); \mathbf{x}^F(n); n)$ を n について全微分すれば,

(5.4)
$$\frac{d}{dn}W(\mathbf{q}^F(n); \mathbf{x}^F(n); n) = \{f(nq^F(n)) - c(x^F(n))\} \cdot q^F(n) - x^F(n)$$
$$+ nq^{F\prime}(n) \cdot \{f(nq^F(n)) - c(x^F(n))\}$$
$$+ nx^{F\prime}(n) \cdot \{-c'(x^F(n)) \cdot q^F(n) - 1\}$$

を得る. このとき(2.20)と(2.21)によって,

(5.5)
$$\frac{d}{dn}W(\mathbf{q}^F(n); \mathbf{x}^F(n); n) = -x^F(n)$$

であると結論できる. これは常に負である. これが樹立されるべきことであった. ∥

(d) 定理3の証明

ステップ1. $\mathbf{A}(1)$, $\mathbf{x} = \mathbf{x}^N(n_e)$ に関する(2.9), (3.5)および(3.6)によって, (4.2)の符号が

(5.6)
$$\Lambda(n) := \frac{\partial}{\partial n}q_i^N(\mathbf{x}^N(n); n) + x_i^{N\prime}(n) \cdot \{\omega(\mathbf{x}^N(n); n) + 2(n-1) \cdot \theta(\mathbf{x}^N(n); n)\}$$

のそれと $n = n_e$ において一致することが容易に確かめられる. 補題1によって, $\Lambda(n)$ はさらに

(5.7)
$$\Lambda(n) = \frac{1}{\alpha^N(n) + (n-1)\beta^N(n)}$$
$$\cdot \left\{-q_i^N(\mathbf{x}^N(n); n) \cdot \beta^N(n) + \frac{\alpha^N(n) - n \cdot \beta^N(n)}{\alpha^N(n) - \beta^N(n)} \cdot c'(x_i^N(n)) \cdot x^{N\prime}(n)\right\}$$

となる. ただし $\alpha^N(n) := \alpha(\mathbf{x}^N(n); n)$, $\beta^N(n) := \beta(\mathbf{x}^N(n); n)$ である. $\mathbf{x} = \mathbf{x}^N(n)$ に関する(2.6)と(2.7)および $\mathbf{A}(1^*)$ によって,

(5.8)
$$\text{sgn}\,\Lambda(n) = \text{sgn}\,[A + B \cdot x_i^{N\prime}(n)]$$

であることになる．ただし

(5.9) $$A = q_i^N(\mathbf{x}^N(n);n) \cdot f'(Q^N(\mathbf{x}^N(n);n)) \cdot (n+\delta) < 0$$

および

(5.10) $$B = c'(x_i^N(n)) \cdot \{n(n-2) + \delta(n-1)\}$$

である．(2.8)によって $A > 0$ になるが，項 $\{n(n-2) + \delta(n-1)\}$ が正であるのは $n > N(\delta)$ である場合のみであることに注意せよ．これは(3.8)に示されている．

ステップ 2. (5.8)に登場する $x_i^{N\prime}(n)$ を評価するために，第2段階の利得関数 $\Pi^i(\mathbf{x};n)$ の性質を調べる．まず第1に，(2.2), (2.4), (2.5), $\mathbf{A}(1^*)$ および補題1を使って単純だが複雑な計算を行えば

(5.11) $$\Pi_i^i(\mathbf{x};n) := \frac{\partial}{\partial x_i}\Pi^i(\mathbf{x};n)$$
$$= -c'(x_i) \cdot q_i^N(\mathbf{x};n) \cdot \xi(n) - 1$$

が成り立つことがわかる．ただし，(2.8)を考慮すれば

(5.12) $$\xi(n) := 1 + \frac{n-1}{n} \cdot \frac{n+\delta}{1+n+\delta} > 0$$

である．

(5.11)を x_i と x_j ($i \neq j$) についてそれぞれ偏微分すれば，

(5.13) $$\Pi_{ii}^i := \frac{\partial^2}{\partial x_i^2}\Pi^i(\mathbf{x};n)$$
$$= -\xi(n) \cdot \{c''(x_i) \cdot q_i^N(\mathbf{x};n) + c'(x_i) \cdot \omega(\mathbf{x};n)\} < 0$$

(5.14) $$\Pi_{ij}^i(\mathbf{x};n) := \frac{\partial^2}{\partial x_i \partial x_j}\Pi^i(\mathbf{x};n)$$
$$= -\xi(n) \cdot c'(x_i) \cdot \theta(\mathbf{x};n)$$
$$= \xi(n) \cdot c'(x_i) \cdot \frac{c'(x_i) \cdot (n+\delta)}{f'(Q^N(\mathbf{x};n)) \cdot n \cdot (n+1+\delta)} < 0$$
$$(i \neq j)$$

を得る．ただし(5.14)の最後の不等号は(2.6)と(2.7)を考慮すれば得られる．

第2段階のゲームにおける利潤最大化の2階の条件が $\Pi_{ii}^i(\mathbf{x}^N(n);n) < 0$ の成立を必要とすることに注意せよ．一方 **A**(2)，補題1および(5.14)は $\Pi_{ij}^i(\mathbf{x};n) < 0$ $(i \neq j)$ が任意の $(\mathbf{x};n)$ に対して成り立つことを保証する．ゆえに，第2段階の戦略が戦略的代替関係にあるのは，第3段階の戦略が同じ関係にある場合であることが確認される[8]．

(5.11)を n について偏微分して(5.12)から

$$(5.15) \qquad \xi'(n) = \frac{2n^2 + 2\delta n + \delta(\delta+1)}{n^2(1+n+\delta)^2}$$

になることに注意すれば，最終的に

$$(5.16) \qquad \frac{\partial}{\partial n}\Pi_i^i(\mathbf{x}^N(n);n) = c'(x_i^N(n)) \cdot q_i^N(\mathbf{x}^N(n);n) \cdot \frac{(1-n)\{2(n+\delta)^2 + \delta\}}{n^2(1+n+\delta)^2}$$

を得ることができる．

ステップ 3. 定義によって，$\mathbf{x}^N(n)$ は

$$(5.17) \qquad \Pi_i^i(\mathbf{x}^N(n);n) = 0 \qquad (i = 1, 2, \ldots, n)$$

によって特徴付けられる．(5.17)を全微分すれば対称性によって，

$$(5.18) \qquad x_i^{N\prime}(n) = -\frac{\dfrac{\partial}{\partial n}\Pi_i^i(\mathbf{x}^N(n);n)}{\Pi_{ii}^i(\mathbf{x}^N(n);n) + (n-1)\Pi_{ij}^i(\mathbf{x}^N(n);n)}$$

を得る．

(5.18)を考慮すれば，(5.8)は

$$(5.19) \qquad \operatorname{sgn} \Lambda(n) = \operatorname{sgn}\left[\frac{A\Pi_{ii}}{\Pi_{ii}+(n-1)\Pi_{ij}} + \frac{(n-1)A\cdot\Pi_{ij} - B\cdot\Pi_{in}}{\Pi_{ii}+(n-1)\Pi_{ij}}\right]$$

に変形される．ただし $\Pi_{ii} := \Pi_{ii}^i(\mathbf{x}^N(n);n)$，$\Pi_{ij} := \Pi_{ij}^i(\mathbf{x}^N(n);n)$ および $\Pi_{in} := (\partial/\partial n)\Pi_i^i(\mathbf{x}^N(n);n)$ である．

---

[8] この好ましい性質の原因となるのは **A**(1^*) の後半部である．一般に，この性質は必ずしも成り立たない．Besley and Suzumura(1992)および Suzumura(1992)を参照せよ．

(5.9), (5.13)および(5.14)は, (5.19)の右辺の第1項が明らかに負であることを保証することになる. したがって, $\Lambda(n)$ の符号が負になるための十分条件は

(5.20) $$\Gamma(n) := (n-1)A \cdot \Pi_{ij} - B \cdot \Pi_{in} < 0$$

である.

(5.9), (5.13), (5.14)および(5.16)によって, 簡単な計算から

(5.21) $$\Gamma(n) = q_i(n) \cdot \{c'(n)\}^2 \cdot (n-1) \cdot \Omega(n)$$

を得ることができる. ただし

(5.22)
$$\Omega(n) := \left\{ \frac{(n+\delta)^2}{n \cdot (n+1+\delta)} \cdot \zeta(n) + \frac{\{n(n-2) + \delta(n-1)\} \cdot \{2(n+\delta)^2 + \delta\}}{n^2 \cdot (1+n+\delta)^2} \right\},$$

ただし, ここで $q_i(n) := q_i^N(\mathrm{x}^N(n); n)$ および $c'(n) := c'(x_i^N(n))$ である.

(5.21)を考慮すれば, $n > 1$ ならば, $\Lambda(n)$ が負になるための十分条件は $\Omega(n)$ が負であるという条件に要約される. (5.12)を考慮すれば, 簡単な計算によって

(5.23) $$\Omega(n) = \phi_\delta(n)/[n^2 \cdot (n+1+\delta)^2]$$

であることを確認できる. ただし

(5.24) $$\phi_\delta(n) := -4n^3 - 8\delta n^2 - \delta(5\delta - 2)n - \delta^2(\delta + 1)$$

である.

ステップ 4. 定理3の証明は $n \geq 1 - \delta$ である限りは $\phi_\delta(n) < 0$ であることを示すことができれば完了する. $\delta \geq 0$ ならば, すべての $n > 0$ に対して $\phi_\delta(n) < 0$ が成り立つから, $\delta < 0$ の場合を調べさえすればよい. 考慮中のこの目的のために, $n^*(\delta)$ が3次方程式 $\phi_\delta(n) = 0$ の最大の実数根を表すものとす

る．この3次方程式の最高次の項の係数は負であるから，$\phi_\delta(n), \phi'_\delta(n)$ および $\phi''_\delta(n)$ のすべてが $n = 1 - \delta$ において負であれば $1 - \delta > n^*(\delta)$ を得る．

事実は実際にこの通りである．$\delta < 0$ に対して

$$\phi_\delta(1 - \delta) = 2(\delta - 2) < 0,$$
$$\phi'_\delta(1 - \delta) = -\delta^2 + 6\delta - 12 < 0,$$

および

$$\phi''_\delta(1 - \delta) = -8(3 - \delta) < 0$$

であるからである．$n \geq 1 - \delta$ ならば $n > n^*(\delta)$ であるから，$\phi_\delta(n) < 0$ を得る．これが確かめられるべきことであった．∥

第6節　残された考慮事項に関する覚書き

本章では，費用削減的な R&D 投資への戦略的なコミットメントを含む3段階の寡占的競争モデルを構成して，限界における過剰参入定理が依然として成立することが証明された．この結論は，3つの明示的な仮定に基づいている．第1の仮定は，生産される財への逆需要関数として許容されるクラスに関する制約である．このクラスは，第16章(参入障壁と経済厚生：過剰参入定理)の2段階モデルで利用したクラスよりは確かに狭いが，すべての線形の逆需要関数も，弾力性が一定のすべての逆需要関数も許容されている．このように，限界における過剰参入定理の成立を保証する逆需要関数のクラスは，十分に広いといって差し支えない．第2の仮定は，費用削減的 R&D 技術に関する制約だが，我々の3段階モデルの基本構造を前提する限り，採用された技術的仮定は十分もっともらしい制約であるように思われる．第3の仮定は，競争手段の戦略的な相互依存性に関する制約である．我々が採用した《戦略的代替性》の仮定は，数量戦略による寡占的競争のコンテクストでは，標準的な制約として広範に認められているように思われる．このように考えれば，競争と経済厚生に関する伝統的な通念を背景にすれば逆説的に思われる《限界における過剰参入定理》ではあるが，単なる病理的な例外事象として片付けるわけにはいか

ないというべきである．

　我々の3段階の寡占的競争モデルには，3つの明示的な仮定の他に，モデル選択のレベルで採用された暗黙の仮定がある．《価格競争》ではなく《数量競争》を選択したこと，企業はすべて同一であるという仮定を背景にする《対称均衡》に分析を絞り込んだこと[9]，費用削減的R&D投資から《不確実性》も《スピルオーバー効果》も捨象していること[10]，《生産物差別化》を捨象していることなどは，この主旨の暗黙の仮定の数例であるに過ぎない．それだけに，第16章と第17章を通じて示してきた過剰参入定理の頑健性をチェックする作業には，今後に残されている課題が数多いことは紛れもない．

　この主旨のチェック作業を，本書で悉皆的に行うことは適切とは思われないが，我々が実際に行った頑健性のチェック作業として，第16章と第17章が一貫して用いてきた部分均衡分析の限界を打破するために小西秀樹，奥野正寛，鈴村興太郎(Konishi, Okuno-Fujiwara and Suzumura, 1990)が分析した一般均衡モデルについてだけは，簡潔に触れておくことにしたい．広く認識されているように，部分均衡分析の大きな長所はその単純性にあり，新しい理論的洞察を得るための簡便な手段として，その有用性は否定すべくもない．とはいえ，部分均衡分析では捨象されている産業部門間の連関性など，本来ならば無視できない一般均衡分析的な連関構造が，部分均衡分析の特殊な命題の一般化の可能性を拒む余地は，無視することはできない重要性を持っている．この事実に留意して，我々は2部門経済の一般均衡モデルを構成して，ニュメレール財を生産する完全競争的な部門と，同質財を生産して寡占的競争に従事する部門との間には，生産要素市場を経由して相互依存関係が存在することを仮定する．このモデルでは，寡占的部門への新規企業の参入(あるいは寡占的部門からの既存企業の退出)は，完全競争部門を調整項としてのみ発生しうることにな

---

[9] 寡占的競争モデルの対称均衡の分析に依拠する過剰参入定理に触発されて，サジャル・ラヒリと小野善康(Lahiri and Ono, 1988)は企業間の規模格差を前提として，大規模企業と比較して経済効率性に劣る小規模企業を市場から排除すると，産業の平均的な生産効率の上昇の効果が，市場構造の好ましくない変化の効果を凌駕して，社会的な経済厚生を改善することを証明した．彼らの結果は，過剰参入定理の否定的なメッセージが，企業の同一性の仮定を越えて妥当性を持つことを示唆したものとして興味深い．

[10] 費用削減的R&D投資のスピルオーバー効果を導入して，寡占的競争モデルの厚生経済学的研究を推進した研究として，Suzumura(1992)を挙げておくことにしたい．

る．このモデルの長期均衡において，寡占的部門の均衡企業数を減少させることの効果を，代表的消費者の効用評価の限界的な変化で評価すれば，我々は限界における過剰参入定理の一般均衡分析版の成立をチェックする分析的な枠組みを得ることができる．Konishi, Okuno-Fujiwara and Suzumura(1990)の分析によれば，このモデルにおいて限界における過剰参入定理が成立するのは，

　(1) 寡占的産業における競争手段(生産数量)の戦略的代替性，
　(2) 代表的消費者の選好の準線形性，
　(3) 《要素集約度ツイスト》(factor intensity twist)が発生しないこと，

という3つの前提が満足される場合に限られる．これらの前提のうちで，(1)と(2)は寡占理論では標準的な前提であって，格別なコメントを加える必要はない．我々のモデルに特異性を与えるのは(3)という新規な前提である．

　国際貿易の純粋理論や新古典派の2部門成長理論では，通常2つの部門はいずれも完全競争状態にあることが仮定されている．したがって，2つの部門で利用される生産要素の集約度はそれぞれ明確に定義できて，両部門の生産要素の集約度の大小も曖昧さの余地なく比較することができる．これに対して，我々のモデルにおける寡占的競争部門では，寡占的産業組織の成立を支える技術的背景として固定費用が存在――費用関数の逓減性が発生――する．そのため，寡占的競争部門における生産要素の集約度には，平均費用部分に対応する集約度と，固定費用部分に対応する集約度の2種類が存在することになる．この事実に留意すれば，2つの部門間の生産要素の集約度の比較には，

　(A) 寡占的競争部門の2つの集約度が，いずれも完全競争部門の集約度を超過するケース，
　(B) 寡占的競争部門の2つの集約度が，いずれも完全競争部門の集約度を下回るケース，
　(C) 完全競争部門の集約度が，寡占的競争部門の2つの集約度の中間に位置するケース，

という3つの可能性があることになる．このうちで(C)のケースこそ，要素集約度ツイストが発生する場合に他ならないのである．こうなってみると，Konishi, Okuno-Fujiwara and Suzumura(1990)が(1), (2), (3)という3つの前提のもとに証明した限界における過剰参入定理の一般均衡版は，決して病理

的な特殊ケースではないというべきである．

　これだけの検討を踏まえれば，第16章と第17章で提出した過剰参入定理は，競争と経済厚生の関わりについての伝統的な通念には合理的な疑いの余地があるという明確なシグナルを送っていることだけは，間違いない事実だというべきである．第18章(競争の社会的機能：通念とその破壊)では，このシグナルを正面から受け止めて，競争と経済厚生に関する通念の再検討を行うことにしたい．

第18章　競争の社会的機能：通念とその破壊

第1節　競争の社会的機能に関する伝統的通念

　経済学において競争概念が持つ重要性に関連して，かつてハロルド・デムゼッツは『競争の経済的・法的・政治的な諸側面』(Demsetz, 1982)という講義録のなかで，競争なくして経済学に固有の意義はないと大胆に言い切ったことがある．確かに，孤立した個人による主観的満足の最大化の分析は，制約条件のもとでの目標関数の最適化という数理計画法の問題であるに過ぎず，社会科学としての経済学の一部である必然性は稀薄である．個人の最適化問題が経済学の不可欠な構築素材になるのは，最適化をそれぞれ目指す複数のエージェントが，互いに他のエージェントの最適化の条件を提供するとか，共通の目標達成手段を他者に先駆けて入手しようとしてエージェント同士で競合しあうなど，《協力》(cooperation)と《競争》(competition)の複雑なネットワークに包摂されているからこそだというべきである．

　この点までは異論の余地がないにせよ，経済学において競争概念が持つ意味とその意義に関しては，決して明確な理解と同意が広範に成立しているわけではない．経済学者の間においてさえ，同じく競争を専門用語として使用しつつ，実際には微妙に——場合によっては本質的に——異なる理解を背景として同じ用語を用いていることが，ないとはいえないのが実状なのである．まして政策当局者や一般市民の場合には，競争の社会的機能とその意義に関して，統一した理解が整合的に確立されているとは到底いえそうにはない．この事実を立証するかのように，競争の社会的機能とその意義に関しては，2つの伝統的な通念が真っ向から対立しつつ，並行して根強く存続しているのである．

　第1の通念によれば，自由で分権的な経済社会において，競争は資源配分の効率化に導く情報節約的なメカニズムである．誰ひとりとして経済全体を俯瞰的に眺望して，消費者の最終需要や生産者の中間財需要に関する情報を収集したり加工したり集計したりして，資源の配置換えや生産計画の再調整を指令

するなど,経済全体の活動の整合化と効率化のためにタクトを振らなくても,神の《みえざる手》(invisible hand)に導かれるがごとく,競争的な市場経済は人々のプライヴァシーを侵害せずに円滑・敏速に機能するというのである.

　この通念を抱く人々といえども,競争市場のメカニズムにさまざまな機能障害——《市場の失敗》(market failures)——が発生する可能性に対して,眼を閉ざすわけではもちろんない.《外部性》(externalities)や《公共財》(public goods)などは,この主旨の競争的市場メカニズムの機能障害の顕著な事例であって,正統派のミクロ経済学の標準的なテキストブックは,必ず市場の失敗の理論的な事例と,この失敗に鑑みて競争的市場メカニズムを補完する制度の設計に関する説明に,しかるべき紙数を割いている[1].それにも関わらず,《厚生経済学の基本定理》(fundamental theorems of welfare economics)と呼ばれてミクロ経済学のひとつのハイライトとなっている命題は,《完全競争》(perfect competition)の均衡状態における資源配分と,パレート効率的な資源配分との対応関係を述べる《同値性定理》(equivalence theorem)なのである.この主旨の市場の《成功》こそ,スミスのみえざる手の現代版として,現代経済学を学んだ人々の間に競争的市場メカニズムの機能に対する強い信頼感を醸成する役割を果たしてきたことは,おそらく間違いない事実であるように思われる.

　しかし,厚生経済学の基本定理に登場する《完全競争》の概念と,競争と経済厚生に関する第1の通念に登場する《競争》の概念との間には,見過ごしにはできない大きな断裂が存在する.オーストリア学派の代表的な経済学者であるフリードリッヒ・フォン・ハイエク(von Hayek, 1948)がつとに指摘していたように,完全競争は言葉の日常的な意味での競争の余地がすべて追求し尽くされた極限《状態》(state)なのであり,市場における競争《過程》(process)の意義を評価する目的に役立つ参照標準であるとは考えにくい.それだけに,厚

---

[1] 外部性とは,ある経済主体が財・サービスを生産ないし消費する行為が,他の経済主体に対して付随的な効果——望ましいものにせよ,望ましくないものにせよ——を,市場メカニズムを媒介とせずに及ぼす現象である.公共財とは,対価を支払わない人々をその使用から排除することが困難だという特徴——《排除不可能性》(non-excludability)——と,供給される限りで同一の数量を,すべての人々が共同で消費できるという特徴——《消費の集合性》(collective consumption)——を兼ね備えた財である.外部性や公共財の存在が市場の失敗を招来することに関する説明は,例えば奥野・鈴村(1988,第32章,第33章)を参照していただきたい.

生経済学の基本定理を根拠として,競争の効率化機能に期待を寄せる人々——多かれ少なかれ,第1の通念を受け入れている人々——は,完全競争《状態》に関する厚生経済学の基本定理の精緻な論理と,市場競争《過程》の効率化機能への直観的な信頼を架橋するという重要な作業に,真剣に取り組む必要がある.この作業を行う的確なシナリオを執筆した経済学者こそ,第16章第1節で登場したウィリアム・ボーモルであり,彼が執筆したシナリオこそ,産業内で競争に参加する企業数 n が,《最悪の極限》である純粋独占—— $n=1$ の場合——から,《最善の極限》である完全競争—— n が無限に大きい極限的な場合——に到るまで増加し続けるとき,資源配分の効率性は単調に改善されるという「産業組織論の標準的な分析」のパラダイムだったのである.第16章と第17章の分析によれば,このパラダイムを支持すべき根拠は控えめにいっても非常に稀薄であるといわざるを得ない.それだけに,第1の通念の正しさに相当濃厚な疑惑があることは否定できない事実である.競争的市場メカニズムの機能に対する盲目的な信仰には,歯止めをかける必要があるというべきである.

　競争と経済厚生の関わりについての第2の通念は,競争が欠如する場合に蔓延する官僚的な怠慢と独占の浪費の弊害を認めないわけではないまでも,「過ぎたるは及ばざるがごとし」という格言は,競争の効率化機能に対しても的確に妥当すると考える立場の旗印である.この通念を凝縮した表現として,日本で長らく使われ続けてきた用語こそ,《過当競争》(excessive competition)という奇妙な表現なのである.第1の通念を信奉する人々にとっては,分権的な資源利用の効率化機能を担う競争が《過当》だという表現は,用語法上の矛盾としか思われない.だが,戦前以来日本では,競争の無政府的機能に対する不信の根は深く,競争という荒馬には深慮ある行政的な規制の轡が塡められてこそ,「つねに《悪》を欲しつつ,結果として《善》をなす」競争のメカニズムを,有効に使役することができると考えられてきたのである.

　歴史を遡ってみれば,福沢諭吉は『福翁自伝』(福沢,1899/2008)に非常に興味深い逸話を書き残している.彼が徳川幕府の役人に,アメリカの経済学の教科書を翻訳して見せた際に,その教科書で重要な役割を果たしている鍵概念こそ,competition だった.この用語に対応する概念も訳語も当時の日本語

にはなかったため，福沢は《競争》という日本語を自ら鋳造してこれに充てたのである．この概念と訳語に初めて触れた幕府の役人は，経国済民の基本原理が《競う》とか《争う》とかいうのは穏やかでないと怖気づいて，上役に福沢の訳書を見せるのを拒んだという．このような競争観は，幕末期の江戸時代の孤立した寓話であるわけではまったくない．それどころか，戦前・戦後を問わず，過当競争論は日本における経済政策に関する論議に，頻繁に登場し続けてきたのである．競争は精々のところ必要《悪》であるという通念が，いかに広範かつ頑強に日本の政策担当者と一部の経済評論家・経済学者の間に浸透してきたかを，物語って余りあるというべきではなかろうか．

　第1の通念と第2の通念は，明らかに真っ向から対立している．既に注意したように，第1の通念の正しさに対しては強い疑念を差し挟む余地がある．それでは，我々は第1の通念を退けて，第2の通念を支持すべきなのだろうか．迂闊な早合点の危険性に対して，我々はここで警鐘を打ち鳴らす必要がある[2]．第1の通念への疑念を提起する契機となった過剰参入定理の理解を深めつつ，この点を詳しく述べることにしたい．

　第1に，企業数の《最善》や《次善》を判定するために，理論的産業組織論で採用されている評価基準は，消費者余剰と生産者余剰の和で定義される社会的総余剰である[3]．社会的に《最善》の企業数と比較しても，《次善》の企業数と比較しても，《均衡》企業数は過剰になるという《過剰参入定理》は，社会的総余剰というこの評価基準に潜む危険性を，如実に体現しているというべきである．この事実を明らかにするために，社会的総余剰の構成要素である消費者余剰と生産者余剰の各々に対して，《均衡》企業数から限界的に企業数を減少させることから及ぶ効果を考察してみよう．《均衡》企業数から企業の

---

[2]　そもそも，第1の通念と第2の通念は，そのいずれかが必ず正しいという関係に立っているわけではない．2つの命題PとQは，PまたはQが必ず正しく，PおよびQが同時に成立することは決してない場合には，相互に排他的で結合すれば必然的に正しい命題の組となるのだが，競争と経済厚生に関する2つの通念は，相互に排他的で結合すれば必然的に正しい命題の組であるわけでは，まったくないのである．

[3]　第17章の最終節で触れた一般均衡分析の場合には，《最善》や《次善》の判定基準は代表的消費者の効用関数である．この場合には，本文中の記述の表現方法には修正を加える必要があるが，分配の衡平性に対する配慮の余地がない基準であるという点では，問題の本質には変更の必要性は認められない．

数が限界的に減少すれば，残存企業の価格支配力が増大することによって，消費者余剰は必ず限界的に減少する．他方では，企業数の限界的な減少は，残存企業が生産量を限界的に増大させて規模の経済性を従来以上に享受することを可能にするため，生産者余剰は必ず限界的に増加する．この生産者余剰の限界的な増加は，消費者余剰の限界的な減少を補って余りあるために，社会的総余剰は必ず限界的に増加することになる[4]．すなわち，企業数の《均衡》値からの限界的減少は，消費者の限界的な犠牲を上回る利潤の限界的な増大を生産者が享受するために，社会的に正当化されることになるのである[5]．このように，過剰参入定理は生産者重視型——したがって消費者軽視型——の暗黙の価値判断によって，初めて成立する命題なのである．

第2に，過剰参入定理のメッセージを真剣に受け取って，企業の新規参入を規制して経済厚生を改善しようとすれば，政府は利潤の誘因を道標とする企業の自由な参入・退出の意思決定を放置せず，社会的な《最善》ないし《次善》の観点から，企業行動を裁量的に規制することになる．この主旨の裁量的な規制を的確な根拠を持って遂行するためには，政府は企業の内部構造に関する私的情報を発見する必要があるが，企業側には自らの行動の自由を制約する行政的管理に必要な情報を，自発的に提供する誘因はまったくないといわざるを得ない[6]．そのため，多くの場合に現実の参入規制や投資規制は，企業の既存の生産能力や市場のシェアなど，簡単に数値化可能な指標にしたがう企業間の序列に応じて，新規参入や設備投資の優先順位を決定する方法——既存の序列を尊重する規制方法[7]——に基づいて行われることになりがちである．この

---

4) 企業数の《限界的》な減少がもたらす生産者余剰(利潤)の《限界的》な増加と比較して，消費者余剰の《限界的》な減少は必ず高位の無限小となることを確認することができるため，社会的総余剰の《限界的》な変化は必ずプラスとなるわけである．
5) 読者のうちには，犠牲者が被る被害を補って余りある利得を得るひとが存在する場合に，犠牲の補塡が現実には行われなくとも，その変化を《潜在的な厚生改善》と看做す仮説的補償原理を思い出す人々がいる筈である．ここでの議論は，仮説的補償原理の倫理的な問題点を例示する目的にとっても有用であると，本書の著者は考えている．
6) 最近の規制の経済理論は，被規制企業に私的情報を顕示させるための精巧な誘因規制のメカニズムを設計する作業に，多くの精力を注いでいる．この理論的な前進には確かに目覚ましいものがあるが，実際の規制行政にこのような理論的な成果が活用された実例は，未だ極めて乏しいことも事実である．
7) 長幼の序を重んじる社会では，既存の序列を尊重する規制方法には《公平性》への配慮が内在するかの印象が持たれて，社会的に受容される余地を造り出すという側面もある．

ルールに基づく規制行政の帰結は,実際には誠に逆説的なものである.過当競争の制御という本来の目的の達成に寄与するどころか,企業間の競争は序列原理に依拠する規制の介入によってむしろ加速されて,過当競争の弊害は競争の行政的管理によってさらに深刻化する懸念さえある.その論理は単純である.規制の管理下の企業は,規制行政による優先的な処遇を勝ち取るために,市場の現実が正当化する限界を超えてでも生産能力や市場シェアを競って高めようとして,過剰な設備能力および/あるいは市場シェアの拡大競争に走る結果として,過当競争はさらに加速されることになりかねないのである[8].

こうなってみると,競争と経済厚生に関する第1の通念に対して合理的な疑念を提出した過剰参入定理だが,競争の規制による管理を推奨するかに思われる第2の通念を支持する根拠には,とてもなりそうには思われないのである.

アルフレッド・マーシャルは,かつて「経済学の短い命題はすべて間違っている」という警句を吐いたことがあるが,マーシャルのひそみに倣っていえば,「競争と経済厚生に関する簡潔な通念はすべて間違っている」というべきなのである.これが本書第6部で確立に努めてきた我々の第1の基本的メッセージである.

競争の社会的機能とその意義に関して,我々が歴史から学べるもうひとつの教訓がある.そしてその教訓は,競争と経済厚生に関する2つの通念の,相違点というよりは共通点——競争の社会的機能の評価方法——に関わっている.

既に繰り返して本書で言及してきたように,経済システムや経済政策に関する評価方法には,大別して2つの基本的な考え方がある.競争的市場メカニズムに即していえば,市場における競争がもたらす《帰結》ないし《結果》から遡及して,優れた《帰結》ないし《結果》をもたらすならば,競争的市場

---

[8] 戦後日本の設備投資の過当競争は,政府による「なんらかの割当制」の結果に他ならないとする有力な主張によれば,設備投資の過当競争は,生産設備能力が単純な指標で測定される産業において,既存能力に基づく割当制によって許認可行政が行われたため,市場の状況からみて妥当と考えられる限界以上に,設備投資を増強する誘因が賦与されたことから発生したのである.小宮・奥野・鈴村(1984, pp. 225-226)およびそこで引用されている数多くの文献を参照されたい.

メカニズムは経済システムの優れたエンジンであると考える方法は,《帰結主義》的な評価方法であると呼ばれている．特に，帰結を描写する情報源として，市場競争の帰結から人々が享受する《効用》ないし《厚生》を専ら使用するアプローチは,《厚生主義的帰結主義》——簡潔に《厚生主義》——と呼ばれている．これに対して，市場競争の帰結の重要性を無視するわけではないまでも，競争メカニズムに固有の《手続き》的特性とか，このメカニズムが人々に提供する《選択の機会》の豊穣さなど，帰結以外の情報源にも眼を配る評価方法は,《非帰結主義》的な評価方法と呼ばれている．この分類方法を活用していえば，競争と経済厚生に関する２つの伝統的な通念は，いずれも厚生主義的な評価方法に基づいている．資源配分のパレート効率性の基準にせよ，社会的総余剰を評価基準とする《最善》や《次善》の考え方にせよ，紛れもなく競争メカニズムの《帰結》を経済《厚生》の観点から評価したものであるからである．このように，一見すると真っ向から対立するかに思われる２つの通念だが，競争の機能を評価する情報源という観点から眺めると，いずれも厚生主義という特殊な観点に拘束されているという意味で，同じ穴の狢に他ならないのである．

　このように，帰結主義——特に厚生主義——に強く傾斜した伝統的な競争論に対して，これを補完する非帰結主義的な観点から競争的市場メカニズムの性能を評価してきた経済学者は，オーストリア学派のフリードリッヒ・フォン・ハイエク(von Hayek, 1948, 1978)並びにシカゴ学派のミルトン・フリードマン(Friedman, 1962/2002)をはじめとして数多く，彼らの論点も，競争的市場メカニズムの手続き的な特性を中心として，多岐にわたって非常に多彩である．これらの論点の一部には，本章の第２節で言及することになる．ここでは，厚生経済学の歴史の観点から特に重要なエピソードとして，ジョン・ヒックス(Hicks, 1959b)の《厚生主義との訣別宣言》と非帰結主義的な競争論に触れておくことにしたい．

　ヒックスといえば，名著『価値と資本』(Hicks, 1939/1946)によって，正統派経済学の頂点を極めた経済学者である．彼はまた，ロビンズの批判(Robbins, 1932/1935)を浴びて挫折したピグーの【旧】厚生経済学(Pigou, 1920)の情報的基礎を序数的で個人間比較不可能な厚生概念で置き換えて，【新】厚生経済

学の基礎を築くうえでも大きな貢献を果たしている．その彼が『世界経済論』(Hicks, 1959a)の序文で，【新】【旧】を問わず伝統的な厚生経済学を通底する《厚生主義》との訣別宣言を行ったことは，規範的経済学のひとつの重要な転機だったといって過言ではない[9]．ヒックスは，競争の法と政策の分析に正統派の経済学が殆ど貢献できなかった理由はなにかと問いかけて，その理由は安全・自由・衡平のような原理的な問題を，正統派の経済学が回避してきたことにあると答えたのである．この自己批判を踏まえて，ヒックスは《自由主義》(liberalism)的な【善】も《厚生主義》的な【善】と同格に位置付けられ，比較衡量されるべき【善】であることを認めて，狭い視野の厚生主義的アプローチとの訣別を宣言したのだった．

この宣言に踏み出したヒックスの意図は直裁かつ明瞭である．経済メカニズムの設計や経済政策の立案に対して勧告する場合には，経済学者は《厚生》というフィルターによって情報を恣意的に篩い分ける慣行に安住して，厚生主義的な判断・評価に自己の課題を限定すべきではない．帰結の非厚生主義的な特徴や，帰結をもたらす社会的選択の手続き的特性――プライヴァシーの保護，選択プロセスへの自律的な参加の権利など――とか，最終的な帰結の背後に存在して選択される機会があった選択肢の豊穣さなど，より広い情報源を活用して，政策のあらゆる側面を考慮に取り入れた評価を形成することこそ，責任ある経済学者が引き受けるべき任務なのである．

《通念》(conventional wisdom)という概念の経済学への導入と普及は，ジョン・ケネス・ガルブレイスの『豊かな社会』(Galbraith, 1958/1998)の着想に負っている．通念の支配と崩壊に関して，ガルブレイスは「通念の敵は観念ではなくて事実の進行である」(邦訳 p. 29)とも，「ナポレオンの親衛隊(オールドガード)のように，通念は死んでも降伏しない」(邦訳 p. 30)とも書いて，通念との戦いの困難さについて，当初から警鐘を鳴らしていた[10]．競争の機能を巡る通念の場合にも，根強い伝統的通念の破壊と，競争の機能を人々の福祉の改善

---

[9] もっとも，ヒックスの厚生主義との訣別宣言に対して，殆ど無視するに近いほど無関心を貫く正統派経済学者も，決して少なくはない．その代表的な一員はポール・サミュエルソンである．著者がこの事実に気付いたのは，厚生経済学の歴史的生成過程を巡って，サミュエルソンを2日間にわたりインタビューしたときのことだった．このインタビューはその後Suzumura(2005a)として公刊されている．

に貢献する水路に的確・有効に導く作業の前途は,非常に厳しいものに思われる.ヒックスほどの権威が,決断を踏まえて行った訣別宣言ですら,厚生主義を脱却する視野の拡大と競争を巡る理論と政策の進路の設計に対して,殆ど影響力を及ぼした気配すらない状況は,この厳しさの前兆であるかのように思われる.

　この難問との本格的な取り組みは,非帰結主義的な厚生経済学の将来の課題の一部として残すことにせざるを得ない.本章の残る2節では,競争のルールの設計とルールの遵守を実現するための競争政策の考え方について,簡潔な説明を与えることに専念したい.

第2節　秩序ある競争の行政的管理 versus 競争秩序の制度設計

A. 競争の機能の評価をどのように基礎付けるにせよ,市場における資源配分メカニズムのエンジンとして競争を活用する前提として,衡平な競争ゲームを設計して,ゲームのプレーヤーがそのルールを遵守してプレーするように,競争の【場】を整備する必要があることに関しては,異論の余地は殆どない筈である.その意味では,文字通りの《無政府的な競争》は,現実にはあり得ないというべきである.

　競争は,規制の管理下においてのみ社会的に【善】をなす仕組みだと考える《過当競争》論を信奉する人々ならば,ある産業への規制の権限を賦与されている行政機関が,与えられた行政目的に基づいて,秩序ある競争の【場】を設計して管理するという構想に,強い親近感を覚えるだろうと思われる[11].このような競争の行政的管理には,管理された競争の《帰結》が,行政目的に照

---

10) 競争を巡る通念の支配が事実の進行によって揺らいだ日本の事例として,鈴村(1993)は1985年のテレコム改革以降の電気通信事業における競争と規制,1990年の日米構造協議と流通規制改革を詳細に考察している.
11) 規制の権限を賦与されているという事実と表裏一体になって,政策担当機関には,この産業における競争が惹起するさまざまな問題に対して,社会に対する説明責任が賦課されることになる.それだけに,またそれを口実にして,政策担当機関には規制手段を駆使して産業内の競争を微に入り細にわたって管理する誘因が生まれることになる.規制による管理のもとの競争を指して,著者はかつて《手錠を填められた競争》(handcuffed competition)という造語を用いたことがある.

らして満足なパフォーマンスを示すという帰結主義的な要求が賦課されている．それだけに，創意に満ちたプレーヤーが競争ゲームをプレーしつつ，新たな機会や手段を発見して，当初の予想を裏切る成果を挙げることは，殆ど期待し難いのではあるまいか．なぜならば，規制による競争の管理が詳細に行われるもとでは，プレーヤーは競争相手の戦略を読み解き，相手に先駆けて新たな戦略を導入して勝ち抜くことに心血を注ぐことよりも，規制当局の監視の眼を気にすることに忙殺されて，競争の保守化傾向が誕生することは殆ど不可避的であるからである．

B. 公平な競争ゲームの設計によって，競争に参加するプレーヤーが分散された私的情報を自発的に活用して，相互に成功を競い合う【場】を整備するためには，《秩序ある競争の行政的管理》という《帰結主義》的な構想とはまったく異なる構想――《競争秩序の制度設計》という《非帰結主義》的な構想――が必要とされている．この点を明らかにするための準備として，衡平な競争ゲームの設計を考える前提として，分権的な経済社会における資源配分のなかで，競争が果たすと期待される機能を，2つの《稀少資源の効率的配分》の機能と2つの《私的情報の活用・保護》の機能に整理することから，議論を開始することにしたい．

　競争の《稀少資源の効率的配分》の機能には，余り適切な表現ではないが，静学的機能と動学的機能がある．

　第1に，資源配分の現状に無駄が含まれていれば，その無駄を排除する工夫を凝らして利潤を獲得する機会が存在するため，利潤機会を求めて競争する自由が制度的に保障されていれば，競争の貫徹によって社会的な無駄は自然に排除されていくことになる．自然が真空を嫌うように，無駄を発見して駆逐するのが競争の役割である以上，自由な競争が行き尽くした状態では，効率的な資源配分が自ずと実現される筈である．これを競争による《資源配分》の静学的効率化機能と呼ぶ．

　第2に，激しい競争プロセスを生き抜いて，企業組織の生存と発展を持続するためには，企業はライバルに先駆けて新技術を導入すること，資源の新供給源を発見すること，新規需要を発掘して個性的な生存適地を発見することな

ど，さまざまな《革新》(innovation)の導入に努めなければならない．潜在的な企業が既存の産業に新規参入して，確立された既存企業に挑戦して競争的に生存・繁栄するためにも，また既存企業が新規参入企業の挑戦を跳ね返して持続的な生存適地を確保するためにも，この意味の革新の導入こそ不可欠な競争手段なのである．この意味における競争の《革新導入の誘因機構》としての機能こそ，競争的資源配分メカニズムの自生的成長のエンジンなのである．

競争の《私的情報の活用・保護》機能にも，2つの異なる機能が含まれている．

第1に，競争には《私的情報の発見・拡散》機能がある．仮に，ある事業がひとつの企業に独占されていれば，企業組織の内部条件——費用条件，需要構成，統治構造，雇用契約，職場規律，その他——の細部は，外部からの観察者には殆ど不透明である．すなわち，事業内部の重要な情報は，企業機密に属する《私的情報》として，独占企業が占有しているわけである[12]．これに対して，同じ事業に携わる複数の企業が熾烈な競争に従事していれば，他の競争企業から需要を奪ったり，新しい潜在需要を発掘したりする企業間の競合を経て，市場需要に関する情報が複数の企業によって独立に発見され，分散的に所有・活用されて，次第に社会的に顕示化されていく．さらに，新技術を導入して，競争の手段を攻撃的にも防衛的にも強化する企業努力を経由して，事業の費用条件に関する私的情報も，競争プロセスで次第に拡散して透明性を増していくことになる．このように，競争には《私的情報の発見・拡散》機能が備わっているのである．また，ハイエク(von Hayek, 1948)がつとに指摘していたように，競争に参加する機会が公平・透明に公開されていれば，事前的にはどのプレーヤー(事業者)が効率性に優れているかがわからなくても，競争プロセスにおける優勝劣敗という市場のテストによって，プレーヤー間の効率性の優劣は，事後的には自生的に顕示化されることになる．これもまた，《私的情報の発見・拡散》機能の重要な一側面なのである．

第2に，ミルトン・フリードマンが『資本主義と自由』(Friedman, 1962/

---

[12] 「独占利潤のうちでも最良のものは，静謐な生活である」(Hicks, 1935, p. 8)というヒックスの鮮やかな警句がこのコンテクストで思い出される．

2002)で指摘したように，自由な競争市場は，生産性とは無関係な理由で差別されたり迫害されたりすることから，ひとを保護する仕組みを提供する機能も果たしている．高い生産性を示すひとを，政治的・宗教的な信条，階級，人種，性別，美醜など，生産性とは無関係な理由によって差別する企業が，そのような差別をしない企業と競争すれば，自らの偏見に根差した費用上の格差のために，敗北せざるを得ないからである．

　以上の4つの機能に加えて，最後にもうひとつ競争的市場メカニズムの重要な機能を述べておかなければならない．社会を構成する人々が，開かれた選択機会を活用して自律的な選択を行い，自己のライフ・チャンスを追求する権利を賦与する自由な経済システムのエンジンであるというのが，競争が持つ第5の機能である．《選択の機会》の豊穣さと，自律的な《選択の権利》をひとの福祉の重要な一側面であると考える立場からいえば，この機能の重要性は大いに強調に値するといわなくてはならない．

C．これら多彩な機能の潜在的な担い手として，競争という分権的な仕組みは，他に比類がない重要性を持つことは間違いない．とはいえ，競争は勝者と敗者に対する対照的な処遇を梃子にして，既存企業と潜在的企業の両者を無駄の排除と革新努力に駆り立てる粗野な仕組みなので，競争の失敗を最小限に留め，競争の機能が的確に発揮されることを促進する補完的な仕組みを整備しなければ，競争のパフォーマンスが究極的に【善】となる保証は，必ずしも存在しないことに注意すべきである．必要とされる補完の仕組みは，およそ以下のような役割を担っている．

　まず，現実的な競争プロセスが望ましい機能を達成できるためには，競争のフェア・ゲームを設計して，プレーヤーがフェア・プレーの義務を遵守するようにモニターする仕組みを整備する必要がある．例えば，新規参入企業の挑戦に対する応答として，既存企業が共謀して参入企業の競争戦略を無効化する不公正な共同行為をとる可能性を封じ込めておかないと，競争に本来期待される機能が発揮できる保証はあり得ない．また，ルールからの逸脱行為に対する制裁措置の手続きおよびペナルティーの内容に関しても，事前に整備・公開してゲームの性格を明確にしておくことが，競争ゲームの公開性と透明性のために

必要である.

　次に必要な補完的な仕組みは，誕生の不遇や不運な事故などによって，競争プロセスにそもそも参加できない深刻なハンディキャップを負っていたり，自己責任には帰着できない理由で競争プロセスから敗退したりした人々に対して，ライフ・チャンスを追求する再起の機会を，当然の《権利》として保障する仕組みである.

　前者の補完的な仕組みを担うのは，競争政策の執行機関——日本の場合では《公正取引委員会》(略称《公取委》)——である．また，競争のフェア・ゲームの基本構造を描いたルールの体系は，競争法——日本の場合では《独占禁止法》(略称《独禁法》)——と呼ばれている．また，後者の補完的な仕組みを整備する作業は，福祉国家の制度設計の重要な課題のひとつであるが，本書ではこの課題には立ち入らないことにする他はない[13]．

D. 経済学が《市場の失敗》(market failures)と呼ぶケースのうちには，そもそも分権的な競争に資源配分を委ねるには相応しくない状況も含まれている．このような状況に対しては，競争ゲームの適用範囲外に置くことを明示して，競争とは別個の原理による効率的で公正な資源配分の達成を図る制度的な見取り図を公開しておく必要がある．公共財のケースとか，自然独占のケースなどは，市場における競争ゲームの適用範囲の外部に置かれるべき典型的なケースである[14]．したがって，これらの事例は《競争秩序の制度設計》という構想の射程外に置かれる他はないことになる．

E. これだけの予備的考察を踏まえて，以下では《競争秩序の制度設計》とい

---

13) 著者の福祉国家の経済システムの構想については，塩野谷・鈴村・後藤(2004)，鈴村(1999b, 2000d, 2004a)などを参照していただきたい．
14) ただし，技術の発展次第では，従来は典型的な自然独占の事例と考えられて，競争にはなじまないと考えられていた事業が，競争ゲームの範疇に新たに区分変更されるケースが登場する．日本におけるその具体例は，1985年のテレコム改革に端を発して，法的独占事業(日本電信電話公社)の民営化と長距離通話事業への競争原理の導入が行われた電気通信事業である．日本の電気通信事業の競争と規制に関しては，奥野・鈴村・南部(1993)，鈴村(1993, 1994)および後藤・鈴村(1999)の第13章(鈴村興太郎)「適用除外・政府規制・行政指導」を参照されたい．

う構想の素描を述べることにしたい．この構想は，本書第4部第12章(権利体系の社会的選択)の第3節(ゲーム形式の権利体系の社会的選択)で展開したシナリオと，家族的な類縁性を持っている．

この構想の第1段は，衡平な競争ゲームの設計のステージである[15]．構想の第2段は，ある事業で支配するゲームのルールを承知したうえで，潜在的なプレーヤーが競争に参加する意思決定を行うステージである．構想の第3段は，前の段階で参加することを決定したプレーヤーが実際に競争ゲームをプレーして，市場において優劣を競い，勝者と敗者が決定されるステージである．この3段階にわたって《競争秩序の制度設計》を図るというのが我々の構想なのだが，3つのステージのそれぞれについて，さらに立ち入ったコメントを与える必要がある．

第1段の衡平な競争ゲームの設計のステージでは，ゲームの設計者・ゲームの設計に際して依拠する情報源・設計されるゲームの衡平性を判断するための着眼点と基本的な考え方，の3点が問題になる．最終的にゲームの社会的《選択》を行うのは，社会を構成するすべての人々——あるいは彼らの正統なエージェント——であることは当然である．しかし，具体的な競争ルールの選択肢を《設計》するゲームの設計者の役割は，競争政策の執行機関が主に担うと考えるのが自然である．この設計作業が依拠する情報源は，後の段階で設計されたゲームがプレーされた結果——均衡状態——を見越した《帰結主義》的な情報というよりは，過去の競争ゲームのパフォーマンスを効率性と衡平性の観点から評価して，その不備を補整する必要性に関して累積されてきた評価情報，並びに焦点に据えた事業の競争ルールの再設計を不可避にした新技術の発展など，《事実の進行》に関する《非帰結主義》的な事実情報，であると考えられる．最後に，設計されるゲームの《衡平性》を判断するための基準としては，ゲームがプレーされた結果が，行政的に理解された意味での公共【善】の観点から望ましいパフォーマンスを示すという《帰結主義》的な基準ではな

---

[15] 正確にいえば，ここで設計されるのは本書第4部で議論の対象とされた《ゲーム形式》(game form)であって，《ゲーム》(game)ではない．この点は既に十分明らかになっているという前提で，以下ではゲームのルールとはゲーム形式のことだという点をも含め，表現の簡素化を優先して競争ゲームの設計と選択という表現を使い続けることにしたい．

く，設計された競争ゲームが潜在的なプレーヤーと既存のプレーヤーとの間，並びに既存のプレーヤー相互間で，処遇の衡平性を保証しているかとか，生産者と消費者の利害を衡平に考慮したルールになっているかなど，設計されたゲームのルールそれ自体の在り方に内在する《非帰結主義》的な基準——《手続き主義的衡平性》の基準——であると考えるのが自然である．

　競争ゲームに参加するプレーヤーを決定する第2ステージでは，新規参入を企てる潜在的事業者に対して，既存事業者が《参入障壁》(barriers to entry) を構築するとか，既存事業者間で結託して，結託に加わらない既存事業者や潜在的事業者をアウトサイダーとして排斥する結合戦略を採用するなど，市場内部あるいは市場を求める競争ゲームの開始以前の反競争的行為が問題となる．第1段の衡平な競争ゲームの設計に際しては，この種の反競争的な行為に対抗して必要とされる措置が，ゲームのルールの不可欠の一部として含まれていること，それにも関わらず反競争的な共謀行為が懸念される場合には，その行為を発見して処罰するための監視と摘発の制度的枠組みが整えられていることが求められる．

　第3段で競争ゲームをプレーした帰結に対しては，競争は必然的に優勝劣敗のプロセスであるだけに，その帰結に満足するプレーヤーと，その帰結に不満を持つプレーヤーが共存することは避けられない．あらゆるゲームの場合と同様に，競争ゲームの場合にも，実際のプレー以前にプレーヤーの間でゲームのルールに関する理解と同意が成立していて，ゲームのプレーに際しては，同意されたルールの遵守が約束されている．その結果，プレーヤーの間で競争ゲームの勝者と敗者が定まったとき，ゲームの結果の《衡平性》を問う2種類の異なる視点が成立することになる．

　第1の視点は，ゲームのプレー以前に同意されたルールの遵守——《フェア・プレーの義務》の遵守——という視点である．この意味の衡平性の維持は，同じプレーヤー相互間でゲームが将来も安定的に繰り返されるために必要な条件である．この点を理解するためには，勝敗次第でルールを遵守する態度を180度変える相手と，続けて次のゲームをプレーしようとするひとが，果たしてどれだけいるだろうかを考えてみさえすればよい．

　第2の視点は，ゲームのルールが《衡平》に設計されているかどうか——

競争のフェア・ゲームになっているかどうか——という視点である．

　ゲームのプレーが開始される以前に競争ゲームのルールに関する理解と同意が形成されて，そのルールの遵守が約束されていても，同意されたルールの不備が事後的に判明する可能性があることは，否定できない事実である．したがって，ゲームがプレーされた結果をみてルールへの異論が提起される場合には，第1のフェア・プレーの義務の視点のみに固執するべきではない．異論に到った経緯と，競争ゲームがプレーされた結果の客観的な解析に基づいて，建設的な問題処理にあたるべきである．別の表現をすれば，競争ゲームがプレーされた結果の客観的な分析をフィードバックして，競争ルールの設計の《衡平性》を改めて吟味する作業は，競争ゲームのルールがフェアに設計されていることを不断にモニターする作業であって，競争政策の重要な構成要素であるというべきである．

F．この点の理解を深めるために，競争ゲームがプレーされた結果に対する不満に根差して，あるプレーヤー A が競争ルールに対して異論を提起する状況を考えてみる．このプレーヤー A の競争からの敗退が，彼自身に責任がある競争戦略の失敗に起因していて，他のどのプレーヤーもルールを逸脱してプレーヤー A を搾取する行動をとっていない場合には，ルールに対する異論は，自己の失敗の責任をゲームの設計方法に転嫁するアンフェアな行為であるに過ぎず，ルールをプレーヤー A の異論に応じて修正すべき理由はない．これに対して，プレーヤー A の敗北の原因が，他のプレーヤー B のルールを逸脱した競争行為によるものであることが判明した場合には，プレーヤー A の異論に対する理性的な対応は，ルールを逸脱して搾取的な行動をとったプレーヤー B にペナルティーを課して，搾取されたプレーヤー A に補償を支払うことである．最後に，プレーヤー A の敗北の原因が，彼自身に責任を問うべきではないハンディキャップに対して当然行われるべき正当な配慮が，当初の競争ルールに欠けていたことなどに起因することが判明した場合には，この事実を教訓として競争ルールを再設計して，競争ゲームをフェア・ゲームとして改革すべき正当な理由があることになる．

G. このように,《競争秩序の制度設計》という我々の構想は,競争政策の執行機関による競争法の設計と執行,競争法を競争ゲームの衡平なルールとする競争ゲームのプレー,競争の成果に対する評価が次のラウンドの競争ゲームのルール設計にフィードバックされる仕組みを,最大限に簡素化して表現したものである.競争の法と政策が,このフィードバック・プロセスを繰り返した累積的な結果として,衡平な競争ゲームの再設計――競争法の改訂――を必要とする段階に到った場合には,競争政策の執行機関が再設計した競争ゲーム――競争法の改訂案――に対して,社会的選択ルールに基づき,公共【善】の観点から意思決定が行われることになる.

この構想の中核にある考え方は,さらに簡潔に以下のように纏められる.社会的選択の対象は衡平な競争のゲームのルールであり,資源配分に関する帰結の選択は,選択された競争ゲームのプレーによって分権的に決定される,と.

第3節 競争法と競争政策:設計と進化

A. 新たな競争ルールの設計と競争政策の執行手段の拡充を目的として,独占禁止法(独禁法)の大幅な改正が公正取引委員会(公取委)によって提起され,激しい賛否両論を経て改正独禁法に結実したのは 2005 年 4 月のことだった.この 2005 年改正をケース・スタディの主旨で採り上げて,公共の福祉のための制度設計という基本的な観点から,競争の法と政策の在り方について簡潔に述べておくことにしたい[16].

連合軍による占領下の戦後改革の一環として,1947 年に《原始独占禁止法》が競争法の母国アメリカの制度を下敷きにして導入されて以来,政策環境の変化を反映して,日本の独禁法と競争政策にはさまざまな部分的修正が施されてきた.競争の制度的仕組みを整合化する必要性は,《効率性》の観点からも《衡平性》の観点からも,非常に高まっていたことは間違いない.独禁法は競

---

[16] 日本の独禁法と競争政策に関する体系的な研究として,後藤・鈴村(1999)を挙げておくことにしたい.ただし,その出版の時点から明らかなように,本書は 2005 年改革について直接触れる点はない.とはいえ,2005 年改正の歴史的背景を詳しく理解したい読者には,本書の関連する箇所の参照を求めたい.

争的な市場経済の最も基本的なルールとして，しばしば《経済憲法》と称されて表面的には敬意を払われてはいても，競争の法と政策に対する一般のイメージは必ずしも肯定的・積極的なものではなく，競争の社会的意義と競争政策の役割に対する一般の理解も，決して行き届いているとはいえそうにない状況にあったと思われる．今回の法改正のプロセスは，競争法と競争政策に対する一般の理解を深めるために，どこまで貢献することができただろうか．

B．2005年改正に結実した独禁法の改正案には5本の柱があった．
(1) カルテル・入札談合に対する《課徴金》の制裁的機能を明確化して，制度として自立させること．
(2) 課徴金の水準を大幅に引き上げて，カルテル・入札談合に対する抑止効果を強化すること．
(3) 公取委に新たに《犯則調査権限》を賦与して，刑事告発のため調査権限の不備を解消すること．
(4) 行政上の制裁措置としての課徴金制度と，刑事上の制裁措置としての刑事罰制度との整合化をはかるために，調整規定を導入すること．
(5) カルテル・入札談合に参加する企業が公取委に情報提供する誘因を賦与するために，《制裁減免制度》(leniency scheme)を導入すること．

この改正案の意味とその意義を理解するためには，課徴金制度の歴史的背景とその後の変遷について，最小限度の説明をしておく必要がある．

C．従来の独禁法の制裁・措置体系の歪みを象徴する課徴金制度は，抑止効果を殆ど期待できない排除措置命令以外にはカルテル・入札談合への対抗手段に乏しかった当時の独禁法の不備を補う目的で，1977年に初めて導入された制度である．その際，憲法39条の《二重処罰の禁止規定》との関係から，課徴金は一定の抑止効果を目的としつつも法的には不当利得の剥奪措置に過ぎず，行政的な制裁手段ではないという説明がなされたことが，《課徴金のぬえ的性格》と酷評されるほどに，この制度の位置付けを不明瞭にしたのである．この説明は，1991年の独禁法改正によって課徴金が大幅に引き上げられて，この制度の制裁的機能が実質的に強化された段階で，実は既に破綻をきたしていた

というのが著者の判断である．

D．過去の歴史的経緯の後遺症が，日本の競争政策に深刻な影響を残しているもうひとつの事例は，第一次石油危機を契機として頻発した石油ヤミ・カルテルに対する公取委の刑事告発（1974年）である．独禁法違反に対する《専属告発権限》を賦与されていた公取委とはいえ，刑事告発を実行した事例は非常に少なかった．しかも，石油ヤミ・カルテル事件は検察側と十分な事前協議をせずに公取委の告発が行われたため，検察当局との間の混乱と軋轢という深刻な後遺症を残したといわれている．この経緯を背景にして，日米構造協議（1990年）においてアメリカが，刑事告発の適用を含めて日本の独禁法の執行の厳格化を強く要求したために，公取委と検察当局の事前協議を制度化した《告発問題協議会》が設置された．この協議会において，検察側と公取委が合意した事案に限って刑事罰を適用する慣行が成立して，競争政策の執行上の制度的歪みのもうひとつの契機となってしまった．公取委は，東京高裁への専属告発権限を賦与されてはいたが，犯罪事実に関する証拠収集を行う目的で調査する権限——《犯則調査権限》——は備えていなかった．それなのに，事前協議方式のもとでは公取委の調査によって起訴の見通しが立つことが告発を行うための事実上の要件となったため，公取委の調査は行政処分の目的で行う調査の範囲で，事実上は刑事事件に関する証拠を収集するという歪みをもつことになったからである．

E．カルテル・入札談合に対する従来の措置体系に含まれる別の問題点は，事件の詳細に関する調査手続きに，カルテル・談合への参加者が積極的に協力する誘因が，まったくビルトインされていなかったことである．違法行為への参加者に摘発のための証拠の事前的・自発的な提供を期待するためには，証拠の提供に対してなんらかの誘因を与える必要がある．だが，従来の独禁法には，その主旨の誘因メカニズムはいっさい含まれていなかったのである[17]．

---

17) 石油ヤミ・カルテル事件の場合には，告発された石油元売り12社と石油連盟側には，通産省の行政指導にしたがっただけだという認識と憤懣があって，その主張を根拠付けるためにむしろ積極的に情報提供を行ったといわれている．

F. こうした歴史的経緯を踏まえると，2005年改正独禁法は，従来の制度の歪みや不備を正す役割を担って設計されていることを理解することができる．改正された独禁法のポイントを改めて3点に纏めて，その重要性を再確認しておくことにしたい．

第1に，改正独禁法は課徴金の制裁的機能を明確化して制度として自立させるとともに，課徴金の水準も大きく引き上げて，カルテル・入札談合に対する抑止効果を強化した．

第2に，改正独禁法は公取委に犯則調査権限を新たに賦与して，刑事告発のための調査権限の不備を解消するとともに，行政上の制裁措置としての課徴金制度と刑事上の制裁措置としての刑事罰制度との整合性を保証するために，調整規定を導入した．

第3に，改正独禁法はカルテル・入札談合に参加した企業が公取委に情報提供する誘因を賦与するために，早い段階で情報提供した企業に対して制裁減免制度を導入することによって，独禁法の執行プロセスに協力する誘因を導入した．

これらの特徴を備えた2005年の改正によって，日本の独禁法が整合性と機動性と衡平性を増したことは，公平に評価されるべきだと思われる．この改正で積み残された課題は確かに多々あるが，まずは改正された独禁法を競争のフェア・ゲームとして制度的に定着させることが大切である．

G. 2005年の独禁法改正に対する批判のなかには，従来の課徴金制度でさえ不況に苦しむ企業にとっては既に過酷な負担であって，課徴金制度を一層厳格化する必要性も必然性もないという主張があった．しかし，従来の制度でも十分にカルテル・入札談合に対する抑止効果があるというのであれば，目に余る累犯行為が横行した現実をどのように説明できるのだろうか．また，課徴金制度の適用の引き金を引くのは，企業の違法行為である．この違法行為を敢えて犯す企業が課される課徴金の過酷ささえ懸念するほどに心優しい批判者は，違法行為によって不当な処遇を受ける潜在的競争者と一般消費者の苦境に対しては，どのように周到な配慮をする用意があるのだろうか．

分権的な経済社会における競争の機能を効果的に生かすためにも，競争の自

生的な進化と衡平な競争のルールの設計が国民の福祉を改善する水路で融合されるために制度的な工夫を凝らす作業こそ，いま最も必要とされている．日本の競争法と競争政策の現状は，おそらくは理想的な制度的工夫とは未だに遠いことは否めない．だが，白紙に絵を描くような制度設計は非現実的であり，自生的な進化とのインターフェイスを意識しない制度改革が定着する可能性は限りなく低い．その意味で，日本の独禁法のアメリカからの移植，日本の社会的・経済的環境への土着化と自生的進化の過程，不完全なルールの再設計の試みとその制度化の努力の過程を読み解いて，競争を基本的なエンジンとする分権的な経済システムの制度設計を構想する作業を捲まず撓まず継続することは，《血の通った厚生経済学》(welfare economics with red corpuscles)のひとつの進路であると思われる．

第7部
厚生経済学の過去・現在・未来

《問題の設定》

　2001年の夏，ケンブリッジ大学トリニティ・カレッジの客員フェローとして，著者がイギリスに滞在していたときのことである．ある日，経済学部のコーヒー・ルームで寛いでいた著者に，経済学史を専攻する某教授が，いまどういう研究をしているのかと尋ねてきた．ちょうどその頃，ケネス・アロー，アマルティア・センの両教授と共同編集で Handbook of Social Choice and Welfare, Vol. I を作成中で，厚生経済学と社会的選択の理論の歴史に触れる序章を執筆していた著者は，「厚生経済学の歴史を書いている」と答えた．この答えに少し意表を突かれた様子で，某教授は「それはまた随分短い歴史を研究しているものだ」という感想を漏らした．彼は，ケンブリッジ大学の経済学の歴史を念頭に置き，特にアーサー・ピグーの輝かしい綜合の書『厚生経済学』(Pigou, 1920)を意識して，分野の誕生以来たかだか80年の歴史なのに……という思いから，この感想を漏らしたのである．ジョン・ヒックスが「厚生経済学の領域と現状」(Hicks, 1975)のなかで述べているように，ピグーの『厚生経済学』以前には経済学の一研究分野を指して厚生経済学という表現が用いられた例はない．それだけに，某教授の感想は，技術的な意味ではもちろん正しいというべきである．だが，本書第6部の《問題の設定》で与えた厚生経済学と社会的選択の理論の定義——厚生経済学とは，経済システムの性能を批判的に検討して，人々の福祉の観点からその性能を改善するために，代替的な経済システムや経済政策の設計と実装を企てる経済学の一分野であり，社会的選択の理論とは，集団的意思決定の代替的な方法の設計と評価，並びに厚生経済学の理論的基礎を精査する分野横断的な研究分野である——を念頭に置けば，厚生経済学の研究の歴史がそれほど短いことはあり得ない．《厚生経済学》という名称こそ存在していなかったとはいえ，《道徳哲学》(moral philosophy)ないし《倫理学》(ethics)という古典的な名称のもとに，現在ならば厚生経済学と社会的選択の理論と称される研究は，少なくともアリストテレスの時代から，連綿として継承されてきたといって差し支えないからである．

《問題の設定》——449

　第7部では，この意味における厚生経済学と社会的選択の理論の歴史の若干の側面について，本書のシナリオと密接に関連する問題を中心として，著者の考え方を簡潔に述べることにする．基本的には理論的な研究を纏めた本書だが，分析の俎上に載せた論点を明らかにすることに役立つ限りで，これまでも著者はその論点の歴史的背景を述べることを避けなかった．それだけに，以下の各章の内容は，先行するいくつかの章で述べた内容と部分的に重なる場合もある．だが，第6部までのすべての分析の結論を踏まえて整理した形で，厚生経済学と社会的選択の理論の歴史に対する著者の理解を纏めて述べることは，決して無駄ではないと考えている．

　第19章(厚生経済学と社会的選択の理論の水源地)は，イギリスにおけるジェレミー・ベンサム，フランスにおけるマルキ・ド・コンドルセという2人の——非常に異質な——研究者を水源地として出発して，アーサー・ピグーの『厚生経済学』によって初めて綜合され，《厚生経済学》という分野の正式名称も獲得したものの，誕生から僅かに10年余りでライオネル・ロビンズの批判に直撃されて瓦解した【旧】厚生経済学の栄光と陰を，簡潔に整理・論評することを課題としている．

　第20章(アローの定理とヒックスの非厚生主義宣言)は，【旧】厚生経済学が瓦解した廃墟に残された上部構造を，1930年代を席巻した序数主義的経済学の情報的基礎と接合して，厚生経済学の再構築を企てた【新】厚生経済学の性能評価を行うとともに，その歴史的な展開過程を辿ることを課題としている．ロビンズの挽き臼が【旧】厚生経済学の基礎を破砕する場面を目撃した【新】厚生経済学者たちであるだけに，厚生の個人間比較可能性という躓きの石を避けることに，細心の注意が払われたことは当然である．だが問題は，これほど痩せ細った情報的基礎のうえに，どこまで広い適用可能性を備え，どんなに鋭敏な公共【善】の判定基準を構築できるかということである．本章では，補償原理学派の【新】厚生経済学と社会厚生関数学派の【新】厚生経済学に加えて，イアン・リットルの厚生基準論(Little, 1950/1957)にも簡潔に言及して，アローが厚生経済学の《別次元への大飛躍》(quantum jump)をもたらした背景を，詳しく理解することを目指したい．本章の最終節では，ピグー以降の厚生経済学の紆余曲折のなかで，下部構造を破壊されて漂流中のピグーの【旧】厚生経

済学の上部構造を堅固な地盤に着地させる努力を粘り強く継続してきたジョン・ヒックスが《厚生主義との訣別宣言》(Hicks, 1959b)を行ったのみならず，古典派経済学者の富裕の理論への回帰の姿勢さえ示した軌跡(Hicks, no date, c. 1955; 1956; no date, c. 1963)を辿ることにする．

最後の第21章(一般不可能性定理の機能と意義)は，本書で重要な位置を占めているアローの一般不可能性定理とセンのパレート派リベラルの不可能性定理のメッセージを再検討して，厚生経済学が今後取り組むべき問題を探ることに充てられている．

第19章　厚生経済学と社会的選択の理論の水源地[1]

第1節　2つの水源地：コンドルセとベンサム

　社会的選択の理論は，集団的意思決定の代替的な方法の設計と評価，厚生経済学の基礎の批判的検討に関わる理論である．また，厚生経済学は，現実的あるいは仮想的な経済システムや経済政策の批判的検討，代替的な経済システムや経済政策の設計および実装に関わる経済学の一分野である．それだけに，社会的選択の理論の起源が人類史の遥か古代にまで遡ることは，むしろ当然のことだというべきである．事実，複数の個人が共通の利害のために集団的意思決定を行う必要に直面すれば，なんらかの社会的選択の方法を適用する他はないことは明らかである．それだけに，集団的意思決定の代替的な方法の有効性や問題点に関しては，古典的な文献のなかに数多くの記述例を発見することができる．その顕著な例としては，古代ギリシャからアリストテレスを，古代インドからカウティリヤを引用しさえすれば十分である．両者はいずれも紀元前4世紀に生き，『政治学』と『経済学』と名付けられたそれぞれの著作のなかで，集団的意思決定のいくつかの可能性を探究したのである[2]．

　また，どのような集団も，その構成員に帰着される費用と便益を適切に考慮して経済のメカニズムや政策を設計・実装しようとすれば，なんらかの社会厚生上の判断を行うことは避けられない．この意味で，「厚生経済学の神聖でいにしえに遡る起源」を強調したジョゼフ・シュンペーター(Schumpeter, 1954, p.1069)は，完全に正しかったというべきである．彼によれば，「カラファおよび彼の後継者たちの業績，そしてスコラ学派の博士たちと彼らの後継者たちの

---

[1]　本章および次章は，厚生経済学と社会的選択の理論の歴史的展開に関して著者が公表してきた一連の論文，特にSuzumura(2002a)，鈴村(2004b, 2005b, 2007)に部分的に基づいて書かれている．本書での利用に際しては全面的な加筆と修正を加えているし，原論文に述べたあまりに専門的な詳細は再録を避けてはいるが，当初の執筆プランは基本的に生かされていることは，ここに明記しておくことにしたい．

[2]　Sen(1999a, p.350)を参照されたい．

業績の大部分は，まさに厚生経済学の研究だった．我々は，厚生という観点が18世紀において非常に顕著だったということも承知している．［……］ベンサムおよびイギリスの功利主義者たち全般にとって，厚生という観点は彼らの信条の不可欠な要素だった．リカード派の経済学の実証主義的精神にも関わらず，イギリスの古典学派の経済学者，なかでも J.S. ミルのなかに，我々は同様な観点を発見することができる．このように考えてみれば，現代の厚生経済学者たちは，ただ単にベンサムの功利主義の伝統を蘇らせたに過ぎない」のである．ポール・サミュエルソンが『経済分析の基礎』の厚生経済学に関する有名な第 8 章の冒頭 (Samuelson, 1947/1983, p. 203) で，「哲学者，目的論者，時事評論家，特別抗弁人や改革家の著作を皮切りとして，経済学はつねに公共政策と厚生の問題に関心を寄せてきた」と記したのも，同様の考え方に基づいてのことだった．

社会的選択の理論の延々と過去に遡る歴史的背景について，こうした権威ある所見が述べられているとはいえ，その所見となんら矛盾することなく我々は，集団的意思決定の具体的な方法に対する《道具的》(instrumental) な関心と，それらの方法の形式的な性能に関する《理論的》(theoretical) な研究とは，まったく別次元の問題であると主張することができる．前者の関心は確かに人間社会の起源と同程度に古いかもしれないが，後者の研究の発展はもっと最近にその起源があるように思われるからである．

事実，集団的意思決定の理論の実質的な起源は，フランス革命期の卓越した 2 人の先駆者——哲学者・数学者マルキ・ド・コンドルセと応用数学者ジャン-シャルル・ド・ボルダ——の先駆的な貢献に帰着すると主張しても，著しく公平性を欠くことにはならないように思われる[3]．

コンドルセ (Condorcet, 1785) が《単純多数決投票》(simple majority voting) を対象に集団的意思決定手続きの数理的な研究に関心を寄せたのは，人間の権利と合理的な社会秩序の設計に強い関心を寄せた 18 世紀のヨーロッパ啓蒙運動の理性的な雰囲気の渦中においてのことだった．彼が発見した《投票のパ

---

[3] この主張に対する留保の余地に関しては，Suzumura (2002a, p. 2) を参照していただきたい．

第 19 章　厚生経済学と社会的選択の理論の水源地────453

ラドックス》(voting paradox)ないし《コンドルセのパラドックス》(Condorcet's paradox)は，選択肢のペアごとの単純多数決投票が社会的選好のサイクルを生む──社会的選択肢 A が単純多数決投票によって別の選択肢 B に勝ち，選択肢 B は単純多数決投票によって第 3 の選択肢 C に勝ち，選択肢 C は単純多数決投票によって選択肢 A に勝つ──可能性があるというパラドックスだった．このパラドックスは，集団的意思決定のための投票並びにそれと関連する手続きの論理的な性能が，理論的な検討の対象とされるべき理由があるという明瞭なシグナルを送ることになったのである．コンドルセのパラドックスのひとつの含意は，社会的選択肢の集合 $S = \{A, B, C\}$ の上で単純多数決サイクルが生じると，S 内には《コンドルセの勝者》(Condorcet's winner)──他のどの実行可能な選択肢にも単純多数決コンテストにおいて負けることがない実行可能な選択肢──は存在しないということである．この事実はさらに，民主主義的な集団的選択の方法と思われる単純多数決投票によって社会的な選択を基礎付ける可能性が，排除されてしまうことを意味している．

　コンドルセの貢献は，《順位序列方式》(rank-order method)で意思決定を行う──《ボルダ方式》(Borda's method)として広く知られる──方法を提案したボルダ(Borda, 1781/1953)の先駆的な研究から，少なくとも部分的・間接的には影響を受けているように思われる．投票者ごとに，この方法は，最下位にランク付けた選択肢には 0 点，最後から 2 番目にランク付けた選択肢には 1 点，以下同様にして最高位にランク付けた選択肢に到るまで得点を割り振っていく．選択肢が n 個ある場合には，最高位の選択肢が獲得する得点は $n-1$ 点となるわけである．各々の投票者が付けた得点は，選択肢ごとに投票者全体にわたって加算されて，最大の総得点を得た選択肢がコンテストで綜合的な勝者になることになる．政治学者ダンカン・ブラック(Black, 1958, p. 180)によれば，「1794 年にボルダの提案を聴聞した後まもなく[フランス科学]アカデミーは，その会員資格選挙においてボルダの投票方式を採用した．この方式は 1800 年まで採用され続けたが，ある新入会員による攻撃を受けて，その後まもなく修正された．その新入会員はナポレオン・ボナパルトといった」．

　同じ順位序列方式による投票手続きは，数学者・天文学者ピエール - シモン・ラプラース(Laplace, 1812)によって，僅かに異なる前提から導出されてい

る．ラプラースは，この手続きを採用する際に直面する障碍を，以下のように鋭く指摘していた：

> ［ボルダ＝ラプラースの投票方法が持つ］機能は，自分にとって好ましい候補に対する最も強力な対立候補を最下位にランクする投票者の［戦略的な］行動によって，失敗させられるかもしれない．投票者のこのような行動から大きな利益を得るのは，凡庸な候補者になるだろう．彼らは，最高位得点は殆ど獲得できないとはいえ，最低位得点を得ることもまた稀だろうからである(Black, 1958, p. 182)．

実のところ，同様の困難には，ボルダ自身がつとに直面させられていた．ボルダは，彼が［フランス科学］アカデミーに提案した投票手続きがまさにこの戦略的な投票者行動に対する脆弱性を理由として批判されたとき，自らの投票方法は「正直なひとに対してのみ適用されることを意図している」と述べることで，反論しようとした」(Black, 1958, p. 182)のである．このエピソードは，投票機構の《戦略的操作可能性》(strategic manipulability)に対する懸念が，社会的選択の理論の黎明期から既に存在していたことを，我々に顕示しているように思われる．

19世紀には，投票機構に関する断続的な研究が存在しているが，なかでも特筆に値する業績は，その文学上のペンネーム――ルイス・キャロル――の方が有名なオックスフォード大学の数学者チャールズ・ラトウィッジ・ドジソン(Dodgson, 1873, 1874, 1876)によって挙げられたものである．彼の研究は，限られたオックスフォード大学のサークル内部でのみ回覧されていて，ブラック(Black, 1958, Appendix)がその著書に収録して広く利用可能にするまでは，外部の世界には殆ど知られていなかった．ブラックによれば，「ドジソンは選挙と委員会の理論に魅了されていて，この主題に関する彼の理解は，コンドルセ以外の誰にも劣らない域にまで到達していた」(Black, 1958, p. 212)のである．

19世紀末葉と20世紀前半には，エドワード・ナンソン(Nanson, 1882)やフランシス・ガルトン(Galton, 1907)など，いくつかの貢献が散発的に存在していたとはいえ，集団的意思決定の理論に多くの革新的な貢献が達成されたと

は言い難いように思われる．そのなかにあって長い停滞を大きく打破したのは，1940年代後半に成就されたダンカン・ブラック(Black, 1948)の業績だった．ブラックは，単純多数決ルールが社会的選択を決定できるために投票者の選好プロファイルが満足すべき簡単な十分条件——いわゆる《単峰型選好》(single-peaked preferences)の要請——を発見したのである．ブラックの単峰型選好の仮定が満足され，投票者の総数が奇数であれば，他のすべての選択肢とのコンテストで単純多数決を獲得できる選択肢が必ず存在することになる．すなわち，単純多数決投票に基づいて，社会的な選択を決定することができるのである．ブラックの仮定に対しては，社会的選択肢が一次元の変数で表現され，投票者の選好を効用尺度で図示できるとき，各々の投票者の効用尺度は単峰型のグラフを持つという幾何学的な表現をすることができる．単純多数決投票に関するブラックの可能性定理は，社会的選択の理論におけるこの種の可能性定理の最初の貢献であって，投票理論の現代的発展に向けて大きく門戸を開放する決定的な役割を果たしたのである．

ここで社会的選択の理論の厚生経済学的な側面に目を転じることにしたい．この分野でも，代替的な経済システムの設計や経済政策の評価に対する批判的かつ体系的なアプローチの実質的な起源は，それほど遠くはない過去に見いだせるように思われる．事実，我々が理解する厚生経済学の起源は，ボルダやコンドルセと同時代に英仏海峡を隔てたイギリスで活躍した法律学者・法理学者ジェレミー・ベンサム(Bentham, 1789)に求められるといって差し支えないのである．

《自然権》(natural rights)の思想をバックボーンとするフランス革命を熱烈に支持して，革命政府の憲法草案の作成にも手を染めたコンドルセ[4]とは対照的に，ベンサムは神聖不可侵の《自然権》という概念に対する痛烈極まる

---

[4] イアン・マクリーン(McLean, 1995, pp. 23-26)によれば，「社会的選択に関するコンドルセの研究が行われた時期(1785-94)は，それ以前の西欧の歴史上で憲法の制定が最も盛んだった時期であり，このピークが更新されたのはその後1989年に到ってのことだった．合衆国，ポーランドおよびフランスの憲法が作成されたのはこの時期のことであり，コンドルセは3つの憲法草案にすべて関係していた[……]．1792年にコンドルセはフランス憲法を起草する委員会の議長に就任した[……]が，1793年6月のジャコバン党のクーデターの後で彼は失脚した．コンドルセが起草した憲法草案は廃案とされて，彼の投票機構をすべて棄却したロベスピエールによって拙速に作成された憲法草案が，そのかわりに採用された」のである．

批判者だった.事実,1791年のフランス憲法によって具体化されたフランス『人権宣言』に対する辛辣なコメントに,ベンサムは以下の有名な一節を書き残している：「自然権はまったくのナンセンスである.自然的で不可侵な権利は,修辞上のナンセンス,竹馬に乗ったナンセンスである」(Bentham, 1843, p. 501)[5].

神聖不可侵な自然権概念に経済政策の基礎付けを求める替わりに,ベンサムは経済メカニズムや政策の【善】を判定する究極的な基準は《最大多数の最大幸福》をもたらすことだという主旨の《最大幸福原理》に,経済政策の代替的な帰結主義的基礎付けを求めたのである.社会状態の【善】に対する功利主義的観点に立てば,立法者の任務とは,法律その他の社会的・経済的制度を巧妙に設計して,自らの利益を専ら追求するそれぞれの個人が,結果的に最大多数の最大幸福をもたらすような行動へと,自ずと誘導されるようにすることであると解釈されるわけである.

ベンサムには,法律学者・法理学者という謹厳な顔のみならず,熱烈な社会改革の提唱者というもうひとつの顔もあった.依頼を受けたわけでもない世界各国の憲法草案の執筆から,理想的な刑務所(パノプチコン)の設計に到るまで,ベンサムの社会改革の情熱が注がれた対象は非常に幅広い.ベンサムが据えた経済政策に対する功利主義的な基礎付けの灯火は,ジョン・スチュアート・ミル,フランシス・イシドロ・エッジワース,ヘンリー・シジウィックの手を経て20世紀初期のアーサー・ピグーに手渡されて,ケンブリッジ大学の道徳哲学の伝統を統合するための自然な基礎を提供したのである.それとともに,ベンサムが情熱を傾けた社会改革の志も,同じくピグーによって継承されることになったことを,我々は忘れるべきではないと思われる.

---

5) 法学者ベンサムにとって,その存在を承認できる唯一のカテゴリーの権利は,法律と法令に起因する権利だった.彼にとって《自然権》は言葉の矛盾以外のなにものでもなかった：「自然権などは存在しない.政府の成立に先立つ権利のようなものは存在しない.合法的であるということと対立したり,対比されたりする自然権などは存在しない.自然権という表現は単に比喩的なものであるに過ぎない.この表現を用いるやいなや,それに厳密な意味を付与しようとするやいなや,自然権は大きな誤り——それも極端な悪影響を及ぼす類いの誤り——を引き起こすのである」(Bentham, 1843, p. 500).

第2節　ピグーの『厚生経済学』：その光と影

アルフレッド・マーシャルの後継者として1908年にケンブリッジ大学経済学教授に就任したアーサー・ピグー(1877-1959)は、ベンサムの功利主義哲学を継承したケンブリッジ道徳哲学の到達点を、最初は『富と厚生』(*Wealth and Welfare*, 1912)に、そして間もなくこれを改訂・増補した主著『厚生経済学』(*The Economics of Welfare*, 1920)に集大成して、《厚生経済学》(welfare economics)という経済学の一分野を創始したのである．この研究分野の思想的な源泉をベンサムの功利主義思想に負い、社会改革の情熱をもベンサムから継承したピグーであるだけに、彼が構想した厚生経済学は、ひとの厚生を増進する手段を鍛える実践的な経済学の一分野だった．「カーライルによれば、驚異は哲学の始点だが、経済学の始点は驚異ではなく、陋巷の汚濁と歓びのない生活を見て憤る社会的情熱である」(Pigou, 1920, p.5)と述べたピグーに相応しく、『厚生経済学』の序文には次のような創業宣言が記されている[6]：

> 経済学者がやり遂げようと努めている複雑な分析は、単なる頭脳の鍛錬ではない．それは、人間生活の改良の道具である．われわれを取り巻く悲惨と汚濁、一部富裕家族の有害な贅沢、多数の貧困家族を覆う恐るべき不安——これらのものは、無視するには余りにも明白な害悪である．われわれの学問が探求する知識によって、これらの害悪を制御することは可能である．暗黒から光明を!

ピグーの『厚生経済学』は、確かにひとつの綜合の書ではあるが、道徳哲学の名のもとに積み重ねられてきた規範的な経済学の断片的な知見を、整然と綜合化した体系書とはいささかその趣旨を異にする著書でもある．以下では、『厚生経済学』のいくつかの特徴的な側面を列挙・論評することによって、ピグーが目指した綜合の性格を浮かび上がらせる方針を採用することにしたい．

第1に、古典派経済学の物質的な《富》(wealth)の生産と分配の理論とは一

---

[6] Pigou(1920; Preface to the Third Edition, 1928, p. vii).

線を画して,ピグーの『厚生経済学』は主観的な《効用》(utility)ないし《厚生》(welfare)を分析の焦点に据えている.《最大多数の最大幸福》という功利主義哲学に公共【善】の判定基準を求めたことが,この選択の直接的な契機となったことは紛れもない事実だが,19世紀後半の経済学に生じた《限界主義革命》(marginalist revolution)を反映して,当時のイギリス経済学が主観的価値の理論に大きく旋回したことが,この選択の間接的な背景を構成していることも,否定できない事実である.経済学の両翼を構成する《事実解明的》(positive)アプローチと《規範的》(normative)アプローチの間には,本質的に架橋不可能な深い断裂があるとはいえ,経済学のパラダイムの大きな変革期には,一方の翼に生じた方法論的な変化が他方の翼の方法論的な基礎にもスピルオーバーすることが,しばしば起こっている.我々は,同様なスピルオーバーのもうひとつの重要な事例がピグー以降の厚生経済学の展開過程で生じたことを,第20章(アローの定理とヒックスの非厚生主義宣言)において検証することになる筈である.

我々が本書第3部第7章(帰結道徳律と手続き的衡平性)で導入した規範的経済学の《情報の樹》を用いて表現すれば,古典派経済学の物質的な《富》の生産と分配の理論は《非厚生主義的帰結主義》の枝に進むアプローチであったのに対して,ピグーの『厚生経済学』が提唱した分析方法は,まず《厚生主義的帰結主義》の枝に進み,最終的にはその先の《個人間比較可能な基数的厚生主義》の分枝に安住の地を求めるアプローチだったのである.

第2に,ピグーが『厚生経済学』で主として関心を寄せた経済システムは,競争的市場メカニズムに生じるさまざまな失敗——《市場の失敗》(market failures)——を補整する政策措置によって,自由な市場メカニズムの機能障害を補整された競争的市場システムだった.ピグーには,『社会主義 対 資本主義』(Pigou, 1937)のように,経済的効率性の観点から社会主義経済システムと資本主義経済システムの性能を優劣比較した著書もあり,経済システムそれ自体を変数とする発想がなかったわけではない[7]のだが,少なくとも『厚生経済学』においては競争的市場メカニズムに生じるさまざまな失敗を補整することが,理論的な研究の焦点の位置に据えられていたのである.なかでも最も著名な補整的な政策措置は,《外部性》(externality)現象に対する補整的な租税・補助金

システムの構想だった．また，マーシャルの収穫逓増産業と収穫逓減産業の分析や，シジウィックによる私的純生産物と社会的純生産物の乖離の指摘など，ケンブリッジ大学の先駆者からピグーが継承して前進させた分析も，『厚生経済学』の重要な構成要素となっている．

　第3に，ピグーは『厚生経済学』の冒頭で《社会厚生》(social welfare)の概念を《経済厚生》(economic welfare)と《非経済厚生》(non-economic welfare)の2つの部分概念に分解して，社会厚生の一部に過ぎない経済厚生を増進するために《人間生活の改良の道具》を鍛える作業に，『厚生経済学』の課題を限定したのである．

　ピグーによれば「[社会]厚生とは頗る範囲の広いもの」(Pigou, 1920, p. 10)である．彼は厚生の一般的な定義を与える試みを断念して，「厚生の要素は意識の状態[および]意識の状態の関係」であること，「厚生は大小の範疇の下に置くことができる」ことに読者の注意を喚起することに留め，「これに影響を及ぼす可能性を持つあらゆる原因を一般的に調査する作業は膨大かつ複雑であって，まったく実行不可能である」という諦念を述べている．『厚生経済学』の守備範囲を処理可能な境界内部に留めるために，ピグーは「社会厚生のうち，直接的または間接的に貨幣の測度と関係を付けられる部分」を《経済厚生》と

---

7)　芥川龍之介の小説『河童』には，母親の胎内の子河童に，河童社会への誕生の意思を父親が問い質すシーンが登場する．自らの意思とは無関係に生命を与えられ，設計や選択に関わる機会がなかった既存の制度的枠組みのなかに投げ込まれる我々にしてみれば，事前に誕生の意思を確認される河童には，我々が享受できない重要な権利が賦与されているかに思われる．我々は，小は家族制度から大は国家制度やGATT／WTOに代表される国際制度に到るまで，自らの意思では動かせない外部環境に制約されつつ，僅かに残された選択の権利を行使しているに過ぎない存在だからである．そのためもあって，プラトンの『国家』やユートピア社会主義者の夢はさておき，正統派の経済学者の間では制度を社会的な設計や選択の対象──すなわち《変数》──と考える発想が乏しかったことは，否定すべくもない事実である．実際，経済の制度的構造を設計者の観点から評価・選択・実装する経済学の誕生は，ロシア革命によって初めて出現した社会主義経済システムの合理的ワーキングの理論的可能性を巡って1930年代に激しく戦われた《経済計画論争》(economic planning controversy)を待たねばならなかったのである．フリードリッヒ・フォン・ハイエクとオスカー・ランゲを，社会主義経済システムに対する批判者と擁護者のチャンピオンとして戦われたこの論争は，分権的な意思決定の社会的な整合性・効率性・誘因両立性，個人の自律的な意思決定の権利と社会全体の効率性との両立可能性，効率性と衡平性のジレンマなど，その後の規範的経済学の滔々たる大河の豊かな水源地として，現在でも大きな意義を担っている．ケネス・アローによる社会的選択の理論やレオニード・ハーヴィッツによるメカニズム設計の理論の創始も，経済制度を理性的な設計と社会的な選択の対象の位置に据えるという発想の大転換を抜きにしては，殆どあり得なかったと思われる．

名付けて，社会厚生の一部である経済厚生を増進する政策措置を設計して実装する作業に，自らの『厚生経済学』の研究課題を絞ったのである．

ピグーによれば，「満足および不満足のうちで，貨幣の測度と関連付けられる部分」(Pigou, 1920, p. 23)と定義される《経済厚生》は，その「客観的な対応物」(Pigou, 1920, p. 31)として，《国民分配分》(national dividend)または《国民所得》(national income)を持っている．このように，《経済厚生》という抽象的な概念の操作性をもつ《代理変数》(surrogate)の地位に国民分配分ないし国民所得の概念を据える理由を，ピグーは以下のように説明している[8]：

> 経済的原因は，ある国の経済厚生に直接的に作用するものではなく，経済学者が国民分配分ないし国民所得と呼ぶ経済厚生の客観的な対応物の形成と利用を経由して作用するものである．経済厚生が，総厚生のうちで貨幣の測度と直接的または間接的に関連付けられ得る部分であったのとまったく同様に，国民分配分も，外国から得られる部分も当然含めて，社会が獲得できる客観的な所得のうち，貨幣で測定できる部分に他ならない．このように，経済厚生と国民分配分という2つの概念は，その一方の内容に関するいかなる記述も，他方の内容に関するそれに対応する記述を意味するというように，対等な概念なのである．

この議論が，国民分配分ないし国民所得を経済厚生のオペレーショナルな対応物の位置に据える理由として，どの程度に説得的であるかといえば，必ずしも自明ではないといわざるを得ない．この意味で，理論的な根拠付けには留保の余地を残しつつ，経済厚生をその客観的な対応物＝国民分配分で置き換えることによって，ピグーの『厚生経済学』は国民分配分の増大・分配・安定に関する理論へ移行することになったのである．事実，『厚生経済学』の構成は以下の4つの部から構成されている．

---

8) Pigou(1920, p. 31).

第 1 部　厚生と国民分配分
第 2 部　国民分配分の大きさと各種用途間の資源配分
第 3 部　国民分配分と労働
第 4 部　国民分配分の分配

　率直にいって,《社会厚生》から《経済厚生》へ,《経済厚生》から《国民分配分》へと,ピグーが『厚生経済学』の分析の焦点を移動させるたびに,その移動の根拠付けに対する彼の正当化の議論に対しては,疑問と留保の余地を指摘せざるを得ないように思われる.社会厚生から経済厚生への視野の限定に関しては,そもそも《社会厚生》を《経済厚生》と《非経済厚生》に分けるという分離可能性の思想それ自体に対して,大いに留保の余地がある.このハードルをなんらかの方法で越えたとしても,経済厚生の変化が社会厚生にもたらす効果に関して,厚生経済学の暗黙の前提とできるほどの規則性——正の相関関係——を期待できるかと問われれば,確信をもって肯定的に答えることは難しいのではあるまいか.さらに,経済厚生の客観的対応物ないし代理変数として,国民分配分ないし国民所得を据えるピグーの構想に対しては,さまざまな立場からの批判の余地があることは周知のことである.ひとはパンのみにて生きるにあらずという常套句ひとつをとっても,ひとの幸福感や目標・欲求の充足度の階梯と,貨幣の測度で評価できる物質的な富裕度との間には,簡単に架橋はできない大きな裂け目がある事実を,我々に教えているのではあるまいか.こうなってみると,ピグーの『厚生経済学』の上部構造に対してどのように高い意義を認めるにせよ,その下部構造,すなわち厚生経済学の情報的基礎の構成方法に対しては,留保の余地と補強の必要があるといわざるを得ない.
　事実,ピグーの『厚生経済学』の功利主義的な情報的基礎に対しては,その出版以降 10 年余りの間に,非常に深刻な批判が提起されることになった.この批判の鋭い矢を放った代表的な論者は,ロンドン・スクール・オブ・エコノミックスに集結した若き経済学者の総帥ライオネル・ロビンズ (1898-1984) だった.

第3節　ロビンズのピグー批判：その衝撃と余波

　シジウィックを経由して，ベンサムの功利主義哲学を継承したピグーが創始した厚生経済学であるだけに，経済政策の是非や経済システムの性能を判断する公共【善】の評価基準が，社会を構成するすべての個人の効用ないし厚生の総和を最大化すること——《最大多数の最大幸福》——に求められたことは，当然とまではいえないまでも，自然なことだった．人々が政策や制度の帰結から享受する効用ないし厚生は，基数的な可測性をもつのみならず，異なる個人間で比較可能でもあると仮定されていた[9]．

　ピグーの『厚生経済学』の功利主義的な情報的基礎には，ライオネル・ロビンズの『経済学の本質と意義』(Robbins, 1932/1935)によって厳しい批判が浴びせられた．彼の批判はまことに峻烈なものだった．『経済学の本質と意義』から引用する以下の2つのパラグラフは，ロビンズの批判の本質をよく伝えているように思われる：

　　Aの選好は，重要さの順序においてBの選好よりも上位にたつと述べることは，Aは m よりも n を選好するがBは m と n を異なった順序で選好すると述べることとは，まったく異なっている．前者は慣例的な価値判断の要素を含んでいるからである．それは本質的に規範的な記述であって，純粋科学のなかにまったくその居場所をもっていない．

　　Aの満足をBの満足と比較して，その大きさを検査する手段はまったくない．もしわれわれが，両者の血液の流れの状態を検査するならば，それは血液の検査であって満足の検査ではない．内省によって，AはBの心のなかに起こっていることを測定することはできないし，またBはAの心のなかに起こっていることを測定することはできない．異なった人々の

---

[9] この暗黙の前提を明るみに出すためには，資源制約のもとで社会を構成する n 人の個人の効用の社会的総和 $\sum_{i=1}^{n} u_i(\boldsymbol{x}^i)$ を最大化する資源配分 $\boldsymbol{x} = (\boldsymbol{x}^1, \ldots, \boldsymbol{x}^i, \ldots, \boldsymbol{x}^n)$ は，最大化のための限界条件の一部として，全個人の貨幣（一般的購買力）の限界効用が一致することを要求するという事実に注意しさえすればよい．

満足を比較する方法はまったく存在しないのである．

序数的効用の概念が支配的な現代経済学に慣らされている多くの読者にとっては，ロビンズの批判がピグーの『厚生経済学』の信奉者に与えた衝撃を確かな実感を伴って理解することは，ほぼ不可能なのではなかろうか．ピグーの【旧】厚生経済学がロビンズの攻撃を支えきれずに崩壊した空白を埋めた【新】厚生経済学の重要な建設者のひとりであり，「1938 年以前に厚生経済学に関連するすべての文献に精通していた」と豪語するポール・サミュエルソンが記した以下の証言(Samuelson, 1981, p. 226)は，【旧】厚生経済学の崩壊現場の惨状を臨場感豊かに伝えた目撃記録として，一読に値するように思われる：

> ロビンズが王様は裸だと叫んだとき——すなわち，異なる人々の効用を比較する作業に規範的な妥当性があることを，客観的・科学的な経験的観察に基づいて証明したりテストしたりすることは不可能だとロビンズが喝破したとき——，彼と同世代のすべての経済学者は，突如として酷寒の世界に裸でいる自らに気付いたのである．彼らの大部分は【善】の発見を意図して経済学を志したのに，人生の半ばにして，彼らの職業は鉛管工や歯医者あるいは会計士の仕事と異ならないと悟ったことは，悲しいまでに衝撃的だったのである．

とはいえ，ロビンズの批判の性質に関しては，誤解の余地を慎重に狭めておく必要がある．彼は，効用の個人間比較に《客観的》ないし《科学的》な通用可能性はないことを主張したに過ぎないのであって，効用の《主観的》な個人間比較の可能性を否定したわけでもなければ，経済学者は彼ら自身の《主観的》な個人間比較をすべきでないと主張したわけでもない．この事実は，ロビンズの著作(Robbins, 1935, pp. 138-140, pp. 149-150; 1938, pp. 636-637; 1981, p. 5)を慎重に読み解きさえすれば明らかである．彼が実際に断言したことは，《主観的》な個人間効用比較は《客観的》な個人間効用比較としての有効性を主張することはできないということに尽きているのである．

1930 年代の終わり頃までに，ピグーの【旧】厚生経済学の基礎は，ロビン

ズの批判によって絶望的なまでに浸食されてしまっていた．ピグーの『厚生経済学』の健全な上部構造を，破壊された下部構造の廃虚から救出するためには，序数的で個人間比較不可能な効用を新たな情報的基礎とする【新】厚生経済学を建設する他はないことが，広く認識されるようになっていた．実のところ，建設されるべき【新】厚生経済学に許容される情報的基礎——効用情報の序数性と個人間比較不可能性——は，本章の第1節で述べたボルダ＝コンドルセの集団的意思決定の理論の情報的基礎と，まったく同じものである．集団的意思決定方法に関するボルダ＝コンドルセの理論と，社会的厚生改善の基礎に関するベンサム＝ピグーの理論とは鋭く対立的な背景をもっていたことを想起すれば，これはいささか皮肉な事実であるという他はない．

　ロビンズのピグー批判を正面から受け止めて，【旧】厚生経済学の下部構造の廃虚から立ち上がり，序数的で個人間比較可能性をもたない効用概念に立脚して厚生経済学の再建を目指す最初の足跡を残した経済学者のひとりは，ジョン・ヒックス(Hicks, 1939, 1940)だった[10]．彼が踏みだした最初のステップは，人々が全員一致して支持する政策の実行は社会的にも改善と認められるべきだとする《パレート改善》(Pareto improvement)の基準を導入することだった．この基準が前提するように，人々の間に異論が生じない状況に考察を限定すれば，厚生の可測性や個人間比較可能性など，ピグーの躓きの石を前提せずに，厚生経済学の有効性を相当程度に回復することができる．ヒックス(Hicks, 1939)によるこの前進は，ロビンズの批判によってピグーの【旧】厚生経済学のリサーチ・プログラムのすべてが失われたわけではないことに気付かせるという点では，確かに意義あるステップだった．また，《パレート改善》という弱い基準に依拠してさえ，一層のパレート改善の余地がもはや残されていない《パレート効率的》(Pareto efficient)ないし《パレート最適》(Pareto optimal)な状況を理論的に特徴付けるとか，パレートの意味で社会的に極大厚生の状態を実現する政策を考案するなど，厚生経済学は《人間生活の改良の道具》を鍛える実践科学として貢献を果たすことができる．

10）　次章で述べるように，時期的にはヒックス(Hicks, 1939)に先駆けて，アブラム・バーグソン(Bergson, 1938)が，パレート改善基準を部分原理として包摂する社会厚生関数アプローチの【新】厚生経済学の基礎理論を公表していた．

とはいえ，経済政策の是非や経済システムの性能を巡って人々の間に利害対立が生じる可能性は，例外というよりはむしろ通則である．だからこそ，厚生経済学が力強く本格的に蘇生するためには，個人の利害の全員一致を前提するパレート改善の基準を越えて，人々の間に社会的な選択肢の是非を巡って判断の対立が発生する状況でも，公共【善】に関する社会的な判断を形成できる原理が必要とされるのである．次章では，パレート改善基準の適用範囲を利害対立の状況にまで拡張しようとした重要な試みを説明して，2つの【新】厚生経済学の理論的基礎を検討することにしたい．

第20章　アローの定理とヒックスの非厚生主義宣言

第1節　補償原理とバーグソン゠サミュエルソンの社会厚生関数

1.1　パレート改善原理を越えて

　ロビンズの批判がピグーの厚生経済学の基礎を崩壊させた1930年代といえば，世界的な大不況を契機に，自由な競争的価格機構の自動調節機能に対する信頼感が大きく揺らぎ，資本主義経済システムへの代替的な選択肢として，社会主義経済システムが注目を集めていた時代である．従来は，空想的・理論的な選択肢でしかなかった社会主義経済システムだが，ロシア革命を経てソヴィエト連邦で中央計画経済が現実に機能していただけに，経済システムの選択肢として，社会主義経済システムの迫真性は高まっていたのである．資本主義経済システム versus 社会主義経済システムという社会的選択に際しては，ひとの政治的・倫理的・経済的な信条，政治的・宗教的・経済的な既得権益などが総動員されて，大規模な批判と反論が渦巻くことは不可避であるため，人々の間に対立がない場合以外には役立たない公共【善】の判断基準しかなければ，社会は公共的な意思決定に際して完全な麻痺状態に陥る他はないに違いない．

　資本主義経済システムの内部でも，大不況による大量失業に対する対抗措置として，政府の積極的な財政政策による雇用創出が推進されつつあり，経済政策の選択肢は古典的な市場経済におけるメニューと比較して，大きく面目を改めていた．単純に考えると，大量失業を眼前にすれば，雇用創出のために有効需要を拡大する措置には，異論の余地はないものと思われるかもしれない．だが，好況を回復する過程で物価が上昇すれば，固定された貨幣額の契約所得しか得られない人々にとって，この措置は彼らの経済状況を実質的に悪化させることになる．こう考えてみると，人々の間に対立のない場合以外には役立たない公共【善】の判断基準しか持たなければ，雇用回復のための有効需要の拡大措置に関してさえ，肯定的な社会的評価は行えないことになってしまう．

　こうして，《パレート改善基準》によって確保された地歩を維持しつつ，そ

の適用射程を人々の間に異論が存在する状況にまで拡張する作業が，《人間生活の改良の道具》を鍛える科学として厚生経済学を整備するために，必要不可欠なステップとなる．この重要な一歩を踏み出して，崩壊したピグーの【旧】厚生経済学を建設的に受け継ぐ試みから誕生した規範的な経済理論は，総括的に【新】厚生経済学と呼ばれている．

とはいえ，実際には性格を異にする2つのアプローチが，【新】厚生経済学には含まれている事実に注意すべきである．第1のアプローチは，ニコラス・カルドア(Kaldor, 1939)，ジョン・ヒックス(Hicks, 1939, 1940)，ティボール・スキトフスキー(Scitovsky, 1941)，ポール・サミュエルソン(Samuelson, 1950a)によって導入された《補償原理》(compensation principle)に基礎をもつ考え方である．第2のアプローチは，アブラム・バーグソン(Bergson, 1938)が最初に導入して，ポール・サミュエルソン(Samuelson, 1947/1983, Chapter VIII; 1981)がその精緻化と普及に大きく貢献した《社会厚生関数》(social welfare function)に基礎をもつ考え方である．以下ではまず，補償原理学派の【新】厚生経済学から，我々の検討作業を開始したい．

1.2 補償原理学派の【新】厚生経済学

補償原理学派の【新】厚生経済学の嚆矢を放ったカルドアとヒックスは，政策から受益する人々と損失を被る人々の間の仮説的な《補償》(compensation)の支払いを梃子にパレート改善基準の射程を延長して，政策の是非を巡って人々の間で利害対立が存在する状況にまで，社会的な厚生判断の可能性を拡張する方法を提唱したのである[1]．

《補償原理》(compensation principle)として一括されることが多い彼らの試みだが，仮説的な補償の支払い方法に応じて，実際には2つの異なる原理に分かれることに注意すべきである．

《カルドア補償原理》(Kaldor, 1939)

ある経済的変化から受益する人々が，その変化から被害を受ける人々の損失を補償して，後者の人々が享受する厚生を変化以前の状態と少なくとも同じ水準に戻したとしても，受益者にはなお残存利益があるものとせよ．この場合，

補償を実際に支払った状態は,変化以前の状態よりも,パレートの意味で優越的であることになる.この性質を持つ補償の可能性が潜在的に存在する場合には,この経済的変化の実現は是認されるべきである.

《ヒックス補償原理》(Hicks, 1940)

ある経済的変化から損失を被る人々が,その変化から受益する人々に対して逸失利益を補填することを条件に,この変化の実現を阻止するものとせよ.この場合,逸失利益の補填が実際に支払われた後の状態が,変化が実現した後の状態をパレートの意味で優越する場合には,この経済的変化の実現を阻止すべき根拠が存在することになる.これに対して,逸失利益の補填後の状態が,変化実現後の状態をパレートの意味で優越する潜在的可能性が決して存在しない場合には,この経済的変化の実現は是認されるべきである.

カルドア補償原理ないしヒックス補償原理の採用に踏み切れば,パレート改善基準は大幅にその射程を拡張できて,ロビンズの批判で無力化された厚生経済学の有効性を回復できるかにみえる.とはいえ,これらの仮説的補償原理に基づいて【新】厚生経済学への補償原理アプローチの誕生を宣言するためには,この原理から得られる社会的厚生判断が,論理的な首尾一貫性を保証されている必要がある[2].だが実際には,カルドアおよびヒックスによる仮説的補

---

1) 補償原理の創始者を探索しつつ,ジョン・スチュアート・ミルやエンリコ・バローネ(Barone, 1908/1935)にまで遡る論者もいて,その主張にはそれなりの根拠もある.例えば,John Chipman and James Moore(1978, p. 548, footnote 2)の主張によれば,Barone(1908/1935)はカルドアとヒックスより遥かに早い時期に補償原理を展開して,「少なくとも4回はそれに言及」していたのだが,von Hayek(1935)によってバローネのイタリア語の原典が英語に翻訳されたあとでさえ,彼の貢献は英語圏の経済学者によって顧みられないままに留まっていた.また,サミュエルソンはインタビュー論文(Suzumura, 2005a)のなかで J. S. ミルによる先駆的な補償原理の使用について語っている.だが,本章では補償原理の起源という——経済学説史的には確かに興味深い——問題には立ち入らないでおくことにする.その理由は,【旧】厚生経済学の崩壊後に【新】厚生経済学の補償原理学派の成立に導く先導的な役割を果たしたのは間違いなくカルドアおよびヒックスであって,ミル゠バローネの先駆的な貢献はこの役割とは無縁だったという明瞭な事実に他ならない.
2) ここで《仮説的》(hypothetical)という形容詞は,補償の支払いを梃子としてパレート原理の拡張的な適用に基づいて明確な厚生判断を行う《潜在的》な可能性さえ存在すれば,その補償が実際には支払われない場合でさえ政策の実行を勧告するという補償原理の特徴的な考え方を,用語の選択によって浮き彫りにする目的で用いられている.

償原理の導入は，パンドラの箱を開けるに等しい効果をもつことになった．なぜならば，カルドア補償原理にせよヒックス補償原理にせよ，いずれも論理的に首尾一貫した政策判断の基礎を必ずしも提供できないことが，ほどなく判明してしまったからである．すなわち，カルドア補償原理(あるいはヒックス補償原理)の指示にしたがえば，状態 A から状態 B に移動したうえで，状態 B から状態 A に復帰することも，潜在的な厚生改善の観点から正当化される可能性があるのである．この逆説は，その最初の発見者の名前に因んで，《スキトフスキーの逆説》(Scitovsky paradox)と呼ばれている．

この逆説を発見したスキトフスキーは，自らの逆説を避けるための工夫として，スキトフスキーの名を冠した《二重基準》(double criterion)と呼ばれる新しい補償原理を提唱した．

《スキトフスキー補償原理》(Scitovsky, 1941)

状態 A から状態 B への変化が潜在的な厚生の改善の観点から是認されるのは，

(1) 状態 A から状態 B への変化がカルドア補償原理によって是認される；

(2) 状態 B から状態 A への変化がヒックス補償原理によって是認されることは決してない；

という二重の基準が満足される場合，そしてその場合のみである．

スキトフスキー補償原理は，2つの社会的選択肢の間で論理的な矛盾が発生する可能性を排除することには確かに有効である．だが，3つ以上の社会的選択肢が存在する場合には，ペアごとの判断を連鎖するとき非推移性という論理的な矛盾が発生する可能性を排除できないという新たな逆説が，ウィリアム・ゴーマン(Gorman, 1955)によって発見された．パレート改善基準を踏まえて，人々の間に利害対立の可能性がある場合にも適用可能な公共【善】の判断基準として，当初は大きな期待を集めた補償原理だが，この原理もまた論理的な欠陥を免れないことが次第に明らかになってきたのである．

図20-1は，効用可能性フロンティアを用いて，カルドア補償原理，ヒックス補償原理，スキトフスキー補償原理に生じる論理的な失敗を一括して図示

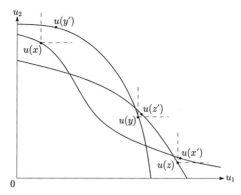

図 20-1 カルドア，ヒックス，スキトフスキー補償原理の非整合性
注釈 図中の曲線はさまざまな状況に対応する効用可能性フロンティアを描いたものである．カルドア，ヒックス，スキトフスキーのいずれの補償原理も，y は x より望ましく，z は y より望ましく，x は z より望ましいと判定することに注意せよ．

したものである．この図に描かれた曲線は，さまざまな状況に対応する効用可能性フロンティアを表している．明らかに，カルドア，ヒックス，スキトフスキーのいずれの補償原理を用いても，選択肢 y は選択肢 x よりも望ましく，選択肢 z は選択肢 y より望ましく，選択肢 x は選択肢 z よりも望ましいと判断されることに注意したい．すなわち，いずれの補償原理にしたがうにせよ，我々は選択肢 x, y, z の間で公共【善】の増進を求めて堂々巡りをすることを余儀なくされるのである．

カルドア，ヒックス，スキトフスキーの補償原理の問題点としては，これまでに指摘した論理的な問題点に留まらず，分配の衡平性に関する判断の《不偏性》(impartiality) という倫理的な観点からの問題点も含まれている．カルドア補償原理 (あるいはヒックス補償原理) の場合には，ある政策の実行以前 (あるいは実行以後) の効用分配の状態を基準として，パレート改善の潜在的可能性が検討されている．だが，政策実行の以前あるいは以後の効用分配の状況には，分配上の参照基準としてなにも特定の倫理的な資格があるわけではないのだから，カルドア補償原理とヒックス補償原理には分配上の参照基準の選択に関する明瞭な恣意性が含まれている．スキトフスキー補償原理の場合には，政策実行の以前と以後の双方の効用分配の状態を参照基準として用いている点で，恣

意性の余地が狭まっているという評価もあり得ることは確かである．だが，政策の実行前後の効用分配の状態に，なぜ参照標準として特別な倫理的意義を認めるべきかという決定的な論点に関しては，依然として恣意性が含まれていることは否定できない．

　補償原理の論理的な《首尾一貫性》と倫理的な《不偏性》の双方の観点からみて，殆ど批判の余地がない代替的な補償原理を提案したのは，サミュエルソン (Samuelson, 1950a) だった．彼の補償原理がある政策の実行を勧告するのは，その政策を実行した結果として，どのような効用分配の状態を参照標準として用いても必ずパレート改善が認められる場合，そしてその場合に限られている．別の表現をすれば，政策実行前の効用可能性フロンティアと比較して，政策実行後の効用可能性フロンティアが一様に上方シフトしている場合，そしてその場合にのみ，サミュエルソン補償原理はこの政策の実行を勧告するのである．正確に表現すれば，サミュエルソン補償原理は以下のように述べられる．

《サミュエルソン補償原理》(Samuelson, 1950a)
　ある社会状態 x から別の社会状態 y への変化が潜在的な厚生改善の観点から是認されるのは，状態 y から仮説的補償の支払いによって移行できるどの状態に対しても，その状態をパレートの意味で優越する状態に社会状態 x から仮説的補償の支払いによって移行できる場合，そしてその場合のみである．

　この補償原理に基づく社会的厚生判断は，明らかに推移性を持っている．そのうえ，分配に関する参照標準にも，なんの恣意性も含まれていない．それだけに，サミュエルソン補償原理には，論理的にも倫理的にも非難の余地はないかに思われる．とはいえ，この補償原理にも2つの重大な欠陥があることを，われわれは見過ごすべきではない．

　第1に，この原理を適用して政策の是非を勧告できる状況——効用可能性フロンティアが政策の実行によって一様に上方シフトする状況——は，非常に特殊な場合に限られている．そのため，政策判断の基準としてこの原理が持つ射程は，決して十分広範囲に及ぶとはいえそうにないのである．

　第2に，パレート改善基準の適用可能性を拡張するという補償原理の当初

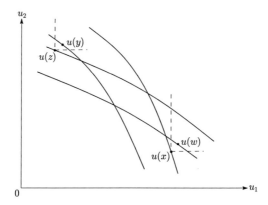

図 20-2 パレート原理とサミュエルソン補償原理との両立不可能性
注釈 図中の曲線はさまざまな状況に対応する効用可能性フロンティアを描いたものである．サミュエルソン補償原理とパレート原理の双方を包含する社会的な厚生判断がもし存在すれば，x は y よりも望ましく，y は z より望ましく，z は w より望ましいが，w は x より望ましいと判断されることになる．

の目標とは裏腹に，パレート改善基準とサミュエルソン補償原理を併用する結果として，循環的な政策判断が発生してしまうという問題が新たに発見されている[3]．

図 20-2 は，サミュルソン補償原理とパレート改善基準を併用するとき，社会的厚生判断に非推移性が発生する可能性を，効用可能性フロンティアを用いて図示したものである．図 20-2 を注意深く観察すると，

(a) 状態 x は状態 y をサミュエルソン補償原理によって優越する；
(b) 状態 y は状態 z をパレート改善基準によって優越する；
(c) 状態 z は状態 w をサミュエルソン補償原理によって優越する；
(d) 状態 w は状態 x をパレート改善基準によって優越する；

というパレート改善基準とサミュエルソン補償原理による判断の連鎖が得られることになる．そのため，我々がパレート改善基準とサミュエルソン補償原理を社会的厚生改善を判断するための十分条件として同時に受け入れるならば，

---

[3] サミュエルソン補償原理のこの問題点を最初に指摘したのは Suzumura(1980b, 1999d) である．

我々は再び循環的な社会的厚生評価の罠に陥ってしまうことになるのである．こうなってみると，補償原理を論理的に非のうちどころのない完成品に仕上げて，暗礁に乗り上げた【新】厚生経済学の補償原理アプローチを救済するかにみえたサミュエルソン補償原理だが，皮肉なことに，補償原理がその出発点において掲げた目標——序数的で個人間比較可能性を要請しない厚生概念に立脚しつつ，パレート改善基準の射程を人々の間で異論が存在する状況にまで拡張して，社会的厚生判断の可能性を拡大するという目標——を放棄するに等しい犠牲を要求することが，判明したことになるわけである．

　補償原理学派の【新】厚生経済学の検討を終える前に，サミュエルソンが記した非常に興味深い一節を精読することにしたい．サミュエルソン補償原理を最初に提唱した論文(Samuelson, 1950a, pp. 11-12)に含まれる以下の一節は，サミュエルソン補償原理とパレート改善原理を併用する際に生じる——直前のパラグラフで指摘した——難点に対する解答としても，潜在的改善基準としての補償原理の考え方それ自体に対する内在的な批判としても，十分な咀嚼に値する重要な洞察を含んでいる．

　　最も好都合なケースとして，状況2は[効用可能性関数が一様に上方シフトするという意味で]状況1よりも《潜在的》に望ましいものとせよ．そのとき，状況を1から2に切り替える機会を与えられた妖精は，その切り替えの実行を正当化することができるだろうか．私見によれば，熟慮のうえでの我々の解答は，残念ながら否定的である他はない．潜在的な可能性は現実性とは違う．ありとあらゆる社会厚生関数が彼女の行為を正当化するわけではない限り，彼女が状況を1から2に切り替えるべきかどうかという問いに答えることは不可能なのである．

　　ここで，いくつかの否定的な注釈を与えることができる．他の事情を一定として，ひとりの個人の福祉の向上は社会的にも【善】であるという性質を持つ限りで任意の倫理体系に対して，最終的に最善な位置は1ではなくて2であるということは，間違いなく正しい．しかしながら，改善された【旧】厚生経済学の現代版に立ち入らない限り，政策選択の問題に対して明確な勧告を述べることは不可能である．問題を2つの部分に分

割して,「1から2への変化は,現実に実現される状況が《倫理的》に優れているかどうかとは無関係に,生産や富を客観的に増加させるという意味で《経済的》に望ましい」という類いの発言を可能にしようとする試みは,ひとを意味論的な論争に誘いこんで,かえって問題に内在する困難性を看過させることに役立つに過ぎない.

サミュエルソンがこの一節で述べている主張は,《補償原理》学派の【新】厚生経済学にとって,まことに厳しい論旨のものである.彼は,ある政策によって受益するひとと損失を被るひととの間で《仮説的》な補償の支払いを媒介項として,生産や富の《潜在的》な改善の可能性に関して——最終的な帰結状態に対する倫理的な判断とは独立に——政策勧告を行えるようにしようとする企図,すなわち《補償原理》学派の【新】厚生経済学の理論的なシナリオの核心は,実のところ遂行不可能であるということを主張しているからである.

補償原理学派の【新】厚生経済学に対するサミュエルソンの批判は,彼自身の補償原理に対しても,批判的な含意を持つことは当然である.もし仮に,補償原理学派の【新】厚生経済学の旗印に忠実に,補償原理に基づく潜在的な厚生改善を公共【善】に関する政策勧告の十分条件として位置付ける——パレート改善基準を公共【善】に関する政策勧告の十分条件として位置付けたのとちょうどパラレルに——ならば,我々はパレート改善基準とサミュエルソン補償原理の併用によって,公共【善】に関する勧告にサイクルが発生するという論理的な罠に陥ることは既に示されている.この罠から脱出するために,サミュエルソン補償原理に基づく潜在的な厚生改善は公共【善】の観点に立つ政策勧告の十分条件ではないというスタンスをとる場合には,サミュエルソン補償原理に基づく潜在的な厚生改善の意味と意義に対して,大きな疑問符が付されることになる.サミュエルソンが述べたように,「改善された【旧】厚生経済学の現代版に立ち入らない限り,政策選択の問題に対して確定的な勧告を述べることは不可能」であり,潜在的な厚生改善は政策勧告の十分条件とは看做せないのなら,そもそも補償原理学派の【新】厚生経済学には,どのような独自の存在理由があるのだろうか.もしこの批判的な考え方に与するのであれば,【新】厚生経済学の建設を目指す人々が取り組むべき任務は,「改善された

【旧】厚生経済学の現代版」の開発に直進すること以外にはないのではなかろうか.

実のところサミュエルソンは,「改善された【旧】厚生経済学の現代版」を建設するという任務を自ら引き受けて,【新】厚生経済学の第2のアプローチを開拓する作業に取り組んでいた. この開拓事業は, アメリカのケンブリッジで長い研究経歴を開始したばかりの2人の若い経済学者——アブラム・バーグソンとポール・サミュエルソン——の共同作業として, 補償原理学派の【新】厚生経済学に先駆けて開始されたのである. 我々の次の課題は, バーグソン=サミュエルソンが開拓した「改善された【旧】厚生経済学の現代版」, すなわち《社会厚生関数》学派の【新】厚生経済学を検討することである.

1.3 社会厚生関数学派の【新】厚生経済学

1930年代に進水した【新】厚生経済学には, 補償原理に依拠する系譜——《補償原理》学派——とは異なるもうひとつの重要な理論的系譜がある. アブラム・バーグソン(Bergson, 1938)が最初に導入して, ポール・サミュエルソン(Samuelson, 1947/1983, Chapter VIII; 1981)がその精緻化と普及に多大な貢献をした《社会厚生関数》(social welfare function)を鍵概念とするアプローチである. 参照の便宜のために, このアプローチに従う厚生経済学を,《社会厚生関数》学派の【新】厚生経済学と称することにする.

バーグソンとサミュエルソンによれば, 経済政策の是非や経済システムの性能を判断するために必要な公共【善】の基準は, 経済学にとって外生的な価値判断であって, それが誰によって表明される価値判断であるかとか, その価値判断がどのようなプロセスないしルールを経由して形成されるかなどを尋ねることは, 経済学の固有の研究課題ではない. 厚生経済学の本来の守備範囲は, 外部から与えられた公共【善】の基準——社会厚生関数——を前提して的確・有効な経済政策を考案したり, 経済システムを設計したりすることに限られるというのが, バーグソンとサミュエルソンが提唱した考え方だった. 彼らが追求した社会厚生関数学派の【新】厚生経済学の要諦は, サミュエルソンが述べた以下の主張(Samuelson, 1947/1983, p. 221)のなかに, 余すところなく集約されている.

第20章　アローの定理とヒックスの非厚生主義宣言──477

　我々の議論の出発点として，経済システムに含まれるすべての経済変数の《関数》として表現されるある倫理的な信念を考える．この倫理的な信念は，慈悲深い専制君主，完全なエゴイスト，善意に満ちたあらゆる人々，人間嫌い，国家，民族，群集心理，神など，誰のものであっても差し支えないし，このような信念の起源は，我々が問うところではない．私自身の信念も含め，ありとあり得るいかなる倫理的信念も容認される．[……]我々がこの信念に対して要求することは，それが経済システムのひとつの形態が他の形態よりも《よい》か《悪い》か《無差別である》かを明確に答え得るものであること，そしてその信念が推移性を満足して，AがBよりもよく，BがCよりもよければ，AはCよりもよいことが，必然的にしたがうことだけである．この信念を表現する《関数》は，序数的に定義されてさえいればよい[……]．

　この基本的な発想を具体化する手段として，バーグソンとサミュエルソンが導入した社会厚生関数とは，社会を構成する人々の個人的評価を集計して，さまざまな社会状態──代替的な資源配分の状況など──を倫理的に順序付ける社会的判断方法のことである[4]．この新たな概念を梃子として，《価値判断》の問題と《政策形成》・《システム設計》の問題を明確に分離することによって，バーグソンとサミュエルソンは統一的な展望を欠いていた従来の厚生経済学に秩序ある構造を賦与するとともに，厚生経済学のうちで社会的な価値判断に属すべき部分と客観的な経済分析に属すべき部分を明確に峻別して，厚生

---

[4]　社会厚生関数という考え方の起源に関しても，バーグソンとサミュエルソンを創始者と看做す考え方に異論の余地がないわけではない．Chipman(1976)とChipman and Moore (1978)によれば，バーグソン＝サミュエルソンの社会厚生関数の起源は，Pareto(1913)にまで遡ることができる．パレートが驚く程その時代を超越していたことは間違いないだけに，同情的な観察者の眼は，パレートの初期の著作のなかに社会厚生関数を一瞥できるのかもしれない．それでもなお，Bergson(1938)とSamuelson(1947/1983, Chapter VIII)の業績を抜きにしては，社会厚生関数の概念が現代厚生経済学の中核を形成する要素として自己を確立することはあり得なかったといっても，公平性を失することにはならないと思われる．この意味において，関連はするが別のコンテクストにおいて，サミュエルソンが「ある主題に関する明確な理解を自ら確立した後，そしてその後においてのみ，パレートが既に認識していたパズルの断片を我々は理解することができる」(Samuelson, 1981, p. 248)と書いたとき，彼は完全に正しかったのである．

経済学の科学的地位を確立しようとしたのである．それはピグーの【旧】厚生経済学を撃沈したロビンズの批判に対する標準的な解答として，現在でも主流派を自認する多くの人々が暗黙のうちに受け入れている考え方に他ならない．ピグーによる【旧】厚生経済学の創始以来，新たな建設の足場が取り去られてもいない段階で早くも建物の構造的な欠陥が暴露されるという悲劇に見舞われ続けてきた厚生経済学だが，これでようやく科学的な分析の枠組みを獲得したかに思われたのである．

　サミュエルソンによる社会厚生関数学派の【新】厚生経済学の創業宣言に対しては，2つの注釈を与えておく必要がある．

　第1に，あまり認識されていない事実だが，バーグソンとサミュエルソンが定式化した社会厚生関数学派の【新】厚生経済学の考え方は，【旧】厚生経済学を撃沈したロビンズ自身が明示的に表明していた考え方と，基本線において同一である．厚生経済学の歴史にとってはこの事実は重要なので，『経済学の本質と意義』(Robbins, 1932/1935, 邦訳 pp. 223-225)から以下の簡潔な引用を行っておくことにしたい．

　　《べき》を含む命題と《である》を含む命題は本質的に異なっている．これらの命題を峻別しないこと——それらの本質的な相違を承認しないこと——からいかなる潜在的な利益が得られるのか，我々は理解に苦しむところである．[だが，こういったからといって]経済学者がさまざまな価値判断を仮説的に前提すること，次にこれらの価値判断が有効であるという想定に基づいて，個々の行動提案に関していかなる判断が下されるべきかを尋ねることを，禁止しようというわけでは決してない．それどころか，経済学の効用は，まさにさまざまな究極的な価値判断がいかなる意味をもっているか，またさまざまな価値判断に矛盾がないか否かに関して，この学問が投じてくれる光のなかにある．事実，応用経済学は「もしあなたが《これ》をしたければ，あなたは《あれ》をしなければならない」とか，あるいは「もししかじかのものが究極的な【善】であると考えられるべきだとすれば，《これ》は明らかに《あれ》と矛盾する」という類いの命題の連鎖から構成されている．私が強調した区別の意味は，存在するも

の，あるいは存在する可能性があるものの《価値》に関する仮説の妥当性は，単なる存在に関する仮説の妥当性のように科学的に検証しうる問題ではないということに尽きているのである．

　第2に，我々は社会厚生関数学派の【新】厚生経済学を構築した功績を，バーグソンとサミュエルソンの両者に帰属して考えているが，サミュエルソン自身は厚生経済学の基礎を構築した功績を必ずバーグソンに帰属させてきた．例えば，サミュエルソン(Samuelson, 1981, p. 223)は，いかなる留保も置かずに次のように断言しているのである：

　　私が執筆している時点で【新】厚生経済学はちょうど40歳を過ぎた．現在我々が知っている厚生経済学の本質的な内容は，当時ハーヴァードの大学院生であった24歳のアブラム・バーグソンが，1938年の *Quarterly Journal of Economics* に書いた古典的な論文によって誕生した．1938年以前の厚生経済学に関する重要文献を《すべて》知っていて，ただそれに一貫した意味付けを与えられなかった私自身のような者にとって，バーグソンの論文は稲妻のひらめきにも似たものであり，祭服を纏った詩人の言葉によってのみ表現可能な神の啓示だったのである：
　　　　自然と自然の諸法則は夜の闇に隠されていた，
　　　　神はいわれた，来れ，ニュートンよ！ そしてすべては光に包まれた．

　サミュエルソンの証言に基づいて，社会厚生関数を最初に考案した栄誉をバーグソンに帰属させるにしても，補償原理学派と厚生関数学派の双方にわたってサミュエルソンが果たした役割は，【新】厚生経済学の展開過程で不滅の重要性を持つことだけは間違いない．

第2節　リットルの厚生基準論とアローの社会的選択の理論

2.1　リットルの厚生基準論

バーグソン＝サミュエルソンの【新】厚生経済学のシナリオを理解するひと

つの鍵は,サミュエルソン補償原理との関わりで登場した《改善された【旧】厚生経済学の現代版》という表現である.この表現の意味を理解するために,まず,ピグーの【旧】厚生経済学のシナリオを簡単に振り返ってみることにしたい.

ピグーの【旧】厚生経済学によれば,社会を構成する全個人の効用の社会的総和を最大化する選択肢を実現することこそ,経済政策の課題だった.形式的に表現すれば,ピグーが考えた厚生経済学の任務とは,資源と技術の制約のもとで実行可能な選択肢の集合 S のなかで最大化問題

$$\text{(B-P)} \qquad \text{Max}_{x \in S} \sum_{i=1}^{n} u_i(x)$$

を解いて,その最適点 $x^* \in S$ を実現できる経済の制度的枠組みを構想することだった.ただし,n は社会を構成する個人の総数,u_i は個人 i の効用関数である.

【旧】厚生経済学の基本問題(B-P)には3つの重要な特徴がある.第1の特徴は《帰結主義》である.ある政策の是非を判断する【旧】厚生経済学者の関心は,政策の採用や適用の《手続き》とか,その政策によって選択可能となる《機会集合》の豊かさなどには向けられず,政策の《帰結》として実現される選択肢に専ら向けられていたのである.第2の特徴は《厚生主義》である.選択肢 $x \in S$ の是非を判断するためには,$\boldsymbol{u}(x) = (u_1(x), u_2(x), \ldots, u_n(x))$ という効用情報だけが必要とされていた.選択肢 x は,社会を構成する人々がそのもとで享受する《効用》というフィルターを通してのみ,【旧】厚生経済学の関心を呼ぶことができたのである.第3の特徴は《総和主義》である.社会的厚生の判断材料としての効用ベクトルは,個人的効用の社会的総和の形式でのみ,選択肢の是非を判断するための情報として役割を果たせたのである.

第3の特徴の付随的な効果として,各個人の効用の《基数性》と効用《単位》の個人間比較可能性がしたがうことに注意したい.そして,【旧】厚生経済学の情報的基礎に対するロビンズの批判は,まさしく個人的効用の基数性と個人間比較可能性に向けられていたことも思い出しておきたい.

これに対して,サミュエルソンが《改善された【旧】厚生経済学の現代版》

と表現した考え方によれば，厚生経済学者の課題とは，資源と技術の制約のもとで実行可能な選択肢の集合 S のなかで最大化問題

(B-S) $$\underset{x \in S}{\text{Max}}\, u(x) = f(u_1(x), u_2(x), \ldots, u_n(x))$$

を解き，最適点 $x^* \in S$ を実現できる経済の制度的枠組みを構想して，その実装を勧告することである．ここで f は，バーグソン＝サミュエルソンの社会厚生関数である．

　問題(B-S)を《改善された【旧】厚生経済学の現代版》と称することには，基本的に2つの理由がある．第1の理由は，(B-P)と(B-S)の比較のなかに見いだされる．(B-P)が持つ3つの特徴のうち，《帰結主義》は(B-S)においても維持されている．《厚生主義》に関しても，(B-S)はこの特徴を基本的に維持している．もっとも，厚生情報に関する要請は，基数的効用から序数的効用へと緩和され，(B-P)においては決定的に重要な《効用の個人間比較》と《総和主義》の2つの特徴は，(B-S)においては完全に放棄されている．これらの改善措置によって，【旧】厚生経済学の《非科学的》(ロビンズ)プロジェクトは，現代経済学の《序数主義》との完全な整合性を獲得できたわけである[5]．

　第2の理由として，問題(B-S)の目的関数 $u(x)$ は，仮説的補償原理のように《潜在的》な厚生改善の基準ではなくて，《現実的》な厚生改善の綜合的な基準である．厚生変化の効果を潜在的な《生産の効率性》の変化と《分配の衡平性》の変化に分割して，《衡平性》に関する検討を棚上げにしたうえで潜在的な《生産の効率性》の変化のみに注目するという——仮説的補償原理が採用した——方法を採用せず，厚生改善の綜合的な基準を定式化した点で，問題(B-S)は，まさに《改善された【旧】厚生経済学の現代版》と称されるに相応しい．

　とはいえ，厚生改善の基準を《生産の効率性》の部分基準と《分配の衡平性》の部分基準に分解する手法には，《困難を分割せよ》という科学の鉄則も

---

[5] 1930年代にミクロ経済学の事実解明的(positive)アプローチに生じた《序数主義革命》と，ミクロ経済学の規範的(normative)アプローチに生じた【旧】厚生経済学から【新】厚生経済学への旋回とは，殆ど軌を一にしていたという注目すべき事実を，再度強調しておくことにしたい．

あるだけに，それなりの説得力が備わっていることは否定できない．ただし，この鉄則は，問題の手に余る部分は切り離して，処理可能な易しい部分だけに集中すること，切り離した部分は静かに忘却の彼方に放逐することが主旨であるわけではない筈である．困難を分割するアプローチが究極的には有効な厚生改善の基準論へと成熟する踏み台となるためには，切除した難問，すなわち《分配の衡平性》の部分基準にも，いずれは分析の光を当てる方法を発見しなければならない．1950年代の冒頭に登場したイアン・リットルの厚生基準論(Little, 1950/1957)は，まさにこのプランを実行しようとした大胆な試みだったといってよい．

　生産の効率性の潜在的な改善の基準としては，リットルはカルドア＝ヒックスの補償原理を基本的に採用した．彼が導入した新機軸は，分配の衡平性に関して明示的な基準を準順序として導入したことである．そのうえで，効率性の潜在的な改善と衡平性の改善の2つの部分原理を結合することによって，リットルは現実的な厚生改善の綜合的な基準を導入しようとしたのである．この試みに対しては，一方における補償原理学派の【新】厚生経済学，他方における社会厚生関数学派の【新】厚生経済学との比較に基づいて，いくつかのコメントを与えておくことにしたい．

　第1に，分配の衡平性に関する判断を棚上げして，生産の効率性の潜在的な改善に関心を絞った補償原理学派の【新】厚生経済学とは一線を画して，生産の効率性の潜在的な改善基準を分配の衡平性の改善基準で明示的に補完することによって，リットルの厚生基準は現実的な厚生改善の十分条件を与えることになった．この試みがどの程度の成功を収めたかに関しては，論者の間に見解の大きな齟齬がある[6]．

　第2に，カルドア，ヒックス，スキトフスキーのいずれの補償原理も，潜在的な厚生改善の基準としての論理的な性能において，必ずしも優れているとは言い難い．これらの判断基準の不完備性は，例外というよりはむしろ通則

---

[6] リットル(Little, 1950/1957, p. 122)によれば，「カルドア＝ヒックス学派は厚生を分配とは独立な概念であると規定した．我々はこの規定を却下することにしたい．我々が『経済厚生の増加』という表現を使用するのは，その変化の結果として生じる再分配が悪くはないと判断できる場合に限られる」．

というに近い．それのみならず，判断基準の首尾一貫性に関してはスキトフスキーの逆説やゴーマンの逆説さえ生じて，潜在的な厚生改善の基準の論理的性能に対する不信感を増幅していることは否めない．これに対して，分配の衡平性に関する部分基準が推移性を満足する準順序である限り，この基準で補完された潜在的な厚生改善の基準は，綜合的な厚生改善の基準として，一定程度の首尾一貫性を保障してくれる[7]．

第3に，バーグソン＝サミュエルソンの改善された【旧】厚生経済学の現代版は，現実的な厚生改善の綜合的な基準(社会厚生関数)こそ厚生経済学の基礎概念であるという考え方に基づいていて，生産効率の潜在的改善と分配の衡平性の改善という部分基準に厚生改善の基準を分解する考え方は排除していた．リットルの厚生基準論は，この分解を認める立場に立つものの，補償原理学派の【新】厚生経済学のように，生産効率の潜在的改善のみに関心を絞る立場には与しなかった．この意味で，【新】厚生経済学の社会厚生関数アプローチとリットルの厚生基準論は，ある程度の親和性を持っている．

最後に，リットルのアプローチに対するケネス・アロー(Arrow, 1951c, p. 927)の厳しい指摘に触れておかなければならない．彼の批判的なコメントは，分配の衡平性に関する基準というリットルの考え方そのものの根拠付けに対して向けられている：

> ある変化が望ましいかどうかを決定するためには，その変化が所得分配に与える効果を考慮に取り入れなければならないという［リットルの］考え方は大いに結構である．だが，実質所得の分配を我々はどのようにして記述できるのだろうか．2つの所得分配の間の選択は価値判断の結果だというのはリットルが主張する通りだろう．しかし，そもそもそのような価値判断はどのように定式化できるのだろうか．

本書第3部で考察した効率と衡平のジレンマのように，効率性に関わる評

---

[7] リットルの厚生基準の論理的性能に関する我々の詳しい評価については，Suzumura (1980b)を参照していただきたい．

価基準と衡平性に関わる評価基準の両立可能性に関する研究は，規範的経済学のさまざまなコンテクストで依然として興味深い研究の源泉となっている．アローが指摘したように，所得分配に関する価値判断の形成方法に関する研究の深化と並行して，リットルの未完のプロジェクトに関しても一層の前進が達成されることが期待される．

2.2 アローの社会的選択の理論

ケネス・アローの『社会的選択と個人的評価』(Arrow, 1951/1963)は，厚生経済学と社会的選択の理論を従来の研究とは質的に異なる高みに押し上げたといっても，過言ではないように思われる．

集団的意思決定の理論のコンテクストでこの主張に具体性を付与するためには，コンドルセやボルダによる投票機構の先駆的な研究方法とアローの一般不可能性定理の分析方法を，対比してみさえすれば十分である．これら先駆者たちの研究は確かに重要だが，彼らの研究は――《単純多数決投票》や《ボルダ方式》のように――特定の投票方法の性能評価に専ら関係した研究である．これに対して，アロー(Arrow, 1950, 1951/1963, 1987)は統一的な概念的枠組みのもとで，論理的に可能な投票方法をすべて同時に考察できる公理主義的な分析方法を発展させたのである．この2つの分析方法の間には，まさに量子力学的飛躍(quantum jump)ともいうべき巨大なギャップがあることに留意すべきである．

アローのアプローチの斬新さは，【新】厚生経済学のコンテクストでも，集団的意思決定の理論のコンテクストにおけると同様に際立っている．サミュエルソンによれば，「比較倫理学の研究が――人類学の他の部門が科学であるのと同様に――科学であるのと同様に，さまざまな価値判断の帰結を吟味する研究は――経済理論家がその価値判断を共有するかどうかとは関わりなく――経済分析の正当な任務である」(Samuelson, 1947/1983, pp. 220-221)．バーグソン=サミュエルソンの《社会厚生関数》は，【新】厚生経済学のこの《科学的》なリサーチ・プログラムを実践するために，経済学に所属するべき問題を倫理学に引き渡されるべき問題から分離する分析的な手段と考えられていた．

バーグソンとサミュエルソンによれば，彼らの名前を冠した社会厚生関数は

経済学の外部から与えられる価値判断であって，その起源や生成プロセスを研究する作業は厚生経済学の守備範囲の外部にあると考えていた．これとは対照的に，アローはバーグソン＝サミュエルソンの社会厚生関数が表現する社会的価値を形成するプロセスないしルールそれ自体を，論理的な吟味の対象として位置付けるべきであると考えた．彼によれば，社会状態の【善】に関する個人的評価のプロファイルに基づいてバーグソン＝サミュエルソンの社会厚生関数を構成するプロセスないしルールは，民主主義的な正統性と情報的効率性という最小限の要請を満たさねばならないのである．

このコンテクストで解釈するとき，アローの不可能性定理は，バーグソン＝サミュエルソンの社会厚生関数学派の【新】厚生経済学の基礎に対して根本的な批判を提起するものであることがわかる．それだけに，【新】厚生経済学を推進してきた多数の経済学者の間にアローの定理が大きな波紋を広げたことは，驚くにはあたらない．例えば，リトル (Little, 1952, pp. 423-424) はバーグソン＝サミュエルソンの社会厚生関数とアローの社会厚生関数を対比して，後者を批判する主旨で次のように主張した：

> バーグソンの厚生関数は，個人の嗜好が与えられたもとで，さまざまに変化する経済環境の関数——すなわち，さまざまな経済的変換関数に対応して定義されるさまざまな生産可能性集合の関数——として，最善の経済状態を指定する《プロセス》ないし《ルール》を表現しようとしていた．[……]嗜好が変化すれば，我々は考え得るすべての社会状態の新しい順序付けを期待しなければならないが，この新しい順序付けと[以前の嗜好に対応する]古い順序付けとの間の差異が発生した嗜好の変化となんらかの特定の関係を持つべきことを，我々はまったく要求しない．我々はいわば新しい世界に対応する新しい順序付けを持つに過ぎないのであって，世界に生じた変化と順序付けに生じた変化との間には，なんら特定の対応関係を要求すべきではないのである．[……]伝統的に，経済学は嗜好を所与であるとして処理してきた．実際，所与の個人とは所与の嗜好の持ち主を指すものとして，伝統的に定義されてきたのである．変化しつつある嗜好を持つ所与の個人などという想念には，なんの意味も付与されてはこなかった

のである[8].

バーグソン゠サミュエルソン学派の【新】厚生経済学の最も雄弁なスポークスマンであるサミュエルソンは,次のような宣言さえしている[9]:

> アローの結論は,伝統的な厚生経済学の数学的な理論への貢献というよりは,幼年期の学問領域である数理政治学(mathematical politics)への貢献だという方が,遥かに相応しい.私はアローを経済学から政治学に輸出したい.なぜならば,専門的な知識に乏しい読者の多くが不可避的に思い込まされている考え方とは真っ向から対立して,私はアローが伝統的な経済学のバーグソン厚生関数の不可能性を証明したとは信じていないからである.

リットルやサミュエルソンのアロー批判には,研究分野の境界線を巡って異端者を排斥するための議論の匂いが,なきにしもあらずの感がある.私見によれば,研究分野を恣意的に分類する境界線に拘ることは無意味であり,研究対象に迫るために有効であれば伝統的な方法論を大胆に踏み越える革新をためらうべき理由はない.それだけに,リットル゠サミュエルソンの批判に対してアローの社会的選択の理論の研究方法を擁護する作業には,これ以上に紙数を割く必要はないと思われる.

本節の最後に,バーグソン゠サミュエルソンの社会厚生関数とアローの社会構成関数との関係並びにアローの一般不可能性定理がバーグソン゠サミュエル

---

[8] リットルのこの主旨の批判は,サミュエルソンによって強力に支持されている.彼によれば,「バーグソンにとっては,ひとつそしてただひとつの[……]個人的選好順序の実現可能なパターンが必要とされる.このパターンはどのようなものでもよいが,必要なのはただひとつのパターンだけである.このパターンから――任意のパターンの各々からではなく――社会的順序が作り出される.[……](個人主義タイプの)バーグソン社会厚生関数を制約する唯一の公理は,パレート最適性タイプの《樹状》特性に限られているのである」(Samuelson, 1967, pp. 48-49).個人的選好順序の多様なプロファイルが利用可能であるという《広範性》公理を必要とするアローの不可能性定理は,単一のプロファイルのみに依拠するバーグソンの社会厚生関数に対しては適用できないという広く共有されている認識は,アローの社会厚生関数とバーグソンの社会厚生関数との間にあるこの鋭い対照から作り出されているのである.

[9] Samuelson(1967, p. 42).

ソンの社会厚生関数の存在問題に対して持つ意義に限定して，簡潔な注釈を与えておくことにしたい．n 人の個人から構成される社会を考えて，個人的選好順序の任意のプロファイル $\boldsymbol{R} = (R_1, R_2, \ldots, R_n)$ に対応する社会的評価順序を $R = f(\boldsymbol{R})$ と記すことにする．ただし，f はアローの社会構成関数である．そのとき，個人的選好順序のこのプロファイルに対応するバーグソン＝サミュエルソンの社会厚生関数は，社会的評価順序 $R = f(\boldsymbol{R})$ を数値的に表現する関数 ϕ である：

$$\forall x, y \in X : \phi(x) \geq \phi(y) \Leftrightarrow xRy.$$

次に，アローの一般不可能性定理は社会構成関数 f に定義域の広範性，パレート原理，情報的効率性(無関係対象からの独立性)，非独裁性という公理を課せば，適格な f は論理的に存在しないという命題である．リットルがアローの定理の意義を否定する議論で強調しているように，ある社会を特徴付ける個人的選好順序のプロファイルはひとつしかないという議論を受け入れるのであれば，パレート原理を満足する社会的評価順序 R の存在は，以下のようにして保障することができる．まず，個人的選好順序の共通部分を $\bigcap_{i \in N} R_i$ によって定義すれば，パレート原理を満足する社会的評価順序 R とは

$$\bigcap_{i \in N} R_i \subseteq R, P(\bigcap_{i \in N} R_i) \subseteq P(R)$$

を満足する順序 R である．この性質を満足する順序 R の存在は，本書第 1 部(合理的選択と顕示選好)で重要な役割を果たした順序拡張定理——第 1 章の定理 5.1——によって，保証されている．しかしながら，この順序 R を数値表現するバーグソン＝サミュエルソンの社会厚生関数が存在するかという問題に対しては，普遍集合 X に導入されるトポロジーと，そのトポロジーに関して R が持つ性質次第であって，必ずしも肯定的な解答は保証されていない．

第 3 節　ミッシャンのシニシズムとヒックスの非厚生主義宣言

3.1　ミッシャンの冷笑主義

ピグーの【旧】厚生経済学は，ベンサムから功利主義の哲学と社会改革の情

熱を継承するとともに，道徳哲学に関するマーシャル=シジウィックの伝統を綜合して誕生したものだった．20世紀の冒頭に生まれた経済学のこの領域だが，早くも1930年代には方法論的な危機に見舞われている．ベンサムに遡る功利主義的な情報的基礎の非科学性をロビンズに攻撃され，その情報的基礎の脆弱性を糾弾された厚生経済学を新しい基礎の上に再建する努力は，カルドア=ヒックス=スキトフスキーの補償原理学派とバーグソン=サミュエルソンの社会厚生関数学派の2つの【新】厚生経済学の誕生にひとまず結実した．しかしながら，スキトフスキーの逆説，ゴーマンの逆説の発見などによって，補償原理学派の【新】厚生経済学の基礎は再び激震にさらされた．社会厚生関数学派の【新】厚生経済学に対しても，アローの一般不可能性定理を頂点として，疑問と批判が継続的に提起されてきたのである．

このように，厚生経済学の基礎を巡って建設・破壊・再建が繰り返される過程では，厚生経済学の研究者の内部においてさえ，ピグーの創業の理念とは対照的で，ほとんど冷笑的なスタンスが姿を顕してきた．ピグーの主著『厚生経済学』の刊行後，ほぼ40年の時点で厚生経済学の歴史と現状を展望したエドワード・ミッシャン(Mishan, 1960)は，その代表的な一例である．ミッシャンによれば，厚生経済学の研究にその一生を捧げた経済学者はいない．厚生経済学という学問は，経済学者が道楽半分に手を出してそれから捨ててしまい，やがて良心の痛みを感じて立ち戻っていく研究分野である，というのである．明らかに，ピグーとミッシャンの間の温度差は異様なまでに大きく，ミッシャンの際立ったシニシズムは，厚生経済学の研究に対する情熱に冷水を注ぐに近い効果をもっていた．

3.2 ヒックスの厚生主義との訣別宣言

厚生経済学に対する内在的な批判として，ミッシャンのシニシズムよりも遥かに衝撃的な証言は，Mishan(1960)とほぼ同時期に公刊されたヒックスの《厚生主義との訣別宣言》だった[10]．ヒックスと言えば，『価値と資本』(Hicks, 1939/1946)によってレオン・ワルラスの一般均衡理論とオーストリア学派の資本理論を綜合して，正統派ミクロ経済学の頂点を極めた経済学者である．彼はまた，ロビンズの批判を浴びて挫折したピグーの【旧】厚生経済学の功利主義

的な基礎付けを改めて，序数的で個人間比較が不可能な効用概念に立脚する補償原理学派の【新】厚生経済学を建設するうえでも，経済学史にその名を刻む業績を挙げている．そのヒックスが『世界経済論』(Hicks, 1959a)の序文に記した《厚生主義との訣別宣言》(Hicks, 1959b)は，現在振り返るとき規範的経済学の重要な転機だったというべきである．1980年代以降の規範的経済学は，アマルティア・セン(Sen, 1979a, 1979b, 1985a, 1985b)とロナルド・ドウォーキン(R. Dworkin, 1981a, 2000)らによる厚生主義批判と，福祉に対するセンの潜在能力アプローチ(Sen, 1985a, 1985b)の誕生などを経て，非厚生主義的・非帰結主義的な情報的基礎に立つ理論の建設に向かいつつあるが，ヒックスの厚生主義との訣別宣言は，規範的経済学のこの旋回の最初の狼煙だったからである．

ヒックスは，厚生経済学に対する自らの貢献を綜合的に集大成する試みに幾度も挑戦しつつ，最終的にはその試みを放棄して，論文集 *Wealth and Welfare* (Hicks, 1981)の出版をもって，彼の厚生経済学研究の遍歴を締め括っている．彼の逡巡には，ピグーの【旧】厚生経済学以来の伝統と絶縁する決断の困難性と，非厚生主義的・非帰結主義的な情報的基礎に立つ規範的経済学の建設という新たなリサーチ・プログラムの遂行の困難性が，2つながら色濃く滲み出ているように思われる．以下では，ヒックスの2つの未公刊文書(Hicks, no date, c. 1955; no date, c. 1963)をも考慮に入れて，ヒックスの厚生主義との訣別宣言の意義と射程を検討することにしたい．

3.3 規範的経済学と厚生主義の親和性

最初に，ヒックスの訣別宣言に先立つ規範的経済学(厚生経済学と社会的選択の理論)と厚生主義(正確には厚生主義的帰結主義)の親和性について，念のために確認しておきたい．ピグーの【旧】厚生経済学と補償原理学派の【新】厚生経済学の場合には，個人的効用から社会的評価に移行する手続きの情報的基礎は——前者の場合は基数的で個人間で比較可能だが，後者の場合は序数的で個人

---

10) ヒックス(Hicks, 1959b)の《厚生主義との訣別宣言》が，ピグーの【旧】厚生経済学の情報的基礎からどこまでの距離を保つ意思表示であったかといえば，それほど自明な解釈がある問題ではないというべきである．この難問に対してそれなりに確信を持てる解答が得られたのは，ヒックスの2つの未公刊論文(Hicks, no date, c. 1955; no date, c. 1963)に接した後だった．これらの文献を参照する便宜を与えて下さった西沢保教授に感謝したい．

間で比較不可能だという差異はあっても——社会を構成する個人の効用に関する情報，すなわち《厚生情報》(welfare information)に限定されている．社会厚生関数学派の【新】厚生経済学の場合には，情報的基礎を厚生情報に限定すべき論理的な必然性はまったくない．だが，社会厚生 u を個人の効用のベクトル $\boldsymbol{u} = (u_1, u_2, \ldots, u_n)$ の関数 $u = f(\boldsymbol{u})$ と表現する関数 f によって社会厚生関数を導入する標準的な慣行をみれば，このアプローチと厚生主義との密接な親和性は否定すべくもない[11]．アローの社会的選択の理論の場合には，厚生主義との親和性はそれほど自明ではないが，セン(Sen, 1979a)が論証したように，アローが個人的評価の社会的集約ルールに課した最小限の公理のもとでさえ——ましてや標準的な厚生経済学で仮定される強いパレート原理のもとでは——アローの社会的選択の理論と厚生主義との親和性はほぼ完璧に成立するといって差し支えないのである[12]．

　ピグーの【旧】厚生経済学からアローの社会的選択の理論に到る規範的経済学の発展過程を通覧して，その厚生主義との強い親和性を理解すれば，そして補償原理学派の【新】厚生経済学の生成にヒックスが果たした決定的な役割を理解すれば，《厚生主義との訣別宣言》の衝撃の大きさとその影響が波及する範囲の広さを理解することは，さほどの難事ではない筈である．以下ではまず，ヒックスの訣別宣言の内容を確認することにしたい．

---

[11] この慣行はバーグソンによってもサミュエルソンによっても使用されている．ただし，サミュエルソンはこの表記法は厚生主義的な社会厚生関数を例示したものに過ぎず，社会厚生関数それ自体は，厚生主義に必然的・全面的にコミットする考え方ではないと主張している．Suzumura(2005a)を参照せよ．

[12] アローが要請した当初の弱いパレート原理のもとでさえ，以下のような厚生主義の特殊ケースが成立することを確認することができる：
　《厳密な選好に関する厚生主義》(strict-ranking welfarism)
　　　個人的選好評価のランキングが厳密な選好関係に限定され，無差別関係が生じない場合には，2つの社会状態の厚生判断のランキングは，それら2つの状態に対する個人的選好評価のランキングに関する情報のみに依拠して決定される．
　アローが当初要請したパレート原理を以下のような《パレート無差別原理》で置き換えるときには，アローの他の公理を維持する限り，彼の社会構成関数の情報的基礎は，まさしく厚生主義そのものとなる．
　《パレート無差別原理》(Pareto indifference principle)
　　　すべての個人が一致して無差別と認める2つの社会状態は，社会的にも無差別であると評価されなければならない．

3.4 ヒックスの訣別宣言の意味と意義

本書第19章第2節(ピグーの『厚生経済学』:その光と影)で説明したように,ピグーの《社会厚生》(social welfare)は著しく包括的な概念であって,およそ思慮あるひとなら価値を認める筈のあらゆるものを含んでいた.だが,経済学者の関心対象はこの広義の社会厚生ではなく,直接的または間接的に貨幣という測度と関連付けられる社会厚生の経済的な側面——《経済厚生》(economic welfare)——に限られると考えて,ピグーの『厚生経済学』はこの側面の分析に関心を集中したのだった.彼が建設した【旧】厚生経済学の基礎がロビンズの攻撃に耐えきれずに崩壊した後に残された空白を,補償原理学派の【新】厚生経済学で一度は補修することを試みたヒックスだが,『世界経済論』(Hicks, 1959a)の出版段階までには厚生経済学の《経済厚生》主義的な基礎との訣別を決意して,記念碑的な宣言をこの著書の序文に認めることにしたのである.

ヒックスの訣別宣言の主旨は,ある意味では至極簡単である.《経済厚生》主義者のいわゆる非経済的側面を持たない政策提言は,実際には遂行不可能である.それだけに,厚生経済学者が政策勧告を行う際には,彼はその政策のあらゆる側面——経済的・非経済的を問わず——に対して全面的に責任があることを自覚しなければならない.経済政策の評価と設計にあたっても,厚生経済学者は《経済厚生》という特殊なフィルターによって作業の基礎に据える情報を恣意的に篩い分ける慣行に安住して,《経済厚生》主義的な判断・評価に自己の課題を限定すべきではない.これがヒックスの宣言の要諦なのである.

この主張を軽率に読むと,ヒックスの《経済厚生》主義への批判は,ピグーに倣って《社会厚生》の分離可能な一部として《経済厚生》を構想して,関心をこの後者に絞り込むことは恣意的であるという——殆どありきたりな——批判に過ぎないように思われるかもしれない.衝撃的とさえ思われる内容にも関わらず,長期間にわたってヒックスの訣別宣言がさほどの影響力を持たなかった理由の一端は,彼の訣別宣言の内容が正確には理解されなかったことにあるように思われる.実際には,ヒックスの批判の矢は《経済厚生》主義を貫通して《厚生》主義まで——さらに遡って《帰結主義》(consequentialism)まで——をも射抜こうとするものだったのである.ヒックスの宣言の主旨はこのように理解されるべきだという我々の見解には,もちろんそれなりの根拠がある.

第1に，《経済厚生》主義との訣別を決意した理由を説明するために，ヒックスは独占と競争の例を取り挙げて，競争の法と政策の分析に正統派の厚生経済学が殆ど貢献できなかった理由はなにかと自問している．ヒックスによれば，その理由は伝統的な厚生経済学が《経済厚生》主義の情報的基礎に拘束されるあまりに，安全・自由・衡平のような原理的な問題を回避してきたことにある．この隘路から脱出するためには，厚生経済学者は《自由主義》(liberalism)的な【善】も《厚生主義》的な【善】と同格に位置付けられ，比較・衡量されるべき価値であることを正しく認識するべきであり，視野狭窄な《経済厚生》主義的アプローチには訣別を告げなければならないのである．

　こうなってみると，ヒックスが訣別を宣言した考え方は《経済厚生》主義を遥かに超越して，《厚生》主義一般にわたることは確実である．それのみならず，ヒックスは厚生主義を特殊ケースとして包含する帰結主義に対してさえ，規範的考察の情報的基礎としては狭隘に過ぎると考えていた節がある．彼の訣別宣言を大胆にパラフレーズすれば，経済政策や経済システムの社会的評価に際して，経済学者は《厚生》という特殊なフィルターによって考慮に取り入れる情報を恣意的に篩い分ける慣行に安住して，厚生主義的な判断・評価に自己の課題を限定すべきではない．帰結の非厚生主義的な特徴や，帰結をもたらす社会的な選択手続きとか，最終的な帰結の背後にあって選択しようとすれば選択する機会があった選択肢の可能性集合——《機会集合》——など，より広い情報的基礎をも活用して，政策のあらゆる側面を考慮に取り入れた評価を形成して，代替的な政策の提案や制度改革の設計などに寄与することこそ，責任ある厚生経済学者が引き受けるべき任務なのである．

　第2に，ヒックスは厚生主義との訣別宣言の前後に，厚生経済学を全面的に再検討する講義録(Hicks, no date, c. 1955)と厚生経済学に関する新著の未完成ドラフト(Hicks, no date, c. 1963)を作成しているが，この厚生経済学批判と新たな理論展開の努力の成果は，ついに未公刊なまま残されたのである[13]．これらの文書は，ロビンズの批判以降の厚生経済学者の研究の多くは社会的厚

---

13) これらの未公刊文書は，兵庫県立大学付属図書館の《ヒックス文庫》(The Library & Papers of Sir John Hicks)に収録されている．ヒックスのその後の公刊論文のなかで，内容的にこれらの未公刊文書と最も密接に関わる作品は，Hicks(1975)である．

生判断の構造とその形成方法——なかんずく社会的厚生判断の情報的基礎——に焦点を絞っていたのとは対照的に，ピグーが構想した厚生経済学の上部構造と下部構造の全体にわたって厚生経済学の領域と方法を批判的に再検討するスタンスを定めている．このプログラムにしたがって展開されるヒックスの批判の論調は非常に厳しいものであって，彼が示唆する進路は《厚生経済学の再建》の道筋というよりは，【新】・【旧】を問わず《厚生経済学の解体》と《古典派経済学の復権》の道筋というに近いものだった．この点を例示するため，Hicks(no date, c. 1963, Chapter I)から若干の引用をしておきたい．ヒックスによれば厚生経済学の最大の難点はその最深部に潜んでいる．

> I have [...] come to hold that the fundamental trouble with "Welfare Economics" is nothing less than the description, implicit in its title, of what it is trying to do. We have to drop "Welfare Economics" and to start in a quite a different way.

ヒックスがここでいう《まったく異なる道》とは，一体どのような道なのだろうか．彼によれば，

> The first question which has to be faced in any reconstruction is this: what is the theory about? And the first answer to this question which I would now give is a negative one: it is not about Welfare.

それでは，建設されるべき理論とは，厚生に替えてなにに関する理論なのだろうか．思い出してみれば，ピグーの『厚生経済学』(1920)の前身は『富と厚生』(1912)と呼ばれていた．ヒックスの評価によれば[14]，

---

14) ヒックスがピグーの旧著『富と厚生』のタイトルに愛着を感じていて，厚生には富の大小を測定する手段という道具的な位置付けを与える考え方を本格的に支持していたことは，自らの厚生経済学への貢献の精粋を収録した論文集(Hicks, 1981)にまさしく *Wealth and Welfare* というサブ・タイトルを冠したことによって顕示されているように思われる．

It seems to me that this earlier title was much better; it conveys the significance of what Pigou was doing much better than the later and more celebrated title does. [...] It could be interpreted [...] as "The Welfare (or Utility) Approach to the Theory of Wealth". That, in any case, is how I should now like to interpret it, for it would then describe what I now believe that Pigou was doing. He was not creating a new subject; he was making a new (and most important) approach to an existing subject — the Theory of Wealth.

ピグーの『厚生経済学』に対するヒックスのこの理解の整合性と的確性を全面的に検討する作業に，ここで立ち入ろうとは思わない．だが，このようなシナリオに基づいて《厚生経済学批判》と《富の経済学》を建設する作業が進行するなかで公表された《厚生主義との訣別宣言》であってみれば，ヒックスの訣別宣言がたかだか《経済厚生》主義と《厚生》主義との狭間における態度決定というほど矮小な問題に関わる宣言であったとは，およそ考えられないといわざるを得ないのである．

3.5　結語的覚書き

　ヒックスの厚生主義との訣別宣言は，ロビンズの批判によって挫折したピグーの【旧】厚生経済学のみならず，自ら建設作業に貢献した【新】厚生経済学をも冷静な批判の俎上に載せ，厚生経済学の可能性を秤量した思索の記録であって，現在でも強いインパクトをもっている．だが，厚生主義の欠陥を論理的に突き詰め，非厚生主義的・非帰結主義的な規範的経済学の基礎を新たに構築するためには，孤高の先駆者ヒックスに残された時間はあまりにも短かった．厚生主義の問題点を抉り出して，非厚生主義的・非帰結主義的な情報的基礎に立脚する規範的経済学の建設の必要性を明らかにするとともに，新たな規範的経済学の礎石を据えるという作業は，オックスフォード大学オール・ソウルズ・カレッジのドラモント教授職をヒックスから継承したアマルティア・センをはじめとして，現代の厚生経済学と社会的選択の理論の研究者に引き継がれたのである．

本書でも，第4部(権利と効率のジレンマ)，第5部(帰結主義，非帰結主義および社会的選択)，第6部(競争と経済厚生)において，ヒックスの問題提起とセンの厚生主義批判の延長線上で，厚生主義的な分析のフレームワークを越えた理論を建設するささやかな試みが行われている．これらの試みが，厚生主義を突き抜けた規範的経済学の潜在的可能性を示唆することに成功しているとしたら，本書に結実した私の研究の模索にも，それなりの意義があったといえるのではあるまいか．

第21章　一般不可能性定理の機能と意義

第1節　一般不可能性定理のシグナル機能

　アローによる経済学への画期的な貢献は数多い．レオン・ワルラスが分権的な価格メカニズムによる資源配分のパラダイムとして記述した完全競争的な一般経済均衡モデルに対して，説得的な仮説のもとに均衡解が存在することを論証したジェラール・デブリューとの共同研究は，ワルラス＝パレート＝ヒックス＝サミュエルソンなどの精緻な研究が砂上の楼閣ではないことを確認した点で，経済学史に刻まれるべき不滅の貢献である．また，厚生経済学の基本定理の正確な論証や，価格調整のワルラス模索過程の動学的安定性に関するレオニード・ハーヴィッツとの共同研究も，アローを中核とする多くの数理経済学者たちの緻密で粘り強い研究によって，完成度の高い貢献に結実したものである．さらに，リスク，不確実性および情報の経済学に対するアローの先駆者的な貢献も，公共経済学，労働経済学，医療経済学，その他の多彩な応用ミクロ経済学の基礎を築いた貢献として，広範な影響力を振るって多くの後継研究を誘発してきた．とはいえ，社会的選択の理論に対するアローの貢献こそ，経済学に対する彼の膨大な業績のなかでも，特筆に値する革新的な成果であるというべきである．その理由は，社会的選択の理論の論争的な性格と，表裏一体を成している．

　そもそも，社会を構成する個人の私的【善】を集計して，社会がその実現を目指すべき公共【善】を形成するプロセスないしルールを経済理論の検討の対象に据えたアローの問題設定そのものが，非常に論争的なスタンスの選択なのである．ピグーの【旧】厚生経済学を瓦解させたロビンズの論陣の張り方や，公共【善】を形成するプロセスないしルールの研究は経済学の対象ではないと断言して憚らないサミュエルソンの権威を知るものにとって，彼らが経済学から切り離して人類学や社会学あるいは倫理学に譲り渡そうとした問題を，経済学の正統的な分析対象として位置付けようとするアローの問題設定は，非常

に挑戦的・論争的なものだったのである．アローが行ったそれにも増して重要な選択は，この挑戦的な課題と取り組むために公理主義的な分析方法を最初に採用したことだった．本書冒頭(はじめに)で説明したように，アローが考察の対象としたプロセスないしルールの選択肢は，2人の個人と3つの選択肢しか含まないミニチュア社会においてさえ，天文学的な数だけ存在する．それだけに，アローの問題を選択肢の悉皆列挙と各個撃破で攻撃しようとすれば，結論に辿り着くためにはひとの人生はあまりにも短いといわざるを得ない．このために，アローは経済学の歴史上で初めて公理主義的な分析方法を導入して，社会的選択の分析に飛躍的な前進をもたらしたのだった．しかも，この新鮮な場で新奇な道具を縦横に駆使してアローが挙げた斬新な成果こそ，社会的選択の理論の《一般不可能性定理》(general impossibility theorem)だったのである．著者の評価によれば，問題の設定，方法の選択，結論の衝撃のどの面からみても，アローの貢献は厚生経済学の研究を一段と高い地平に引き上げた《量子力学的な飛躍》(quantum jump)だったというべきなのである．

　民主主義の理想と社会的選択の情報的効率性を満足するという意味で，望ましい性能を備えた公共【善】の形成方法が論理的に存在しないというアローの定理は，事情に通じない人々には，人間生活の改良の道具を鍛えるという課題を背負う経済学には似つかわしくない消極的な論理の遊びに思われて，社会的選択の理論に対する《不可能性の科学》(science of the impossible)という芳しくないニックネームの源泉となった．アローが開拓した新分野に対する伝統的な厚生経済学者の——少なくとも初期の——反応が，往々にして反感と敵意に満ちたものだったことは，この意味では理解できなくもないというべきである．

　アローが社会的選択の理論を創始して『社会的選択と個人的評価』(Arrow, 1951/1963)という現代の古典を出版したのちに，アローの基礎理論に対して斬新な革新を数多く追加した記念碑的な貢献は，1970年に出版されたセンの著書『集合的選択と社会的厚生』(Sen, 1970/1979)である．センが導入した理論的革新は多岐にわたり，その多くは膨大な後継研究の輝かしい道標となっている．現在でも，アロー＝センの先駆者的貢献が敷いた軌道を辿って，そのさらなる延長線や分岐線を敷こうとする研究は，現代の規範的経済学のひとつの標準的なパラダイムとなっている．

センが導入した理論的な革新のなかには，本書第1部(合理的選択と顕示選好)で基本的な役割を担った合理性の《位階》(degree)を巡る研究，社会的選択の理論のさまざまな接近方法の分岐点を与える《情報的基礎》(informational basis)という斬新な考え方の導入，《効率性》(efficiency)に大きく傾斜した【新】厚生経済学とは一線を画して，《平等性》(equality)，《衡平性》(equity)，《正義》(justice)など，さまざまな規範的な概念を社会的選択の理論の枠組みの内部に的確に位置付けて，社会的選択の理論の射程を大きく拡張した貢献など，規範的経済学の歴史を語るうえでは不可欠な革新が含まれている．なかでも特筆すべき貢献は，センの原理対立的な厚生主義批判の主柱である《権利論》の展開——厚生主義的なパレート原理と自由主義的な権利の社会的尊重の原理との衝突を指摘した業績——だった．本書第4部(権利と効率のジレンマ)で詳細に検討したように，センの権利論は《パレート派自由主義者の不可能性》(Impossibility of a Paretian Liberal)定理を中核に据えて，厚生主義的な情報的基礎に拘束されることが規範的な経済学の貧困の根底にあることを指摘するものだった．センによる自由尊重主義的な権利の定式化に対しては，著者を含む社会的選択の理論の研究者の多くは批判的であって，これに替わるゲーム形式の権利論が現在では広範な支持を得ているといってよい．それにも関わらず，センの問題提起が社会的選択の理論と【新】厚生経済学の厚生主義的基礎を批判の《場》に引き摺りだしたことの意義は，否定すべくもない重要性を持っている．この批判的な研究の衝撃が大であったからこそ，帰結主義——なかんずく厚生主義的帰結主義——の枠内に留まっていた【新】厚生経済学から，権利，平等，衡平，正義といった非厚生主義的な価値を正統に位置付けた厚生経済学の新潮流が，滔々と流れ出したのだというべきだからである．

　アローにせよセンにせよ，規範的経済学に対する彼らの貢献の推進力となったのは，それぞれが樹立した不可能性定理だった．アロー＝センの公理主義的な方法の有用性と不可能性定理のインパクトの強烈さに対する理解が浸透するにつれて，社会的選択の理論と厚生経済学の文献には，膨大な数の不可能性定理が氾濫するようになった．これらの不可能性定理のなかには，単なるオッカムの剃刀の演習問題に過ぎないものも数多く含まれている．《不可能性の科学》という揶揄がこのような機械的演習の氾濫に対する皮肉であるとすれば，社会

的選択の理論の研究者はその批判を虚心坦懐に甘受すべき側面もあることは，おそらく否定し難い事実である．それにも関わらず，我々は不可能性定理という一般的な論法が持つ意義について，ひとつのコメントを書き留めておくことにしたい．

　本書冒頭(はじめに)にも記したように，科学の歴史においてパラドックスは，しばしば積極的な意義を持つことが認められている．我々の考え方によれば，アローの一般不可能性定理やセンのパレート派自由主義者の不可能性定理のように，民主主義や自由主義の本質に深く関わる不可能性定理の場合にも，その不可能性の罠から脱出する方法を模索する努力の過程で，民主主義あるいは自由主義に対する我々の認識の枠組みを細心に吟味することによって，これらの制度の円滑な機能の前提条件に対して一層深い理解に到達する契機が得られることがしばしばある．このように，不可能性定理は新しい認識に到達する《発見手続き》(discovery procedure)として，重要な役割を担っていることを忘れるべきではない．この意味において，不可能性定理の役割は消極的・否定的であるどころか，むしろ非常に積極的・肯定的な側面を持っている．社会的選択の理論と厚生経済学の今後の発展過程でも，経済システムや社会制度の在り方に関する本質的な要請が不可避的に衝突することを意味する不可能性定理の発見と，その不可能性を解きほぐす制約条件の定式化という往復運動によって，規範的経済学の進化が持続的に達成されることを期待したい．この進化の過程では，一般不可能性定理は解かれるべき問題と試されるべき方向性を指し示すシグナルとして，重要な機能を果たすことになるのである．

第2節　社会的選択の対象と方法

　本書のいくつかの箇所において，我々は社会的選択の対象をどのように措定するべきかという問題について，伝統的な考え方とは本質的に異なる考え方を提出した．振り返ってみると，『社会的選択と個人的評価』においてアローが《社会状態》(social state)に対して与えた定義は次のようなものだった(Arrow, 1951/1963, p. 17)．

この研究における選択の対象は社会状態である．社会状態に対する最も正確な定義は，各個人の掌中にある各財の量，各個人が供給する労働量，各タイプの生産活動に投資される各タイプの生産資源の量，都市サービスや外交サービスなど，さまざまなタイプの集団的活動の水準とその維持，有名人の銅像の建設などを，完全に記述したものである．

伝統的に定義された社会状態を $x, y, z, \ldots$ などで表記して，その普遍集合を X で表記することにする．社会的選択の理論の多くの研究は，依然としてこのように定義された伝統的な社会状態を選択対象として展開されているといっても過言ではない．アロー自身は，『社会的選択と個人的評価』の初版の最終章・最終節 (第 VII 章第 6 節「価値の担い手としての決定プロセス」) において，社会状態の概念について興味深い注釈を述べている (Arrow, 1951/1963, pp. 89-90)．

> この段階に到るまで，我々は社会状態を定義するベクトルの成分を考慮することから指針を得る努力を行ってはこなかった．この種の分析の特に興味深い一例は，社会状態を定義する変数のなかに，社会がその決定を行う手続きそのものを含ませる考え方である．選択のメカニズムそれ自体が社会を構成する個人にとって価値を持つ場合には，この考え方は殊更重要である．例えばある個人は，政府の配給によってある財ベクトルを入手することと比較して，自由な市場メカニズムを媒介して同じ財ベクトルを入手することに，積極的な選好を持つかもしれない．もし我々が決定手続きを広義に解釈して，社会的決定が行われる社会心理学的な環境の全体をそのなかに含ませるならば，財の分配に関する伝統的な選好と比較して，この広義の選好の実在感と重要性は明瞭だというべきである．

このように，伝統的な社会状態の概念を拡張して，社会的意思決定メカニズム $f, g, h, \ldots$ と伝統的な社会状態 $x, y, z, \ldots$ との組み合わせ $(x, f), (y, g), (z, h),$ $\ldots$ を新たに《拡張された社会状態》(extended social state) と定義して，例えば (x, f) を「社会的意思決定メカニズム f によって伝統的な社会状態 x が実現される状況」と解釈することにすれば，メカニズムに対する価値評価を社会的

決定の情報的基礎に組み入れる新たな理論の可能性が開かれることになる．この概念的枠組みにおいて，公共【善】を形成する基礎に位置する私的【善】の表現方法としては，

$$(x,f)R_i(y,g) \Leftrightarrow 個人 i の評価によれば，帰結状態 x をメカニズム f の適用によって実現することは，帰結状態 y をメカニズム g の適用によって実現することと比較して，少なくとも同程度に望ましい$$

という解釈を持つ選好順序 R_i を用いることができる．

本節では，この新たな社会的選択の理論の枠組みを活用する方法に関して2つの留意点を述べて，読者の注意と関心を喚起することにする．

A． 伝統的に定義された社会状態の概念を拡張して，社会的選択の理論の枠組みを拡張する方法としては，アローの洞察をきっかけに定式化された上記の方法以外にも，多くの可能な選択肢がある．以下では，そのうちの2つの選択肢を簡潔に述べて，本書の分析との関わりを説明することにしたい．

第1に，$N = \{1, 2, \ldots, n\}$ を社会内の個人の標識の集合として，伝統的な社会状態 $x, y, z, \ldots$ と個人の標識 $i, j, k, \ldots$ とのペア $(x, i), (y, j), (z, k), \ldots$ を拡張された社会状態とする考え方がある．例えば (x, i) は，「想像上の境遇の交換によって個人 i の立場に身を置いて，帰結状態 x を経験すること」を意味する拡張された選択肢である．この概念的枠組みにおいて，公共【善】を形成する基礎に位置する私的【善】の表現方法としては，

$$(x,i)\tilde{R}_j(y,k) \Leftrightarrow 個人 j の判断によれば，想像上の境遇の交換によって個人 i の立場に身を置いて帰結状態 x を経験することは，想像上の境遇の交換によって個人 k の立場に身を置いて帰結状態 y を経験することと比較して，少なくとも同程度に望ましい$$

という解釈を持つ選好順序 $\tilde{R}_j$ を用いることができる．このようにして拡張された社会的選択の理論の枠組みは，本書第3部第8章(無羨望衡平性とパレート

効率性)において,効率性と衡平性のジレンマを議論する際の理論的基礎として活用されている.この枠組みは,セン(Sen, 1970/1979, Chapter 9*; 1977c)によるジョン・ロールズの《正義の理論》(theory of justice)の形式化と,その公理主義的な分析の理論的基礎とされたものである.

社会的選択の理論の分析的枠組みを拡張する第2の方法は,最終的に選択される《帰結》(consequence)のみならず,帰結の選択が行われる《機会集合》(opportunity set)に含まれる選択の自由度にも注目して,最終的な選択の《帰結主義》的価値と,選択の背後にある選択機会の豊穣さの《非帰結主義》的価値との間のトレードオフ関係を考慮に入れるアプローチである.この考え方を最初に導入した鈴村=シュー(Suzumura and Xu, 2001, 2003, 2004)に基づいて,本書第5部(帰結主義,非帰結主義および社会的選択)は,この意味における拡張された社会的選択の理論が,具体的に活用される状況を例示する役割を果たしている.

B. 選択の最終的帰結と社会的意思決定メカニズムとの組み合わせを,拡張された社会的選択の理論の基礎に据える考え方に,もう一度戻ることにしたい.以下では,今後の一層の検討が期待される2つの論点を,簡潔に述べておくことにしたい.

第1に,社会的選択の理論の公理主義的なアプローチは,多くの具体的な問題をひとつの抽象的な枠組みに包摂することができる.そのため,前提された公理を満足するという意味で共通性を備えている限り,多様な問題を括って効率的に分析できるという点に,公理主義的なアプローチの最大のメリットがあることは明らかである.とはいえ,このメリットと裏腹に,公理主義的アプローチには往々にして見落としがちな2つの陥穽がある.そのひとつは,考察対象とされる問題の個別的な構造を細心に吟味して,その特徴に相応しい形式化を個々に考える正攻法を回避して,なじみ深い公理の守備範囲に収めるために俎上の問題の構造の方を簡素化してしまうという短絡路の陥穽である.著者はこれを《プロクルステスの陥穽》(Procrustean trap)と称している.もうひとつの陥穽は,分析の基礎概念を拡張して社会状態の記述を複雑化することによって,公理主義的アプローチの射程があたかも言葉の言い換えだけで拡張で

きるかのように，錯覚してしまう危険性である．事実，社会的選択の最終的帰結とその選択を実現する社会的意思決定メカニズムとのペアを拡張された社会状態として定義し直しさえすれば，最終的な選択の《帰結主義》的価値の考慮と，選択の背後にある選択機会の豊穣さの《非帰結主義》的価値の考慮を，アローの本来の《帰結主義》的な分析的枠組みの内部に収容することができるかのように誤解されている気配がある．帰結主義と非帰結主義との対立はもっと根の深い難問であって，単に帰結の定義を拡張しさえすればそれで消滅する程に，底の浅い問題ではないことを読者は銘記するべきである．

　第2に，本書第4部第12章(権利体系の社会的選択)および本書第6部第18章(競争の社会的機能：通念とその破壊)において，我々は社会的選択の2段階パラダイムを提案した．このパラダイムが想定する社会的選択のシナリオによれば，第1段階における社会的選択の対象は経済社会のゲームのルールであり，第2段階における社会状態の決定は第1段階で選択されたルールのもとでのゲームの分権的なプレーに委ねられている．政治的には民主主義的な社会的意思決定が基本的に保障され，経済的には衡平な競争ゲームの自由なプレーの権利が基本的に保障されている社会を前提する限り，このような社会的選択の2段階パラダイムには，かなりの記述的な的確性と迫真性が認められるのではあるまいか．

第3節　理論と実践

　最後に，著者が本書第6部(競争と経済厚生)の《問題の設定》で与えた厚生経済学と社会的選択の理論の形式的な定義を，もう一度振り返ってみることにしたい．著者が定義する《厚生経済学》は，代替的な経済システムの性能を批判的に検討して，人々の福祉の改善の観点から，新たな経済システムや経済政策の設計と実装を企てる経済学の一分野である．《社会的選択の理論》は，社会的意思決定の代替的な方法の設計と評価並びに厚生経済学の理論的な基礎に関わる基礎論的な研究分野である．この定義によれば，厚生経済学が研究対象とする経済システムは，現存する経済システムや歴史的に実在した経済システムに限られるわけではない．むしろ，現存する経済システムを相対化して捉

え，代替的な経済システムを設計者・実装者の観点に立って自由に構想して提言する点にこそ，厚生経済学者は特異な存在意義を持っているのである．

ところで，経済システムの理性的な設計と社会的な選択の問題を考える際には，ハイエク(von Hayek, 1960)がつとに指摘した《2つの制度観》に注意する必要がある．第1の制度観は，経済の制度的構造は人間集団の目的のために熟慮のうえで理性的に設計され，社会的に選択されたものであると看做す《設計主義的合理主義》の考え方である．第2の制度観は，経済の制度的構造は人間的な意図に則って設計されたものではなく，人間的な意図には反して——あるいは単に偶然的に——採用されたメカニズムやルールが，そのメカニズムやルールを採用するグループを他のグループよりも優越させる効果をもったために制度間競争のプロセスを勝ち抜いて，自生的に進化したものであると看做す《進化論的合理主義》の考え方である．これら2つの考え方のなかで，ハイエクは設計主義的合理主義の制度観に対して，激しい批判を投げかけたのである．芥川龍之介の『河童』の社会はいざしらず，人間社会ではどの個人にとっても経済の制度やルールの大半は歴史的な与件であるに過ぎず，その理性的な設計と社会的な選択に参加する機会は，大きく制約されていることは間違いない．それだけに，ハイエクの批判には，直観的にも強い説得力が備わっているかに思われる．

設計主義的合理主義に対するハイエクの批判に直面して，厚生経済学と社会的選択の理論の立場を擁護しようとする我々の考え方はこうである．経済の制度的構造には，歴史的に形成されて制度間競争の淘汰プロセスを経て根付いてきた《自生的秩序》(spontaneous order)という側面と，社会的な評価に基づいて合理的に設計された《構成的秩序》(constructive order)という2つの側面が紛れもなく並存している．それだけに，経済の制度設計と社会的選択を有意義なエクササイズにするためには，自生的な進化と理性的な設計という制度変化の2つの契機を整合化する必要がある．競争的淘汰プロセスを経て誕生した自生的秩序を完全に無視して，白紙に絵を描くように空想的な制度設計をしてみても，根無し草のような制度的枠組みが定着する見込みは限りなく低いからである．だが逆に，自生的に進化した秩序であっても，合理的な社会的評価の挽き臼による錬磨を経ずに，存在するものは合理的であるかのように装おうと

するならば，新たな環境変化に直面してかつての自生的秩序があっけなく崩壊する可能性は，到底否定することはできない．それだけに，我々が行うべき経済制度の設計と選択は，歴史的な進化のダイナミズムを読み解いて，自生的秩序としての歴史を背負った制度的構造を，理性的な設計と社会的な選択に基づいて改善する漸進的革新でしかあり得ない．言葉のうえでのみ勇敢な抜本的改革は歴史の冷酷な審判には堪え難く，理性的評価の挽き臼で精錬されない自生的秩序は新たな経験に対して無力だからである．

　本書における我々の分析は，厚生経済学と社会的選択の基礎論的な考察に限定されている．『厚生経済学の基礎——合理的選択と社会的評価——』という本書のタイトルは，まさに基礎論的な本書の性格を明示する目的で採用されているのである．我々が到達した基礎論を踏まえて，漸進的経済改革の理論の構想に進む作業は他日を期すことにして，著者の厚生経済学研究の現状報告をひとまずこれで閉じることにしたい．

参照文献

Afriat, S. N. (1967): "The Construction of Utility Functions from Experimental Data," *International Economic Review*, Vol. 8, pp. 67-77.
Aghion, P. and M. Schankerman (2004): "On the Welfare Effects and Political Economy of Competition-Enhancing Policies," *Economic Journal*, Vol. 114, pp. 800-824.
Aizerman, M. and F. Aleskerov (1995): *Theory of Choice*, Amsterdam: North-Holland.
Alkan, A., G. Demange and D. Gale (1991): "Fair Allocation of Indivisible Goods and Criteria of Justice," *Econometrica*, Vol. 59, pp. 1023-1039.
Amsden, A. and K. Suzumura (2001): "An Interview with Miyohei Shinohara: Non-Conformism in Japanese Economic Thought," *Journal of the Japanese and International Economies*, Vol. 15, pp. 341-360.
Antonelli, G. B. (1886/1971): *Sulla Teoria Matematica della Economia Politica*, Pisa: Nella Tipografia del Folchetto, 1886. Reprinted in *Giornale degli Economisti e Annali di Economia*, Nuova Serie, Vol. 10, 1951, pp. 233-263. English translation: "On the Mathematical Theory of Political Economy," in Chipman, J., L. Hurwicz, M. Richter and H. Sonnenschein, eds., *Preferences, Utility and Demand*, New York: Harcourt Brace Jovanovich, Inc., 1971, pp. 333-364.
Aristotle (4th c. BC): *The Nicomachean Ethics*; Ross, D. (1980): *Aristotle, The Nicomachean Ethics*, The World's Classics, Oxford: Oxford University Press (高田三郎訳『ニコマコス倫理学』(上・下)[岩波文庫] 岩波書店, 1971年, 1973年).
Armstrong, W. E. (1948): "Uncertainty and the Utility Functions," *Economic Journal*, Vol. 58, pp. 1-10.
Arrow, K. J. (1950): "A Difficulty in the Concept of Social Welfare," *Journal of Political Economy*, Vol. 58, pp. 328-346.
Arrow, K. J. (1951a): "Little's Critique of Welfare Economics," *American Economic Review*, Vol. 41, pp. 923-934.
Arrow, K. J. (1951b): "An Extension of the Basic Theorems of Classical Welfare Economics," in Neyman, J., ed., *Second Berkeley Symposium on Mathematical Statistics and Probability*, Berkeley: University of California Press, pp. 507-532.
Arrow, K. J. (1951/1963): *Social Choice and Individual Values*, New York: Wiley, 1st ed., 1951, 2nd ed., 1963 (長名寛明訳『社会的選択と個人的評価』日本経済新聞社, 1977年).
Arrow, K. J. (1959): "Rational Choice Functions and Orderings," *Economica*, Vol. 26, pp. 121-127.
Arrow, K. J. (1973): "Rawls's Principle of Just Saving," *Swedish Journal of Economics*, Vol. 75, pp. 323-335.
Arrow, K. J. (1974): "General Economic Equilibrium: Purpose, Analytical Techniques, Collective Choice," *American Economic Review*, Vol. 64, pp. 253-272.

Arrow, K. J. (1983): "Contributions to Welfare Economics," Brown, E. C. and R. M. Solow, eds., *Paul Samuelson and Modern Economic Theory*, New York: McGraw-Hill, pp. 15-30.

Arrow, K. J. (1987): "Arrow's Theorem," in Eatwell, J., M. Milgate and P. Newman, eds., *The New Palgrave: A Dictionary of Economics*, Vol. 1, London: Macmillan, pp. 124-126.

Arrow, K. J. (1999): "Discounting, Morality, and Gaming," in Portney, P. R. and J. P. Weyant, eds., *Discounting and Intergenerational Equity*, Washington, D.C.: Resources for the Future, pp. 13-21.

Arrow, K. J., A. K. Sen and K. Suzumura, eds. (2002): *Handbook of Social Choice and Welfare*, Vol. I, Amsterdam: North-Holland.

Asheim, G. B. (1991): "Unjust Intergenerational Allocations," *Journal of Economic Theory*, Vol. 54, pp. 350-371.

Asheim, G. B., W. Bossert, Y. Sprumont and K. Suzumura (2008): "Infinite-Horizon Choice Function," forthcoming in *Economic Theory*.

Asheim, G. B., W. Buchholz and B. Tungodden (2001): "Justifying Sustainability," *Journal of Environmental Economics and Management*, Vol. 41, pp. 252-268.

Asheim, G. B. and B. Tungodden (2004): "Resolving Distributional Conflicts between Generations," *Economic Theory*, Vol. 24, pp. 221-230.

Atkinson, A. B. (1970): "On the Measurement of Inequality," *Journal of Economic Theory*, Vol. 2, pp. 244-263.

Atkinson, A. B. (1983): *Social Justice and Public Policy*, Cambridge, Mass.: MIT Press.

Atkinson, A. B. (2001): "The Strange Disappearance of Welfare Economics," *Kyklos*, Vol. 54, pp. 193-206.

Austin, W. and E. Hatfield (1980): "Equity Theory, Power, and Social Justice," in Mikura, G., ed., *Justice and Social Interaction*, Bern: Hans Huber, pp. 25-61.

Austen-Smith, D. (1982): "Restricted Pareto and Rights," *Journal of Economic Theory*, Vol. 10, pp. 89-99.

Baharad, E. and S. Nitzan (2000): "Extended Preferences and Freedom of Choice," *Social Choice and Welfare*, Vol. 17, pp. 629-637.

Baigent, N. (2007): "Choice, Norms and Revealed Preference," *Analyse & Kritik*, Vol. 29, pp. 139-145.

Baigent, N. and W. Gaertner (1996): "Never Choose the Uniquely Largest: A Characterization," *Economic Theory*, Vol. 8, pp. 239-249.

Banerjee, K. and T. Mitra (2007): "On the Impatience Implications of Paretian Social Welfare Functions," *Journal of Mathematical Economics*, Vol. 43, pp. 236-248.

Barone, E. (1908/1935): "Il ministro della produzione nello stato collectivista," *Giornale degli Economisti e Revista di Statistica*, Vol. 37, 1908, pp. 267-293 and pp. 391-414. English translation: "The Ministry of Production in the Collectivist State," in von Hayek, F. A., ed., *Collectivist Economic Planning*, London: George Routledge & Sons, pp. 245-290（迫間眞治郎訳『集産主義計画経

済の理論』実業之日本社,1950年).
Barry, B. (1986): "Lady Chatterley's Lover and Doctor Fischer's Bomb Party: Liberalism, Pareto Optimality, and the Problem of Objectionable Preferences," in Elster, J. and A. Hylland, eds., *Foundations of Social Choice Theory*, Cambridge: Cambridge University Press, pp. 11-43.
Basu, K. (1984): "The Rights to Give up Rights," *Economica*, Vol. 15, pp. 413-422.
Basu, K. and T. Mitra (2003): "Aggregating Infinite Utility Streams with Intergenerational Equity: Impossibility of Being Paretian," *Econometrica*, Vol. 71, pp. 1557-1563.
Basu, K. and T. Mitra (2007): "Utilitarianism for Infinite Utility Streams: A New Welfare Criterion and Its Axiomatic Characterization," *Journal of Economic Theory*, Vol. 133, pp. 350-373.
Baumol, W. J. (1982): "Contestable Markets: An Uprising in the Theory of Industry Structure," *American Economic Review: Papers and Proceedings*, Vol. 72, pp. 1-15.
Baumol, W. J., J. C. Panzar and R. D. Willig (1982): *Contestable Markets and the Theory of Industry Structure*, New York: Harcourt Brace Jovanovich.
Bentham, J. (1789): *An Introduction to the Principles of Morals and Legislation*, Payne; Oxford: Clarendon Press, 1907(山下重一訳『道徳および立法の諸原理序説』[関嘉彦編『ベンサム,J. S. ミル』世界の名著 第38巻]中央公論社,1967年).
Bentham, J. (1843): "Anarchical Fallacies." First published in English in Bowling, J., ed., *The Works of Jeremy Bentham*, Vol. II, Edinburgh: William Tait. Republished in 1995, Bristol: Theommes Press, pp. 489-534.
Berge, C. (1963): *Topological Spaces*, London: Oliver and Boyd.
Bergson, A. (1938): "A Reformulation of Certain Aspects of Welfare Economics," *Quarterly Journal of Economics*, Vol. 52, pp. 310-334.
Bergson, A. (1954): "On the Concept of Social Welfare," *Quarterly Journal of Economics*, Vol. 68, pp. 233-252.
Berlin, I. (1958): *Two Concepts of Liberty*, Oxford: Oxford University Press(小川晃一・小池銈・福田歓一・生松敬三訳『自由論』みすず書房,1971年).
Bernheim, D. and A. Rangel (2007): "Toward Choice-Theoretic Foundations for Behavioral Welfare Economics," *American Economic Review: Papers and Proceedings*, Vol. 97, pp. 464-470.
Bernholz, P. (1974): "Is a Paretian Liberal Really Impossible?" *Public Choice*, Vol. 20, pp. 99-107.
Besley, T. and K. Suzumura (1992): "Taxation and Welfare in Oligopoly with Strategic Commitment," *International Economic Review*, Vol. 33, pp. 413-431.
Black, D. (1948): "On the Rationale of Group Decision-Making," *Journal of Political Economy*, Vol. 56, pp. 23-34.
Black, D. (1958): *The Theory of Committees and Elections*, Cambridge: Cambridge University Press.
Blackorby, C., W. Bossert and D. Donaldson (2001): "A Representation Theorem

for Domains with Discrete and Continuous Variables," *Cahier* 16, Centre de Recherche et Développement en Économique, Université de Montréal.

Blair, D., G. Bordes, J. S. Kelly and K. Suzumura (1976) : "Impossibility Theorems without Collective Rationality," *Journal of Economic Theory*, Vol. 7, pp. 361-379. Reprinted in Arrow, K. J. and G. Debreu, eds., *The Foundations of 20th Century Economics*, Vol. 3, *Landmark Papers in General Equilibrium Theory, Social Choice and Welfare*, Cheltenham, Glos.: Edward Elgar, 2001, pp. 660-678.

Blau, J. H. (1957) : "The Existence of Social Welfare Functions," *Econometrica*, Vol. 25, pp. 302-313.

Blau, J. H. (1972) : "A Direct Proof of Arrow's Theorem," *Econometrica*, Vol. 40, pp. 61-67.

Blau, J. H. (1975) : "Liberal Values and Independence," *Review of Economic Studies*, Vol. 42, pp. 395-401.

Borda, J.-C. de (1781/1953) : "Mémoire sur les élections au scrutin," *Mémoires de l'Académie Royale des Sciences année 1781*, pp. 657-665. Translated in English by A. de Grazia, "Mathematical Derivation of an Election System," *Isis*, Vol. 44, 1953, pp. 42-51.

Bordes, G. (1976) : "Consistency, Rationality and Collective Choice," *Review of Economic Studies*, Vol. 43, pp. 451-457.

Bossert, W. (2008) : "Suzumura Consistency," in Pattanaik, P. K., K. Tadenuma, Y. Xu and N. Yoshihara, eds., *Rational Choice and Social Welfare: Theory and Applications*, Berlin: Springer, pp. 159-179.

Bossert, W., P. K. Pattanaik and Y. Xu (1994) : "Ranking Opportunity Sets: An Axiomatic Approach," *Journal of Economic Theory*, Vol. 63, pp. 326-345.

Bossert, W., Y. Sprumont and K. Suzumura (2005a) : "Consistent Rationalizability," *Economica*, Vol. 72, pp. 185-200.

Bossert, W., Y. Sprumont and K. Suzumura (2005b) : "Maximal-Element Rationalizability," *Theory and Decision*, Vol. 58, pp. 325-350.

Bossert, W., Y. Sprumont and K. Suzumura (2006) : "Rationalizability of Choice Functions on General Domains Without Full Transitivity," *Social Choice and Welfare*, Vol. 27, pp. 435-458.

Bossert, W., Y. Sprumont and K. Suzumura (2007) : "Ordering Infinite Utility Streams," *Journal of Economic Theory*, Vol. 135, pp. 579-589.

Bossert, W. and K. Suzumura (2007a) : "Domain Closedness Conditions and Rational Choice," *Order*, Vol. 24, pp. 75-88.

Bossert, W. and K. Suzumura (2007b) : "External Norms and Rationality of Choice," Discussion Paper 08-2007, Montreal: CIREQ. Forthcoming in *Economics and Philosophy*.

Bossert, W. and K. Suzumura (2008a) : "A Characterization of Consistent Collective Choice Rules," *Journal of Economic Theory*, Vol. 138, pp. 311-320.

Bossert, W. and K. Suzumura (2008b) : "Rational Choice on General Domains," in Basu, K. and R. Kanbur, eds., *Arguments for a Better World: Essays in Honor of Amartya Sen*, Volume I: *Ethics, Welfare and Measurement*, Oxford: Oxford University Press, pp. 103-135.

Bossert, W. and K. Suzumura (2008c): "Rationality, External Norms and the Epistemic Value of Menus," forthcoming in the Special Issue of *Social Choice and Welfare* in Honour of Prasanta K. Pattanaik.

Bossert, W. and K. Suzumura (2008d): "Multi-Profile Intergenerational Social Choice," Working Paper, School of Political Science and Economics, Waseda University.

Bossert, W. and K. Suzumura (2008e): *Consistency, Choice and Rationality*. Monograph in preparation.

Bossert, W. and K. Suzumura (2009a): "Decisive Coalitions and Coherence Properties," Working Paper, School of Political Science and Economics, Waseda University.

Bossert, W. and K. Suzumura (2009b): "Quasi-Transitive and Suzumura Consistent Relations," Working Paper, School of Political Science and Economics, Waseda University.

Brander, J. A. and B. J. Spencer (1983): "Strategic Commitment with R&D: The Symmetric Case," *Bell Journal of Economics*, Vol. 14, pp. 225-235.

Brock, W. (1970): "An Axiomatic Basis for the Ramsey-Weizsäcker Overtaking Criterion," *Econometrica*, Vol. 38, pp. 927-929.

Broome, J. (1992): *Counting the Cost of Global Warming*, Cambridge, UK: The White Horse Press.

Broome, J. (1999): *Ethics out of Economics*, Cambridge: Cambridge University Press.

Browning, M. J. (1982): "Cooperation in a Fixed-Membership Labor-Managed Enterprise," *Journal of Comparative Economics*, Vol. 6, pp. 235-247.

Buchanan, J. M. (1954): "Social Choice, Democracy, and Free Markets," *Journal of Political Economy*, Vol. 62, pp. 114-123.

Buchanan, J. M. (1976/1996): "An Ambiguity in Sen's Alleged Proof of the Impossibility of the Paretian Liberal," mimeograph, Virginia Polytechnique Institute and State University, 1976; *Analyse & Kritik*, Vol. 18, 1996, pp. 118-125.

Bulow, J. I., J. D. Geanakoplos and P. D. Klemperer (1985): "Multimarket Oligopoly: Strategic Substitutes and Complements," *Journal of Political Economy*, Vol. 93, pp. 488-511.

Campbell, D. E. (1985): "Impossibility Theorems and Infinite Horizon Planning," *Social Choice and Welfare*, Vol. 2, pp. 283-293.

Cass, D. and M. E. Yaari (1966): "A Re-Examination of the Pure Consumption Loans Model," *Journal of Political Economy*, Vol. 74, pp. 353-367.

Chernoff, H. (1954): "Rational Selection of Decision Functions," *Econometrica*, Vol. 22, pp. 422-443.

Chipman, J. S. (1976): "The Paretian Heritage," *Revue europeenne des sciences sociales et Cahiers Vilfredo Pareto*, Vol. 14, pp. 65-171.

Chipman, J. S., L. Hurwicz, M. Richter and H. Sonnenschein, eds. (1971): *Preferences, Utility and Demand*, New York: Harcourt Brace Jovanovich, Inc.

Chipman, J. S. and J. C. Moore (1978): "The New Welfare Economics 1939-1974,"

International Economic Review, Vol. 19, pp. 547-584.

Coase, R. (1960): "The Problem of Social Cost," *Journal of Law and Economics*, Vol. 3, pp. 1-44.

Collard, D. (1996): "Pigou and Future Generations: A Cambridge Tradition," *Canadian Journal of Economics*, Vol. 20, pp. 585-597.

Condorcet, M. J. A. N. de (1785): *Essai sur l'application de l'analyse à la probabilité des décisions rendues à la pluralité des voix*, Paris: Imprimerie Royale; facsimile published in 1972 by Chelsea Publishing Company, New York.

Corden, W. M. (1997): *Trade Policy and Economic Welfare*, 2nd ed., Oxford: Oxford University Press.

Dalton, H. (1920): "The Measurement of the Inequality of Incomes," *Economic Journal*, Vol. 30, pp. 348-361.

Daniel, T. E. (1975): "A Revised Concept of Distributional Equity," *Journal of Economic Theory*, Vol. 11, pp. 94-109.

Daniel, T. E. (1977): "Pitfalls in the Theory of Fairness — Comment," *Journal of Economic Theory*, Vol. 19, pp. 561-564.

Dasgupta, P. (1974a): "On Some Problems Arising from Professor Rawls' Conception of Distributive Justice," *Theory and Decision*, Vol. 4, pp. 325-344.

Dasgupta, P. (1974b): "On Some Alternative Criteria for Justice between Generations," *Journal of Public Economics*, Vol. 3, pp. 405-423.

Dasgupta, P. (2008): "Discounting Climate Change," *Journal of Risk and Uncertainty*, Vol. 37, pp. 141-169.

Dasgupta, P. and J. Stiglitz (1980): "Industrial Structure and the Nature of Innovative Activity," *Economic Journal*, Vol. 90, pp. 266-293.

Dasgupta, P. and J. Stiglitz (1988): "Potential Competition, Actual Competition, and Economic Welfare," *European Economic Review*, Vol. 32, pp. 569-577.

d'Aspremont, C. and L. Gevers (1977): "Equity and the Informational Basis of Collective Choice," *Review of Economic Studies*, Vol. 44, pp. 199-209.

d'Aspremont, C. and A. Jacquemin (1988): "Cooperative and Non-cooperative R&D in Duopoly with Spillovers," *American Economic Review*, Vol. 78, pp. 1133-1137.

Deb, R., P. K. Pattanaik and L. Razzolini (1997): "Game Forms, Rights, and the Efficiency of Social Outcomes," *Journal of Economic Theory*, Vol. 72, pp. 74-95.

Debreu, G. (1959): *Theory of Value*, New York: John Wiley & Sons (丸山徹訳『価値の理論』東洋経済新報社, 1977年).

Debreu, G. (1972): "Smooth Preferences," *Econometrica*, Vol. 40, pp. 603-617. Reprinted in Debreu, G., *Mathematical Economics: Twenty Papers of Gerard Debreu*, Cambridge: Cambridge University Press, 1983, pp. 186-202.

Demsetz, H. (1982): *Economic, Legal, and Political Dimensions of Competition*, Amsterdam: North-Holland.

Denicolo, V. (1999): "No-Envy and Arrow's Conditions," *Social Choice and Welfare*, Vol. 16, pp. 585-597.

Deutsch, M. (1985): *Distributive Justice*, New Haven: Yale University Press.

Diamond, P. A. (1965a): "The Evaluation of Infinite Utility Streams," *Econo-

metrica, Vol. 33, pp. 170-177.

Diamond, P. A. (1965b): "National Debt in a Neoclassical Growth Model," *American Economic Review*, Vol. 55, pp. 1126-1150.

Diewert, W. E. (1973): "Afriat and Revealed Preference Theory," *Review of Economic Studies*, Vol. 40, pp. 419-425.

Dixit, A. K. (1986): "Comparative Statics for Oligopoly," *International Economic Review*, Vol. 27, pp. 107-122.

Dixit, A. K. and J. E. Stiglitz (1977): "Monopolistic Competition and Optimum Product Diversity," *American Economic Review*, Vol. 67, pp. 297-308.

Dixit, A. K. and P. A. Weller (1979): "The Three Consumer's Surpluses," *Economica*, Vol. 46, pp. 125-135.

Dodgson, C. L. (Lewis Carroll) (1873): *A Discussion of the Various Methods of Procedure in Conducting Elections*, Imprint by Gardner, E. B., E. Pickard Hall and J. H. Stacy, Printers to the University, Oxford. Reprinted in Black, D. (1958, pp. 214-222).

Dodgson, C. L. (Lewis Carroll) (1874): *Suggestions as to the Best Method of Taking Votes, Where More Than Two Issues are to be Voted on*, Imprint by Pickard Hall, E. and J. H. Stacy, Printers to the University, Oxford. Reprinted in Black, D. (1958, pp. 222-224).

Dodgson, C. L. (Lewis Carroll) (1876): *A Method of Taking Votes on More Than Two Issues*, Oxford: Clarendon Press. Reprinted in Black, D. (1958, pp. 224-234).

Drèze, J. and A. Sen (1991): "Public Action for Social Security: Foundations and Strategy," in Ahmad, E., J. Drèze, J. Hills and A. Sen, eds., *Social Security in Developing Countries*, Oxford: Clarendon Press, pp. 3-40.

Duggan, J. (1999): "A General Extension Theorem for Binary Relations," *Journal of Economic Theory*, Vol. 86, pp. 1-16.

Dunford, N. and J. T. Schwartz (1957): *Linear Operators, Part I: General Theory*, New York: Interscience Publishers.

Dworkin, G. (1982): "In More Choice Better Than Less?" in French, P. A., T. E. Uehling, Jr. and H. K. Wettstein, eds., *Midwest Studies in Philosophy*, Vol. VII, *Social and Political Philosophy*, Minneapolis: University of Minnesota Press, pp. 47-61.

Dworkin, R. (1981a): "What is Equality? Part 1: Equality of Welfare," *Philosophy and Public Affairs*, Vol. 10, pp. 185-246.

Dworkin, R. (1981b): "What is Equality? Part 2: Equality of Resources," *Philosophy and Public Affairs*, Vol. 10, pp. 283-345.

Dworkin, R. (2000): *Sovereign Virtue: The Theory and Practice of Equality*, Cambridge, Mass.: Harvard University Press (小林公・大江洋・高橋秀治・高橋文彦訳『平等とは何か』木鐸社, 2002年).

Eaton, J. and G. M. Grossman (1986): "Optimal Trade and Industrial Policy under Oligopoly," *Quarterly Journal of Economics*, Vol. 101, pp. 383-406.

Elster, J. (1983): *Sour Grapes: Studies in the Subversion of Rationality*, Cambridge: Cambridge University Press.

Epstein, L. (1986): "Intergenerational Preference Orderings," *Social Choice and*

Welfare, Vol. 3, pp. 151-160.

Farrell, M. J. (1976)："Liberalism in the Theory of Social Choice," *Review of Economic Studies*, Vol. 43, pp. 3-10.

Feinberg, J. (1973)：*Social Philosophy*, Englewood Cliffs: Prentice-Hall.

Feldman, A. and A. Kirman (1974)："Fairness and Envy," *American Economic Review*, Vol. 64, pp. 995-1005.

Fels, S. and R. Zeckhauser (2008)："Perfect and Total Altruism Across the Generations," *Journal of Risk and Uncertainty*, Vol. 37, pp. 187-197.

Ferejohn, J. A. and D. M. Grether (1977)："Weak Path Independence," *Journal of Economic Theory*, Vol. 14, pp. 19-31.

Ferejohn, J. and T. Page (1978)："On the Foundations of Intertemporal Choice," *American Journal of Agricultural Economics*, Vol. 60, pp. 269-275.

Fine, B. (1975)："Individual Liberalism in a Paretian Society," *Journal of Political Economy*, Vol. 83, pp. 1277-1281.

Fishburn, P. C. (1970a)："Arrow's Impossibility Theorem: Concise Proof and Infinite Voters," *Journal of Economic Theory*, Vol. 2, pp. 103-106.

Fishburn, P. C. (1970b)：*Utility Theory for Decision Making*, New York: Wiley.

Fishburn, P. C. (1973)：*The Theory of Social Choice*, Princeton: Princeton University Press.

Fishburn, P. C. (1987)：*Interprofile Conditions and Impossibility*, Chur, Switzerland: Harwood.

Fleurbaey, M. (1995)："Equality and Responsibility," *European Economic Review*, Vol. 39, pp. 683-689.

Fleurbaey, M. (1998)："Equality among Responsible Individuals," in Laslier, J.-F., M. Fleurbaey, N. Gravel and A. Trannoy, eds., *Freedom in Economics: New Perspectives in Normative Analysis*, London: Routledge, pp. 206-234.

Fleurbaey, M. (2008)：*Fairness, Responsibility, and Welfare*, Oxford: Oxford University Press.

Fleurbaey, M. and P. Michel (2001)："Transfer Principles and Inequality Aversion, with Application to Optimal Growth," *Mathematical Social Sciences*, Vol. 42, pp. 1-11.

Fleurbaey, M. and P. Michel (2003)："Intertemporal Equity and the Extension of the Ramsey Criterion," *Journal of Mathematical Economics*, Vol. 39, pp. 777-802.

Fleurbaey, M., K. Suzumura and K. Tadenuma (2005a)："Arrovian Aggregation in Economic Environments: How Much Should We Know About Indifference Surfaces?" *Journal of Economic Theory*, Vol. 124, pp. 22-44.

Fleurbaey, M., K. Suzumura and K. Tadenuma (2005b)："The Informational Basis of the Theory of Fair Allocations," *Social Choice and Welfare*, Vol. 24, pp. 311-341.

Foley, D. (1967)："Resource Allocation and the Public Sector," *Yale Economic Essays*, Vol. 7, pp. 45-98.

Fountain, J. and K. Suzumura (1982)："Collective Choice Rules without the Pareto Principle," *International Economic Review*, Vol. 23, pp. 299-308.

Frank, Jr., C. R. (1965)："Entry in a Cournot Market," *Review of Economic*

Studies, Vol. 32, pp. 245-250.
Frederick, S. and G. Loewenstein (2008): "Conflicting Motives in Evaluations of Consequences," *Journal of Risk and Uncertainty*, Vol. 37, pp. 221-235.
Friedman, M. (1962/2002): *Capitalism and Freedom*, Chicago: The University of Chicago Press, 1st ed., 1962; 40th Anniversary Edition With a New Preface, 2002（村井章子訳『資本主義と自由』日経BP社，2008年）.
Frisch, R. (1926/1971): "Sur un problème d'économie pure," *Norsk Matematisk Forenings Skrifter*, Series I, No. 16, pp. 1-40. English translation: "On a Problem in Pure Economics," in Chipman, J. S., L. Hurwicz, M. K. Richter and H. F. Sonnenschein, eds., *Preferences, Utility, and Demand*, New York: Harcourt Brace Jovanovich, 1971, pp. 386-423.
Fudenberg, D. and J. Tirole (1984): "The Fat-Cat Effect, the Puppy-Dog Ploy, and the Lean and Hungry Look," *American Economic Review: Papers and Proceedings*, Vol. 74, pp. 361-366.
福沢諭吉(1899/2008):『福翁自伝』[初版]; [新版] 角川文庫，2008年.
Gaertner, W., P. K. Pattanaik and K. Suzumura (1992): "Individual Rights Revisited," *Economica*, Vol. 59, pp. 161-177. Reprinted in Rowley, C. K., ed., *The International Library of Critical Writings in Economics*, Vol. 27, *Social Justice and Classical Liberal Goals*, Cheltenham, Glos.: Edward Elgar, 1993, pp. 592-608.
Galbraith, J. K. (1958/1998): *The Affluent Society*, Boston: Houghton Mifflin, First edition 1958; Fortieth Anniversary edition, 1998（鈴木哲太郎訳『ゆたかな社会』[決定版] 岩波書店，2006年）.
Gale, D. (1960): "A Note on Revealed Preference," *Economica*, Vol. 27, pp. 348-354.
Gale, D. (1968): "On Optimal Development in a Multi-Sector Economy," *Review of Economic Studies*, Vol. 34, pp. 1-18.
Gale, D. (1973): "Pure Exchange Equilibrium of Dynamic Economic Models," *Journal of Economic Theory*, Vol. 6, pp. 12-36.
Galton, F. (1907): "One Vote, One Value," *Nature*, Vol. 75, p. 414.
Gärdenfors, P. (1978): "Fairness Without Interpersonal Comparisons," *Theoria*, Vol. 44, pp. 57-74.
Gärdenfors, P. (1981): "Rights, Games and Social Choice," *Nôus*, Vol. 15, pp. 341-356.
Georgescu-Roegen, N. (1954): "Choice and Revealed Preference," *Southern Economic Journal*, Vol. 21, pp. 119-130. Reprinted in Georgescu-Roegen, N. (1966), Part II, Chapter 4, pp. 216-227.
Georgescu-Roegen, N. (1966): *Analytical Economics: Issues and Problems*, Cambridge, Mass.: Harvard University Press.
Gibbard, A. (1973): "Manipulation of Voting Schemes: A General Result," *Econometrica*, Vol. 41, pp. 587-601.
Gibbard, A. (1974): "A Pareto-Consistent Libertarian Claim," *Journal of Economic Theory*, Vol. 7, pp. 388-410.
Gibbard, A. (1982): "Rights and the Theory of Social Choice," in Cohen, L. J., J. Los, H. Pfeiffer and K.-P. Podewski, eds., *Logic, Methodology and Philosophy*

of Science, Amsterdam: North-Holland, pp. 595-605.

Goldman, S. M. and C. Sussangkarn (1978): "On the Concept of Fairness," *Journal of Economic Theory*, Vol. 19, pp. 210-216.

Gorman, W. M. (1955): "The Intransitivity of Certain Criteria Used in Welfare Economics," *Oxford Economic Papers*, Vol. 7, pp. 25-35.

後藤晃・鈴村興太郎編(1999):『日本の競争政策』東京大学出版会.

Graaff, J. de V. (1957): *Theoretical Welfare Economics*, Cambridge: Cambridge University Press (南部鶴彦・前原金一『現代厚生経済学』創文社, 1973年).

Gravel, N. (1994): "Can a Ranking of Opportunity Sets Attach an Intrinsic Importance to Freedom of Choice?" *American Economic Review: Papers and Proceedings*, Vol. 84, pp. 454-458.

Gravel, N. (1998): "Ranking Opportunity Sets on the Basis of Their Freedom of Choice and Their Ability to Satisfy Preference: A Difficulty," *Social Choice and Welfare*, Vol. 15, pp. 371-382.

Gul, F. and W. Pesendorfer (2007): "Welfare without Happiness," *American Economic Review: Papers and Proceedings*, Vol. 97, pp. 471-476.

Hahn, F. H. (1962): "The Stability of the Cournot Market," *Review of Economic Studies*, Vol. 29, pp. 329-331.

Halévy, E. (1928): *The Growth of Philosophic Radicalism*, London: Faber and Gwyer.

Hamblin, R. L. and J. H. Kunkel, eds. (1977): *Behavioral Theory in Sociology: Essays in Honor of George C. Homans*, New Brunswick, New Jersey: Transaction Books.

Hammond, P. J. (1976): "Equity, Arrow's Conditions, and Rawls' Difference Principle," *Econometrica*, Vol. 44, pp. 793-804.

Hammond, P. J. (1982): "Liberalism, Independent Rights and the Pareto Principle," in Cohen, L. J., H. Pfeiffer and K.-P. Podewski, eds., *Logic, Methodology and Philosophy of Science*, Amsterdam: North-Holland, pp. 607-620.

Hammond. P. J. (1987): "Social Choice: the Science of the Impossible?" in Feiwel, G. R., ed., *Arrow and the Foundations of the Theory of Economic Policy*, London: Macmillan, pp. 116-131.

Hammond, P. J. (1995): "Social Choice of Individual and Group Rights," in Barnett, W. A., H. Moulin, M. Salles and N. Schofield, eds., *Social Choice, Welfare, and Ethics*, Cambridge: Cambridge University Press, pp. 55-77.

Hammond, P. J. (1996): "Game Forms versus Social Choice Rules as Models of Rights," in Arrow, K. J., A. K. Sen and K. Suzumura, eds., *Social Choice Re-examined*, London: Macmillan, pp. 82-99.

Hansson, B. (1968): "Choice Structures and Preference Relations," *Synthese*, Vol. 18, pp. 443-458.

Hansson, B. (1976): "The Existence of Group Preference Functions," *Public Choice*, Vol. 38, pp. 89-98.

Hara, C., T. Shinotsuka, K. Suzumura and Y. Xu (2008): "Continuity and Egalitarianism in the Evaluation of Infinite Utility Streams," *Social Choice and Welfare*, Vol. 31, pp. 179-191.

Hardin, G. (1968): "The Tragedy of the Commons," *Science*, Vol. 162, pp. 1243-

1248.

Harel, A. and S. Nitzan (1987): "The Libertarian Resolution of the Paretian Liberal Paradox," *Zeitschrift für Nationalökonomie*, Vol. 47, pp. 337-352.

Harris, R. (1981): "Price and Entry Regulation with Large Fixed Costs," *Quarterly Journal of Economics*, Vol. 95, pp. 643-655.

Harrod, R. F. (1948): *Towards a Dynamic Economics*, London: Macmillan.

Harsanyi, J. C. (1955): "Cardinal Welfare, Individualistic Ethics, and Interpersonal Comparisons of Utility," *Journal of Political Economy*, Vol. 63, pp. 309-321.

Heal, G. (1982): "The Use of Common Property Resources," in Smith, V. K. and J. W. Krutilla, eds., *Explorations in Natural Resource Economics*, Baltimore: The Johns Hopkins University Press, pp. 72-106.

Herzberger, H. G. (1973): "Ordinal Preference and Rational Choice," *Econometrica*, Vol. 41, pp. 187-237.

Hicks, J. R. (1935): "Annual Survey of Economic Theory: The Theory of Monopoly," *Econometrica*, Vol. 3, pp. 1-20.

Hicks, J. R. (1939): "The Foundations of Welfare Economics," *Economic Journal*, Vol. 49, pp. 696-712.

Hicks, J. R. (1939/1946): *Value and Capital*, London: Oxford University Press, 1st ed., 1939, 2nd ed., 1946 (安井琢磨・熊谷尚夫訳『価値と資本』[岩波文庫] 岩波書店, 1995年).

Hicks, J. R. (1940): "The Valuation of the Social Income," *Economica*, Vol. 7, pp. 105-124.

Hicks, J. R. (no date; c. 1955): "Another Shot at Welfare Economics, Lecture 1 and Lecture 2," typescript, 19 pages folio + 21 pages folio, diagrams in the text, unpublished manuscript.

Hicks, J. R. (1956): *A Revision of Demand Theory*, London: Oxford University Press (早坂忠・村上泰亮訳『需要理論』岩波書店, 1958年).

Hicks, J. R. (1959a): *Essays in World Economics*, Oxford: Clarendon Press (大石泰彦訳『世界経済論』岩波書店, 1964年).

Hicks, J. R. (1959b): "Preface — and a Manifesto," in Hicks (1959a). Reprinted in Hicks (1981, pp. 135-141).

Hicks, J. R. (no date; c. 1963): *The Real Product: A Revision of "Welfare Economics"*, unpublished manuscript.

Hicks, J. R. (1975): "The Scope and Status of Welfare Economics," *Oxford Economic Papers*, Vol. 27, pp. 307-326.

Hicks, J. R. (1981): *Wealth and Welfare, Collected Essays on Economic Theory*, Vol. I, Oxford: Basil Blackwell.

Hicks, J. R. and R. G. D. Allen (1934): "A Reconsideration of the Theory of Value," *Economica*, Vol. 14, I, pp. 52-76; II, pp. 196-219.

Hindley, B. (1984): "Empty Economics in the Case for Industrial Policy," *World Economy*, Vol. 7, pp. 277-294.

Homans, G. C. (1961): *Social Behaviour: Its Elementary Forms*, New York: Harcourt Brace and World (橋本茂訳『社会行動 その基本形態』誠信書房, 1978年).

Houthakker, H. S. (1950): "Revealed Preference and the Utility Function," *Economica*, Vol. 17, pp. 159-174.

Houthakker, H. S. (1965): "On the Logic of Preference and Choice," in Tymieniecka, A.-T., ed., *Contributions to Logic and Methodology in Honour of J. M. Bochenski*, Amsterdam: North-Holland, pp. 193-205.

Howard, N. (1971): *Paradoxes of Rationality: Theory of Metagames and Political Behavior*, Cambridge, Mass.: MIT Press.

Hurwicz, L. and H. Uzawa (1971): "On the Integrability of Demand Functions," in Chipman, J., L. Hurwicz, M. Richter and H. Sonnenschein, eds., *Preferences, Utility and Demand*, New York: Harcourt Brace Jovanovich, Inc., pp. 114-148.

Inada, K. (1969): "The Simple Majority Decision Rule," *Econometrica*, Vol. 37, pp. 490-506.

伊藤元重・清野一治・奥野正寛・鈴村興太郎(1988):『産業政策の経済分析』東京大学出版会.

Itoh, M., K. Kiyono, M. Okuno-Fujiwara and K. Suzumura (1991): *The Economic Analysis of Industrial Policy*, San Diego: Academic Press.

Iwata, Y. (2007): "Consequences, Opportunities, and Arrovian Theorems with Consequentialist Domains," *Social Choice and Welfare*, Vol. 32, pp. 513-531.

Johnson, C. (1982): *MITI and the Japanese Miracle: The Growth of Industrial Policy, 1925-1975*, Stanford, Calif.: Stanford University Press (矢野俊比古監訳『通産省と日本の軌跡』TBS ブリタニカ, 1982 年).

Kaldor, N. (1939): "Welfare Propositions in Economics and Interpersonal Comparisons of Utility," *Economic Journal*, Vol. 49, pp. 549-552.

Kamien, M. I., E. Miller and I. Zang (1992): "Research Joint Ventures and R&D Cartels," *American Economic Review*, Vol. 82, pp. 1293-1306.

Kamien, M. I. and I. Zang (1983): "Competing Research Joint Ventures," *Journal of Economics & Management Strategy*, Vol. 2, pp. 23-40.

Katz, M. L. (1986): "An Analysis of Cooperative Research and Development," *Rand Journal of Economics*, Vol. 17, pp. 527-543.

Katz, M. L. and J. Ordover (1990): "R&D Cooperation and Competition," *Brookings Papers on Economic Activity: Microeconomics*, pp. 137-203.

経済安定本部(1947):『経済実相報告書』(第一次経済白書). 講談社学術文庫に『第一次経済白書』(昭和 52 年)というタイトルを付して収録.

Kelley, J. L. (1955): *General Topology*, Princeton: D. Van Nostrand (児玉之宏訳『位相空間論』吉岡書店, 1968 年).

Kelly, J. S. (1976a): "The Impossibility of a Just Liberal," *Economica*, Vol. 43, pp. 67-76.

Kelly, J. S. (1976b): "Rights Exercising and a Pareto-Consistent Libertarian Claim," *Journal of Economic Theory*, Vol. 13, pp. 138-143.

Kelly, J. S. (1978): *Arrow Impossibility Theorems*, New York: Academic Press.

Kelly, J. S. (1987): "An Interview with Kenneth J. Arrow," *Social Choice and Welfare*, Vol. 4, pp. 43-62.

Kemp, M. C. and Y. K. Ng (1976): "On the Existence of Social Welfare Functions, Social Orderings and Social Decision Functions," *Economica*, Vol. 43,

pp. 59-66.
Kirman, A. P. and D. Sondermann (1972): "Arrow's Theorem, Many Agents, and Invisible Dictators," *Journal of Economic Theory*, Vol. 5, pp. 267-277.
Knight, F. H. (1935): "The Ethics of Competition," in Knight, F. H., *The Ethics of Competition, and Other Essays*, London: George Allen and Unwin, pp. 41-75.
Kolm, S.-Ch. (1972/1997): *Justice et Equité*, Paris: Editions du Centre National de la Recherche Scientifique, 1972. English translation: *Justice and Equity*, Cambridge, Mass.: MIT Press, 1997.
Komiya, R. (1975): "Planning in Japan," in Bornstein, M., ed., *Economic Planning: East and West*, Cambridge, Mass.: Ballinger, pp. 189-227.
小宮隆太郎・奥野正寛・鈴村興太郎編(1984):『日本の産業政策』東京大学出版会.
Komiya, R., M. Okuno and K. Suzumura, eds. (1988): *Industrial Policy of Japan*, New York: Academic Press.
Konishi, H., M. Okuno-Fujiwara and K. Suzumura (1990): "Oligopolistic Competition and Economic Welfare: A General Equilibrium Analysis of Entry Regulation and Tax-Subsidy Schemes," *Journal of Public Economics*, Vol. 42, pp. 67-88.
Koopmans, T. C. (1960): "Stationary Ordinal Utility and Impatience," *Econometrica*, Vol. 28, pp. 287-309.
Koopmans, T. C. (1965): "On the Concept of Optimal Economic Growth," in *The Econometric Approach to Development Planning*, Amsterdam: North-Holland, pp. 225-287.
Koszegi, B. and M. Rabin (2007): "Mistakes in Choice-Based Welfare Analysis," *American Economic Review: Papers and Proceedings*, Vol. 97, pp. 477-481.
Kreps, D. (1988): *Notes on the Theory of Choice*, Boulder: Westview Press.
Kuga, K. and H. Nagatani (1974): "Voter Antagonism and the Paradox of Voting," *Econometrica*, Vol. 42, pp. 1045-1067.
Lahiri, S. and Y. Ono (1988): "Helping Minor Firms Reduces Welfare," *Economic Journal*, Vol. 98, pp. 1199-1202.
Lahiri, S. and Y. Ono (2004): *Trade and Industrial Policy under International Oligopoly*, Oxford: Oxford University Press.
Lancaster, K. J. (1971): *Consumer Demand: A New Approach*, New York: Columbia University Press (桑原秀史訳『消費者需要:新しいアプローチ』千倉書房, 1989年).
Laplace, P.-S. (1812): "Leçons de mathématiques, données à l'École Normale en 1795," *Journal de l'École Polytechnique*, Tome II, Septième et Huitième cahiers, Paris.
Lauwers, L. (1997): "Continuity and Equity with Infinite Horizons," *Social Choice and Welfare*, Vol. 24, pp. 345-356.
Little, I. M. D. (1949): "A Reformulation of the Theory of Consumer's Behaviour," *Oxford Economic Papers*, Vol. 1, pp. 90-99.
Little, I. M. D. (1950/1957): *A Critique of Welfare Economics*, Oxford: Oxford University Press, 1st ed. published in 1950; 2nd ed. 1957; reissued with a new Preface in 2002.

Little, I. M. D. (1952): "Social Choice and Individual Values," *Journal of Political Economy*, Vol. 60, pp. 422-432.
Little, I. M. D. (1999): *Collection and Recollections: Economic Papers and their Provenance*, Oxford: Oxford University Press.
Little, I. M. D. (2002): *Ethics, Economics, and Politics: Principles of Public Policy*, Oxford: Oxford University Press.
Luce, R. D. (1956): "Semiorders and the Theory of Utility Discrimination," *Econometrica*, Vol. 24, pp. 178-191.
Luce, R. D. and H. Raiffa (1957): *Games and Decisions*, New York: Wiley.
Mankiw, N. G. and M. D. Whinston (1986): "Free Entry and Social Efficiency," *Rand Journal of Economics*, Vol. 17, pp. 48-58.
Mas-Colell, A. (1982): "Revealed Preference After Samuelson," in Feiwel, G. R., ed., *Samuelson and Neoclassical Economics*, Amsterdam: Kluwer, pp. 72-82.
Mas-Colell, A. and H. Sonnenschein (1972): "General Possibility Theorems for Group Decisions," *Review of Economic Studies*, Vol. 39, pp. 185-192.
McKenzie, L. W. (1968): "Accumulation Programs of Maximum Utility and the von Neumann Facet," in Wolfe, J. N., ed., *Value, Capital, and Growth: Papers in Honour of Sir John Hicks*, Edinburgh: Edinburgh University Press, pp. 353-383.
McLean, I. (1995): "The First Golden Age of Social Choice, 1784-1803," in Barnett, W. A., H. Moulin, M. Salles and N. J. Schofield, eds., *Social Choice, Welfare, and Ethics*, Cambridge: Cambridge University Press, pp. 13-33.
McLean, I. and F. Hewitt (1994): *Condorcet: Foundations of Social Choice and Political Theory*, Hants: Edward Elgar.
McNulty, P. J. (1967): "A Note on the History of Perfect Competition," *Journal of Political Economy*, Vol. 75, pp. 395-399.
McNulty, P. J. (1968): "Economic Theory and the Meaning of Competition," *Quarterly Journal of Economics*, Vol. 82, pp. 639-656.
Mill, J. S. (1859): *On Liberty*, London: Parker (塩尻公明・木村健康訳『自由論』[岩波文庫] 岩波書店, 1971年).
Mirrlees, J. (1967): "Optimum Growth When Technology is Changing," *Review of Economic Studies*, Vol. 34, pp. 95-124.
Mishan, E. J. (1960): "A Survey of Welfare Economics, 1939-1959," *Economic Journal*, Vol. 70, pp. 197-265.
両角良彦(1966):『産業政策の理論』日本経済新聞社.
両角良彦(1973):「産業政策の理論」篠原三代平・馬場正雄編『現代産業論』(第3巻『産業政策』) 日本経済新聞社.
Motta, M. (2004): *Competition Policy: Theory and Practice*, Cambridge: Cambridge University Press.
Murakami, Y. (1968): *Logic and Social Choice*, London: Routledge and Kegan Paul (鈴村興太郎訳『論理と社会的選択』[『村上泰亮著作集』第1巻] 中央公論社, 1997年).
Nanson, E. J. (1882): "Methods of Election," *Transactions and Proceedings of the Royal Society of Victoria*, Vol. 19, pp. 197-240. Reprinted in British Government Blue Book, Misc. No. 3, Cd. 3501, 1907.

Nash, J. F. (1950): "The Bargaining Problem," *Econometrica*, Vol. 18, pp. 155-162.
Neary, J. P. and D. Leahy (2000): "Strategic Trade and Industrial Policy Towards Dynamic Oligopolies," *Economic Journal*, Vol. 110, pp. 484-508.
Nozick, R. (1974): *Anarchy, State, and Utopia*, Oxford: Basil Blackwell (嶋津格訳『アナーキー・国家・ユートピア』木鐸社, (上)1985 年, (下)1989 年).
小田切宏之(2008):『競争政策論』日本評論社.
岡村薫・鈴村興太郎・林秀弥(2009):「小宮隆太郎教授とのインタビュー:八幡・富士両製鉄の合併事件の回顧と評価を中心として」公正取引委員会・競争政策研究センター研究資料.
Okuno-Fujiwara, M., A. Postlewaite and K. Suzumura (1990): "Strategic Information Revelation," *Review of Economic Studies*, Vol. 57, pp. 25-47.
奥野正寛・鈴村興太郎(1985/1988):『ミクロ経済学』岩波書店, 第Ⅰ巻, 1985 年, 第Ⅱ巻, 1988 年.
Okuno-Fujiwara, M. and K. Suzumura (1993): "Symmetric Cournot Oligopoly and Economic Welfare: A Synthesis," *Economic Theory*, Vol. 3, pp. 43-59.
奥野正寛・鈴村興太郎・南部鶴彦編(1993):『日本の電気通信:競争と規制の経済学』日本経済新聞社.
Packel, E. (1980): "Impossibility Results in the Axiomatic Theory of Intertemporal Choice," *Public Choice*, Vol. 35, pp. 219-227.
Pareto, V. (1906/1909/1927): *Manuale di Economia Politica, con una Introduzione alla Scienza Sociale*, Milan: Societa Editrice Libraria, 1st ed., 1906; 2nd ed., *Manuel d'Économie politique*, Paris: V. Giard et E. Briere, 1909. English translation: *Manual of Political Economy*, New York: A. M. Kelley, 1927.
Pareto, V. (1913): "Il Massimo di utilita per una collectività in Sociologia," *Gionalle Degli Economisti e Revista di Statistica*, Vol. 46, pp. 337-341.
Parfit, D. (1981): "Future Generations, Further Problems," *Philosophy and Public Affairs*, Vol. 11, pp. 113-172.
Parfit, D. (1984): *Reasons and Persons*, Oxford: Oxford University Press (森村進訳『理由と人格:非人格性の倫理へ』勁草書房, 1998 年).
Pattanaik, P. K. (1994): "Rights and Freedom in Welfare Economics," *European Economic Review*, Vol. 33, pp. 731-738.
Pattanaik, P. K. (1996): "On Modelling Individual Rights: Some Conceptual Issues," in Arrow, K. J., A. K. Sen and K. Suzumura, eds., *Social Choice Re-examined*, London: Macmillan, pp. 100-128.
Pattanaik, P. K. (2005): "Little and Bergson on Arrow's Concept of Social Welfare," *Social Choice and Welfare*, Vol. 25, pp. 369-379.
Pattanaik, P. K. and M. Salles (2005): "An Interview with I. M. D. Little," *Social Choice and Welfare*, Vol. 25, pp. 357-368.
Pattanaik, P. K. and K. Suzumura (1994): "Rights, Welfarism and Social Choice," *American Economic Review: Papers and Proceedings*, Vol. 84, pp. 435-439.
Pattanaik, P. K. and K. Suzumura (1996): "Individual Rights and Social Evaluation: A Conceptual Framework," *Oxford Economic Papers*, Vol. 48, pp. 194-212.

Pattanaik, P. K. and Y. Xu (1990): "On Ranking Opportunity Sets in Terms of Freedom of Choice," *Recherches Economiques de Louvain*, Vol. 56, pp. 383-390.
Pattanaik, P. K. and Y. Xu (1998): "On Preference and Freedom," *Theory and Decision*, Vol. 44, pp. 173-198.
Pattanaik, P. K. and Y. Xu (2000a): "On Ranking Opportunity Sets in Economic Environments," *Journal of Economic Theory*, Vol. 93, pp. 48-71.
Pattanaik, P. K. and Y. Xu (2000b): "On Diversity and Freedom of Choice," *Mathematical Social Sciences*, Vol. 40, pp. 123-130.
Pazner, E. A. (1976): "Recent Thinking on Economic Justice," *Journal of Peace Science*, Vol. 2, pp. 143-157.
Pazner, E. A. (1977): "Pitfalls in the Theory of Fairness," *Journal of Economic Theory*, Vol. 14, pp. 458-466.
Pazner, E. and D. Schmeidler (1974): "A Difficulty in the Concept of Fairness," *Review of Economic Studies*, Vol. 41, pp. 441-443.
Pazner, E. and D. Schmeidler (1978): "Egalitarian Equivalent Allocations: A New Concept of Economic Equity," *Quarterly Journal of Economics*, Vol. 92, pp. 671-687.
Peleg, B. (1998): "Effectivity Functions, Game Forms, Games, and Rights," *Social Choice and Welfare*, Vol. 15, pp. 67-80.
Phlips, L. (1995): *Competition Policy: A Game-Theoretic Perspective*, Cambridge: Cambridge University Press.
Pigou, A. C. (1912): *Wealth and Welfare*, London: Macmillan.
Pigou, A. C. (1920): *The Economics of Welfare*, London: Macmillan (永田清・気賀健三訳『厚生経済学』全4冊, 東洋経済新報社, 1973-1975年).
Pigou, A. C. (1937): *Socialism versus Capitalism*, London: Macmillan (北野熊喜男訳『社会主義対資本主義』東洋経済新報社, 1952年).
Plott, C. R. (1973): "Path Independence, Rationality, and Social Choice," *Econometrica*, Vol. 41, pp. 1075-1091.
Pollak, R. A. (1990): "Distinguished Fellow: Houthakker's Contributions to Economics," *Journal of Economic Perspectives*, Vol. 4, Spring 1990, pp. 141-156.
Poundstone, W. (2008): *Gaming the Vote: Why Elections Aren't Fair (and What We Can Do About It)*, New York: Hill and Wang (篠儀直子訳『選挙のパラドクス: なぜあの人が選ばれるのか?』青土社, 2008年).
Raiffa, H. (1968): *Decision Analysis*, Reading, Mass.: Addison-Wesley.
Ramsey, F. P. (1928): "A Mathematical Theory of Saving," *Economic Journal*, Vol. 38, pp. 543-559.
Rawls, J. (1971): *A Theory of Justice*, Cambridge, Mass.: Harvard University Press (矢島鈞次監訳『正義論』紀伊国屋書店, 1979年).
Rescher, W. G. (1966): *Distributive Justice*, Indianapolis: The Bobbs-Merrill Company.
Richter, M. K. (1966): "Revealed Preference Theory," *Econometrica*, Vol. 34, pp. 635-645.
Richter, M. K. (1971): "Rational Choice," in Chipman, J. S., L. Hurwicz, M. K. Richter and H. Sonnenschein, eds., *Preferences, Utility, and Demand*, New

York: Harcourt Brace Jovanovich, pp. 29-58.

Robbins, L. (1932/1935): *An Essay on the Nature and Significance of Economic Science*, London: Macmillan, 1st ed., 1932, 2nd ed., 1935（中山伊知郎監修，辻六兵衛訳『経済学の本質と意義』東洋経済新報社，1957年）.

Robbins, L. (1938): "Interpersonal Comparisons of Utility," *Economic Journal*, Vol. 48, pp. 635-641.

Robbins, L. (1981): "Economics and Political Economy," *American Economic Review: Papers and Proceedings*, Vol. 71, pp. 1-10.

Robertson, D. H. (1952): "Utility and All That," in Robertson, D. H., *Utility and All That and Other Essays*, London: George Allen and Unwin, pp. 13-80.

Roemer, J. and K. Suzumura, eds. (2007): *Intergenerational Equity and Sustainability*, Basingstoke: Palgrave Macmillan.

Rose, H. (1958): "Consistency of Preference: The Two-Commodity Case," *Review of Economic Studies*, Vol. 25, pp. 124-125.

Runciman, W. G. (1966): *Relative Deprivation and Social Justice*, London: Routledge and Kegan Paul.

Ruskin, J. (1862/1994): *Unto This Last*, London: Routledge/Thoemmes, 1994; Originally published in 1862.

Sakai, T. (2006): "Equitable Intergenerational Preferences on Restricted Domains," *Social Choice and Welfare*, Vol. 27, pp. 41-54.

坂本徳仁（2007）:『集合的合理性と無羨望としての公平性』一橋大学大学院経済学研究科博士学位修得論文.

Samuelson, P. A. (1937): "A Note on Measurement of Utility," *Review of Economic Studies*, Vol. 4, pp. 155-161.

Samuelson, P. A. (1938a): "A Note on the Pure Theory of Consumer's Behaviour," *Economica*, Vol. 5, pp. 61-71.

Samuelson, P. A. (1938b): "A Note on the Pure Theory of Consumer's Behaviour: An Addendum," *Economica*, Vol. 5, pp. 353-354.

Samuelson, P. A. (1947/1983): *Foundations of Economic Analysis*, Cambridge, Mass.: Harvard University Press, First Edition, 1947, Enlarged Edition, 1983（佐藤隆三訳『経済分析の基礎』勁草書房，1967年）.

Samuelson, P. A. (1948): "Consumption Theory in Terms of Revealed Preference," *Economica*, Vol. 15, pp. 243-253.

Samuelson, P. A. (1950a): "Evaluation of Real National Income," *Oxford Economic Papers*, Vol. 2, pp. 1-29.

Samuelson, P. A. (1950b): "The Problem of Integrability in Utility Theory," *Economica*, Vol. 17, pp. 355-385.

Samuelson, P. A. (1953): "Consumption Theorems in Terms of Overcompensation rather than Indifference Comparisons," *Economica*, Vol. 20, pp. 1-9.

Samuelson, P. A. (1958): "An Exact Consumption Loans Model of Interest with or without the Social Contrivance of Money," *Journal of Political Economy*, Vol. 66, pp. 467-482.

Samuelson, P. A. (1967): "Arrow's Mathematical Politics," in Hook, S., ed., *Human Values and Economic Policy*, New York: New York University Press, pp. 41-51.

Samuelson, P. A. (1974): "Complementarity: An Essay on the 40th Anniversary of the Hicks-Allen Revolution in Demand Theory," *Journal of Economic Literature*, Vol. 12, pp. 1255-1289.
Samuelson, P. A. (1977): "Reaffirming the Existence of 'Reasonable' Bergson-Samuelson Social Welfare Functions," *Economica*, Vol. 44, pp. 81-88.
Samuelson, P. A. (1981): "Bergsonian Welfare Economics," in Rosefielde, S., ed., *Economic Welfare and the Economics of Soviet Socialism: Essays in Honor of Abram Bergson*, Cambridge, Mass.: Cambridge University Press.
Samuelson, P. A. (2008): "Asymmetric or Symmetric Time Preference and Discounting in Many Facets of Economic Theory," *Journal of Risk and Uncertainty*, Vol. 37, pp. 107-114.
Sandmo, A. (1991): "Economists and the Welfare State," *European Economic Review*, Vol. 35, pp. 213-239.
Satterthwaite, M. A. (1975): "Strategy-Proofness and Arrow's Conditions: Existence and Correspondence Theorems for Voting Procedures and Social Welfare Functions," *Journal of Economic Theory*, Vol. 10, pp. 187-217.
Schelling, T. (1992): "Some Economics of Global Warming," *American Economic Review*, Vol. 82, pp. 1-14.
Schmalensee, R. (1976): "Is More Competition Necessarily Good?" *Indutrial Organization Review*, Vol. 4, pp. 120-121.
Schmalensee, R. (1983): "Book Review: Barriers to Entry by C. C. von Weizsäcker," *Journal of Economic Literature*, Vol. 21, pp. 562-564.
Schumpeter, J. A. (1942): *Capitalism, Socialism and Democracy*, New York: Harper and Brothers (中山伊知郎・東畑精一訳『資本主義・社会主義・民主主義』全3冊, 東洋経済新報社, 1951-1952年).
Schumpeter, J. A. (1954): *History of Economic Analysis*, New York: Oxford University Press (東畑精一・福岡正夫訳『経済分析の歴史』全3冊, 岩波書店, 2005-2006年).
Schwartz, T. (1976): "Choice Functions, 'Rationality' Conditions, and Variations of the Weak Axiom of Revealed Preference," *Journal of Economic Theory*, Vol. 13, pp. 414-427.
Scitovsky, T. (1941): "A Note on Welfare Propositions in Economics," *Review of Economic Studies*, Vol. 9, pp. 77-88.
Seade, J. (1980a): "The Stability of Cournot Revisited," *Journal of Economic Theory*, Vol. 23, pp. 15-27.
Seade, J. (1980b): "On the Effects of Entry," *Econometrica*, Vol. 48, pp. 479-489.
Seidl, C. (1990): "On the Impossibility of a Generalization of the Libertarian Resolution of the Liberal Paradox," *Public Choice*, Vol. 51, pp. 71-88.
Selten, R. (1978): "The Equity Principle in Economic Behavior," in Gottinger, W. and W. Leinfellner, eds., *Decision Theory and Social Ethics*, Dortrecht: D. Reidel, pp. 289-301.
Sen, A. K. (1963): "Distribution, Transitivity and Little's Welfare Criteria," *Economic Journal*, Vol. 73, pp. 771-778.
Sen, A. K. (1966): "Labour Allocation in a Cooperative Enterprise," *Review of Economic Studies*, Vol. 33, pp. 361-371.

Sen, A. K. (1969): "Quasi-Transitivity, Rational Choice and Collective Decisions," *Review of Economic Studies*, Vol. 36, pp. 381-393.

Sen, A. K. (1970/1979): *Collective Choice and Social Welfare*, San Francisco: Holden-Day, 1970. Republished, Amsterdam: North-Holland, 1979 (志田基与師監訳『集合的選択と社会的厚生』勁草書房, 2000年).

Sen, A. K. (1970): "The Impossibility of a Paretian Liberal," *Journal of Political Economy*, Vol. 78, pp. 152-157.

Sen, A. K. (1971): "Choice Functions and Revealed Preference," *Review of Economic Studies*, Vol. 38, pp. 307-317.

Sen, A. K. (1973): "Behaviour and the Concept of Preference," *Economica*, Vol. 40, pp. 241-259.

Sen, A. K. (1976): "Liberty, Unanimity and Rights," *Economica*, Vol. 43, pp. 217-245.

Sen, A. K. (1977a): "Social Choice Theory: A Re-Examination," *Econometrica*, Vol. 45, pp. 53-89.

Sen, A. K. (1977b): "Rational Fools: A Critique of the Behavioral Foundations of Economic Theory," *Philosophy and Public Affairs*, Vol. 6, pp. 317-344.

Sen, A. K. (1977c): "On Weights and Measures: Informational Constraints in Social Welfare Analysis," *Econometrica*, Vol. 45, pp. 1539-1572.

Sen, A. K. (1979a): "Personal Utilities and Public Judgements: Or What's Wrong with Welfare Economics?" *Economic Journal*, Vol. 89, pp. 537-558.

Sen, A. K. (1979b): "Utilitarianism and Welfarism," *Journal of Philosophy*, Vol. 76, pp. 463-489.

Sen, A. K. (1980): "Equality of What?" in McMurrin, S., ed., *The Tanner Lecture on Human Values*, Vol. 1, Salt Lake City: University of Utah Press, pp. 194-220.

Sen, A. K. (1982a): "Liberty as Control: An Appraisal," *Midwest Studies in Philosophy*, Vol. 7, pp. 207-221.

Sen, A. K. (1982b): *Choice, Welfare and Measurement*, Oxford: Basil Blackwell (大庭健・川本隆史抄訳『合理的な愚か者——経済学＝倫理学的探究——』勁草書房, 1989年).

Sen, A. K. (1983): "Liberty and Social Choice," *Journal of Philosophy*, Vol. 80, pp. 5-28.

Sen, A. K. (1985a): *Commodities and Capabilities*, Amsterdam: North-Holland (鈴村興太郎訳『福祉の経済学——財と潜在能力——』岩波書店, 1988年).

Sen, A. K. (1985b): "Well-being, Agency and Freedom: The Dewey Lectures 1984," *Journal of Philosophy*, Vol. 82, pp. 169-221.

Sen, A. K. (1988): "Freedom of Choice: Concept and Content," *European Economic Review*, Vol. 32, pp. 269-294.

Sen, A. K. (1992): "Minimal Liberty," *Economica*, Vol. 59, pp. 139-159.

Sen, A. K. (1993a): "Internal Consistency of Choice," *Econometrica*, Vol. 61, pp. 495-521.

Sen, A. K. (1993b): "Capability and Well-Being," in Nussbaum, M. and A. K, Sen, eds., *The Quality of Life*, Oxford: Clarendon Press, pp. 30-53.

Sen, A. K. (1993c): "Markets and Freedoms: Achievements and Limitations of the Market Mechanism in Promoting Individual Freedom," *Oxford Economic Papers*, Vol. 45, pp. 519-541.

Sen, A. K. (1995): "Rationality and Social Choice," *American Economic Review*, Vol. 85, pp. 1-24.

Sen, A. K. (1997a): "Maximization and the Act of Choice," *Econometrica*, Vol. 65, pp. 745-779.

Sen, A. K. (1997b): *On Economic Inequality*, Expanded edition with a Substantial annexe by J. F. Foster and A. K. Sen, Oxford: Clarendon Press (鈴村興太郎・須賀晃一訳『不平等の経済学』東洋経済新報社, 2000年).

Sen, A. K. (1999a): "The Possibility of Social Choice," *American Economic Review*, Vol. 89, pp. 349-378.

Sen, A. K. (1999b): *Development as Freedom*, New York: Alfred A Knopf (石塚雅彦訳『自由と経済開発』日本経済新聞社, 2000年).

Sen, A. K. (2002): *Rationality and Freedom*, Cambridge, Mass.: The Belknap Press of Harvard University Press.

Sen, A. K. (2003):「民主主義の概念深化と実践——公共的理性がもたらす社会的正義」後藤玲子(編・訳)『経済セミナー』No. 584, pp. 42-47.

Sen, A. K. and P. K. Pattanaik (1969): "Necessary and Sufficient Conditions for Rational Choice under Majority Decision," *Journal of Economic Theory*, Vol. 1, pp. 178-202.

Sen, A. K. and B. Williams, eds. (1982): *Utilitarianism and Beyond*, Cambridge: Cambridge University Press.

Shell, K. (1971): "Notes on the Economics of Infinity," *Journal of Political Economy*, Vol. 79, pp. 1002-1011.

Shepelak, N. J. and D. F. Alwin (1986): "Beliefs about Inequality and Perceptions of Distributive Justice," *American Sociological Review*, Vol. 51, pp. 30-46.

Shinotsuka, T. (1998): "Equity, Continuity, and Myopia: A Generalization of Diamond Impossibility Theorem," *Social Choice and Welfare*, Vol. 15, pp. 21-30.

篠崎敏雄(2002):「『ヒックス文庫』と, 厚生経済学に関する未完の書物の原稿について」『岡山商大論叢』第37巻第3号, pp. 1-26.

塩野谷祐一(1984):『価値理念の構造』東洋経済新報社.

塩野谷祐一・鈴村興太郎・後藤玲子編(2004):『福祉の公共哲学』東京大学出版会.

Shorrocks, A. (1983): "Ranking Income Distributions," *Economica*, Vol. 50, pp. 3-17.

Sidgwick, H. (1907): *The Methods of Ethics*, 7th ed., London: Macmillan.

Slutsky, E. (1915; 1952): "Sulla teoria del bilancio del consumatore," *Giornale degli Economisti e Rivista di Statistica*, Vol. 51, 1915, pp. 1-26. English translation: "On the Theory of the Budget of the Consumer," Chapter 2 in Stigler, G. J., and K. E. Boulding, eds., *Readings in Price Theory*, Homewood, Illinois: Richard D. Unwin, Inc., 1952, pp. 27-56.

Smith, A. (1759/1976): *The Theory of Moral Sentiments*, 1759; Raphael, D. D. and A. L. Macfie, eds., *The Glasgow Edition of the Works and Correspondence of Adam Smith*, Vol. 1, Oxford: Oxford University Press (水田洋訳『道徳感情論』筑摩書房, 1973年).

参 照 文 献 ——527

Solow, R. M. (1974): "Intergenerational Equity and Exhaustible Resources," *Review of Economic Studies*, Vol. 41, pp. 29-45.
Solow, R. M. (1987): "James Meade at Eighty," *Economic Journal*, Vol. 97, pp. 986-988.
Spence, A. M. (1984): "Cost Reduction, Competition, and Industry Performance," *Econometrica*, Vol. 52, pp. 101-121.
Stigler, G. J. (1957): "Perfect Competition, Historically Contemplated," *Journal of Political Economy*, Vol. 65, pp. 1-17.
Stigler, G. J. (1982a): "The Ethics of Competition: The Friendly Economists," in Stigler, G. J., *The Economist as Preacher and Other Essays*, Chicago: University of Chicago Press, pp. 14-26.
Stigler, G. J. (1982b): "The Ethics of Competition: The Unfriendly Critics," in Stigler, G. J., *The Economist as Preacher and Other Essays*, Chicago: University of Chicago Press, pp. 27-37.
Stiglitz, J. E. (1981): "Potential Competition May Reduce Welfare," *American Economic Review: Papers and Proceedings*, Vol. 71, pp. 184-189.
Stiglitz, J. E. (1987): "Competition and the Number of Firms in a Market: Are Duopolies More Competitive than Atomistic Markets?" *Journal of Political Economy*, Vol. 95, pp. 1041-1061.
Stigum, B. P. (1973): "Revealed Preference — A Proof of Houthakker's Theorem," *Econometrica*, Vol. 41, pp. 411-423.
Strotz, R. H. (1955-1956): "Myopia and Inconsistency in Dynamic Utility Maximization," *Review of Economic Studies*, Vol. 23, pp. 165-180.
Sugden, R. (1985a): "Liberty, Preference, and Choice," *Economics and Philosophy*, Vol. 1, pp. 213-229.
Sugden, R. (1985b): "Why be Consistent? A Critical Analysis of Consistency Requirements in Choice Theory," *Economica*, Vol. 52, pp. 167-183.
Sugden, R. (1993): "Rights: Why Do They Matter, and To Whom?" *Constitutional Political Economy*, Vol. 4, pp. 127-152.
Sugden, R. (1994): "The Theory of Rights," in Siebert, H., ed., *The Ethical Foundations of the Market Economy*, Tübingen: J. C. B. Mohr (Paul Siebeck), pp. 31-53.
Summers, L. and R. Zeckhauser (2008): "Policymaking for Posterity," *Journal of Risk and Uncertainty*, Vol. 37, pp. 115-140.
Suppes, P. (1966): "Some Formal Models of Grading Principles," *Synthese*, Vol. 6, pp. 284-306.
Suzumura, K. (1976a): "Rational Choice and Revealed Preference," *Review of Economic Studies*, Vol. 43, pp. 149-158.
Suzumura, K. (1976b): "Remarks on the Theory of Collective Choice," *Economica*, Vol. 43, pp. 381-390.
Suzumura, K. (1977): "Houthakker's Axiom in the Theory of Rational Choice," *Journal of Economic Theory*, Vol. 14, pp. 284-290.
Suzumura, K. (1978): "On the Consistency of Libertarian Claims," *Review of Economic Studies*, Vol. 45, pp. 329-342. "A Correction," *Review of Economic Studies*, Vol. 46, 1979, p.743.

Suzumura, K. (1980a): "Liberal Paradox and the Voluntary Exchange of Rights-Exercising," *Journal of Economic Theory*, Vol. 22, pp. 407-422. Reprinted in Rowley, C. K., ed., *The International Library of Critical Writings in Economics*, Vol. 27, *Social Justice and Classical Liberal Goals*, Cheltenham, Glos.: Edward Elgar, 1993, pp. 483-498.

Suzumura, K. (1980b): "On Distributional Value Judgements and Piecemeal Welfare Criteria," *Economica*, Vol. 47, pp. 125-139.

Suzumura, K. (1981a): "On Pareto-Efficiency and the No-Envy Concept of Equity," *Journal of Economic Theory*, Vol. 25, pp. 367-379.

Suzumura, K. (1981b): "On the Possibility of 'Fair' Collective Choice Rule," *International Economic Review*, Vol. 22, pp. 307-320.

鈴村興太郎(1982a):『経済計画理論』筑摩書房.

Suzumura, K. (1982b): "Equity, Efficiency and Rights in Social Choice," *Mathematical Social Sciences*, Vol. 3, pp. 131-155.

Suzumura, K. (1983a): *Rational Choice, Collective Decisions, and Social Welfare*, New York: Cambridge University Press.

Suzumura, K. (1983b): "Resolving Conflicting Views of Justice in Social Choice," in Pattanaik, P. K. and M. Salles, eds., *Social Choice and Welfare*, Amsterdam: North-Holland, pp. 125-149.

鈴村興太郎(1985):「消費者余剰と厚生評価」『経済研究』第36巻, pp. 53-66.

Suzumura, K. (1987): "Social Welfare Function," in Eatwell, J., M. Milgate and P. Newman, eds., *The New Palgrave: A Dictionary of Economics*, Vol. 4, London: Macmillan, pp. 418-420.

鈴村興太郎(1989):「効率・衡平・誘因:行動主義的正義論の再検討」『経済研究』第40巻, pp. 1-8.

Suzumura, K. (1991): "On the Voluntary Exchange of Libertarian Rights," *Social Choice and Welfare*, Vol. 8, pp. 199-206.

Suzumura, K. (1992): "Cooperative and Noncooperative R&D in Oligopoly with Spillovers," *American Economic Review*, Vol. 82, pp. 1307-1320.

鈴村興太郎(1993):「競争・規制・自由」伊丹敬之・加護野忠男・伊藤元重編『企業と市場』[リーディングス『日本の企業システム』第4巻] 有斐閣, pp. 122-145.

鈴村興太郎(1994):「《混合》市場における競争と規制」林敏彦編『電気通信』[講座『公的規制と産業』第3巻] NTT出版, pp. 150-171.

Suzumura, K. (1995): *Competition, Commitment and Welfare*, Oxford: Oxford University Press.

Suzumura, K. (1996a): "Welfare, Rights, and Social Choice Procedure: A Perspective," *Analyse & Kritik*, Vol. 18, pp. 20-37.

鈴村興太郎(1996b):「厚生・権利・社会的選択」『経済研究』第47巻, pp. 64-79.

Suzumura, K. (1997a): "Interpersonal Comparisons of the Extended Sympathy Type and the Possibility of Social Choice," in Arrow, K. J., A. K. Sen and K. Suzumura, eds., *Social Choice Re-examined*, Vol. 2, London: Macmillan, pp. 200-227.

Suzumura, K. (1997b): "Industrial Policy in Developing Market Economies," in Malinvaud, E., J.-C. Milleron, M. K. Nabli, A. K. Sen, A. Sengupta, N. Stern, K. Suzumura and J. E. Stiglitz, *Development Strategy and Management of the Market Economy*, Vol. I, Oxford: Clarendon Press, pp. 175-221.

鈴村興太郎(1998a):「貿易政策・措置の《公正性》とGATT/WTO整合性」『貿易と関税』1998年4月号, pp. 78-88.

鈴村興太郎(1998b):「機能・福祉・潜在能力——センの規範的経済学の基礎概念——」『経済研究』第49巻, pp. 193-203.

Suzumura, K. (1999a): "Consequences, Opportunities, and Procedures," *Social Choice and Welfare*, Vol. 16, pp. 17-40.

鈴村興太郎(1999b):「厚生経済学と福祉国家」『季刊社会保障研究』第35巻, pp. 24-37.

Suzumura, K. (1999c): "Consequentialism and Procedural Evaluations in Social Welfare Judgements," in Sato, R., R. V. Ramachandran and K. Mino, eds., *Global Competition and Integration*, Boston: Kluwer Academic Publishers, pp. 65-81.

Suzumura, K. (1999d): "Paretian Welfare Judgements and Bergsonian Social Choice," *Economic Journal*, Vol. 109, pp. 204-220. Reprinted in Wood, J. C. and M. McLure, eds., *Paul A. Samuelson: Critical Assessments of Contemporary Economists*, Vol. 2, 2nd Series, London: Routledge, 2004, pp. 378-396.

Suzumura, K. (2000a): "Welfare Economics Beyond Welfarist-Consequentialism," *Japanese Economic Review*, Vol. 51, pp. 1-32.

Suzumura, K. (2000b): "On the Rule-Oriented Approach to Fair Trade," *Journal of Japanese Trade and Industry*, July/August 2000, pp. 26-29.

鈴村興太郎(2000c):「厚生経済学の情報的基礎:厚生主義的帰結主義・機会の内在的価値・手続き的衡平性」岡田章・神谷和也・黒田昌裕・伴金美編『現代経済学の潮流2000』東洋経済新報社, pp. 3-42.

鈴村興太郎(2000d):「現代経済学のなかの福祉」日本福祉大学評論誌『NFU』Vol. 54, pp. 1-24.

鈴村興太郎(2001):「社会的選択の観点からみた【公】【私】問題」佐々木毅・金泰昌編『経済からみた公私問題』[シリーズ『公共哲学』第6巻] pp. 39-79.

Suzumura, K. (2002a): "Introduction to Social Choice and Welfare," in Arrow, K. J., A. K. Sen and K. Suzumura, eds., *Handbook of Social Choice and Welfare*, Vol. I, Amsterdam: Elsevier, pp. 1-32.

鈴村興太郎(2002b):「世代間衡平性の厚生経済学」『経済研究』第53巻, pp. 193-203.

鈴村興太郎(2004a):「『新しい厚生経済学』と福祉国家の経済システム」『経済セミナー』No. 597, pp. 14-20.

鈴村興太郎(2004b):「競争の機能の評価と競争政策の設計——ジョン・リチャード・ヒックスの非厚生主義宣言」『早稲田政治経済学雑誌』No. 356, pp. 16-26.

Suzumura, K. (2005a): "An Interview with Paul Samuelson: Welfare Economics, 'Old' and 'New', and Social Choice Theory," *Social Choice and Welfare*, Vol. 25, pp. 327-356.

鈴村興太郎(2005b):「厚生経済学の系譜——ピグーの【旧】厚生経済学からセンの福祉の経済学まで——」吉田雅明(責任編集)『経済思想:経済学の現在』日本経済評論社, pp. 301-348.

Suzumura, K. (2005c): "Competition, Welfare, and Competition Policy," in Schmidt, U. and S. Traub, eds., *Advances in Public Economics: Utility, Choice and Welfare*, Netherlands: Springer, pp. 1-15.

鈴村興太郎編(2006a):『世代間衡平性の論理と倫理』東洋経済新報社.

Suzumura, K. (2006b): "Shigeto Tsuru (1912-2006): Life, Work and Legacy," *European Journal of the History of Economic Thought*, Vol. 13, pp. 613-620.

鈴村興太郎(2007):「規範的経済学の非厚生主義的・非帰結主義的基礎——ピグー,ヒックス,センの連結環——」『経済研究』第58巻, pp. 97-109.

鈴村興太郎・後藤玲子(2001):「アマルティア・センの経済学と倫理学——厚生経済学の新構想——」『経済研究』第52巻, pp. 220-230.

鈴村興太郎・後藤玲子(2001/2002):『アマルティア・セン——経済学と倫理学』実教出版, 2001年;改装新版, 2002年.

Suzumura, K. and J. Ishikawa (1997): "Voluntary Export Restraints and Economic Welfare," *Japanese Economic Review*, Vol. 48, pp. 176-186.

Suzumura, K. and K. Kiyono (1987): "Entry Barriers and Economic Welfare," *Review of Economic Studies*, Vol. 54, pp. 157-167.

鈴村興太郎・長岡貞男・花崎正晴編(2006):『経済制度の生成と設計』東京大学出版会.

Suzumura, K. and M. Okuno-Fujiwara (1987): "Industrial Policy in Japan: Overview and Evaluation," in Sato, R. and P. Wachtel, eds., *Trade Friction and Economic Policy*, New York: Cambridge University Press, pp. 50-79.

鈴村興太郎・篠塚友一(2004):「世代間衡平性への公理主義的アプローチ:展望」『経済研究』第55巻, pp. 52-71.

Suzumura, K. and K. Suga (1986): "Gibbardian Libertarian Claims Revisited," *Social Choice and Welfare*, Vol. 3, pp. 61-74.

鈴村興太郎・宇佐美誠・金泰昌編(2006):『世代間関係から考える公共性』東京大学出版会.

Suzumura, K. and Y. Xu (2001): "Characterizations of Consequentialism and Non-Consequentialism," *Journal of Economic Theory*, Vol. 101, pp. 423-436.

Suzumura, K. and Y. Xu (2003): "Consequences, Opportunities, and Generalized Consequentialism and Non-Consequentialism," *Journal of Economic Theory*, Vol. 111, pp. 293-304.

Suzumura, K. and Y. Xu (2004): "Welfarist-Consequentialism, Similarity of Attitudes, and Arrow's General Impossibility Theorem," *Social Choice and Welfare*, Vol. 22, pp. 237-251.

Suzumura, K. and Y. Xu (2008): "Consequentialism and Non-Consequentialism: The Axiomatic Approach," in Anund, P., P. K. Pattanaik and C. Puppe, eds., *Handbook of Decision Theory and Social Choice*, Oxford: Oxford University Press, pp. 346-373.

鈴村興太郎・吉原直毅(2000):「責任と補償:厚生経済学の新しいパラダイム」『経済研究』第51巻, pp. 162-184.

Suzumura, K. and N. Yoshihara (2008): "On Initial Conferment of Individual Rights," Working Paper, Institute of Economic Research, Hitotsubashi University.

Svensson, L.-G. (1980): "Equity among Generations," *Econometrica*, Vol. 48, pp. 1251-1256.

Svensson, L.-G. (1989): "Fairness, the Veil of Ignorance and Social Choice," *Social Choice and Welfare*, Vol. 6, pp. 1-17.

Szpilrajn, E. (1930): "Sur l'Extension de l'Ordre Partiel," *Fundamenta Mathematicae*, Vol. 16, pp. 386-389.

Tadenuma, K. (2002): "Efficiency First or Equity First? Two Principles and

Rationality of Social Choice," *Journal of Economic Theory*, Vol. 104, pp. 462-472.

Thomson, W. and H. R. Varian (1985): "Theories of Justice Based on Symmetry," in Hurwicz, L., D. Schmeidler and H. Sonnenschein, eds., *Social Goals and Social Organization*, Cambridge: Cambridge University Press, pp. 297-309.

Tirole, J. (2000): *The Theory of Industrial Organization*, Cambridge, Mass.: The MIT Press.

都留重人(1951):『国民所得と再生産』有斐閣. 伊東光晴・尾高煌之助・高須賀義博・華山謙・宮崎勇編(1975-1976):『都留重人著作集』第2巻, 講談社に所収.

都留重人(2001):『自伝:いくつかの岐路を回顧して』岩波書店.

Uzawa, H. (1956): "Note on Preference and Axioms of Choice," *Annals of the Institute of Statistical Mathematics*, Vol. 8, pp. 35-40.

Uzawa, H. (1960): "Preference and Rational Choice in the Theory of Consumption," in Arrow, K. J., S. Karlin and P. Suppes, eds., *Mathematical Methods in the Social Sciences, 1959*, Stanford: Stanford University Press, pp. 129-148.

van Hees, M. (1999): "Liberalism, Efficiency, and Stability: Some Possibility Results," *Journal of Economic Theory*, Vol. 88, pp. 294-309.

Varian, H. R. (1974): "Equity, Envy and Efficiency," *Journal of Economic Theory*, Vol. 9, pp. 61-91.

Varian, H. R. (1975): "Distributive Justice, Welfare Economics, and the Theory of Fairness," *Philosophy and Public Affairs*, Vol. 4, pp. 223-247.

Varian, H. (1976): "Two Problems in the Theory of Fairness," *Journal of Public Economics*, Vol. 5, pp. 249-260.

Varian, H. R. (1982): "The Nonparametric Approach to Demand Analysis," *Econometrica*, Vol. 50, pp. 945-973.

Vickers, J. (1995): "Concepts of Competition," *Oxford Economic Papers*, Vol. 47, pp. 1-23.

von Hayek, F. A., ed. (1935): *Collectivist Economic Planning*, London: Routledge and Kegan Paul (迫間眞治郎訳『集産主義計画経済の理論』実業之日本社, 1950年).

von Hayek, F. A. (1948): *Individualism and Economic Order*, Chicago: University of Chicago Press.

von Hayek, F. A. (1960): *The Constitution of Liberty*, London: Routledge and Kegan Paul (気賀健三・古賀勝次郎訳『自由の条件』春秋社, 1986-1987年).

von Hayek, F. A. (1976): *Law, Legislation and Liberty*, Vol. 2, *The Mirage of Social Justice*, London: Routledge and Kegan Paul (篠塚慎吾訳『法と立法と自由II 社会正義の幻想』春秋社, 1987年).

von Hayek, F. A. (1978): "Competition as a Discovery Procedure," in von Hayek, F. A., *New Studies in Philosophy, Politics, Economics and the History of Ideas*, London: Routledge and Kegan Paul, pp. 179-190.

von Weizsäcker, C. C. (1965): "Existence of Optimal Programs of Accumulation for an Infinite Time Horizon," *Review of Economic Studies*, Vol. 32, pp. 85-104.

von Weizsäcker, C. C. (1980a): "A Welfare Analysis of Barriers to Entry," *Bell Journal of Economics*, Vol. 11, pp. 399-420.

von Weizsäcker, C. C. (1980b)：*Barriers to Entry: A Theoretical Treatment*, Berlin: Springer-Verlag.
若松良樹(2003)：『センの正義論：効用と権利の間で』勁草書房.
Weitzman, M. L. (1992)："On Diversity," *Quarterly Journal of Economics*, Vol. 107, pp. 363-406.
Weitzman, M. L. (1998)："The Noah's Ark Problem," *Econometrica*, Vol. 66, pp. 1279-1298.
Weymark, J. A. (1984)："Arrow's Theorem with Social Quasi-Ordering," *Public Choice*, Vol. 42, pp. 235-246.
Xu, Y. (2007)："Norm-Constrained Choices," *Analyse & Kritik*, Vol. 29, pp. 329-339.
Zeckhauser, R. J. and W. Kip Viscusi (2008)："Discounting Dilemmas: Editor's Introduction," *Journal of Risk and Uncertainty*, Vol. 37, pp. 95-106.

索　引

人名索引

あ 行

アイザーマン(M. Aizerman)　507
アーウィン(D. F. Alwin)　175n, 526
青木昌彦(M. Aoki)　550
アギニョン(P. Aghion)　507
芥川龍之介(R. Akutagawa)　459n, 505
アシェイム(G. B. Asheim)　205, 508
アトキンソン(A. B. Atkinson)　xi, xii, 210, 508
アナンド(P. Anund)　530
アフリアット(S. N. Afriat)　35, 507
アーマッド(E. Ahmad)　513
アムスデン(A. Amsden)　507
アームストロング(W. E. Armstrong)　106, 507
荒憲治郎(K. Ara)　550
アリストテレス(Aristotle)　174, 175, 177, 178, 448, 451, 507
アルカン(A. Alkan)　507
アレー(M. Allais)　195n
アレスキーロフ(F. Aleskerov)　507
アレビー(E. Halévy)　516
アレン(R. G. D. Allen)　25, 517, 524
アロー(K. J. Arrow)　ix, xi, xii, 29n, 33-35, 43, 46, 60-64, 67n, 69-75, 77n, 79, 80, 82, 86-88, 101-105, 107, 110, 111, 114-118, 119n, 122, 124, 126, 129-131, 133n, 137n, 138, 141, 149, 150, 161, 164, 167, 172n, 190, 192-195, 197, 208, 209, 232, 233, 235, 236, 247, 248, 287, 306, 308, 310n, 326, 329, 349, 350, 354, 356, 364, 370, 374n, 375, 448-450, 458, 459n, 467, 479, 483-488, 490, 497-502, 504, 507, 508, 510, 512, 516, 521, 523, 524, 528, 529, 531, 532, 549, 550
アントネッリ(G. B. Antonelli)　507
生松敬三(K. Ikumatsu)　509

石川城太(J. Ishikawa)　530
石塚雅彦(M. Ishizuka)　526
伊丹敬之(H. Itami)　528
伊東光晴(M. Ito)　531
伊藤元重(M. Itoh)　379n, 397n, 518, 528, 551
イートウェル(J. Eatwell)　508, 528
イートン(J. Eaton)　402n, 513
稲田献一(K. Inada)　350, 518
岩崎一郎(I. Iwasaki)　551
岩田幸訓(Y. Iwata)　518
ヴァリアン(H. R. Varian)　133, 180, 184, 531
ヴァン・ヒース(M. van Hees)　531
ヴィスクシ(W. K. Viscusi)　532
ヴィッカーズ(J. Vickers)　531, 551
ウィリアムズ(B. Williams)　526
ウィリッグ(R. D. Willig)　509
ウィンストン(M. D. Whinston)　376n, 414, 520
ウェイアント(J. P. Weyant)　508
ウェイマーク(J. A. Weymark)　89n, 532, 551
ウェットスタイン(H. K. Wettstein)　513
ウェラー(P. A. Weller)　513
宇佐美誠(M. Usami)　189n, 530
宇沢弘文(H. Uzawa)　30, 518, 531
ウッド(J. C. Wood)　529
ウルフ(J. N. Wolfe)　520
エッジワース(F. Y. Edgeworth)　65, 456
エプシュタイン(L. Epstein)　198, 513
エルスター(J. Elster)　237, 238, 509, 513
大石泰彦(Y. Ohishi)　517
大江洋(H. Ohe)　513
オースティン(W. Austin)　175n, 508
オースティン-スミス(D. Austen-Smith)　268, 508
大庭健(T. Ohba)　525

岡田章(A. Okada)　529
岡村薫(K. Okamura)　521
小川晃一(K. Ogawa)　509
奥野(藤原)正寛(M. Okuno-Fujiwara)
　376n, 379n, 397n, 399n, 421, 422,
　426n, 430n, 437n, 518, 519, 521,
　530, 551
長名寛明(H. Osana)　507
尾高煌之助(K. Odaka)　531
小田切宏之(H. Odagiri)　521
小野善康(Y. Ono)　421n, 519
オルドヴァー(J. Ordover)　518

か行

カウティリヤ(Kautilya)　451
加護野忠男(T. Kagano)　528
カッツ(M. L. Katz)　518
金子守(M. Kaneko)　551
カーマン(A. P. Kirman)　180-185,
　514, 517
カミエン(M. I. Kamien)　518
神谷和也(K. Kamiya)　529
カーライル(T. Carlyle)　457
カラファ(D. Carafa)　451
カーリン(S. Karlin)　531
ガル(F. Gul)　516
カルドア(N. Kaldor)　vii, viii, 65, 66,
　122, 125, 468, 469, 471, 482, 488,
　518
ガルトン(F. Galton)　454, 515
ガルブレイス(J. K. Galbraith)　432,
　515
川本隆史(T. Kawamoto)　525
カンブル(R. Kanbur)　510
気賀健三(K. Kiga)　522, 531
北野熊喜男(Y. Kitano)　522
ギバード(A. Gibbard)　139, 234, 250,
　251, 254, 260-264, 277, 278, 515
金泰昌(T. Kim)　189n, 529, 530
木村健康(T. Kimura)　520
キャス(D. Cass)　195n, 511
キャロル(L. Carroll)　454, 513
キャンベル(D. E. Campbell)　198,
　207, 511
清野一治(K. Kiyono)　376n, 379n,
　397n, 401n, 414, 518, 530, 551
久我清(K. Kuga)　519

クープマンス(T. C. Koopmans)　126,
　195, 197-199, 202, 205n, 209, 375,
　519
熊谷尚夫(H. Kumagai)　517
クライン(L. R. Klein)　232
グラヴェル(N. Gravel)　310n, 514,
　516
グラツィア(A. de Grazia)　510
グラーフ(J. de V. Graaff)　516
クルッティラ(J. W. Krutilla)　517
クールノー(A. A. Cournot)　381
グレーザー(D. M. Grether)　154n,
　514
クレップス(D. Kreps)　519
クレンペラー(P. D. Klemperer)
　402n, 511
グロスマン(G. M. Grossman)　402n,
　513
黒田昌裕(M. Kuroda)　529
桑原秀史(H. Kuwahara)　519
クンケル(J. H. Kunkel)　175n, 516
ゲヴァース(L. Gevers)　512
ケリー(J. L. Kelley)　518
ケリー(J. S. Kelly)　63, 118, 133n,
　155n, 156, 262-264, 273, 274, 510,
　518
ゲール(D. Gale)　28, 195n, 205n,
　507, 515
ゲルデンフォルス(P. Gärdenfors)
　277n, 515
ゲルトナー(W. Gaertner)　276, 279,
　280n, 283, 284, 508, 515
ケンプ(M. C. Kemp)　518
小池銈(K. Koike)　509
コーエン(L. J. Cohen)　515, 516
古賀勝次郎(K. Koga)　531
コーズ(R. Coase)　223, 512
コスゼギ(B. Koszegi)　519
ゴッセン(H. H. Gossen)　26
児玉之宏(Y. Kodama)　518
ゴッティンガー(W. Gottinger)　524
コーデン(W. M. Corden)　512
後藤晃(A. Goto)　437n, 441n, 516,
　551
後藤玲子(R. Goto)　437n, 526, 530
小西秀樹(H. Konishi)　376n, 421,
　422, 519

人名索引 ―― 535

小林公(I. Kobayashi)　513
ゴーマン(W. M. Gorman)　vii, viii, 67, 470, 483, 488, 516
小宮隆太郎(R. Komiya)　379n, 430n, 519, 521, 550
コラード(D. Collard)　512
ゴールドマン(S. M. Goldman)　163, 516
コルム(S.-Ch. Kolm)　133, 180, 184, 519
コンドルセ(M. J. A. N. de Condorcet)　449, 451-455, 464, 484, 512, 520

さ 行

西條辰義(T. Saijo)　551
ザイドル(C. Seidl)　292, 293, 524
サヴェッジ(L. J. Savage)　87
坂井豊貴(T. Sakai)　210, 211, 212n, 523
坂本徳仁(N. Sakamoto)　523
サグデン(R. Sugden)　277n, 283, 527
佐々木毅(T. Sasaki)　529
サタースウエイト(M. A. Satterthwaite)　524
佐藤隆三(R. Sato)　523, 529, 530
サマーズ(L. Summers)　527
サミュエルソン(P. A. Samuelson)　vii-x, 4, 26-31, 34, 35, 46, 63, 65, 67-69, 76, 87, 122, 125, 133n, 173, 193n, 195, 196, 233, 250, 252, 301, 432n, 452, 463, 467, 468, 472-481, 483-488, 490n, 497, 508, 520, 523, 524, 529
サール(M. Salles)　516, 520, 521, 528
ザング(I. Zang)　518
サンドモ(A. Sandmo)　524
シアデ(J. Seade)　385n, 389, 395, 401n, 524
シェペラク(N. J. Shepelak)　175n, 526
シェリング(T. Schelling)　254n, 524
シェル(K. Shell)　195n, 526
塩尻公明(K. Shiojiri)　520
塩野谷祐一(Y. Shionoya)　437n, 526
シジウィック(H. Sidgwick)　126, 190, 191, 193n, 195, 198-200, 203, 205, 208-211, 214, 219, 456, 459, 462, 488, 526
志田基与師(K. Shida)　525
篠儀直子(N. Shinogi)　522
篠崎敏雄(T. Shinozaki)　526
篠塚慎吾(S. Shinozuka)　531
篠塚友一(T. Shinotsuka)　189n, 190, 197n, 198, 207n, 212, 215, 516, 526, 530, 551
篠原三代平(M. Shinohara)　507, 520, 550
ジーベルト(H. Siebert)　527
嶋津格(I. Shimazu)　521
ジャックマン(A. Jacquemin)　512
ジャナコプロス(J. D. Geanakoplos)　402n, 511
シャンカーマン(M. Schankerman)　507
シュー(Y. Xu)　141, 189n, 198, 212n, 215, 307, 309n, 310n, 312, 318, 320, 323, 329n, 332-334, 346, 347, 349n, 503, 510, 516, 522, 530, 532, 551
シュヴァルツ(J. T. Schwartz)　513
シュヴァルツ(T. Schwartz)　34, 524
シュマイドラー(D. Schmeidler)　134, 522, 531
シュマレンジー(R. Schmalensee)　524
シュミット(U. Schmidt)　529
シュンペーター(J. A. Schumpeter)　136, 137n, 451, 524
ジョージェスク-レーゲン(N. Georgescu-Roegen)　515
ショロックス(A. Shorrocks)　216, 526
ジョンソン(C. Johnson)　518
スヴェンソン(L.-G. Svensson)　202n, 206, 530
須賀晃一(K. Suga)　197n, 526, 530, 551
スキトフスキー(T. Scitovsky)　vii, viii, 65, 67, 122, 125, 468, 470, 471, 482, 488, 524
スコフィールド(N. J. Schofield)　516, 520
スーサンカーン(C. Sussangkarn)　163, 516
鈴木哲太郎(T. Suzuki)　515
鈴村興太郎(K. Suzumura)　viii, 12,

15, 17, 21, 23, 24, 32, 33, 36, 38-40, 44, 45, 63, 67n, 75, 89n, 94, 118, 131n, 133n, 141, 143n, 145, 153, 155n, 156, 160, 162, 165n, 168, 170, 172n, 175n, 179n, 180n, 183n, 184-186, 188n, 189n, 197n, 198, 212, 215, 217, 218, 233n, 245n, 258n, 263-268, 273-276, 279, 280n, 283, 284, 288n, 291n, 298, 302, 307, 309n, 310n, 318, 323, 329n, 330, 332, 334, 346, 347, 349n, 374n, 376n, 379n, 380n, 397n, 399n, 401n, 414, 418n, 421, 422, 426n, 430n, 432n, 437n, 441n, 451n, 452n, 469n, 473n, 483n, 490n, 503, 507-511, 514-516, 518-521, 523, 525-530
スターン(N. Stern)　528
スッピス(P. Suppes)　63, 64, 204, 270, 275, 527, 531
スティガム(B. P. Stigum)　30, 427
スティグラー(G. J. Stigler)　526, 527
スティグリッツ(J. E. Stiglitz)　380, 385n, 399, 512, 513, 527, 528
ストロッツ(R. H. Strotz)　194, 527
スピレイン(E. Szpilrajn)　19, 530
スプルモン(Y. Sprumont)　15, 17, 23, 24, 33, 44, 45, 189n, 217, 218, 508, 510
スペンサー(B. J. Spencer)　511
スペンス(A. M. Spence)　527
スミス(A. Smith)　130, 329, 375, 380, 395, 426, 526
スミス(V. K. Smith)　517
スルツキー(E. Slutsky)　25-28, 46, 47, 526
関嘉彦(Y. Seki)　509
ゼックハウザー(R. J. Zeckhauser)　514, 527, 532
ゼルテン(R. Selten)　524
セン(A. K. Sen)　xi, xii, 4, 11, 14, 22, 23, 33-35, 43, 47-50, 55-57, 63, 64, 104-108, 110, 117, 118, 122, 140, 141n, 146, 147n, 172n, 201n, 204, 205, 232-234, 236-241, 244, 245, 247-251, 254n, 255, 257-260, 262-268, 276-278, 280n, 281-283,

285, 287-291, 306, 309n, 310n, 325, 329, 350, 374n, 448, 450, 451n, 489, 490, 494, 498-500, 503, 508, 511, 513, 516, 521, 524-526, 528-530, 532, 549, 550
セングプタ(A. Sengupta)　528
ソロー(R. M. Solow)　ixn, 190, 193n, 195, 508, 527
ゾンダーマン(D. Sondermann)　519
ソンネンシャイン(H. F. Sonnenschein) 108-110, 507, 511, 515, 518, 520, 522, 531

た 行

ダイアモンド(P. A. Diamond)　126, 195, 197, 199, 201-207, 209, 216, 512, 513
高須賀義博(Y. Takasuga)　531
高田三郎(S. Takada)　507
高橋文彦(F. Takahashi)　513
高橋秀治(H. Takahashi)　513
高山憲之(N. Takayama)　551
ダガン(J. Duggan)　513
ダスグプタ(P. Dasgupta)　xii, 192-195, 197, 512, 550
ダスプリモン(C. d'Aspremont)　512
ダッタ(B. Dutta)　551
蓼沼宏一(K. Tadenuma)　180n, 188n, 197n, 219n, 510, 514, 530, 551
ダニエル(T. E. Daniel)　182-184, 512
ダンフォード(N. Dunford)　513
チップマン(J. S. Chipman)　469n, 477n, 507, 511, 515, 518, 522
チャーノフ(H. Chernoff)　152, 511
辻六兵衛(R. Tsuji)　523
都留重人(S. Tsuru)　530, 531
ディキシット(A. K. Dixit)　385n, 513
ティミーニエッカ(A.-T. Tymieniecka) 518
ティロール(J. Tirole)　515, 531
ディーワート(W. E. Diewert)　35, 513
デニコロ(V. Denicolo)　512
デブ(R. Deb)　287n, 512
デブリュー(G. Debreu)　68n, 375, 497, 510, 512
デマンジュ(G. Demange)　507

人名索引———537

デムゼッツ(H. Demsetz)　425, 512
ドイッチェ(M. Deutsch)　175n, 176-178, 512
鄧小平(X. Deng)　137n
ドウォーキン(G. Dworkin)　325, 334, 513
ドウォーキン(R. Dworkin)　225, 226, 228, 237, 238, 489, 513
東畑精一(S. Tobata)　524
トゥンゴッデン(B. Tungodden)　205, 508
ドジソン(C. L. Dodgson)　454, 513
ドナルドソン(D. Donaldson)　346, 509
トムソン(W. Thomson)　531
トラウブ(S. Traub)　529
トラノワ(A. Trannoy)　514
ドールトン(H. Dalton)　210-212, 214, 216-219, 512
ドレーズ(J. Drèze)　513

な 行

ナイト(F. H. Knight)　519
長岡貞男(S. Nagaoka)　530
永田清(K. Nagata)　522
永谷裕昭(H. Nagatani)　519
中山伊知郎(I. Nakayama)　523, 524
ナッシュ(J. F. Nash)　122, 154, 521
ナブリ(M. K. Nabli)　528
ナポレオン(Napoleon Bonaparte)　432, 453
ナンソン(E. J. Nanson)　454, 520
南部鶴彦(T. Nanbu)　437n, 516, 521
ニアリー(J. P. Neary)　521
二階堂副包(F. Nikaido)　550
西沢保(T. Nishizawa)　489n
ニッツァン(S. Nitzan)　291-296, 508, 517
ニューマン(P. Newman)　508, 528
ヌスバウム(M. Nussbaum)　525
ネイマン(J. Neyman)　507
根岸隆(T. Negishi)　550
ノジック(R. Nozick)　277n, 279, 282, 283, 521

は 行

ハイランド(A. Hylland)　509
ハーヴィッツ(L. Hurwicz)　459n, 497, 507, 511, 515, 518, 522, 531
ハウタッカー(H. S. Houthakker)　28-31, 34, 35, 518, 522, 527
パウンドストーン(W. Poundstone)　133n, 522
バーグソン(A. Bergson)　vii-x, 63, 65, 67-69, 76, 87n, 122, 125, 173, 301, 464n, 467, 468, 476-479, 481, 483-488, 490n, 509, 524
迫間眞治郎(S. Hazama)　508, 531
橋本茂(S. Hashimoto)　517
バスー(K. Basu)　208n, 262, 509, 510, 550
パズナー(E. A. Pazner)　134, 183n, 522
パタナイック(P. K. Pattanaik)　xii, 276, 279, 280n, 283, 284, 287n, 288n, 298, 310n, 312, 320, 333, 350, 510-512, 515, 521, 522, 526, 528, 530, 551
パッケル(E. Packel)　521
ハットフィールド(E. Hatfield)　175n, 508
ハーディン(G. Hardin)　516
花崎正晴(M. Hanazaki)　530
バナジー(K. Banerjee)　508
華山謙(Y. Hanayama)　531
バーネット(W. A. Barnett)　516, 520
馬場正雄(M. Baba)　520
バハラード(E. Baharad)　508
パーフィット(D. Parfit)　221, 521
ハモンド(P. J. Hammond)　xii, 122, 217-219, 516, 551
早坂忠(T. Hayasaka)　517
林秀弥(S. Hayashi)　521
林敏彦(T. Hayashi)　528
原千秋(C. Hara)　189n, 212n, 215, 516, 551
バリー(B. Barry)　291, 509
ハリス(R. Harris)　396, 517
バーリン(I. Berlin)　239, 269, 272, 509
ハルサニー(J. C. Harsanyi)　270n, 301, 517
パレート(V. Pareto)　25, 27, 28, 46, 47, 63, 64, 71, 101, 477n, 497, 521

ハーレル(A. Harel)　291-296, 517
ハロッド(R. F. Harrod)　190, 191, 517
バローネ(E. Barone)　469n, 508
ハワード(N. Howard)　43, 518
ハーン(F. H. Hahn)　385n, 395, 516, 549, 550
伴金美(K. Ban)　529
パンザー(J. C. Paznar)　509
ハンソン(B. Hansson)　33, 36, 38, 75, 82, 516
バーンハイム(D. Bernheim)　509
ハンブリン(R. L. Hamblin)　175n, 516
ピグー(A. C. Pigou)　vii, ix, 25, 65, 119n, 125, 130, 190, 191, 193n, 195, 198-200, 203, 205, 208-212, 214, 216-219, 235, 306, 374, 431, 448, 449, 456-464, 467, 468, 478, 480, 487-491, 493, 494, 497, 512, 522, 529, 530
ビズリー(T. Besley)　401n, 418n, 509, 550
ピタゴラス(Pythagoras)　x
ヒックス(J. R. Hicks)　vii, viii, 5, 25-28, 46, 47, 63-65, 67n, 71, 101, 122, 125, 133, 248n, 431, 432, 435n, 448-450, 458, 464, 467-469, 471, 482, 488-495, 497, 517, 520, 524, 529, 530
ヒューイット(F. Hewitt)　520
ビューロー(J. I. Bulow)　402n, 511
ヒール(G. Heal)　517
ヒルズ(J. Hills)　513
ヒンドレー(B. Hindley)　517
ファイファー(H. Pfeiffer)　515, 516
ファイン(B. Fine)　254n, 514
ファインバーグ(J. Feinberg)　514
ファウンテン(J. Fountain)　514
ファレル(M. J. Farrell)　514
フィッシャー(I. Fisher)　193n, 195, 199n
フィッシュバーン(P. C. Fishburn)　248n, 514
フィリップス(L. Phlips)　522
フェイウエル(G. R. Feiwel)　516, 520
フェルス(S. Fels)　514

フェルドマン(A. Feldman)　180-185, 514
フェレジョン(J. A. Ferejohn)　154n, 514
フォスター(J. F. Foster)　526
フォーリー(D. Foley)　133, 180, 184, 514
フォン・ヴァイゼッカー(C. C. von Weizsäcker)　205, 380, 385n, 511, 524, 531, 532
フォン・ノイマン(J. von Neuman)　87
フォン・ハイエク(F. A. von Hayek)　380n, 426, 431, 435, 459n, 469n, 505, 508, 531
ブキャナン(J. M. Buchanan)　71-73, 292, 511
福岡正夫(M. Fukuoka)　524
福沢諭吉(Y. Fukuzawa)　375, 427, 515
福田歓一(K. Fukuda)　509
フック(S. Hook)　523
プッペ(C. Puppe)　530
フーデンバーグ(D. Fudenberg)　515
ブーフホルツ(W. Buchholz)　205, 508
ブラウ(J. H. Blau)　258-260, 264, 510
ブラウン(E. C. Brown)　508
ブラック(D. Black)　349, 350, 453-455, 509, 513
ブラッコビー(C. Blackorby)　346, 509
プラトン(Plato)　70, 459n
フランク(C. R. Frank, Jr.)　514
ブランダー(J. A. Brander)　511
フリードマン(M. Friedman)　431, 435, 515
フリッシュ(R. Frisch)　515
ブルーム(J. Broome)　511
ブレア(D. Blair)　63, 118, 155n, 156, 510
フレデリック(S. Frederick)　515
フレンチ(P. A. French)　513
ブロック(W. Brock)　205n, 511
プロット(C. R. Plott)　63, 111, 114, 117, 118, 124, 522
ブローニング(M. J. Browning)　511
フローベイ(M. Fleurbaey)　180n, 198, 225, 226, 228, 514, 551

人名索引 ───── 539

ペイジ(T. Page)　514
ベイジェント(N. Baigent)　508
ペーゼンドルファー(W. Pesendorfer)　516
ベルジュ(C. Berge)　16, 20, 509
ヘルツバーガー(H. G. Herzberger)　517
ベルンホルツ(P. Bernholz)　292, 509
ペレッグ(B. Peleg)　522
ベンサム(J. Bentham)　vii, 65, 70, 122, 130, 235, 239, 288, 306, 449, 451, 452, 455-457, 462, 464, 487, 488, 509
ボェーム - バヴェルク(E. von Bohm-Bawerk)　199n
ポストルウエイト(A. Postlewaite)　521
ボッサール(W. Bossert)　12n, 15, 17, 23, 24, 33, 44, 45, 63, 89n, 94, 189n, 217, 218, 310n, 346, 508-511, 550
ポデウスキー(K.-P. Podewski)　515, 516
ポートニー(P. R. Portney)　508
ボヘンスキー(J. M. Bochenski)　518
ホーマンス(G. C. Homans)　174-178, 516, 517
ボーモル(W. J. Baumol)　380, 427, 509
ポラック(R. A. Pollak)　35n, 522
ボーリング(J. Bowling)　509
ボルダ(J.-C. de Borda)　452-455, 464, 484, 510
ボールディング(K. E. Boulding)　526
ボルデス(G. Bordes)　63, 118, 155n, 156, 510
ボーンスタイン(M. Bornstein)　519

ま 行

前原金一(K. Maehara)　516
マクフィー(A. L. Macfie)　526
マクマリン(S. McMurrin)　525
マクリーン(I. McLean)　455n, 520
マクルーア(M. McLure)　529
マーシャル(A. Marshall)　430, 457, 459, 488
マスキン(E. S. Maskin)　xii

マスコレル(A. Mas-Colell)　108-110, 520
マックナルティ(P. J. McNulty)　520
マッケンジー(L. W. McKenzie)　205n, 520
マランボー(E. Malinvaud)　528
マーリース(J. Mirrlees)　209, 520
マルシャック(J. Marschak)　87
丸山徹(T. Maruyama)　512
マンキュー(N. G. Mankiw)　376n, 414, 520
ミクラ(G. Mikura)　508
水田洋(H. Mizuta)　526
ミッシェル(P. Michel)　198, 514
ミッシャン(E. J. Mishan)　ix, x, 488, 520
ミード(J. Meade)　ix n, 527
ミトラ(T. Mitra)　208n, 508, 509
三野和雄(K. Mino)　529
宮崎勇(I. Miyazaki)　531
ミラー(E. Miller)　518
ミル(J. S. Mill)　65, 201n, 233, 249, 250, 257, 276, 279, 287, 452, 456, 469n, 509, 520
ミルゲイト(M. Milgate)　508, 528
ミレロン(J.-C. Milleron)　528
ムーア(J. C. Moore)　469n, 477n, 511
村井章子(A. Murai)　515
村上泰亮(Y. Murakami)　517, 520
ムーラン(H. Moulin)　516, 520
モッタ(M. Motta)　520
森嶋通夫(M. Morishima)　550
森村進(S. Morimura)　521
両角良彦(Y. Morozumi)　397, 520

や 行

矢島鈞次(K. Yajima)　522
安井琢磨(T. Yasui)　517
矢野俊比古(T. Yano)　518
山下重一(S. Yamashita)　509
ヤーリ(M. E. Yaari)　195n, 511
ユーリン(T. E. Uehling, Jr.)　513
吉田雅明(M. Yoshida)　529
吉原直毅(N. Yoshihara)　288n, 291n, 298, 302, 510, 530, 551

ら 行

ライト(D. M. Wright) 232
ライファ(H. Raiffa) 56, 57, 259n, 520, 522
ラインフェルナー(W. Leinfellner) 524
ラウワーズ(L. Lauwers) 202, 207n, 519
ラスキン(J. Ruskin) 523
ラズリエ(J.-F. Laslier) 514
ラッゾリーニ(L. Razzolini) 287n, 512
ラヒリ(S. Lahiri) 421n, 519
ラビン(M. Rabin) 519
ラファエル(D. D. Raphael) 526
ラプラース(P.-S. Laplace) 453, 454, 519
ラマチャンドラン(R. V. Ramachandran) 529
ラムゼー(F. P. Ramsey) 87, 190, 191, 195, 198, 199, 205, 208, 209, 511, 522
ランカスター(K. J. Lancaster) 519
ランゲ(O. Lange) 380n, 459n
ランジェル(A. Rangel) 509
ランシマン(W. G. Runciman) 523
リクター(M. K. Richter) 33, 36-38, 507, 511, 515, 518, 522
リットル(I. M. D. Little) xiii, 87, 133n, 172n, 248, 449, 479, 482-487, 507, 519-521, 524
リーヒー(D. Leahy) 521
ルース(R. D. Luce) 11, 56, 57, 105, 106, 259n, 520
レッシャー(W. G. Rescher) 522
ローウエンシュタイン(G. Loewenstein) 515
ロス(J. Los) 515
ローズ(H. Rose) 28, 523
ローズフィールド(S. Rosefielde) 524
ロバートソン(D. H. Robertson) 523
ロビンズ(L. Robbins) vii, xiii, 2, 3, 25, 63, 65, 125, 130, 235, 431, 449, 461-464, 467, 469, 478, 480, 488, 491, 492, 497, 523
ロベスピエール(M. de Robespierre) 455n
ローマー(J. Roemer) 189n, 197n, 219n, 523, 551
ローリー(C. K. Rowley) 515, 528
ロールズ(J. Rawls) 122, 147n, 190-195, 197, 217n, 270, 271, 275, 503, 507, 512, 522
ローレンス(D. H. Lawrence) 240

わ行・ん

ワイツマン(M. L. Weitzman) 532
若松良樹(Y. Wakamatsu) 532
ワクテル(P. Wachtel) 530
ワルラス(M. E. L. Walras) 488, 497
ング(Y. K. Ng) 518

事項索引

欧文

C-連結的集合族　38, 40
G-合理化　23
G-合理的選択関数　23
M-合理化　23
M-合理的選択関数　23
N_0-合理化　51
　──可能性　51, 52
R&D 投資への戦略的なコミットメント
　　401, 420
R-極大点集合　13, 14
R-最大点集合　13, 14
$\Re$-優越点　19
S-整合性　12, 13, 17, 18, 21, 22, 24,
　　44, 63, 88, 94, 98-100, 104, 124
S-整合的合理性　24, 36, 43, 44
S-整合的閉苞　15, 17, 18, 44-46, 52
　──オペレーター　17
S-ルール　89, 93, 94, 99
α-公平集合　145
α-衡平集合　144

あ 行

アボガドロ数　62
アローの一般不可能性定理　75, 79, 86, 87
アローの社会厚生関数(social welfare function)　62, 69, 485
アローの社会構成関数(constitution)　81
アローの選択の整合性公理　150
安定性の公理　155
一様に極端な帰結主義者　358, 360, 364, 369
一様に強い帰結主義者　358, 360, 364, 369
一様に非帰結主義者　366, 370
一般化された社会的選択ルール　148
一般化されたローレンツ準順序　216
一般均衡分析　422, 423
一般不可能性定理　x, 46, 60, 63, 88, 101, 107, 114, 117, 141, 232, 308, 349, 364, 498
追い越し原理　205
おせっかいな個人　258, 259
オッカムの剃刀　26

か 行

改善された【旧】厚生経済学の現代版
　　474-476, 480, 481, 483
外部性　426, 458
格差原理　191, 192
革新　435
革新導入の誘因機構　435
拡張された社会構成関数　301
拡張された社会状態　138, 300, 501
拡張された社会的厚生関数　351
拡張された社会的選択ルール　271
拡張された選好順序　143, 300
拡張された選択肢　311, 332, 350
過剰参入定理　376, 379n, 381, 395, 399, 400, 428-430
仮説的な補償　vii, 66, 125, 468
仮説的補償原理　481
価値判断　vii-ix
課徴金　442
　──の制裁的機能　444
価値理論の基本方程式　25
過当競争　375, 396, 427, 433
寡頭支配グループ　108, 109
神のみえざる手　375, 380
カルドア補償原理　66, 67, 468-471
頑健性　317
間接的な顕示選好関係　51
完全競争　426
完全合理性　24, 36, 38, 43, 99, 102, 105, 114, 115, 117, 118, 124, 149, 150, 247
完全合理的な選択関数　115
感応性公理　201
完備性　10-14, 24, 44, 62, 73, 88, 124, 203
機会　307, 308
機会集合　7, 14, 31, 48, 138, 140, 141, 307n, 311, 331, 350, 480, 503
機会に対する単純な選好　320
機会の豊穣さ　308

——の測度　368
企業の主観的な規模　387n
帰結　132, 135, 283, 307, 308, 310, 350
帰結関数　139, 281, 283
帰結主義　119-121, 126, 129, 130, 131n, 135, 140, 141, 173, 235, 307, 308, 323, 329, 346, 480, 481, 491, 503
——者　129
——的な評価方法　431
帰結情報　119
帰結道徳律　120, 126, 131-134, 145
帰結に関する選好　299
稀少資源の効率的配分の機能　434
基数的厚生主義　130
基数的厚生に基づく厚生主義　122, 131
基底関係　150
帰納的　19, 20
機能特性　132, 135, 136
ギバードの自由主義的権利の社会的尊重　251, 254
ギバードの譲渡可能な権利体系　262
ギバード・パラドックス　240n, 250-252, 254, 277
規範原理の情報の樹　126
規範的アプローチ　458
規範的評価の情報の樹　131
規範に条件付けられた合理的選択の理論　49, 55
義務論　120
——者　129
逆需要関数　382, 383
客観的な個人間効用比較　463
キャンベル位相　207
【旧】厚生経済学　vii, ix, 65, 121, 125, 130, 235, 449, 463, 464, 468, 478, 480
強意の選好関係　10
強意のパレート原理　89, 92, 105
強意の連続性　345
狭義の帰結状態の価値　138
境遇間比較　143, 269
競争　375, 428
競争政策　377, 433
競争秩序の制度設計　433, 434, 437, 438, 441

競争的市場メカニズム　374, 375
競争の効率化機能　427
競争の社会的機能とその意義　425, 430
競争の社会的機能の評価方法　430
競争の無政府的な機能　375
強パレート原理　354
局所的な無差別　314
局所的に厳密な単調性　314
極大フィルター　80-82, 85, 86
極端な帰結主義　313, 323, 324
——者　310, 356-359, 364, 367, 369
極端な非帰結主義　319, 323, 324
——者　310
拒否権者　109, 110
均衡概念　139, 290
均衡企業数　381, 386, 387, 391, 405, 413
均等報酬原理　177
クープマンスの非耐忍性定理　198
クールノー推測　383n
クールノー＝ナッシュ型の寡占的競争均衡　376
クールノー＝ナッシュ均衡　381, 395, 400
経済環境　131
経済計画論争　380n, 459n
経済厚生　376, 459-461, 491
経済メカニズム　132
経路独立性　111-118, 153
経路独立的選択関数　115, 124
決定的　82, 108
ゲーム　139, 438n
ゲーム形式　138, 139, 281, 283, 438n
——に関する選好　299
——の権利の初期賦与　298
——の権利論　234, 257, 258, 277, 282, 287, 306, 499
ケリーの譲渡可能な権利体系　263
限界主義革命　458
限界における過剰参入定理　381, 391, 420, 422
限界における次善の過剰参入定理　400, 414
限界費用価格形成原理　381, 385
顕示選好　4, 35
——関係　27, 31, 48
——公理　34

事項索引 ──── 543

――の強公理　28, 30, 32
――の弱公理　26-29, 31, 32, 48
――の半推移性公理　28-31
――の理論　26-28, 31
厳密な選好に関する厚生主義　490n
権利体系　245
　　――の選択の一様性　302
権利の形式的表現　286, 288
権利の社会的実現　286, 288, 289, 290
権利の初期賦与の社会的選択　286, 288, 290
権利配分の自発的交換　292
権利放棄集合　262, 263
権利論　499
公共財　426, 437
公共【善】　60, 62, 68-70, 72, 73, 103, 119, 120, 122, 125, 146, 172, 173, 203, 221, 449, 465, 476, 497
　　――の形成方法　498
　　――の評価基準　462
公共的特性　242
合成　15
厚生改善の潜在的可能性　125
厚生基準　248
　　――論　172n, 449
厚生経済学　374, 448, 449
　　――の基本定理　374, 375, 426
公正集合　184
厚生主義　121, 130, 235, 249, 306, 308, 309, 329, 432, 480, 481, 491, 492
　　――的帰結主義　121, 130, 131, 235, 306, 458
　　――との訣別宣言　431, 432n, 450, 488, 490, 494
　　――批判　489
　　――への原理対立的な批判　236, 241, 249, 287
　　――への事例含意的な批判　236
構成的秩序　505
厚生と権利　549
　　――のジレンマ　287n
公正な貯蓄原理　192
厚生の平等論　238
拘束効果　400, 407, 409, 414
衡平性　172
　　――の拡張公理　148

公平性の包摂公理　149
衡平な競争ゲーム　433
　　――の設計　438
衡平な報酬原理　134, 174
衡平理論　176
効用《単位》の個人間比較可能性　480
効用可能性フロンティア　470, 473
効用関数　5
効用の可測性　26
効用の基数性　480
効用の個人間比較　481
合理化　30
　　――可能性　8
合理性　x, 2, 7, 24, 36, 37
　　――の《位階》　3
効率性　172
　　――と衡平性のジレンマ　459n
効率的な再配分　293
効率と衡平　549
　　――のジレンマ　126, 127, 133-135, 145-147, 173, 174, 176, 177, 178n, 214
　　――のトレードオフ　134
合理的選択の理論　31, 124
合理的な選択関数　8
国民所得　460
国民分配分　460, 461
個人間状況比較　141
個人間比較　127
　　――可能性　130
　　――可能な基数的厚生主義　122, 130, 458
　　――可能な序数的厚生主義　122, 130
　　――不可能性　130
　　――不可能な基数的厚生主義　122, 130
　　――不可能な序数的厚生主義　122, 130, 134
　　――を許容しない序数的厚生主義　147
　　――を許容する序数的厚生主義　147
個人的自由の社会的尊重　xi, 201n, 233, 306
個人的特性　242
個人の自律的な意思決定の権利と社会全体の効率性との両立可能性　459n
コーズの定理　223
古典的功利主義　192

古典派経済学　457
コープランド選択関数　168, 169
コープランド得点　168
コープランド・ルール　167
コンドルセの勝者　453
コンドルセ・パラドックス　72, 453

さ 行

最小限の自由主義　233
　　——的権利の社会的尊重　244
最小限の民主主義　233
最善企業数　381, 388
最善の過剰参入定理　381, 388, 389, 413
最善の総余剰関数　388
最大多数の最大幸福　456, 458, 462
サミュエルソン補償原理　67n, 472-474
参加の権利　102
産業政策　396
参入障壁　439
時間的非整合性　194
資源の平等論　238
事実解明的アプローチ　458
市場の失敗　374, 396, 426, 458
辞書式羨望原理　188n
辞書式羨望順序　185, 186
自生的秩序　505
次善企業数　381, 390, 391, 406
自然権　455, 456n
自然独占　437
次善の過剰参入定理　381, 391
次善の総余剰関数　389
持続可能な福祉　126
実行可能性　138
私的情報　379
　　——の活用・保護機能　434, 435
　　——の発見・拡散機能　435
私的な選択肢の直接的な支配　280
支配戦略　254
　　——均衡　287n
支配に基づく責任　225
社会厚生　459-461, 491
社会厚生関数　vii-ix, 65-67, 172, 301, 467, 468, 476, 477
社会構成関数　69, 71, 73-76, 80, 82, 86
社会厚生関数学派　476

——の【新】厚生経済学　67, 122, 125, 476, 478, 479
社会状態　289, 500
　　——を選択集合から排除する能力　277
社会的規範　4, 47, 50, 51, 54
社会的合理性　71, 124
社会的選択関数　102
社会的選択経路　113n
社会的選択集合　102
社会的選択の情報的基礎　102
社会的選択の理論　xi, xii, 374, 448, 459n
社会的選択ルール　111, 116
社会的総余剰　381
社会的余剰　376
弱意の選好関係　10
弱意の独裁者　117
　　——の否定　118
集計関数　62
集計の累積反応曲線　411
自由参入均衡　401, 406, 415
自由参入準クールノー均衡　386, 388, 389
自由主義　432, 492
自由主義的権利　233, 235
　　——の社会的尊重　239, 242, 248, 249
囚人のジレンマ　254
集団的合理性　71, 73, 247
自由度　283
主観的な個人間効用比較　463
主観的選好順序　144, 269
手段的価値　140
首尾一貫性　245
需要関数　6, 8, 26
順位序列方式　453
準クールノー均衡　383-386
準クールノー推測　382
準順序　11, 19, 20
順序　11-13, 19, 20, 60
順序拡張　19, 21, 265, 267, 268
　　——定理　217n, 487
準推移性　11, 12, 22, 104-106, 109
準推移的合理性　117
上位集合　16
　　——の公理　155
状況間比較　127

事項索引 —— 545

譲渡可能な権利体系　260
消費者選択のプロトタイプ・モデル
　　6-8, 13, 25, 26, 34
消費者余剰　381
情報的効率性　164
情報の樹　458
将来世代の非同一性問題　221
序数主義　481
　　——革命　25, 134, 481n
序数的厚生主義　122, 130, 131
序数的な意味で強い選好　259
序数的な選好の理論　25
自律的選択の自由　277-279
白猫黒猫論　137n
人格の非同一性問題　220, 225
進化論的合理主義　505
【新】厚生経済学　vii-x, 65-67, 87,
　　119n, 121, 130, 131, 235, 449, 463,
　　464, 468, 474
推移性　7, 10, 12, 13, 16, 18, 20, 22,
　　24, 29n, 43, 63, 73, 88, 124, 203
推移的閉苞　15-17, 45, 53, 163, 167n
　　——オペレーター　17
推測変分　382
スヴェンソン位相　206, 207n
数理政治学　87
スキトフスキーの逆説　470
スキトフスキー補償原理　470, 471
成果　132
正義に制約された自由尊重主義　273,
　　276
正義の格差原理　270
正義の原理　191, 269
正義の評価原理　204, 270
制裁減免制度　442, 444
生産者余剰　381
生産の効率性　481, 482
正の反応性　109
責任と補償　225
　　——の原理　226, 228, 238, 239
積分可能性　26, 28, 29
世代間衡平性　126, 189, 191-196, 201,
　　203, 210
世代間の権利と義務　224
設計主義的合理主義　505
選好依存的な小域的決定権　290, 291
選好依存的な排除能力　278

選好関係　6, 7
選好次第の小域的決定権　289
選好順序　25
選好と選択の一般モデル　6
潜在的に有利な権利の交換　293
潜在能力アプローチ　489
選出公理　20
専属告発権限　443
選択関数　7, 22, 31, 33, 34, 36, 37,
　　124
　　——的アプローチ　124, 125
選択機会の豊かさ　102
選択空間　31, 33, 34, 36, 37
選択経路からの独立性　29n
選択集合　7, 31, 48
選択手続き　307n, 329, 330
　　——の価値　138
選択の一般モデル　31
選択の機会　141, 310, 329, 436
選択の経路独立性の公理　153
選択の経路独立性の弱公理 α　154
選択の経路独立性の弱公理 β　154
選択の権利　436
選択の自由　8, 139n, 225, 234, 257,
　　258, 280, 281, 283, 287, 289, 306,
　　312
選択の整合性　113, 149, 247
選択のない状況の無差別性　319
選択のメニューの認識上の価値　56, 57
選択範囲の縮小に関する独立性の公理
　　154
【善】の観念　60
センの自由尊重主義　243
羨望のない状態としての衡平性　103,
　　125, 132-134, 142, 143, 145, 147,
　　149, 160, 173, 184, 269
戦略　139, 283
戦略集合　281
戦略的操作可能性　454
戦略的代替　402, 420
戦略的補完　402
相互に有利な権利の交換　292
想像上の境遇の交換　141, 143, 502
相対的衡平集合　184
相対的衡平性　181, 182
総和主義　480, 481
阻止的　108

た 行

ダイアモンド位相　207
ダイアモンドの不可能性定理　198
対称成分　9
態度の多様性　350
態度の類似性　349, 350, 360, 370, 371
ダニエル公正集合　183
ダニエル平衡集合　182
単一プロファイル接近法　248
単純多数決コンテスト　72, 113n
単純多数決投票　72, 452, 484
単純多数決ルール　113n
単純な単調性　333
単純な無差別性　312, 333, 352
単調性　324, 352
単峰型選好　349, 455
秩序ある競争の行政的管理　433, 434
血の通った厚生経済学　ix, 445
チャーノフの選択の整合性公理　152
チャーノフの選択の整合性の双対公理　153
中立性　89, 92, 105
　──の公理　100
重複世代モデル　195
直接的な顕示選好関係　51
貯蓄に関する正義の原理　191
通念　432
ツォルンの補題　19, 20
強い帰結主義　313, 323, 324
　──者　310, 356-358, 362-364, 367, 369, 370
強い非帰結主義　310, 319, 323, 324
定義域の無制約性　73, 89, 92, 105
手錠を壊められた競争　433n
手続き　480
手続き主義　135, 136
　──的衡平性　439
手続き的衡平性　126, 134
道具的価値　286, 311, 329
桃源郷の不可能性　250, 268
投資の収益率　196, 197
同調性公理　146, 147, 272
　──のもとでの定義域の無制約性　148, 184, 272
道徳哲学　448, 457
投票の逆理　72

投票のパラドックス　113n, 452
独裁者　x, 75, 76, 79, 80, 86, 354, 359, 363, 364
匿名性　89, 92, 105, 126, 164
独立性　311, 333, 352
富の生産と分配の理論　457, 458

な 行

内在的価値　57, 140, 286, 311, 329
ナッシュ均衡　176, 178, 298
　──帰結　298
ナッシュ社会厚生関数　122
二項関係　6, 9
　──の拡張定理　19
二重基準　viii, 67, 470
日本の産業政策　379n
人間生活の改良の道具　457, 459, 464, 468

は 行

ハウタッカーの顕示選好公理　32, 38-42
バーグソン＝サミュエルソンの社会厚生関数　68, 485
発見手続き（としての競争の機能）　500
ハモンド衡平性　217, 218
パレート改善　464, 465
　──基準　467, 473, 474
　──原理　467
パレート拡張ルール　104, 107, 117
パレート原理　vii, viii, x, 65-68, 74, 82, 116, 118, 133n, 144, 203, 239, 240, 244, 248, 306
パレート効率性　xi, 126, 133, 134, 145, 149, 201
パレート効率的　464
　──配分　13
パレート最適　133n, 464
パレート全員一致関係　104
パレート派リベラルの不可能性　xi, 201n, 232-234, 239, 249, 257, 264, 287, 306, 499
パレート・ルール　89, 90, 93, 99
パレート無差別原理　490n
ハーレル＝ニッツァンの自由尊重主義　293
反射性　10, 12-14, 22, 24, 44, 203
犯則調査権限　442-444

事項索引 —— 547

ハンソンの顕示選好公理　38-40, 43
反応関数　411
比較不可能関係　10
非帰結主義　119-121, 126, 129, 131n, 134, 135, 140, 141, 173, 235, 307, 308, 323, 346, 364, 503
——者　129, 364, 365, 367, 369
——的な評価方法　431
非帰結情報　119
ピグー＝ドールトンの移転原理　212, 214-217
非厚生主義　121, 249, 308
——的帰結主義　121, 131, 306, 458
非循環性　11, 12, 14, 15, 44, 100, 104, 109
非人格性　270
非対称成分　9
非耐忍現象　199
ヒックス補償原理　66, 67, 469-471
非独裁性　x, 75, 354
費用関数　382, 383
費用削減的な R&D 投資　399
費用削減投資　376
平等志向的な衡平性　214
平等主義　210
平等性　210
平等等価　134
平等な自由の優先配分の原理　191
比例性衡平原理　177
比例性報酬原理　174
フェア・プレーの義務　436, 439
不確実性のもとにおける合理的選択　278
不可能性の科学　371, 498, 499
複数プロファイル接近法　248
部分均衡分析　421
部分ゲーム完全均衡　400, 401, 405
不偏性　471
プラトン的実在説　70
フランス『人権宣言』　456
プレーヤー　283
プロクルステスの陥穽　503
分割と統治　113
分権的な意思決定の社会的な整合性・効率性・誘因両立性　459n
分配の衡平性　471, 481-483
分配評価の強準凸性　211
分配評価の準凸性　211

平衡性　182
閉苞オペレーション　16
保護領域　234, 244
補償原理　vii, viii, 65, 66, 467, 468
補償原理学派の【新】厚生経済学　67, 122, 125, 172n, 476
ボッサール＝スプルモン＝鈴村の顕示選好公理　45, 46
ボルダ選択関数　168, 169
ボルダ得点　167
ボルダ方式　453, 484
ボルダ・ルール　167

ま 行

みえざる手　426
民主主義のパラドックス　x
民主主義の麻痺現象　71
民主性　x
無関係対象からの独立性　74, 89n, 100, 117, 118
無関係対象からの独立性の公理　164
無関係な対象からの完全な独立性　355
無関係な対象からの独立性(i)　355
無関係な対象からの独立性(ii)　355
無差別関係　10
無羨望衡平性　126
無知のヴェイル　300
メカニズム設計の理論　459n
目的　7
目的適合的　2

や 行

有限置換　200
有効企業数　383n, 384, 386, 389
有利な再配分　293
要素集約度ツイスト　422
予算集合　5
捩じれ効果　400, 407, 409, 414

ら 行

ライプニッツの原理　106
ランク・オーダー衡平原理　178n
リクターの強公理　38-40, 43, 45
リクターの弱公理　37
リベラルな個人　264, 265, 268
利用に伴う価値　57
臨界的ループ　245

倫理学　448	連続性　200, 203, 206
倫理的選好順序　269	労働選択のケース　266
累積反応関数　411	ローレンツ支配原理　214-216
レキシミン羨望ルール　184, 186, 188	ローレンツ準順序　217n

謝　辞

　本書は，私の厚生経済学と社会的選択の理論の研究を，合理的選択と社会的評価に関する研究に重点をおいて集成した著書である．この系列の研究にひとつの纏めを行う機会を捉えて，私の研究生活に多大な支援を惜しまれなかったうえに，個人的にも恩恵を賜ってきた方々に対して，厚く感謝申し上げたい．

　社会的選択の理論の事実上の創始者ケネス・アロー教授に最初にお会いしたのは，1970年代の終わり頃，ハーヴァード大学のオフィスをお訪ねしたときだった．1960年代の終わり頃，一橋大学の図書館でアローの記念碑的な著作 *Social Choice and Individual Values* とひとりで格闘した学部3年生の夏に，身震いするほどの知的興奮を覚えてから，ちょうど10年後のことだった．その後，アロー教授はスタンフォード大学に復帰されたのだが，幸運にも同時期にスタンフォード大学に客員准教授として滞在する機会を得た私は，アロー教授のセミナーと講義に出席するとともに，当時作成中の効率と衡平，厚生と権利の理論に関する論文にコメントをいただいたりする機会に恵まれて，積年の渇望を癒すことができた．

　社会的選択の理論の射程を大きく延長するとともに，その哲学的基礎を充実させるうえで他の誰よりも貢献されたアマルティア・セン教授に最初に紹介されたのは，1973年にブリティッシュ・カウンシル・スカラーとして留学したケンブリッジ大学でのことだった．当時，私のアドヴァイザーだったフランク・ハーン教授は，私の本当の研究関心が一般均衡理論よりも厚生経済学と社会的選択の理論にあることを見抜き，デリー・スクール・オブ・エコノミックスからロンドン・スクール・オブ・エコノミックスに移動されたばかりのセン教授に，私を引き合わせて下さったのである．私が一橋大学の大学院生だったとき，東京で開催されたエコノメトリック・ソサエティの極東会議に潜り込んで，後に Impossibility of a Paretian Liberal として大きな反響を呼んだ研究の初期の論文をセン教授が報告されるのを聞いて以来，この俊英と研究上の交

流の機会を得ることを熱望していただけに，初対面の緊張した若者を，友人としても新進の研究者としても温かく遇して下さったセン教授には，大いに勇気づけられた．その後，ハーン教授に背中を押されて応募したロンドン・スクール・オブ・エコノミックスの講師職をオファーされ，セン教授と2年間を同僚として過ごせたことは，私のその後の歩みにとって決定的な幸運だった．

　卓越した研究業績から間接的に影響されることもさりながら，直接的な交流と議論のなかから研究者としてのスピリットをも学ばせて下さったアロー，ハーン，センの諸教授には，感謝を表現する適切な言葉を紡げないほどの恩恵を賜った．本書およびその背景をなす私の研究成果が，諸教授から賜った恩恵に対する感謝のささやかな表現となっていることを祈るばかりである．

　一橋大学の学部・大学院を通じて温かいご指導を賜った恩師・荒憲治郎教授．大学院時代の私にとって――殆ど両極端というまでに対照的な――経済学者のモデルとなった二階堂副包，篠原三代平の両教授．理論・計量経済学会（日本経済学会の前身）で私が初めて研究報告を行った際に予定討論者としてご指導をいただき，その後も私淑してきた根岸隆教授．私が母校から懸命の跳躍をして飛び込んだ京都大学経済研究所で，先導者・友人として道標を与え続けて下さった青木昌彦教授．私の最初のイギリス生活で公私ともにお世話になり，特にロンドン・スクール・オブ・エコノミックスで若い講師として研究と教育の経験を積む端緒を開いて下さった森嶋通夫教授．10年間にわたる京都大学経済研究所での研究生活に区切りをつけ，一橋大学経済研究所に転任して，東京で最初に組織した共同研究プロジェクト『日本の産業政策』（東京経済研究センター）のリーダーとして仰ぎ，その後も経済研究のスピリットを学び続けている小宮隆太郎教授．これらの恩師・先学との邂逅なしには，私の研究者としての人生はあり得なかった．ここに明記して深い感謝を捧げたい．

　私の研究生活のもうひとつの幸運は，若い友人たちとの実り多い共同研究の経験である．これらの経験を通じて，具体的な成果が誕生した場合も誕生しなかった場合も，私は多くを学び，真摯な交流の機会を得た．なかでも，カウシック・バスー，ティモシー・ビズリー，ウォルター・ボッサール，パーサ・

ダスグプタ，バスカー・ダッタ，マーク・フローベイ，ピーター・ハモンド，プラサンタ・パタナイック，ジョン・ローマー，ジョン・ヴィッカーズ，ジョン・ウェイマーク，ヨンシェン・シュー，後藤晃，原千秋，伊藤元重，金子守，清野一治，奥野(藤原)正寛，西條辰義，篠塚友一，須賀晃一，蓼沼宏一，高山憲之，吉原直毅の諸氏のお名前は，ここに特記して感謝したい．

　本書は，私の30年余りに亘る厚生経済学と社会的選択の理論の精粋を纏めて編まれているが，その構想の具体化と執筆の歩みは，最近数年間の私の活動と密接に関わっている．この間には，私は一橋大学21世紀COEプログラム(現代経済システムの規範的評価と社会的選択)の拠点代表者，文部科学省・科学研究費補助金・特別推進研究プロジェクト(世代間問題の経済分析，代表者：高山憲之教授)の研究分担者，公正取引委員会・競争政策研究センターの初代所長，第20期および第21期の日本学術会議の副会長という責任を重複して担って，フル稼働してきた．振り返ってみると，どうやって乗り切ったのかと自分自身が不思議に思うこの期間の活動は，ここには書ききれないほど多くの方々の献身的なご協力に支えられていたことを，改めて思わざるを得ない．個々のお名前を挙げることは差し控えざるを得ないけれど，すべての関係者の方々に対して，改めて心からの感謝を捧げたい．また，一橋大学21世紀COEプログラム，特別推進研究プロジェクトおよび早稲田大学特定課題研究(競争の社会的機能と競争政策の設計)プログラムには，本書の取り纏めに際して貴重な研究助成を賜った．厚く感謝申し上げる次第である．

　一橋大学経済研究所の岩崎一郎教授と岩波書店編集部の髙橋弘氏，居郷英司氏には，本書誕生の過程で周到なご配慮を賜った．また，早稲田大学大学院の小島崇志君には，本書の最終タイプスクリプトを作成する過程で非常にお世話になった．これらの方々の理解あるご援助がなければ，本書の出版は大幅に遅延していたことは間違いない．深く感謝申し上げる次第である．

　最後に，しかし最少にではなく，私の両親(鈴村秀太郎，寿美恵)および妻・彰子に感謝を捧げたい．私の大学卒業の直前に急逝した父は，ゼロから築い

た家業を長男が継がずに未知の航路に船出することに，大いに落胆したに違いない．家業のその後を支えつつ，私のわがままを支持してくれた亡き母とともに，私の牛歩の到達点を喜んでくれていることを祈るばかりである．妻・彰子は，私の研究遍歴が東京に始まり，京都，ケンブリッジ，ロンドン，スタンフォード，キャンベラ，フィラデルフィア，オックスフォード，コルチェスター，ボストン，ヴァンクーヴァー，ケンブリッジと転々とするなかで，3人の娘（理英子，麻理子，由里子）を抱えつつ，逞しく我が家と我が生活を支えてくれた．学者人生の持久力は家族の体力の問題だというのが，ロンドンで私が学んだ森嶋理論の一部だったが，この面で妻と子に対する私の負債は，完済のめどが立たない程重いものである．特に明記して感謝することをお許しいただきたい．

■岩波オンデマンドブックス■

一橋大学経済研究叢書 別冊
厚生経済学の基礎 ——合理的選択と社会的評価

2009年6月23日　第1刷発行
2016年5月10日　オンデマンド版発行

著　者　鈴村興太郎（すずむらこうたろう）

発行者　岡本　厚

発行所　株式会社　岩波書店
〒101-8002　東京都千代田区一ツ橋2-5-5
電話案内　03-5210-4000
http://www.iwanami.co.jp/

印刷／製本・法令印刷

© Kotaro Suzumura 2016
ISBN 978-4-00-730406-4　　Printed in Japan